고고 유물의 관찰과 유구 조사방법

고고 유물의 관찰과
유구 조사방법

영남문화재연구원 엮음

사회평론아카데미

영남문화재연구원 학술총서 16

고고 유물의 관찰과 유구 조사방법

2018년 4월 15일 초판 1쇄 발행
2019년 9월 30일 초판 2쇄 발행

엮은이 영남문화재연구원
펴낸이 윤철호
펴낸곳 (주)사회평론아카데미
편집 고인욱·고하영
표지디자인 김진운
본문디자인 민들레
마케팅 최민규

등록번호 2013-000247(2013년 8월 23일)
전화 02-2191-1133
팩스 02-326-1626
주소 03978 서울특별시 마포구 월드컵북로12길 17(1층)

ISBN 979-11-88108-45-9 93910

발간사

영남문화재연구원은 매장문화재 발굴조사의 문제점을 해결하고, 고고학 발전에 기여한다는 목적으로 1994년 문화재청(문화재관리국)의 허가를 받아 설립된 국내 최초의 발굴기관입니다. 지난 23년 동안 본 연구원은 '문화유산의 보존·보호, 조사연구, 가치창조'라는 목표를 설정하고, 매장문화재의 발굴을 통해 축적된 연구와 기술력을 바탕으로 한국 고고학 발전에 이바지할 수 있는 방안을 꾸준히 추구해 왔습니다. 발굴조사를 통해 생산된 방대한 고고 자료가 공유되고 고고학 연구의 발전을 위해 사용되어야 한다는 점을 고려하여 '조사연구회', '고고학 공개강좌', '초청강연'을 해 왔으며, '연구논집' 및 '학술총서' 발간 등의 학술연구사업도 지속적으로 추진해 왔습니다. 특히, 고고학 발굴의 연구력 향상 및 그 실천을 위해 추진한 학술총서 발간 사업은 제1책『현대 고고학의 이해』를 시작으로 제15책『중국 고고학─송·원·명』까지 번역서 위주로 진행되었고, 전공자뿐만 아니라 일반인들로부터 고고학 이론과 방법론을 이해하는데 커다란 도움이 되었다는 평가를 받고 있습니다.

이번에 발간되는 '영남문화재연구원 학술총서 16'『고고 유물의 관찰과 유구 조사방법』은 고고 유물 관찰의 필요성과 방법, 구체적인 유구 조사방법 그리고 다양한 연구방법론을 제시하고 있으며, 고고학 전공자와 학생들에게 고고학의 연구에 실질적인 도움을 주는 내용으로 편집되었다는 점에서 의미 있다 하겠습니다. 이 책은 2006년부터 2016년까지 총 64회에 걸쳐 본 연구원이 진행한 바 있는 '고고학 공개강좌'의 강의 내용 가운데에서 유물의 관찰과 유구의 조사방법, 고고학 연구방법론과 관련한 전체 17편의 논고를 저자가 최근의 고고학 성과를 반영하여 수정·보완한 뒤, 1부 유물의 관찰, 2부 유구 조사법, 3부 연구방법론 등 3부로 편집하였습니다.

1부 유물의 관찰에서는 구석기의 관찰과 이해, 청동기시대 석기의 관찰과 분석, 청동기의 관찰과 해석, 삼국·통일신라시대 토기 제작과 사용흔, 마구류의 관찰과 분석, 삼국~통일신라

와당의 특징과 관찰, 동물유체의 관찰 등 7편의 논고를 담았고,

2부 유구 조사법에서는 구석기유적은 어디에 있나?, 수혈주거지 조사방법, 고대 토기가마 조사방법론, 제철유적의 조사방법과 사례 연구, 산성의 조사방법과 유의점, 건물지 조사법 등 6편의 논고를 실었으며,

3부 연구방법론에서는 고고학 조사연구방법론, 충적평야 고고학 조사연구방법론, 한국 고고학과 경관 연구, 고고학 연구와 계량 분석 등 4편의 논고를 담았습니다.

고고학 전공자와 학생들의 고고학 연구에 실질적인 도움이 될 수 있도록 옥고를 다듬어 주신 여러 선생님께 감사드리고, 이 책이 나오기까지 밤낮으로 노력해 주신 직원 여러분들께도 감사를 드립니다. 그리고 어려운 여건에서도 이 학술총서의 간행을 흔쾌히 맡아 주신 사회평론 아카데미 윤철호, 김천희 대표이사, 고인욱 연구위원을 비롯한 관계자 여러분께도 깊은 감사의 말씀을 드립니다.

2018년 3월

영남문화재연구원장 채천석

차례

제2부 유구 조사법

제3부 연구방법론

제1부 유물의 관찰

제1장
구석기의 관찰과 이해

구석기가 땅에 묻혀 다양한 모양의 돌과 섞이면 분별하기가 쉽지 않다. 대다수의 고고학자는 물론, 일반인들도 구석기가 돌과 무엇이 다르냐는 질문을 구석기 연구자에게 던진다. 고고학 수업에서 제기하는 학생들의 질문도 여기서 크게 벗어나지 않는다. 이들은 대체로 구석기에 대해 "그냥 잘 모르겠어요. 어려워요. 뭘 보시라는 건지 도무지 보이지 않는데요. 그냥 돌이잖아요. 이게 뭐가 중요해요. 이런 연구는 왜 하는 거죠? 어려워서 전 구석기 전공 안 할래요. 재미없어요"라고 얘기한다. 고고학 전공자 중 구석기 전공자의 비율이 가장 낮은 것에는 이런 이유도 있을 것이다.

구석기고고학은 19세기 후반부터 시작되었다. 우리나라 구석기 연구는 1960년대 공주 석장리 발굴을 시점으로 본다면, 그 역사가 불과 50여 년밖에 되지 않는다. 구석기 연구는 인류의 첫 역사를 밝히는 아주 중요한 학문 분야이다. 선사시대 사람들의 삶의 방식을 이해하고 복원하기 위해서는 적어도 석기와 돌을 분별할 수 있고, 구석기 종류를 알아둘 필요가 있다. 토기를 모르면 부끄럽지만 석기는 몰라도 부끄럽지 않다는 고정관념은 바뀌어야만 한다. 인류가 무슨 생각으로 구석기를 만들었고, 그것을 어떻게 사용했는지를 유추하기 위해서는 석기를 관찰하고 이해해야만 한다. 여기서는 우리가 구석기를 보고 이해하기 위한 관찰방법을 소개하고자 한다.

I 인류의 도구 사용

인간 기원을 분석하기 위해서는 옛 사람들의 신체 등을 파악하는 고생물학, 석기·

골각기·기타 도구를 연구하는 고고학, 영장류 등을 연구하는 영장류동물학, 현재의 수렵채집민을 조사하는 민족지학이 도움이 된다(로버트 웬키 2003).

인간은 침팬지나 영장류에서 진화한 것이 아니며, 그들과 공통조상을 공유하고 있다. 인간은 유인원 중 유일하게 직립하여 오늘에 이르렀다. 사람은 침팬지와 98.8%의 유전자를 공유하고 고릴라와는 98.4%를 공유할 정도로 가깝다. 그러나 인간은 침팬지와 유전자 차이가 1.2%밖에 나지 않지만 비교할 수 없는 문화적 격차가 있고, 서로 종족번식도 할 수 없다. 찰스 다윈은 인류의 네 가지 특징을 큰 두뇌, 작은 치아, 직립보행 그리고 도구 사용으로 얘기했다. 인류만이 도구를 사용하지는 않지만, 재료를 가공하여 정교한 도구를 만들 수 있는 동물은 인간이 유일하다.

인간이 도구를 사용하고 만들 수 있게 된 것은 인류 진화의 큰 흐름과 궤를 같이 했던 손의 진화가 있었기에 가능했다. 한 손은 27개의 뼈로 구성된다. 8개의 수근골(손목뼈), 5개의 중수골, 14개의 손가락뼈가 그것이다. 특히 수근골은 인간이 손목을 자유롭게 움직일 수 있도록 함으로써 손가락과 함께 도구를 만드는 데 필요한 행위를 가능하게 해 주었다.

일반적으로 인류는 260만 년 전부터 석기를 만든 것으로 알려져 왔다. 최근 연구에 의하면, 320만 년 전 무렵 아프리카에 살았던 초기 인류(오스트랄로피테쿠스 아프리카누스, Australopithecus africanus)의 손이 도구를 발명할 수는 없어도 도구를 잡고 사용할 수 있는 능력을 지니고 있음이 알려지기도 했다. 아프리카누스가 인간과 유사한 엄지손가락뼈와 손바닥뼈로 엄지손가락을 다른 손가락과 같이 이용함으로써 강력한 대립 운동을 했음을 해면질의 뼈 구조로 증명하였다. 이 손가락 대립 운동은 일반적으로 도구를 사용할 때 쓰이며, 이는 인류가 320만 년 전부터 석기를 사용했다는 고고학적 증거를 뒷받침해 줄 수 있는 자료이기도 하다.

인류가 석기와 같은 도구를 제작하기 위해서는 몇 가지 능력이 필요하다. 도구에 적합한 원료 선택과 운반을 해야 한다. 석기제작에 필요한 기술과 인지능력도 갖추고 있어야 한다. 무엇을 만들겠다는 상상력과 이해력도 필요하다. 인류에게 도구제작은 집단 내 협력의 중요성을 깨닫게 해 줄 수도 있다. 인류는 석기를 사용함으로써 음식을 잘게 썰어 먹을 수 있게 되었고 신체변화도 일어났다. 또한 인류가 음식물 섭취시간을 줄일 수 있게 되어 잉여시간을 다른 문화적 행동에 사용할 수 있었다.

II 석기의 특징

1. 자연석과 석기의 분별

석기는 인류가 만든 최초의 도구이다. 석기는 깨고, 자르고, 갈고, 쪼고, 누르고, 던지는 방식으로 만들었다. 구석기시대는 주로 돌을 깨고 눌러 떼는 방식으로 제작했다. 지금 딛고 선 이 땅에 인류가 언제 도래했는지를 알 수 있는 최초의 객관적인 자료가 바로 구석기이다. 즉, 우리나라에 언제부터 인류가 살았는지를 알 수 있는 자료이도 하다. 석기는 생존을 위한 적극적인 행동을 반영했고 지금 사용하는 도구의 모델이 되기도 했다.

석기와 자연석의 중요한 구분은 만들어질 때 인위적인 행동이 가해졌느냐의 유무이다. 인위적인 박리 특징으로는 박리(조정)의 규칙성과 연속성, 석기 형식의 정형성(패턴) 및 반복성, 석기의 규격성, 작업에 따른 석기 간의 접합 여부, 사용흔의 유무 등이다. 일반적으로 가짜석기(우발석기, 위석기)는 돌이 우발적으로 깨지면서 석기와 비슷한 흔적을 가지게 된다. 자연석은 산이나 하천 등지에서 구르거나 떨어지면서 깨지는 일이 흔하다. 암석에 가해지는 열(온도) 변화, 한랭지대에서는 흡수된 물의 동결에 의해 암석에서 돌이 박리된다. 자연적으로 깨진 돌은 논리적인 디자인이 부족하고 박리흔도 쓸데없는 것이 많다. 날은 무딘 경우가 많고, 박편의 여러 부위에 긁히거나 무뎌진 부분들이 남아 있다.

타면도 석기와 자연석을 구분할 수 있는 부위이다. 석기는 시대에 따라 타면 모습이 달라지기도 한다. 특히 망치 소재에 따라 타면 모양이 변하기도 한다. 자연석이 우발박리로 깨진 경우 타면 조정된 사례는 극히 드물다. 타면은 망치 종류, 타격방식, 박리방향 등 만드는 사람의 기술수준을 가늠할 수 있는 중요한 부위이다.

2. 돌과 석재

인류는 수백만 년 전부터 돌을 가장 친숙하게 느끼며 살아왔다. 석기는 돌로 만들어진다. 인류가 돌을 최초의 도구로 선택한 이유는 어떤 기후 환경 속에서도 구할 수 있는 최적의 습득조건을 갖추고 있었기 때문이다. 석기제작의 첫 번째 행위는 바로 석기 만들기에 적합한 석재 선택이다. 선사인은 도구를 만들 때 주위에 있는 재료를 가장 많이 사용했다. 우리 주변에 수만 년간 변함없이 남아서 전해지는 문화재의 대다수가 돌로 만들어진 이유이다.

구석기시대 사람들의 석재 운용 전략은 주변에 산재해 있는 석재를 이용하는 것이다. 그런 이유로 좋은 석재가 있는 곳에 유적이 형성되었을 가능성이 높다. 고례리, 수양개, 전곡리 등이 그러한 예이다. 우리나라 구석기유적은 주로 강이나 하천 주변의 강돌을 주로 이용했다. 이 지역은 사람이 살기 위한 식수도 얻을 수 있었다. 특히 전기와 중기 구석기시대까지는 석영 계통의 석재를 주로 이용하였고, 주변에 있는 석재를 이용한 근거리 석재 획득방식이 절대적으로 우세하였다. 유적 내로 반입된 석재는 원산지나 하천 등에서 직접 채취한 것과 흑요석처럼 백두산 원산지로부터 교류로 들어온 것이 있다. 석재를 선택하는 중요한 기준 중 하나는 제작자가 어떤 석기를 만들고 싶고, 어떤 목적으로 이용할 것인가이다.

우리나라 구석기유적에서 확인된 석재 종류는 다음과 같다.

전기와 중기 구석기시내부터 가장 오랫동안 사용된 석영계 석기군은 원석 형대를 둥근 천석, 납작 천석, 부정형 석재(모난돌), 불확실한 형태의 것을 석재로 선택했다. 석재 종류는 석영암, 규암, 규질암, 석영맥암, 화강편마암, 사암 등을 이용했다. 후기구석기시대의 석인석기군과 세석인석기군은 근거리 및 원거리 석재를 적절히 혼합해 사용했다. 그중 이암, 응회암, 세일, 흑요석 등 특정 석재만을 고집해 석기를 만들기도 했다.

석인석기군은 10~20cm 크기의 강자갈돌 중 사각형과 타원형의 석재를 주로 이용했다. 석인을 만드는 데 사용한 석재는 이암, 혼펠스, 응회암, 유문암, 흑요석, 혈암, 반암, 안산암 등이다. 후기구석기 이전 시기에 비해 석재 종류가 다양해졌다. 세석인석기군은 석인석기군과 석재 이용양상이 유사하다. 선택된 석재는 표면이 고른 것이 좋다. 제작자는 적절한 타격이 가능한 각도가 형성되어 있으면서 타면이 평탄한 석재를 선호했다. 흑요석은 한반도 중부지역에서 가장 많이 확인되고 남부지역에서는 적은 수량이지만 출토되었다.

구석기유적 내에서 사용된 석재환경을 복원하기 위해서는 석재 조달방식과 석재 수급방식을 분석할 필요가 있다. 또한 석재를 제대로 이해하기 위해서는 석재의 암석학적인 정보는 물론, 원산지 위치에 대한 내용을 알고 있어야만 한다. 석재에 대한 정확한 정보는 구석기하고 생존방식을 이해하는 데 아주 중요하기 때문이다.

3. 단단함과 날카로움

　　암석은 광물로 이루어진 고체 물질로 정의된다. 지구의 겉 부분인 지각은 암석으로 이루어져 있다. 우리 주변의 암석은 화성암, 퇴적암, 변성암으로 분류된다. 암석은 오랜 시간에 걸쳐 형성되었고, 다양한 요인에 의해 그 성분이 변화된다. 우리나라 구석기시대에 많이 이용되는 암석은 퇴적암의 이암·셰일·사암·응회암, 화산암의 유문암·흑요석, 변성암의 혼펠스·규암이다.

　　우리가 인위적으로 만들어 낸 금속을 제외하면 자연계에서 구할 수 있는 가장 단단한 재질은 돌이다. 단단함은 오랫동안 도구를 사용할 수 있게 해 주고, 다른 무언가를 깨뜨릴 때도 유용하다. 사냥을 할 때는 사냥감에 치명적인 손상을 줄 수 있는 요소이다. 여기에 돌은 특별한 가공을 하지 않더라도 도구의 기능을 충분히 해낼 수 있다.

　　암석은 단단하고 날카로운 성질이 있다. 이 돌들을 석기재료로 선택한 이유는 단단하면서도 깼을 때 날카로운 날이 생기기 때문이다(그림 1). 금속으로 된 날(그림 2)을 만들 수 없었던 선사시대 사람들은 석기처럼 날카로운 날을 인위적으로 발명해 낼 수 없었다. 우리는 진화과정을 거치면서 스스로를 지키고 공격을 가할 수 있는 신체부위가 거의 사라졌다. 그런 인간에게 단단하고 날카로운 날을 지닌 도구는 생명을 지키는 방어적인 목적으로도 안성맞춤이었다. 구석기인들이 돌을 선택한 이유는 주변에서 언제든지 구할 수 있고, 간단한 행위만으로도 손쉽게 도구를 만들 수 있는 편리함이 컸다. 선사시대 사람들은 돌을 깨서 더 이상 원하는 도구를 만들기 어려워지자, 갈아서 필요한 물건을 만들기 시작했다. 돌은 도구뿐만 아니라, 신체장식을 위한

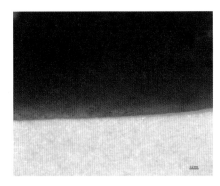

그림 1 대구 월성동 흑요석제 세석인의 날(25배 확대)

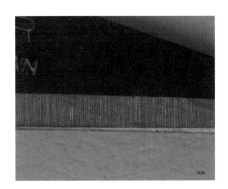

그림 2 수술용 칼(메스)의 날(25배 확대)

장신구, 예술활동을 위한 안료, 불을 피우는 부싯돌로도 사용되었다. 구석기시대 사람들에게 단단하고 날카로운 석기는 혁신 그 자체였다.

III 석기 관찰

1. 표면 관찰

석기 표면은 석기의 모든 정보를 담고 있다고 해도 과언이 아니다. 석기를 관찰하기 전에 석기 표면을 관찰하여 석재 종류를 파악해야만 한다. 모든 석기나 원석은 처음에는 원석면(cortex) 또는 자연면을 가지고 있다. 석기는 조정 정도에 따라 자연면이 없는 경우도 생긴다. 자연면은 인위적인 가공 유무, 원석 채집위치, 산지정보, 석기제작자의 의도, 열에 의한 변화, 석기제작을 위해 불을 이용한 흔적 및 광택 등의 내용을 담고 있다.

자연면의 원마도(圓磨度, roundness)를 보면 채집 장소를 가늠할 수 있다. 강이나 하천에서 주운 돌은 둥글고 모서리가 거의 없다. 풍화생성물인 다양한 암편들이 하천 등에 의해 운반되는 과정에서 모서리가 둥글게 바뀌기 때문이다. 그 둥근 정도를 원마도라 한다. 능과 모서리의 예리한 정도인 원마도는 하천·해안퇴적물의 구별이나 기후환경의 차이, 퇴적환경 등을 추정하는 수단으로 이용되기도 한다. 산이나 구릉 등에서 구할 수 있는 돌은 모서리가 잘 남아 있는 각력(角礫) 또는 아각력(亞角礫)이다. 이러한 자연면 관찰은 구석기유적 내에 존재하는 석기나 석재를 어디서 구해 왔는지를 추정하는 좋은 자료가 되며, 암석동정을 위한 기초적인 정보를 얻을 수 있다. 석재 종류를 정확히 파악하기 위해서는 암석분석을 해야만 한다. 그렇지만, 기존에 구석기유적 등에서 알려진 암석이 석재로 이용되는 경우가 많으므로 이를 참조하여 판단하는 것도 효과적이다.

우리는 땅 속에서 출토된 석기나 돌의 표면 색깔이 처음부터 그러한 색을 가지고 있었다고 오해하는 경우가 많다. 구석기는 물론, 돌의 표면은 오랜 시간 동안 땅속에 묻혀 있으면 변화가 생긴다. 우리는 석기에 있어 시간이 흐르면서 박리면이 변화된 것을 파티나(Patina)라고 부른다. 돌이 풍화되고 부식되는 현상 중 하나로, 물리적이고 화학적인 상호작용으로 생긴 돌의 겉면 변화이다. 그 변화는 다양하지만, 돌이 가진 기본적인 성질을 바꾸거나 돌 형태를 크게 바꾸는 것은 아니다. 그러나 굳기나 표면이 풍화되기 전보다 약해진다. 그러므로 오래된 석기는 겉면과 내부의 색이 다르다. 흔히 청동기시대 마제석기의 겉면과 안쪽의 색이 다른 사례가 대표적이다. 색조 변화와 더불어 내부까지 진행되면, 돌의 중량이 가벼워지기도 한다. 파티나는 한 번만 형성되는 것이 아니다. 파티나가 있는 석재가 재가공을 거쳐 사용된 후, 땅속에 묻힐 경우에는 이중 파티나가 생긴다. 파티나는 형성 시기에 따라 색상과 특성이 차이가 나기도 한다.

자연면 또는 석기 표면에 남아 있는 부착물의 흔적도 중요한 정보를 담고 있으므로 세심한 관찰이 필요하다. 부착물 종류로는 나무, 섬유, 접착제, 안료, 피혁 등이 있다. 석기사용흔 분석에 따르면 석기 표면에는 사냥 때 사냥감을 찌른 흔적, 동물 해체, 가죽 무두질, 골각기 제작 등이 확인된다.

2. 박리면 관찰

사람이 돌을 깼다는 사실만으로도 의도와 행위를 생각해 볼 수 있다. 이러한 박리(돌깨기, knapping) 행위의 인위성을 구분하기 위해서는 고고학이나 지질학의 지식과 맥락을 총동원해야만 한다. 박리 종류로는 석인이나 세석인처럼 예비소재를 만드는 다양한 박리기법, 석기 형태를 잡는 정형(整形), 날 다듬기나 정형을 위해 이루어지는 잔손질(二次加工) 등이 있다.

석기는 암석 종류에 따라 차이가 있지만, 기본적으로 박리역학에 따라 타점을 중심으로 일정한 방향과 형태로 깨진다. 석기에 남겨진 박리 또는 갈린 흔적은 자연석과 구분하는 기초가 된다. 석기 관찰에서 박리면은 아주 중요하다. 박리면(剝離面)은 원석에 인위적 또는 자연적인 힘이 가해질 때 남겨지는 첫 흔적이다. 박리면 또는 박리흔에는 도구제작 중에 만들어지는 조정흔과 도구를 만든 이후에 생긴 사용흔이 있다.

박리면은 두 가지 원리를 내포하고 있다(그림 3~5). 첫 번째는 박리면의 선후관계에 대한 정보가 담겨 있다. 여러 박리면 중 시간적으로 어느 쪽이 먼저였는지를 파악할 수 있다(그림 4, 5). 두 번째는 요철면의 원리이다. 석핵과 박편의 각각에 남겨진

그림 3 석기 표면에 나타난 질서정연한 이차가공과 세부가공 흔적
사람의 의도대로 박리되거나 조정되었다면 그 순서를 파악할 수 있다.

볼록면(凸面)과 오목면(凹面)은 동시에 작업했다면 서로 접합된다. 그 관계가 고정적으로 다루어지는 부분에 속하는 면이 오목면, 움직이는 부분에 속하는 면이 볼록면을 형성한다(橋本 正 1975). 우리는 볼록면을 지닌 쪽을 배면, 오목면을 지닌 쪽을 등면으로 구분한다. 배면과 등면에는 서로 대칭되는 지점에 타점, 농심원, 균열흔 능이 형성되어 있다. 이 세 가지 요소는 석기 관찰의 중요한 속성이다.

그리고 박리면의 모양과 깊이를 관찰하면, 그것이 직접떼기(직접타격), 눌러떼기(가압법), 대석떼기 중 어느 방식으로 만들어졌는지를 구분할 수 있다. 직접떼기는 타점이 깊다. 타면 크기도 다른 타격보다 가장 크게 형성된다. 인류가 최초로 사용한 타격도구는 돌을 이용한 경질(硬質)망치이다. 마제석기를 제작하기 전에도 직접떼기는 사용된다. 구석기시대부터 청동기시대까지 석기를 만드는 가장 기본적인 돌깨기 방식이다. 나무, 사슴뿔, 뼈처럼 돌보다 무른 재질의 것을 타격도구로 쓰는 연질(軟質)망치는 전기구석기시대부터 사용되어 왔다. 하지만 유적 내에 이러한 망치는 거의 남아 있지 않다. 이것으로 박리하면 직접떼기에 비해 타면 크기가 작고, 타점도 덜 두드러진다. 눌러떼기는 때리는 원리가 아닌 누름도구로 눌러서 박리를 한다. 원석으로부터 예비소재나 박편을 박리할 때도 사용되지만, 화살촉이나 창 등을 조정할 때도 이용된다. 주로 후기구석기시대 후반에 집중적으로 사용되었다.

박리면은 타격이나 눌러떼기에 의해서만 생기는 것만은 아니다. 석기를 부러뜨려 생기는 절단면도 있다. 박리면은 떼기 방식을 유추해 낼 수 있는 중요한 정보를 지니고 있어 석기 관찰에 있어 가장 기본이 되는 부위이다. 육안으로 석기 관찰이 어렵

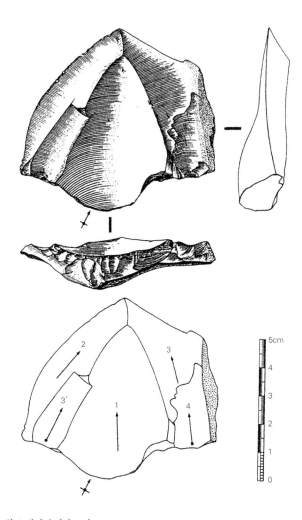

그림 4 박리 순서의 표기(Michel Dauvois 1976)

르발르와 찌르개를 만들기 위해 사전에 조정된 석핵이다. 르발르와 찌르개인 1번을 가장 먼저 박리했고, 그 다음으로 2번과 3번이 박리되었다. 3번과 3′번 중 어느 것을 먼저 박리했는지는 알 수 없다. 그리고 4번이 박리되었다.

거나 그것을 해석하기 곤란할 때 우리는 석기를 똑같이 제작해 보는 석기 실험제작 연구도 한다. 석기에 나타난 흔적 중 무엇이 우연이고 무엇이 의도한 것이었는가를 구별할 수 있다. 석기제작 때 무엇이 간단하고 어떤 부분이 어려웠던가를 구별할 수 있게 해 준다. 실험고고학은 석기 및 제작자의 행위복원에 관한 증거를 얻을 수 있는 중요한 분야이다.

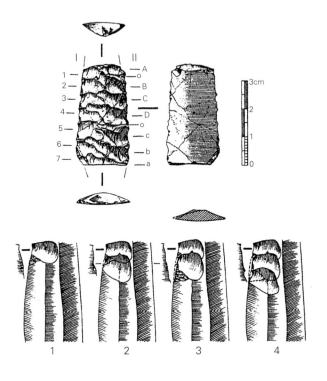

그림 5 박리 순서의 표기(Michel Dauvois 1976)
　　상단: 박리면의 선후관계와 특징을 파악해야만 제작자의 의도, 제작기법, 박리수순 등을 파악
　　할 수 있다. 이러한 정보는 박리면에 잘 담겨져 있다.
　　하단: 박리면이 온전히 남아 있는 것이 가장 나중에 박리된 것이다. 석기에서 우리가 보는 것
　　은 4번 상태이다. 박리 순서는 위에서 아래로 진행되었음을 알 수 있다.

　　석기에 남아 있는 박편박리를 위한 조정흔과 사용흔은 구별할 수 있어야 한다. 이 두 흔적은 생성원인이 달라 모양도 같지 않다. 현미경 관찰로 본 광택흔도 차이가 있다. 석기에 있는 사전 조정흔과 박리 후의 이차가공도 차이가 있다. 특히 석기 기능을 연구할 때 다음과 같은 의문을 가져야만 한다. 석기는 무엇으로 이용되었는가, 어느 기간 동안 이용되었는가, 그 사용흔은 어떠한 동작의 결과로 남겨진 것인가, 자루가 장착되어 있었던가 등에 대해 생각해야 한다(Inizan et al. 大沼克彦 등(譯) 1998).

3. 석기 형식의 기초: 석핵(몸돌), 박편(격지), 부스러기

석핵(core)은 도구 소재를 제공하기 위한 몸체가 되는 석기이다. 이것에는 사람이 만든 박리면이 존재해야 한다. 이런 박리면들은 동일 또는 서로 다른 시점에 이루어진 작업의 결과물이다. 이것은 기본적으로 버려지는 것이지만, 추후에 사용할 목적으로 미리 만들어 두는 경우도 있다. 석핵은 원석을 이용하지만, 박편을 소재로 이용하기도 한다. 석핵은 제작자의 의도와 기술수준, 집단의 석기제작 전통을 이해할 수 있는 중요한 자료이다. 모든 석기는 재생될 수 있고 변형될 수 있다는 생각을 항상 염두에 두고 석핵을 관찰할 필요가 있다.

석핵은 가공하는 과정 중 박편과 부스러기가 다량으로 발생한다(그림 6, 7). 박편은 석재에서 떨어져 나온 돌 부스러기를 총칭하는 용어이다. 석핵 조정과 도구 정형을 하는 과정, 의도적으로 돌을 떼어 내는 순간, 의도치 않게 떨어진 것도 넓은 의미로 박편이다. 박편이라는 용어 자체로는 특별한 기법과 방식, 석기크기, 제작방식 등의 의미를 구체적으로 담고 있지는 않다. 특정한 정보나 기법을 담은 박편에는 석인,

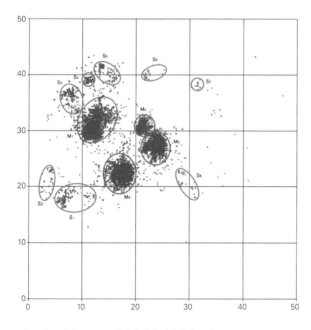

그림 6 대구 월성동 777-2번지 유적의 석기제작 공간(경상북도문화재연구원 2008)

그림 7 대구 월성동유적 출토 부스러기
1~3cm의 부스러기들은 유적 내에서 석기를 제작했음을 입증하는 중요한 증거이다.

세석인, 새기개 박편, 능조정 박편 등 별도 명칭이 부여된다.

박편은 목적박편과 소재박편으로 나뉜다. 목적박편의 대표적인 예가 석인과 세석인이다. 우리가 석기로 분류하는 박편은 사람에 의한 의도적인 박리흔이 있다. 박편을 석핵으로부터 떼어 낼 때는 타각과 타격위치가 적절해야만 한다. 사람이 석기를 만들 목적으로 의도적으로 타격 또는 조정하는 것을 박리작업이라 부른다. 석핵으로부터 떨어져 나온 모든 것은 박리부산물(debitage products)이라 부르고, 박편과 부스러기로 구성된다. 박편보다 크기가 작고 도구로 사용할 수 없는 소형 박편들은 잔편 또는 부스러기로 분류한다. 박리작업으로 특정 모양의 석기를 만드는 행위가 정형(shaping)이다. 부스러기는 debitage, shatter, chip, debris라고 한다(그림 7). 유적 내 석기제작 여부를 판단하는 객관적인 자료가 부스러기의 존재 유무이다.

IV 석기 형식

도구는 수렵구와 가공구, 제작도구로 나눌 수 있지만, 여기서는 소재를 중심으로 석핵석기와 박편석기로 나누어 살펴보고자 한다.

그림 8 대구·경북지역 출토 구석기(대구 월성동, 안동 마애리 등)

1. 석핵석기

우리나라의 전기와 중기 구석기시대를 대표하는 석기로는 주먹도끼, 찍개, 가로날도끼, 주먹찌르개, 여러면석기가 있다. 석재는 석영암 계통을 사용했는데, 규암과 석영이 가장 많이 사용되었다.

1) 주먹도끼(Handaxe)

주먹도끼는 아프리카에서 처음 출현했으며, 170만~10만 년 전에 사용되었다. 160만 년 이상 사용된 역사상 가장 오래된 석기형식이다. 120만 년 전 아프리카의 두 번째 인류 확산과정에서 주먹도끼는 서아시아와 남아시아로 확산되기도 했다. 80만 년 전에는 동아시아에서도 주먹도끼가 출현했다. 주먹도끼는 양면석기라는 용어로도 불린다. 특히 인류가 만든 최초의 좌우대칭인 석기로 평가받는다.

100만 년 전에 출현한 유럽의 주먹도끼는 자연면을 거의 없애면서 석기의 양면 모두를 조정한다. 반면 우리나라 출토품은 자연면이 상당히 남아 있고 양면조정된 것이 드물다. 유럽의 주먹도끼는 프린트를 이용하지만 우리나라는 규암이나 석영 등으로 만든다.

주먹도끼 모양은 아주 다양하다. 일반적으로 끝이 뾰족하고 하단으로 갈수록 넓어지는 형태이다. 아몬드형과 타원형이 가장 많다. 단면은 렌즈모양이다. 주로 석기 중앙보다 위쪽 부위를 중점적으로 조정한다. 일본열도, 아메리카대륙, 시베리아 동부 지역 등에서는 확인할 수 없는 석기형식이다.

우리나라에서 주먹도끼의 형식만으로 전기와 중기 구석기를 구분하는 것은 아주 어렵다. 이것은 석기형식이 유사하고 제작방법은 시기에 따라 큰 차이가 없기 때문이다. 주먹도끼는 출토층위와 절대연대를 보조자료로 반드시 참고해야만 정확한 시기를 알 수 있다. 이것은 원석 그 자체를 주로 이용하지만, 박편을 소재로 만들기도 한다. 사용흔분석에 따르면, 주먹도끼는 사냥·골수채취·도살행위·나무나 가죽의 가공·뼈가공 등에 다양하게 사용되었다. 주먹도끼는 경기도 북부지역 한탄강유역에서 집중적으로 출토되는데, 전곡리·가월리·주월리·병산리·금굴·금파리 유적 등이 있다. 우리나라 거의 전역에서 주먹도끼는 발견되고 있다.

2) 가로날도끼(Cleaver)와 주먹찌르개(Pick)

주먹씨르개는 주먹노끼와 형태석으로 유사하지만, 날의 각도가 수먹도끼에 비해 더 뾰족하다. 석기의 끝이 가늘고 단면이 삼각형 또는 사각형인 것이 특징이다. 가로날도끼는 날이 도구축을 중심으로 대칭되지 않고, 한쪽으로 치우쳐 날이 형성되었다. 이것은 끝에 날이 있는 석기로 정의되기도 한다. 주먹도끼와 찍개에 비해 우리나라에서는 출토수량이 그리 많지 않다. 가로날도끼와 주먹찌르개는 대형의 원석 또는 박편을 이용하여 만든다. 한반도 중부지역에서 주로 출토되었다.

3) 찍개(Chopper and chopping tool)

찍개는 인류가 만든 석기 중 형태가 잡힌 최초의 석기이다. 아프리카 올도완문화의 중심 석기도 바로 찍개이다. 찍개날은 하나이지만, 날의 조정위치에 따라 외면찍개(chopper), 양면찍개(chopping tool)로 나눈다. 주먹도끼처럼 날 이외 면은 자연면을 남겨, 손에 쥔 채 사용할 수 있도록 했다. 우리나라 전기와 중기 구석기시대의 표지석기이다. 석재는 강이나 하천에서 주로 획득하였다. 석재는 석영과 규암으로 주로 만들었다. 주먹도끼의 기능과 유사하다. 나무나 뼈를 찍거나 깰 때 사용했다.

4) 여러면석기(Ployhedron, spheroid)

우리나라의 전기와 중기 구석기시대의 대표적인 석기이다. 여러면석기는 제작 초기에는 몸돌로 사용하였을 것으로 추정하지만, 박리가 돌아가면서 진행됨에 따라 둥근 형태가 되기 때문에 사냥돌로도 사용되었던 것 같다. 이 석기는 주로 평탄한 타면을 이용해 집중적으로 한 면을 조정한 뒤, 반대쪽 타면에서 동일한 작업면을 활용해 조정했다. 석기에 불규칙한 능선이 형성되어 있어 여러면석기로 불린다. 둥근 석기 중에는 찍힌 자국이 많은 것도 특징이다. 찍개나 망치로도 사용했다.

2. 박편석기

1) 찌르개(point)

(1) 슴베찌르개(Tanged point)

독일 북부 쉐닝겐유적에서는 40만 년 전에 만들어진 나무창이 출토되었다. 우리나라에도 이러한 나무창이 중기와 후기 구석기시대에는 사용되었을 것이다. 하지만 아직 나무창이 우리나라 구석기유적에서 출토된 적은 없다. 슴베찌르개는 우리나라를 대표하는 후기구석기시대의 찌르개로 석창의 끝에 부착하는 석기이다. 기본적으로 석인을 예비소재로 사용하여 만들었다. 드물게 길이가 긴 박편을 이용한다. 4만 년 전 이후 석인기법의 출현과 함께 등장한다.

슴베는 우리말로 칼과 화살촉 등에서 자루나 살대 속에 들어가는 부분을 일컫는다. 슴베찌르개의 길이는 10cm 이하, 두께는 1cm 전후가 대부분이다. 고례리, 수양개, 진그늘, 용호동, 신화리, 호평동, 봉곡 등 북한지역을 뺀 한반도 남부지역에서 출토되고 있다. 우리나라 구석기유적에서 투창기(spearthrower)가 출토된 적은 없지만, 슴베찌르개로 만든 창을 던질 때 팔로 던지는 것뿐만 아니라 투창을 사용했을 수도 있다. 각종 자루달린 찌르개와 화살을 던질 때 이것을 이용하면 원거리에 있는 사냥감을 맞추는 데 아주 효율적이다.

(2) 각추상석기(추형찌르개, bilateral point)

우리나라 후기구석기시대에 나오는 찌르개이다. 일본열도에서 특히 많이 출토된다. 석기소재로 석인보다는 일반 박편을 이용하는 것이 일반적이다. 우리나라 각

추상석기는 끝이 뾰족하게 조정되고 대칭성은 떨어진다. 수양개, 삼리, 하가 유적에서 출토되었다. 일본으로부터 우리나라로 유입되었을 가능성을 지적하기도 하지만 그 근거는 약하다.

(3) 월계수잎모양 찌르개(양면조정찌르개, Laurel leaf point)

우리나라에서는 신북, 석장리 등에서 출토되었지만 그 수량은 적다. 일본열도와 시베리아지역에서 많이 발견되는 석기형식이다. 소형찌르개는 석인 또는 박편을 소재로 하지만, 20cm 이상은 원석을 이용해 만들기도 한다. 석기는 양면을 조정하여 두께가 얇으며 후기구석기시대 중엽 이후에 집중적으로 만들어졌다. 직접떼기로 몸체를 만들고 연질망치 또는 눌러떼기로 최종 조정한다.

(4) 조합식 찌르개(Composited point)

뿔, 녹각 등을 뾰족하게 깎아 창으로 만든 뒤, 이것의 가장자리에 홈을 내어 그 자리에 세석인(좀돌날)을 끼워 만든 도구이다. 창에 세석인을 끼울 때는 천연 아스팔트 등 자연산 접착제를 사용했다. 소형 동물은 물론 맘모스, 들소 등 대형 동물을 잡을 때도 사용했다. 타제석기로 만들 수 있는 최고 수준의 석기이며, 구석기시대 때 예비소재 및 석기제작에 사용되는 다양한 기술이 접목되었다.

2) 가공구

(1) 밀개〔搔器, grattoir, end scraper〕

박편이나 석인의 가장자리에 주로 둥근 모양〔弧狀〕으로 날을 제작한 석기이다(그림 9). 밀개날 조정은 주로 배면에서 등면으로 조정한다. 우리나라에서는 새기개와 함께 후기구석기시대의 표지적인 석기이다. 밀개는 석영, 이암, 응회암, 흑요석 등 석재를 가리지 않고 만들었다. 이것은 세석인 관련 유적에서 세석인과 함께 출토되는 경우가 많다. 형태는 원형, 부채꼴형, 방형, 손톱모양 등이 있다. 크기는 소형에서 대형까지 다양하다. 가죽 등을 가공할 때 사용하는 석기이다.

(2) 뚜르개〔錐, Borer〕

석인이나 박편을 이용해 만들었다. 석기의 한쪽 끝을 잔손질로 송곳처럼 뾰족하게

그림 9 남양주 호평동 2차조사에서 출토된 밀개

만든 석기형식이다. 가죽, 나무 등 구멍을 낼 때 사용한 것으로 추정된다. 후기구석기시대 이전에도 출토되고 있다.

(3) 새기개〔彫刻刀, 彫器, Burin〕

후기구석기시대에 집중적으로 출토되는 석기형식이다. 석인이나 박편을 이용해 그것의 가장자리나 모서리를 가격해 만들었다. 이 석기의 주요한 용도는 뼈, 뿔, 상아에 반복적으로 선을 그어 뼈도구를 만들기 위한 소재를 얻거나 특정 물건에 자국을 남길 때 사용했다(그림 10). 뼈도구는 수렵도구인 창을 비롯해 귀 달린 바늘 등 아주 다양하다. 한쪽 모서리부분이나 석기축과 수평방향으로 새기개면을 형성시켰다. 이때 떨어져 나온 것을 새기개 격지 또는 삭편(burin spall)이라고 부른다. 소재박편의 타격축에 대한 새기개면의 각도는 일정하지 않고 그 형상도 다양하다. 전기구석기시대에도 존재했던 것으로 알려져 있지만, 다양한 형태 및 박리기법이 정형화된 것은 후기구석기시대이다.

(4) 긁개(Scraper)와 홈날(Notch)석기 · 톱니날(Denticulate)석기

긁개는 구석기시대의 가장 흔한 도구이며 형태도 아주 다양하다. 정형화된 형식 이외의 잔손질된 석기는 긁개로 분류하는 경우가 많다. 원석과 박편을 가리지 않고 여러 소재를 이용해 만들어지며, 정형성이 다소 떨어지는 형태의 가공구이다.

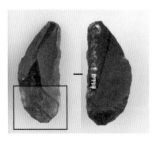

그림 10 대구 월성동 출토 흑요석제 새기개 사용법(김경진·장용준 2016)
네모로 표시된 부분에 자루를 장착한 흔적이 있다.

홈날석기는 긁개 중 인부에 움푹 들어간 오목날에 해당한다. 인위적인 것뿐만 아니라 사용과정에서도 생기는 경우가 있다. 톱니날석기는 긁개와 유사하지만 날의 조정 깊이가 긁개와 비교해 톱니날처럼 깊고 큰 것이 특징이다.

3) 기술박편

기술박편은 특정 석핵이나 석기를 조정하는 과정에서 나오는 석기로, 석기제작에 관한 기술정보를 담고 있다. 이 석기를 보면 무슨 석기를 제작하고 어떤 기법을 사용했는지를 유추해 낼 수 있다.

(1) 삭편(타면격지, 새기개격지, spall)

삭편은 세석핵과 새기개로부터 주로 박리된다. 세석핵에서 떨어진 삭편은 집현, 수양개, 옥과, 중동, 호평동 등에서 확인된다. 이것은 세석핵을 예비조정한 뒤 타면을 형성시킬 때 박리된다. 유적 내에서 제작행위가 이루어졌음을 알 수 있는 분명한 자료이자 기술과정을 보여주는 유물이다. 새개개 삭편은 새기개를 만들 때 나오는 소형 조정 박편이다. 세석인과 구분이 어려울 때가 있다. 새기개 삭편의 단면은 세석인처럼 삼각형 또는 제형이 아닌, 능선이 어느 한쪽으로 치우친 비대칭인 경우가 많다. 월성동과 노은동유적에서 다량으로 출토되었다. 사용 중 날을 재생하기 위한 박편도 확인되었다.

(2) 타면재생박편(Core rejuvenation tablet)

석인석핵에서 주로 박리되는 기술박편이다. 이것은 석핵에서 타격과정 중 타각이 나오지 않거나 타면상태가 좋지 않을 때 석핵의 타면을 없애고 새로운 타면을 만들 때 발생한다. 타면과 거의 직각으로 형성되는 작업면이 있는 형태가 상당히 특징적이므로 구분이 용이하다. 석인석핵의 작업면을 계속 활용하기 위해 이루어지는 타면 재생 행위의 부산물이다. 타면의 재생행위는 한 번 이상 이루어질 때도 있다. 이러한 석기가 출토된다면 제작집단의 기술수준이 높음을 유추할 수 있다.

3. 석인과 세석인

1) 석인(돌날, Blade)

우리나라에서 석인은 4만 년 전 이후에 출토된다. 석인은 길이와 폭의 비율이 2:1 이상이다. 길이가 5cm 이상이고, 날과 능선이 평행한 석기이다. 여러 점의 석인 또는 석인기법 부산물이 유적 내에 존재한다면 석인으로 분류해도 무방하다. 연구자마다 기준이 다르지만, 무조건 긴 박편을 석인이라 불러서는 안 된다. 석인은 모양이 비슷하고 대량 생산이 가능하다는 장점이 있다. 즉, 소재개념의 석기로 후기구석기시대의 대표적인 석기이다.

  석인기법에는 인위적으로 지그재그조정을 통해 능선을 만드는 능조정(crest) 방식과 원석의 자연적인 능선 등을 이용하는 비(非)능조정 방식이 있다. 전자는 고례리, 진그늘, 수양개 등에서 확인된다. 석인기법으로 제작하면 다양한 부산물이 출토된다. 석핵의 작업면에서 처음 박리되는 최초박편, 능조정석인(crested blade), 석핵의 타면을 다시 사용하기 위한 타면재생박편(core rejuvenation tablet), 작업면을 더 이상 박리할 수 없게 만드는 계단상 박리(step) 또는 힌지(hinge)가 발생했을 경우 작업면 일부를 제거하면서 나오는 작업면재생박편이 있다(張龍俊 2006).

  석인기법은 같은 석재라 하더라도 석재를 최대한 활용할 수 있는 매우 경제적인 방법이다. 무엇보다도 석인제작에는 단순히 박편을 획득한다는 차원이 아니라 하나의 소재를 활용해 다양한 석기를 제작하는 전략과 고도의 인지능력이 필요하다. 특히 비슷한 모양의 도구를 만들기에 용이하고, 정교한 석기를 제작하기에 적합하다. 석인은 날이 예리하면서도 가벼워 이동생활에 적합하다. 이것은 주먹도끼나 찍개 등에 비해 작지만 강하고, 가볍지만 날카롭다.

유적에서 출토되는 석인석핵은 더 이상 박리작업이 힘들어 버려진 것이 많다. 그 이유는 타각이 둔각이라서 타격각도가 나오지 않아 박리가 어렵거나, 작업면에 계단상 박리나 내반 박리 같은 좋지 않은 상태가 되어 석인을 생산할 수 없는 경우, 타면이 부족한 경우이다.

석인기법은 직접떼기, 간접떼기, 눌러떼기를 이용한다. 뼈도구와 결합하면 매우 효율적인 도구가 만들어진다. 규격적인 석인을 이용하면 슴베찌르개와 같은 찌르개를 대량으로 제작할 수 있다. 우리나라 석인기법은 후기구석기 이전의 석영계 석기군에서 발전했다기보다 현생인류 유입과 함께 시베리아지역에서 유입됐을 가능성이 높다.

석인기법은 토기처럼 접합시켜 제작기법을 복원해야 한다. 그런 과정에서 석인기법의 기술수준을 파악할 수 있다. 고례리, 수양개, 용산동, 진그늘, 용수재울의 석인석기군에서 나온 석인은 기술수준이 높고 양질의 석재를 이용했다. 중국 남부지역이나 동남아시아 등지에서는 후기구석기시대의 석인기법이 발견되지 않는다.

2) 세석인(좀돌날, Microblade)

세석인은 석인의 축소판이다. 길이와 폭의 비가 2:1 이상이며 폭은 0.5cm 내외, 길이는 1.0cm 이상인 작은 석인이다. 큰 것은 길이와 폭의 비가 6:1인 것도 있다. 세석인은 소형 석인, 세석기, 새기개 박편과 구분하기 어려운 경우가 있다. 우리나라에서 세석인은 2만 8,000년 전 이후에 본격적으로 등장한다. 세석인은 조합식 찌르개[植刃器]처럼 다른 도구의 부속구로 더 많이 사용되었다.

세석인기법은 처음에는 직접떼기로 세석핵을 다듬은 뒤 눌러떼기로 세석인을 박리한다. 박리공정은 소재의 박리부위를 바르게 되도록 조정하는 것이다. 예비소재(blank)를 제작하는 방식에 따라 세석인기법의 종류도 정해진다. 다양한 기법이 적용된 세석핵들이 우리나라 후기구석기유적에서 출토되고 있다. 우리나라에서는 여러 종류의 석재를 이용해 세석인을 만들었지만, 석영과 수정은 아주 드물게 이용하였다.

세석인기법은 양질의 석재 선택, 예비소재 제작기술(양면조정, 박편의 배면, 자연면 이용 등), 타면제작기술(타면생성 박편제작, 타면조정, 미세조정), 쐐기제작기술(박리 때 선단부가 넓어지는 것을 방지), 고정방법(손이나 고정도구 사용), 눌러떼기 기술(다양한 종류의 누

그림 11 남양주 호평동유적 출토 흑요석제 세석인

름도구 활용)이 사용된 구석기시대 박리기술의 집약체이다(장용준 2002).

특히 세석인제작에 많이 사용된 흑요석은 백두산이 원산지이다. 월성동유적에서 출토된 흑요석으로 만든 세석인을 LA-ICP-MS(Laser Ablation-Inductively Coupled Plasma-Mass Spectrometry: 레이저절삭 유도결합 플라즈마 질량분석기)로 원산지 분석을 하였다. 그 결과, 흑요석의 원산지가 백두산 계열인 제1형(PNK1)으로 판명되었다(김종찬·장용준 2016).

조합식찌르개와 세석인의 출현시기는 일치하지 않는다. 매머드의 흉골에 남은 세석인이 서시베리아 루고프스코에유적에서 발견되었고, 야생소의 견갑골에 박힌 조합식찌르개가 코코레보1유적에서 출토되었다. 세석인을 만들어 썼던 사람들은 인류 중 가장 광범위하게 확산된 무리이다(木村英明 1997).

북위 80도까지 인류영역을 확대시켰고, 베링해협을 건너 아메리카대륙으로 건너간 것도 세석인 집단이다. 한국, 일본, 시베리아지역, 중국 북부에서는 유베츠[湧別]기법 같은 공통의 석기기법을 공유했다.

4. 기타 석기

1) 망치돌(Hammer)

돌을 깨뜨리거나 다듬을 때 이용하는 도구가 망치돌이다. 형태는 납작한 원반형과 소형의 둥근 자갈돌을 이용한 원형과 타원형 등이 있다. 경질(硬質)망치(hard hammer)로 사용된 석재는 둥근 형태가 많고 손에 쥐었을 때 불편함이 없도록 매끈매끈한 면을 지닌 것이 좋다. 망치돌은 강가에 있는 매끈하면서 단단한 자갈돌이 적합하다.

연질(軟質)망치(soft hammer)는 소재가 나무, 녹각, 뼈, 상아 등이다. 연질망치의 소재는 타격하기에 용이하게 잘라낸 사슴뿔이나 나무막대가 적합하다. 연질망치를 이용한 박리의 특징은 경질망치와 비교해 박편의 두께와 혹의 크기가 다르다. 연질망치로 제작한 것이 박편 두께가 얇고, 혹이 덜 발달되어 있으며, 두께가 얇다. 양면조정 찌르개를 만들 때도 유용하다.

2) 인부마제석기

일본열도, 호주에서는 3만 년 전 무렵의 구석기시대에 일부 석기형식에 한해 마제(갈린) 석기가 출토되고 있다. 우리나라에서는 중기구석기시대의 용호동 갈린 석기도 있다. 세석인문화에 해당하는 집현, 신북, 수양개에서 날의 끝부분과 몸체 일부가 갈린 인부마제석기가 출토되었다. 신석기시대에만 마제석기가 나온다는 고정관념은 틀렸다. 구석기시대에도 갈린 석기가 사용되었다.

V 구석기의 발견과 이해

1. 구석기의 발견

우리나라에서 구석기유적의 발견 빈도가 낮은 곳이 영남지역이다. 이 지역은 구석기를 제외한 시대의 유적발굴은 가장 많이 이루어졌다. 하지만 발굴과정이나 지표조사에서 구석기유물을 발견하기가 쉽지 않다. 지표상에 유물 노출 빈도가 낮고 노출된다고 할지라도 주변의 돌과 석기를 분별하기가 어렵기 때문이다. 예를 들어 흑요석제 석기와 같은 특정 석재를 사용했거나, 마제석기처럼 누구나 쉽게 분별이 가능했다면 영남지역에서 구석기유적은 다른 어느 지역보다도 많이 발견되었을 것이다.

영남지역은 석회암지대가 아니어서 동굴유적이 발견될 확률도 아주 낮다. 현재까지 발견된 구석기유적은 모두 야외유적이다. 구석기유적을 발견하는 데는 무엇보다 석기에 대한 관심과 지식이 필요하다. 아직도 영남지역에는 구석기유적이 발견되지 않은 시·군이 더 많다. 예를 들어 부산은 정식으로 구석기 조사가 이루어진 지역이 한 곳에 불과하다. 대구는 두 곳이다. 아마도 구석기유적이 없었던 것이 아니라 부지불식간에 유적이 사라졌을 가능성도 배제할 수 없다.

우리나라에서 구석기유적이 발견되는 곳은 다음과 같다(한창균 2007).

① 바닷가 또는 내륙의 강줄기 유역에 분포하는 단구 윗부분의 퇴적층

② 평탄한 지역이나 비교적 낮은 구릉지대의 기반암 풍화층 위에 놓인 퇴적층

③ 용암대지 위에 형성된 퇴적층

④ 동굴(또는 바위그늘)의 퇴적층

⑤ 토탄층 및 유기물 포함층

⑥ 황토 퇴적층

위와 같은 곳에 쌓여 있는 퇴적층 내 고토양 속에서 구석기가 많이 발견된다. 영남지역에서 발견되는 구석기유적의 입지도 크게 다르지 않다. 특히 고토양 속에 토양쐐기가 발견되면 좀 더 유심히 석기가 있는지를 살필 필요가 있다.

구석기유적의 퇴적층 혼란 원인에는 층위의 뒤섞임현상, 퇴적층의 유실, 유물의 재퇴적, 섞임현상과 사람을 포함한 각종 동물들의 활동, 나무뿌리와 같은 식물의 성장 등이 있다(배기동 2000·2006). 쐐기처럼 갈라진 틈 사이로의 이동과 발굴자의 부주의에 따른 유물의 이동도 지적되기도 한다(한창균 2006). 빙하기를 포함해 최대빙하발달기(LGM) 동안에 생긴 토양의 동결과 해빙현상도 한 요인일 것이다.

2. 구석기의 이해

1) 문화층과 석기분포

우리는 발굴과정에서 구석기가 출토된 곳을 문화층으로 설정한다. 이때 동일한 형식의 석기가 서로 다른 층에서 출토된다면 같은 문화층인지를 고민해야만 한다. 다른 층위에서 출토된 석기들이 서로 접합된다면 같은 문화층으로 설정해도 좋다. 우리나라 구석기유적에서 출토된 석기 중 접합자료에 나타난 유물 간의 깊이 차이는 20~80cm이다(장용준 2015). 벨기에 미르유적은 8,000년 전의 유적이다. 석기들 사이의 수직적 분포관계를 보면, 수직분포의 맨 아래와 맨 위 사이의 접합 사례들은 옛 사람들이 이 유적을 여러 차례 방문한 것이 아니라 단 한 차례 점유했음을 의미하고 있다(더글라스 프라이스 2013).

구석기를 제대로 이해하기 위해서는 석기가 출토된 분포양상을 유심히 살피고, 신중히 해석할 필요가 있다. 첫째, 석재종류에 따른 사용영역의 구분, 둘째, 석재를 사용하는 데 특별한 영역구획의 설정 유부(석기제작 때 여러 사람이 동시에 제작했을 경우, 일정 시간의 간격을 두고 필요에 따라 석기를 제작했을 가능성, 특정 장소에 지정된 석기제작지의 운영), 셋째, 생활공간 내 석기제작장과 기타 생활장소 등을 검토해야 한다.

2) 석기의 개체별 자료 분석

석기는 소재를 획득해서 도구를 만들고, 그것을 사용하고, 폐기하는 수순을 거친다. 구석기를 비롯한 석기도 토기처럼 접합복원작업을 실시해야만 한다. 이런 과정 속에서 단순히 석기만으로 알 수 없는 다양한 정보 및 인간행위를 복원해 낼 수 있다.

접합유물은 다음과 같은 정보를 제공해 준다. 여러 석기가 동일한 시기에 제작되었는지의 여부, 석기를 제작하는 과정에서 비산된 거리, 제작공간의 추정, 유적 내 공간활용에 대한 구조 분석, 사용을 위한 유적 밖으로의 석기 반출 여부, 석기를 제작하고 난 뒤 사용에 의한 변형 등이다. 요약하면, 접합자료는 구석기인들이 살았던 공간을 이해하는 중요한 증거를 제공해 주고, 석기분석에 대한 설명을 객관적으로 입증할 수 있다. 특히 유적에서의 석기생산 수준, 도구들의 기능과 이를 근거로 한 각 유적의 생업경제와 경제 지향, 각 유적과 인근 지방 사이의 잠재적인 연계관계, 각 유적의 시기도 검토가 가능하다(더글라스 프라이스 2013: 348).

3. 구석기 읽기

인류가 자연에서 구할 수 있는 가장 단단한 재질이 돌이다. 돌은 수백만 년이 지난 지금까지도 전해지고 있는 거의 유일한 재료라고 해도 과언이 아니다. 이런 돌을 인류가 도구제작을 위해 선택했다는 사실이 놀라울 따름이다.

현재도 석기를 이해하기 위한 석기제작실험 연구가 계속되고 있다. 이것이 처음 진행된 것은 1838년 닐슨(S. Nilson)에 의해서이다. 이러한 작업은 인류의 과거 행동을 이해하는 중요한 수단 중 하나이다. 특히 석기제작실험은 석기의 진위 여부를 판별할 때나 제작과정 복원에 자주 이용된다(Crabtree 1968; Faulkner 1972; Semenov 1964; Wecott 1999; Whittaker 1999).

구석기 기술 연구는 석기를 만든 사람이 가졌던 무형(無形)의 사고를 찾아냄과 동시에, 그것을 유추하는 과학적이고 역사문화적인 행위이다. 기술은 사회적 행동방식과 문화사적 특징, 개인의 능력과 습관을 담고 있다. 우리가 박물관이나 유적에서 볼 수 있는 석기는 단순한 돌이 아님을 먼저 인식해야 한다. 석기에는 인류의 행동·사고·생존방식이 포함되어 있다. 석기의 제작과 사용을 위한 기술시스템은 오랜 역사의 축적이자 산물이다. 우리나라는 강원도나 충청도 일부 지역에서 골각기와 동물뼈가 출토된 것을 제외하면 산성토양으로 인해 모두 없어지고 구석기시대의 산물은 석기로 한정된다. 구석기시대 유물 중 석기가 가장 높은 비율을 차지하는 이유이다. 이런 석기가 담고 있는 제작기술과 기능정보는 인류가 생존을 위해 처절히 노력했던 그 당시의 적극적 생활방식을 복원하는 근간이 된다.

제작자는 석기를 제작공정에 따라 만들고 제어한다. 제작공정에는 석기를 만들기 위한 선택부터 사용하면서 버릴 때까지의 모든 단계를 포함한다. 원석은 제작자에 의해 선택되고 경제적으로 통제된다. 펠레그린(Pelegrin)은 박리공정이란 원석에 최초로 가한 가격으로부터 최종적으로 작업이 종료될 때까지의 수순 체계를 말한다고 했다. 일련의 석기제작행위를 석기제작과정(reduction sequence), 석기제작체계(knapping scheme), 제작기술(Stone-knapping), 동작연쇄·석기제작공정(쉐인 오뻬라톨, Chaîne opératoire) 등으로 정리하기도 했다. 이러한 개념들에는 단순히 석기의 제작기술적 측면뿐만 아니라 그것이 내포하고 있는 개념과 제작자의 의도를 파악하기 위한 목적이 담겨 있다(Inizan et al. 1999).

이니잔 등(Inizan et al. 1998: 11-12)은 석기읽기는 두 단계에 걸쳐 이루어진다고 보았다.

"제1단계는 개개 박리흔을 해독하는 것이다. 이것은 보통의 박편과 부스러기, 잘 만들어진 완성품, 또 고고학적인 맥락에서 벗어나 있는지 어떤지를 하나의 석기를 기술이라는 관점에서 읽는 것과 관련이 있다. 제2단계는 이상의 해독에 기초한 추론이다. 즉, 동작연쇄의 각 단계에 위치 지워진 석기자료의 상호관계를 해석하는 것이다. 상호관계를 엿볼 수 있는 실마리가 빠져 있는 적도 있지만, 특정 표본과 현상의 유무 자체가 해석의 중요한 힌트가 된다."

표 1 타제석기를 읽는 순서[Inizan et al.(大沼克彦 등 譯) 1998](우리나라 구석기에 맞게 수정)

1. 석기의 표면상태를 관찰한다.
2. 원석(석재) 종류를 동정한다.
3. 소재를 동정(가능한 경우)한다.
   1) 떼어 내지 않은 소재의 경우
      (1) 종류(각력, 원력 등)를 분류한다.
      (2) 방향을 정한다(형태축, 기술적 소성 등에서).
   2) 떼어 낸 소재의 경우
      (1) 박리축을 읽어 낸다(배면, 등면, 기부, 좌우 측연 등).
      (2) 기술형태적인 특징(박리실패)을 인정한다.
         – 박리기법, 방식을 인정하는 기준
         ○ 기단부 분석: 눌러떼기기법인가, 타격기법인가를 판단
         ○ 등면 분석: 석인기법, 세석인기법 등에 의해 박리되고 있는가 어떤가를 판단
         ○ 원단부(遠端部) 분석에 의해 내·외반박리가 석핵에 일어나고 있는가, 새기개에 일어나고 있는가 등을 판단
         ○ 부러뜨린 면의 분석을 통해 우연히 부러졌는가, 의도적인가, 박리실패에 의한 것인가 등을 판단
         – 조정방법을 판단
         ○ 배면 분석에 의해 르발르와방식에 따른 것인가, 능조정을 이용한 조정인가 등을 판단
         ○ 기단부 분석에 의해 타면의 분류와 마찰에 의한 타면머리조정의 흔적 등을 판단
4. 특수한 박리기법이 사용되어졌는가를 판단한다(예: 석인기법, 세석인기법, 르발르와기법 등).
5. 박리흔의 기본속성에 따라서 기재한다.
   – 부위, 위치, 분포, 외형, 정도, 각도, 형태 등
6. 도구인지 아닌지를 판단한다.

구석기 연구는 구석기를 관찰하고 연구함으로써 당시 사람들을 이해하고 생활상을 복원하는 것이 목적이다. 우리는 단순히 석기를 분류하고 기능적인 해석에 멈추어서는 안 된다. 해석과 설명이 있어야만 옛사람의 삶에 한발 더 다가설 수 있다. 구석기는 인류가 만든 최초의 도구로 우리나라에 언제부터 인류가 살았는지를 알게 해 준다. 구석기는 시간의 흐름에 따라 크기가 작아지고 전문화되면서 기능이 개선되었다. 이것은 단순한 돌이 아닌 인류가 처절하게 생존하기 위한 적극적인 행동이 반영된 도구이다. 인류가 처음으로 만든 석기들은 현존하는 다양한 도구의 모델이다. 석기는 집단의 성격과 대략적인 규모를 알 수 있게 해 준다. 인류의 이동경로를 유추할 수 있게 해 주며, 나라 사이의 교류양상을 파악하는 실마리를 제공한다. 석기는 당시 살았던 사람들의 생각과 정신세계를 이해하는 데 도움을 준다.

구석기 연구는 우리 인간들의 최초의 흔적을 찾고 복원하는 작업이다. 석기는 미개인이 만든 것이 아니라 선사인이 만든 생존을 위한 치열한 고뇌의 생명줄과 같았다. 우리의 삶은 석기를 사용함으로써 급격히 바뀌어 갔다. 석기는 모르면 돌이지만, 배우고 이해하면 중요한 문화재이다. 토기는 새로운 도구를 만들어 내지는 못하지만, 석기는 다른 도구를 만들거나 집을 짓는 데 사용한 창조적인 행위의 부산물이다.

구석기를 연구하고 석기를 분별해 내기 위해서는 전문용어에 관한 지식 습득이 필요하다. 우리가 구석기를 어렵게 여기고, 석기 연구를 싫어하는 데는 어려운 전문용어가 한몫하고 있다. 구석기를 이해하고자 하는 사람은 토기의 세부 속성을 외우고 공부하듯이 구석기에도 그러한 노력을 쏟아부어야만 한다. 구석기 연구자들은 『한국고고학전문사전-구석기시대편』처럼 석기 연구자는 물론 고고학자들 누구나 쉽게 석기를 이해할 수 있도록 설명하고 배려하는 노력이 필요하다. 아울러 구석기시대 사람들이 어찌 살았는지를 대중에게 알려 주려는 노력도 절실하다.

[장용준]

참고문헌

慶尙北道文化財研究院, 2008, 『大邱 月城洞 777-2番地 遺蹟(I)—舊石器(구석기)』, 學術調査報告 第119冊.

국립문화재연구소, 2013, 『한국고고학전문사전—구석기시대편』.

김경진·장용준, 2016, 「대구 월성동 유적 출토 석기의 기능연구」, 『한국구석기학보』 제34호, pp. 50-77.

더글라스 프라이스(이희준 옮김), 2013, 『고고학의 방법과 실제』, 사회평론, 343쪽.

로버트 웬키(안승모 옮김), 2003, 『선사문화의 패턴 I』, 서경.

張龍俊, 2006, 『韓國 後期舊石器의 製作技法과 編年研究』, 부산대학교 박사학위논문.

_____, 2014, 「嶺南地域 舊石器遺蹟의 特徵과 編年」, 『新羅文物研究』 6~7, pp. 5-32.

_____, 2015, 『구석기시대의 석기 생산』, 진인진, pp. 1-359.

한창균, 2006, 「구석기유적: 찾기에서 발굴까지」, 『한국 매장문화재조사연구방법론 2』, 국립문화재연구소, pp. 129-167.

Molly Raymond Mignon(김경택 옮김), 2006, 『考古學의 理論과 方法論』.

橋本 正, 1975, 「石器の機能と技術」, 『日本の舊石器文化1總論編』, pp. 74-113.

久保田正壽, 2004, 「實驗からみた敲打技法」, 『石器づくりの實驗考古學』(日本: 石器技術研究會編, pp. 147-172.

舊石器文化談話會 編, 2000, 『舊石器考古學辭典』, 學生社, pp. 1-244.

大沼克彦, 2002, 『文化としての石器づくり』, 學生社, pp. 1-181.

藤本 强, 1975, 「石器製作の力學的檢討」, 『日本の舊石器文化』 1, pp. 128-146.

木村英明, 1997, 『シベリアの舊石器文化』, 北海道大學圖書刊行會.

山田しょう·志村宗昭, 1989, 「石器破壞力學(1)」, 『舊石器考古學』 38, pp. 157-170.

田中英司, 2004, 『石器實測法—情報を描く技術—』.

Inizan, M. L., H. Roche, J. Tixier(大沼克彦, 西秋良宏, 鈴木美保 譯), 1998, 『石器研究入門』, クバプロ.

Addington, Lucile R., 1986, *Lithic Illustration: Drawing Flaked Stone Artifacts for Publication*, The University of Chicago Press, pp. 1-129.

Brézillon, Michel N., 1977, *La dénomination des objets de Pierre Taillée*, Éditions du centre national de la recherche scientifique.

Crabtree, D. E., 1968, Mesoamerican Polyhedral Cores and Prismatic Blades, *American Antiquity* 33.4, pp. 446-478.

Faulkner, A., 1972, Mechanical Principles of Flint working, Ph.D. dissertation, Dept. of Anthropology, Washington State University.

Inizan, M. L., H. Roche, J. Tixier, 1999, *Technology and Terminology of Knapped Stone*.

Semenov, S. A., *Prehistoric Technology*, Moonraker press, pp. 1-211.

Speth, J. D., 1972, Mechanical basis of percussion flaking, *American Antiquity*, vol 37, pp. 34-60.

Wecott, D. (SPT), 1999, *Primitive Technology: A Book of Earth Skills*, Gibbs Smith.

Whittaker, John C., 1999, *Flintknapping: making & understanding stone tools*, University of Texas Press·Austin.

제2장
청동기시대 석기의 관찰과 분석

I 머리말

한반도의 전체 역사에서 마제석기가 가장 발달한 시기는 청동기시대이다. 구석기시대에도 일부 마제 기법이 확인되고 있지만, 본격적으로 사용되기 시작한 것은 그 시대 명칭에서도 알 수 있듯이 신석기시대이다. 그러나 신석기시대에도 여전히 타제석기의 비율이 높았으며, 생활 도구의 거의 대부분이 마제로 제작된 것은 청동기시대부터이다. 석기는 후에 대부분의 도구들이 철기로 대체되는 철기시대 이후부터 급격한 쇠퇴 과정을 밟게 된다.

최근에는 청동기시대 연구 분야의 확대 및 심화와 더불어 마제석기에 대한 연구도 조금씩 증가하고 있다. 이는 유구나 유물의 개별적인 연구에서 벗어나 모든 고고학 자료를 하나의 문화 현상 속에서 통합적으로 파악하고자 하는 경향이 주류를 이루게 되면서 연구의 대상 범위가 확대된 것이라 할 수 있다. 과거 토기나 청동기를 통한 편년 수립에서 보조적인 역할에 머무르던 석기 연구가, 석기로서의 특질에 대한 인식과 함께 선행 연구의 공백을 메울 수 있는 대상으로 주목받고 있는 것이다.

그러나 마제석기에 대한 연구는 아직까지 다른 분석 대상에 비하여 활발히 진행되지 못하고 있는 실정이다. 이는 석기가 지닌 기본적인 속성이 청동기나 토기 등 다른 고고학 자료에 비하여 상대적으로 기능적 측면이 강하다는 사실에 기인한다. 대부분의 연구자들이 석기는 기능적 속성이 강하여 급변하는 문화상을 제대로 반영하지 못한다고 생각하였기 때문에, 토기와 함께 청동기시대 유적에서 가장 많은 출토량을 보이는 유물임에도 불구하고 연구 대상으로서 주목받지 못하였다.

하지만 편년에 있어서 민감한 변화상이 관찰되지 않는 점은, 커다란 변화의 획기를 상정할 때나 혹은 보다 광범위한 지역의 문화상을 비교할 때에는 유효한 장점으로 작용하게 된다. 또, 석기에 기능적 속성이 강하게 반영되어 있다는 점도 청동기시대인들의 실제 생활상을 복원하는 데에는 좀 더 효과적인 요소라 할 수 있다. 즉, 석기는 토기에 비해 시간적·공간적으로 변화·발전하는 양상이 쉽게 확인되지는 않지만, 청동기인들의 실제적인 삶의 필요에 의하여 고안된 것이기 때문에 기능적 속성 파악을 통한 당시인의 생활 방식이나 생계 수단 등의 연구에 효과적인 것이다.

이 장은 청동기시대 석기의 관찰과 분석에 대한 내용을 담고 있다. 그런데 석기의 관찰에서 유의할 사항은, 결국 최종적으로 관찰된 석기에 대하여 어떠한 분석이 이루어지느냐에 따라 달라진다. 그리고 이러한 분석 방법의 결정은 역시 기존 연구 성과를 바탕으로 이루어질 수밖에 없다. 따라서 본고에서는 먼저 석기에 대한 최신 분석 사례와 그 결과를 주제별로 간략하게 소개한 다음,[1] 이를 바탕으로 석기의 관찰과 실측에 있어서의 유의 사항을 기술하도록 하겠다. 한편, 시기 구분은 송국리 문화의 등장을 획기로 하는 전·후기 구분안을 따랐음을 미리 밝혀 둔다(이홍종 2000: 5-6).

II 편년과 지역상

석기는 토기나 청동기에 비하여 급변하는 문화상을 제대로 반영하지 못하는 경향이 있다. 따라서 세부적인 편년 연구에서 보조 자료로 활용되는 경우가 대부분이다. 그러나 민감한 변화상이 보이지 않는 점은 오히려 커다란 변화의 획기 설정이나 보다 광범위한 지역의 문화상을 비교할 때에는 유효한 장점으로 작용한다. 이러한 측면에서 지나치게 세분된 경향의 토기 편년을 보완할 수 있는 새로운 대안으로서 석기의 편년과 지역상에 대한 연구가 시도되고 있다.

이 중 가장 많은 관심과 활발한 논의가 전개된 대상은 석검이라 할 수 있다. 석검의 독특한 형태와 한반도를 중심으로 분포한다는 지역성 때문에 예전부터 기원에

---

1   석기의 최신 분석 사례에 대해서는 기존에 발표한 필자의 글(손준호 2013)에 새로운 자료를 추가하여 다시 정리하였다.

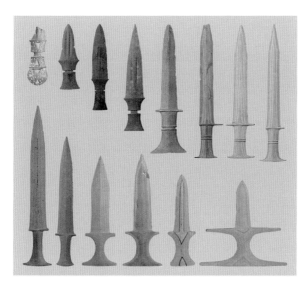

그림 1 유병식 석검 각종(손준호 2006: 47)

그림 2 유경식 석검 각종(손준호 2006: 49)

대한 논쟁이 계속되었는데, 이는 지금도 현재진행형이다. 최근 골각기에 석인을 끼운
직인식 단검 모방설(春成秀爾 2006: 80)과 한반도 내 독자 발생설(강인욱 2010: 95) 등이
제기된 바 있지만, 여전히 비파형동검 조형설이 우세한 상황이다(이청규 2007: 66). 단
순한 동검과 석검의 형태적 유사성뿐만 아니라(손준호 2009: 20), 동검과 이단병식 석
검의 출현 시기(손준호 2008a: 721), 모방 대상의 존재를 짐작케 하는 발생기 석검 형식

의 복잡성 등이 근거로 제시되고 있다(배진성 2006: 207).

　석검의 최초 출현 시기에 대해서는 전기의 시작과 함께 등장하여 조기와 전기를 구분하는 획기로 보는 설(이형원 2010: 59), 조기에 유병식 석검이 먼저 출현하고 전기 이후 유경식과 석창이 본격적으로 제작된 것으로 파악하는 견해(홍주희 2012: 3-4) 등이 존재한다. 상기한 바와 같이 커다란 변화의 획기 설정에 효과적인 석기의 기본적인 특성을 감안하여 특정 석기의 등장을 변화의 획기로 삼는 것도 생각해 볼 만하다. 한편, 탄소연대 측정치를 근거로 조기의 석검 등장을 인정하는 견해도 제기된 바 있지만(이창희 2013: 445-446), 함께 제시된 동검의 연대 값을 따를 경우 한반도의 비파형동검이 동아시아에서 가장 먼저 출현하게 되는 황당한 결과가 발생한다.

　유병식 석검의 형식 변화는 필자에 의해 비파형동검을 모방하여 제작된 이단병식 중 유단병식과 유구병식이 가장 이르고, 동주식동검을 모방한 유절병식은 상대적으로 늦은 시기에 유단유절병식, 단순 유절병식의 순서로 등장하며, 후기의 표지 유물인 일단병식은 전기 유단병식과의 관계를 감안하여 심부유단식에서 심부유절식으로 상정된 바 있다(그림 3)(손준호 2012: 86-89). 일단병식에 대한 변화 방향은 최근 이루어진 섬진강유역 지석묘의 분석에서도 동일하게 확인되었다(황재훈 2012: 134-138). 한편, 일단병식의 등장과 관련하여 삼각형 석도나 유구석부에 비해 늦은 시기에 출현한다는 견해도 제기된 바 있지만(庄田愼矢 2007: 70), 해당 형식이 대부분 분묘에서 출토되는 점을 생각할 때 주거지 출토품만을 대상으로 한 분석 결과를 신뢰하기는 어렵다.

　다음 석촉에 대해서는 전기의 대표적 형식인 편평무경촉의 변화상이 제시된 바 있는데, 시간의 흐름에 따라 길이가 길어지는 동시에 기부의 만입이 깊어지며 단면이 편평하고 선단부에 뚜렷한 능이 형성된 형태가 증가함을 지적하였다(공민규 2006: 86-88). 역시 전기에 해당하는 이단경촉은 경부 상·하단의 연결 부분이 모호해지고, 관부의 형태가 예각에서 둔각으로 변화한다고 보았다(서길덕 2010: 36-37). 이러한 변화상은 강원지역 출토품을 대상으로 한 연구에서도 유사하게 관찰되는데, 편평무경촉 → 이단경촉 → 일단경촉의 변화와 함께 일단경촉 또한 관부가 예각에서 둔각을 거쳐 일체형으로 변화하는 점이 추가로 지적되었다(송만영 2012: 12-13).

　영남지역 출토품에 대한 분석에서도 비슷한 변화의 방향이 확인된 바 있는데, 특히 평근에서 첨근으로의 경부 형태 변화나 일단경촉의 신부 평면형이 길고 직선

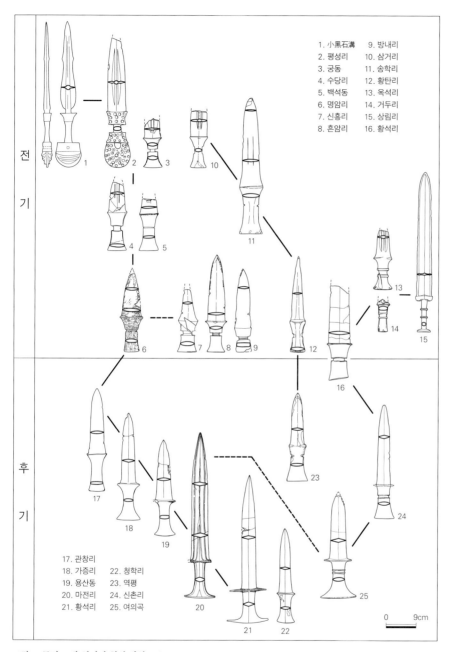

1. 小黑石溝　9. 방내리
2. 평성리　10. 삼거리
3. 궁동　11. 송학리
4. 수당리　12. 황탄리
5. 백석동　13. 옥석리
6. 명암리　14. 거두리
7. 신흥리　15. 상림리
8. 흔암리　16. 황석리

전
기

후
기

17. 관창리
18. 가증리　22. 청학리
19. 용산동　23. 역평
20. 마전리　24. 신촌리
21. 황석리　25. 여의곡

0　　9cm

그림 3 동검 모방 석검의 형식 변천도(손준호 2012: 87)

적이다가 점차 짧고 곡선적으로 변한다는 주장은 새로운 시각이라 할 수 있다(이석범
2012: 37). 단, 평근과 첨근의 차이에 대해서는 화살대로 충분한 대나무를 확보할 수

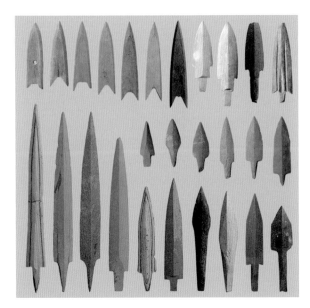

그림 4 석촉 각종(손준호 2006: 52)

있었던 남서부는 첨근, 싸리대 등을 사용한 북쪽에서는 평근이 주로 분포하고 있어 (황창한 2012: 20), 시간성보다는 지역성을 반영할 가능성이 높다. 양자의 계통을 다르게 보는 시각 또한 같은 맥락에서 이해할 수 있을 것이다(그림 5)(안재호 2009a: 85).

석도에 대해서는 전기에 장방형과 즐형이 선행하고 어형, 주형 순으로 등장하였다는 견해가 제기된 바 있다(공민규 2006: 74-76). 영서지역을 중심으로 한 분석에서는 조기 단계에 양인의 무공석도와 유공석도가 사용되다가 편인 석도의 비율이 늘어나며, 직인 중심에서 점차 곡인이 증가하는 것으로 파악되었다(김민지 2012: 91-93; 홍주희 2012: 7-8). 양인과 편인의 관계에 대하여 앞뒷면을 모두 사용하기 위해 개량된 형태가 양인이라는 주장도 있지만(안재호 2009b: 12), 양인이 보다 효율적이라고 한다면 제작상 편인에 비해 크게 어렵지 않다는 점을 생각할 때 청동기시대 거의 전 지역에 걸쳐 편인만 사용된 이유를 합리적으로 설명하기 어렵다. 지역적으로 한반도의 두만강 유역이나 일본열도, 물질문화상으로는 미사리 유형에서 주로 관찰되고 있어, 단순한 능률보다는 문화적 차이에 기인하여 선택되었을 가능성이 높다(안승모 1985: 82-83).

후기 내에서의 형식 변화에 대하여 동진숙(2001: 74-75)은 전반에 단주형과 삼각형이 공반하다가 후반에는 삼각형만 출토되는 것으로 보았는데, 양 형식의 관계에 대해서는 이미 안승모(1985: 89)가 단주형에서 삼각형으로의 변화를 상정한 바 있다. 그

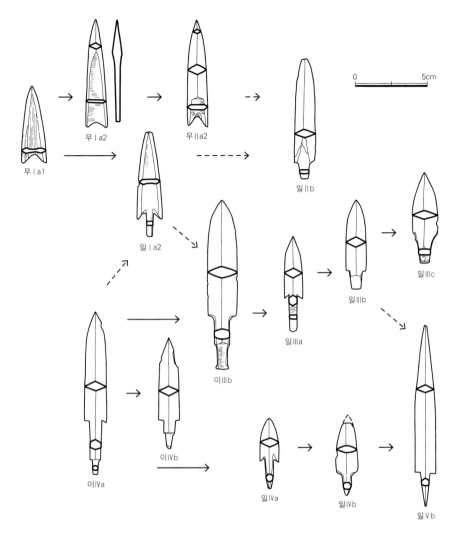

무 I a2 무 II a2 0 5cm 무 I a1 일 II b 일 I a2 일 III c 일 III b 일 III a 이 III b 이 IV b 이 IV a 일 IV a 일 IV b 일 V b

그림 5 석촉 형식별 출현 변천도(안재호 2009a: 85)

러나 주형이 초기철기시대까지 지속되고 있어(이석범 2015: 41), 단주형이 소멸되었다
고 보기는 어렵다. 삼각형의 경우 한쪽 날 부분이 곡선을 이루는 것이나 교차되지는
않지만 직선적인 2개의 날을 가지는 것 등이 있는데, 이를 삼각형의 발생과 관련된
형식으로 보기도 한다(나건주 2005: 18-19, 2009: 66-67). 이밖에 삼각형이 이루는 날의
각도가 둔각에서 예각으로 변화하였다고 보는 견해도 있다(송만영 1995: 103).

　한편, 석도 가운데 특이한 형태로서 소위 '동북형석도'라 불리는 것이 있다(배진
성 2007). 주로 동북지역을 중심으로 남한의 동해안과 인접한 지역에 분포하며, 등 부

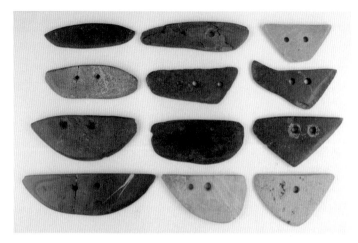

그림 6 석도 각종(손준호 2006: 59)

분이 직선적이다가 점차 휘어져 낫과 같은 형태로 변화하지만 시기적으로는 모두 전기에 포함된다. 개인적으로 용어상 다소 문제가 있다 하더라도 그 자체가 연구사로서 의미를 가지며 지나친 변경은 혼란만 가중시킨다고 생각하지만, 일반적인 석기 기종과는 다른 방식으로 명명되었기 때문에 'ㄱ자형돌칼', '주걱칼', '이형석도' 등의 명칭을 그대로 사용하는 연구자도 적지 않다. 최근에는 '유경식석도'라는 새로운 명칭이 제안되기도 하였다(유병록 2014: 69).

석부 중에서는 먼저 합인석부에 대하여 조기 단계에 평면 장방형에서 제형으로, 단면 장방형에서 타원형으로의 변화상이 제시된 바 있다(홍주희 2012: 11). 또, 조기의 표지 형식으로 비교적 대형 편평편인석부에 해당하는 '편평석착'이 상정되기도 하였다(홍주희 2012: 6). 영남지역 출토품을 대상으로 한 연구에서는 중형에 평면 장방형 합인석부가 전기에 주로 사용되다가 후기에는 소형에 평면 방형 또는 제형이 증가하는 것으로 보았다(전미영 2009: 89). 이형석부 중 다두석부는 전기에만 출토되며, 환상석부는 두께가 두껍고 날이 없는 환석(環石) 형태에서 점차 납작해지면서 크기가 커져 후기가 되면 대형 평면에 단면이 얇고 날카로운 형식만 확인된다(최승희 2004: 51-52).

후기의 표지 유물인 유구석부는 등장 시점을 후기로 한정하는 견해(배진성 2012: 19)와 전기의 늦은 시점으로 보는 주장(나건주 2005: 21)이 있지만, 전기에 출현하는 구가 없는 주상편인석부보다 늦은 것은 분명하다. 전체 길이와 구 하부의 길이가 늘어나면서 횡단면 제형 또는 반원형에 터널형이 추가되거나(배진성 2000: 52), 구 하부의

그림 7 석부 각종(손준호 2006: 67)

각도가 사선에서 점차 직선화되며 횡단면은 장제형과 터널형에 제형이 더해지는 등의 변화 방향이 제시된 바 있다(박지희 2007: 34). 결국 석부가 전체적으로 길어지면서 구 하부의 각도는 직선화되는데, 횡단면 변화상의 차이는 기준 설정이나 검토 대상이 다르기 때문에 발생한 현상일 뿐 큰 의미는 없다. 시기 파악이 가능한 것은 많지 않지만, 대동강유역의 특징적인 형식인 유단석부도 남한지역에서는 모두 후기에 출토되고 있다(손준호 2010a: 20). 한편, 편평편인석부는 평면 방형에서 장방형, 둥근 날에서 직선적인 날로 변화하며(전진현 2013: 39-40), 석착은 뒷면이 부드러운 곡선을 이루는 것에서 점차 직선적으로 변한다는 주장이 제기된 바 있다(下條信行 2009: 67).

이밖에 시기별 연구로 영남지역 점토대토기 단계의 석기상에 대하여 표지 형식으로 유경식과 무경식 석검, 평기식 석촉, 구 하부 직선형 유구석부, 주형 석도 등을 상정하고, 직배에서 호배로의 석검 변화상을 제시한 논고가 있다(이석범 2015: 132-139). 한편, 경기지역의 석기 양상을 살펴본 지역별 연구도 존재하는데, 석기 비교를 통하여 경기 중부와 남부의 후기 전환 배경에 차이가 있음을 주장하면서 중부지역과 대동강유역의 문화적 관련 가능성을 제기하였다(이기성 2008a: 120-121).

III 제작과 생산 체계

석기의 제작과 관련된 연구는 최근 들어 비교적 활발하게 이루어지고 있지만, 다른 분야에 비해서는 상대적으로 연구 성과가 적은 편이다. 과거에는 주로 미제품을 관찰하여 개별 기종의 제작 과정을 살펴보는 연구가 대부분이었으나, 최근에는 생산 체계의 복원을 통하여 취락 내 또는 취락 간 관계 설정이나 유통·교역 등의 문제까지 연구 범위를 확대하고 있다. 한편으로는 산지 추정 분석이나 제작 실험을 통하여 석재의 선택부터 완성품에 이르는 과정을 좀 더 실증적으로 복원하기 위한 시도도 이루어지고 있다.

먼저 석기 제작 공정의 첫 단계에 해당하는 석재 선택에 대한 연구는 주로 유적에서 출토된 석기의 석재 동정과 산지 추정 분석 결과를 바탕으로 진행된다. 황창한(2007: 785-793)에 의해 암석의 기본적인 지식과 석재 동정 방법이 제시된 바 있으며, 산지 추정 분석 사례에 대한 집성은 필자의 논문에 잘 정리되어 있다(손준호 2010b: 40-41). 후자의 분석은 과거에도 종종 시도되었으나 고고학자에 의한 해석이 이루어지지 않아 잘못된 결과가 제시된 경우도 많다.

대표적인 것이 노두만을 석재 산지로 상정하여 유적 주변 하천으로부터의 채취 가능성을 무시한 사례들이다. 그러나 일부 대형 석기를 제외하면 오히려 하천에 운반되어 온 자갈을 이용하는 편이 석기 제작에 효율적이다(이기성 2006: 38). 실제로 신송

그림 8 고령지역 혼펠스 산지 답사(필자 촬영)

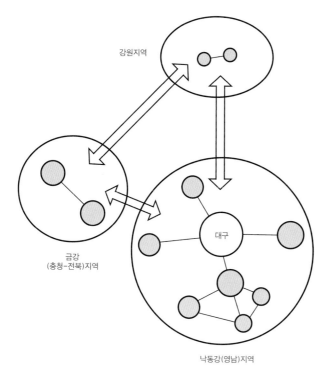

그림 9 유절병식 석검으로 본 상호작용망(장용준·平郡達哉 2009: 62)

리유적의 경우 산지 추정 분석에서는 노두로부터의 원석 채취가 주장되었으나(공주대학교 문화재보존과학과 2009: 508), 고고학자들의 현지답사 결과 유적 인근 하천변에서 해당 석재를 다수 채집한 바 있다(庄田愼矢 외 2013: 155).

　　결국 청동기시대에는 유적 주변에서 석기 제작을 위한 대부분의 석재를 채취하였을 가능성이 높다. 하지만 산지가 특정 지역에 한정된 일부 석재의 경우 원거리 교역이 주장되기도 한다. 이러한 견해는 주로 황창한(2010, 2011)에 의해 제기되었는데, 평해·울진에서 유입된 울산지역의 편마암제 석부와 영남지역에서 제작되어 남한 각지로 공급된 혼펠스제 석검이 이에 해당한다. 이밖에 석검을 통해 금강-낙동강-강원지역의 광범위한 상호작용망이 제시되기도 하였다(그림 9)(장용준·平郡達哉 2009: 62).

　　채취된 석재를 이용한 석기 제작의 구체적인 양상에 대해서도 몇몇 연구가 발표되었지만, 특별히 새로운 견해의 제시는 거의 없다. 다만 실제 유물을 관찰하거나 제작 실험을 통하여 기존의 연구를 좀 더 실증적으로 보완하려는 시도가 이루어지고 있다. 전자에 해당하는 연구로는 자개리유적과 신송리유적 출토 관련 유물을 바탕으

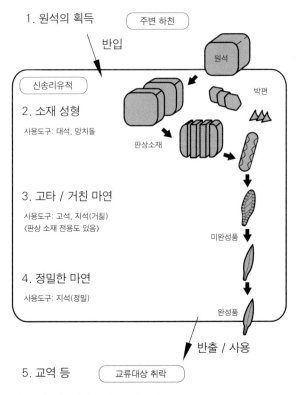

1. 원석의 획득 　주변 하천

반입

원석

신송리유적

박편

2. 소재 성형
　사용도구: 대석, 망치돌

판상소재

3. 고타 / 거친 마연
　사용도구: 고석, 지석(거침)
　〈판상 소재 전용도 있음〉

미완성품

4. 정밀한 마연
　사용도구: 지석(정밀)

완성품

반출 / 사용

5. 교역 등 　교류대상 취락

그림 10 신송리유적 석촉 제작 공정 모식도(庄田愼矢 외 2013: 158)

로 한 석촉 제작 공정의 복원 사례를 들 수 있는데(나건주·이찬희 2006: 21-27; 庄田愼矢 외 2013: 158-159), 중간 단계로 장방형 판상소재를 제작하는 점에서 복원된 공정은 대체로 유사하다(그림 10).

　　판상소재는 선형석기라고도 불리며 청동기시대 후기에 석촉 제작의 효율성 증가와 관련하여 등장한 것으로 보고 있다(황창한·김현식 2006: 307-308). 선형석기의 제작에는 양극 기법이 활용되는데 제작 실험을 통하여 해당 기법의 유효성이 입증되었으며(황창한 2009: 36-39), 양극 기법 이외에 고타 기법, 천공 기법, 마연 기법 등에 대한 실험 결과도 보고된 바 있다(이인학 2010: 93-96). 석기의 제작 기법 전반에 대해서는 장용준(2007: 13-23)의 논문을 참고할 만하다. 이밖에 연암산유적 출토 석부 미제품과 실패품 70여 점이 다시 보고되어, 제작 공정 복원에 양호한 자료를 제공하고 있다(윤용진 외 2011).

　　마지막으로 언급할 석기 생산 체계에 대해서는 최근 가장 활발한 연구가 진행되고 있는 주제라 할 수 있다. 주로 석기 제작과 관련된 증거들이 다수 확인되는 취락을 대상으로 생산 주거지와 일반 주거지를 상정하고, 시기에 따라 이들이 어떻게 변화하는지를 살펴보는 연구가 많다. 먼저 후기의 변화를 석기 생산의 획기로 인정하지 않는 시각이 존재하는데, 중부지역을 대상으로 한 분석 결과 후기에 석기 생산량은 증가하지만 생산 주거지의 비율이 높아지지 않아 제작 전문 취락의 등장은 상정하기 어렵다고 한다(조대연·박서현 2013: 25-26).

이와 달리 후기의 변화를 강조하는 입장에서는 이 시기에 취락 내 소비량을 넘어 교역을 목적으로 하는 석기 제작 전문 취락이 등장하고(손준호 2010b: 56), 전기에 비해 분업화가 진행되면서 더욱 넓은 교환망이 형성되었다고 본다(고민정·Bale 2008: 103-104). 대구지역에서 전기 후반에 제작 전문 집단의 면모가 갖추어지기 시작하여 후기부터 대규모 석기 제작이 이루어지거나(황창한 2013b: 24-25), 북한강유역에서 전기 늦은 단계부터 공방지가 등장하면서 공동으로 석재를 조달·분배하다가 후기에 제작 공정이 본격적으로 분화된다는 분석 결과(홍주희 2009: 29) 또한 같은 맥락에서 이해할 수 있다.

생산 체계의 성격에 대해서는 옥이나 마제석검과 같이 정밀한 작업도 '반전업적' 생산이 상정되어 일반적으로 이를 넘어서는 전문성은 존재하지 않았던 것으로 보고 있다(고민정·Bale 2008: 102). 주요 생산 집단으로는 상기한 대구지역의 혼펠스제 석기 제작 집단 이외에, 충남 서북부 서해안지역의 셰일제 석기 제작 관련 집단이 상정되기도 하였다(나건주 2012: 84). 이미 몇몇 연구자들이 지적한 바와 같이 영남 이외 지역, 특히 금강유역에서 석검과 같은 전문화된 생산이 존재할 가능성은 충분하다(고민정·Bale 2008: 99; 장용준·平郡達哉 2009: 61).

IV 기능과 용도

기능은 도구가 가진 능력이나 성능을 나타내는 반면, 용도는 도구의 실제 사용 방식을 의미한다(神野惠 2003: 19). 이를 정확하게 구분하여 사용하는 연구자는 많지 않은데, 결국 우리가 최종적으로 알고자 하는 것은 당시의 실질적 쓰임새, 즉 용도라 할 수 있다. 석기의 용도를 추정하기 위한 방법으로는 유물에 남겨진 사용 흔적을 관찰하거나 출토 맥락을 살펴보는 방법이 일반적이며, 단순한 유물의 형태 비교나 사용 실험을 통해서 파악할 수 있는 것은 기능에 불과하다는 점을 인식할 필요가 있다. 그러나 기능을 통하여 용도를 몇 가지로 한정하는 것이 가능하기 때문에, 기능과 용도가 일대일로 대응하지는 않지만 기능에 대한 연구도 소홀히 할 수 없다.

석기의 기능과 용도에 대해서는 필자가 조성비 비교를 위한 사전 작업으로서 기종별로 정리한 바 있다(손준호 2008b: 38-43). 여기에 최신 연구 성과들을 반영하여 대표적인 석기 기종의 기능과 용도를 살펴보고자 한다. 먼저 석검 가운데 유병식은 제작의 어려움이나 분묘에서 주로 출토되는 점 등을 볼 때 부장 전용 혹은 패용을 목적으로 하는 신분 상징용 의기로 판단되며, 유경식도 동일한 기능이 추정되지만 상대적으로 제작이 쉽고 생활 유구 출토품이 많기 때문에 실제 사용을 상정한다면 근접전용 무기일 가능성이 높다. 단, 유경식 가운데 경부가 길어 석창으로 분류되는 것이나(손준호 2008a: 708) 미늘이 부가된 소위 '쌍미늘 석창'(이종철 2006: 32)은 수렵구로 상정할 수 있다.

다음 석촉에 대하여 필자는 민족지 고고학이나 실험 고고학의 연구 성과를 바탕으로 형식별 기능 차이를 설정한 바 있다(손준호 2007: 105-107). 그 결과 편평무경촉은 수렵용, 능형촉은 무기로서의 기능 추정이 가능하였는데, 이를 통하여 편평형촉의 감소와 능형촉의 증가로 요약되는 청동기시대 마제석촉의 변화상을 수렵구의 감소와 무기의 증가로 해석하였다. 물론 필자가 제시한 석촉의 형식별 기능 설정이 반드시 일대일의 대응관계를 갖는 것은 아니다. 다만 청동기시대 후기에 전쟁의 희생자를 시사하는 석촉 선단부 출토 무덤이 등장하고 규모나 구조에 있어서 좀 더 방어적 성격이 강한 환호와 목책렬이 나타나는 등 전쟁 관련 자료의 변화 양상이 관찰되고 있어(그림 11)(손준호 2011a: 19), 어느 정도의 경향성으로 파악하는 것은 무리가 없다고 생각한다.

세 번째로 언급할 석도에 대해서는 사용흔 분석과 사용 실험이 비교적 다수 이루어져, 구체적인 사용 방법이 실증적으로 증명되고 있다. 사용흔 분석은 필자(손준호 2011b; 손준호·조진형 2006)와 高瀨克範(2011: 82; 高瀨克範·손민주 2007: 60-61)에 의해 주도되고 있는데, 분석 결과는 대체로 유사하며 이삭을 따는 방식은 엄지로 피가공물을 석도의 날이 없는 면에 밀착시킨 다음 검지를 이용하여 피가공물을 꺾어 그 반대

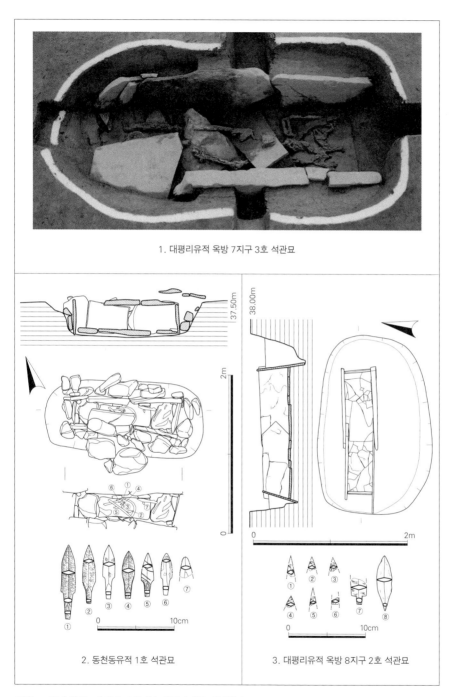

1. 대평리유적 옥방 7지구 3호 석관묘

2. 동천동유적 1호 석관묘

3. 대평리유적 옥방 8지구 2호 석관묘

그림 11 후기 석관묘에서 출토된 단수 인골과 석촉 선단부(손준호 2011a: 12)

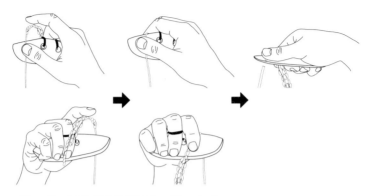

그림 12 석도의 사용 방법 복원(손준호·조진형 2006: 25)

면에 붙이고 끈에 걸려 있는 중지에 가볍게 힘을 주면서 손목을 비트는 형태로 복원되었다(그림 12). 사용 실험을 통해서는 수확에 있어서 반월형보다 삼각형이 효율적이며, 날 전체를 이용하는 방법이 더 많은 수확량을 가져오는 것으로 확인되었다(신경숙 외 2011: 20-21). 또, 구근류, 어육, 계육 등의 음식물 가공 실험에서는 양인 무공석도의 활용도가 높은 반면, 편인 유공석도는 쓰임새가 제한적이었음이 밝혀지기도 하였다(그림 13-1~3)(김민지 2012: 76-77).

석도 이외에 수확구로 분류 가능한 기종으로 석겸이 있는데, 수확보다는 목공구로 사용되거나(김도헌 2008: 56) 수확 후의 짚 또는 잡초 제거에 이용하였을 가능성도 있다. 석겸과 형태가 유사하지만 날이 바깥쪽에 형성되어 있는 소위 '동북형석도'는 일상생활용 나이프로 그 기능이 추정된 이후(배진성 2007: 10), 동물 가죽과 물고기 가공구설(안재호 2011: 69-70) 등이 제기되었으나, 사용흔 분석 결과 자루 장착흔 이외에 적극적으로 사용되었다고 볼 만한 흔적은 아직까지 확인되지 않고 있다(高瀬克範 2011: 83-85). 한편, 부리형석기도 수확구설이 제기된 바 있지만(유병록 2006: 229-230; 이선미 2007: 60-61), 사용흔 분석 결과 사용 흔적이 전혀 관찰되지 않았기 때문에(高瀬克範·손민주 2007: 60) 실생활용으로 보기는 어렵다. '저형(猪形) 석기'라 부르며 농경 관련 제사 유물로 상정되기도 한다(안재호 2009c: 84).

석부도 석도만큼은 아니지만 사용흔 분석과 사용 실험이 시도되고 있다. 흔암리유적(윤지연 2007: 18-19)과 연암산유적(高瀬克範 2011: 82-83) 출토품에 대한 사용흔 분석 결과, 세부적으로 약간의 차이는 있지만 타제석부는 굴지구, 합인석부는 벌채구, 편인석부는 가공구라는 기존의 견해가 다시 한 번 실증적으로 입증되었다. 사용 실험

무공석도 사용 실험(1: 구근류 껍질 깎기, 2: 어육 손질, 3: 계육 손질)

유구석부 사용 실험(4: 목재 껍질 벗기기, 5: 땅파기, 6: 가지치기)

그림 13 무공석도(김민지 2012: 77-79)와 유구석부(박지희 2007: 48-51) 사용 실험

은 유구석부를 대상으로 이루어졌는데, 목재 가공, 땅파기, 가지치기 등을 실시한 결과 목공구로서의 효율성이 높지 않다는 점과 구 하부가 수직으로 내려오는 점토대토기 단계의 형식이 보다 유용하다는 점이 확인되었다(그림 13-4~6)(박지희 2007: 48-51). 이밖에 현대 공구와의 비교를 통하여 편평편인석부의 세분된 각 형식을 대패, 자귀, 끌로 구분한 연구도 있다(전진현 2013: 44-47). 한편, 환상석부와 다두석부에 대해서는 전자의 경우 무기 또는 위세품으로 이용되다가 점차 의기화되었으며, 후자는 원래부터 의기적 성격이 강한 것으로 상정된 바 있다(최승희 2004: 75-79).

이상 주요 석기에 대한 기능과 용도 문제를 살펴보았다. 이밖에도 기타 석기로서 갈돌과 갈판의 잔존 녹말 분석이 시도되어 다양한 식물을 대상으로 한 탈곡·제분 행위가 추정되었으며(손준호·上條信彦 2011), 토제이긴 하지만 포항지역에서 출토된 어망추를 그물의 말단에 수직으로 매다는 결속 방식이 복원되기도 하였다(이동주·장호진 2012: 15). 또, 원형 석제품에 대하여 끈으로 연결하여 원심력을 이용해 대상물을 타격하는 '볼라(bola)'와 같은 용도가 상정되거나(황창한 2013a: 49-50), 비교적 소형의 자연자갈은 투석기를 이용하여 날리는 투탄으로 복원되기도 하였으며(손준호 2011a: 10), 이러한 형태의 석기를 '구형(球形) 석기'로 통칭하여 공이, 숫돌, 갈돌, 투석으로의 이용 가능성을 모두 제시한 연구 사례도 있다(장명엽 2011: 36-43).

이상의 용도 추정을 바탕으로 유적별 혹은 시기·지역별 석기 조성비를 비교하

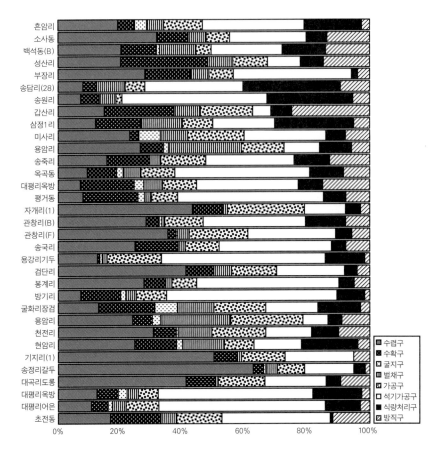

그림 14 유적별 석기 조성비(손준호 2014: 80)

면 당시 취락의 생계 방식이나 문화의 변화 양상 등을 살펴보는 것이 가능하다. 필자는 남한지역 대단위 취락의 석기 조성비를 비교하여 생계 방식의 공통성과 시간적 변화상, 그리고 호서지역 내에서의 사회경제적 측면 등을 검토한 바 있다(그림 14)(손준호 2014). 또, 일본 긴키지방의 죠몬시대와 야요이시대를 비교한 연구에서는 전환기의 강한 외부 영향을 반영하는 듯 상당히 복잡한 양상이 확인되기도 하였다(이기성 2008b).

　이밖에 제주도와 호남지역을 대상으로 한 비교의 경우 석기 수량의 부족을 보완하기 위한 방법으로 각 기종의 출현 비율에 주목하였는데, 분석 결과 제주도에서 수렵의 감소와 야생 견과류의 활발한 이용이 상정되기도 하였다(김민구·권경숙 2010). 최근에는 전기·선송국리·송국리 유형의 조성비를 비교하여 송국리 문화 형성에 대한 문제를 다룬 글도 발표된 바 있다(김범철 2013).

　　석기 기능 및 용도에 있어서 마지막으로 언급할 것은 석기의 다기능성에 대한 문제이다. 이는 대부분의 연구자들이 이미 인지하고 있던 내용이지만(이기성 2008b: 32), 최근 다양한 기능의 가능성을 열어 두어야 한다는 적극적인 주장이 제기된 바 있다(홍주희 2011). 필자 또한 대부분의 주장에 동의하는 입장이나, 이러한 견해의 수용이 석기의 용도 추정을 바탕으로 한 후속 연구에 얼마나 도움이 될 것인지에 대해서는 의문이 드는 것도 사실이다.

　　석기는 기본적으로 다목적 이용이 가능하며, 실제로 출토 맥락이나 유물 자체의 관찰 결과에 의하여 이러한 증거가 확인되는 경우도 적지 않다. 하지만 다양한 용도를 모두 밝혀낸다는 것은 불가능에 가깝고 또한 제작 의도에 반영된 주요 용도가 존재하는 점도 분명한 사실이기 때문에, 석기의 주요 용도에 입각한 여러 가지 해석도 충분히 나름의 의미를 가질 수 있다고 생각한다. 아무튼 기존의 견해를 무비판적으로 답습하여 석기의 용도를 한두 가지로 한정하는 것은 해석을 지나치게 단순화시킬 가능성이 있다는 견해에는 전적으로 공감한다. 다양한 기능 및 용도 상정을 바탕으로 한 보다 발전적인 논의가 이루어지기를 기대해 본다.

V　관찰과 실측 시 유의점

마제석기는 타제석기와 달리 특별한 실측법이 존재하지 않는다. 현재의 상태 그대로를 사실적으로 그려 내면서 최종적인 분석에서 반드시 필요한 요소들을 도면이나 사진, 설명으로 표현하는 것이 마제석기의 올바른 실측법이라 할 수 있다. 다만 여기서는 석기의 관찰 및 실측에 있어서 다른 종류의 유물과 구분되는 몇 가지 사항에 대하여 간단하게 정리하고자 한다.

1. 형성 요인에 따른 구분

먼저 석기는 기종에 관계없이 자세한 관찰을 통하여 자연면, 타격면, 마연면, 파손면 등을 구분하여 도면에 표현해야 한다(그림 15). 먼저 자연면은 인공의 흔적이 가

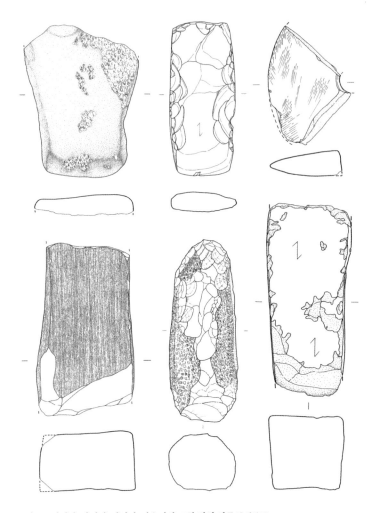

그림 15 자연면, 타격면, 마연면, 파손면의 표현 방식 각종(축척부동)

미되지 않고 석재의 원래 면을 그대로 남긴 부분이다. 석부의 일부와 마석, 석명, 고석 등은 사용하기에 적당한 자연석을 그대로 이용하여 최소한의 가공이나 혹은 가공 없이 사용하는 경우가 많다. 이러한 석기들은 일부 가공면이나 사용면 이외에는 모두 자연면으로 남게 되는데, 이를 잘 표현해 주어야 한다.

특히 자갈은 그대로 사용하거나 일부만을 가공하여 사용하는 예가 자주 관찰된다. 자갈의 자연면은 다수의 점을 찍어 표현하는 것이 일반적이지만, 실측도에서 특별히 자연면을 구분하지 않는 사례도 상당수 존재한다. 확실한 자연면이 남아 있다면 도면상에 어떠한 방법으로든 표현하는 것이 좋으며, 그렇지 않을 경우 유물의 설명에서라도 이를 반드시 언급해야 한다.

　타격면은 석기 제작 시의 타격 흔적이 남아 있는 면을 뜻한다. 마제석기라 하더라도 마연 이전 단계까지는 타격에 의해 대략적인 형태가 만들어지기 때문에, 대부분의 마제석기에 타제 기법이 사용된다. 타격 이후에는 바로 마연을 하거나 고타가 행하여지기도 하는데, 실제 석기 제작 실험에 의하면 마연만으로 형태를 만들어 내기에는 상당한 시간이 소요되기 때문에 고타를 행하는 경우가 많았다고 생각된다.

　타격흔이나 고타흔은 석기 제작의 중간 과정에 해당하므로 완성된 석기라면 그 흔적이 남아 있지 않겠지만, 미완성품이나 반성품 상태의 선형석기, 일부 고타흔을 그대로 남긴 석부류 등에서 관찰할 수 있다. 타격면의 실측법은 구석기시대의 타제석기를 실측하는 방법과 동일하며, 고타흔은 고타에 의하여 떨어져 나간 흔적이 점상으로 형성된 경우가 많기 때문에 이를 도면상에 표현하고 유물 설명에서도 언급해야 된다.

　마연면의 실측에서는 마연선을 간단히 화살표로 표현하는 경우와 반복되는 선으로 나타내는 방법이 있는데, 후자가 도면상 더욱 사실적으로 보이는 경향이 있지만 도면에서 나타내고자 하는 정보는 마찬가지라 하겠다. 세부적으로 보면 정밀하게 마연되어 선상흔이 거의 관찰되지 않는 것과 거칠게 마연되어 두꺼운 선상흔이 남아 있는 경우로 구분된다. 이는 석재에 따른 차이일 수도 있지만 마연의 단계나 재가공의 흔적일 가능성이 높기 때문에, 도면상에 표현하기 어렵다면 유물 설명에서라도 반드시 기록해야 한다.

　석기의 파손은 제작 시의 파손과 사용 시의 파손, 의례 행위와 관련된 의도적인 훼손, 폐기 이후 토압 등의 자연 현상에 의한 파손, 그리고 유물 노출 이후 조사자의 부주의에 의한 파손 등으로 구분된다. 이때 석기에 남은 흔적을 모두 파손면이라 할 수 있는데, 발굴조사 이후에 형성된 파손면은 어느 정도 구분이 가능하지만 그 나머지 경우에 대해서는 구체적인 파손의 형성 요인을 파악하기가 쉽지 않다.

　대부분 유물의 관찰만으로는 판단이 어렵기 때문에, 해당 석기의 출토 맥락을 동시에 고려할 필요가 있다. 파손의 형성 요인이 파악된다면 이를 유물 설명에 기술해야 하며, 그렇지 않은 경우에도 도면상에는 파손면을 구분하여 표시할 필요가 있다. 보고서마다 다양한 방식으로 파손면을 표현하고 있는데, 특별히 음영을 집어넣어 구분한 사례도 있다. 굳이 통일된 방법이 요구되는 것은 아니기 때문에 구분만 잘 된다면 표현 방법은 상관없다고 생각한다.

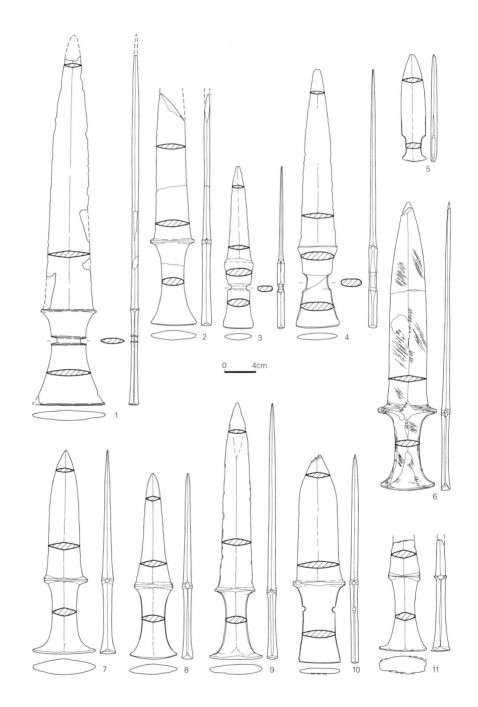

그림 16 석검 실측 사례(강원표 2006: 86)

2. 기종별 관찰 및 기록 방법

다음으로 석기의 세부 기종별로 관찰과 실측 시의 유의점을 살펴보고자 한다. 먼저 청동기시대 석기의 주요 기종인 석검, 석촉, 석도, 석부에 대하여 차례로 언급하겠다.

첫 번째, 석검은 찌르는 용도의 뾰족한 끝을 위로 향하게 실측하면 된다(그림 16). 평면도와 함께 주요 부분의 단면도를 제시하면 되는데, 특히 측면도를 반드시 실측할 필요가 있다. 석검에서 단연결부의 단차, 절대의 돌출도, 심부의 돌출도 등은 시간적 의미를 반영하는 속성이지만, 평면도만으로는 표현할 수 없기 때문에 측면도의 실측과 제시가 요구된다. 발굴조사 시에는 유경식 석검의 경우 목제 손잡이의 흔적이 확인되는지 주의 깊게 관찰하여야 하며, 아직까지 확인된 예는 없지만 손잡이와 석검을 연결하는 끈이나 천연 접착제의 흔적도 살펴볼 필요가 있다.

한편, 석검은 그 실용성 여부에 대해서 논란이 있는 만큼, 날이나 끝 부분에 대한 면밀한 관찰을 통하여 사용 흔적을 찾아보는 것도 반드시 필요한 사항이다. 만약 사용 여부에 대한 뚜렷한 근거가 확인되지 않는다면, 석기의 현상만을 상세히 기록하여야 하며 섣부른 판단을 내리지 않는 것이 바람직하다. 석검의 세부 명칭에 대해서는 통일된 안이 있는 것은 아니지만, 대체로 유병식은 신부-심부-병부-병두부, 유경식은 신부와 경부로 구분되며 이단병식의 경우 단연결부, 절대 등의 명칭이 추가된다. 이단병식과 일단병식을 유단병식과 무단병식으로 고쳐 부르자는 견해도 존재하는데(박미현 2008: 13; 전영래 1982: 4), 필자는 다소 문제가 있다 하더라도 일반적으로 사용되는 명칭을 굳이 변경하여 혼란을 초래하는 것에는 반대하는 입장이다.

두 번째, 석촉도 석검과 마찬가지로 찌르는 용도의 뾰족한 끝 부분을 위로 향하게 하여 실측하면 된다(그림 17). 신부와 경부의 단면이 중요한 속성이므로 평면도와 함께 이들을 도면상에 나타내야 한다. 석촉은 크게 신부의 단면 형태에 따라 능형과 편평형으로 구분되는데, 주로 능형은 타격, 편평형은 찰절에 의하여 마연 이전 단계가 완성되기 때문에 이러한 흔적의 잔존 여부를 잘 살필 필요가 있다. 석촉도 화살대에 끼워서 사용되는 도구이므로 발굴조사 시 이러한 흔적에 주목해야 하며, 경부에 끈이나 접착제의 흔적이 남아 있을 가능성도 충분하다.

실제로 일본의 마츠바라(松原)유적 출토 타제석촉 부착물에 대한 분석 결과 아

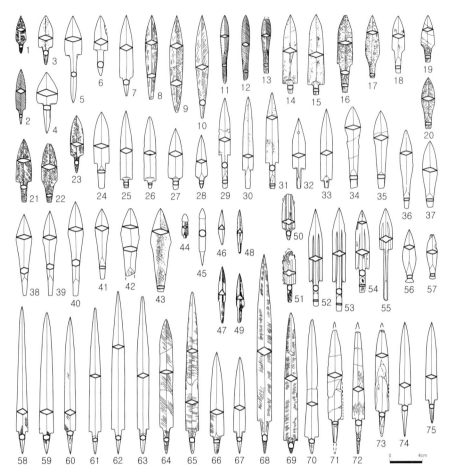

그림 17 석촉 실측 사례(손준호 2007: 96)

스팔트계 유기화합물이 접착제로 사용되었음이 확인된 바 있다(長野縣敎育委員會 2000:
319). 우리나라에서도 광명 가학동유적에서 신부 절반 아래쪽부터 경부 전체에 걸쳐
흑색 물질이 부착된 석촉이 출토되었는데(한강문화재연구원 2016: 659), 부착물에 대한
자연과학적 분석은 이루어지지 않았지만 화살대 장착을 위한 접착제의 흔적일 가능
성이 높다(그림 18). 한편, 석기에 대한 분석은 아니지만 울산 상연암유적에서 출토된
심발형토기 부착 흑색 물질에 대한 적외분광분석 결과 아스팔트에 가까운 성분이 확
인되기도 하였다(藤根久 2010: 305).

　　식촉의 세부 명칭은 신부-경부 등으로 구분하면 되는데, 석촉 장착 시의 날개
부분을 관부 또는 미늘이라고 표현하기도 한다. 한편, 석촉의 여러 속성 가운데 보고

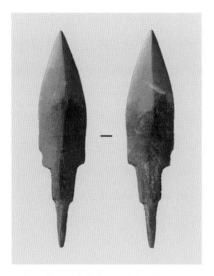

그림 18 흑색 물질 부착 석촉(한강문화재연구원 2016: 659)

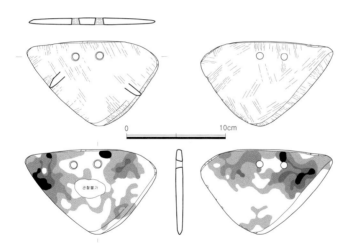

그림 19 청웅면 출토 석도와 사용흔 분석 결과(손준호 2015: 333·345)

서 작성 시 빠뜨리기 쉬운 것 중 하나가 바로 무게이다. 석촉의 실험 결과에 따르면 무게가 무거울수록 비거리는 줄어드는 대신 관통력이 증가하기 때문에, 무게에 따라 석촉의 기능 차이를 상정하는 것도 가능하다. 석촉 이외에도 방추차나 어망추와 같은 추 종류들의 경우 모두 무게가 중요한 속성인 것은 두말할 필요도 없다.

세 번째, 석도는 사용을 위한 날이 형성되어 있는데, 이 경우 날이 아래쪽으로 향하게 실측·편집하면 된다(그림 19). 석도에서 시·공간적 의미를 밝히는 데 가장 중요한 요소는 평면 형태이기 때문에 이를 평면도로 나타내고, 다음으로 날의 단면 형태와 함께 구멍의 뚫는 방법을 알 수 있도록 그 부분의 단면도를 제시하여야 한다. 삼각형 석도는 날 부분이 교인(交刃)인지의 여부가 중요하므로 양쪽 날의 단면 모두를 표현할 필요가 있다.

석도는 앞 절에서 밝힌 바와 같이 수확구로 사용되었기 때문에 이와 관련된 흔적이 남아 있는 사례가 있다. 육안으로 관찰 가능한 흔적으로는 집중적인 사용 부위가 닳아서 오목하게 된 부분, 날 부분에 직교하는 방향의 선상흔, 벼과식물과의 접촉에 의한 광택면 등이 있으며 이밖에 사용에 의한 파손흔도 사용흔의 일종이라 할 수 있다. 이러한 사용흔이 관찰되는 경우는 도면상에 표시하거나 유물 설명에 그 내용을 상세히 기술하여야 한다.

또, 육안으로 사용흔이 확인되는 석도는 현미경 관찰을 통하여 더 많은 정보를 파악하는 것이 가능하기 때문에 전문가에게 사용흔 분석을 의뢰할 필요도 있다. 사용이 빈번한 만큼 날 부분에 대한 재가공도 집중적으로 이루어졌는데, 이밖에 평면상 대칭을 이루지 못하고 구멍의 위치가 한쪽으로 치우쳐 있거나 구멍이 3개 이상 확인되는 석도 등은 제작 또는 사용 시의 파손 이후 재가공된 사례로 추정된다.

구멍의 제작과 관련해서는 구멍 주위에서 고타흔이나 회전흔이 관찰되는 사례가 있어 주의를 요한다. 천공 방식은 고타 기법의 활용 여부에 따라 고타 천공과 회전 천공으로 나누어지며, 전자에 비해 후자가 제작 시의 파손율을 월등히 낮춘 발전된 기법이라 한다(秋山浩三·仲原知之 1999: 54-55). 또, 구멍의 단면 형태를 통하여 어느 방향에서 천공하였는지를 판단할 수 있는데, 대부분 양쪽 방향에서 뚫은 것으로 확인되고 있다.

구멍에는 끈을 연결하여 사용하였는데, 이와 관련하여 구멍의 한쪽 부분만 특히 닳아 있거나 구멍 주변에 얕은 홈이 확인되는 경우도 있어 관찰 시 주의가 필요하다. 끈과의 마찰에 의하여 자연스럽게 형성되는 경우가 많기 때문에, 육안으로 관찰되지 않고 손으로 만져볼 때 겨우 느껴지기도 한다. 석도의 세부 명칭은 등 부분(배부)-구멍-날 부분(인부) 등으로 구분된다. 날은 양인과 편인으로 세분되는데, 양인을 합인으로 명명한 경우도 있다(안재호 2009b: 12). 그러나 합인(蛤刃)은 조개의 다문 입 모양으로 양면을 갈아 세운 날을 뜻하기 때문에, 평면이 둥글고 단면상 배부를 날을 이룬 경우에 한정하여 사용해야 하는 용어이다.

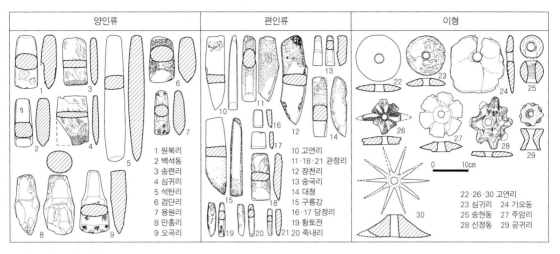

양인류	편인류	이형

1 원북리
2 백석동
3 송련리
4 심귀리
5 석탄리
6 검단리
7 용원리
8 만흥리
9 오곡리

10 고연리
11·18·21 관창리
12 장천리
13 송국리
14 대청
15 구룡강
16·17 당정리
19 황토전
20 죽내리

0   10cm

22·26·30 고연리
23 심귀리   24 가오동
25 송현동   27 주암리
28 신정동   29 공귀리

그림 20 석부 실측 사례(손준호 2010a: 18)

네 번째, 석부는 석도와 마찬가지로 날이 형성되어 있는 석기이기 때문에 날 부분이 아래로 향하도록 실측해야 한다(그림 20). 평면도와 함께 횡단면과 종단면을 모두 표현해야 하며, 유구석부를 포함한 주상편인석부나 석착의 경우는 측면도까지 제시해 주면 더욱 좋다. 석부는 상당히 단단한 석재를 이용하여 제작되기 때문에, 날 부분만을 정밀하게 마연하고 몸통 부분에는 고타흔이 그대로 남은 경우가 많다. 대형의 벌채석부나 주상편인석부에서 이러한 사례가 다수 관찰되는데, 석기 실측 시 반드시 표현해야 한다. 석부도 역시 자루에 끼워서 사용되는 석기이므로 발굴조사 시 이의 확인에 주의해야 하며, 자루에 고정하기 위한 끈 흔적이 석부에 남아 있을 가능성도 고려할 필요가 있다.

석부의 사용 흔적은 선상흔이 대표적인데, 벌채 석부는 날과 사선 방향, 가공 석부는 날과 직교하는 방향의 선상흔이 관찰되는 경우가 대부분이다. 선상흔 이외에도 집중적인 사용에 의하여 파손된 부위가 관찰되기도 하며, 이를 통하여 사용 방법을 복원하는 것도 가능하다. 석부의 세부 명칭은 기부-신부-날 등으로 구분하는데, 기부와 신부를 머리와 몸통으로 명명하기도 한다. 한편, 석부 가운데 다두석부와 환상석부는 석검과 마찬가지로 실용성 여부에 논란이 있는바, 사용 추정 흔적의 기술에 더욱 신중을 기할 필요가 있다.

이밖에 몇몇 석기류의 관찰에서 유의할 사항을 간단히 살펴보면 다음과 같다. 먼저 지석은 거칠기의 정도를 표현할 필요가 있다. 아직까지 이러한 보고 사례는 거의 없는 편인데, 특히 다수가 출토된 유적의 경우 다양한 입자의 지석이 사용되었을 가능성이 높기 때문에 이를 구분해서 나타내면 관련 연구에 큰 도움이 될 수 있을 것이다. 구체적인 방법으로는 루페를 이용하여 먼저 입자가 굵은 사포를 관찰하고, 이보다 굵은 입자와 조밀한 입자를 구분하여 '대·소' 또는 '대·중·소' 등으로 거칠기의 정도를 나누어 보고하면 된다.

기타 용도를 알 수 없는 석기는 손에 잡아 본다든지 손에 잡고 휘둘러보면서 그 기능을 추정하는 것이 좋다. 이러한 추정을 통해서 예상되는 주요 사용 부위를 정밀하게 관찰하면, 사용에 의한 흔적이 확인되는 사례가 많다. 한편, 고석과 같이 자연석을 그대로 이용한 경우 발굴조사 시 유물이 아닌 것으로 판단하여 현장에서 수습하지 않을 수도 있다. 굳이 정밀한 제작 과정이 필요 없는 도구는 자연석을 그대로 이용하거나 혹은 약간의 가공만으로 활용하는 것이 제작에 들어가는 노동력을 절감할 수 있기 때문에, 이러한 석기가 다수 존재하였음은 충분히 짐작 가능하다. 따라서 특정 형태를 이루고 있는 석기 이외에도 유구에서 출토된 돌이라면 일단 자연석이라 생각되는 것도 모두 세척하여 정밀하게 관찰할 필요가 있다.

그런데 이러한 관찰 결과 특별한 사용 흔적이나 가공 흔적이 없는 돌이라 하더라도 석기로서 의미를 가지는 경우가 있다. 예를 들어 구릉지역의 주거지에서 강 자갈돌이 집중되어 나온다든지, 혹은 반대로 한 주거지에서 하나씩 출토된다면 인간의 의도적인 행위가 반영되었을 가능성이 높다. 전자는 사냥이나 전쟁에 이용할 투석으로서 주거 내에 모아 놓았을 수 있으며, 후자는 뚜렷한 사용흔이 남지 않는 작업(예를 들면 토기의 정면이나 마연)에 이용되었거나 단순한 장신구적인 의미일 가능성도 배제할 수 없다(그림 21).

석기라고는 할 수 없지만 석기 제작 시의 부산물도 석기를 이용한 분석에 있어서 중요한 유물 가운데 하나이다. 지석과 같은 석기 가공구, 석기 미제품과 함께 석기 제작 부산물(돌가루, 석재 박편)이 어느 주거지에 집중되는지를 살펴보면, 취락 내 어떤 주거지에서 주로 석기를 제작하였는지를 파악할 수 있다. 그러나 이러한 제작 부산물이 보고된 사례는 많지 않은 편이며, 육안으로 관찰된 것만을 수습한 경우가 대부분이다.

가장 좋은 방법은 플로테이션을 통해서 미세한 박편 등을 찾는 것인데, 시간과 비용이 상당히 소요되는 방법이기 때문에 현재 한국의 조사 여건상 다소 무리가 있

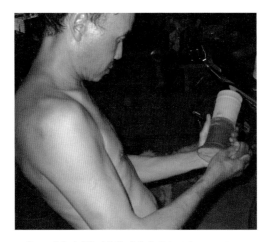

그림 21 자연 자갈을 이용한 적색 마연(庄田愼矢 2014: 41)

다고 생각한다. 주거지의 모든 토양이 아닌 샘플만을 플로테이션 한다든지, 아니면 식물 유체의 검출을 위한 플로테이션 시 함께 수습된 석재 박편을 버리지 않고 연구에 활용하는 것 등이 현재 할 수 있는 가장 적절한 방법이라 하겠다. 플로테이션을 하게 되면 석재 박편뿐만 아니라 돌송곳과 같은 극소형 석기의 발견이 가능하다는 장점도 있다.

3. 암질 동정

마지막으로 석기의 석재에 대해서 간단하게 언급하겠다. 석기의 암질 동정은 유적 주변의 산지 추정 분석과 함께 석재와 석기의 유통 문제에 접근하기 위한 방법으로서 이루어지고 있다. 그런데 문제는 파괴 분석이 불가능한 상황에서 전문가들도 석재 감정에 어느 정도의 오류를 범한다는 점이다. 그렇다고는 하지만 그래도 가장 신뢰할 수 있는 석재의 감정은 역시 전문가에게 의뢰하는 수밖에 없다. 따라서 전문가에게 분석을 맡기는 것이 현재 할 수 있는 가장 바람직한 방법이라 하겠다.

하지만 비용의 문제가 있기 때문에 모든 유적에서 이러한 분석이 이루어질 필요는 없다고 생각한다. 대신 석기가 다수 출토된 유적의 자료를 전문가에게 의뢰할 경우 단순히 해당 석기에 대한 감정에 그치지 않고, 석기로서 많이 이용되는 대표적인 석재의 종류별 샘플을 만들고 암질의 판별 기준에 대한 내용을 교육받을 필요가 있

그림 22 암석 샘플 사례(국립대구박물관 2005: 14-15)

다(그림 22). 석기가 소수만 출토되거나 현실적으로 분석을 의뢰하기에 무리가 있는
경우라 하더라도, 최소한 이러한 샘플과의 비교를 통하여 석기의 석재를 판별하고 보
고서에 기재하는 것이 요구된다.

　　김권중(2008: 140-141), 황창한(2007: 799-801) 등의 연구를 참고하여 석기별 선호
석재에 대하여 간단히 정리하면, 먼저 석촉은 망실률이 높기 때문에 재질은 무른 편
이지만 그만큼 가공하기 쉬운 셰일을 주로 이용한다. 석검은 혼펠스제가 많은데, 셰

일에 비하여 제작은 어렵지만 보다 단단한 석기를 만들 수 있다. 양자 모두 층리를 가진 석재로 마연을 통하여 날카롭고 정교하게 제작하는 데 용이한 것들이다. 다음 석도는 마찰에 의하여 이삭을 따는 도구이기 때문에, 입자가 너무 치밀하지 않은 셰일, 사암, 유문암 등이 사용된다.

또, 석부류는 비교적 강한 충격을 견뎌야 하므로 가공하기는 어렵지만 단단한 재질의 암석이 이용되는데, 편인석부는 혼펠스, 합인석부는 혼펠스, 응회암, 편마암 등으로 제작된다. 마지막 지석은 석재 분석 결과를 통하여 입도의 크기에 따라 혼펠스, 유문암, 편암, 사암 등이 사용되며, 가장 많이 활용되는 사암도 조·중·세립질로 구분되어 석기의 제작 공정에 따라 선택적으로 이용되었음을 알 수 있다(류춘길 외 2008: 24; 이윤수 2000: 300).

VI 맺음말

이상과 같이 석기의 관찰과 분석에 대하여 간단하게 정리해 보았다. 사실 앞에서 계속 언급한 바와 같이 석기에 대한 특별한 관찰법이 존재하는 것은 아니다. 현재의 상태 그대로를 사실적으로 그려 내면서 최종적인 분석에서 반드시 필요한 요소들을 도면이나 사진, 설명으로 표현하는 것이 마제석기의 올바른 실측법이다. 결국 석기에 대하여 얼마나 이해하고 있느냐에 따라 관찰의 포인트가 결정되며, 석기의 이해에 바탕을 둔 관찰과 실측, 설명, 촬영 등이 연구자에게 더 많은 정보를 제공할 수 있을 것이다.

최근 청동기시대 연구 분야의 확대 및 심화와 더불어 석기에 대한 관심도 증가하고 있는 추세이다. 그러나 여전히 다른 기물에 비하여 연구가 부족한 편인데, 이는 상대적으로 변화가 잘 관찰되지 않는 석기의 기본적인 특성 때문이기도 하다. 청동기시대 유적의 보고서를 보더라도 석기에 대한 깊이 있는 고찰이 이루어진 경우는 손에 꼽을 수 있을 정도로 많지 않다. 토기 다음으로 많은 양이 출토되며 다른 시점과 정보의 제공이 가능하다는 측면에서, 석기에 대한 지속적인 관심과 함께 적절한 방법을 활용한 치밀한 분석이 요구되는 시점이다.

[손준호]

참고문헌

강원표, 2006, 「충북지역 마제석검 검토」, 『고고학지』 15.

강인욱, 2010, 「비파형동검의 한반도 유입과정에 대하여」, 『요령지역 청동기문화의 전개와 한반도』, 한국 청동기학회 4차 학술대회.

高瀨克範, 2011, 「大邱燕岩山·慶州隍城洞遺蹟出土石器の使用痕分析」, 『경북대학교 고고인류학과 30주년 기념 고고학논총』.

高瀨克範·손민주, 2007, 「진주 생물산업단지 조성부지 내 이곡리유적 출토 부리형석기·반월형석도의 사용 흔 분석」, 『동아문화』 2·3.

고민정·Bale, Martin T., 2008, 「청동기시대 후기 수공업 생산과 사회 분화」, 『한국청동기학보』 2.

공민규, 2006, 「무문토기문화 전기 마제석기의 검토(1)」, 『숭실사학』 19.

공주대학교 문화재보존과학과, 2009, 「해미-갈산간 도로부지내 문화유적 출토 토기와 토층의 자연과학적 분석」, 『서산 신송리유적』, 충청문화재연구원.

국립대구박물관, 2005, 『머나먼 진화의 여정 사람과 돌』, 특별전 도록.

김권중, 2008, 「석기」, 『천전리』, 강원문화재연구소.

김도헌, 2008, 「선사·고대의 농구 조합과 생산력의 변화」, 『영남고고학』 47.

김민구·권경숙, 2010, 「제주도 송국리문화의 석기조성과 생업경제」, 『호남고고학보』 36.

김민지, 2012, 「청동기시대 개시기의 한강 중상류지역 석기 양상」, 영남대학교대학원 석사학위논문.

김범철, 2013, 「청동기시대 전-중 전이기 생계경제전략의 추이」, 『호남고고학보』 44.

나건주, 2005, 「중서부지방 송국리유형 형성과정에 대한 검토」, 『금강고고』 2.

_____, 2009, 「송국리유형 형성과정에 대한 검토」, 『고고학』 8-1.

_____, 2012, 「당진지역 청동기문화의 성격」, 『고고자료를 통해 본 당진의 역사적 성격』, 충청남도역사문 화연구원.

나건주·이찬희, 2006, 「당진 자개리 1유적 출토 마제석촉의 제작과정 및 형식학적 검토」, 『금강고고』 3.

동진숙, 2001, 「반월형석도의 일고찰」, 『박물관연구논집』 8, 부산박물관.

藤根久, 2010, 「파수부심발형토기 부착물의 적외분광분석」, 『울산 상연암유적』, 울산문화재연구원.

류춘길·김용탁·정승호, 2008, 「경부고속철도 경주구간 덕천리 2차 문화유적의 석기 분석」, 『경주 덕천리유 적』, 신라문화유산조사단.

박미현, 2008, 「유병식 마제석검의 전개와 지역성 연구」, 부산대학교대학원 석사학위논문.

박지희, 2007, 「남한지역 유구석부의 형식변화와 실험고고학적 방법에 의한 기능변화 추론」, 한양대학교 대학원 석사학위논문.

배진성, 2000, 「한반도 주상편인석부의 연구」, 부산대학교대학원 석사학위논문.

_____, 2006, 「석검 출현의 이데올로기」, 『석헌 정징원교수 정년퇴임기념논총』, 부산고고학연구회.

_____, 2007, 「동북형석도에 대한 소고」, 『영남고고학』 40.

_____, 2012, 「주상편인석부와 유구석부의 재검토」, 『청동기시대 석기의 편년』, 한국청동기학회 석기분과 워크샵.

서길덕, 2010, 「한강하류유역 이단경식 석촉의 변화」, 『과기고고연구』 16.

손준호, 2006, 『청동기시대 마제석기 연구』, 서경.

_____, 2007, 「마제석촉의 변천과 형식별 기능 검토」, 『한국고고학보』 62.

_____, 2008a, 「朝鮮半島における磨製石劍の展開と起源について」, 『地域·文化の考古學』, 下條信行先生退任記念論文集.

_____, 2008b, 「석기 조성비를 통해 본 청동기시대 생계와 사회경제」, 『한국청동기학보』 3.

_____, 2009, 「호서지역 마제석검의 변화상」, 『호서고고학』 20.

_____, 2010a, 「遼東·韓半島の石斧」, 『季刊 考古學』 111.

_____, 2010b, 「청동기시대 석기 생산 체계에 대한 초보적 검토」, 『호남고고학보』 36.

_____, 2011a, 「청동기시대 전쟁의 성격」, 『고고학』 10-1.

_____, 2011b, 「송담·송원리유적, 백석동유적 출토 반월형석도의 사용흔 분석」, 『고고학지』 17.

_____, 2012, 「朝鮮半島の銅劍模倣石劍」, 『古代文化』 64-1.

_____, 2013, 「청동기시대 석기 연구의 최신 동향」, 『숭실사학』 31.

_____, 2014, 「韓半島靑銅器時代における集落の石器組成比較と生業」, 『考古學研究』 61-1.

_____, 2015, 「임실군 청웅면 출토 반월형 교차편인 석도 재고」, 『우행 이상길교수 추모논문집』.

손준호·上條信彦, 2011, 「청동기시대 갈돌·갈판의 사용흔 및 잔존 녹말 분석」, 『중앙고고연구』 9.

손준호·조진형, 2006, 「고배율 현미경을 이용한 반월형석도의 사용흔 분석」, 『야외고고학』 1.

송만영, 1995, 「중기 무문토기시대 문화의 편년과 성격」, 숭실대학교대학원 석사학위논문.

_____, 2012, 「강원 영서, 영동지역 청동기시대 편년 병행 관계」, 『숭실사학』 29.

신경숙·김소라·서지아, 2011, 「실험고고학을 통해 본 석도제작과 사용실험 보고」, 『박물관 연보』 20, 목포대학교박물관.

안승모, 1985, 「한국 반월형석도의 연구」, 서울대학교대학원 석사학위논문.

안재호, 2009a, 「남한 청동기시대 연구의 성과와 과제」, 『동북아 청동기문화 조사연구의 성과와 과제』, 학연문화사.

_____, 2009b, 「청동기시대 사천 이금동취락의 변천」, 『영남고고학』 51.

_____, 2009c, 「松菊里文化成立期の嶺南社會と彌生文化」, 『彌生文化誕生』, 彌生時代の考古學 2.

_____, 2011, 「묘역식지석묘의 출현과 사회상」, 『동북아 청동기문화와 지석묘』, 한국학중앙연구원 공동연구팀.

유병록, 2006, 「일명 '부리형석기' 용도에 대한 소고」, 『석헌 정징원교수 정년퇴임기념논총』, 부산고고학연구회.

_____, 2014, 「석기의 종류와 특징」, 『도구론』, 청동기시대의 고고학 5, 서경문화사.

윤용진·홍순광·류지환, 2011, 「대구 연암산유적 출토 석부」, 『경북대학교 고고인류학과 30주년 기념 고고학논총』.

윤지연, 2007, 「사용흔 분석을 통한 석부의 기능 연구」, 『한국고고학보』 63.

이기성, 2006, 「석기 석재의 선택적 사용과 유통」, 『호서고고학』 15.

_____, 2008a, 「서울경기지역 무문토기시대 전·중기의 석기 양상」, 『전통과 변화─서울경기 무문토기문

　　　　화의 흐름』, 서울경기고고학회 추계학술대회.

＿＿＿＿, 2008b, 「일본 죠몽·야요이 전환기의 석기 변화」, 『한국상고사학보』 59.

이동주·장호진, 2012, 「어망추로 본 청동기시대 어로 양상」, 『야외고고학』 14.

이석범, 2012, 「마제석촉을 통한 영남지역 주거지의 편년」, 『한국청동기학보』 10.

＿＿＿＿, 2015, 「영남지역 점토대토기 단계의 마제석기 변화상」, 『한국청동기학보』 17.

이선미, 2007, 「소위 '부리형석기'의 용도에 관한 연구」, 경남대학교대학원 석사학위논문.

이윤수, 2000, 「석재 분석」, 『순천 죽내리유적』, 조선대학교박물관.

이인학, 2010, 「청동기시대 취락 내 석기 제작 양상 검토」, 『한국청동기학보』 6.

이종철, 2006, 「쌍미늘 석창 소고」, 『연구논문집』 7, 호남문화재연구원.

이창희, 2013, 「청동기시대 조기의 역연대」, 『주거의 고고학』, 제37회 한국고고학전국대회.

이청규, 2007, 「석검, 동검, 그리고 철검」, 『천마고고학논총』, 석심 정영화교수 정년퇴임기념논총.

이형원, 2010, 「청동기시대 조기 설정과 송국리유형 형성 논쟁에 대한 비판적 검토」, 『고고학』 9-2.

이홍종, 2000, 「무문토기가 彌生토기 성립에 끼친 영향」, 『선사와 고대』 14.

장명엽, 2011, 「구형석기의 기능에 대한 몇 가지 추론」, 『호남문화재연구』 11.

장용준, 2007, 「선사시대 석기의 분별과 제작기법」, 『고고광장』 1.

장용준·平郡達哉, 2009, 「유절병식 석검으로 본 무문토기시대 매장의례의 공유」, 『한국고고학보』 72.

庄田愼矢, 2007, 「남한 청동기시대의 생산활동과 사회」, 충남대학교대학원 박사학위논문.

＿＿＿＿, 2014, 「日韓の考古學における赤彩土器硏究のこれから」, 『SEEDS CONTACT』 2, 平成25年度基盤
　　　　硏究(A).

庄田愼矢·梅崎惠司·지민주·長井謙治·柚原雅樹, 2013, 「청동기시대 마제석촉 제작공정의 복원」, 『한국상고
　　　　사학보』 79.

전미영, 2009, 「청동기시대 영남지역 마제석부 연구」, 영남대학교대학원 석사학위논문.

전영래, 1982, 「한국 마제석검·석촉 편년에 관한 연구」, 『마한·백제문화』 4·5.

전진현, 2013, 「편평편인석부의 기능과 용도에 관한 연구」, 『한국청동기학보』 12.

조대연·박서현, 2013, 「청동기시대 석기 생산에 대한 일 고찰」, 『호서고고학』 28.

최승희, 2004, 「한반도 출토 환상·다두석부 연구」, 부산대학교대학원 석사학위논문.

한강문화재연구원, 2016, 『광명 가학동 산100-3번지 유적』.

홍주희, 2009, 「북한강유역 청동기시대 취락의 전개와 석기제작시스템의 확립」, 『한국청동기학보』 5.

＿＿＿＿, 2011, 「청동기시대의 생활상과 석기의 기능영역」, 『인류학고고학논총』, 영남대학교 문화인류학과
　　　　개설40주년 기념논총.

＿＿＿＿, 2012, 「청동기시대 조기의 석기편년」, 『청동기시대 석기의 편년』, 한국청동기학회 석기분과 워크숍.

황재훈, 2012, 「섬진강유역 지석묘의 전개과정」, 『한국상고사학보』 75.

황창한, 2007, 「암석의 분석방법과 고고학적 적용」, 『동아문화』 2·3.

＿＿＿＿, 2009, 「청동기시대 석기 제작의 양극기법 연구」, 『한국상고사학보』 63.

＿＿＿＿, 2010, 「울산지역 청동기시대 편마암류 석기의 산지연구」, 『야외고고학』 9.

＿＿＿＿, 2011, 「청동기시대 혼펠스제 마제석검의 산지추정」, 『고고광장』 9.

_____, 2012, 「청동기시대 마제석촉의 지역성 연구」, 『야외고고학』 13.

_____, 2013a, 「영남지역 청동기시대 석제무기」, 『한국청동기학보』 13.

_____, 2013b, 「대구지역 청동기시대 석기생산 시스템 연구」, 『영남고고학』 67.

황창한·김현식, 2006, 「선형석기에 대한 고찰」, 『석헌 정징원교수 정년퇴임기념논총』, 부산고고학연구회.

神野惠, 2003, 「伐採斧の出現とその背景」, 『文化財と歷史學』, 奈良文化財硏究所.

長野縣敎育委員會, 2000, 『上信越自動車道 埋藏文化財發掘調査報告書』 5.

秋山浩三·仲原知之, 1999, 「近畿における石庖丁生産·流通の再檢討(I)」, 『大阪文化財硏究』 17.

春成秀爾, 2006, 「彌生時代の年代問題」, 『彌生時代の新年代』 1, 雄山閣.

下條信行, 2009, 「鑿形石斧について」, 『考古學と地域文化』, 一山典還曆記念論集.

제3장
청동기의 관찰과 해석

I 머리말

구리는 지각에서 8번째로 많이 포함된 금속 원소로서 다른 금속들과 달리 황색, 적색, 녹청색 등 특이한 색깔을 띠고 있어 사람들의 주목을 끌어 왔다. 또한 지표에서 자연동 상태로 발견되며, 두드리는 작업을 통해 원하는 형태를 쉽게 만들 수도 있었기 때문에 금속 중 가장 먼저 인간이 이용하게 되었다. 그리고 거기에 주석을 더하여 자연계에 존재하지 않는 최초의 인공 금속 '청동'이 탄생하게 된다. 원래는 주석이 아닌 비소를 더해 비소동이 이용되었지만 잘 알려진 바와 같이 비소는 인체에 해로워 주석으로 대체된 것이다. 이러한 청동을 만들기 위해 구리와 주석을 원거리로 교역하게 되고, 전문장인이 제작하게 되면서 분업화가 시작되며, 제작된 청동기를 분배하는 지배층의 등장으로 인해 이집트, 메소포타미아, 중국 등지에서 대제국이 만들어지게 된다(살린 2013).

한반도에서도 이와 별반 다르지 않은 과정을 거치게 된다. 구리는 상대적으로 많은 양이 있었지만 주석이 없었기 때문에 중국 등지에서 원거리 교역 등을 통해 입수해야 했고 청동기문화를 바탕으로 우리나라 최초의 국가인 '고조선'이 탄생하게 되었다(이양수 2017). 한반도에서 청동기시대는 토기를 기준으로 무문토기시대라고도 부르는데, 단순히 청동기의 등장이 아닌, 사회의 발전단계 중에서 잉여생산물을 바탕으로 계층이 분화되는 시기를 뜻한다(安在晧 2009).

이 글에서는 도구로서의 청동기 자체에 집중하여 논의를 진행하고자 한다. 다루고자 하는 시대는 청동기시대부터 삼한시대이며, 유물은 청동기 전반이다. 물론 고고학의 지향점은 과거 사회의 복원이지만 이 장에서는 유물 관찰을 통한 제작공정의 복원을 중심으로 살펴보고자 한다.

II 청동기의 일생

모든 것이 그렇듯이, 청동기도 탄생에서 소멸까지의 과정을 거친다. 그리고 그 과정 속에서 여러 가지 흔적이 남게 되는데 그것을 관찰하여 사용법, 용도, 제작지 등을 유추할 수 있다.

청동기를 제작하기 위해서는 먼저 원료가 되는 구리와 주석 등을 채광해야 한다. 그리고 채광한 광석을 제작지로 운반하여 도가니에 넣어 고온으로 녹여서 용융시킨다. 그리고 이것을 적당한 크기로 덩어리를 만들어 동괴, 주석괴 등을 제조한다. 이와는 별도로 제작할 기물의 형태를 거푸집에 새겨서 그 틀에 합금비를 맞춘 청동을 용융시키고 그것을 거푸집에 부어 형태를 만든다. 이렇게 만들어진 청동기를 다듬어서 완성하게 되는데 주조가 잘못된 경우는 다시 녹여서 재활용하기도 하며 사용 중 파손되면 수리하기도 한다. 완성된 청동기는 사용에 의해 마모가 되거나 깨어지기도 한다. 특히 이렇게 마모나 깨어진 부위를 살펴어 그 사용한 방법을 추정할 수도 있다. 깨어지는 경우 원래 용도와는 무관하게 재가공되어 다르게 사용되기도 한다. 그리고 재가공되지 않고 폐기되거나 다시 녹여서 원료로 재사용되기도 한다. 이러한 일생을 정리한 것이 〈그림 1〉이다.

유사한 연구로 岡內三眞(1984)의 제작공정 모식도가 알려져 있다. 그는 청동기의 제작을 크게 주조하기 이전과 이후의 공정으로 나누어 살펴보았다(그림 2). 또한 이전의 공정은 역시 두 개로 나누었는데, 먼저 동광석 채광에서 용해하는 일련의 원료계통의 공정, 다른 하나는 도안에서 주형을 종합하는 주조계통의 공정으로 구분하였다. 그리고 양자가 합쳐져 도금, 마연하는 과정 등을 거쳐 청동제품이 만들어진다고 설명하였다. 그의 제작기술에 대한 모식도는 제작에서 완성까지의 단계를 설명한 것으로 사용과 폐기에 대한 부분은 제외되어 있다. 또한 주목되는 것으로 도금의 과정을 넣어서 불상의 주조와 같은 범주에도 적용할 수 있게 확장성을 가지는 것이 특징이다.

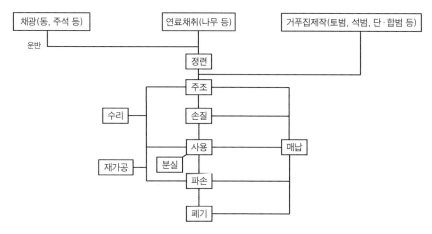

그림 1 청동기의 일생

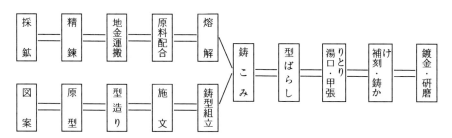

그림 2 청동기의 제작공정(岡內三眞 1984)

III 제작공정에 따른 흔적

1. 채광

청동기시대부터 삼한시대까지 한반도 내에서 동광산은 아직 확인되지 않았다. 다만 납동위체 분석을 통하여 채광지를 추정하는 연구가 이루어지고 있다. 간단히 설명하면 청동기에 들어 있는 미량 원소 중 납은 가장 안정한 납동위원소로서 방사성 붕괴에 의해 생성된 납(206Pb, 207Pb, 208Pb)은 처음부터 존재한 납(204Pb)과 혼합되어 어느 시기에 방연석을 형성하게 된다. 이때 방연석은 일정한 납동위원소비를 갖게 되며, 각 지역마다 고유의 납동위원소비 값을 가지고 있다. 즉, 납동위원

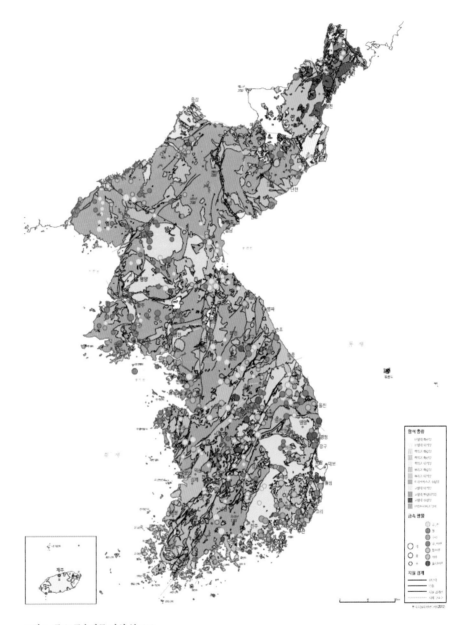

그림 3 주요 금속광물 자원 분포도

(국토교통부 국토지리정보원 2016, http://nationalatlas.ngii.go.kr/pages/page_113.php#prettyPhoto[img1]/0/)

소비를 분석하면 산지 추정이 가능하다는 것이다.[1]

　연구의 사례로서 최주(1996)는 이영문(1991)의 요령식동검에 대한 연구를 바탕으로 납동위원소비법을 이용해 숭실대학교 한국기독교박물관 소장 요령식동모, 여수 적량동 2호와 4호 석곽묘 출토 요령식동검 등 3점을 분석하여 원료의 산지를 추정하였다. 그 결과 세 점 모두 남한산의 원료를 사용하였다는 결론을 도출하였으며, 모두 영암 광석을 사용한 것으로 추정하였다.

　하지만 청동기에 납이 2% 이상 포함되어 있을 경우는 의도적으로 납을 넣은 것이기 때문에 실험결과를 신뢰할 수 없다. 또한 폐기된 청동기를 다시 녹여서 재사용하는 경우, 여러 지역에서 채광된 구리가 뒤섞이게 되어 분석을 신뢰할 수 없다는 문제점이 있다.

　우리나라의 동광산은 여러 곳이 알려져 있지만, 주석의 경우 한반도에서는 산지가 알려지지 않았기 때문에 전량 수입에 의존했던 것으로 생각된다. 때문에 한반도에서 청동기의 제작은 원거리교역을 수반하고 있었음을 알 수 있다.[2]

2. 연료채취

연료는 주로 나무였을 것으로 생각되는데, 고온으로 높이기 위해서는 숯을 이용하였을 것으로 생각된다. 아마도 연료의 채취 방법은 벌목이었을 것이고, 많은 노동력과 많은 유적에서 탄요가 발견되고 있는데 이것들 중 일부는 동과 같은 금속을 제작하기 위한 연료로 사용되었을 것이다.

　탄요에서는 가마를 개방시켜서 숯을 만들면 흑탄, 밀폐시켜서 숯을 만들면 백탄을 만들 수 있다. 흑탄에 비해 백탄은 고온으로 올라가기 때문에 철기 생산에는 반드시 백탄이 필요하다. 하지만 동의 경우는 합금재료로 사용되는 납이나 아연, 주석 등이 상대적으로 저온에서 녹기 때문에 함께 녹이는 경우 저온에서 녹게 되어 흑탄으로 충분히 주조가 가능하다.

1　납동위체분석에 대해서는 강형태 외(2002)의 글을 참고하기 바란다.
2　한반도에서 주석산지는 경북 울진의 울진(동진)광산과 강원 영월의 순경광산이 알려져 있다. 하지만 울진광산은 1970년대에 일부 주석이 채광되었을 뿐이며, 순경광산은 탐사에서 주석이 발견되었을 뿐 채광된 적은 없다고 한다. 이는 한국자원정보서비스(www.kores.net)에 문의하여 얻은 정보이다.

3. 거푸집 제작

청동기 제작에서 가장 중요하고 어려운 일은 거푸집을 제작하는 것이다. 한반도에서 현재까지 알려진 청동기시대부터 삼한시대의 거푸집은 모두 돌로 만든 것이다.[3] 토범은 재질이 약해서인지 당시의 것은 남아 있지 않으나 청동유물에 남은 흔적으로 보아 사용되었을 것으로 생각된다. 가장 좋은 예가 숭실대학교 한국기독교박물관 소장 국보 제141호 다뉴세문경일 것이다. 이것의 보존처리 중 거푸집의 일부가 문양에 끼어 있는 것을 확인했고 토범임이 입증되었다(박학수 2008). 그러나 실제 형태를 완전히 알 수 있는 토범의 예는 경주 황성동에서 철기를 제작할 때 사용되었던 거푸집이 가장 이른 시기의 예이고, 이외에 통일신라시대의 것으로 청동완의

그림 4 경주 동천동 출토 토제 거푸집

그림 5 전 영암 출토 거푸집(숭실대학교 한국기독교박물관 2004)

---

3   거푸집에 대해서는 後藤直(1996), 李健茂(2006), 趙鎭先(2007)의 글을 참고하기 바란다.

토제 거푸집이 경주 동천동에서 출토된 바 있다(국립중앙박물관 2003). 또한 진토의
사용에 대한 문제도 있지만 실제 출토된 예가 없기 때문에 아직 논의 자체를 할 수
없는 실정이다.

1) 단범과 합범

재질에 따른 거푸집의 차이도 있지만 사용되는 거푸집의 숫자에 따라 하나의 거푸
집을 이용하여 만드는 것(단범)과 여러 개의 거푸집을 합쳐서 만드는 방법(합범)으
로도 나누어진다. 살 알려진 바와 같이 숭실대 한국기독교박물관 소장 전(傳) 영암
출토 거푸집은 합범의 대표적인 예이다. 두 개가 한 쌍으로 이루어져 있으며 이 시
대의 대표적인 거푸집 제작방법을 보여준다.

2) 분할선과 주조 지느러미

청동기에 나타난 거푸집의 흔적은 분할선이 대표적이다. 분할선이란 합범을 이용
하는 경우, 두 개의 거푸집이 합치는 부분에 주조 지느러미가 생겨 그것을 다듬더
라도 선이 남는 경우가 많다. 이것을 통해 어느 부분에서 거푸집이 합쳐졌는지, 몇
개의 거푸집으로 만들어진 것인지, 각 거푸집의 형태는 어떠했는지 유추할 수 있다.

3) 형지공

청동기를 만들 때, 빈 공간을 만들기 위해 설치
한 내형을 고정한 흔적인 형지공도 중요하다.
〈그림 6〉은 대구 평리동에서 출토된 삼한시대
동탁인데 양쪽 가장자리에 합범의 분할선이 확
인되며 정면의 중앙과 위쪽에 설(舌)을 고정하
기 위한 구멍이 있다. 이런 구멍은 설을 고정하
는 기능을 가지고 있지만 원래의 의도는 내형
을 고정하기 위한 형지공이다. 즉 제작자는 이
내형을 고정하는 목적과 완성된 청동기의 기능
을 함께 계산하여 형지공의 위치를 잡게 된다.

그림 6 분할선과 형지공의 예

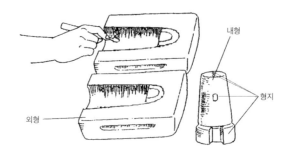

그림 7 동탁의 거푸집과 내형 설치

4) 만형법과 원형법

거푸집에 문양을 새기는 만형법이 일반적인 방법이지만 원형을 만들어 거기에 문양을 새기고 그것에 점토를 발라 거푸집을 제작하는 경우도 있다. 이것을 원형법이라고 하는데 원형은 나무나 흙으로 만드는 경우도 있지만 특히 밀랍을 이용하는 경우는 실랍법이라고 한다. 이런 실랍법을 이용하면 가장 정교한 청동기를 제작할 수 있다. 또한 원형법으로 거푸집에 전체적인 틀을 찍어 내고 거기에 다시 무늬를 새기는 방법도 존재한다. 이러한 예로 만들어진 것이 이형청동기 중에서 확인되며 무늬를 띠붙임 기법으로 만든 것이 확인된 것도 주요한 성과이다(미야자토 오사무 2010).

석범은 모두 만형법으로 만들어지고 원형법은 토범이 주류를 이루지만 금속을 이용하여 거푸집을 만드는 경우도 드물게 존재한다.

그림 8 만형법(좌)과 원형법(우)의 차이

5) 컴퍼스의 사용

만형법으로 제작하는 경우, 무늬를 새기는 도구 중 컴퍼스의 사용이 주목된다. 중국 요서 이서지역에서는 다뉴뇌문경을 제작할 때부터 컴퍼스의 사용이 인지된나.

그림 9 전 중국 출토 다뉴뇌문경, 킴퍼스의 흔석

그림 10 컴퍼스와 원판을 이용한 구획

전 중국 출토품으로 전해지는 일본 교토국립박물관 소장 다뉴뇌문경의 주연부에
는 컴퍼스를 돌려서 새긴 문양이 확연하게 드러난다.

그러나 한반도와 중국 요동의 경우 다뉴조문경부터 컴퍼스를 사용하여 제도를
하며 다뉴뇌문경은 문양적인 모티브는 채용했으나 컴퍼스 사용과 같은 제작기술까
지 이입된 것은 아니라 생각된다.

다뉴조문경의 제작에서 가장 눈에 띄는 것이 원문을 새기는 방법이다. 〈그림
10〉의 1은 대전 괴정동에서 출토된 다뉴조문경으로 내구의 간격이 차이 나는 것을
알 수 있다. 이는 원판을 대고 제도를 하였기 때문에 여러 개의 원을 그리면서 중심을
맞출 수 없었다는 것을 알 수 있다. 이에 반해 2는 아산 남성리에서 출토된 다뉴조문
경이다. 이것은 각 구획 원의 중심이 정확히 하나의 지점에서 만나는 것으로 컴퍼스

그림 11 다뉴세문경의 컴퍼스 무늬

를 사용한 것이다. 이런 점에서 같은 다뉴조문경이지만 시기 혹은 공방에 따라 원을
제도하는 기술은 차이가 있었음을 알 수 있다.

6) 외곽선의 시문

만형법으로 제작할 때, 문양을 새기는 방법에 따라 두 시기로 구분이 가능하다. 〈그
림 12〉의 좌측에 한국식동검의 거푸집을 보면 1, 2는 외곽선이 단이 지게 확실히
그어져 있다. 이에 반해 3은 봉부가 주조된 상태 그대로 날카롭도록 단을 없앴다.
이 차이가 거푸집에서 시간 차이를 보여주는 것이다.

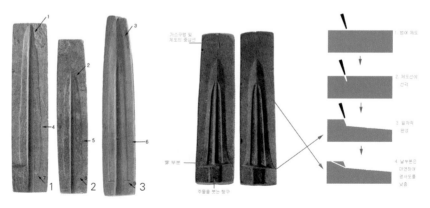

그림 12 석범에 시문되는 방식의 차이

앞서 보았던 밀양 교동 3호묘 출토 성운문경 〈그림 8〉에서도 기준선이 확인되듯
무늬를 새길 때는 먼저 구획을 하였다(李陽洙 2006). 이러한 예는 다른 동경이나 청
동기에서도 자주 확인되며 신석기시대의 빗살무늬토기에서도 보인다.

기준선을 긋는 것은 나중에 영천 용전리와 경주 죽동리 출토 동과에서 볼 수 있
듯이 특정부분에 무늬를 남겨 제작자를 표시하는 듯한 표식으로 발전하게 된다(李陽
洙 2008).

8) 문양의 시문

다뉴경과 같은 기하학무늬를 새길 때는 일정한 규칙이 있다. 대체적으로 구획 후
에 무늬를 채워 넣는데, 기준선을 찾는 것이 중요하다. 기준선이 그어진 뒤, 거기

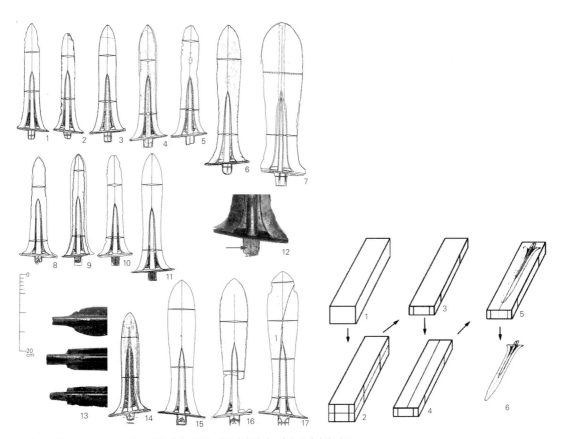

그림 13 내(內)에 문양이 있는 동과(상), 내의 문양과 기준선의 관계 - 영천 용전리의 예(하)

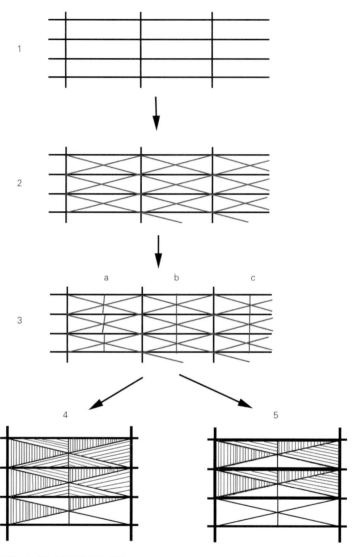

그림 14 다뉴세문경의 문양 시문

에 문양이 채워지게 된다. 문양을 새기는 예를 살펴보면 〈그림 15〉와 같이 먼저 구
획선을 긋고 거기에 무늬를 채워 넣는 방식이다. 〈그림 16〉은 전 논산 출토 다뉴세
문경에서 확인된 것으로 무늬가 채워지지 않은 부분이다. 이것은 무늬를 새기면서
실수를 한 것으로 생각된다. 이것을 근거로 단위문양의 시문법을 확인할 수 있다.

　　〈그림 14〉는 전 논산 출토로 전하는 숭실대학교 한국기독교박물관 소장 국보
제141호 다뉴세문경의 문양의 시문순서를 모식도로 표현한 것이다. 먼저 1단계는 원

그림 15 다뉴조문경의 문양 시문

그림 16 다뉴세문경의 문양 시문

권과 종선을 이용하여 직사각형 형태로 구획한 것이다. 여기에 'X'자 형태로 내부를 나누고 그 중앙에 다시 선을 그어 6등분하는 것이다. 내구와 외구는 이 중앙의 선을 각기 하나의 선으로 나누어 그었지만(그림 14-3-a), 중구의 경우 1시 방향의 선을 제외하고는 모두 여러 개를 한꺼번에 그어 나누고 있다(그림 14-3-b·c).

이렇게 큰 구획이 끝나면 〈그림 14-4〉와 같이 삼각형을 채워 넣기 시작한다. 먼저 빨간 선을 바탕문양으로 전체적으로 그었다. 그 뒤 파란 선을 채워 넣는다. 마지막으로 녹색 선을 그어서 전체를 완성한다. 여기서 중요한 것은 파란 선을 채워 넣는 위치이다. 〈그림 14-4〉와 같이 시문하는 경우 자를 세 번 위치를 바꾸어서 각기 2개씩 동일한 방향의 문양을 채워 6개의 문양을 새기는 것이 가능하다. 그런데 〈그림 14-5〉와 같이 문양을 새기는 경우 이러한 규칙은 깨지게 된다.

중요한 점은 전 논산 출토 다뉴세문경은 외구의 한 군데를 제외하고는 모두 〈그림 14-4〉의 방법으로 새겨져 있다는 점이다. 그리고 〈그림 14-5〉의 방법으로 새겨진 곳은 외구에 한 군데 문양이 일부 새겨지지 않은 곳(그림 16)에서 확인되는 패턴이다 (李陽洙 2009a).

9) 내형과 외형의 조립 사례

〈그림 4〉에서 제시한 경주 동천동 출토 청동완의 거푸집은 두 개가 한 쌍인 합범이다. 태토는 사립이 많이 포함되어 있으며, 장석과 운모 등이 육안으로 관찰된다. 외형은 일반적인 토제품과 같은 태토이지만 청동기가 만들어지는 내면은 상당히 정선되어 있다.

먼저 〈그림 17-1〉과 같이 외형을 보면 삼각뿔 형태에 가깝다. 표면은 대충 정리한 듯하며, 위쪽에 용탕을 붓는 탕구가 있다. 〈그림 17-2〉와 같이 탕구의 형태는 원형으로 후술하겠지만 컴퍼스의 사용과 관련 있는 부분이다. 〈그림 17-5〉와 같이 옆에는 두 줄의 압인문이 새겨져 있다. 〈그림 17-3〉과 〈그림 17-4〉는 외범의 내면이다. 외면에 비해 정선되기는 했지만 태토는 크게 차이가 없다. 또한 표면 역시 정연하지는 않다. 즉 주조된 이후 표면을 마연하는 데 공을 들였다고 생각된다.

〈그림 17-6〉은 내형으로 반원형이다. 표면은 흑색으로 여러 번 주조한 결과라 생각된다. 〈그림 17-7〉은 반대 면인데 가운데가 비어 있고 붉은색을 띤다. 중요한 점은 〈그림 17-8〉에 보이는 바와 같이 본래는 가운데 구멍을 메꾸었는데, 이 부분이 깨어지면서 제작방법을 유추할 수 있는 근거가 된다는 것이다. 즉 이 부분은 앞서 〈그림 17-2〉에 보이는 탕구와 함께 컴퍼스를 이용하여 만든 흔적이 남아 있다. 이에 대해서는 뒤에서 자세히 설명하겠다.

〈그림 17-9〉와 〈그림 17-10〉은 내형의 표면인데 물손질을 한 흔적이 확인되며 표면에는 기포가 적지만 그 바로 아래 부분에는 기포가 많은 것을 알 수 있다.

이상을 기준으로 이 거푸집의 제작법을 복원해 보겠다. 먼저 가장 주목되는 점은 내형과 외형의 중앙에 원래 원형의 구멍이 있다는 점이다. 외형에는 그것을 탕구로 이용하였고 내형은 흙을 채웠지만 나중에 깨어지면서 원래의 흔적이 확인되었다.

중앙에 이러한 구멍이 있는 점은 청동완을 원형으로 잘 만들기 위해 컴퍼스를 사용하였다는 증거가 된다. 먼저 원기둥을 새운 뒤에 거기에 청동완의 외부 형태를 본뜬 나무판 B(그림 18-5)를 덧대어 회전시킨다. 그렇게 하여 〈그림 19-1〉과 같이 일차적으로 내형의 기본형태를 잡는다. 여기에 이탈제를 바르고 흙을 덧대어 외형을 만든다(그림 19-3).

흙은 처음에는 고운 점토를 바르고 차츰 사질의 흙을 덧대는데 그 이유는 가스가 잘 빠지게 하기 위해서이다. 이때 〈그림 19-2〉와 같이 탕구와 탕도가 될 부분을 함

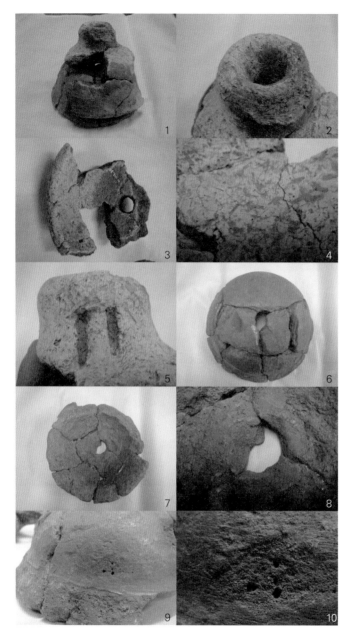

그림 17 경주 동천동 출토 통일신라시대 토제 거푸집

께 만든다. 이렇게 하여 만들어진 것이 〈그림 19-3〉의 외형이다.

　　다음으로 〈그림 19-4〉와 같이 앞서 만들어진 내형의 기본틀에 다시 새로운 나무판 A(그림 18-3)를 덧대어 회전시킨다. 나무판의 제작은 처음에는 나무판 A를 제작

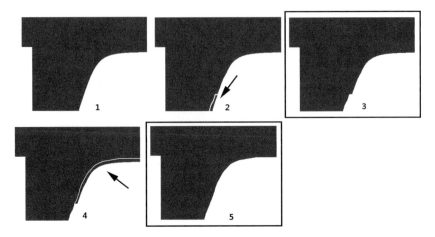

그림 18 나무판의 제작방법(나무판 A: 3, 나무판 B: 5)

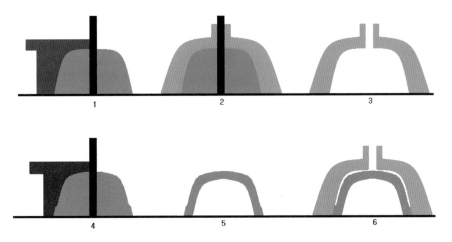

그림 19 거푸집 제작법 복원도

한 뒤, 나무판 B는 원래 나무판 A(그림 18-3)로 만드는 것이다. 나무판 A는 내형을 만들기 위한 것인데, 나무판 A에서 제작하고자 하는 청동완의 두께만큼 깎아 낸 것이 바로 나무판 B이다. 또한 구연단 부분은 나무판 A에서 먼저 잘라 내는데(그림 18-2), 그 이유는 반대로 하는 경우 외형의 틀에서 이탈제를 사용하더라도 분리가 용이하지 않기 때문이다. 내형의 안쪽은 파내었는데 이는 전면이 흙으로 가득 차 있을 경우 소성할 때 기포에 의해 깨어질 가능성이 높기 때문이라 생각된다. 그리고 마지막으로 기준이 되는 나무를 빼낸 부분에 흙을 채워 구멍을 메꾸었다. 이렇게 해서 완성된 내형은 〈그림 19-5〉와 같다. 여기에 완성된 내형과 외형을 건조한 후 소성하여 완성한 것이 〈그림 19-6〉이다.

　　이렇게 만드는 방법은 컴퍼스 틀을 잘라 내는 방법이지만 원형법으로 만드는 경우, 원형으로 외형을 만들고 나서 외형을 깎아 내형을 만드는 방법을 사용하는 기술도 있다. 이런 방법으로 만들어지는 사례는 간두령에서 확인된다.

4. 정련

정련은 광석에서 금속을 분리해 내는 과정이다. 청동기를 만들기 위해서는 기본적으로 구리와 주석 등이 필요하다. 구리는 황색을 띠며 주석은 은색을 띤다. 또한 구리는 잘 구부러져 연성이 좋고 주석은 단단하다. 이러한 특징 때문에 구리의 함유량이 높으면 색깔이 황색에 가깝고 주석이 높으면 은색에 가

그림 20　원료 괴를 만들기 위한 거푸집

깝게 된다. 또한 주석이 높으면 단단해져 경도가 높아지지만 잘 깨지게 된다. 이러한 특성 때문에 청동기의 용도에 따라 그 비율을 조절하게 된다. 『周禮』考工記에는 기물에 따른 비율을 적어 놓았는데 양을 6등분하여 주석이 1이면 종이나 솥을 만들고, 5등분하여 주석이 1이면 도끼를 만들고, 4등분하여 1이면 창이나 방패, 3등분하여 1이면 대도, 5등분하여 2이면 화살, 1 대 1이면 거울을 만드는 데 좋다고 기록되어 있다.[4]

　　이러한 비율을 맞추기 위해서는 당시 저울이 없었으므로 규격화된 크기로 만들어 그 양을 조절하였을 것으로 생각된다. 당시의 예는 아니지만 경주 동천동과 경주 황룡사지 등지에서 이형거푸집이 출토되었다. 이것을 살펴보면 단범으로 막대 형태의 괴를 만들 수 있게 되어 있는데, 이러한 거푸집을 이용해 동괴와 주석괴를 만들 수 있었을 것이다. 그것을 이용해 개수를 조절해 합금비율을 맞추었을 것으로 생각된다.

4　최주는 육제 가운데 '金錫半謂之鑑燧之齊'를 해석할 때 金을 구리로 해석하면 구리 50%, 주석 50%가 되며, 금을 청동으로 해석하면 구리 67%, 주석 33%가 되는데, 현재까지의 청동기 분석결과로 본다면 후자의 해석이 옳다고 기록하고 있다(유혜선 2008).

5. 주조

이러한 방법으로 준비된 원료와 기물을 만들기 위한 거푸집을 준비하여 주조를 하게 된다. 주조를 하기 위해서는 도가니에 청동을 용융시켜야 하므로 온도를 높이기 위해 송풍관을 설치한다. 당대의 송풍관이 한반도에서 출토된 예는 알려지지 않았지만 중국 동북지역에서 확인된 바 있다. 그 형태를 살펴보면 'ㄱ'자 형태로 구부러져 있으며 갈퀴 등을 표현하여 말을 형상화하고 있다. 이러한 예가 최근 日本 熊本市 八ノ坪 유적에서 출토되었다. 일본에서도 이러한 형태가 확인되므로 아마 한반도에서도 이런 송풍관이 존재할 것으로 생각된다.[5]

거푸집에 용융된 청동을 바로 부으면 깨어질 수 있으므로 거푸집도 주조하기 전에 일정 정도로 가열한다. 석범의

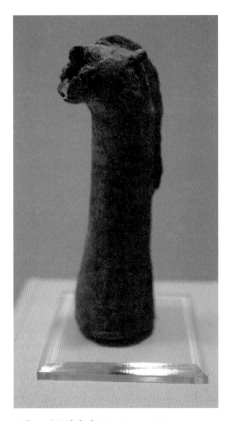

그림 21 송풍관의 예(中國 淩源 三官甸墓 출토)

경우는 문제가 덜하지만 토범의 경우는 습기를 제거하기 위해 온도를 높이는 도중, 혹은 용융된 청동을 붓는 도중 깨어지는 경우가 간혹 확인된다. 대체적으로 토범의 습기를 제거하기 위해 굽는 도중 깨어지는 경우는 약간의 단차를 이루며 선이 생기지만[6] 용융된 청동을 붓는 도중 깨어진 경우는 대부분 다시 녹여서 새로 만들게 된다. 또한 거푸집에 용융된 청동을 붓게 되면 청동기가 너무 빨리 굳어 원하는 세밀한 형태가 만들어지지 않을 수 있으므로 거푸집을 땅에 묻어서 주입구만 밖으로 내놓는 것

---

5   송풍관과 그 사용법에 대해서는 村上恭通(2008)의 글을 참고하기 바란다.
6   일반적으로 쥐꼬리 결함이라 불리는 것이 이러한 예이다.

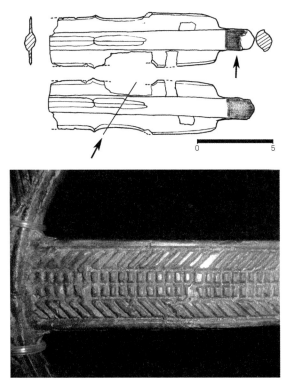

그림 22 거푸집이 깨어진 경우

이 일반적이다.[7] 이러한 방법을 이용하여 거푸집이 깨어지더라도 완전히 형태가 어긋나는 것을 방지하고, 온도를 서서히 낮추어 거푸집이 깨지지 않게 하거나, 세밀한 문양이나 형태가 잘 만들어지도록 청동이 일찍 굳는 것을 방지한다.

　　청동기에 나타나는 주조의 흔적은 용융된 청동을 부은 쪽에 나타나는 주입구의 흔적이 대표적이다. 주입구는 대체적으로 거푸집의 면 중 넓은 쪽에 있는데 그 이유는 좁은 쪽에 주입구를 만들 경우 청동용액이 원활히 들어가지 않아 원하는 형태로 만들어지지 않을 가능성이 높기 때문이다.

　　한국식동검이나 동과 같은 청동기들은 한 번의 주조로 원하는 형태를 만들 수 있지만 방울과 같은 이형청동기들은 여러 번 주조하는 경우도 있다. 대표적으로 청동

7　將泉里에서는 지하 2~3尺의 灰 속에서 동검 거푸집 한 벌과 鐇金具 거푸집이 출토되었으며, 草芙里에서도 세 매의 동검 거푸집이 겹쳐서 출토되었다. 이는 폐기될 당시 단순히 분묘나 다른 유구에 부장된 것이 아니라 주조공방에서 주조하던 도중 폐기되었기 때문인 것으로 생각된다(後藤直 2007).

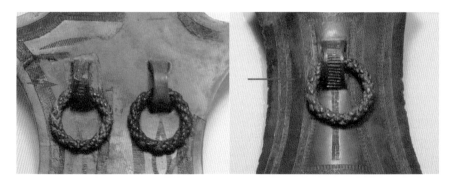

그림 23 분주법으로 제작된 아산 남성리 방패형동기(좌)와 예산 동서리 검파형동기(우)

방울은 소리를 내기 위한 설(舌)을 넣기 위해 먼저 청동구슬을 주조한 뒤 그것을 다시 거푸집에 설치하여 주조를 하게 된다. 이외에도 검파형동기나 방패형동기에 매달려 있는 고리도 이런 방법으로 만든다. 이 기술을 분주법이라고 한다.[8]

주조가 끝나 기물을 꺼내면 그것을 바로 매납하는 경우도 있다. 부여 송당리에서 출토된 동과는 주조 후 바로 매납되어 거푸집의 형태를 추정할 수 있는 근거가 된다. 그러나 대체적으로는 그것을 다시 지석으로 마연하게 된다. 먼저 주입구에서 탕도를 따라 기물까지 청동 덩어리가 붙어 있는데 이것을 떼어 내게 된다. 이것을 떼어 낸 흔적을 통해 주입구를 찾을 수 있다. 대표적으로 검파두식에는 이러한 흔적이 잘 남아 있다.

6. 도가니

노를 만들어 금속을 용해하는 기술이 개발되면서 도가니가 사용되기 시작한다. 금속과 연료가 접촉하면 금속이 산화하기 때문에 그것을 방지하기 위하여 모래와 점토를 섞은 도가니가 만들어지게 된다. 도가니는 거푸집에 용탕을 붓는 역할도 함께 하기 때문에 주전자와 같이 주구를 가지는 것이 일반적이다. 도가니의 크기는 만들고자 하는 기물의 크기에 비례하지만, 대형 기물을 만드는 경우는 여러 곳의 주입구에 여러 개의 도가니를 이용하여 용탕을 붓는 경우도 있다.

8　분주법과 관련된 제작기술에 대한 연구는 北九州鑄金研究會(2005)의 글을 참고하기 바란다.

도가니에는 붓다 만 용탕이 남아서 굳은 경우가 종종 확인된다. 그것을 통해 청동 도가니인지 유리 도가니인지 등을 구분할 수 있다. 특히 부여 쌍북리에서 출토된 도가니에는 불상을 제작할 때 사용한 것으로 추정되는 청동이 남아 있었는데, 분석을 통하여 순도가 높은 구리를 이용하였음을 밝혀내기도 하였다(이찬희 외 2010).

7. 탕구의 위치

탕구의 위치를 확인하는 가장 좋은 방법은 거푸집을 살피는 것이다. 거푸집에서 어느 부분이 주입구인지를 확인하면 명확히 설명할 수 있다. 청동제품을 통해 탕구를 확인하는 일은 쉬운 것은 아니다. 그 이유는 첫 번째로 주조 후에 필요 없는 부분은 제거하고 정리하기 때문이다. 하지만 몇 가지를 근거로 탕구의 위치를 확인할 수 있는데 이는 아래와 같이 정리할 수 있을 것이다.

① 탕도·탕구의 흔적이 남아 있는 경우
② 부분적으로 두께가 다른 경우
③ 부분적인 주조불량이 확인되는 경우
④ 기포가 모여 있는 경우
⑤ 성분분석에서 부분적으로 납이 모여 있는 경우

①은 명확하게 탕구의 방향을 알 수 있게 한다. 이런 대표적인 예는 청동검파두식에서 잘 확인되는데 경주 죽동리 출토로 전하는 검파두식에는 탕도부분이 주조되어 남아 있다. 검파두식이 반부에 고정되어 보이지 않는 내면에 탕도부분이 남겨져 있다(그림 24). 대체로 탕구, 탕도는 사용할 때 보이지 않는 부분에 숨겨 놓는 것이 일반적이다.

정인성(2016)은 탕도·탕구 자료로 영천 용전리 목관묘와 낙랑토성에서 출토된 예를 제시하였다. 고깔모양을 하고 있는 청동찌꺼기를 확인하였다. 그리고 탕도와 탕구 등에 의해 필요 없이 주조된 부분을 제거하기 위하여 타격을 가하며, 잘 분리시키기 위해 특정 부분을 좀 더 가늘게 만드는 것을 지적하였다.

또한 용탕을 거푸집에 붓고 그것이 고체화되면 공기에 노출된 부분에 특이한 양

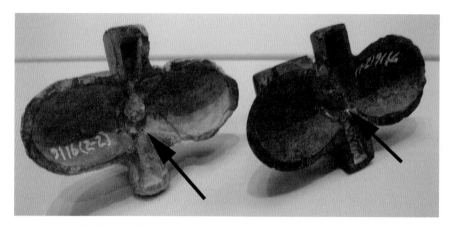

그림 24 경주 죽동리 출토 검파두식

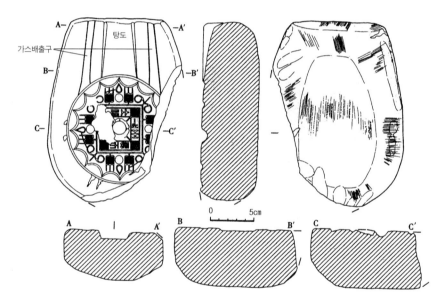

그림 25 중국 임치(臨淄) 제국고성(齊國古城) 출토 초엽문경(草葉文鏡)의 거푸집 – 탕도와 가스배출구(중국 산동성문물고고연구소·일본 나라현립가시하라고고학연구소 2006)

상이 나타난다. 이를 통해 주입구의 방향을 확인하는 것인데, 마형대구의 고리에서 확인하여 탕구의 방향을 찾아낸 예가 있다(朴章鎬 2010).

　②는 주로 동모, 동부, 동탁과 같이 공부 혹은 빈 공간을 가지는 청동기에서 자주 확인된다. 공부와 같은 빈 공간을 만들기 위해서 내형을 사용하는데 내형을 고정하기 위해 거푸집 고정못(型持)으로 외범과 내형의 사이를 띄우거나 외형 사이에 내형

그림 26 대구 평리동 출토 동탁

을 꽉 끼우는 경우도 있다. ①과 마찬가지로 동탁에서 탕구는 아래쪽에 있는 것이 일반적인데 이 부분을 살펴보면 두께가 일정하지 않은 것을 확인할 수 있다. 가장자리에 두께가 두껍거나 부분적으로 더 높이 주조된 부분이 탕구와 탕도로 연결된 부분임을 알 수 있다.

 또한 부분적으로 마연이 되어 있는 곳 역시 탕도와 연결된 곳일 가능성이 높다.

 ③은 명확히 탕구 방향을 알 수 있는 예는 아니지만 가능성으로 고려할 수 있는 것이다. 거푸집에 뜨거운 용탕을 부으면 탕구 쪽이 제일 먼저 가장 높은 온도의 용탕에 접하게 된다. 이 때문에 깨어질 가능성도 이쪽이 가장 높다. 동경의 거푸집을 살펴보면 뉴공을 만들기 위한 심의 설치 방향과 탕구의 위치가 어느 정도 일정한 것을 알 수 있는데, 대체적으로 한쪽 방향에 주조불량이 확인된다. 아마도 탕구는 주조불량이 확인되는 방향에 있었을 것이라 생각된다.

그림 27 김해 양동리 162호묘 출토 방제경

그림 28 유리에서 확인되는 기포의 예 – 경주 안계리 출토 유리잔

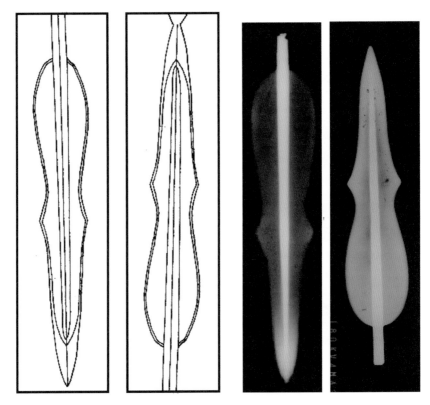

그림 29 요령식동검 거푸집의 모식도 및 X선 사진(좌: 송국리, 우: 예전동)

④는 자연적인 현상과 관련이 있다. 액체 상태인 용탕에서 기포는 모두 위쪽으로 떠오르게 된다. 그리고 위쪽에 일반적으로 탕구가 있기 때문에 기포가 모여 있는 쪽을 확인하여 탕구의 방향을 확인할 수 있다. 이렇게 기포를 이용하여 제작기술을

살피는 것은 유리의 제작기술 연구에서도 자주 사용되는 방법이다.

요령식동검의 경우 남아 있는 거푸집은 모두 탕구의 방향이 슴베 쪽이지만 X선 사진의 분석결과에 따르면 봉부 방향에 기포가 모여 있는 경우가 여수 적량동, 월내동 등지에서 출토된 것들을 중심으로 발견되고 있다. 봉부의 방향은 거푸집을 만드는 공인들의 전통으로 아마도 이런 차이가 제작 집단의 차이일 가능성이 높다(이양수 2011).

⑤는 육안으로는 불가능하지만 XRF와 같은 분석기구를 이용하여 확인할 수 있는 방법이다. 일반적으로 청동을 주조하면 납이 주입구 주변으로 모이게 된다. 이를 바탕으로 성분분석을 하여 상대적으로 납의 비율이 높은 곳을 탕구 쪽으로 보는 의견이다. 이는 숭실대학교 한국기독교박물관 소장 국보 제141호 전 논산 출토 다뉴세문경의 분석에서 제시된 바 있다(유혜선 2008).

8. 마연

청동기는 사용목적에 의해 다듬게 된다. 청동기를 이용하기 위해서는 일반적으로 마연을 한다. 대표적으로 청동검, 창, 과 등의 무기류는 날을 마연하여 날카롭게 하고, 거울은 경면을 마연해 잘 반사되도록 한다. 그리고 오랜 기간 사용하게 되면

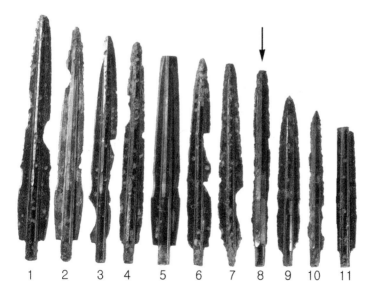

그림 30 마연에 의한 형태 변화 – 부여 구봉리

마연은 더욱 많이 하게 된다. 동검의 경우 계속적인 사용을 통하여 날을 마연하게 되면 원래 주조 당시의 형태와는 전혀 새롭게 바뀌는 경우도 있다. 아산 남성리, 예산 동서리, 부여 구봉리 등지에서 출토된 동검 중에서 세장한 형태의 것들은 피장자가 사용하였던 것이며 폭이 넓은 것들은 부장을 위해 제작된 것일 가능성이 있다. 이렇듯 어느 부분을 손질했는가에 따라 청동기의 사용법을 추론할 수 있으며, 어느 정도의 기간을 사용했는지도 알 수 있으므로 마연 부위를 잘 살피는 것은 중요하다.

9. 사용흔

사용의 흔적은 마모된 부분을 살펴봄으로 알 수 있다. 마연이 제작자의 의도에 의해 다듬은 부분이라면 마모는 제작자의 의도와 상관없이 갈려진 부분이다. 대표적으로 동탁의 설을 매달기 위한 구멍은 사용에 의해 마모가 되며, 동경의 뉴공 등에서도 마모가 확인된다.

마모가 중요한 이유는 청동기의 사용법을 유추할 수 있기 때문이다. 대표적으로 경주 입실리에서 출토된 닻모양 쌍두령의 손잡이 아래에 난 구멍의 마모된 부위를 통해 이 부분에 술을 연결하여 화려하게 장식되었을 가능성도 유추할 수 있다(이양수 2009b).

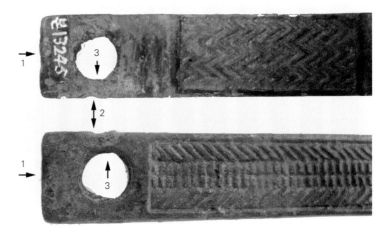

그림 31 경주 입실리 출토 닻모양 쌍두령의 마모흔

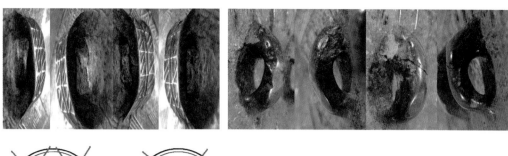

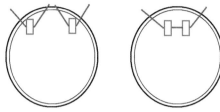

그림 32 마모 부위의 차이와 사용법의 차이

다뉴경은 마모되는 부위가 뉴에 집중하는데 중국 요서에서 사용된 것과 중국 요동-한반도에서 사용되는 것 사이에 차이가 있다. 중국 요서의 다뉴뇌문경은 고리마다 각각 줄을 연결해 건 반면 중국 요동과 한반도의 다뉴뇌문경, 다뉴조문경, 다뉴세문경은 고리를 하나의 줄로 엮어서 매단 차이가 있다. 이는 사용법의 차이일 것으로 생각된다. 또한 전 평양(일본 고려미술관 소장), 부여 구봉리 출토의 다뉴경 거울면에는 홈이 파여져 있는데, 이는 거울면을 문지르는 의례행위의 결과로 생각되며 이것이 다뉴뇌문경과 다뉴조문경에서 확인되는 점은 연속성을 보여주는 것이라 생각된다(李陽洙 2010).

김해 회현동 D지구 3호 옹관묘에서는 일본 북부 규슈의 김해식옹관에서 여러 점의 동사가 출토되었다. 7~9개로 생각되는데, 대부분 파손되고 3점의 동사의 선단이 남아 있다.

〈그림 33〉을 참고하면 1번의 동사는 가운데 융조대가 인부의 우측으로 살짝 치우쳐져 있으며, 오른쪽 인부가 왼쪽 인부보다 봉(鋒)을 향해 좀 더 둥근 느낌으로 올라간다. 이는 인부의 오른쪽이 왼쪽보다 더 많이 사용되었기 때문이다.

2번과 3번 동사는 1번과는 반대로 가운데 융조대가 인부의 왼쪽으로 살짝 치우쳐 있으며, 왼쪽 인부가 오른쪽 인부보다 봉을 향해 좀 더 둥근 느낌으로 올라가는데, 이는 인부의 왼쪽이 오른쪽보다 더 많이 사용되었기 때문이다.

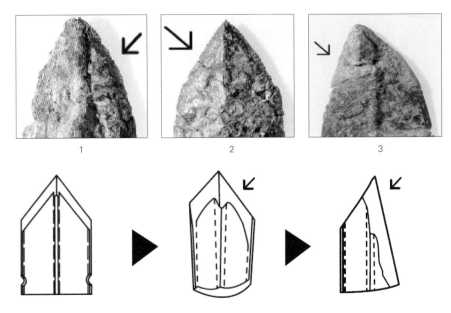

그림 33 김해 회현동 D지구 3호 옹관묘 출토 동사의 마모상태

이렇듯 3점의 동사 중 2점은 왼쪽, 1점은 오른쪽으로 편마모가 되었다는 점은,

① 왼손잡이와 오른손잡이 두 명 이상이 사용한 것을 부장하였을 가능성

② 서로 다른 용도로 사용되었을 가능성

두 가지의 가능성이 있다. 이를 통해 피장자에 대해 더욱 다양하고 풍부한 해석이 가능해질 것이다(안지영·이양수 2015).

10. 재가공

사용하던 도중 분실하는 경우도 있을 것이다. 당시 청동기는 아주 귀중한 물건이었기 때문에 분실되는 경우는 극히 드물었겠지만 가능성은 있다. 이러한 것들은 의례행위와 구별이 거의 불가능할 것이다.

또한 사용하다 깨어져 파손되는 경우도 있다. 이 경우 다시 녹여서 새로운 청동기를 만들기도 하며, 혹은 전혀 새로운 형태로 재가공되는 경우도 있다. 재가공되는 경우도, 두 가지로 나누어 생각할 수 있다. 첫 번째는 원래의 용도와 전혀 다르게 사용되는 것이다. 부여 송국리 석관묘에서 출토된 동착은 요령식동검의 슴베 부분으로 주

그림 34 재가공의 예 - 송국리 출토품(1: 국립중앙박물관 1992)과 진동리 출토품(2: 국립김해박물관 2003)

정되는데 검이 부러지자 그것에 날을 세워 동착으로 가공한 것으로 생각된다. 동검이 동착으로 용도 변경된 예이다. 두 번째로 원래의 용도를 유지하며 형태만 바뀌는 경우도 있다. 창원 진동리에서 출토된 요령식동검은 원래 전형적인 비파형으로 추정되지만 돌기부를 제거하고 다시 마연하여 현재와 같이 직선적인 날을 가진 동검으로 재가공된 것으로 추정된다. 그 이유는 기부의 형태가 둥글게 만들어져 있는데 이는 한국식동검에서는 확인되지 않기 때문이다. 그리고 이 창원 진동리 출토 요령식동검의 날은 선단과 신부의 연결부분이 한번 꺾여 있다. 이러한 예는 함께 출토된 마제석검에서도 마찬가지이지만 대다수의 마제석검 신부의 특징이다. 이에 반해 한국식동검은 각이 지지 않고 둥글게 처리되어 있다. 이 때문에 창원 진동리 출토 요령식동검은 한국식동검이 아닌 마제석검의 영향으로 현재의 형태를 하게 된 것으로 추정하는 것이 옳다.

동경을 재가공하는 경우로 경산 임당·신대리, 경주 조양동 38호묘 등지에서 출토된 원형으로 재가공된 한경편이 있다. 이러한 한경편들은 아직 정확히 밝혀지지는 않았지만 원통형으로 만들어진 목제품에 부착하여 사용된 것으로 보인다. 경산 임당 E-58호묘에서 출토된 원형 재가공 동경편의 정황은 원통형동기의 양쪽 마감으로 경면을 바깥으로 하여 사용된바, 동경의 의미를 계속 유지하고 있었던 것으로 추정된다. 이것들은 일본에서 이야기되는 파경의 원류로서 중요하다(李陽洙 2011).

그림 35 원형으로 재가공된 편과 파경을 만들기 위해 천공한 흔적

11. 매납 · 폐기

이러한 일련의 과정을 거쳐 청동기는 무덤에 부장되거나 폐기되는 등 여러 가지의
맥락 속에서 현재까지 전해진다. 무덤에 부장되는 경우는 피장자가 생전에 사용하
던 것을 부장하는 것과 부장을 위해 제작된 것을 묻는 경우로 나눌 수 있다. 이 차

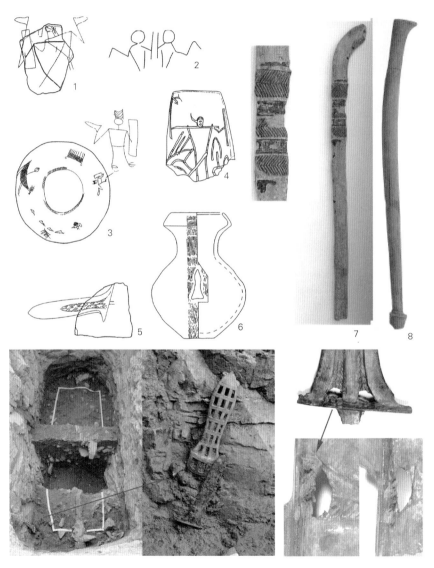

그림 36 동과 관련자료

이는 앞서 언급한 바와 같이 마모의 관찰을 통해 구분할 수 있을 것이다.

무덤 내부에서 부장된 위치와 같은 맥락은 피장자의 신분을 알 수 있는 근거가 된다. 출토된 위치도 중요한 근거가 되는데 영천 용전리 목관묘에서 발견된 동과는 손잡이는 발견되지 않았지만 출토된 위치로 보아 우리가 알고 있던 것과 달리 선단부가 땅바닥을 향하여 착장되었을 것으로 생각된다.

매납유구의 대표적인 예는 마산 가포동 유적이 있다. 제사유구로 추정되는데 큰 바위의 틈에서 동모, 동검, 동과 등이 확인되었다. 이러한 예로 산청 백운리, 청도 예전동에서 출토된 청동기는 매납유구였을 것으로 생각된다.

IV 맺음말

이상과 같이 청동기의 제작기술에 대해 청동기 자체에 남겨진 자국을 근거로 각 공정별로 살펴보았다. 그러나 청동기의 제작에 관해서는 채광지와 같이 아직 명확히 밝혀지지 않은 부분이 더 많이 남아 있다. 그리고 하나의 청동기를 만드는 방법도 한 가지만 있는 것이 아니라 다양할 것이다. 이런 다양한 방법을 확인하고 그것을 분류해 낼 수 있다면 분명 제작 공인의 계보와 공방 등을 구분할 수 있을 것이고 과거사를 더욱 풍부하게 복원할 수 있을 것이다.

석기시대와 비교해 최초의 금속기시대인 청동기시대는 기술적인 발전이라 할 수 있다. 그것은 석기의 제작에서는 원료가 가진 한계를 극복하지 못했지만 청동기는 원료의 한계를 극복할 수 있었기 때문이다. 즉 크기의 제약이 없이 기술만 있으면 어떠한 형태든, 어떠한 크기든 제작이 가능했다.

하지만 더욱더 중요한 것은 기술적인 발전이 아니라 청동기를 제작·분배·소유하는 것을 조절하는 지배자의 등장이다. 이러한 지배자는 국가라는 새로운 사회질서를 만드는 시발점이 된다. 그것이 바로 고조선이다.

즉 이러한 치밀한 분석을 기반으로 한 탄탄한 토대 속에서 과거사를 복원해 간다면 그 추론은 더욱 명확하고 발전적일 것이다. 그렇기 때문에 문헌학자와 달리 고고학자가 존재한다고 생각한다.

청동기는 발굴현장에서 접할 일이 별로 많지 않기 때문에 생소할 뿐이지 실제 접근하기 어려운 유물은 아니다. 조금만 관심을 가지면 얼마든지 연구할 것이 많은 분야이기도 하다. 필자 역시 청동기를 발굴한 경험이 손에 꼽을 정도이다. 하지만 모든 유물이 그렇듯이 인간이 만든 것이기 때문에 어떻게 만들었는지를 확인할 수 있고, 거기에는 인간의 이야기가 담겨 있다. 그 이야기를 풀어내는 것이 연구자의 몫이라 생각한다. 앞으로 더 많은 연구자들이 청동기에 관심을 가지길 바란다.

[이양수]

참고문헌

강형태 외, 2002, 「납동위원소비법에 의한 영광 수동유적 청동기의 산지추정」, 『호남고고학보』 15.

국립김해박물관, 2003, 『변진한의 여명』.

국립중앙박물관, 1992, 『한국의 청동기문화』, 범우사.

_____, 2003, 『統一新羅』.

국토교통부 국토지리정보원, 2016, 『대한민국 국가지도집』 II.

미야자토 오사무, 2010, 『한반도 청동기의 기원과 전개』, 사회평론.

朴章鎬, 2010, 「원삼국기 동물형대구의 전개와 의미」, 영남대학교 대학원 석사학위논문.

박학수, 2009, 「국보 제141호 다뉴세문경의 제작기술」, 『韓國基督敎博物館 所藏 國寶 第141號 多鈕細文鏡 綜合調査硏究』.

송응성(최주 역), 1997, 『천공개물』, 전통문화사.

숭실대학교 한국기독교박물관, 2004, 『숭실대학교 한국기독교박물관 상설전시도록』.

_____, 2009, 『韓國基督敎博物館 所藏 國寶 第141號 多鈕細文鏡 綜合調査硏究』.

安在晧, 2009, 「南韓 靑銅器時代 硏究의 成果와 課題」, 『동북아 청동기문화 조사연구의 성과와 과제』, 학연문화사.

안지영·이양수, 2014, 「김해 회현리패총 D지구 3호 옹관 출토 동사에 대하여」, 『김해 회현동 패총』, 國立金海博物館.

에릭 샬린(서종기 옮김), 2013, 『광물, 세상을 바꾸다』, 애경.

유혜선, 2008, 「국보 제141호 다뉴세문경 성분 조성에 관한 연구―한국·중국의 동경 성분 분석 사례를 통한 고찰」, 『한국기독교박물관소장 국보 제141호 다뉴세문경 연구』, 제5회 매산기념강좌 자료집.

李健茂, 2006, 「韓國先史時代石範小考」, 『有光敎一先生白壽記念論叢』, 財團法人 高麗美術館.

李陽洙, 2005, 「多鈕粗文鏡의 製作技術」, 『湖南考古學報』 22, 湖南考古學會.

_____, 2006, 「星雲文鏡 製作의 두 가지 系譜」, 『嶺南考古學報』 38, 嶺南考古學會.

_____, 2008, 「韓國式銅戈로 본 韓·中·日 三國의 交差編年」, 『第32회 韓國考古學 全國大會』 發表要旨, 韓國考古學會.

_____, 2009a, 「多鈕細文鏡의 圖案과 製作技術의 發展」, 『韓國基督敎博物館 所藏 國寶 第141號 多鈕細文鏡 綜合調査硏究』, 崇實大學校 韓國基督敎博物館.

_____, 2009b, 「靑銅器의 磨硏과 磨耗」, 『考古廣場』 4, 釜山考古學會.

_____, 2010, 「다뉴뇌문경의 제작기술과 사회―일본 교토국립박물관·고려미술관 소장품을 중심으로」, 『호남고고학보』 35, 호남고고학회.

_____, 2011, 「원형으로 재가공된 한경에 대하여―파경과의 관계를 중심으로」, 『嶺南考古學報』 57, 嶺南考古學會.

_____, 2012, 「탕구의 위치로 본 요령식동검의 제작기술과 의미」, 『考古廣場』 11, 釜山考古學會.

_____, 2017, 「변진한 지역에 영향을 준 고조선계의 문화―청동기시대부터 기원전 194년까지―」, 『東北亞歷史論叢』 55.

李榮文, 1991, 「韓半島 出土 琵琶形銅劍 型式分類 試論」, 『博物館紀要』 7, 檀國大學校中央博物館.

이찬희 외, 2010, 「부여 쌍북리유적 출토 백제 도가니 내부 유리 및 청동 용융물질의 정량분석과 고고과학적 해석」, 『보존과학지』 26-2.

정인성, 2016, 「청동기의 관찰과 이해」, 『제63회 고고학 연구 공개강좌 자료집』.

趙鎭先, 2007, 「전 영암용범의 연대와 출토지」, 『湖南考古學報』 25.

崔炷, 1996, 「슴베에 홈이 있는 琵琶刑銅劍 및 琵琶形銅鉾의 國産에 대하여」, 『先史와 古代』 7, 韓國古代史學會.

中國山東省文物考古硏究所·日本奈良縣立橿原考古學硏究所, 2006, 『山東省臨淄齊國故城漢代鏡范的考古學硏究』, 科學出版社.

岡內三眞, 1984, 「東北アジアにおける靑銅器の製作技術」, 『尹武炳博士回甲紀念論叢』.

北九州鑄金硏究會, 2005, 『弥生時代靑銅器鑄造に關する日韓比較による實驗考古學的硏究』.

村上恭通, 2008, 「동아시아의 정치체간 철기술의 전파와 그 배경」, 영남대학교 문화인류학과 초청강연회 자료집.

_____, 2008, 『倭人と鐵の考古學』, 靑木書店.

後藤直, 1996, 「靈岩出土鑄型の位置」, 『東北アジアの考古學 第二』, 깊은샘.

_____, 2007, 「동북아시아에서의 사용된 주형의 폐기 및 주형 매납」, 『한반도의 청동기 제작기술과 동아시아의 고경』, 國立慶州博物館 外.

제4장

삼국·통일신라시대 토기 제작과 사용흔

I 머리말

자연환경이 바뀌면서 인류가 식물성 식료에 의존하는 비율이 전보다도 훨씬 높아짐에 따라 새로운 식물의 개발이 적극적으로 이루어지게 되었고 식생활상의 강한 요구를 배경으로 토기가 발명되었다. 토기 발명은 음식물을 날것으로 먹거나 구워서 먹는 방식에서 벗어나 삶거나 쪄서 먹을 수 있게 하였다. 토기 사용은 날것 또는 구울 수 없는 동·식물 등 더 많은 자연물의 섭취를 가능하게 하였고, 음식물의 메뉴를 증가시키는 계기가 되었다. 뿐만 아니라 음식물을 연하게 하여 보다 쉽게 먹을 수 있고, 위의 소화 능력은 물론 영양효율을 향상시키게 되었다.

토기 사용은 음식물 조리에만 국한되지 않았다. 물을 담아 부엌이나 일터까지 옮기거나 담아 둘 수 있어 메마른 곳에서도 식수 공급이 가능해져 인간의 활동공간 확장을 가져오는 계기가 되었다. 토기는 물 이외에도 곡물·장신구·공구·옷 등의 안전한 저장과 운반도 가능하게 하였다. 토기의 발명과 사용의 다양화, 형태 분화는 토기 제작기술의 발달과도 궤를 같이하면서 동시에 사용 목적의 차이, 나아가서는 사회발전을 나타내는 지표로도 활용된다.

2000년대 이후 전국 각지에서 토기가마 조사가 이루어지고, 가마 내부와 폐기장 등지에서 다량의 불량품이나 파손된 토기가 출토되면서 토기 제작과 관련된 요소들, 특히 토기 소성 방식과 각종 소성 도구들에 대한 연구가 이루어졌다. 토기 연구의 주 대상물은 삼국시대에 생산·소비된 도질토기였다. 토기 소성 연구에서 한발 더 나아가 생산과 유통 연구로까지 진전되고 있다. 제작과 관련한 다양한 정보를 분석하여 토기 생산 기술의 내용과 발달과정 및 지역적 기술 수준 차이를 밝혀 사회 발전의 모색 및 기술 이전을 통한 상호관련성과 시대(시기)를 관통하는 토기 제작기술의 변천을 이해할 수 있게 한다.

그럼에도 불구하고 토기 제작 과정 전체를 일목요연하게 설명한 연구는 거의 없었다. 특히 토기 제작 과정과 기술 등은 논문이나 보고서의 고찰에서 개별적으로 다루어져 어느 정도 이해가 이루어졌지만, 토기가 어떻게 사용되었는지, 특히 일상용기로서 인식되고 있는 연질토기 사용방식 연구는 거의 이루어지지 않았다. 연구가 거의 이루어지지 않는 주요한 원인은 지금까지의 보고에서 사용흔 정보가 보고되지 않은 점에도 기인된다.

이런 점들을 고려해서 본 논문에서는 삼국시대와 통일신라시대에 생산·소비된 도질토기와 연질토기를 분석하여 토기를 만든 원료인 점토 및 제작과 관련한 여러 가지 관찰 정보들을 제작 단계별로 제시하고자 한다. 그리고 토기 제작만큼 중요한 부문인 연질토기의 사용방식에 대해서도 사용흔 분석을 통해 제시하고자 한다.

II 토기 제작

1. 원료와 점토 만들기

토기는 기본적으로 점토의 접합 또는 늘이기에 의해서 만들어졌다. 토기의 원료인 점토 제조에는 장석이 들어 있는 화강암이나 석영조면암이 풍화된 흙이 사용되었는데, 모암이 풍화된 1차 점토와 바람·비·물 등의 자연현상에 의해 모암으로부터 이동된 2차 점토로 구분된다. 1차 점토는 입자가 거칠어 가소성이 부족한데, 신석기시대의 빗살무늬토기, 청동기시대의 무문토기, 삼한·삼국시대의 연질토기 등이 1차 점토로 만들어졌다. 2차 점토는 입자가 아주 작아 가소성이 풍부하여 토기를 만드는 점토로서 많이 사용되었는데, 삼한·삼국·통일신라시대의 와질토기와 도질토기가 이에 해당된다.

유안관찰에 의하면, 와질토기 바탕흙에는 세사립은 함유되어 있으나 작은 돌 알갱이는 거의 함유되지 않았지만, 도질토기 바탕흙에는 돌 알갱이가 함유되어 있는 것이 일반적이다. 이는 바탕흙의 사용에 차이가 있음을 나타낸다. 삼한·삼국시대의 일상용기로 사용된 연질토기의 바탕흙은 입자가 작은 돌 알갱이가 많이 함유되어 있는 거친 점토이다. 연질토기의 바탕흙으로 1,100℃ 이상의 고열을 가하면, 열을 견디지 못해 찌그러지고 균열이 심하게 생겨 불량품이 될 우려가 있는 등 바탕흙의 구성과 소성 온도는 밀접한 관계에 있으므로 제작 당초부터 사용할 바탕흙이 선정된 것으로 추정된다.

대부분의 바탕흙은 토기를 굽는 가마 근처에서 채취한 것으로 추정된다. 토기를 만들기에 적절한 점토가 있는 지역 가까이에 공방과 가마 등의 토기 생산시설을 정하면 점토 운반의 시간과 노동력을 절감할 수 있다. 최근 조사된 일부의 요업유적에서 형태가 일정하지 않는 구덩이가 서로 중복되어 발견되는 사례가 증가하고 있는데, 이 부정형의 구덩이는 토기 제작에 필요한 흙을 채취한 토취장일 가능성이 있다. 따라서 도질토기에 사용된 바탕흙은 공방 부근의 흙이 사용되었음을 알 수 있다.

토취장에서 채취된 흙은 햇볕에 말린 후 잘게 부수어 가루로 만들고, 불순물을 없앤 후 채로 쳐서 입자가 큰 돌 알맹이 또는 불순물을 재차 없앤다. 흙과 물을 섞은 후 흙이 가라앉으면 윗물을 빼는데, 이러한 일련의 과정을 수비(水飛)라 한다. 말릴 때와 구울 때 일어날 수 있는 갈라짐과 뒤틀림을 막을 수 있는 재료를 첨가하는 등의 작업이 이루어진다. 점토에 들어 있는 공기를 제거하지 않으면, 토기를 구울 때 점토 안에 있는 공기가 바깥으로 나오지 못하여 토기 표면이 팽창하면서 기포가 생성될 수 있다.

2. 성형

성형은 도공이 머릿속에 그리고 있는 디자인을 점토로 표현하는 과정이다. 해당 시기의 토기 종류와 형태는 성형에서 모두 결정되는 만큼, 소성 과정과 함께 토기 관찰과 연구에 있어 가장 중요한 부분이다. 성형기술의 차이에 따라 표현되는 토기의 종류도 달라지고, 또 생산되는 수량에도 많은 차이가 있다. 토기 형태는 크게 보아 발형 → 옹형 → 호형 → 병형으로 변천되었다. 이와 같은 형태 변화는 곧 토기 성형기술의 진보와 직접적인 관계에 있다. 또 시대와 시기에 따라서 토기의 종류가 다양해지는 것은 토기 성형기술의 발달에 힘입은 바가 크며, 그것은 곧 토기의 사용처가 다양해졌음을 나타낸다. 토기 성형법은 손빚기·테쌓기·띠쌓기, 띠쌓기와 회전력을 이용한 만들기, 녹로의 원심력을 이용한 뽑아올리기 등이 있다.

손빚기[수날(手捏)]는 점토를 손으로 주물러서 형태를 만드는 기술로서 토기 제작의 가장 원시적인 기법으로 보이지만 반드시 그렇지는 않다. 신석기시대의 소형 토기들, 특히 작고 깊이가 얕은 바리들은 대부분 손빚기로 만들었다. 청동기시대에도 작고 깊이가 얕은 바리, 아주 작은 토기 등은 손빚기로 만들었다. 삼한시대가 되면 크기가 10cm 이하의 소형 토기들은 대부분 손빚기로 만들었다. 삼국·통일신라시대에 들어와서도 손빚기에 의한 소형 토기 제작은 지속된다. 경주 계림로 30호묘에서 출토된 항아리에 붙어 있는 토우를 비롯하여 인물 및 동물모양 토우, 황성동석실묘와 용강동석실묘에서 출토된 토용, 내남면 화곡리의 화장묘에서 출토된 토제 12지상 등도 손빚기에 의해 만들었다. 손빚기는 고려와 조선시대에도 지속되었을 가능성이 있다. 손빚기로 만든 토기는 내면이나 외면에 손끝으로 위 또는 아래로 문지른 흔이 관찰되기도 한다.

테쌓기[윤적(輪積)]는 점토로 어떤 일정 굵기의 띠를 만들고, 그것을 토기의 크기에 어울리는 적당한 길이로 잘라 고리를 만들어 1단씩 쌓아올려 완성하는 성형기법이다. 점토 띠의 굵기에 따라서 토기의 두께를 두껍게 하거나 얇게 조절할 수 있고, 또 점토 고리의 크기에 의해서 크기가 결정된다. 점토 고리를 다루어서 머리속에 상상하고 있는 형태를 만드는 작업은 높은 숙련을 필요로 한다. 점토 고리를 쌓아올려 가는 단계에서 아래위의 점토를 잘 접착시키기 위해 손끝(지두) 또는 돌로 누르거나 두드리고, 기벽 두께를 균일하게 하기 위해 내외의 면을 편편하고 매끄럽게 해야 한다. 그렇게 하지 않으면 말리는 과정에서 상하의 점토 고리 사이에 틈이 생기거나 떨어진다든지, 기형이 찌그러지기도 한다.

테쌓기는 깊이가 깊은 발·호형토기 등 주로 신석기시대의 토기 성형에 사용된 기법이며, 청동기시대의 무문토기에도 적용된 사례가 있다. 청동기시대 후기인 송국리형 토기부터는 테쌓기 성형기술이 쇠퇴하지만, 특수한 형태의 토기일 경우, 삼국시대를 거쳐 조선시대까지 존속되었다.

삼국시대의 토기는 목 길이가 짧고, 아가리와 목 직경이 넓지만, 6세기 이후 목이 길어지고 직경이 극도로 좁아진 병이 제작된다. 특히 통일신라 토기는 목이 길고, 아가리와 목 직경이 좁은 기종이 많다. 예를 들면, 편구병·종병·종호·장군 등은 목의

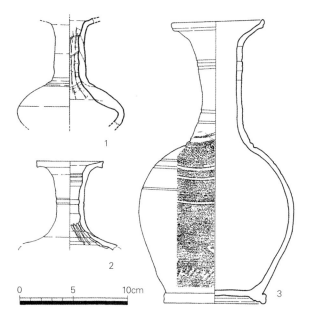

그림 1 통일신라 장경병의 테쌓기와 띠쌓기

외면 직경이 대부분 3~4cm 내외인데, 이 경우 내면 직경은 2~3cm로 아주 좁아 도공의 손가락 움직임이 원활하지 않기 때문에 회전력을 이용하여 뽑아올리는 것이 어렵다. 직경이 좁은 아가리를 만드는 방법은 2가지가 관찰된다.

첫째는 직경 3~4cm 크기의 점토 고리를 만들어 여러 단 쌓아올린 후, 외면은 회전물손질 정면을 하고, 내면은 점토 고리를 쌓을 때마다 물손질 정면을 하여 접합력을 높이는 방식이다. 둘째는 목의 직경을 다소 크게(대략 완성했을 때 목 직경의 1.3~1.5배 크기로 추정) 한 후, 목의 위쪽을 잡고 시계반대 방향 또는 시계 방향으로 비틀어서 직경을 줄여 완성한다. 이 방법으로 좁은 목을 만들 경우, 표면은 회전물손질 정면이 되었으나 내면은 힘을 받은 면이 희미하게 튀어나오면서 표면에 주름이 만들어진 모습이 관찰된다.

세경병의 성형기술에 대한 정보가 제대로 보고된 사례가 없어 어떤 성형방식이 애용되었는지 현재로서는 구체적으로 알기 어렵지만, 지금까지 필자의 관찰에 의하면, 첫째 방식보다 둘째 방식이 선호되었을 가능성이 있다. 첫째 방식으로 목을 성형한 사례는 김해 화정I유적의 106호묘 출토 장동세경병(그림 1-3)과 제주 용담동유적 출토 세경병이 있다. 둘째 방식의 사례는 제주시 용담동유적과 용천동굴 출토 세경장

동병과 편구병(그림 1-1·2)의 목에서 다수 확인된다. 용천동굴 출토품은 성형·정면 방식과 소성 시의 자연유 생성 및 정제도가 낮은 점 등의 요소를 고려할 때, 지방에서 생산된 제품일 가능성이 있다. 비틀기 방식으로 좁고 긴 목을 만드는 것이 일반적인 방법임을 고려할 때, 통일신라의 지방에서 보편적인 좁은 목의 성형방식일 것으로 추정된다.

왕경에서 출토된 좁고 긴 목의 성형방식에 대한 자세한 정보가 없어 구체적인 근거는 제시할 수 없지만, 비틀기 흔적이 거의 관찰되지 않는 점을 고려할 때, 고리를 쌓아올린 성형방식일 가능성이 있다. 그렇다면 점토 고리를 쌓아 좁은 목을 만드는 성형방식이 비틀기의 성형방식보다 발달된 성형기법일 수 있다. 이 비틀기 방식은 고려·조선시대의 매병 같은 기종의 목에도 관찰되는 것으로 볼 때, 고려시대를 거쳐 조선시대의 옹기 제작으로까지 이어졌음을 알 수 있다. 좁고 긴 목은 고려시대의 자기와 도기로 계승되는데, 고려·조선시대 자기 및 도기 중 좁고 긴 목의 성형은 주로 점토 고리를 쌓아 만든 성형방식이었을 가능성이 있다. 이 부분의 파악은 통일신라 토기와 고려·조선시대 자기 및 옹기 성형기법의 연계성을 파악할 수 있는 정보의 하나이다.

테쌓기로 만든 토기의 경우, 기면의 내면 또는 외면에 고리의 흔적이 남아 있는 예도 있다. 또 토기가 파손될 경우, 고리와 고리가 접합된 부분이 파손될 가능성이 높고, 실제 빗살무늬토기의 파손상태를 보면, 대부분 깨어진 면이 일정한 횡선을 이룬다.

띠쌓기[권상(卷上)]는 긴 점토 띠를 나선형으로 감아 올려 토기를 성형하는 기술이다. 띠쌓기 성형기술에는 바닥에서 아가리까지 한꺼번에 점토 띠를 쌓아올려 마무리하는 기법과 어느 정도 점토 띠를 쌓은 후 일시 중단했다가 마르면 다시 쌓아올리는 기법 등이 있다. 전자는 단순한 형태의 토기 또는 소형 토기를 성형하는 기법이다. 후자는 곡률이 있는 형태라든지 큰 토기를 성형하는 기법으로서 점토의 무름과 무게 등에 의해 무너지는 것을 방지하기 위해서이다. 띠쌓기 성형기술은 무문토기의 등장과 함께 개발되었고, 삼한시대부터 도입된 회전대(回轉臺) 성형기법과 융합되면서 와질·연질·도질토기의 보편적인 성형기법으로 정착하였다.

상하 점토 띠는 손가락 끝으로 눌러서 붙이고, 외면은 물손질·문지르기·목판문지르기·타날 등을 하여 상하 점토 띠의 접합력을 높이고 동시에 접합 흔적을 지웠다. 정면이 잘되지 않은 토기의 경우, 표면 또는 내면에 나선형의 점토 띠 접합 흔적이 남아 있는 사례가 있다.

높이가 40~50cm 이상의 큰 토기는 물레기
술로서 성형하기 어려우므로 점토 띠로 일정 부
분을 쌓은 후 회전의 원심력을 이용하는 방식을
반복해서 마무리하기 때문에 삼국시대의 중·대
형 토기는 물론 통일신라~조선시대의 대형 토기
대부분은 띠를 돌려 쌓은 후 회전판 또는 물레의
회전력을 이용하여 기벽 두께를 균일하게 하면서
성형을 하였다.

그림 2 띠쌓기 사례(1·2: 홍보식 2003)

　　회전력을 이용하여 점토로부터 형태를 만드
는 기술에는 회전대와 물레 성형기술이 있다. 회
전대와 물레 성형기술은 회전력을 이용하는 기술
적 측면에서는 동일하지만, 회전력의 강도는 물
론 점토로부터 형태를 만드는 기법의 차이가 존
재한다. 회전대 성형은 회전력과 앞 시기의 띠
쌓기 기술이 복합된 성형기법이다. 최대 직경이
10cm 내외이고, 높이가 5cm 내외의 고배·뚜껑·
완 등의 소형 토기는 회전력만으로도 성형이 가능하였다. 삼국시대의 소형 토기들을
물레 성형으로 보기도 하지만, 기벽 두께가 균일하지 않은 점 등에서 회전대의 회전력
으로 성형한 것으로 보아야 한다.

　　회전대의 회전력은 물레의 회전력보다 저속이다. 회전대를 이용한 호 성형의 경
우, 회전판 위에 점토를 놓고 회전력을 이용하여 바닥을 만든 후, 점토 띠를 감아올리
고 회전력을 이용하여 몸통을 만드는 과정을 2~3회 반복하고, 그 위에 점토 띠를 감
아올린 후 회전력을 이용하여 목과 아가리를 만들어 완성된다. 이와 같은 단계를 거
쳐 만들어진 토기로는 삼한시대의 와질토기, 삼국시대의 도질토기와 연질토기, 통일
신라·고려·조선시대의 기고 50cm 이상 되는 자기와 도기 등이 있다.

　　이 회전대 성형기법은 성형 시 시간이 걸리지만, 작은 원심력으로서도 간단하게
그리고 짧은 시간에 유사한 규격의 제품을 성형할 수 있는 이점이 있다. 이 회전대 성
형기술은 와질 원저호가 등장하면서 적용된 제작기법이다. 와질토기가 유행하는 삼한
시대에서 가장 많은 양을 차지하는 기종이 와질단경호이다. 와질단경호는 회전대 성

형기술에 의해서 제작되었는데, 대부분 바닥 → 몸통 → 목과 아가리의 3단계 성형과정을 거쳤다. 몸통의 경우, 하부는 띠쌓기 후, 내면은 지두로 점토 띠 사이를 문지르거나 눌러 접합력을 높이는 방식을 2~3회 반복하여 만든 후, 몸통 외면과 상부 내면은 회전물손질을 하여 성형하였다. 와질토기의 등장과 함께 나타나는 회전대 성형기술은 중국 한대 물레 도제기술의 전래에 의해서 한강 이남지역에 구현된 것으로 추정된다.

　규모가 소형인 개체들, 예를 들면, 고배의 배신, 뚜껑·완·컵형토기 등은 회전대에 의해서도 점토 뭉치 또는 점토 띠를 사용해 회전력을 이용해 일시에 성형이 가능하며, 실제 완성품에서도 기벽 두께에 차이가 있거나 지두압흔이 관찰되지 않는다. 이는 물레로 성형했다기보다 회전대에 의해서도 규모가 작은 토기는 일시에 성형되었음을 나타낸다.

　회전대 성형기술의 보급은 띠쌓기에 의존한 토기 성형기술에 많은 변화를 가져오게 되었고, 토기의 대량생산을 촉진시키는 토대를 마련하는 계기가 되었다. 그러나 한 번으로 토기를 성형하지 못하고 점토 띠를 감아올리는 기술이 여전히 지속되는 한계도 있었다. 3세기 후반~4세기의 토기들은 토기 벽이 두터운데, 이는 회전대 성형에서 기벽의 두께를 충분히 줄일 수 없었던 기술적 한계—점토의 단단하기와 회전판의 원심력과의 조절에 기술이 필요함—에서 나타난 것이며, 그 결과 소성 시에 기벽이 두터워 속심까지 열이 제대로 전달되지 않아 속심 색상이 자색을 띠는 예가 많다.

　회전대 성형기술은 6세기 후반에 들어와 쇠퇴하며 7세기 후반이 되면 현저하게 줄어들지만, 통일신라시대 이후 고려·조선시대까지 물레 성형과 병존되었다.

　물레[녹로(鹿爐)] 성형은 회전운동에 의해 생기는 원심력을 이용해서 점토 덩이로부터 형태를 만들고, 또 세부적인 형태를 만드는 성형기법이다. 이 물레 성형은 낙랑 토기의 제작에 보이며, 우리나라의 경우, 고구려 토기와 사비기의 백제 토기, 통일신라 토기 성형기술에 적용되었으며, 현대에 이르기까지의 옹기·자기 제작의 보편적인 제도술이다.

　물레의 회전력에 의해 일시에 한 개체를 성형하지만, 곡률이 심하거나 손을 넣을 수 없을 정도로 폭이 좁거나 또는 몸통이 큰 기종은 띠쌓기 또는 테쌓기 한 후, 녹로의 회전력을 이용하여 띠 또는 테의 흔적을 없애고, 아래위 점토 띠의 접합력을 높임과 동시에 기벽을 균일하게 하고, 정연한 형태를 만들기도 한다. 따라서 물레 제도술이 보편화되었지만, 전적으로 이 제도술로만 만들 수 없는 기종과 부위도 있었다.

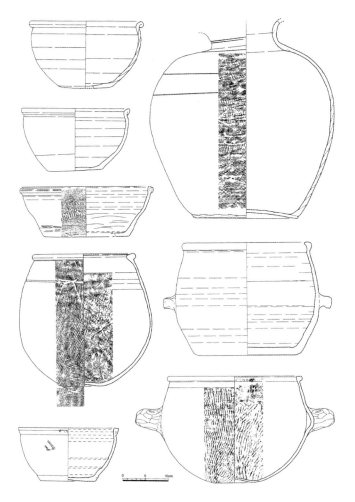

그림 3 점토 띠+회전대 성형 사례(통일신라 토기)

몸통 직경이 아주 좁아 손놀림이 어렵거나 또는 몸통 직경이 너무 커 녹로에 의한 성형이 어려워 점토 테 또는 점토 띠 쌓기와 물레 회전력을 절충한 성형방식에 의해 만들기도 하였다.

물레기술로 성형한 토기의 표면 특징은 다음과 같다. 대부분 회전흔이 바닥에서 몸통을 거쳐 아가리까지 이어진다. 이는 바닥을 만들고 그 위에 점토를 올리고 물레의 회전력을 이용하여 몸통과 아가리를 일시에 만들었음을 보여준다. 물레에 의해 성형된 토기는 바닥을 제외한 토기 벽의 두께가 비교적 균일하다. 물레로 성형하지 않는 토기의 경우, 같은 몸통 부분이라도 부위에 따라서 두께가 다르며, 몸통의 두께와 목 또는 아가리 부분의 두께도 같지 않은 것이 일반적이다. 토기 벽 두께가 같지 않은 것은 성형의 타이밍과 회전속도가 다름을 나타낸다. 바닥·몸통·목과 아가리를 만드는 데 타이밍이 발생하고, 회전속도의 차이와 상하 점토 띠의 겹침 등에 의해서 두께에 차이가 나타난 것이다.

바닥이 둥근 원저호의 경우, 바닥 내면에 바닥과 몸통을 붙인 흔적이 남아 있고, 바닥 안쪽 면은 물손질이 되었고, 바깥면은 회전물손질이 되었으며, 몸통에서 아가리까지는 회전물손질이 된 사례가 있다. 이러한 현상은 바닥과 그 이외의 부분을 따로 만들어 붙였음을 나타낸다. 바닥과 몸통 접합은 평저와 같이 바닥을 만든 후 그 위에 점토를 올려 몸통을 만든 방법과 동일한지, 아니면 몸통과 아가리를 만든 후 뒤집어 놓고 바닥을 붙였는지는 불확실하다. 그런데 평저와 같은 방식이었다면, 바닥 안쪽 면 또는 바닥과 몸통을 붙인 부위에 물레의 회전 흔적이 있어야 하는데, 없는 것으로 보아 바닥이 평저인 토기와는 달리 몸통과 아가리를 만든 후 뒤집은 상태에서 바닥을 붙였을 가능성이 있다. 바닥을 붙인 후, 물레로 돌려 바닥 바깥 면을 회전물손질하였을 것으로 추정된다.

물레 성형기술에는 손으로 돌리는 방식과 발로 차서 돌리는 방식이 있다. 점토 덩이로부터 토기를 뽑아올리기 위한 원심력이 생기기 위해서는 급속 회전과 관성이 필요하다. 급속 회전을 위해서는 회전축과 축 받침과의 마찰면을 가능한 적게 해야 하며, 회전에 관성을 주기 위해서는 원판을 무겁게 해야 한다. 무거운 물레를 움직이기 위해서는 힘이 필요한데, 물레를 사용하지 않는 토기 만들기는 주로 여성들이 담당하였으나 물레기술이 사용되면서 남성들이 토기 만드는 일을 담당하게 되었다는 연구 사례도 있다. 그리고 물레 성형기술은 짧은 시간에 토기를 만들 수 있으므로 대량생산이 가능하게 되었고, 이것을 굽기 위한 토기가마가 한 곳에 집중적으로 모여 있는 소위 '요업 공장지대'가 조성되기도 하였다.

삼국의 토기 제작에 물레 성형기술이 이용된 가장 빠른 예와 그 시기에 대해서는 불분명하나 백제 토기와 신라 토기는 6세기 후반부터 7세기 전반 사이에 물레 성형기술이 사용된 것으로 추정되며, 7세기를 거쳐 8세기의 통일신라시대에 들어오면 물레 성형기술이 중앙은 물론 지방의 요업에도 일반화된다. 신라 토기의 경우, 병형 토기는 바닥 안쪽 면, 바닥에서 몸통으로, 몸통에서 목으로 이어지는 굴곡되는 부위에도 회전 흔적이 뚜렷하게 남아 있는 사례가 있는데, 이는 분명 물레에 의한 성형임

그림 4 물레 성형 사례(2: 홍보식 2003)

을 나타낸다. 회전대 성형 시에 바닥은 물론 몸통의 아래 부위와 몸통과 목의 연결 부위에 회전 흔적이 없고 물손질 흔적이 남아 있는 것과는 명백한 차이이다. 물레 사용에 의해 성형된 토기와 회전판에 의해 성형된 토기의 차이점은 몸통에서 가장 뚜렷하게 나타난다.

예를 들면, 몸통 하방에는 물손질 정면이 되었고, 중위 이상은 회전흔이 있음에도 불구하고 기벽 두께가 균일하지 않고 차이가 난다든지, 지두흔이 관찰된다든지 할 경우, 해당 토기는 회전대 성형이 되었음을 나타낸다. 기벽 두께에 차이가 나는 경우, 기벽이 두터운 부위는 하부의 점토에 새로운 점토 띠를 붙임으로써 기벽 두께가 다른 부위보다 두껍게 된 결과이다. 그리고 기벽 내면에 지두흔이 관찰되는 점도 상하의 점토 띠를 접합하기 위해 손끝으로 겹치는 부위에 압을 가했기 때문에 나타난 결과이며, 이 역시 점토 띠를 붙인 현상이므로 회전판 성형임을 나타낸다. 점토 띠가 바닥 중심 내면에서부터 몸통 내면에 걸쳐 회전흔이 명료하거나 몸통 하방에서 상방까지 회전흔이 있으면서, 기벽 두께가 비교적 균일하고, 지두흔이 관찰되지 않는 토기는 물레 성형으로 제작되었다고 판단할 수 있다. 물레 성형에 의해 제작된 토기에 타날이 되지 않는 것은 아니다. 물레로 몸통을 뽑아올린 후, 타날을 하여 태토 속의 공기와 수분을 제거하여 기벽을 단단하게 하고, 다시 물레 회전력을 이용하여 당초 의도한 형태를 완성하는 것이다.

기고가 50cm 이상 되는 호나 옹의 경우, 몸통은 점토 띠를 시계반대 방향으로 수회 감아올리고 내면에 내박자를 대고, 외면을 타날한 후, 물레의 회전력을 이용하여 기벽을 균일하게 하면서 당초 구상한 형태를 완성한 것이다.

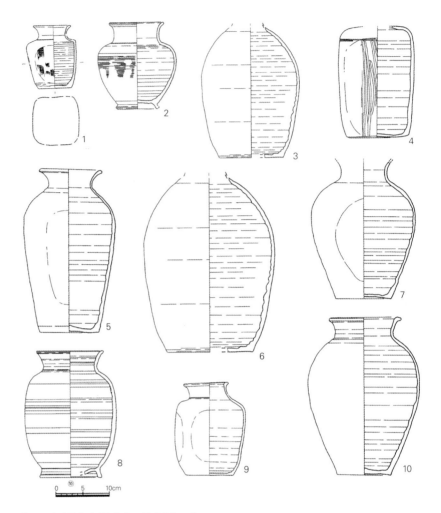

그림 5 물레 성형된 왕경유적 출토 통일신라 토기

3. 접합기술

토기는 시대와 지역에 따라 다양한 형태를 나타낸다. 그 형태 차이는 기능의 차이에 의해서 생기는 경우가 많다. 그러나 기능과 관련되지 않음에도 불구하고 형태에 차이가 나타나는 사례도 있다. 이외에도 손잡이·다리·점토 띠·꼭지·귀 등이 붙어 있는 예도 있다. 이 요소들은 꼭 기능만을 위해서 만들어졌다고는 할 수 없으며, 장식적인 효과도 지니고 있고, 기능과는 무관하게 토기 표면에 붙어 있는 것도 있다.

손잡이·다리·점토 띠·귀·꼭지 등이 붙어 있는 토기는 일시에 만들기 어려워 별도로 만든 후에 서로 접합시켜 완성하였다. 이런 부가적인 형태를 접합하는 방식도 시기와 지역에 따라서 다양하며, 그것을 접합하는 방식의 변화는 곧 토기 제작기술의 발달과도 밀접하게 관련된다.

삼한시대 초기의 두형토기는 배신과 다리를 따로 만든 후, 배신 중앙부에 구멍을 뚫고 그 안에 다리를 삽입한 후 배신 내면과 외면에 점토를 덧칠해 접합을 단단하게 하였다. 중기에 해당되는 전기 와질토기의 기대·대부완·조합식우각형파수부대부호는 접합되는 부위의 다리를 나팔상으로 길게 뽑고, 몸통을 뒤집은 상태에서 다리를 붙이는 방식으로 접합되었다. 처음에는 다리 위에 몸통을 얹는 기법이었으나 점차 접합되는 바깥 면에 점토를 덧바르거나 물손질하지 않고, 안쪽 면에만 점토를 덧발라서 접합하는 기법으로 바뀌는데, 몸통과 다리가 접합된 면이 넓고, 접합 흔적이 뚜렷하게 남아 있다. 후기 와질토기의 대부호·고배·노형토기 등은 몸통에 비해 다리가 아주 왜소한데, 이로 볼 때 몸통을 뒤집은 상태에서, 그 위에 다리를 붙였을 것으로 추정된다. 접합되는 부위, 즉 몸통의 바닥 또는 다리의 상면(上面)을 튀어나오거나 들어가게 하지 않고 편평하게 하여 접합한 후, 접합 부위를 물손질하여 깨끗하게 지웠다.

삼국시대가 되면 규모가 큰 토기는 바닥·몸통·목과 아가리를 각각 따로 만들고 적절하게 말린 후 이들을 서로 접합시켰는데, 접합되는 면을 튀어나오게 하거나 들어가게 하여 붙인 후 접합되는 바깥 면과 안쪽 면에 점토를 덧붙이고, 회전력을 이용한 물손질 또는 목리 정면을 하여 접합 부위를 매끈하게 하였다. 발형기대·고배·대부호·대부완 등의 배 또는 완과 다리의 접합은 접합되는 부위에 ×·◎·爪 모양 등의 침선을 새겨 보다 견고하게 접합하였다.

성형기술의 진보는 동일한 기능을 갖는 토기의 형태는 물론 기능 분화를 달성하는 데 큰 역할을 하였다. 동시에 성형기술의 진보는 점진적으로 토기의 대량생산을 가능케 하였고, 토기 제작 담당자를 여성에서 남성으로 전환하게 하였다. 토기 성형기술의 진보는 일순간에 이루어진 것이 아니며, 세대에서 세대로 이어지는 전통과 시행착오의 과정을 거치면서 점진적으로 이루어져 왔다. 낡은 기술과 새로운 기술의 병존은 2~3세기에서 1~2세기로 시대가 내려오면서 그 시기 폭은 점점 좁아졌고, 앞으로 새로운 기술에 의한 낡은 기술의 생명은 더욱 짧아질 것으로 기대된다.

토기의 성형기법과 특징 등을 관찰하고 보고할 경우, 다음의 요소들에 주목할

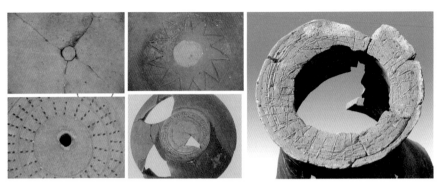

그림 6 뚜껑 손잡이 꼭지와 몸통과 대각 접합 방식

필요가 있다. 호·옹·시루 등은 바닥, 바닥과 몸통 연결, 몸통, 몸통과 구경 연결 방식 등을 확인하는데, 기벽 두께가 얇은 곳과 두터운 곳, 내박자가 다른 곳, 정면 방식·도구·방향 등이 달라지는 부위 등을 관찰할 필요가 있다. 고배는 배신·구연·대각의 성형, 대각 접합, 투창, 접합부위 정면 방식을 관찰하고 그 특징을 도면과 사진으로 보고한다.

　　뚜껑은 개신 성형·구연 도치 성형, 뚜껑 손잡이 꼭지 접합방식(천공 후 삽입식, 외면 부착식)을, 컵형토기는 바닥과 몸통 성형, 파수 부착 방식과 단면 등, 노형토기와 발형기대는 몸통·구연·대각 성형과 접합 방식, 점토 띠 단위, 접합 부위 정면 방식, 통형기대와 원통형토기 등은 하부에서 상부로의 성형방식과 점토 띠가 관찰될 경우, 점토 띠의 단위 등을 도면과 사진으로 보고한다.

4. 떼어내기

도공이 구상한 형태를 완성하면, 판과 토기 바닥을 떼어내는데, 바닥판 떼어내기에는 여러 방식이 있다. 토기 바닥에는 성형 후 판으로부터 성형한 토기를 쉽게 떼어내기 위해 이물질을 깐 사례가 알려져 있다. 선사시대의 편평한 바닥 외면에 나뭇잎 흔적이 있는데, 이는 토기 성형 후, 판으로부터 떼어내기 쉽게 하고, 건조 시 지면과 붙지 않도록 깐 흔적으로 추정된다. 나뭇잎 흔적이 없는 신석기시대의 첨저토기들은 구연과 몸통을 성형한 후, 최종적으로 바닥을 성형하는 방식이므로 특별히 떼어내기 방식이 필요치 않았다. 바닥이 평저인 무문토기는 바닥 폭이 좁아 성형 후 일정 정도 건조시킨 후, 몸통을 두 손으로 잡고 떼어내는 방식이 일반적이지만, 바닥 표면에 나뭇잎 흔적이나 초본류 흔적이 있는 사례도 있다.

바닥이 둥근 호가 본격적으로 생산된 와질 토기 단계에는 형태를 완성한 후, 예새를 바닥으로 향해 사방향으로 대고 회전력을 이용하여 토기를 판으로부터 떼어내는 방식이었다. 회전력을 이용하여 회전판이나 물레 바닥판으로부터 예새로 떼어내는 방식은 삼한·삼국시대를 거쳐 통일신라시대까지 지속되었는데, 백제·가야·신라·통일신라 토기의 떼어내기 방식이었다.

낙랑 토기와 고구려 토기, 백제 사비기의 토기는 바닥에 호선상으로 흙이 한 방향으로 밀려난 흔적이 있는데, 이는 토기 바닥과 바닥판 사이에 실을 넣고 당겨 떼어낸 흔적으로서 실 떼기 또는 사절(絲切)로 부르기도 한다.

그림 7 바닥 떼어내기 사례(1·2: 홍보식 2003)
1: 실떼기, 2: 실떼기, 3: 예새 떼어내기

5. 정면기법

정면은 토기의 형태를 만드는 과정 또는 만든 후, 울퉁불퉁한 면을 매끈하게 하고, 표면을 아름답게 보이게 하거나 수분이나 공기를 제거하여 기벽을 단단하게 하는 등 세세한 부분을 마무리하는 기법이다. 정면기법에는 물손질·긁기·문지르기·누르기·깎기·두드리기 등 다양하다. 이 정면기법들 중 물손질·깎기는 토기의 형태를 만드는 작업 과정에 포함되고, 긁기·문지르기·누르기 등은 형태를 만든 후 표면을 매끈하게 만드는 세부 형태를 완성하는 기법이다. 타날은 기벽을 단단하게 하고, 수분을 줄이고, 점토에 들어 있는 공기를 빼내어 구웠을 때 표면이 부풀어 오르는 것을 없애기 위한 기법으로서 성형 중 또는 성형 후 시행한다.

물손질은 손끝이나 포·가죽 등을 사용하여 토기 표면을 쓰다듬거나 회전력을 이용하여 표면을 매끈하게 만들어 세부 형태를 완성하는 기법이다. 손끝으로만 쓰다듬는 물손질과 회전대 또는 물레의 회전력을 이용한 쓰다듬는 회전물손질로 구분된다. 물손질은 아래위의 점토 띠를 붙인 흔적을 없애고, 두께를 고르게 하면서 표면을 매끈하게 마무리하거나 또는 아가리에 점토 띠를 붙일 때 이용하는 기법이며, 손가락으로 눌린 흔적이 있다. 이 정면기법은 신석기시대와 청동기시대 토기의 성형방식이며, 삼한·삼국시대에도 점토 띠로 성형한 토기에 이용되었다.

회전물손질은 점토로부터 형태를 만드는 과정에도 이용되며, 또 형태를 만든 후 표면을 더욱 매끈하게 하거나 손잡이나 꼭지 등의 접합면을 없애기 위해 하는 경우도 있다. 회전물손질을 한 토기 표면에는 손끝의 지문, 포나 가죽결의 흔적이 가로방향으로 나타나 있다. 회전물손질은 회전판이나 물레가 사용된 삼한·삼국시대 이후의 토기 정면에 가장 많이 사용된 기법이다.

긁기는 조개껍질 또는 나무판을 토기 표면에 대고 아래위 또는 좌우로 긁어 울퉁불퉁한 표면을 매끈하게 하는 기법이다. 토기 표면을 조개껍질 또는 나무판을 이용해 긁으면, 조개껍질 끝부분의 요철 또는 나무 나이테의 요철이 토기 표면에 나타난다. 긁기 기술은 표면을 매끈하게 할 뿐만 아니라 토기가 마를 때 갈라지는 균열을 방지하는 효과도 있다. 긁기 기법은 후기 무문토기인 점토대토기와 삼한·삼국시대의 연질토기에 가장 많이 보이는 표면 처리 기술이다.

문지르기는 도구로 토기 표면을 문질러서 광택을 내거나 매끄럽게 하는 기법이다. 토기 표면을 문지르면 토기 벽의 균열을 방지하고, 내부에 수분이 있는 음식을 담으면, 수분이 토기 벽에 스며드는 것을 방지하거나 스며나오지 않도록 방지하는 기능도 한다. 문지르기 기술은 신석기·청동기시대의 붉은간토기에 나타나며, 삼한시대의 무문토기와 와질토기에 가장 일반적으로 보이는 정면기술이다. 그리고 고구려 토기와 백제 한성기의 흑색마연토기에도 문지르기 기술이 많이 사용되었다.

깎기는 표면을 칼이나 예새로써 두께가 두터운 부분 또는 원하는 형태를 만들기 위해 기벽의 일부를 깎아내는 마무리 기법이다. 깎는 방법은 토기를 손에 들고 깎고자 하는 부분을 일부씩 깎아 전체를 마무리하는 것과 회전대 또는 녹로의 원심력을 이용하여 깎는 예가 있다. 정지 상태의 깎기는 1회에 깎아낸 단위가 관찰되기도 한다. 깎기는 삼한시대 전기의 점토대토기부터 보이고, 이후 와질토기·연질토기·도질토기 등의 정면기법으로 지속되었고, 물레 성형이 되면서 점차 줄어들었다. 깎기는 주로 연

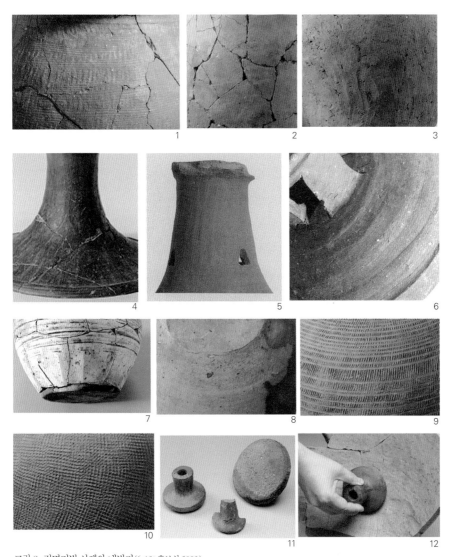

그림 8 정면기법 사례와 내박자(6·12: 홍보식 2003)
　　　　1: 두드리기와 회전물손질, 2·3: 긁기, 4·5: 문지르기, 6·7: 깎기, 8: 회전깎기, 9·10: 두드리기, 11: 내박자, 12: 내박자 사용 모습

질옹 또는 컵형토기·파수부옹형토기 등의 저연부 마무리, 배의 바닥과 바닥 주위, 호의 몸통, 손잡이 꼭지가 없는 뚜껑 상면, 고배 배신 외면 등에 하였다.

　　두드리기는 태토 내에 들어 있는 공기나 수분을 제거하고, 기벽을 단단하게 하는 기법이다. 두드리기는 신석기시대의 토기 제작에도 구사되었는데, 이때는 돌을 이용했을 것으로 추정된다. 청동기시대의 일부 무문토기에 판으로 두드리는 기법이 나타나지만 지속되지는 않았다. 두드리기 기법이 일반화된 것은 삼한시대의 와질토기부터이다. 대부분의 와질단경호에는 두드리기가 되었는데, 두드리는 도구에 새겨진 무늬가 토기 표면에 찍혀 남아 있는 예가 많다. 타날 도구에 새겨진 무늬는 평행줄무늬·격자무늬·돗자리무늬 등이 있다. 이 문양들은 삼한시대의 와질토기와 연질토기의 호와 옹 등에 장식되었고, 삼국시대의 도질토기와 연질토기는 물론 통일신라시대의 옹·시루·호 등 다양한 기종에 나타나 있다.

두드릴 때, 두드리는 압에 의해 기벽이 들어가지 않도록 안쪽 면에 받치는 도구가 내박자이다. 내박자는 표면이 매끈한 돌, 흙을 구워서 만든 것과 나무를 조각하여 만든 것 등이 있다. 흙을 구워서 만든 내박자는 중앙부가 나온 버섯모양이며, 무늬가 새겨져 있지 않다. 이런 형태의 내박자는 기원 전후부터 삼국시대에 주로 사용되었다. 나무를 조각하여 만든 내박자는 토기 면에 닿는 부분이 편평하고 무늬가 새겨져 있는데, 부채꼴 무늬가 많다. 이런 형태의 내박자는 5세기 이후부터 계속해서 사용되었다.

6. 문양

토기 표면에 장식되어 있는 문양은 매우 다양한데, 시대와 지역, 집단에 따라서도 천차만별이다. 문양은 의식적으로 새기거나 기면을 단단하게 하거나 매끈하게 하는 과정에서 나타나기도 한다. 문양을 새기는 기술도 다양하다. 토기를 만드는 제작자가 의도한 문양에 맞는 문양 새기개로 긋거나 눌러 당기기도 하고, 회전력을 이용하기도 하고, 표면에 띠를 붙이기도 한다. 또 문양이 새겨진 도구를 토기 표면에 도장처럼 찍어 나타내기도 한다.

문양은 토기를 바닥에 고정시켜 놓고 제작자가 움직여 가면서 새기는 방식, 손으로 들거나 무릎 위에 올려놓고 새기는 방식, 회전판 또는 물레의 원심력을 이용하여 새기는 방식 등이 있다. 문양을 새기는 시점도 다양하다. 돗자리 무늬와 같이 시문구를 토기 표면에 대고 돌려 문양을 나타내거나 도장처럼 찍어서 나타내는 문양은 형태를 만든 직후 점토가 마르기 전, 즉 점토의 수축률이 있을 때 한다. 새기개로 긋거나 눌러 당겨서 새기는 문양은 팔의 힘이 토기에 전달되므로 팔 힘의 전달을 견딜 수 있도록 점토의 수분이 어느 정도 사라진 후에 한다.

무늬가 새겨진 타날판을 토기 표면에 두드리면, 타날판에 새겨진 여러 가지 무늬가 토기 표면에 찍히는데, 이 무늬가 찍혀 있는 토기를 타날문 토기로 부르기도

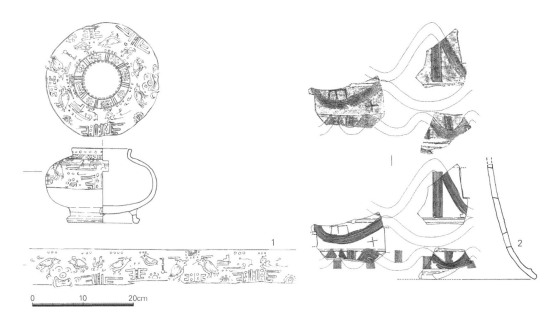

그림 9 문양 표현 사례(1: 포항 학천리유적, 2: 김해 대성동유적)

한다. 토기를 만들 때, 무늬가 새겨진 나무판과 같은 도구로 토기 표면을 두드리는 예는 무문토기부터 보이고, 삼한시대의 와질토기, 연질토기는 물론 삼국시대에 들어오면, 백제 토기·신라 토기·가야 토기 등에 타날문이 많이 있다. 통일신라시대를 거쳐 고려·조선시대의 도기에도 타날문 제작 전통은 지속된다.

　통일신라시대가 되면, 문양이 대부분 인화기법으로 바뀌면서 인화문이 유행한다. 인화문은 여러 가지 문양을 새긴 도구로 토기 표면에 눌러 찍으면, 도구에 새겨진 무늬가 토기 표면에 나타나게 하는 기법이다. 인화문은 여러 종류가 있고, 문양이 다른 도장을 아래위 또는 좌우로 찍어 하나의 문양을 만들기도 하고, 문양이 같은 도장을 여러 번 찍어 하나의 문양을 만드는 등 다양한데, 100종류 이상에 이른다.

　시문 방식은 선으로 긋는 것, 회전하는 것, 찍는 것 등 다양하다. 즐묘열점문·× 자선문·삼각집선문·八자선문·동물문·인물문·각종 형상문 등은 토기가 정지된 상태에서 도공의 손놀림에 의해서 시문되었고, 파상문·횡침선문 등은 토기를 움직이고 손은 정지한 상태에서 시문되었다. 이외에도 유물의 정지와 회전을 병용해서 시문한 문양도 있을 수 있다. 파상문과 줄묘열점문 또는 즐묘열점문과 다침선문이 시문되었을 경우 시문도구의 상이(相異), 파상문양을 구성하는 침선 수 및 폭과 즐묘열점문의 치구 수 및 폭의 관찰에 의해 동일 시문구에 의한 문양 시문 여부 및 공반된 다른 개체에 표현된 문양과의 비교를 통해 동일 공인에 의해 생산되었는지 아닌지를 파악할 수도 있다.

문양은 전개도를 그려 주는 것이 가장 좋으나, 탁본 또는 일부 표현으로 처리하기도 한다. 그러나 동일 문양이 반복되지 않고, 전개식으로 된 경우는 전개도 제시가 필요하다. 나아가 문양이나 기호·문자 등은 실측도(획순에 의한 표현)는 물론 탁본, 사진, 현미경 사진 등을 제시하면 독자들이 더욱 많은 정보를 획득할 수 있다.

7. 기호와 문자 새김

토기 표면에는 문양 외에도 기호 또는 문자가 새겨진 사례가 있다. 기호나 문자 새김법은 예새 새김, 양각 인장 압인, 음각 인장 압인 등이 있다.

기호는 예새로 선을 그어 표시한 것이 대부분이다. 기호는 인간이 가지고 있는 지식·의지·감정을 어떤 물리현상을 통해 나타내고자 하는 표현 형식으로, 인간의 커뮤니케이션 행동에서부터 사물의 의미 표상, 대용품, 모사로서의 매체 구실 등 다종다양한 형태와 의미를 띠고 있다. 현재까지의 자료에 의하면, 기호가 새겨진 토기는 삼한시대에 들어오면서 나타났다. 창원 다호리분묘군과 대구 팔달동분묘군에서 출토된 주머니호에 'エ', '×'형의 기호가 있다. 이 유물들의 시기는 기원후 1세기경에 해당된다. 토기 표면에 기호가 유행하는 것은 4세기 이후부터이다. 항아리·고배·접시·뚜껑접시 등 여러 종류에 이르고, 어깨·몸통·바닥 등에 새겨진다. 기호의 종류로는 '×', '∧', '┮'자 모양 등 매우 다양하다.

삼국·통일신라시대의 토기에는 인명·사물명·관등명 등 여러 내용의 글자가 새겨져 있는데, 특히 6세기 후반에서 7세기 전반의 신라 토기와 8세기 이후의 통일신라 토기에서 많이 확인된다. 문자 표기는 예새 새김, 양각 압인, 음각 압인 등이 있다. 토기에 새겨진 명문 중 묵서나 주서를 제외하면, 토기 소성 전에 되었기 때문에 토기 제작자에 의해 새겨졌을 가능성이 높지만, 주문자 또는 사용처와 특별한 용도에 맞도록 다른 사람에 의해 작성되었을 가능성도 있다. 양각 또는 음각 인장된 문자의 경우, 표현 방식이 동일하면서 동일한 크기의 문자가 새겨진 토기가 각기 다른 유적에서 출토되었다면, 토기의 생산과 공급관계의 실마리를 해결할 수 있는 중요한 정보로도 활용될 수 있다.

기호와 문자 표현 방식은 토기의 제작 과정 중 어느 시점에 하는지에 따라 토기에 나타난 현상이 다를 수 있다. 예를 들면, 시문 도구에 의해 점토가 밀려난 경우, 이는 성형 후 건조하기 전에 시문되었음을 나타내고, 점토가 밀려나지 않고 도구 흔적만 있는 경우는 건조한 후 시문되었음을 나타낸다. 소성 면이 손상된 경우는 소성한 후 시문되었음을 나타낸다. 묵서·주서 등 액체에 의한 표현은 소성한 후 생산지나 사용처 등에서 되었음을 나타낸다.

8. 말리기

성형이 완료되면, 소성 전에 그늘에서 말린다. 말리기는 점토 속에 있는 수분을 밖으로 나가게 하여 굽는 과정에서의 급격한 수축이 일어나 파손되는 것을 방지하기 위함이다. 그늘에서 말리는 것은 햇볕에서 말렸을 때 점토 속의 수분이 지나치게 빨리 빠져나감으로써 점토의 수축률에 이상이 생겨 갈라지는 것을 방지하기 위함이다. 실제 깨어진 토기가 아님에도 불구하고 균열이 가거나 뒤틀린 토기를 흔히 볼 수 있는데, 이것은 성형 후 말리는 과정에서 점토 속의 수분이 지나치게 빨리 빠져나감으로써 점토의 수축률에 이상이 생겨 나타난 현상일 수도 있다.

선사 및 고대의 토기 바닥, 특히 편평한 바닥에 초본류 또는 곡물 알갱이가 빠져나간 흔적이 있다. 토기 바닥에 남겨진 곡물 알갱이 흔적은 선사시대의 농경 개시 시기와 곡물 종과 형태 등을 파악하는 자료로 활용되기도 한다. 지금까지 확인된 대부분의 초본류와 곡물 흔은 기장, 피 또는 볏짚과 볍씨로 파악되고 있다. 토기 바닥에 볏짚과 볍씨 알갱이 흔적이 있는 것은 토기를 성형한 후 말릴 때, 바닥에 볏짚을 깔고 그 위에 토기를 놓았기 때문이다. 볏짚을 바닥에 깐 것은 토기가 지면에 붙지 않게 하기 위함이다.

그리고 삼국·통일신라시대의 일부 도질토기 바닥에는 포 흔적이 관찰되는 사례도 있다. 이 포 흔적은 토기를 성형할 때 바닥판에 포를 깔아 떼어내기 용이하게 하기 위해서였거나 말릴 때 바닥판 위에 포를 깔고 그 위에 토기를 놓았기 때문에 나타난 현상일 가능성이 있다.

건조 과정에서 발생할 수 있는 현상은 찌그러짐과 균열이다. 찌그러짐은 수분

그림 10 균열과 박리(김해 화정유적 2)

함량과 건조 조건의 상충, 또는 각 부위의 건조 타이밍이 다를 때, 수분 건조 시간과 무게의 부조화 등에서 나타날 수 있는 요소이다. 균열은 수분량의 차이 및 건조 타이밍의 차이에 의해 발생할 수 있다.

특정 부위에 사용된 점토에 모래가 많이 들어 있거나 점토를 덧붙인 흔적이 있는데, 어떤 부분에 점토의 성분이 현저하게 다르게 나타나는 예가 있다. 이것은 굽기 전에 토기의 일부분을 보수한 흔적으로 추정된다. 보수 흔적은 주로 아가리 주위에 나타나는데, 이것은 성형 후 이동하거나 말릴 때, 토기의 일부분이 떨어져 나가거나 갈라지는 부위를 점토로 보수하였음을 나타낸다.

9. 채색 · 칠 · 시유

토기 표면 색상은 굽는 과정에서 산소의 흡입과 차단 등에 의해 붉게 되거나 회백색 또는 회청색·회흑색·흑색 등 다양한데, 이는 열과 산소의 상호작용에 의해서 나타난다. 도질토기 표면에 붙어 있는 유리질 피막(자연유)은 점토 속에 있는 규산질이 열에 의해 녹아내려 굽는 과정에서 자연적으로 생성된다. 이와는 달리 토기를

그림 11 채색·칠·시유(선사와 고대의 토기)
1: 채색, 2: 칠, 3~8: 시유

말린 후 굽기 전 또는 구운 후에 인공적으로 만든 안료를 바르거나 입혀서 문양을
나타내거나 표면을 장식하기도 하는데, 이는 채색·칠·시유로 구분된다.

채색은 토기를 굽기 전에 표면에 분말 안료를 입히고 문질러서 색을 내거나 구
운 후에 적색 안료를 바르는 기술의 하나이며, 신석기시대의 붉은 토기, 청동기시대의
붉은간토기, 삼한시대 초기의 검은간토기 등에 보인다. 채색의 분말 안료로는 주·뱅
갈라·그을음·흑연·망간 등이 있다. 이 중 주와 뱅갈라는 붉은색을 띠고, 그을음·흑연
등은 검은색을 띤다. 망간은 반짝거리게 하는 광택제로 사용된다. 채색기술은 신석기
시대 조기부터 나타나며 청동기시대를 거쳐 삼한·삼국시대까지 이어진다.

토기의 표면을 붉게 만드는 채색 안료로는 주(적색 황화수은, HgS)와 뱅갈라(적색
산화제이철, Fe_2O_3)가 있다. 주는 붉은빛의 안료이며, 583.5℃에서 공기 중으로 날아가
버린다. 선사시대의 토기 소성 온도는 보통 700~800℃이므로 굽기 전에 주를 바르

게 되면, 굽는 과정에서 주가 승화되기 때문에 토기를 소성한 후에 칠하게 된다. 소성 후에 주를 바른 예로는 일본 죠오몽토기가 있는데, 신석기시대의 토기에도 주를 바른 사례가 있을 수 있다. 벵갈라는 질산염 또는 수산화물 등을 공기 중에서 태워서 얻거나 적철광으로서 산출되는 붉은빛 결정성의 가루이다. 벵갈라의 용융온도는 1,550℃ 인데, 선사시대의 기술로는 1,550℃의 고온을 올릴 수 없으므로 벵갈라를 액체상태로 만들어서 토기에 바르는 것은 불가능하다. 토기를 굽기 전에 벵갈라를 토기 표면에 문질러서 접착시킨 후에 토기를 구우면 표면이 붉게 된다.

삼한시대 초기의 토기 중 바깥 면과 안쪽 면 모두 검은색이 나는 토기가 있다. 토기 표면이 검은 것은 안료를 바르거나 구울 때의 산소 차단 등에 의해서 나타날 수 있다. 구울 때 산소를 차단할 경우, 표면의 일부만 검게 되는 경우가 많으므로 전체적으로 검은 경우는 안료를 바르기 때문에 나타난다. 흑색의 발색재로는 유연(油煙)·흑연 등의 탄소계 안료가 있다. 검은간토기는 형태를 만든 후, 그을음 또는 흑연을 발라 문지르고 그 위에 망간을 발라 광택이 나도록 한 후 구운 것이다. 이 검은간토기는 주로 경기도와 충청도 일대에서 한국식동검 및 원형점토대구연토기와 함께 나온다.

이외에도 마한과 백제 한성기의 토기 중 표면이 아주 검은 흑색마연토기가 있는데, 탄화물인 그을음을 바르고 구웠을 가능성이 있다. 기원후 3세기 후반의 일부 와질토기에 붉은색 또는 흑색을 바른 예가 있다. 경주 황성동 목곽묘에서 출토된 와질고배의 내·외면에는 붉은 칠이 있는데, 소성 후 표면에 주를 바른 것으로 추정된다.

칠기는 삼한시대 초기부터 확인되며, 목기·토기·쪽 등의 표면에 바르는 기술이다. 칠을 여러 번 바르면 검게 되지만, 여기에는 유연·송연·목탄분 등의 카본분말·철분·골분·석영 등의 광물입자, 목분(木紛)과 광물(운모나 석영), 초본류의 탄화물, 고운 니토 등의 발색제를 첨가하여 여러 가지 색을 나타내게 하거나 또는 동일한 색상의 칠을 여러 번 발라 더욱 검게 나타내기도 하였다. 칠을 한 유물은 삼한시대 초기부터 후기까지 지속적으로 출토되며, 주로 남부지역에 집중되어 있다.

영남지역의 3세기 후기 와질토기의 유개대부광구호와 유개대부직구호 등의 일부 기종에 국한하여 표면에 검은 칠이 된 토기가 있다. 뚜껑에는 일정 간격으로, 대부광구호와 대부직구호에는 문양대를 제외한 공간에 흑칠이 되어 있다. 아산 남성리, 함평 초포리 등 철기시대 초기의 유적, 기원 전후 시기의 창원 다호리 목관묘에서 많은 흑칠 유물이 출토되었다. 특히 다호리유적에서 출토된 흑칠 유물의 경우, 안료로

옻칠이 사용되었다고 보고되어 있다. 부산 노포동 3호묘와 31호묘에서 출토된 광구호와 직구호 몸통의 문양 사이에 흑색의 칠이 있는데, 옻나무의 액을 추출하여 토기 표면에 여러 번 바른 것으로 추정된다. 토기 또는 목기에 칠을 하는 목적은 장식성·방수성·내구성 등의 구현이다.

흑칠을 만드는 방법에는 여러 가지가 있다. ① 칠에 유연·송연·목탄분 등의 카본분말을 섞은 것, ② 칠에 철분을 섞은 것, ③ 불에 태운 골분과 석영 등 무색의 광물 입자를 섞은 것을 바르고 그 위에 칠을 한 것, ④ 옻칠에 목분(木紛)과 광물(운모나 석영)을 섞은 것, ⑤ 운모나 석영 등의 점토 광물을 바탕에 바르고 그 위에 칠을 바른 것, ⑥ 칠에 초본류의 탄화물을 섞은 것, ⑦ 초본류의 탄화물이 섞인 액을 바탕에 바르고 그 위에 칠을 바른 것, ⑧ 석영 입자가 들어간 입자가 아주 고운 니토를 바탕에 바르고 그 위에 칠을 한 것 등이 있다. 이 중 ①·②는 7~8세기 일본열도의 흑칠 발색법, ③은 중국 한나라 시기의 흑칠 발색법, ④~⑧은 낙랑지역에서 출토된 흑칠 발색법으로 알려져 있다.

삼한시대의 칠기에 발려져 있는 흑칠의 분석자료는 아직 없지만, 삼한시대 초기에 칠기가 생산되었고, 이후 낙랑과의 교류가 활발하게 이루어지면서 낙랑 유물이 남부지역에 많이 유입된 상황을 고려하면, 낙랑 칠기의 발색법을 수용하면서 칠기 생산이 더욱 활발하였을 가능성이 있다. 최근 광주 신창동유적과 부산 철마 고촌유적 등에서 칠을 끓인 연질옹과 소성유구가 확인되어 남부지역 각지에서 칠과 칠기 생산이 활발하게 이루어졌음을 나타낸다.

시유는 여러 가지 광물을 녹이고 서로 섞어서 만든 액체 상태의 인공유를 용기 표면에 덧칠하는 기법이다. 시유는 주로 도기와 자기·기와 등 흙으로 만든 용기에 적용되었다. 도기와 자기를 초벌구이한 후 인공유를 바르고 800~1,200℃의 고온에서 재벌구이를 한다. 유약은 800~850℃ 이하의 저온에서 유리질화하는 연유와 1,200℃ 이상의 고온에서 유리질화하는 장석유로 구분된다. 장석유는 자기의 유약으로 사용되었고, 그 이전의 유약은 대부분 연유이다.

연유는 삼국시대 및 통일신라시대에 사용되었다. 삼국 및 통일신라시대의 연유는 주로 녹유와 갈유이며, 황유·청유도 일부 있다. 연유의 제조 과정을 보면, 흑연(금속연)을 가열해서 연단(산화연, Pb_3O_4)을 만든 다음 혼화재로 석영을 첨가하면 백유가 만들어지고, 녹청(염기성탄소동)을 섞으면 녹유가 되고, 철분이 많이 들어 있는 붉은 흙을 섞으면 황·갈유가 된다. 연유도기는 800~850℃에서 유리질화된다.

연유도기는 중국의 춘추전국 시기에 나타나며, 당나라 시기에 들어오면 당삼채라는 삼채도기의 전성기를 맞이한다. 우리나라에서의 연유도기 생산은 4세기에 이루어졌고, 일본열도에서는 8세기 이후인 나라 시대부터 생산되었다.

10. 소성

토기를 빚어서 말린 후 가마에 넣고 굽는 행위인 소성은 토기 제작의 가장 마지막 단계에 해당된다. 얼마만큼의 열을 받느냐에 따라 토기의 질이 달라진다든지 또는 표면에 유리막이 형성되는지 등이 결정된다. 그리고 굽는 과정에서 사용할 수 없는 불량품이 많이 발생하기 때문에 온도조절에 각별한 주의가 요구된다.

삼국시대의 도질토기 표면에 점토 덩어리, 돌 등이 붙어 있거나 볏짚 흔, 바닥이 들어간 흔적 등이 있는데, 구울 때의 열기에 의해 토기가 가마 바닥과 붙거나 아래위로 쌓은 토기가 붙지 않고, 넘어지지 않게, 또 열기가 골고루 갈 수 있도록 여러 가지 도구로 받치거나 도구 위에 토기를 올려놓아 나타난 흔적이다. 실제 토기 가마의 발굴에서 쐐기·다리·고리·장고·원반모양 등 여러 가지 받침도구가 출토된다. 이 받침도구가 사용된 실물 또는 토기 표면에 흔적이 남은 것은 삼국시대부터이다.

받침도구에는 가마 바닥과 토기의 접착을 막기 위한 이상재(離床材)와 토기와 토기의 접착을 방지하기 위한 이기재(離器材)가 있다. 이상재는 토기의 저부 또는 대각이 가마 바닥에 직접 닿지 않도록 하여 토기가 가마 바닥에 용착되는 것을 막고, 가마 내의 열기가 토기 전면에 골고루 전달될 수 있도록 한 기물이다. 이상재로는 초본류·토기편·돌·모래 등이 있다. 소형 토기에는 주로 초본류와 모래·도지미·소형 토기편 등이 사용되었고, 바닥이 둥근 호와 대호 등에는 초본류와 토기편(주로 대호 편)·할석과 쐐기형 도침 등이 사용되었다. 이외에도 원반형·토병형·고배형·고배대각형·변형원통형 등이 알려져 있다. 대호편·할석·쐐기형 도침은 이상재일 뿐만 아니라 경사진 가마 바닥에 바닥이 둥근 큰 토기를 안정되게 놓기 위한 도지미의 역할도 하였고, 일부는 이기재로도 사용되어 명확하게 구분되지 않는 사례도 있다. 양산 산막유적의 대호 전용 토기 가마 내부 바닥에는 다수의 할석이 확인되었고, 일부 할석은 가마 바닥 대호 저부 사이에 놓여 있었다.

그림 12 대호의 이상재 흔적(1)과 대호를 받치고 있는 쐐기형 이상재(2)(홍보식 2003)

초본류의 경우, 토기의 소성 상태에 따라 흔적이 잔존한 것과 잔존하지 않는 것이 있다. 초본류는 소성도가 상대적으로 높은 개체에 비교적 잘 잔존하지만, 낮거나 고온이 지속된 개체에는 잔존하지 않는 경향이 있다. 초본류 흔이 잔존하지 않는 사례는 고온 소성이 어느 정도 지속되었을 경우, 초본류가 완전 연소되었거나 저온 소성으로 유리질 피막이 형성되지 않은 상태에서 초본류가 완전 연소되어 그 흔적이 남아 있지 않았다고 추정된다. 예를 들면, 표면색이 흑청색 또는 흑색이고, 속심이 자색이면서 표면에 피막이 형성되지 않은 가야 토기에는 초본류 흔이 잔존한 사례가 적고, 표면색이 회청색이거나 회색이면서 속심도 회색이고, 표면에 유리질 피막이 형성된 신라 토기에는 초본류 흔이 잔존한 사례가 상대적으로 많다. 그리고 동일 유구에서 출토한 신라 토기의 경우, 왕경의 토기를 모방하여 지방에서 소성한 토기에는 초본류 흔이 잔존한 사례가 적지만, 왕경 또는 그 주변 지역에서 생산한 것으로 추정되는 토기에는 초본류 흔이 잔존한 사례가 많다. 이와 같이 초본류 흔이 관찰되지 않는 경우, 초본류가 이상재로 사용되지 않았다고 보기는 어렵다.

이상재는 가마 바닥 위에 놓인 토기가 소성 시 고온으로 발생하는 유리질 액에 의해 가마 바닥과 용착되는 것을 방지하기 위한 것이다. 따라서 이상재는 가마 바닥과 토기가 용착될 수 있는 고온 소성을 전제로 할 때 필요하므로, 가마 바닥과 토기의 융착을 일으키는 유리질 액이 생성되는 도질토기 생산 시기부터 사용되었을 것으로 추정된다.

앞선 연구에 의하면, 이상재는 와질토기 생산부터 사용되었을 것으로 추정하였지만, 유리질 피막이 형성되지 않은 와질토기에 초본류나 다른 물품이 융착된 사례는

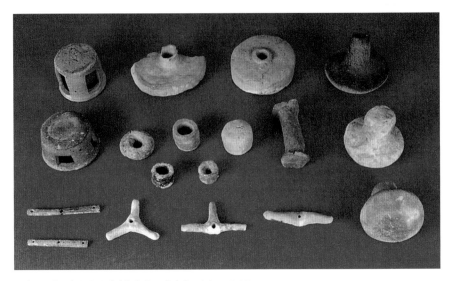

그림 13 경주 손곡동·물천리유적 출토 이기재(국립경주문화재연구소)

확인되지 않는다. 와질토기 표면에는 자연유와 피막이 생성되지 않아 가마 바닥과 토기의 융착이 만들어질 수 있는 조건이 형성되지 않는다. 가끔 와질 원저단경호의 저부 기면 일부가 들어간 사례가 있는데, 이는 소성 시 원저호를 가마 바닥에 안정적으로 정치시키기 위해 바닥에 받친 도지미 흔적이다. 따라서 이상재 사용은 고온으로 용착액이 생성되는 도질토기 생산부터 사용되었음을 나타낸다.

이상재가 닿은 부분의 기면에는 보통 홍반 혹은 흑반의 불완전 연소흔이 있거나 일정 간격으로 기면이 들어갔거나 이상재가 붙어 있는 경우도 있다. 이상재의 흔적이 확인될 경우, 토기를 도치하여 평면 상태를 촬영하여 보고하는데, 가능하면 컬러사진을 제시하면 독자가 관찰하기 용이하다. 그리고 단면 또는 입면에도 이상재의 사용흔을 제시하여야 한다.

이기재는 토기의 대량생산을 위해 중첩소성할 때, 중첩된 토기끼리 붙지 않도록 사이에 넣거나 받치는 물질을 말한다. 이기재로 사용된 물질은 초본류·점토·토기편·토병형·장고형·고배대각형·고리형·변형원통형 등이 있다. 이기재 흔적은 주로 소형토기, 예를 들면 중첩소성을 위한 적재가 가능한 고배·개배·합·뚜껑·완 등에서 관찰 가능하다. 초본류는 대부분의 기종에서 확인 가능한 가장 일반적인 이기재로 사용되었다. 대가야와 백제의 개배·고배·유개합 등에서 보이는 소엽흔(消葉痕)은 나뭇가지를 =형 또는 ×자형으로 걸치고 그 위에 뚜껑을 도치 소성하여 기면에 띠상으로 나

그림 14 이기재 흔적(1~5)과 사용례(6: 홍보식 2003, 7~9: 경주 손곡동·물천리유적)

타나는데, 소엽문(消葉文)·끈의 흔적·화거문(火欅文)으로 불리기도 한다.

　　장고형이나 고배대각형·고리형 등도 고배나 뚜껑·합 등의 중첩소성을 위한 이기재로 사용되었다. 경주 손곡동·물천리 토기 생산 유적에서는 고배 대각형 이기재가 고배 대각 아래에 융착된 상태로 확인되기도 하였다.

　　김해 화정 II지구 51호묘에서 출토된 소형 병의 저연부에 일정 간격으로 타원형의 불완전 연소 부분이 있는데, 점토(또는 점토 도지미) 이기재를 사용한 것으로 추정된

그림 15 점토·초엽 이기재의 흔적

다. 그리고 고배 구연과 뚜껑턱받이 사이에 일정 간격으로 불완전 연소되어 흑색 또는 흑청색을 띤 사례도 있는데, 이는 고배 구연부와 뚜껑받이턱 사이에 점토 이기재를 놓고 그 위에 뚜껑을 덮어 소성하였음을 나타낸다. 이와 같이 점토 이기재는 소성 후 떼어 버리기 때문에 그 흔적만 남아 있는 예가 대부분이지만, 일부 토기에는 점토가 잔존한 사례도 있는데, 대부분 콩알만한 크기이다.

경주 손곡동·물천리 토기 생산 유적에서는 둥근 고리 위쪽에 뾰족하게 튀어나온 소위 왕관형(王冠形)과 도넛형·이차형(二叉形)·삼차형·사차형 등의 다소 특이한 이기재가 출토되었다. 이 이기재에 부착된 이물질의 성분분석 결과, 연유가 확인되어 연유도기의 이기재로 사용되었음을 나타낸다. 신라의 연유도기인 고배 배신 바닥 내면에 도넛형 이기재 또는 바닥이 있는 왕관형 이기재가 사용된 흔적이 확인되었다. 그리고 뚜껑 표면 또는 대부직구호의 대각에는 3곳에 점상의 도지미 끝 부분이 붙어 있거나 표면이 떨어져 나간 흔적이 확인되었는데, 이는 3차형 이기재가 사용되었음을 나타낸다. 연유도기 소성 시 사용된 이기재 또는 이상재는 중국의 위진남북조뿐만 아니라 수·당의 도자기 소성에도 사용되었고, 일본의 나라시대 이후의 연유도기 소성에도 사용되었다. 연유도기의 소성 시 사용된 이기재(이상재)는 토기면과의 접촉면 부분을 최소화하였는데, 이는 이기재로 인해 기면에 시유된 유약의 탈락 또는 융착면을

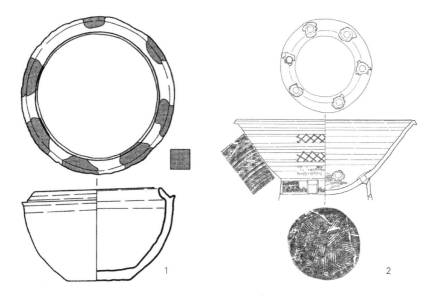

그림 16 점토 이기재 흔적 도면 표현 사례(1: 창녕 계성고총군, 2: 김해 대성동유적)

줄이기 위한 방안이다.

큰 항아리는 바닥이 둥글기 때문에 물체로 받치지 않으면 넘어지게 되며, 특히 가마 안에서 구울 때는 아궁이로부터 오는 화력에 의해 넘어질 가능성이 많으므로 여러 가지 도구로 받친다. 분묘에서 출토된 항아리의 바닥 가까이 기벽이 일정 간격으로 안쪽으로 들어갔거나, 열기를 적게 받아 다른 부분과 색깔이 다르거나 또는 점토 덩이·돌·토기편이 붙어 있는 예가 있다. 이런 것들은 항아리를 구울 때, 항아리와 가마 바닥 사이에 물체를 놓은 흔적이다. 실제 토기가마터에서는 점토에 토기편을 넣어 만든 도지미, 큰 항아리의 파편, 쐐기형태의 도지미, 돌 등이 출토된다.

도질토기 소성 방식은 정치·도치, 단독·2점의 세트, 중첩, 횡치 등 다양하며, 그것은 완성품을 통해서도 확인이 가능하다. 하지만 기종(기형)별로 독특한 소성 방식도 존재한다. 예를 들면, 뚜껑이 덮이는 고배·배·직구호의 경우, 뚜껑을 덮은 상태로 소성한 흔적이 경부나 몸통 상부에 남아 있는 예도 있다.

그리고 소성의 강약과 자연유의 생성 부위 또는 비산 부위 등은 해당 토기가 가마의 어느 부위에 놓이는가에 따라 차이가 있다. 동일 개체에서도 화구 방향 부분과 반대 방향에 따라 소성도가 달라지기도 한다. 소성도의 고저는 토기가 놓인 위치뿐만 아니라 가마 바닥 각도 및 고온 유지 시간 등에 의해서도 나타날 수 있다. 가마 바닥

각도는 시기에 따라 다를 수 있고, 어떤 제품을 소성하느냐에 따라서도 달라질 수 있다. 토기는 가마 내부에 놓인 위치와 방향에 따라서 화기 전달도에 차이가 발생하므로 표면 색상 또는 유약 유무와 유약 형성면, 비산 부위 등의 관찰을 통해 어느 정도 추정 복원이 가능하다.

III 연질토기 사용흔

1. 사용흔

1) 그을음

실제 토기의 기능이나 용도를 파악하는 것은 담겨 있는 물품이나 사용흔의 관찰을 통해 가능하다. 그런데 곡물이나 완성된 조리물, 유기질제 물품들은 오랜 시간이 지나면서 썩어 없어져 관찰하기 어려운 예가 대부분이지만, 사용흔이 남아 있는 것은 주로 취사 흔적이다. 취사용기로 사용되었음이 확실한 증거로는 토기 표면에 그을음이 묻어 있거나 또는 내면에 탄화물이 부착된 흔적, 내면 표면이 벗겨져 나간 흔적, 동체와 구연 등의 표면 색상이 다른 부위와는 다른 경우 등을 들 수 있다. 관찰 요소로는 흑반, 그을음, 흘러넘친 흔적, 피열흔, 내면 탄착흔, 솥 받침 흔적, 내면 박리, 구연 내면 표면색, 부착물, 기벽 두께와 변화, 형식변화 등이다.

토기 사용흔을 관찰할 때, 그을음과 구분하기 어려운 현상이 흑반이다. 흑반은 흑청색 또는 흑색을 띠고, 가운데가 색상이 진하고, 가장자리로 가면서 희미하고 옅어질 뿐만 아니라 속심에도 반영되어 검거나 검푸르고 경계면이 형성되어 있다. 이 흑반은 토기 소성 시 불완전 연소에 의해, 특히 좌우의 토기면이 접촉되었거나 지면에 맞닿아 열기가 직접적으로 닿지 않음으로써 생기는 현상으로 토기의 사용과는 무관하다.

그을음은 짙은 흑색이고 표면에 부착되어 있고, 표면 색상과 속심 색상에 차이가 있는데, 취사 시 연료로 사용한 땔감 등에서 올라오는 연기가 취사용기 외면에 부착된 흑색 계통의 흔적이다. 가열 초기에는 접착성을 띠는 연료 수지가 적어서 문지르면 사라지기 쉽지만, 점차 강한 열을 받음에 따라 수지가 다량 포함되어 쉽게 지워

그림 17 그을음·흑반·사용흔이 없는 연질토기

그림 18 그을음이 있는 연질토기

지지 않는다. 그을음은 대개 다음의 4가지 유형으로 구분된다.

　　바깥면 전면에 그을음이 부착되어 있지만, 그을음의 부착상태가 동일하지 않고, 몸통 최대경이 위치하는 부근에 특히 두텁게 부착된 유형(A형). 그을음 부착 상황은 A형과 비슷하지만, 바닥 주변 및 몸통 최대경 부위에 그을음이 부착되지 않았고, 저부 주변은 표면색이 적색화되어 있는 유형(B형). 몸통 최대경 부위에 많은 그을음이 묻어 있고, 저부 주변에 한정해서 그을음이 묻어 있지 않고, 저부 부근은 적색화되지는 않고 담갈색화된 등의 열을 받은 흔적을 나타낸다든지, 그을음이 얇게 묻어 있는 유형(C형). 몸통의 그을음 부착 양상은 C형과 같은데, 구연부에도 그을음이 묻어 있는 유형(D형) 등으로 구분된다.

　　A형은 개방된 공간에서 사방을 돌아가면서 3개 이상의 지각을 사용해 토기를 지각 위에 걸치고 지각과 지각 사이의 공간을 이용해 불을 피워 취사한 사례이다. 개방적인 노에서 사용된 토기는 표면 전체에 그을음이 묻어 있는 것이 일반적이고, 구연 내면에도 그을음이 묻어 있는 사례가 많다. 뚜껑의 재료가 토기 또는 금속이 아니고 목재를 사용한다면, 취사 시에 뚜껑이 탈 우려도 있기 때문에 뚜껑을 덮지 않은 상

태로 취사하였을 개연성이 높다. 그런데 아가리의 일부에만 탄화물이 묻어 있고, 구연 내면의 색상이 원 색상을 유지하고 있으면, 뚜껑을 덮었을 가능성이 있다. A형은 기고가 15cm 이하의 소형 토기에만 나타나므로 이 유형은 소형의 연질옹에 음식을 끓일 때 이용한 취사 형태였음을 나타낸다.

B형은 바닥을 흙속에 세웠기 때문으로 이해되기도 하지만, 환저 또는 원저에 원형으로 그을음이 묻어 있지 않는 부분은 적색화되지 않았는데, 이는 평저옹과는 달리 토기 바닥에 지각을 두고, 지각에 토기 바닥이 닿았기 때문에 피열이 되지 않아 나타난 현상으로 추정된다.

C형은 몸통 최대경 부위에 그을음이 묻어 있고, 바닥에 피열흔이 남아 있어 부뚜막 위에 취사용기를 놓은 방식, 즉 용기 바닥이 지면으로부터 이격된 형태의 취사방식을 나타낸다. 이 취사방식은 대형 옹이나 호에 잘 나타난다. D형은 취사용기를 부뚜막 위에 걸쳐 취사하였지만, 용기와 부뚜막 사이에 생긴 틈으로 불꽃이 올라와 그을음이 부착된 형태이다.

2) 끓어 넘친 흔적

조리 대상물이 전분을 많이 포함하고 있을 때, 가열에 의해 내용물이 팽창되어 수면으로 올라와 밖으로 흘러넘치면서 흔적이 남게 된다. 이 흘러내림 흔적은 일반적으로 토기 표면에 세로 방향의 줄 모양으로 나타난다. 흘러내림 흔적은 크게 백색과 흑색으로 구분되는데, 흑색의 끓어 넘친 흔적은 탄착흔처럼 불길이 닿은 부분 가까이까지 흘러내리기 때문에 탄화하여 생성된 것으로서 그만큼 흘러내린 후에도 강한 열이 가해졌음을 나타낸다. 백색의 끓어 넘친 흔적은 조리 대상물이 흐른 부분에는 그을음이 붙지 않아 생기게 된 것이나 그을음에 다시 뒤덮이면서 보이지 않게 되는 것이 일반적이다. 그을음이 부착되기 어려운 경부나 몸통 상부쪽에서 주로 나타난다. 몸통 중앙에 백색의 끓어 넘친 흔적이 있다면, 사용 횟수가 적었음을 나타낸다고 볼 수 있다.

바닥과 몸통 외면에 그을음이 있음에도 불구하고, 끓어 넘친 흔적이 거의 없는 소형 토기의 경우, 취사 시에 뚜껑을 사용하였을 가능성이 있다. 이와 함께 아가리 내측에 수평면이나 홈이 있으면서 수평면 또는 홈에 그을음이 부착되지 않았지만, 윗면에 그을음이 있는 경우도 취사 시 뚜껑을 사용하였을 가능성이 있다. 뚜껑을 사용하

그림 19 끓어 넘친 흔적이 있는 연질토기

는 것은 내부의 열이 유출되는 것을 막아 짧은 시간 내에 증기를 모아 온도를 높일 수
있는 효과가 있어 보다 효율적인 취사방식이라 할 수 있다.

3) 피열흔

피열흔은 취사용기 외면의 전면에 부착된 그을음이 강한 가열에 의해 산화 또는
소실된 부분 등을 통해 확인할 수 있다. 특정 부위의 표면색이 소성 후 완성된 표
면 색상과 다르게 나타나는데, 피열 정도가 심하면 토기 기벽이 적색으로 변하기
도 한다. 토기 바닥에 피열흔이 거의 관찰되지 않고, 일정 부위의 표면이 다를 경
우, 부뚜막의 취사 시 바닥에 지각을 설치하고, 지각 위에 취사용기 바닥을 놓은
현상으로 추정할 수 있다. 이와 반대로 바닥 전면에 피열흔이 있거나 그을음이 묻
었을 경우, 지각을 받치지 않고, 취사용기의 바닥이 지면에서 어느 정도 이격된 높
이에서 취사하였음을 나타내는 흔적으로 볼 수 있다. 피열흔과 그을음의 양상을
통해 지각의 사용 유무 등 취사방식을 어느 정도 복원할 수 있다.

그리고 바닥이나 몸통의 전부 또는 일부 표면이 점상으로 박리되어 마치 귤 껍
질처럼 요철이 형성된 예도 있는데, 이 현상은 강한 열을 받거나 지속적으로 열을 받
아 토기 표면이 박리된 결과이다. 특히 피열흔이 있으면서 표면이 박리된 경우, 취사
에 의해 나타난 양상으로 파악할 수 있다. 토기 표면의 적색화에 대해서는 토기의 내
화(耐火)시간, 화력의 강하기 등이 주는 영향이 컸다고 추정되는데, 이를 통해 토기의
열효율이 좋고 나쁨을 알 수 있다.

그림 20 피열흔 사례

4) 내면 탄착흔

탄착흔은 가열에 의해 토기 내에 있던 조리 대상물이 타서 다공질(多孔質)의 토기 내면 기벽에 유기물이 흡착된 흔적이다. 조리가 반복될수록 탄착흔은 누적된다. 탄착흔의 부위와 조리의 상관관계 유추도 부분적으로 가능하다. 내면 동 하부에 부착된 것은 조리 과정의 마지막에 수분이 적어 유동성이 없게 되는 졸임이나 밥 짓기와 같은 조리에서 생성되었을 가능성이 있다. 탄착흔은 음식물이 타서 눌은 것이 부착된 흔적인데, 부착된 범위를 기준으로 다음과 같이 분류한다.

첫째는 탄화물의 부착이 확인되지 않는 사례이다. 탄착흔이 부착되지 않는 경우, 짧은 시간 동안 수분이 많은 상태의 조리, 가령 데침이나 삶기 혹은 물 끓이기 등을 하였을 가능성이 있다.

둘째는 탄화물이 아가리에 부착되어 있는 예이다. 음식물을 끓일 때, 불 조절이 잘 되지 않아 음식물이 끓어 넘치는 경우가 많다. 특히 밥을 지을 때는 끓어 넘친 후 불을 약하게 하면서 뜸을 들이는데, 끓어 넘친 물이 아가리에 붙거나 표면에 흘러내려 자국이 생기는 경우가 있다. 다른 음식물의 경우도 끓어 넘쳐 흘러내린 흔적이 남아 있는 예를 발견할 수 있는데, 용량이 크지 않은 소형 토기에서 주로 나타난다. 소

그림 21 탄착흔 사례

형 토기에 음식물을 끓일 때, 불을 조절하기가 쉽지 않으므로 음식물이 끓어 넘치는 예가 많았을 것으로 추정된다.

　셋째는 동부 하부, 또는 그 이상 전체에 탄화물의 부착이 확인되는 예로서 저부 주변 또는 부분적으로 탄화물의 부착이 확인되지만, 두번째보다 소량인 경우이다. 내면의 탄착흔은 외면의 피열흔과 밀접한 상관관계에 있으므로 동부의 피열흔 범위가 내면 탄착흔과 어떻게 대응하는지를 검토할 필요가 있다. 동부의 피열흔 범위가 내면의 탄착흔 범위와 일치할 경우, 일정한 방향으로 치우친 측면 가열의 조리방식이 존재하였음을 나타낸다. 이 경우 노지나 부뚜막에 비스듬하게 거치하고 조리하였거나 불길을 중심에 두고 복수의 토기를 옆으로 비스듬하게 거치하고 복수의 조리물을 동시에 가열하였을 가능성도 있다. 피열흔과 탄착흔이 모두 바닥 내·외면에서 관찰되는 경우는 토기를 정치한 상태에서 가열하였음을 나타낸다. 동체 1곳에 파수가 부착되어 있고, 파수가 있는 반대쪽에 그을음과 탄착흔이 관찰되면, 파수 반대쪽 동체 중·하부에 열을 가한 결과 그을음이 부착되고, 구연부 내면의 탄착흔은 완성물을 붓는 과정에서 유기물 부착이 반복된 결과로 추정된다. 이 경우, 완성물은 액체상태의 조리물일 가능성이 있다. 따라서 피열흔과 탄착흔 부위의 대응관계에 대해 정확하게 관찰하고 기록하여 보고하여야 한다.

탄착흔에는 농도의 차이가 존재할 수 있는데, 별다른 흔적을 찾아볼 수 없는 경우라면, 수분이 많은 대상물의 조리 혹은 짧은 시간에 데치거나 삶거나 물을 끓이는 데 사용되었을 것으로 추정된다. 내면에 짙은 탄착흔이 남아 있다면, 주로 긴 시간 동안 가열하여 조리의 최종단계에서 수분이 많이 사라진 형태의 조리가 행해졌음을 나타낸다. 따라서 탄착흔의 농도가 어느 정도인지에 따라서 수분이 있는 조리 형태인지 수분이 사라진 조리 형태인지 등을 추정할 수 있다. 즉, 탄착흔의 잔존 양상을 통해 조리의 단계와 조리물 상태의 추정이 가능하여 당시 사람들의 조리 방식과 완성물의 내용을 유추함으로써 식생활 복원으로 나아갈 수 있다.

5) 내면 박리

내면 박리는 음식물을 조리할 때 수분이 가열되면서 대류압이 생겨 토기 내면을 박리시키는 현상이다. 동부 내면의 중·상위에 횡으로의 경계가 생기는데, 내면 박리가 심할수록 사용 횟수가 많았음을 나타낸다. 보통 구경 및 견부 내면은 제품 생산 당시의 표면색을 지니고 있다.

바닥과 동부 내면의 표면이 벗겨지고 태토 속의 석립이 노출되는 현상은 주로 대형 옹에 나타나는데, 취사할 때 열을 받으면서 수분 접촉 및 흡수에 의해 응착력이 약해진 토기 표면의 피막이 물의 끓는 힘에 의해 벗겨졌을 가능성과, 내용물의 소비 후 찌꺼기의 제거를 위해 세척할 때 표면이 벗겨졌을 가능성도 있다.

이외에도 조리를 하였거나 또는 액체물을 저장한 용기의 내면은 음식물이 채워져 있는 부위와 그렇지 않은 부위의 색상과 표면이 다르게 나타난다. 음식물이 채워져 있는 부위는 토기 제작 당시의 표면이 마멸되어 옅은 회색 또는 회황색을 띠면서 태토에 함유되어 있는 아주 작은 돌 알갱이가 노출되어 있음을 확인할 수 있다. 외면에 그을음이 묻어 있는 취사도구의 대부분이 위와 같은 특징을 지니고 있는데, 음식물을 조리할 때 열에 의해 물이 끓으면서 표면이 박리되거나 또는 재사용을 위해 내면을 씻을 때 표면이 박리되어 나타난 결과로 추정된다.

구연 내면에 그을음이 묻어 있는 부위와 원 표면색을 나타내는 부위가 있는데,

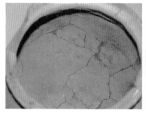

그림 22 내면이 박리된 연질토기와 박리되지 않은 연질토기

이는 취사 시 뚜껑을 덮었을 가능성이 있으므로 이의 관찰을 통해 취사방식 및 요리의 내용을 어느 정도 유추할 수 있다. 구연에 홈이 있는 연질토기의 경우, 끓어 넘친 이물질이 부착된 예가 있으므로 세척 시 주의를 기울여야 한다. 이물질을 분석하여 취사물 성분이 무엇인지 확인할 수 있는 자료 확보가 필요하다.

6) 솥 받침 흔적

옹이나 호의 동부 상방에 1조의 횡침선이 돌려져 있고, 횡침선을 경계로 하부에 그을음이나 피열흔이 관찰될 경우, 이 옹과 호는 당초 취사용기로서 부뚜막에서의 사용을 염두에 두고 제작되었을 가능성이 있다. 즉 횡침선이 솥걸이에 걸쳐지는 기준선으로 기능하고, 그 지름으로 솥걸이의 지름과 같은 세부적인 정보와 세트를 이루어 기능하는 부뚜막 시설 또한 규격화가 되었음도 추정할 수 있을 것이다.

전이 있는 흙솥의 경우, 전을 경계로 아래에만 그을음이 부착되어 전 아래 부분은 불길에 가까운 부뚜막 내의 다른 상태에 있었고, 전 윗부분은 불길이 차단되었음을 나타낸다. 그리고 전 직하에 부착된 그을음 중, 진하기가 약하면서 횡으로 띠 모양이 형성되었을 경우, 약하게 그을음 띠가 형성된 너비는 부뚜막의 두께가 반영되었을 가능성도 있으므로 면밀하게 관찰하고 기록해야 한다. 대부분의 부뚜막은 솥걸이가 파괴되어 원상을 유지한 사례가 거의 없으므로 구체적인 형태는 물론 솥걸이의 두께는 더욱 알기 어려운 현실을 감안할 때, 취사용 토기의 관찰을 통해 이 부분을 어느 정도 해명할 수 있을 것으로 기대된다.

주거지나 패총 등 생활유적에서 출토된 유물의 경우, 실제 조리에 사용된 토기가 다수 확인되지만, 보고서 도면에는 그을음의 부착 유무는 물론 부착 부위에 대한 표현이 되어 있지 않고, 또 내면에 묻어 있는 음식물의 흔적과 내면의 색상 및 박리의 흔적 등이 표현되어 있지 않아 일상용 토기에 대한 연구를 가로막고 있는 게 현실이

그림 23 흙솥과 바닥

다. 따라서 토기 표면에 묻어 있는 그을음의 농도 및 횡대의 유무, 토기 표면의 점토 부착 등의 흔적 관찰의 결과를 기록하고 보고하는 작업이 이루어져야 한다.

2. 형식변화

연질토기는 실생활 용기이므로 유행에 민감하기보다는 사용에 편리하거나 또는 기능 향상 방향으로 형식변화가 이루어졌을 가능성이 있다. 기벽 두께가 두터운 부위와 얇은 부위가 어떻게 변화하는지는 성형과 관련될 뿐만 아니라 취사용기의 기능 향상과 관련될 수도 있다. 토기의 형태, 특히 바닥의 형태가 원저인가 아니면 평저인가에 따라서도 달랐을 것이고, 토기의 크기에 따라서도 달랐을 것이다.

김해 예안리고분군에서 출토된 취사 흔적이 관찰된 연질토기는 시기가 내려옴에 따라 기벽이 점차 얇아지는 경향이 있고, 또 몸통 상위·중위·하위·바닥의 기벽 두께가 각각 다른 것에서 점차 같아지는 방향으로의 변화가 나타난다. 얇아지고, 전체적인 기벽 두께가 같아지는 방향으로의 전개에는 타날기법의 상용도 주요한 역할을 하였다. 그리고 기벽이 얇아지는 것은 취사효율을 높게 하는 것과 직접 관련을 가진다. 취사효율을 높이고 무게를 줄이는 용기의 발달에 따라 기벽을 얇게 하고, 그렇게 만들기 위한 하나의 기술 개선책으로서 타날조정기법을 상용화하는 방향으로 전개되었을 가능성이 있다.

이와 같은 변화와 더불어 대부분 기형에서 나타나는 공통적인 변화는 구경과 저경의 비율에서 저경의 비율이 상대적으로 높아져 저경이 넓어지고, 기고 대 최대경의 비율이 높은 것에서 낮아지는 형태로 바뀐다. 바닥 면적이 넓어지고 구경의 직경이 좁아지는 것은 취사를 하였을 때 불길을 많이 받고 대신 열이 적게 밖으로 빠져나가는 형태로 발달되었음을 나타낸다. 깊이가 얕아지고 몸통 너비가 넓어지는 등 모두 취사에 더 효율적인 방향으로 형태가 바뀌어 감을 나타낸다.

예를 들면, 플라스크형 옹은 바닥이 환저이고, 최대경이 동부 아래 부위에 있으면서 아가리로 가면서 너비가 좁아지고, 아가리가 짧고 외반한다. 바닥이 환저로 바뀐 것은 열기를 받는 면적이 넓을 뿐만 아니라 몸통의 하반부에까지도 열을 받을 수 있는 가장 이상적인 형태이기 때문이다. 그리고 몸통의 최대 지름이 하부에 위치하는 것은 바닥의 형태를 환저로 만들기 위한 것과 동시에 이와 연계해서 많은 용량을 담더라도 높이를 낮추어 음식물을 끓이는 데 필요한 열기가 골고루 전달될 수 있는 이점이 있다. 또 아가리로 향하면서 너비가 줄어드는 형태는 열기가 밖으로 유출되는 것을 줄일 수 있는 구조이다.

이와 더불어 그을음이 묻어 있지 않는 중형 옹은 구연단 내면에 요면(凹面)이 형성되어 있지 않으나 그을음이 묻어 있는 옹의 구연단 내면에 요면이 형성되어 있다. 그을음이 묻어 있는 옹의 구연단 내면에 요면을 만든 이유는 아마 취사와 관계되었을 것으로 추정되는데, 가장 가능성이 있는 것은 뚜껑을 안정적으로 덮기 위한 고안으로 추정된다. 아가리의 요면에는 그을음이 묻어 있지 않고 황갈색 또는 적갈색의 색상을 유지하는 점 등도 이 부분에 뚜껑이 있었다는 가능성을 높게 한다. 생활·폐기·분묘 등에서 출토한 연질토기 중 뚜껑의 출토 사례가 거의 없는 점을 고려하면, 토제가 아닌 나무뚜껑이 사용된 것으로 추정된다.

연질옹에서 보이는 일련의 특징들은 그 이전 시기에는 볼 수 없었던 현상으로서 취사용기의 개량을 나타내는 요소들로 평가된다. 동부만 아니라 바닥이 지면으로부터 떨어져 있어 지면과 토기 바닥 사이에 공간이 생기고 이 공간에서 불을 피우기 때문에 바닥에 집중적인 열이 전달되고 동시에 불꽃이 토기의 표면을 따라 몸통으로 타고 올라가 열이 몸통에서도 받게 되어 취사시간을 단축시키는 동시에 취사상태도 향상되었을 것이다.

일상용기인 연질토기, 특히 취사용기로 사용된 연질토기는 열효율을 높여 일시에 보다 많은 양을 취사하더라도 취사시간을 줄이면서 취사물의 영양 효율을 높이는 방향으로 변화가 이루어졌을 것으로 추정된다.

따라서 연질토기의 형식변화는 기능 개선 방향으로 진행되었을 것이므로 취사용의 연질토기는 기벽 두께, 동 최대경의 위치 변화, 저경의 변화, 구연부 형태 등의 변화에 주목해서 관찰하고 위 요소들의 분석을 통해 형식을 설정하고, 어떤 방향으로 전개되었는지를 파악해야 한다.

IV 맺음말

필자는 발굴조사에 참가하면서 획득된 많은 토기 자료들을 접할 수가 있었고, 보고서와 논문을 작성하면서 토기의 관찰을 통하여 토기의 제작 과정에 대한 지식을 습득할 수 있었다. 그리고 필자가 근무했던 박물관의 특별전 〈기술의 발견〉을 준비하면서 토기 제작 과정에 대한 여러 가지 새로운 정보의 획득은 물론 기존에 알고 있던 지식을 확인할 수 있었다. 아울러 토기 제작과 관련된 다양한 유적과 유구의 조사 증가와 이에 따른 토기 제작기술에 대한 관찰의 내용을 다룬 논문 및 토기의 제작실험과 식문화연구회의 취사 실험과 취사용기의 사용례와 방식에 대한 내용들을 접하면서 토기에 대한 여러 가지 정보를 공유할 수 있는 방법을 모색하면서 이 글을 작성하게 되었다. 본문 내용에 인용문을 제시하지 못한 점 양해 바란다.

[홍보식]

참고문헌

가락국사적개발연구원, 2002, 『문자생활과 역사서의 편찬』, 강좌 한국고대사 5.

慶尙南道·東亞大學校博物館, 1999, 『南江流域文化遺蹟發掘圖錄』.

곽종철, 2004, 「고찰 (1) 土器 重疊燒成 樣相」, 『密陽 月山里墳墓群』.

국립경주박물관, 1989, 『新羅의 土偶』.

_____, 1997, 『신라토우―新羅人의 삶, 그 永遠한 現在―』.

_____, 2002, 『文字로 보는 新羅―新羅人의 記錄과 筆跡―』.

국립진주박물관, 2002, 『청동기시대의 大坪·大坪人』.

國立淸州博物館, 2000, 『韓國 古代의 文字와 記號遺物』.

金斗喆, 2001, 「打捺技法의 硏究―金海 禮安里遺蹟 出土品을 中心으로―」, 『嶺南考古學』 28, 嶺南考古學會.

김원룡, 1982, 『신라토기』, 열화당.

복천박물관, 2003, 『삼한·삼국시대의 토기생산기술』, 복천박물관 제7회 국제학술대회.

釜山廣域市立博物館 福泉分館, 1997, 『文字가 있는 考古資料』.

이건무, 2000, 「청동기·원삼국시대의 문자와 기호인식」, 『한국 고대의 문자와 기호유물』, 국립청주박물관, 163쪽.

李健茂 外, 1989, 「義昌 茶戶里遺蹟 發掘進展報告(1)」, 『考古學誌』 1, 韓國考古美術硏究所.

이난영, 『토우와 토기』, 세종대왕기념사업회.

李政根, 2007, 『咸安于巨里土器生産遺蹟』, 國立金海博物館.

_____, 2012, 「三國時代 土器 재임방법에 대한 檢討」, 『嶺南考古學』 60, 嶺南考古學會.

李漢祥, 1999, 「V. 土器에 대한 검토」, 『盈德 槐市里 16號墳』, 國立慶州博物館.

任學鐘, 1999, 「新石器時代 朱漆土器 三例」, 『考古學誌』 10, 韓國考古美術硏究所.

任學鐘·兪惠仙·張誠允, 2000, 「新石器時代 朱漆土器의 科學的 分析」, 『考古學誌』 11, 韓國考古美術硏究所.

정수옥, 2007, 「풍납토성 취사용기의 조리흔과 사용방법―장란형토기와 심발형토기를 중심으로―」, 『호서고고학보』 17.

崔鐘圭, 2001, 「考察 3. 陶質土器의 表面觀察」, 『昌寧 桂城 新羅高塚群』, 慶南考古學硏究所.

한국고고환경연구소 편, 2007, 『土器 燒成의 考古學』, 서경문화사.

홍보식, 2003, 「土器 成形技術의 變化」, 『기술의 발견』, 복천박물관.

_____, 2011, 「통일신라토기의 성형기법」, 『용천동굴의 신비』, 국립제주박물관.

洪鎭根, 2001, 「IV. 考察. 나. 遺物」, 『德山-本浦間 地方道路 工事區間內 發掘調査 昌原茶戶里遺蹟』, 國立中央博物館.

_____, 2003, 「三國時代 陶質土器의 燒成痕 分析」, 『삼한·삼국시대의 토기생산기술』, 복천박물관.

_____, 2006, 「陶質土器 補修 小考」, 『考古學誌』 15, 韓國考古美術硏究所.

黃敬美, 2008, 「김해 예안리고분군 조묘집단의 취사방식 연구」, 『先史와 古代』 30, 韓國古代學會.

岡田文男, 1996, 「黑漆의 時代」, 『考古學ジャナル』 401.

岡田文男·成瀨正和, 1994, 「樂浪王盱墓出土漆器の自然科學的調査」, 『古文化財の科學』 39.

古門雅高·渡邊康之·正林 護, 1997, 「長崎縣五島列島出土の韓國新石器時代の赤色顔料塗彩土器について」, 『韓·日 新石器文化의 交流와 高山里遺蹟』, 韓國新石器研究會·國立濟州大學校 博物館.

大手前大學史學研究所 編, 2007, 『土器研究の新觀點』, 六一書房.

小林正史, 1991, 「土器の器形と炭化物からみた先史時代の調理方法」, 『北陸古代土器研究』 創刊號, 北陸古代土器研究會.

_____, 1992, 「煮沸實驗に基づく先史時代の調理方法の研究」, 『北陸古代土器研究』 2號, 北陸古代土器研究會.

小林行雄, 1962a, 『古代の技術』, 塙選書.

_____, 1962b, 『續古代の技術』, 塙選書.

永嶋正春, 1985, 「繩文時代の漆工技術―東北地方出土藍胎漆器中心について―」, 『國立歷史民俗博物館研究報告』 6.

玉口時雄·小金井靖, 1984, 『土師器·須惠器の知識』, 考古學シリズ 17, 東京美術.

潮見 浩, 1988, 『圖解 技術の考古學』, 有斐閣選書.

佐原 眞, 1979, 「3. 土器の用途と製作」, 『日本考古學學ぶ』 2, 有斐閣選書.

_____, 1986, 「3. 彌生土器の製作技術―粘土から燒き上げまで―」, 『彌生文化の研究』 3 彌生土器 I, 雄山閣.

後藤和民, 1994, 「繩文土器の製作―實驗製作―」, 『繩文文化の研究』 5 繩文土器 III, 雄山閣.

제5장

마구류의 관찰과 분석

Ⅰ 말, 그리고 마구 연구의 중요성

말은 생물학적으로 약 100만 년 전에 중앙아시아에서 최초로 출현했다고 한다. 그러나 언제부터 가축으로 사육되었는지, 또한 가축화된 말의 선조가 최초로 어디에서 나타났는지는 확실치 않다. 왜냐하면 순수한 야생마가 이미 오래전에 멸종하였기 때문이다. 현존하는 야생마의 대부분은 이전에 한 번 가축화된 말이 재차 야생화한 것으로 받아들여지고 있다.

말은 기제목(奇蹄目) 말과(科)의 초식성 포유류로서 전 세계에 분포한다. 얼굴이 긴데, 이는 치열(齒列)이 길기 때문이다. 몸은 달리기에 알맞게 네 다리와 목이 길며 매사에 적극적인 성질을 지니고 있으나 한편으로 겁이 많다. 발굽은 하나이며 폭이 넓고 튼튼하다. 윗입술을 잘 움직여서 이를 통해 풀을 뜯어먹는다.

말의 입안 구조는 앞니를 시작으로 긴 치열을 가지는데, 송곳니가 퇴화한 반면 어금니가 크고 치관부가 높아서 풀을 짓이겨 먹을 수 있다. 특히 앞니의 뒤쪽에 난 퇴화한 송곳니와 제1어금니 사이에는 이가 없는 부분(그림 1의 말 입속 원 부분), 즉 틈이 있어서 이 틈새로 재갈을 물려 말을 제어할 수 있다. 이때 말 입속에 머무는 재갈의 부위가 함(銜)이다. 이로써 말은 식용의 대상에서 벗어나 점차 기마, 교통, 방목 등 인간 제 활동의 직간접적인 대상으로 중요한 역할을 담당하게 된다. 좁은 의미에서 마필문화가 시작되는 셈이다.

1만 년 전의 구석기시대에는 야생마가 수렵의 대상이었다. 그래서 인간은 풍부한 수렵을 기원하는 동굴벽화나 조각 등에 야생마를 자주 묘사하였다. 프랑스 라스

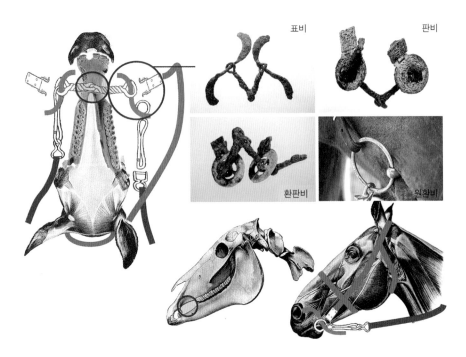

그림 1 재갈의 종류와 재갈 물리기

코(Lascaux)동굴에서 발견된 구석기시대후기(약 1만 4000년 전)의 말 그림은 상당히 사실적으로 묘사되어 있으나 말의 종류에 대해서는 잘 알 수 없다. 고고학적 관점에서 실물을 대상으로 하자면, 1960~1983년에 걸쳐 우크라이나 테레이프카 청동기시대 유적에서 출토된 다량의 말뼈 중 이빨(제1어금니)에서 함에 의한 상흔이 발견되고 함유로 추정되는 녹각제품이 출토되는 등 서기전 4000년부터 말이 점차 가축화되기 시작하였을 것으로 추정하고 있으나 이 또한 확실치 않다. 그러나 말의 이러한 가축화야말로 이후 인류의 활동 폭을 크게 넓히는 계기가 되었음은 두말할 필요가 없다. 그것은 말이 지닌 뛰어난 기동성을 이용하여 지역집단 간의 정보교류를 촉진시키고 군사적 목적으로도 자주 이용되어 결과적으로 사회체제의 확립이나 통폐합을 이끌어내는 데 말이 유용하게 활용되어 왔기 때문이다.

이러한 사실은 우리나라의 경우에도 그대로 적용 가능하다. 우리는 삼한시대의 거마문화를 거쳐 삼국시대에 다양한 기승용마구를 사용한 과거사를 지니고 있다. 우리나라의 역사 속에서 말이 고대국가의 형성과정 중에 각 지역집단이 지배체제를 확립하고 유지, 확대시켜 나가는 데 깊이 관여하고 있었음은 이 시기에 출토된 각종 마구를 통해서 잘 알 수 있다. 이처럼 고대의 정치 사회적 변화와 맥락을 말의 이용을 통해 엿볼 수 있는 만큼, 말을 부리거나 장식하는 도구인 마구를 통해 고대의 중요한 정보를 파악할 수 있다는 점에서 고고학적으로 마구가 차지하는 비중은 매우 크다. 다시 말해 마구야말로 해당 시기에 우리가 꽃피운 기승문화를 비롯한 다양한 마필문화를 적극 대변해 주는 자료인 것이다.

특히 삼국시대는 고대국가의 형성 및 체제유지와 맞물려 각종의 다양한 기승용 마구가 역동적으로 전개되었다. 마구의 종류도 풍부할 뿐만 아니라 각 형식의 출현과 분화, 조합 및 변화상을 통해 다른 유물에서 살필 수 없는 정치 사회적 동향, 특정 집단의 성격과 교류, 문물전파와 수용 등을 다양하게 추적할 수 있다. 마구의 연구 목적은 여기에 있는바, 현실적으로 삼국시대 분묘에서 대부분의 마구가 출토되기 때문에 이 시기의 마구에 대한 관찰과 분석은 피할 수 없는 과제가 되었다. 여기서는 기능과 용도에 따라 다양한 장구가 나타난 삼국시대 마구를 중점적으로 다루기로 하겠다.

II 거마(車馬)와 기승(騎乘)

1. 삼한과 삼국시대의 마구

우리나라에 마구가 출현하는 시기는 삼한시대부터이다. 이때의 마구로는 재갈, 마면, 마탁, 8자형동기를 비롯하여 삿갓형동기, 을자형동기, 권총형동기, 일산대가리, 일산살꼭지, 수레굴대끝, 동환 등이 알려져 있는데, 기본장구를 제외한 대부분이 수레장식의 부속구여서 마구가 거마용을 중심으로 전개되고 있음을 알 수 있다.

이러한 마구의 분포는 주로 낙랑을 비롯한 우리나라 서북부지방을 중심으로 남부지방에는 변·진한이 위치하던 영남지방에 집중되어 있다. 특히 남부지방의 경우, 기록상『삼국지』「위서」「동이전」「변진조」에 '…乘駕牛馬'라 하여 변진에서는 소나 말을 제대로 탈 줄 안다고 하였으나「마한조」에는 '…不知乘牛馬'라 하여 소나 말을 탈 줄 모른다고 하고 있다. 이 때문인지 마한의 옛 고지인 남서부지방에는 실제로 마구가 영남지방에 비해 매우 드물게 출토된다. 그래서 남부지방으로 한정해서 보자면, 삼한시대 마구는 곧 영남지방에서 출토된 마구를 일컫는 것이라 해도 무방할 정도로

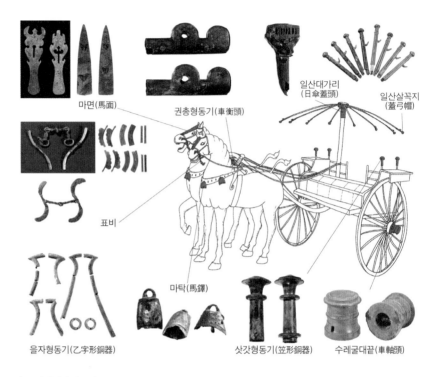

마면(馬面)　권총형동기(車衡頭)　일산대가리(日傘蓋頭)　일산살꼭지(蓋弓帽)

표비

마탁(馬鐸)

을자형동기(乙字形銅器)　삿갓형동기(笠形銅器)　수레굴대끝(車軸頭)

그림 2　삼한시대 마구의 종류(국립중앙박물관 2001에서 부분 변경)

지역적 편중이 심하다.

　　이 시기의 마구 조합은 지역에 따라 차이가 나는데, 낙랑을 비롯한 서북부지방에서는 마구 일식이라 부를 수 있을 정도로 다양한 마구가 공반되나 남부지방에서는 마구의 제작과 입수를 둘러싼 지역차, 제작기술 혹은 매장관념의 차이에 따라 현실적으로 재갈만 출토되는 경우가 많다. 그러나 재갈의 속성과 구조는 당시의 시공간적인 특징을 잘 반영해 주고 있기 때문에, 각 구성요소를 치밀하게 분석하면 이 시기 마구의 계통과 변화상을 추적하는 데 매우 유용한 자료가 된다.

　　삼한시대의 마구가 기능적으로 거마용이었다면, 후속하는 삼국시대의 마구는 일인 기승용이 중심인 점에서 커다란 차이가 있다. 우리나라에 일인 기승용의 마구가 본격적으로 등장하는 것은 남부지방의 경우 고대국가의 체제가 성립되는 4세기대부터이다. 이 시기에는 기왕의 변한사회에서 수평적인 사회구조를 지속하여 오던 각 지역집단이 주변 지역을 통합하거나 집단 간의 연합을 이룩하면서 계급적 지배질서를 바탕으로 한 수직적 사회로 재편된다. 이러한 변화는 대내적으로는 인구의 증가와 생산력의 증대, 자원의 획득과 교역에 따른 지역 간의 불균형과 이로 인한 집단 간의 우열이 부각된 데 기인한 것이었지만, 더욱 중요한 요소로는 대외적으로 이 시기에 북방문물을 배경으로 한 새로운 정치·문화적 충격이 가해지고 이로 말미암아 조성된 사회적 긴장이 각 지역집단을 자극하였기 때문이다. 이에 따라 각지의 사회는 앞 시기와는 획을 긋는 일대 변화를 맞이하게 되는데, 이는 새로운 장제(葬制)의 출현, 도질토기의 발생과 확산, 철제갑주의 등장, 기승용마구의 출현 등으로 요약된다. 이러한 대내외적 변화야말로 진정한 삼국시대의 시작인 동시에 마구에서도 일인 기승용의 서막이 본격적으로 열리게 되는 것이다.

2. 기마, 기마민족과 기마전법

삼국시대의 일인 기승용은 한마디로 일인일마(一人一馬)의 '승마' 혹은 '기마'를 뜻한다. 한 사람이 한 마리의 말을 타는 모든 행위를 승마라고 한다면, 기마는 좀 더 무장적이고 전투적인 의미를 내포하고 있다. 그래서 좁게는 말을 탄 군사 자체를 의미하기도 하며, 넓게는 이러한 기마에 익숙한 민족을 '기마민족'으로 칭하기도 한다.

오래전부터 내륙 유라시아를 중심으로 말을 타고 이동하면서 가축을 기르던 여러 유목민족을 통칭하여 기마민족으로 불렀던 것은 이들이 유목 경제에 필수적인 말을 매개로 하여 군사적이고 무력적인 기마전법을 일찍부터 활용해 왔기 때문이다. 이들은 익숙한 기마술을 활용하여 자주 농경지대를 약탈, 정복하거나 그곳으로 이주하여 그들 특유의 습속을 전파하는 특징을 지니고 있었다.

사실 유목과 기마는 별개의 것이었다. 기마술이 언제 어디서 발명된 것인지는 분명하지 않으나 그것이 고대 오리엔트에 보급된 것은 서기전 12세기 무렵으로 추정되고 있다. 그리고 이 지방의 기마술을 연마하여 이를 유목과 결합시킴으로써 세계 역사상 최초로 전형적인 유목 기마민족국가를 세운 것이 스키타이족이다.

'스키타이'란, 좁게는 흑해의 북쪽 연안에 인접한 스텝지대에 거주하던 아리아 계통의 부족을 말하는데, 서기전 6세기 이후 이 일대에 강력한 국가를 세웠다. 그러나 넓게는 서쪽의 다뉴브강에서 동쪽의 알타이에 이르는 광대한 스텝지대에 거주하면서 경제적, 문화적으로 공통성을 지닌 여러 부족들의 복합체를 스키타이로 인식하기도 한다. 이들은 유목 경제와 스키타이 양식의 문화를 공유하고 있었는데, 여러 가지 동물모습을 투조 또는 부조하여 나타낸 동물무늬가 많은 특징적인 유물은 마구류와 주변 장식 및 무기류에서 쉽게 찾아볼 수 있다. 이처럼 동물무늬를 특징으로 하는 기마문화는 동방으로 전해져 몽골고원의 유목민족에게 영향을 끼친다. 그 결과, 서기전 3세기 말에 흉노에 의한 유목 기마민족국가가 성립되었다. 이로써 스키타이로부터 한 차례 걸러진 기마민족 혹은 기마민족국가의 성립이 이루어지고, 동아시아에는 이로부터 다시 계통을 달리하는 기마민족이 파생되는 분수령을 맞게 되었다.

기마민족의 계통은 처해진 환경과 삶의 방식에 따라 세 가지로 나누어진다. 첫째는 건조지대에서 유목을 하던 전형적인 유목 기마민족으로 스키타이와 사르마트, 흉노, 몽골, 위구르족들이 여기에 속한다. 둘째는 건조지대와 삼림 또는 농경지대와의 접촉지대에서 반(半)유목, 수렵, 농경을 하던 기마민족인데, 거란과 선비족이 대표적이다. 셋째는 삼림지대에서 수렵을 하던 민족이 기마민족화한 것으로 부여, 고구려, 여진, 만주족을 들 수 있다. 이로써 보자면, 우리 민족국가인 부여, 고구려는 처음부터 전형적인 기마민족이 아니라 유목 혹은 반유목 기마민족으로부터 기마문화의 영향을 받아 기마민족화된 비(非)유목 기마민족으로 간주할 수 있다. 유목 기마민족의 경우 기왕의 본거지를 대부분 확보한 반면, 반유목 혹은 비유목 기마민족은 본거지를 버리고 농경지대로 이주한 경우가 많다. 스키타이 계통의 기마문화가 농업지대로 흘러들어 간 것은 바로 이 때문인데, 이때 파급된 기마문화 중 하나가 일인 기승용마구이다.

일인 기승용 편제의 기마민족이 펼친 군사적이고 무력적인 기마전법은 달리는 말 위에서 자유자재로 활을 쏘는 기사술(騎射術)을 핵심으로 하고 있었다. 그리스의 역사가 헤로도투스는 스키타이의 전투력에 대해 그들이 공격한 어떤 적도 그들로부터 도망갈 수 없고, 그들이 피하고자 하면 어느 누구도 그들을 따라잡을 수 없기에 말 위에서 활과 화살을 갖고 전투를 벌이는 이들을 맞아 어떻게 싸워 이길 수 있으며 접근이나 할 수 있겠는지 반문하고 있다. 고구려 무용총의 수렵도에도 묘사되어 있듯이 말이 달리는 방향과 반대편으로 몸을 젖혀 활을 쏘는 방식을 '스키타이식 궁술'이라 부르는 것도 스키타이가 이 기사술을 처음 구사한 것으로 알려졌기 때문이다. 이처럼 말 위에서 자유자재로 몸을 움직여 전투를 수행하기 위해서는 격렬한 움직임 속에서도 안정감을 확보하는 것이 무엇보다 중요하다. 이러한 전제 하에서 사용하는 무기의 효율성이 배가되고, 전투력이 강화되며 기병대를 효율적으로 활용하는 새로운 전법의 발전도 가능하였을 것이다. 이를 위해 고안된 것이 등자와 안장이다. 그러나 이들의 출현 시기가 재갈에 비해 훨씬 뒤떨어진다는 점에서 당시의 기마전법을 온전히 이해하는 데 어려움이 있는 것도 사실이다.

하여간에 우리나라에서 가장 먼저 기마민족화한 것으로 추정되는 고구려의 예를 보자. 중국이 오호십육국으로 혼란했던 동안 중국의 문화는 호인(胡人)에 의해 주변 제국으로 전파되었다. 특히 우리나라에서는 중원의 한인(漢人)에 의한 정치적인 영향력이 저하된 사이에 고구려를 필두로 각지에서 본격적으로 고대국가의 형성이 이루어졌다고 해도 과언이 아니다. 특히 고구려는 모용선비와 직접 경계를 접하고 있던 관계로 일찍부터 선진문화를 받아들일 수 있었고, 이를 바탕으로 당시 삼연(三燕)을 비롯한 북조(北朝)의 제국과 질적으로도 거의 손색이 없는 문명국가로 성장할 수 있었다.

고구려가 모용선비로부터 받아들인 선진문화는 중원의 문물과 더불어 선비족이 지닌 기마문화였다. 선비족은 전형적인 유목 기마민족이었던 흉노로부터 기마술을 익힌 반유목 기마민족이다. 이를 통해 고구려는 빠르게 기마문화를 받아들여 군제적으로 점차 기마민족화해 나갔다. 이로써 보자면 오호십육국시대에 중국 동북지방에 근거를 두었던 선비족의 기마문화는 우리나라 고대국가의 형성과 발전에 직접적으로 영향을 미쳤다는 점에서 지극히 중요하다고 말할 수 있다.

고구려의 군제적 기마민족화는 고구려벽화에서 살펴볼 수 있다. 고구려의 군제는 중장기병(개마무사)과 경기병, 중장보병과 경보병으로 나누어진다. 이 중 기마와 관련된 중장기병과 경기병만 보면, 중장기병의 경우 가장 이른 시기의 안악3호분에서는 친위대적 성격으로, 후속하는 약수리고분에서는 밀집대형의 기마전사단, 다시 각개전투형으로 묘사되어 있어 시기에 따른 운용의 변화가 있었음을 짐작할 수 있다. 중장기병의 주 임무는 주 무기인 창을 들고 밀집대형으로 적진돌파와 대형을 파괴하는 것이다. 그러나 개마의 무게 때문에 기동성이 떨어지고, 궁수병에 의한 집중화망에 노출되어 대형이 쉽게 허물어지는 약점도 지니고 있었다. 이를 보완해 주는 것이 경기병인데, 중장기병의 진군 이전에 적진의 측면과 후방을 활 등으로 기습 공격하여 전열을 흐트러뜨리는 역할을 담당한다. 수렵도에 자주 등장하는 이 경기병이 보여주는 기마술이야말로 스키타이식 궁술의 전형이라 할 만한데, 그러나 이는 엄밀하게 등자가 발명된 이후에야 가능한 기술이었다. 따라서 등자를 발명치 못한 스키타이가 이

기사술을 처음 도입하였다기보다는 활과 화살을 든 스키타이에 관한 내용이 고대 그리스의 문헌에 남아 있기 때문에 스키타이가 이 기사술의 효시라고 추정한 데 불과하다. 이처럼 기마민족의 전법이 기사술을 핵심으로 한다 하더라도 이후 마구와 무기의 발달에 편승하여 기마전법은 민족마다 다양하게 전개되고 있었음은 그 예를 멀리서 구할 것도 없이 고구려벽화를 통해 쉽게 확인할 수 있다.

III 마구의 종류와 기능

마구를 정확히 관찰하고 분석하기 위해서는 거마나 기승에 따른 마구의 종류와 구조, 기능에 대한 이해가 필수적이다. 일인 기승용을 기준으로 하자면, 마구는 사용목적과 용도에 따라 고정용, 제어용, 안정용, 장식용, 전마용의 다섯 가지로 나눌 수 있다. 이들은 처음부터 일식을 갖추어 함께 개발된 것은 아니고 재갈을 필두로 하여 점차 필요에 따라 하나씩 갖추어 완성된 것이다. 특히 장식용과 전마용은 특수한 목적이 강한 관계로 고정용, 제어용, 안정용 등 순수하게 말을 부리는 기초 장비에 비해 개발이 비교적 늦었다. 또한 기초 장비 중에서 고정용은 제어용과 안정용을 고정하거나 유지하기 위한 부속구의 역할이 강하므로 결국 가장 주목해야 할 마구는 제어용과 안정용이 된다. 실제로 마구의 출토 예가 가장 많은 것도 이들이다. 이하, 다섯 가지로 분류한 마구에 대한 명칭과 기능을 요약 정리하면 다음과 같다.

1. 고정용 마구

1) 삼계(三繫)

- 재갈, 안장 등의 장구를 말에 고정하기 위해 사용한 끈을 통칭
- 주로 가죽과 같은 유기질제로 출토 당시 실제로 남아 있는 예는 거의 없음
- 고정하는 위치에 따라 굴레, 가슴걸이, 후걸이, 복대 등으로 구분
  - (ㄱ) 굴레[面繫]: 재갈을 고정하기 위해 말의 얼굴에 씌운 끈
  - (ㄴ) 가슴걸이[胸繫]: 안장을 고정하기 위해 전륜에서 말의 가슴 쪽으로 돌린 끈

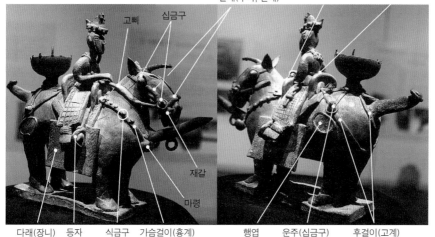

굴레(두락, 면계)

안장

안교(전륜)   안교(후륜)

고삐   십금구

다래(장니) 등자 식금구 가슴걸이(흉계)   행엽   운주(십금구)   후걸이(고계)

재갈

마령

그림 3 금령총 기마인물형토기에 묘사된 삼국시대의 마구

(ㄷ) 후걸이[尻繫]: 안장을 고정하기 위해 후륜에서 말의 엉덩이 쪽으로 돌린 끈

(ㄹ) 복대(腹帶): 안장을 고정하기 위해 안장으로부터 말의 배 아래쪽으로 돌린 끈

2) 혁금구(革金具)

• 삼계를 매거나 각종 마구를 매달기 위해 연결하는 각종 교구

3) 편자[蹄鐵]

• 말발굽을 보호하거나 미끄럼 방지를 위해 발굽바닥에 장착하는 U자형철기

2. 제어용 마구

1) 재갈

• 말을 부리기 위하여 말의 입에 물리는 도구

• 기본적으로 말 입안에 가로 물리는 함(銜), 재갈쇠의 양 끝에 장치되어 함이 탈락하는 것을 방지하는 함유(銜留), 고삐를 이어매기 위해 재갈쇠의 양 끝에 장치하는 인수(引手)로 구성

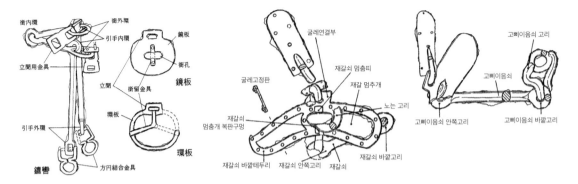

그림 4 재갈의 명칭(김두철 2000; 諫早直人 2005)

- 함유의 형태에 따라 표비, 판비, 환판비, 원환비로 구분
  - (ㄱ) 표비(鑣轡): 함유가 주로 I자형이나 S자형을 띠는 봉상의 유기질제(녹각, 나무 등) 혹은 금속으로 된 것으로, 이를 표(鑣)라 부름
  - (ㄴ) 판비(板轡): 함유가 판상으로 된 것을 통칭하는데, 함유의 평면 형태에 따라 원형, 타원형, 심엽형, 내만타원형, f자형 등으로 세분
  - (ㄷ) 환판비(環板轡): 한 개의 철대로써 원형 혹은 타원형의 외륜(주연)을 만들고 그 내부에 다시 별도의 철대(함유금구)를 가로질러 함유를 만든 것으로, 내부에 가로지른 함유금구의 형태에 따라 X자형, ㄱ자형, 人자형 등으로 세분
  - (ㄹ) 원환비(圓環轡): 함유가 한 개의 독립된 원환으로 된 것

2) 고삐〔手綱〕

- 고삐이음쇠의 바깥 고리에 엮어 말을 제어하거나 조종하는 끈
- 주로 가죽과 같은 유기질제로서 출토 당시 실제로 남아 있는 예는 거의 없음

3. 안정용 마구

1) 안장(鞍裝)

- 기수가 말 위에 앉아 신체의 균형과 안정을 유지함과 더불어 말 등의 척추와 기수 사이에 생기는 충격을 완화시켜 주는 장구
- 재질에 따라 각재 등 단단한 재료를 결합하여 만든 경식안(硬式鞍)과 가죽, 천,

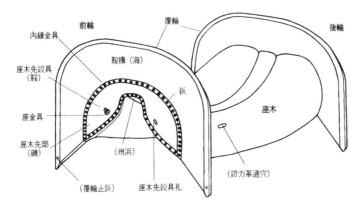

그림 5 경식안의 명칭(김두철 2000)

펠트 등 유기질제로 만든 연식안(軟式鞍)으로 구분되며, 경식안은 다시 좌목돌
출안(座目突出鞍)과 하안(荷鞍)으로 세분
• 경식안의 경우, 기본적으로 기수가 앉는 부위인 좌목(座木)과 그 앞뒤에 장착
되는 안교(鞍橋, 전·후륜), 흙 튀김을 방지하기 위한 다래[障泥]로 구성
• 출토 시 대부분 부식돼 있고 안교 전면에 부착하는 안금구나 교구 위주로 출토

2) 등자(鐙子)

• 기수가 말을 탈 때 발을 디디거나 말을 타고 달릴 때 안정을 유지하기 위해 발
을 디디는 받침대
• 재질에 따라 목심과 금속제로 구분되며 발을 딛는 부위의 형태와 구조에 따라

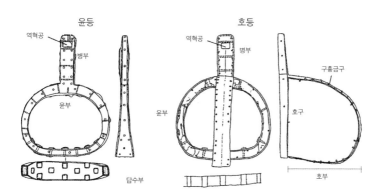

그림 6 등자의 명칭(이상율 2007)

윤등과 호등으로 세분

(ㄱ) 윤등(輪鐙): 발 딛는 부위가 단순하게 둥근 테로 된 것

(ㄴ) 호등(壺鐙): 발 앞부분을 감싸 보호하는 주머니 모양의 호부가 달린 것

4. 장식용 마구

1) 행엽(杏葉)

- 말의 가슴걸이나 후걸이에 매달아 장식하는 치레걸이를 통칭
- 형태에 따라 심엽형, 편원어미형, 검릉형, 자엽형, 종형, 타원형, 이형 등으로 구분
- 심엽형행엽의 경우 상판의 문양에 따라 소문, 삼엽문, 십자문, 자엽문, 용문, 인동타원문 등으로 세분

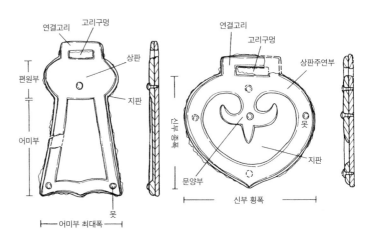

그림 7 행엽의 명칭(이상율 1993)

2) 운주(雲珠)

- 삼계 중 각 혁대가 교차되는 곳을 묶어 연결하는 금구로서 각(脚)을 지닌 것을 통칭
- 중앙의 금구형태에 따라 환형, 판형, 반구형으로 구분
- 위치나 각의 개수, 장식성 등에 따라 운주와 십금구로 구분

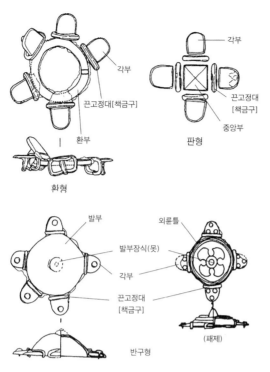

그림 8 운주·십금구의 명칭 (이현정 2008)

(ㄱ) 운주(雲珠): 주로 후걸이에 배치되는 4각 이상을 지닌 것으로 연결구의 기능과 더불어 장식성이 가미된 것이 많음

(ㄴ) 십금구(辻金具): 굴레나 후걸이에 배치되는 3각 혹은 4각을 지닌 것으로 장식성이 배제된 채 단순히 연결구의 기능이 중시된 것

3) 식금구(飾金具)

• 삼계 중 교차지점이 아닌 끈 부위에 주로 부착되는 장식금구로서 각이 없는 대신 못이나 고리 등으로 연결

• 좌금구가 대부분 반구형을 띠며 정점부의 장식형태에 따라 입주부형과 소반구형으로 구분

(ㄱ) 입주부형 식금구(立柱附形 飾金具): 종래의 입주부 운주 혹은 보요부 운주

(ㄴ) 소반구형 식금구(小半球形 飾金具): 종래의 무각소반구형 식금구

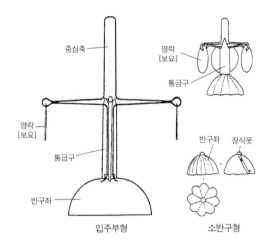

그림 9 식금구의 명칭(이현정 2008)

4) 마탁(馬鐸)과 마령(馬鈴)

(1) 마탁

- 주로 말의 가슴걸이에 매달아 소리를 내는 장식용 방울

- 청동제품이며 탁신 내부에 막대모양의 긴 설(舌)을 달아 소리를 냄

- 신라지역에 집중 분포하며 대소 2종으로 구분

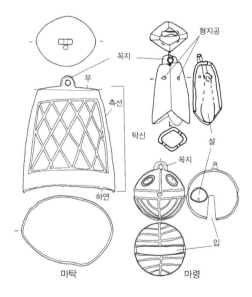

그림 10 마탁·마령의 명칭

(2) 마령

• 마탁과 유사한 기능 및 재질이나 형태적으로 차이를 보임

• 구형 혹은 타원형의 몸통 내부에 석제나 금속제의 설을 넣어 마찰에 의한 소리를 냄

• 신라 외에 가야지역에도 다수 분포

5) 환령(環鈴)

• 청동제로 둥근 환의 주변에 방울을 3~4개 붙여 소리를 내는 장식용 방울

• 둥근 환은 십금구의 기능을 동시에 수행

• 각의 유무에 따라 환과 방울 사이에 각이 있는 유각식과 각이 없는 무각식으로 구분

• 방울 수에 따라 삼환령과 사환령으로 구분

  (ㄱ) 삼환령(三環鈴): 방울이 3개 붙은 것. 방울 위치가 정삼각형인 것(대칭형)과
      이등변삼각형(비대칭형)으로 세분

  (ㄴ) 사환령(四環鈴): 방울이 4개 붙은 것

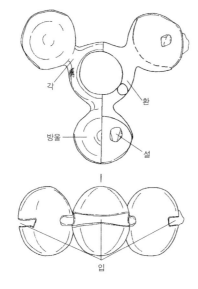

그림 11 삼환령의 명칭

6) 사행상철기(蛇行狀鐵器)

- 여러 단으로 휜 철봉의 한쪽 끝에 자루를 삽입할 수 있는 공부를 만들고 반대 편 끝에는 U자형으로 굽은 철봉을 결합한 이형의 철기
- 안장의 후륜 쪽에 결합하여 기 등을 꽂는 도구 외에 우산 등 여러 설이 존재

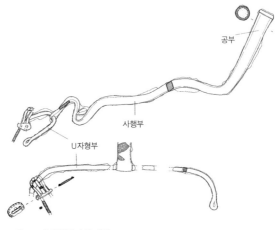

그림 12 사행상철기의 명칭

5. 전마용 마구

1) 마주(馬胄)

- 적의 공격으로부터 말머리를 보호하기 위해 장착하는 말 투구
- 기본구조는 말의 안면을 보호하는 얼굴덮개부[面覆部], 그 뒤쪽 끝에 철판을 세워 귀와 후미를 보호하는 챙부[庇部], 얼굴덮개부의 좌우로 매달아 양 볼을 보호하는 볼가리개부[頰覆部]로 구성
- 얼굴덮개부가 2분할된 것과 분할되지 않은 것으로 구분

2) 마갑(馬甲)

- 적으로부터 말의 몸체를 보호하기 위해 장착한 말 갑옷
- 다양한 크기의 소찰을 가죽으로 연결하여 제작
- 목가리개[頸甲], 가슴가리개[胸甲], 옆가리개[橫甲], 엉덩이가리개[尻甲]의 4부분 으로 구성

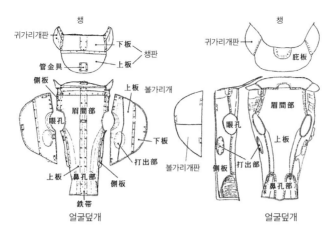

그림 13 마주의 부위별 명칭(이상율 1999)

南北朝时马 "具装" 铠示意图
1.面簾 2.鸡颈 3.当胸 4.马身甲 5.搭后
6.寄生 7.鞍具及镫

그림 14 마갑의 부위별 명칭(楊泓 1980)

IV 마구의 속성 관찰과 형식의 분석

1. 삼한시대 마구

거마용을 중심으로 하는 이 시기의 마구 중 가장 주목되는 것은 재갈이다. 그것은 현실적으로 출토 예가 압도적인 데다 속성과 구조를 통해 시공간적인 특징을 잘 살필 수 있기 때문이다. 이 시기는 함유가 I자형이나 S자형을 띠는 봉상의 표, 다시 말해 표비가 대부분이어서 표의 속성이 가장 중요한 관찰 요소가 된다.

표의 세부적인 관찰 요소로는 외형과 크기, 표 중앙에 낸 구멍 수와 간격, 고사리상 S자형의 경우 고사리 장식 개수와 말려진 상태 등을 들 수 있다. 이 가운데 외형은 기본적으로 표비의 계통을 말해 주는 것이고, 크기는 사용 유무나 시기를 판단하는 데 유용한 근거가 된다. 일반적으로 늦은 시기일수록 표가 장대화되면서 의기화하는 한편 규격도 1쌍 내 양쪽의 불균형이 심화되는 특징이 있다. 또한 표의 구멍 수를 통해서는 함외환 내에서 표의 연결방법과 더불어 굴레와의 연결이 몇 선으로 행해졌는지를 살필 수 있다. 기본적으로 2공이 위주이나 의기화된 표의 경우 1공이 많다. 3공은 출토 예가 드물어 확실치는 않으나 2공에서 1공으로 바뀌는 과도기에 복합적으로 적용되어 나타나기도 하므로 세밀한 분석이 필요하다.

한편, 이 시기의 재갈에는 대부분 인수가 없는 것으로 알려지고 있으나 적어도 외형적으로 보자면 반드시 그러하지는 않다. 최근에는 삼국시대로 이어지는 과도기에 인수를 가진 표비의 예도 증가하는 추세이다. 이에 따라 이를 삼국시대의 표비로 볼 것인지 삼한시대 인수의 존재 유무 차원에서 해석할 것인지에 대한 시각차도 나타나고 있다. 그러나 이 시기의 인수는 사용기간이 연속적이지 못하고, 기능도 단순히 고삐와의 연결구로 쓰였을 가능성이 있기 때문에 어떤 시각을 취하기에 앞서 인수 자체의 정의와 본연의 기능에 대한 이해가 필요하다.

이외에 표비와 더불어 청동교구, 동환, U자형철기, 닻형철기 등이 공반 출토되어 이들을 굴레부속구로 인식하기도 하나 특히 U자형철기와 닻형철기의 용도에 대해서는 확실치 않은 부분도 있다. 또한 이들이 반드시 말에 적용된 것으로 단정하기 어렵기 때문에, 차후 출토상태와 부속구 간의 결합양상을 종합하여 검토해 나갈 필요가 있다.

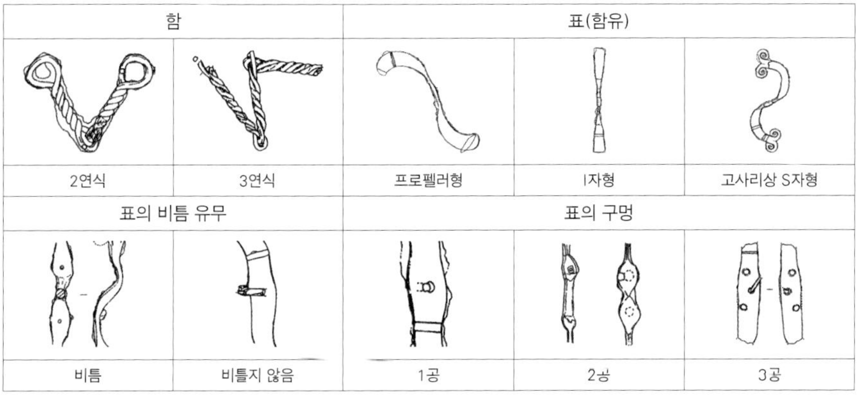

함		표(함유)		
2연식	3연식	프로펠러형	I자형	고사리상 S자형
표의 비틈 유무		표의 구멍		
비틈	비틀지 않음	1공	2공	3공

그림 15 삼한시대 표비의 속성

2. 삼국시대 마구

1) 고정용 마구

삼계는 모든 마구를 고정하거나 유지하는 데 필요한 기초 장비지만, 대부분이 가죽과 같은 유기질제인 까닭에 실제로 남아 있는 예가 거의 없어 현실적으로 관찰하기가 어렵다. 그래서 삼계의 구조를 살피기 위해서는 삼계를 잇는 혁금구나 십금구, 삼계로부터 이어지는 운주와 식금구 등의 출토 상태를 우선 확인할 필요가 있다. 특히 운주와 행엽, 식금구는 후걸이의 구조를 복원하는 데 중요한 정보를 제공하므로 출토 개수와 더불어 삼계와 맞닿거나 이어진 부위에 남아 있는 혁흔의 관찰에 주의해야 한다. 또한 재갈 주변의 십금구나 교구는 굴레의 구조를 복원하는 데 도움이 되므로 출토 위치의 파악이 무엇보다 중요하다. 이러한 삼계는 기마인물형토기와 같은 토우나 고구려벽화의 기마묘사도에도 제법 세밀하게 묘사되어 있으므로 구조의 복원에 많은 참고가 되고 있다.

편자는 엄밀하게 고정용 마구라 할 수 없으나 그 기능을 유지하기 위해서는 말발굽에 정확히 고정되어야 할 필요가 있다. 중요한 것은 마구에서 편자가 차지하는 비중이다. 말발굽은 사람의 손발톱처럼 자연스럽게 자라는데, 1개월에 약 10mm 정도 성장하며 1년 주기로 바뀐다. 원래 말은 자유롭게 초원을 돌아다니면서, 성장한 발굽을 자연스럽게 삭감 조정하였다. 그러나 인간이 말을 인위적으로 교통수단이나 군용 혹은 농경에 활용하기 시작하면서 발굽도 인위적으로 닳게 되고, 점차 필요 이상으로 발굽이 닳아 신경을 자극하자 발굽을 보호하기 위해 고안해 낸 것이 편자이다. 그래서 고대의 교통수단이나 정복사업에 말이 차지하는 비중이 절대적이었던 만큼 편자의 중요성은 일찍부터 인지되었을 것으로 추정되지만, 의외로 편자의 출토 예는 드물다. 그 시기도 한반도 북부지방에서는 낙랑이나 고구려 초기유적부터 출현하는 반면 남부지방에는 6세기 이후에야 보이는 등 지역편차도 크다. 이것은 편자의 개발이나 도입에 따른 지역차도 있겠지만, 당시 말의 매장풍속과도 관련 있어 보인다. 특히 우리나라의 경우 말의 매장이 그다지 유행하지 않았기 때문에, 시각적으로 인지하기 쉬운 다른 마구와는 달리 편자는 그 중요성에 비해 말의 매장풍속과 함께 관심에서 비켜나 있었는지도 모를 일이다. 어쨌든 최근에는 편자의 중요성을 인지하고 출토 예도 조금씩 늘어나고 있으므로 이에 대한 본격적인 연구가 필요한 시점이다.

2) 제어용 마구

재갈은 말을 제어하는 가장 기본적인 도구인 만큼 오랜 기간 동안 다양한 형식과 변화를 거쳐 왔다. 특히 기승용마구의 수용과 변천과정을 상세하게 대변하는 까닭에 가장 활발하게 연구되어 온 마구이기도 하다. 삼국시대 재갈의 관찰과 분석은 기본 부품의 결합법과 함유의 형태 및 장착에 따른 형식의 이해로부터 시작된다. 재갈의 기본 부품은 함과 함유, 인수이며 이들의 결합에 더하여 유환이나 인수호, 함유금구 등이 개재되기도 한다.

　재갈의 형식은 일차적으로 함유의 형태에 따라 나눌 수 있는데, 이는 함유의 독특한 외형과 함께 더욱 세분 가능한 속성에 따라 시·공간적 특징과 변천과정이 잘 드러나기 때문이다. 그래서 표비, 판비, 환판비, 원환비로 구분하는 것이 일반적이다.

　표비의 관찰은 표가 금속제인 경우 외형을 쉽게 파악할 수 있으나 유기질제는 부식이 심하여 표가 남아 있지 않은 경우가 대부분이다. 이때는 함외환 혹은 부식된 표에서 분리된 입문용금구의 각부에 남은 이물질을 통해 유기질제 표의 흔적과 재질을 확인할 수 있다. 입문용금구는 표에 박혀 함유금구와 입문의 역할을 겸하면서 굴레와의 연결방법을 살필 수 있는 중요한 부속구이다. 삼한시대에는 거의 없는 반면 삼국시대 초기에는 입문용금구에 2공의 예가 많은데, 이는 삼한시대에 유행하던 2선식의 잔재가 남은 것이다. 그러나 점차 1공의 1선식으로 통일되어 나간다.

　판비에서는 함유의 형태와 재질, 입문, 함유금구와 인수의 결합법 및 결합 위치

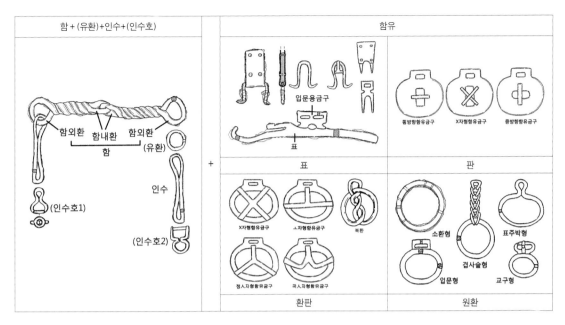

그림 16 삼국시대 재갈의 기본 구성과 함유에 따른 형식

등이 주요한 관찰 대상이다. 함유형태에 따라 여러 소형식으로 나누어지는데, 판비의 원향으로 간주되는 중국 동북지방의 선비계판비로 미루어 볼 때 발생 초기에는 원형 혹은 타원형에서 출발한다. 이들은 입문이 비교적 크고 역제형을 이루며 함유구멍을 가로지르는 함유금구가 가로방향 혹은 X자형을 띠면서 여기에 함외환이 세로방향으로 결합되는 특징이 있다. 시기적으로 빠른 이러한 판비들을 '고식판비'라 칭하기도 한다(이상율 2009c).

이에 비해 심엽형, 내만타원형, f자형 등은 기존의 원형이나 타원형에서 변모 혹은 이로부터 재차 변한 것들이다. 이들은 판비의 원향인 중국 동북지방에서도 유례를 찾기 힘든 반면, 타원형과 심엽형은 고구려와 신라, 내만타원형과 f자형은 백제와 대가야권을 중심으로 유행한 지역색을 띠는 특징이 있다. 이들은 다양한 함유 형태에도 불구하고 세로방향의 함유금구에 함외환이 가로방향으로 결합되는 점에서 고식판비와 뚜렷이 구별된다. 또한 그 성격이 매우 장식적인 점에서도 공통된다. 시기적으로 5세기 후반대부터 유행하는 이러한 판비들을 통칭하여 '신식판비'라 칭하고 있다. 이처럼 고식판비와 신식판비는 출현 시기와 형태, 제작법, 기능과 성격에서 뚜렷한 차이를 보이므로 우선 양자를 구분해서 인식할 필요가 있다. 남부지방에서 고식판비가

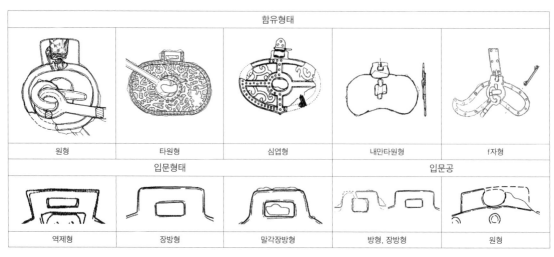

함유형태				
원형	타원형	심엽형	내만타원형	f자형
입문형태			입문공	
역제형	장방형	말각장방형	방형, 장방형	원형

그림 17 판비의 함유와 입문 속성

사라지고 새로이 신식판비가 다양한 형태로 분화한 것은 서로 독립된 지역을 기반으로 한 제국의 마장체제 정립과 맞물려 위세적 성격이 강화되면서 지역화한 데에 그 원인을 찾을 수 있겠으나 그 이면에는 고식에서 신식판비로의 변화 과정과 의미, 지역적 존속양상, 신식판비 간의 분화양상 등 구체적으로 해명해야 할 문제도 많이 내포되어 있다.

환판비는 제작법에 따라 크게 단환판비와 복환판비로 나누어진다. 앞에서 상술한 내용이 기본적으로 단환판비라면, 복환판비는 한 개 혹은 두 개의 철대를 구부려 외륜을 만듦과 동시에 내부로 연장하여 함유금구를 함께 만든 형식이다. 이들의 구분은 제작 차이 외에도 시간성을 강하게 반영하고 있다는 점에서 주목되는데, 일반적으로 복환판비는 6세기 이후부터 출현하는 것으로 인식되고 있다. 그러나 지금까지의 연구가 단환판비에 치중되어 상대적으로 복환판비에 대해서는 세밀하게 검토된 바 없기 때문에 차후 복환판비의 시기 외에 제작적 특성과 변화, 지역색 등을 구체적으로 추구해 볼 필요가 있다.

한편, 단환판비는 그동안 X자형과 ㄴ자형으로 구분하고 전자를 고구려와 동북지방에서 유행한 것으로, 후자는 고구려남정 이후 금관가야에서 개발한 것으로 파악되어 왔다(김두철 2000). 이러한 관점은 현재까지도 큰 틀에서 유지되고 있는데, 최근에는 ㄴ자형의 변화 과정을 ㄴ자형 → 정인자형 → 곡인자형의 순으로 변화한다거나 (류창환 2007) 정인자형과 곡인자형 사이에 철대의 절반을 꺾어 올린 절인자형 단계를

형식	A1식	A2식	B1식	B2식
특징	유환을 통해 함과 인수 연결, 원환은 함외환에 끼움	유환을 통해 함과 인수 연결, 원환도 유환에 끼움	유환없이 함과 인수 직접 연결, 원환은 함외환에 끼움	유환없이 함과 인수를 원환으로 연결
모식도				
유례	함안 도항리142호 진주 가좌동1호 논산 모촌리5·14호	진주 옥봉7호	함안 말산리4511호 양산 부부총 청원 미천리3호 논산 모촌리4호 고성 율대리22호 고성 송학동IA11호	합천 옥전M6호 고성 송학동IA8호 고성 내산리211곽

그림 18 원환비의 연결법(이상율 2005b)

상정하는 등 점차 세밀화해 가는 추세이다(이상율 2013).

　　원환비는 함유가 한 개의 독립된 원환으로 되어 있어 함외환을 크게 만든 표비와 자주 혼동하는 경우가 있다. 더욱이 잔편일 경우 표비로 오인하여 보고한 경우도 꽤 많다. 양자의 구분방법은 함외측의 큰 원환이 함 본체의 것인가 혹은 원환이 함외환에 물린 것인가로 구분 가능하다. 전자가 표비이고, 후자는 원환비이다.

　　함외환에서 이루어지는 원환의 연결방법은 〈그림 18〉의 네 가지로 구분되는데, 출토 예를 통해 이를 공유하던 백제와 대가야권의 지역색을 엿볼 수 있어 주목된다. 연결방법의 변화라는 측면에서 종합해 보면 백제에서는 유환을 가진 A1식에서 유환이 없는 B1식으로의 빠른 변화가 상정되며 이후 B1식이 주류를 점하게 된다. 또한 원환은 유환의 유무와 상관없이 함외환에 걸리는 특징이 있다. 이에 비해 대가야에서는 처음에 유환을 가진 A1식부터 비롯된다는 점에서 백제와 공통되지만 이로부터 일정기간 동안 유환을 더욱 활용하다가(A2·B2식) 점차 백제에서 유행하던 B1식도 수용하는 등 다양한 전개상을 보여주고 있다. 나아가 대가야에서 B1식의 수용을 백제의 대가야 잠식과정으로 이해하기도 한다. 어쨌든 이러한 연결법상의 다양성이 곧 가야제 지역의 특징과 차이까지 반영하는지는 차후의 검토 대상이다.

　　이상의 함유를 거쳐 연결되는 인수도 시공간적으로 다양한 형태가 만들어졌는데, 기본적으로는 몸체가 몇 가닥이며 이를 꼰 것인지 아닌지, 인수외환의 형태는 어떠한지에 초점을 두고 분석해 왔다. 특히 인수외환의 형태와 각도는 계통과 시간성을 반영하기 때문에 가장 주목하여 관찰해야 할 부위이다. 판비에서는 함유를 전후로 한 인수의 부착 위치도 중요한데, 통상 함유 외측에 인수가 부착되나 시기가 늦을수록 함유 내측에 부착되는 경우가 많다.

3) 안정용 마구

안장의 종류 중 삼국시대에 가장 유행한 것은 좌목돌출안이다. 그러나 안장을 구성하는 주요 부위가 목재여서 출토 당시에는 대부분 부식되고 전·후륜에 부착한 안금구나 이에 딸린 교구만 출토되는 경우가 많다. 그래서 안장의 분석도 이들을 중심으로 이루어져 왔다. 최근에는 남아 있는 목재를 통해 두 판의 결합으로 안교의 제작방법을 밝히거나 안교손잡이 등이 제시되고, 좌목과 안금구의 결합 구조를 유형화하는 등 다양한 시도가 행해지고 있으나 궁극적인 목적이 계통과 지역성을 밝히는 데 초점을 두고 있어 상대적으로 안장의 복원 문제는 여전히 더디게 진행되고 있다.

안장의 복원을 위해서는 불확실한 용도로 알려진 유물에 대한 새로운 인식이 필요하다. 대표적인 것이 안교손잡이인데, 최근에는 마구와 함께 출토되는 U자형철기를 좌목에 박은 금구로 보고 안교손잡이에 대응하는 좌목손잡이로 인식하기도 한다. 이에 대한 반론도 있으나 안장 복원의 새로운 시도로 볼 만하다.

최근, 금관가야의 고지인 대성동68호분에서는 남부지방에서 가장 빠른 경식안의 흔적이 확인되었다. 타원상의 안교목 상단을 따라 고정한 것으로 보이는 못만 다수 남아 있는데, 제법상 목재의 안교목을 가죽으로 싸고 병유한 원대자묘와 같고 타원상의 외형도 라마동-가형(이현우 2012) 혹은 삼연I식(諫早直人 2008)에 해당하는 점에서 전연이나 부여를 비롯한 중국 동북지방의 초기안장으로 이어지는 계보로 추정된다. 다만 좌목이나 전·후륜에 해당하는 이외의 부속구가 확인되지 않는다는 점에서 병부의 목질흔만으로 경식안을 단정할 수 있을지 의문이다. 또한 목질흔이 안교목인지도 확실치 않은 현재로서는 우리가 예상치 못한 연식안의 가능성도 완전히 배제할 수 없다.

좌목선교구는 삼계 중 가슴걸이와 후걸이를 안장에 매달기 위해 안교의 좌우에 박은 교구로 대부분 좌금구가 있으며 교침의 유무에 따라 교구형과 환형으로 구분된다. 각의 유무로도 구분되는데, 무각식은 교축(鉸軸)의 단 수에 따라 다시 1단식과 2단

교구형				환형			
무각		유각		무각		유각	
1단	2단	1각	2각	1단	2단	1각	2각
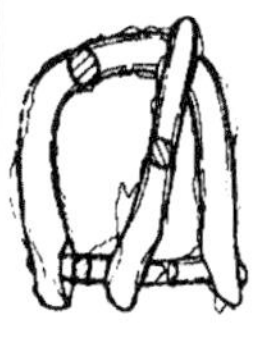	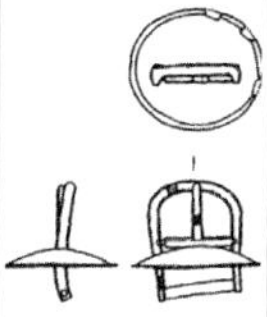	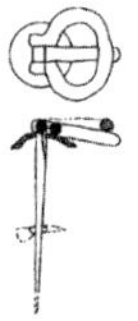	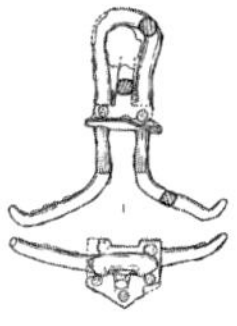			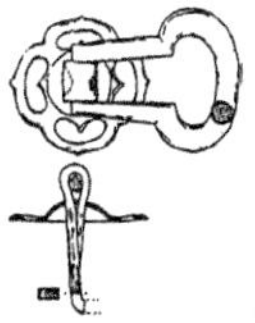	

그림 19 좌목선교구의 분류

식으로, 유각식은 각의 개수에 따라 1각식과 2각식으로 세분된다. 그래서 교구형의 무각1단식은 일반적인 교구와 같은 형태이므로 안장용으로 파악하기 위해서는 출토 양상이 중요하다. 또한 유각식의 각에 부착된 유기물은 대부분 안교의 목질이므로 정리 시 주의해야 한다.

내연금구도 금속제의 파편일 경우 화살통의 산형금구와 혼동되는 경우가 있는데, 내연금구의 폭이 상대적으로 넓고 못도 긴 편이다. 산형금구의 못에는 주로 혁흔이, 내연금구에는 혁흔과 목질이 함께 잔존하는 예가 많으며 못의 선단부를 꺾은 예는 대부분 산형금구의 것이다.

등자는 재갈, 안장과 함께 일인 기승용을 대변하는 마구로 일찍부터 주목되어 왔다. 재질은 목심과 금속제가 있는데, 목심은 부분 혹은 전면을 철판 혹은 금속판으로 보강한 것이며 금속제는 거의 철제이다. 등자의 출현 초기에는 목재나 유기물제도 있었으나 출토 예가 드물고 전형도 확실치 않다.

등자의 구분은 발을 딛는 부위의 형태와 구조에 따라 윤등과 호등으로 나누어진다. 윤등은 삼국 초기부터 6세기대까지 꾸준하게 제작된 반면 호등은 6세기를 전후한 시점부터 출현하는데, 이때는 마구의 매납풍습도 점차 줄어든 탓에 호등의 출토량은 상대적으로 빈약한 편이다. 그래서 윤등 중 특히 속성과 조합이 다양한 목심윤등을 중심으로 연구가 집중되었다.

목심윤등의 속성은 매우 다양하게 추출된다. 병부는 폭과 길이의 비, 단면형태, 병두형태, 외장철판 등이, 윤부에서는 윤부형태, 답수부폭, 단면형태, 스파이크, 외장철판 등을 모두 속성으로 삼아 상호 간의 조합과 변이를 검토할 수 있다. 축적된 연구 결과에 따르자면, 특정 속성의 유무만으로 시간성과 지역성을 어느 정도 파악할 수

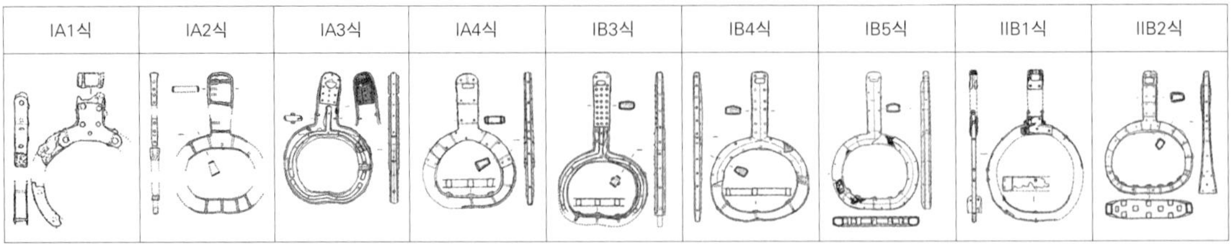

IA1식	IA2식	IA3식	IA4식	IB3식	IB4식	IB5식	IIB1식	IIB2식

그림 20 목심윤등 속성변이의 조합관계에 따른 형식 분류(류창환 2007에서 부분 변경)

있는데, 곧 윤부형태, 병부단면, 스파이크, 외장철판 등이 대표적이다. 어쨌든 많은 연구자가 검토를 행한 탓에 형식 분류가 필요 이상으로 세분된 감도 있으나 그만큼 다양한 속성변이를 방증하는 것으로 볼 수 있다.

〈그림 20〉은 각 속성의 특징을 추출하여 형식 분류한 예시이다. 비교적 정연하게 분류되었으나 유물의 잔존상태에 따라 어느 형식에 속하는지 판단하기 어려운 경우도 많다. 예컨대 IA1식의 측면에 철대를 돌린 예가 있는 반면 IA2식의 전후면 철판이 탈락되었다면 상호 간에 혼동할 가능성이 있다. 또한 IA1식과 IIB1은 부분보강철판이 공통의 특징인 반면 시기차가 커서 연대관 차이를 유발하는 경우가 많으므로 주의가 필요하다.

호등은 구조상 파손된 상태에서 출토되었을 경우 자칫 윤등으로 오인할 소지가 크기 때문에 구조와 특징에 대한 명확한 인식과 함께 기초적인 분류작업이 요구되는데, 〈그림 21〉의 형식 분류가 참조된다. 호등의 주요 특징 중 하나가 호부인데, 삼국시대에는 구흉금구를 중심축으로 삼아 가죽과 같은 유기질제나 목제로 감싼 예가 대부분이나 통일신라시대 이후에는 호부 전체를 금속제로 제작한 경우가 많다. 또한 호등이 출현하는 6세기 이후부터는 등자가 파편일 경우 호등에만 있는 구흉금구의 확인이 어려워 윤등으로 오인하는 경우가 많다. 그래서 우선 윤등과 호등을 구분해 내는 관찰력이 필요한데, 이를 위한 양자의 구분방법은 다음과 같다.

4) 장식용 마구

주로 후걸이에 매단 치레걸이인 행엽은 형태와 내부문양에 따라 다양한 형식으로 구분된다. 이와 함께 출토상태나 분포범위를 통해 특정 세력권과 지역권 설정에 매우 유용한 자료로 활용되고 있다. 예컨대 편원어미형이나 종형은 신라, 검릉형은 대가야와 백제의 표지적인 행엽으로 인식된다. 그러나 관찰과 분석이라는 측면

형식	I식(목심)		II식(철제)	
	a식	b식	a식	b식
특징	병·윤부의 주요 부위만 철판 보강, 구흉금구는 호부 상단까지만 보강	윤부 전면을 제외한 전면 철판 보강, 구흉금구는 답수부까지 연결	철판폭을 정면으로 넓게 제작, 역혁공의 방향도 이와 동일	철판폭을 측면으로 넓게 제작, 역혁공의 방향이 직교
형태	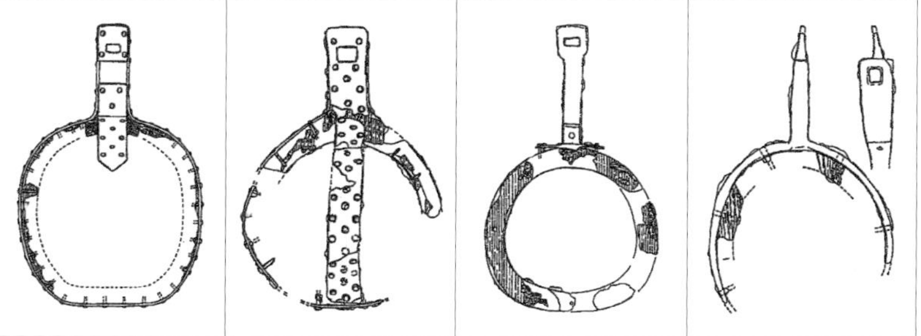			
유례	합천 반계제 다A호 합천 옥전74·75호 창녕 계성III지구1호 고령 지산동1호석곽	경산 임당6A호 고성 내산리28-1곽 공주 수촌리II-3호 나주 복암리96석실	의성 학미리3호	담양 대치리 나지구4호

그림 21 호등의 형식(이상율 2007)

표 1 윤등과 호등의 구분

속성 \ 구분	목심		금속제	
	윤등	호등	윤등	호등
구흉금구	없음	있음	없음	있음
윤부 전후면 철판	전후면 모두 있음	후면만 있음	전후면 모두 있음	a식은 후면만 있으나 b식은 없음
윤부 측면 철판	폭이 같거나 하방으로 갈수록 넓어짐	폭이 같거나 하방으로 갈수록 좁아짐	폭이 같거나 하방으로 갈수록 넓어짐	a식은 없으며 b식은 폭이 같음
윤부 측면 철판못	1줄이 대부분이나 II식은 2줄도 있음	2줄이 많으며 1줄도 있음	없음	1줄

에서 보자면, 비교적 쉽게 파악할 수 있는 외형이나 문양보다 제작법에 주목할 필요가 있다. 이는 잔편이나 특수한 상태에서 전형을 파악할 수 없는 행엽의 특징을 파악하고 형식을 규정짓기 위해서는 더욱 그러하다.

〈그림 22〉는 행엽을 가로지른 단면 형태를 통해 본 제작 형식과 특징이다. 여기에 외형을 알 수 없는 잔편을 대입하면, 단면이 I형식일 경우 소문심엽형 혹은 편원어미형 중 하나에 속하는 것임을 알 수 있다. 그러나 지금까지 단면 I형식의 편원어미형은 6세기 중엽의 보은 성단리 출토품밖에 알려진 예가 없기 때문에 대부분 소문심엽

단면형식		단면형태	재질	행엽형식											비 고
				심엽형							편원어미형	검릉형	종(자엽)형	이형	
				소문	삼엽문	십자문	자엽문	용문	인동문	기타					
I			철	○											못이 없음
			철	○							○				병두은피 철제못
II			철	○		○	○								상판은 소문일 경우 테두리만 있으며 그 외는 테두리와 내부문양을 함께 만듦, 철제못
III	IIIa		철지은피	○	○	○	○								상판은 II와 동일 병두은피 철제못
	IIIb		철지은피	○	○	○			○	○			○		상판은 II와 동일 병두은피 철제못
			철지금동	○					○	○			○	○	상판은 II와 동일 금동못(병두금피 철제못)
			철지금은	○	○		○		○	○					상판은 II와 동일 금동 또는 병두은피 철제못
	IIIc		철지은피	○				○							상판은 II와 동일 철 또는 병두은피 철제못
	IIId		철지은피								○				병두은피 철제못
			철지금동	○											병두금피 철제못
IV			철지은피								○	○			병두은피 철제못
			철지금동	○				○				○	○		심엽형, 검릉형은 금동못
V			철지금동		○	○	○							○	금동못
			철지금은			○									금동못, 문양판은 테두리와 함께 만듦
VI			금동			○					○				못이 없음

범례: 1. 단면형태는 행엽을 가로로 절단하였을 경우의 모식도임.
2. ■부위는 재질상 철판, □부위는 금속판을 의미함.
3. 점선의 못은 해당형식 내에서 못이 있는 것과 없는 것 2가지가 모두 존재함을 의미함.

그림 22 행엽의 단면 제작 형식(이상율 1993)

형으로 보아도 무방하다. 또한 단면이 II형식에 해당한다면, 심엽형행엽 중에서도 내부문양이 소문, 십자문, 자엽문 가운데 하나로 예측할 수 있다.

　　III형식에서는 IIIb식과 IIId식의 금속판 장식에 주의해야 한다. 즉 지판과 상판

운주 · 십금구						식금구	
유각						무각	
환형	판형		반구형			입주부형	소반구형
	일체	조합	발부일체	발부조합			

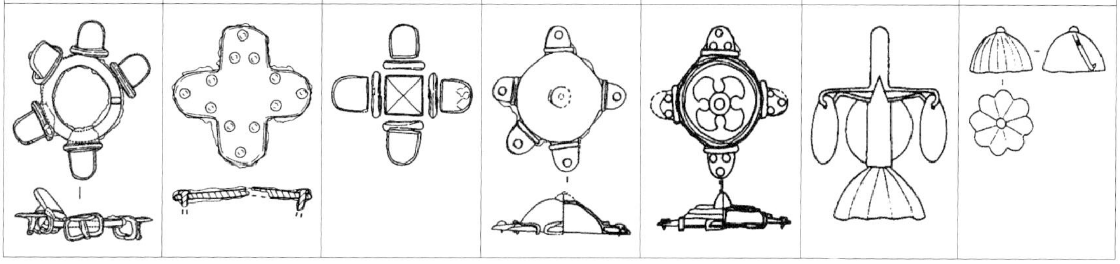

그림 23 운주·십금구·식금구의 분류(이현정 2008에서 부분 변경)

을 각각 별도의 금속판으로 덮었는지 아니면 지판과 상판을 결합한 후 한 번에 금속판을 덮었는지의 차이를 식별할 수 있어야 한다. 이러한 차이도 지역성과 시기차를 대변하므로 관찰의 중요한 요소가 된다. IV형식으로 제작한 대표적인 예는 용문심엽형과 편원어미형이다. V형식은 이중의 금속판으로 화려한 특징이 있으며 VI형식은 순수한 금동판에 타출 형식의 문양을 새긴 것이 많다. IV~VI형식은 신라에서 주로 제작한 점도 특기해 둘 만하다.

운주는 교차하는 혁대의 연결구인 동시에 장식 기능을 겸하는데, 최근에는 장식 없이 연결구의 기능만 지닌 것을 십금구로, 장식된 운주라도 혁대의 교차지점이 아닌 끈에 부착되는 것을 식금구로 구분하는 추세이다. 그래서 운주와 십금구는 각을 통해 혁대와 이어지는 반면 식금구는 못이나 고리 등으로 혁대에 연결된다. 운주와 십금구의 각은 몸체와 조합(분리)을 이루거나 일체로 제작되는데, 전자의 경우 분산된 채 출토되는 경우가 많으므로 수습 시 주의해야 한다. 환형의 경우, 환 주위에 수착된 혁흔을 통해서도 연결방향을 짐작할 수 있다. 이러한 혁대의 교차흔과 각수 등은 행엽과 더불어 후걸이의 구조에 절대적인 단서를 제공하는 점에서 세밀한 수습과 관찰이 필요하다.

5) 전마용 마구

삼국시대 영남지방에서 출토된 마주(馬胄)는 현재까지 20점으로 고구려·백제를 비롯하여 동북아시아 전체의 28점 중 압도적인 수량을 차지한다. 영남지방의 마주는 대부분 김해, 동래, 합천, 고령, 함안 등 가야의 옛 고지에 17점이 골고루 분포되어 있으며 경주에서는 3점이 출토되었다. 그래서 일찍부터 영남지방의 마주에 대한 연구가 진행되어 왔고, 그 결과 형식의 출현과 변화상을 통해 신라, 가야의 사회적 성격과 문화상을 대변하는 중요한 유물로 인식되고 있다.

마주는 얼굴덮개부의 분할 여부에 따라 2분할된 것(분할형)과 분할되지 않은 것(일체형) 두 형태로 나누어진다. 그래서 마주의 관찰과 분석에서 우선적으로 파악해야 할 것은 두 형식 중 어디에 속하는가 하는 점이다. 왜냐하면 양자는 얼굴덮개부의 분할에 따라 〈표 2〉와 같이 서로 다른 제작방법을 구사하고 있어서 비교적 쉽게 특징을 찾아낼 수 있기 때문이다. 다만 최신 자료에 따라 분할형을 중심으로 속성에 변동이 있었거나 세부적인 차이를 부언하자면, 분할형의 초기 제품에는 측판이 확인되지 않는 경우가 많다. 아마도 초기에는 제작상의 미숙에 따라 정교함을 갖추지 못한 탓으로 보인다. 또한 분할형은 챙부와 볼가리개의 판도 기본적으로 분할하나 일부 분할치 않은 것도 확인된다. 그러나 여전히 분할 제작이 대세이기 때문에 분할치 않은 것은 영역별로 시기적 혹은 지역적 제작 차이에 따른 부분 현상으로 확인해 볼 필요가 있다. 챙은 분할형과 일체형 모두 1판 혹은 2판이 공통적으로 확인되나 구체적으로는 분할형은 2판, 일체형은 1판이 압도적이다. 귀가리개도 모두 선형을 띠나 분할형 내 일부는 귀가리개가 없는 것도 있다. 주로 초기 제품에 한정되어 나타나는데, 달리 해석하면 귀가리개가 없는 마주는 빠른 시기에 속하는 것으로 이해할 수 있다.

마주가 중요 부위를 못으로 고정한 데 비해 마갑은 많은 소찰을 가죽끈으로 연결한 부위가 많다. 이 때문에 출토 당시에는 끈의 부식에 따른 이탈이 많고, 소찰갑옷과 혼재하는 경우도 많아 구체적인 복원이 어려움에 따라 마주에 비해 연구도 소략하게 취급되어 왔다. 최근 양호한 상태로 출토된 함안 마갑총, 경주 쪽샘C10호 등의 마갑은 목과 가슴, 몸통과 엉덩이 등 부위별로 구분하여 크기와 형태가 다른 여러 소찰로 구성되어 있어 마갑의 구체적인 복원을 가능케 하고 있다. 이에 따르자면, 소찰형태 중 제형은 가슴이나 엉덩이, 상원하방 혹은 세장방형은 목, 장방형은 몸통에 주로 쓰였음을 알 수 있다. 그러나 이외의 마갑에서는 가슴이나 목의 구분이 없거나 일부

표 2 마주의 유형에 따른 속성(이상율 2005a에서 부분 변경)

부위별 속성 / 유형		분할형	일체형
얼굴덮개부	상판	분할(2판)	미분할(1판)
	측판	없거나 분할	분할 혹은 미분할
	비공부성형	상판	측판
	안공	상반부	전체
	타원형타출부	없음	있음
챙부	판수	1판 혹은 2판	1판
	형태	반원형	횡타원형
	∩형 재단부	없음	있거나 혹은 없음
	귀가리개	선형	선형
	관금구	있거나 혹은 없음	있거나 혹은 없음
볼가리개부	판수	1판 혹은 2판	1판 혹은 2판
	형태	반원형	반원형
	안공	하반부	없음
	타원형타출부	있음	없음

부위만 매납한 것도 있고, 이에 연동하여 소찰의 종류가 축소된 경우도 있기 때문에 시기에 따른 마갑의 매납 양상도 함께 검토하는 것이 좋다. 또한 소찰의 연결방법을 파악하기 위해서는 소찰에 난 구멍의 관찰이 필수적이다. 특히 현수공의 위치는 시간성과 더불어 지역성까지 반영하므로 각 부위의 소찰마다 세밀하게 관찰해야 한다.

V 마구 관찰과 분석의 오류

마구를 관찰하고 분석함에서 발생하는 오류는 기본적으로 마구의 종류와 구조를 명확히 인지하지 못한 데서 오는 경우가 대부분이다. 그 원인은 한마디로 마구의 종류가 많고, 구조도 복잡하기 때문이다. 이하, 마구에서 자주 발생하는 오류는 다음 네 가지로 요약할 수 있다.

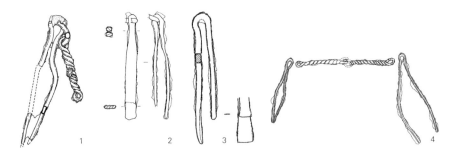

그림 24 인수로 오인되는 섭자형철기(1: 복천동93호, 2: 연당리14호, 3: 월성로가-8호, 4: 일본 舟司3호)

첫째, 비(非)마구에 대한 오해이다. 예컨대 공구의 일종인 섭자형철기를 재갈의 인수로 오인하는 경우가 많은데, 동래 복천동93호, 고성 연당리14호, 경주 월성로 가-8호 및 사라리65호 등이 대표적인 예이다. 이러한 오해는 우리나라뿐만 아니고 일본에서도 마찬가지인데, 섭자형철기와 함께 출토되는 연결고리를 재갈의 함으로 오인한 탓이 크다. 또한 최근에는 지산동45호석실의 윤부만 남겨진 등자를 신발에 부착하는 스파이크로 이해하고 있다.

둘째, 구조 분석의 오류이다. 이는 파편만 남겨진 재갈은 물론 완형의 재갈을 분석하는 경우에도 자주 발생한다. 고성 율대리2-2호 재갈은 2개체분의 표비로 추정되었는데, 이는 함 부위로 추정되는 원형의 불명철기편이 많았기 때문이다. 그러나 이 편들은 비교적 큰 원환을 지닌 원환비의 원환 부위에 해당하므로 표비가 아니라 1점의 원환비가 된다. 또한 함외환과 인수를 연결하는 유환을 함유로 인식하여 표비를 원환비로 거꾸로 해석하는 경우도 있다. 대표적인 예가 천안 용원리1호 재갈이다. 이 때는 함께 출토된 미상철기 중 표를 고정하는 입문용금구의 존재를 확인해 보면 된다. 청원 미천리3호분 재갈은 함, 함유, 인수가 완전히 남아 있는 1식의 재갈로서 철로 만든 둥근 고리인 함유가 함과 인수를 연결시킨 것으로 분석하고 있다. 그러나 도면에는 함유가 없다. 도면대로라면 이 재갈은 함외환의 직경이 큰 표비가 된다. 이는 함외환에 끼워져 있는 원환(철로 만든 둥근 고리)을 함외환과 구분하지 못하고 함유로 오인한 탓으로 이 재갈의 정체는 원환비이다.

재갈 외에 등자도 특히 윤등과 호등의 잔편을 식별하지 못하여 오류가 발생하는 경우가 많다. 산청 평촌리224호 등자는 본체에 전체적으로 철판을 입히고 못을 박아 보강한 목심철판피윤등으로서 등자 부속구의 잔편을 윤등에 부착되는 철대로 추

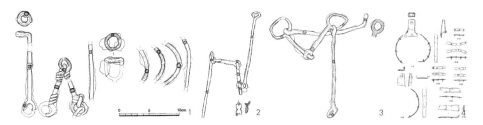

그림 25 구조 분석에 따른 오류의 마구(1: 율대리2-2호, 2: 용원리1호, 3: 미천리3호, 4: 평촌리224호)

정하고 있다. 그러나 등자 부속구가 호부의 중앙을 가로지르는 구흥금구임을 인지한다면, 윤등이 아니라 호등으로 쉽게 식별해 낼 수 있다.

셋째, 복원상의 오류로서 이는 잔편일 경우 가장 많이 발생한다. 예컨대 함안 말산리451-1호의 원환비는 함과 인수의 절반 이상이 잔존하는데, 도상 복원을 통해 2연식의 함으로 추정하고 있으나 복원도에 따르면 함내환마다 걸려 있는 고리가 또다른 함이 되어 3연식이 된다. 그래서 이를 2연식으로 보기 위해서는 점선으로 추정복원한 함외환 부위가 반대편 쪽 함내환에 걸려 있는 고리와 연결된 것으로 보아야한다. 그럴 경우 현재 함내환으로 복원된 부위는 함외환이, 여기에 걸린 별도의 고리는 인수내환이 된다.

복원상의 오류는 일본의 중요 마구에도 많다. 대표적인 것이 일본마구의 역연대설정에 중요한 영향을 미치고 있는 시찌칸고분(七觀古墳)의 재갈, 쇼군야마고분(將軍山古墳)의 마주 등이다. 여기에서 상술하지는 않겠지만, 시찌칸고분의 재갈은 역Y자형함유금구를 지닌 특이한 환판비로 간주하고 있으나 복원도에는 역할이 전혀 없는 못구멍(그림 26의 1 상단도면 원내)이 포함되어 있는 복원방향이나 위치추정에 오차가 많다. 이 때문에 유례가 없는 형태의 환판비가 되었는데, 이 구멍의 역할을 감안하여 함유금구의 방향을 돌려 조정하면 재갈의 정체가 전형적인 곡인자형 환판비로 확연하게 드러난다. 이러한 문제는 복원상의 오류로만 끝나지 않고 해당 유물은 물론 전체편년에도 큰 영향을 끼치는 점에서 더 큰 문제를 유발한다.

쇼군야마고분의 마주는 잔존한 파편 수점을 분석하여 분할형으로 복원하였으나 무리한 접합에 따라 정합성을 잃은 대표적인 예이다. 주지하듯이 마주는 상판의분할 여부에 따라 분할형과 일체형으로 나누어지고, 이에 따라 계보와 전개상이 서로달라짐에도 불구하고 복원된 하나의 마주 내에 두 유형의 파편을 혼재시켰다. 달리

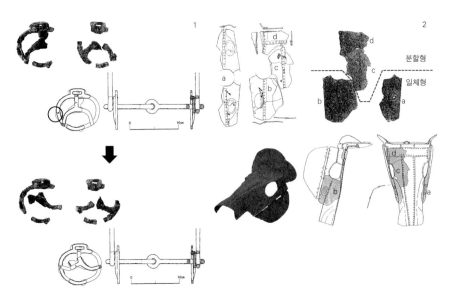

그림 26 복원상 오류의 일본마구(1: 시찌칸고분 재갈의 조정, 2: 쇼군야마고분 마주의 조정)

말해 형식이 다른 2개체의 마주편을 1점의 마주로 복원한 것이다. 이러한 오류는 본 고분에 시기를 달리하는 마구 2세트가 매납된 점에서도 방증된다(이상율 2016).

넷째, 실측의 오류로 이는 구조 분석의 오류와 밀접한 연관이 있다. 전형이 잘 남겨진 마구도 기능과 구조의 이해도에 따라 실측도가 달라진다. 이처럼 잘못 제시된 실측도가 여과 없이 인용되는 경우가 많기 때문에, 기초정보 제공에 대한 신뢰도 하락은 물론 이를 다시 검증해야 하는 수고로움이 많으므로 매우 신중해야 한다,

VI 맺음말

마구류의 관찰과 분석은 정확한 복원과 이에 따른 구조의 이해로부터 출발한다. 각종 마구의 형식을 분류하고 제반 문제에 의미를 부여하는 것은 차후의 문제이다. 고고유물을 살피는 데 있어 마구가 특히 어려운 것은 많은 장구와 복잡한 구조, 부속구를 포함한 다양한 조합, 출토상황, 유물상태 등 여러 요인이 복합적으로 작용한 탓에 분석이 용이치 않기 때문이다. 그러나 이러한 사정은 비단 마구만이 아니라 대부분의 유물이 처해진 상황과 크게 다르지 않다. 마구는 거마나 기승, 기

마와 승마 등의 여러 용도에 따라 다양하게 파생된 마구가 개발되고 기능과 장식이 더해져 조금 복잡해졌을 뿐이다. 그러나 이런 복잡성이야말로 다양한 형식으로 분류할 수 있는 선택 폭을 넓혀 줘서 궁극적으로 마구 연구를 심화시키는 데 좋은 자극제가 된다. 본고는 그런 자극을 위해 지난 연구 성과 중 특정마구가 지니는 사회 문화적 의미보다 마구 자체의 관찰과 분석 요소에 집중하고자 하였다. 그러나 한정된 지면으로 장식과 연관된 도금(鍍金)과 조금(彫金)의 관찰, 마구수리와 흔적, 용도의 변경 등 언급치 못한 부분도 많다. 무엇보다도 주목적인 관찰과 분석조차 심도 있게 행하지 못하였다. 이해를 바란다.

[이상율]

참고문헌 (보고서 비인용)

姜昇姬, 2011, 「加耶, 新羅의 후걸이(尻繫) 硏究」, 경북대학교 석사학위논문.

국립중앙박물관, 2001, 『낙랑』.

金斗喆, 2000, 「韓國 古代 馬具의 硏究」, 東義大學校大學院 博士學位論文.

柳昌煥, 2007, 「加耶 馬具의 硏究」, 東義大學校大學院 博士學位論文.

楊泓, 1980, 『中國古兵器論叢』.

李尙律, 1993, 「三國時代 杏葉 小考」, 『嶺南考古學』 13.

_____, 1999, 「加耶의 馬冑」, 『加耶의 對外交涉』, 金海市 第5回 加耶史學術會議.

_____, 2005a, 「新馬冑考」, 『嶺南考古學』 37.

_____, 2005b, 「三國時代 圓環轡考」, 『古文化』 65.

_____, 2007, 「삼국시대 호등의 출현과 전개」, 『韓國考古學報』 65.

_____, 2008, 「삼한시대 표비의 수용과 획기」, 『韓國上古史學報』 62.

_____, 2009a, 「가야 首長墓 馬具의 의의」, 『加耶의 수장들』, 金海市 第15回 加耶史學術會議.

_____, 2009b, 「삼국시대 원환비의 구조와 변화」, 『마사박물관지』 2008.

_____, 2009c, 「新羅·大加耶 新式板轡의 成立」, 『古文化』 74.

_____, 2013, 「新羅·加耶馬具가 提起하는 問題와 日本馬具」, 『한일교섭의 고고학 ―고분시대―』, 제1회
　　　　　공동연구회.

_____, 2016, 「古代東加アジアと日本列島の馬具」, 『騎馬文化と古代のイノベーション』, 發見·檢証 日本の古
　　　　　代 II.

李鉉宇, 2012, 「三國時代 鞍裝의 構造 硏究」, 釜山大學校大學院 碩士學位論文.

이현정, 2007, 「신라고분 출토 안교손잡이 시론」, 『嶺南考古學』 41.

_____, 2008, 「嶺南地方 三國時代 三繫裝飾具 硏究」, 慶北大學校大學院 碩士學位論文.

許美蓮, 2014, 「三韓時代 嶺南地域 鐵製鑣轡의 硏究」, 『韓國考古學報』 9.

諫早直人, 2005, 「朝鮮半島南部三國時代における轡製作技術の展開」, 『古文化談叢』 54.

_____, 2008, 「古代東北アジアにおける馬具製作年代―三燕·高句麗·新羅―」, 『史林』 91-4.

_____, 2012, 『東北アジアにおける騎馬文化の考古學的研究』, 雄山閣.

川又正智, 1994, 『ウマ驅ける古代アジア』, 講談社.

제6장

삼국~통일신라시대 와당의 특징과 관찰

I 머리말

한반도에서 발견되는 다양한 형태의 기와는 이곳이 오랫동안 사람들이 모여 살던 터전이었음을 말해 준다. 그들은 건물을 지으며 실용성을 살리는 동시에 벽사와 장엄을 추구하였다. 옛 사람들은 왜 지붕 위에 그리도 화려하고 아름다운 기와를 올렸을까? 또한 기와에 새긴 문양은 어떤 의미를 지니고 있을까?

중국 서주(西周)시대부터 제작되기 시작한 기와는 현재까지 건축부재로 널리 활용되고 있다. 이때부터 현재까지 다양한 기형과 문양의 기와가 유행하였다. 우리들은 기와의 기형을 통해 건축물의 기능적 측면을 이해하며 문양을 통해 당시의 사회상을 규명한다. 건축부재로서 끊임없이 생산된 기와의 기형과 문양은 당시 사람들의 취향에 따라 소멸하고 발전하기 때문에 다양한 언어로 그들과의 대화를 나누는 장이 되기도 한다. 또한 기와는 부족한 문헌자료를 보충해 주는 1차 사료이자, 해당 유적의 연대와 정체를 추정할 수 있게 하는 결정적 자료가 되기도 한다. 오늘날 발굴이 증가됨에 따라 많은 기와들을 접하고 있다. 고대 동아시아에서 기와는 건축물을 이해하는 데 필수요소이며 유적의 성격 규명에도 필요하므로 기와의 구조적 이해가 수반되어야 한다.

기와는 이처럼 커다란 가치를 지니고 있고 현재 전하는 수량이 방대함에도 불구하고 지금까지 충분한 연구가 이루어지지 않았다. 그 원인은 우리의 기와 연구 경륜이 짧고 연구자가 부족한 점, 기본 자료가 체계적으로 정리되지 않은 점 등 여러 요소가 있다고 생각된다. 그리고 기존의 연구 경향이 기와의 문양에 편중된 점도 문제점이라 할 수 있을 것이다. 전술한 점을 해결하기 위해서는 시대별, 지역별, 그리고 사회사적 연구 접근이 필요하다. 기와 연구자들에게는 체계적으로 정리된 자료와 도면, 충실한 설명이 곁들여진 기초 자료가 절실하다.

본고에서는 앞서 언급한 사항을 염두에 두고 지금까지 진행된 연구 성과를 바탕으로 한국 기와의 연구 경향을 간추려 보고, 향후 연구과정에서 제기될 가능성이 높은 부분에 대한 검토를 하고자 한다.

II 기와의 시대별 변천

1. 고구려 기와

전술한 것처럼 기와는 중국 서주시대부터 제작하기 시작하였다고 보는 견해가 일반적이다. 연구자들은 중국의 기와 제작기술이 고대 한반도의 기와 형성에 영향을 주었을 것으로 이해한다. 고대 한반도에서는 고구려에서 먼저 기와를 만들기 시작하여 대략 4세기경에는 막새기와를 제작하였다.

고구려 기와는 전기와 후기로 대별된다. 전기에 속하는 것은 길림지역 출토 기와들이고 후기는 평양지역 출토 기와들이다. 5세기 이후의 고구려 기와는 평양지역과 한사군의 중심지였던 평양 토성리, 그리고 황해도 인근 출토 기와들이 있다. 고구려 후기 기와는 평양으로 수도를 옮긴 시점(427년)을 기준으로 하여 다시 전기와 후기로 나눌 수 있다. 전기의 기와는 주로 길림지역 기와의 전통을 계승하였고 후기 기와는 다양한 문양과 적색계통의 특징을 보인다.

길림지역에서 출토되는 전기 기와는 대체로 회색 혹은 회갈색을 띠며, 표면에 회칠이나 주칠을 한 것도 소수 발견된다. 전기 기와 가운데 태왕릉(太王陵) 출토 연화문수막새는 가장 이른 시기로 추정되어 고식(古式)에 속하며, 연꽃의 내부에 Y자형 능선을 넣었다. 천추총(千秋塚) 부근에서 출토된 것으로 추정되는 연화문수막새는 중앙에 큼직한 자방을 배치하고 2조의 선을 그어 여섯 부분으로 구획하여 연꽃을 배치하였다. 길림 지역의 장군총 부근에서 출토되는 연화문수막새는 직경이 22cm에 달하여 대형와로 추정된다. 이 수막새는 능선(稜線)이 외측으로 벌어지는 특징을 보여준다

(谷豊信 1989).

　　한반도에서 기와 제작이 본격화된 것은 평양 일대를 점하고 있었던 낙랑군과 밀접한 관련이 있는 것으로 보인다. 왜냐하면 당시 중심 권역이었던 현 평양 부근의 토성지역에서 승석문(繩蓆文)을 타날한 한(漢) 양식의 기와들이 다량 출토되고 있기 때문이다. 또한 평양 근교에서 출토되고 있는 문자 기와들 역시 한에서 유행하였던 형식이다.

　　고구려는 평양으로 천도(427년)하기 이전부터 평양 부근에 구사(九寺)를 건립하였다는 기록이 있으므로 5세기 전반 평양에는 이미 다량의 막새기와를 제작하였을 것으로 추정된다. 평양지역 출토 고구려 기와는 길림지역의 문양을 계승하지만 제작기법과 색깔은 크게 변화한다. 평양지역의 초기 막새의 특징인, 막새면을 네 부분으로 구획하고 중앙에 반구형 자방을 배치한 것은, 길림지역 막새의 전통을 계승한 것이다. 평양지역에서 출토된 이른 시기의 기와들은 주로 회백색 혹은 회갈색을 띠며, 5~6세기부터 대부분의 기와들이 적색으로 변화한다.

2. 백제 기와

백제의 건축기술은 삼국 가운데 가장 우수하였다. 백제가 신라와 일본에 건축기술을 전수해 주었다는 기록은 백제의 건축기술이 탁월하였음을 알게 해 준다. 또한 7세기 전반 당시 신라 최대의 사찰이었던 황룡사 목탑(木塔) 건립에 백제의 아비지가 깊이 관여하였다는 사실 역시 백제 건축기술의 높은 수준을 짐작하게 해 준다.[1] 6세기 후반경에는 일본으로 기와 전문가를 파견하여 그곳의 기와 발전에 결정적 영향을 미칠 정도로 백제의 기와 제작기술은 삼국 중 단연 으뜸이었다.

　　백제 기와의 발전 과정은 크게 세 시기로 나누어지며,[2] 각 시기는 수도의 이전과 관련되어 있다. 백제는 4세기 후반경인 한성 도읍기부터 기와를 제작하였을 것으로 추정된다. 이 시기 기와들은 왕궁, 관아와 왕릉 등 일부 건물에 한정하여 사용되었을

1　　三國遺事, 卷三 塔像 皇龍寺九層塔.
　　　群臣曰 請工匠於百濟 然後方何 乃以寶帛請於百濟 匠名阿非知 受命而來 經營木石.
2　　최근 백제 기와에 관한 깊은 연구가 진행되어 막새의 형식과 시기별 변천과정을 자세히 다룬 논고가 있다. 李炳鎬, 2002, 「百濟 泗沘都城의 造營過程」, 『韓國史論』 47集, 서울大 國史學科.

것으로 추정된다.

한성도읍기는 앞서 언급한 중국 기와의 문양과 함께 이른 시기부터 동전무늬, 십자문, 사다리꼴과 연화문이 확인된다. 그리고 막새기와들은 접합한 후 불필요한 수키와를 잘라 내는 수법을 사용하였다. 이 수법은 중국의 진(秦), 한(漢) 시기에 유행하던 기법과 동일하여 초기 백제 기와 연구를 위해서는 중국 기와들과 비교 검토해야될 것이다.

백제는 475년 고구려의 침공으로 수도를 웅진으로 옮긴다. 웅진시기의 백제 기와는 중국 남조(南朝)로부터 일부 기술을 전수받았다. 특히 남조 가운데 양(梁, 502~557)은 백제의 전축분(塼築墳) 축조에 영향을 주었다. 이러한 사실은 송산리6호분에서 출토된 「양관와위사의(梁官瓦爲師矣)」의 명문전을 통해서 입증된다.

웅진시기 연화문수막새는 꽃잎의 양감은 약하나 끝단을 살짝 들어올렸고, 문양은 안정감을 이룬다. 또한 이 시기의 기와는 꽃잎과 자방이 정연하게 표현되어 부드러운 백제 기와의 특징을 대변해 준다.

사비시기는 웅진기의 전통을 계승하여 백제 기와의 최고 번성기를 이룬다. 이 시기에도 문양은 여전히 연화문이 주종을 이루지만, 인동문, 파문, 무문 등 다양한 문양이 등장한다. 사비시기 연화문수막새는 꽃잎의 끝이 삼각형을 이루거나, 끝단이 위로 들려진 형태를 이룬다. 또한 이 시기에는 연꽃잎의 끝단을 굴곡지게 처리하여 만입부를 만들어 꽃잎이 복엽(複葉)처럼 보이기도 한다. 이러한 연화문수막새는 6세기 후반경 일본에 전해져 아스카[飛鳥] 기와 발전에 영향을 주었다.[3]

전술한 연화문수막새와 더불어 기와 측면에 글을 찍은 명문와(銘文瓦)도 백제시대에 널리 유행을 하였다. 명문의 내용에는 사찰명을 포함하여 여러 가지가 있으며, 이 가운데 부여에서 출토된 것으로 보이는 '未斯'명이 있다.

백제의 문양전은 부여 규암면 외리에서 일괄 출토된 것이 대표적이다. 이 전돌에는 연화문을 비롯하여 봉황, 산경(山景), 귀면(귀형), 구름[雲], 용 등이 묘사되어 실로 다양한 문양 소재들을 보여준다. 각 전들은 문양이 정제되고, 동물과 산, 바위, 인물 등의 표현이 섬세하여 백제 와전의 집합체로 평가된다. 이 전들은 서로 조합되도

3 　백제 기와가 출토되는 곳은 奈良縣의 飛鳥寺와 四天王寺 등이다. 이곳에서 출토되는 기와들은 백제 기와들과 문양이 동일하여 초기 기와 발전에 백제의 영향이 지대하였음을 입증해 준다.

록 각 모서리에 별도의 홈이 마련되어 있다. 백제 기와가 보여주는 적절한 양감과 정교함, 그리고 부드럽고 온화한 미감은 삼국 가운데 단연 으뜸이라 할 수 있다. 이러한 백제 기와는 신라와 일본의 기와 발전에 영향을 주었다.

3. 신라 기와

신라의 수막새는 고구려의 영향을 받은 것, 백제의 영향을 받은 것 그리고 신라에서 독자적으로 형성된 세 가지 형식으로 분류된다. 고구려의 영향이 감지되는 수막새는 연꽃잎의 폭을 좁게 표현하였다.[4] 이러한 형식은 월성해자, 황룡사지(申昌秀 1987) 등에서 출토된 바 있으며 꽃잎이 날카롭고 볼륨이 강하다.

　6세기 중엽경에는 신라의 수막새에 커다란 변화가 일어난다. 그 특징은 연화문수막새의 연꽃잎 중앙에 1조의 능선을 묘사한 점이다. 1조의 능선이 새겨진 신라 수막새는 신라기와의 특징으로서 삼국시대 말까지 계속 유행하며, 양감이 강하여 마치 터질 듯한 느낌을 준다.

　신라에서 암막새가 처음 제작되기 시작한 시기는 아직까지 밝혀지지 않았다.[5] 일반적으로 암막새는 턱이 없는 당초문암막새를 가장 이른 시기의 것으로 보는 견해가 있다. 그러나 턱이 없는 암막새가 문양이 정교하고 접합기법이 완벽하여 발전된 형태임을 감안한다면, 이전 시기부터 암막새가 제작되었을 가능성도 엿보인다.

　지금까지 살펴본 신라 기와의 특징을 간추리면 다음과 같다. 신라의 수막새는 6세기 중엽부터 연꽃잎의 중앙에 능선이 들어가고 꽃잎의 양감이 풍부한 특징을 보인다. 그리고 전체적으로 세련되지 못하고 투박하며, 기와 두께가 얇은 특징을 보인다(최태선 1993). 문양 외측에는 홈(구상권)이 있으며, 대부분 고온에서 소성되었다. 신라시대에는 연화문수막새와 함께 벽사적 성격이 강한 귀면기와와 대형 치미도 제작되

4　김성구 선생은 신라 연화문수막새를 연꽃잎의 형태에 따라 꽃잎의 폭이 넓은 백제계[闊瓣系], 꽃잎의 폭이 좁은 고구려계[狹瓣系], 능선이 시문된 신라계 등 3형식으로 구분한다.

5　지금까지의 연구 결과, 암막새는 7세기 후반경인 통일신라 초기부터 제작되었다고 보는 견해가 우세하였다. 그러나 물천리 경마장에서 출토된 토기 구연을 응용한 유물과 함께 유창종 변호사 기증품인 중앙탑 부근 출토 암막새를 고려한다면, 암막새는 삼국시대부터 제작되기 시작한 것으로 보아야 할 것이다.

었다. 황룡사지 출토 치미의 경우 몸통에 연화문과 함께 인물상이 묘사되어 있어 당시 사회상을 살펴볼 수 있는 자료가 될 것이다.

4. 통일신라 기와

통일을 전후한 시기부터는 기와의 문양과 기종이 다양해지고 제작기법에도 삼국시대보다 발전된 면모가 나타난다(金誠龜 1984; 朴洪國 1986). 이와 같은 발전의 요인에는 당과 고구려, 백제 등의 영향도 있었겠지만, 신라 자체의 내부적인 발전도 큰 비중을 차지했다고 생각된다. 7세기 중엽부터 말기까지 당시 수도 근교를 중심으로 많은 건물들이 조영되었으므로,[6] 기와 제작기술 역시 크게 발전하게 되었을 것으로 추정된다.[7] 만약 이 기간에 건립된 다수의 건물에 삼국시대의 기와 제작기술에 의존하여 기와를 공급하였다면 필시 기와의 공급 부족을 초래하였을 것이다.[8] 때문에 당시 장인들은 소성온도를 낮추기 위해 활석 등을 태토에 첨가하는 기술상의 혁신을 꾀하는 한편 문양에서도 새로움을 추구하게 되었을 것이다. 그 결과 문양의 양감이 약화되는 동시에 새로운 형태의 문양이 나타나게 되었고, 또한 문양을 손쉽게 와범에서 찍어 제품을 생산하였을 것이다. 통일신라 초기 기와는 문양의 소재가 다양하며, 그 표현 기법은 매우 정교하다. 수막새의 경우 주연부의 높이가 낮아지고 표면에 연주문이 등장한다.[9]

통일신라 초기에는 막새면을 수키와보다 조금 두껍게 보토하여 문양을 넣은 턱이 없는 암막새(무악식)가 나타난다. 7세기 후반부터 암막새는 턱면이 돌출하는데, 턱면의 각도는 직각에 가깝다. 그리고 막새 턱의 밑면에도 초화 혹은 당초문을 배치하여 화려함을 더하였다.

---

6   7세기 중엽경에는 월지와 동궁, 사천왕사, 감은사 등 건축, 토목 공사를 하였다. 전술한 건축물에는 다량의 기와를 공급하였으며 이는 기와 제작기술의 발전을 초래하였다.

7   통일신라 기와 발전은 당의 영향이 지대하였다는 견해가 있지만, 7세기 중엽부터 제작기술이 획기적으로 발전하였을 가능성도 엿보인다.

8   삼국시대 신라 연화문수막새는 양감이 매우 강하다. 이러한 형식은 와범에 손으로 흙을 밀어 넣고 전체를 찍어 내는 중조법이 유행한다.

9   중국 洛陽 靈寧寺址에서 연주문수막새가 출토되었다. 수막새는 복엽연화문과 조합한 연주문이 유행을 하였다.

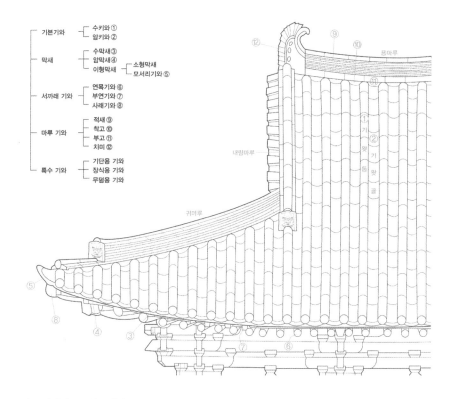

그림 1 기와의 종류와 쓰임새(대가야박물관 2017: 13)

한편 통일신라시대에는 표면에 푸른색의 유약을 입힌 녹유와(綠釉瓦)가 유행하였다(金有植 2002: 45-53). 녹유와가 처음 제작된 시기는 확실히 알 수는 없지만, 출토유물을 통해 본다면 대략 650~670년경부터 유행하였을 것으로 추정된다.

명문와는 죽도(竹刀) 혹은 도장을 이용하여 표면에 문자나 기호 등을 새긴 기와로서 삼국시대부터 나타난다. 통일신라 초기에는 명문와들이 다양한 내용을 보이는 점으로 보아 본격적으로 발전하였을 것으로 추정한다.

최근 경주 주변의 여러 곳에서 발견된 통일신라시대의 와요지에서는 당시 기와의 수요와 공급 체계 그리고 발전 과정을 어느 정도 파악할 수 있게 해 주는 자료들이 출토되었다. 이들 와요지는 모두 기와와 전돌을 생산하기에 적합한 자연적, 지리적 요건이 잘 갖추어진 곳에 위치해 있다. 즉 와요지가 위치한 곳은 좋은 태토와 기와를 굽는 데 필요한 연료를 쉽게 얻을 수 있는 곳이다. 그리고 이들 지역에는 가마를 설치하기에 적합한 구릉이 산재하고, 주위의 수량(水量)이 비교적 풍부하여 기와 제작에 필요한 모든 자연적 요건들을 갖추고 있다. 또한 수도의 중심부로부터 10km 이내의 거리에 위치해 있었기 때문에 기와의 수급이 용이하였을 것이다.

9세기에 이르러서 기와 문양에 변화가 나타난다. 연화문수막새의 연꽃은 단순화되어 국화와 비슷한 모양(일명 호박씨모양)으로 변화하며, 암막새의 당초문은 줄기가 굵어지고 꽃잎이 넓어지는 경향이 나타난다. 특히 쌍조문 암·수막새의 경우, 새의 몸통 표현에 있어서 양감이 약화되고 몸체에 비해 꼬리가 커져 비례가 맞지 않는 형상으로 변화한다. 이처럼 통일신라 말기 기와의 문양은 전반적으로 생동감이 사라지고 추상적인 경향으로 흘러간다. 이러한 경향은 고려시대의 기와로 이어져 지속적으로 나타난다.

III 시기별 기와의 관찰과 분석

전술하였듯이 고구려는 평양 천도(427년) 이전에 평양에 구사(九寺)를 건립하였다. 따라서 건축물의 건립은 기와 발전과 깊은 관련성을 가진다. 고구려 기와는 길림지역과 평양지역으로 구분하는데, 평양지역의 초기기와는 길림지역의 전통을 계승하였다. 이 가운데 길림지역 동대자유적 출토 기와는 평양지역 기와들과 색, 제작기법 그리고 문양 면에서 동일하여 향후 이에 대한 검토가 요구된다.

고구려 기와는 표면의 색과 두께, 타날문양, 경도, 접합기법에 관한 세부관찰을 필요로 한다. 특히 만주지역에서 적색과 회색이 동시에 보이므로 주의를 요한다. 그리고 낙랑과 고구려 기와의 구분 기준을 설정해야 할 것이다. 한편 고구려 기와의 편년에 관한 연구도 미진하다. 아울러 평양 천도 이전의 평양지역의 사찰 창건 기록에 주목할 필요성도 있다. 특히 고구려 평기와는 사격자문과 함께 승석문(繩蓆文)이 주류를 이루지만 이에 대한 연구는 미진한 실정이다. 특히 승석문이 백제기와의 특징으로 보는 견해도 있지만, 월지와 동궁 출토 평기와에 다량으로 보이기도 한다. 또한 평양 초기의 고구려 기와는 길림지역의 기와들과 비교검토를 요한다. 그리고 남한의 고구려 기와 연구는 한강유역에서 출토된 기와를 중심으로 연구가 진행되었다.

백제기와는 중국 남조와 신라의 관계 규명, 한성시기(그림 2)와 웅진시기의 백제기와의 지방 파급, 한성시기 와당의 제작기법, 두께와 태토의 성분, 표면의 경도와 색,

그림 2 한성기 수막새

그림 3 사비기 수막새(국립부여박물관 2010)

인각와, 벽돌의 분석 등 많은 연구과제들이 있다. 특히 연화문의 형태변화(그림 3)에 관한 기왕의 연구성과는 제작시기나 지역성을 극복하지 못하여 보다 구체적인 분석을 시도해야 할 것이다. 그리고 한성시기의 기와에 대한 체계적인 분석은 웅진 천도 이전의 기와를 규명해 줄 것으로 보인다. 한성시기 기와는 중국의 남조와 북조계통이 모두 출현(그림 4)함으로써 이에 대한 분석을 시도해야 할 것이다. 백제기와는 고구려나 신라기와에 비해 두께가 얇은 경향을 보인다. 이러한 원인은 기와의 기술 수준인지 혹은 건축 발전과 관련이 있는지에 대한 규명이 필요하겠다. 특히 웅진시기 연화문수막새는 뒷면에 손으로 눌린 흔적과 함께 남조와당과 상관관계도 고려해야 하겠다. 그리고 백제가마에서 출토한 기와편에 대한 정밀 조사와 함께 수급관계도 검토를 요한다. 또한 다양한 토관, 벽돌, 와적기단에 대한 심층적인 연구도 필요하겠다.

　　신라기와 연구는 연화문(그림 5)의 변천을 위시하여 타날판의 크기에 대한 연구가 중심을 이룬다. 특히 후자는 단판과 중판 그리고 장판으로 시대를 구분하지만, 편

그림 4 중국 남·북조 수막새

그림 5 신라기 수막새(국립경주박물관 2000)

년을 넓게 설정하여 시기별 특징을 이해하기 어렵다. 물론 타날판의 크기도 중요하지만 오히려 타날문양의 속성분석이 시급한 실정이다. 왜냐하면 다양한 타날문양은 시대와 유적지의 성격을 규명하는 데 중요한 정보를 제공하기 때문이다. 따라서 발굴지별 다양한 타날문의 분석은 매우 시급한 실정이다.

한편 기와는 손빚기(수날법)와 테쌓기(윤적법)로 구분하며, 소지 형태는 가래떡형(초기 백제 평기와) 소지와 널판형 소지로 구분해야 한다. 그리고 단판 연화문은 간혹 중조기법을 사용하므로 이에 관한 세밀한 관찰이 요구되며 형식과 계보 그리고 양식의 정립을 시도해야 할 것이다. 세부적인 관찰 기법은 기와의 두께, 고온소성과 경도, 양감의 정도, 구상권의 형태, 주연부 돌출, 니질과 사질태토의 구분을 세밀히 살펴야한다. 와도의 방향과 절단방향, 포흔의 조밀도, 마포의 접합, 표면의 물손질과 표면 문양을 살피는 데 주의를 요한다. 또한 삼국시대의 기와 특징을 구분하는 기준과 함께 연주문 출현, 문양의 연구를 심층적으로 진행해야 할 것이다. 그리고 구상권, 제작기법, 경도, 태토, 두께, 포목흔의 세심한 관찰을 요한다. 무엇보다 가마터의 조사가 가장 시급한 것으로 여겨진다. 특히 기와 가마 회구부 조사는 기와편년 정립에 가장 중요한 사안이다.

통일신라시대 기와는 시대구분을 어느 시기부터 결정하는지가 가장 중요한 변수가 되겠다. 월지와 동궁에서 출토한 기와를 통일신라시기로 본다면, 문양과 형태가 이전 시기와 확연히 다른 양상을 보인다. 따라서 7세기 중엽, 와전 변천의 흐름을 이해하고 통일신라 와전의 시기를 설정하는 방안도 고려해야 할 것이다. 통일신라시대 와당은 문양의 흐름을 심층적으로 살핀 연구가 미진한 실정이다. 또한 문양은 연화문을 비롯하여 식물문과 동물문 그리고 특수문양 등 다양한 문양 정리도 시급하다. 특히 통일신라시대 평기와에 대한 연구는 명문을 중심으로 타날판 크기로 분석하였지만, 오히려 평기와 문양 연구가 더욱 시급한 실정이다. 평기와 연구에서 타날문의 형태를 구조적으로 분석한다면 시기별, 유적지별 문양의 흐름을 파악할 가능성도 엿보인다. 일반 평기와는 표면 타날문이 다양하므로 이에 대한 조사는 탁본과 함께 세밀한 관찰이 필요하다. 그리고 배면의 삼베포흔의 접합형태와 함께 포흔의 조밀도를 파악해야 하겠다. 특히 수키와는 유단식의 미구 부분의 관찰, 무단식의 최대직경과 최소직경을 기록해 두어야 한다. 일반기와의 완형은 반드시 전체중량과 함께 두께와 와도의 방향을 주목할 필요성도 있다. 특히 암막새와 벽돌에 대한 연구는 매우 미흡한 실정이다. 그리고 7세기 중엽 기와 연구는 인화문 토기와 함께 분석하는 방안도 검토해야 하겠다.

IV 기와유물의 관리와 조사

1. 발굴조사와 국가귀속

기와의 국가귀속은 발굴기관 업무 가운데 가장 민감한 사항이다. 출토 기와는 종류도 다양하고 대표적인 문양, 제작기법, 학술 및 전시활용도, 보고서 게재 등 제반 상황을 감안하여 귀속한다. 이 가운데 기와 연구자와 소장처의 의견을 사전에 참고하는 방안을 강구해야 하겠다. 발굴기관은 국가귀속을 완료한 발굴유물을 안전하게 관리하고 유물분류와 출토지, 명칭과 수량 등 제반사항을 파악해야 한다. 이는 유물의 체계적 관리뿐 아니라 민원 해결에도 도움을 준다. 또한 발굴유물은 관리적 측면과 조사 그리고 전시활용성을 고려하여 가급적 동일한 기관에 보관해야 유리하다.

발굴담당자와 보고서 집필자는 학술적 중요성과 유적의 성격을 파악할 수 있는 기와편은 가급적 국가귀속을 원칙으로 해야 한다. 현장에 매몰하는 기와편은 전시, 학술, 연구자료의 측면을 고려하여 분류한다. 발굴보고서에 기술된 소형 파편은 보고자의 의견과 보고서에 소개하는 자료 가치가 있으므로 국가에 귀속토록 한다. 발굴기관에 기와 전공자가 없고 명확하지 않은 기와를 처리할 때에는 연구자와 사전 협의토록 한다.

암막새, 수막새, 특수기와는 파편을 포함하여 전량 국가귀속을 원칙으로 한다. 그리고 일반적인 암키와, 수키와는 문양별로 철저히 분류하고 상세한 데이터를 작성한 연후에 동일한 형식 2~3개를 국가귀속 처리하여야 한다. 보고서에 기술된 상세한 도표들은 유적지를 이해하는 자료이다. 그리고 평기와는 표면 문양에 대한 속성표(출토지별 수량과 점수 포함)를 작성해 둔다.

다량의 기와편들이 출토되었다고 발굴자의 임의로 매몰하는 것은 가급적 삼가야 한다. 출토기와는 발굴보고서 고찰부분에 상세하게 기술한다. 결국 기와편의 국가귀속은 매우 신중한 검토가 필요하다. 현재 기와 연구가 미진하므로 발굴자는 최선의 방법을 동원하여 보고서를 기술하고 국가귀속을 처리한다. 발굴담당자와 원고 집필자는 발굴보고서에 소개하는 기와에 대해 주관적인 견해보다 층위를 포함한 상황을 기록해 주었으면 한다. 보고서는 후대에 발굴조사기관, 보고서 작성자의 평가 기준이 됨을 유념해야 하겠다.

한편 발굴 유물공개회는 기와를 제한적으로 공개할 수밖에 없는 실정이다. 그리고 매장문화재 조사보고서는 지면의 제한성으로 인해 기와 전모를 이해하기 어렵다. 주지하다시피 발굴 유물은 토기와 기와가 대부분이다. 발굴조사기관에서 기와를 일시에 공개하면 연구자는 단시간에 많은 수량을 해석하기 어렵다. 이를 해결하기 위해서 조사기관이 연구자를 위해 수시로 기와 공개 기회를 적극 마련할 필요성을 느낀다. 연구자는 시간부족의 한계성을 극복하고 발굴기관은 편년과 학술자문을 구할 수 있는 묘안이 될 것이다. 많은 기와편을 소장한 발굴조사기관은 유물공개회와 함께 학술연구회를 개최하는 방안도 바람직하다.

2. 기와의 관찰

발굴조사자 혹은 보고서 작성자는 기와에 대한 세밀한 관찰과 기록을 작성해야 한다. 아는 만큼 유물이 보인다는 사실을 명심하고, 세밀한 관찰과 연구서적의 탐독 후에 유물분류, 보고서를 작성해야 한다. 그리고 발굴조사 책임자는 언론공개회 혹은 유물공개회를 통해 출토한 신자료의 공개 의무를 충실히 이행해야 한다. 소장기와는 활발한 연구를 진행하기 위해서 자료공개가 시급한 실정이며, 신자료의 적극 공개는 연구를 뒷받침할 수 있는 추진 동력이 된다.

기와 관찰에서는 와당 명칭을 정하고 제원표를 작성하여 출토지(트렌치 번호 포함)를 기록한다. 그리고 완형수막새는 직경과 두께, 주연 폭과 배면의 상태를 소상히 관찰하며, 완형암막새는 너비, 높이, 길이, 두께를 실측한다. 그리고 파손 기와는 현재 직경 혹은 현 직경으로 표기한다. 완형은 막새문양만 나오는 장면보다 가급적 부착된 평기와까지 촬영한다. 특히 막새의 접합부와 배면의 삼베문양과 삼베의 접합흔적을 점검해 둔다. 촬영은 대상물의 우측 상단 30~50° 각도에서 조명을 비춘다. 이때 문양이 최상으로 돋아나게 조명을 비춰야 하며, 반대편 하단 그림자는 조명으로 상쇄시킨다.

막새(와당)는 수막새(원와당), 암막새(평와당), 주연부, 막새면(문양면, 내구), 자방(중방), 배면(포목흔)을 조사하고, 꽃잎은 단판(단엽), 복판(복엽), 중판, 협판, 활판, 세판 등 형식별로 구분한다. 다만 용어의 어려움으로 인해 불가능할 경우에는 단판과 복판만으로 구분하여도 가능하다. 삼국시대 연화문수막새는 고구려계가 꽃잎 끝단이 뾰족한 협판, 백제는 꽃잎이 넓은 활판 형식으로 분류한다. 소성 온도는 저온(연질), 고온(경질)으로 구분하고 표면의 경도를 관찰한다. 그리고 태토는 활석의 첨가정도를 관찰해야 하겠다. 제작기법은 손빚기(수날법)와 테쌓기(윤적법) 그리고 소지 형태가 가래떡형(초기 백제 평기와)인지, 널판형인지를 살핀다. 그리고 수막새는 막새부와 수키와의 접합 기법이 일체식, 끼워 넣기식으로 구분하고 수키와 탈락면에 접합흔적과 보토흔적을 조사한다. 그리고 와도 방향은 내, 외측인지, 와도가 기와의 끝단까지 그어졌는지에 관심을 가진다. 특히 기와 표면은 매우 중요한 관찰 부분으로 물손질과 함께 타

그림 6 기와 실측 도구

날문양을 세밀히 살핀다. 끝으로 완형기와는 가급적 하중을 측정해 두어야 서로 비교할 수 있다.

기와 실측에는 우선 바디, 캘리퍼스, 디바이더, 직각자, 삼각자, 침자, 연필, 지우개, 콩테, 라인테이프, 붓 등 실측 도구들이 필요하다(그림 6).

실측방법은 실측자에 따라 차이가 있지만 대략 다음과 같이 진행한다.

방안지에 유물의 중심을 맞추어 기준선을 잡는다. 콩테나 라인테이프로 기준선을 표시한다.

도면 위에 기와를 눕힌다. 유물이 수평을 유지하지 못할 때에는 유토를 뭉쳐 높이를 맞추거나 지우개를 삼각상으로 잘라 바닥에 닿지 않는 곳에 받쳐 주어서 유물이 안정적으로 수평을 유지할 수 있도록 한다. 유물 외곽 모양을 따라서 측점을 찍는다. 유물이 연질 혹은 녹유와일 경우는 표면의 경도가 약하므로 파손에 주의한다.

유물을 보며 측점을 따라 외곽선을 그려서 평면도를 완성한다.

바디로 기와의 외·내면을 뜬다.

바디를 도면에 옮겨서 평면도와 맞추어 그린다. 이후, 외·내면의 세부적인 특징을 디바이더를 이용하여 상세히 표현한다.

캘리퍼스를 이용하여 두께를 재서 도면에 옮겨 그려 단면도를 완성한다.

단면을 완성한 후, 유물의 주기를 작성한다.

기와 외·내면에 문양이 있다면 탁본을 친다. 탁본은 소형 혹은 표면이 불안정한 유물은 건탁으로 진행한다.

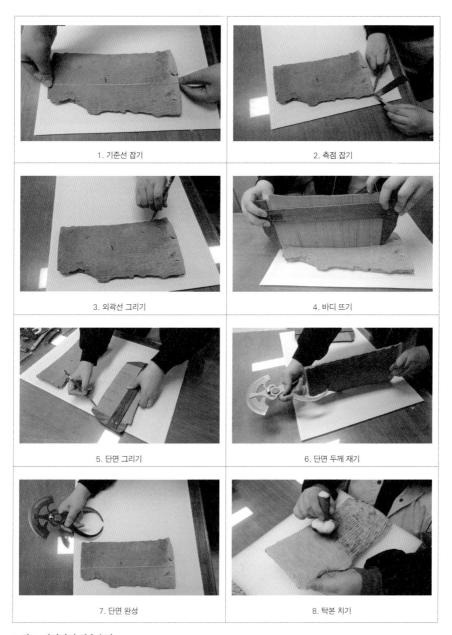

그림 7 암키와의 실측순서

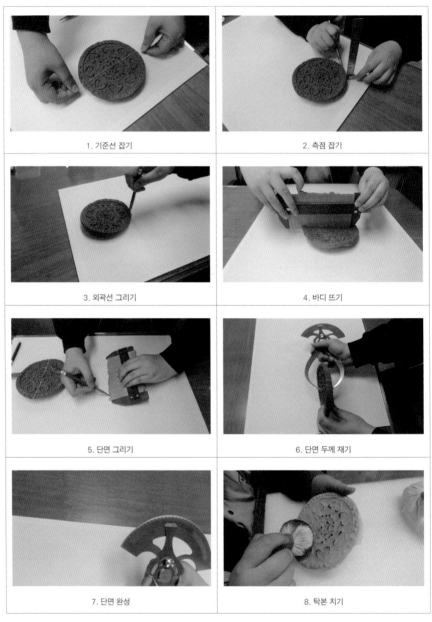

1. 기준선 잡기

2. 측점 잡기

3. 외곽선 그리기

4. 바디 뜨기

5. 단면 그리기

6. 단면 두께 재기

7. 단면 완성

8. 탁본 치기

그림 8 수막새의 실측순서

3. 기와 유물 열람

발굴 증가로 인하여 기와의 출토수량 역시 증가세를 보인다. 그래서 기와 연구자가 늘어나고 더불어 많은 연구과제를 진행하였다. 그러나 그 가운데 단위유적에서 출토한 보고서 성과를 토대로 일회성 논문과 개별유물 소개에 그치는 연구수준도 있음을 솔직히 인정한다. 이런 일회용 연구결과를 발표하는 연구자는 지속적으로 기와 연구에 관심이 없을 뿐만 아니라 기왕의 기와 연구에 우호적이지 못하다. 그 원인은 기와 연구사를 폭넓게 이해하지 못했기 때문이다. 기와 연구에서는 관련 연구자들과 협력하고 충실히 자료조사를 진행하여 양질의 논문을 양산해야 하겠다.

기와자료 공개는 기관마다 열람의 내부규정과 허용 열람건수가 동일하지 않다. 그렇지만 국립박물관은 모든 전공자(석사학위졸업 예정자 포함)에게 기관소장품 25건을 열람할 수 있도록 규정하고 있다. 열람자는 소속 학과장의 추천서와 유물명칭과 번호 그리고 수량을 제출하면 된다. 유물소장기관은 기와열람에 따른 유물 확인과 이동 작업에 인력과 시간이 필요하다. 그러므로 유물열람자는 유물열람 담당자와 열람 일시와 방법을 미리 협의한다. 끝으로 기와소장기관은 기와 연구자에게 모든 편의를 제공해야 하겠다. 발굴로 인한 기와유물 수량이 워낙 방대하므로 보고서에 게재한 기와는 극히 일부분이다. 이를 상세히 조사하여 학술연구 성과로 정리하는 작업은 기와 연구자의 책임이기도 하다. 따라서 유물 열람 담당자는 이를 충분히 고려하여 기와 조사에 적극 협조해야 할 것이다.

V 맺음말

기와 연구에서 현재 발굴과 관련하여 요구되는 사항을 개략적으로 기술하여 보았다. 먼저 우리 기와는 기원에 대한 연구가 좀 더 심층적이고 객관적으로 행하여야 한다. 기와 편년은 고고학 발굴성과에 기인한 체계화와 과학적 연구를 요구한다. 그러므로 기와 연구에서는 고고학자들의 도움이 절실하다. 또한 최근 건축물의 복원과 관련한 기와 연구용역이 빈번하게 이루어진다. 이와 관련하여 기와 조사는 편년을 비롯한 하중과 규격, 경도, 두께 등 제반 자료를 필요로 한다.

둘째, 유적지는 기와를 통해 어느 정도 연대추정이 가능하므로 발굴담당자들에게는 기와 연구자의 조언이 필요할 것으로 생각한다. 지금까지 기와 연구는 미술사와 고고학 분야에서 소홀히 다루어졌던 분야이므로 향후 상호협력을 통해서 문제를 해결해야 할 것이다. 기와는 시대상을 이해하는 자료가 될 수 있기 때문에 당시의 교류 상황까지도 파악이 가능하다는 점을 인식하였으면 한다.

기와 조사는 많은 어려움을 수반한다. 우선 기와는 수량이 많으므로 자료선택이 용이하지 않을 뿐 아니라 다른 유물에 비해 중량이다. 따라서 기와 발굴기관과 유물 소장기관은 기와 연구자들이 조사할 수 있도록 많은 배려를 해 주어야 한다. 기와 연구자들이 유물조사를 가장 좋아하는 것도 이러한 사실을 반영해 준다.

셋째, 삼국시대 기와 연구는 문양 변천에 편중된 경향에서 벗어나 사회상을 밝히는 데 초점을 두어야 한다. 예를 들어 연구자는 문헌기록에 대한 심도 있는 연구와 함께 장인 집단의 신분 규명, 수급 관계 등에도 관심을 두어야 하겠다.

기와는 건물 맨 위에서 인간세상과 하늘을 가른다. 그래서 옛 사람들은 그 경계에 있는 기와에 많은 의미를 담았다. 오랜 역사와 더불어 한반도 기와는 고대 동아시아뿐 아니라 전 세계의 어느 기와에 견주어도 화려함이나 아름다움에서 으뜸이다. 이는 오늘날 우리가 기와를 연구하는 데 용기를 주고 기와를 만든 이들에게 존경과 감사를 드릴 수밖에 없는 이유이다.

[김유식]

참고문헌

국립경주박물관, 2000, 『신라와전』.

국립문화재연구소, 2015, 『황룡사 와전 및 철물 복원고증연구』.

국립부여박물관, 2010, 『백제와전 특별전 도록』.

金誠龜, 1981, 「雁鴨池出土 古式瓦當의 考察」, 『美術資料』 29, 國立中央博物館.

_____, 1983, 「多慶瓦窯址出土 新羅瓦塼小考」, 『美術資料』 33, 國立中央博物館.

_____, 1984a, 「統一新羅時代의 瓦塼研究」, 『考古美術』 162·163, 韓國美術史學會.

_____, 1984b, 「統一新羅時代의 瓦塼研究」, 『考古美術』 162·163, 韓國美術史學會.

_____, 1992, 『옛 기와』, 대원사.

金有植, 2000, 「7~8세기 신라기와의 需給」, 『고대 동아시아 삼국의 대외교섭』, 국립경주박물관.

_____, 2002, 「統一新羅 綠釉瓦 檢討」, 『朝鮮 古代學 研究』 3, 朝鮮古代研究會.

_____, 2004a, 「삼국시대 암막새 발생에 관하여」, 『鹿園雜集』 3, 奈良國立博物館.

_____, 2004b, 「통일신라시대 기와 연구의 현황과 과제」, 『한국고고학회 학술발표 논집』, 한국고고학회.

_____, 2014, 『신라기와연구』, 민속원.

金昌鎬, 1999, 「益山 彌勒寺 景辰銘 기와로 본 고신라 기와의 원향」, 『한국학연구』 10.

노윤상, 2005, 「新羅時代 蓮花文수막새 研究」, 東國大學校大學院 碩士學位論文.

대가야박물관, 2017, 『고령의 기와』.

류환성, 2007, 「羅末麗初 慶州 出土 寺利銘 평기와 研究」, 慶州大學校大學院 碩士學位論文.

민병훈, 2015, 『실크로드와 경주』, 통천문화사.

박헌민, 2012, 「신라와의 생산과 유통방식의 변화」, 『영남고고학』 63, 영남고고학회.

朴洪國, 1988, 「月城郡 內南面 望星里 瓦窯址와 出土瓦窯에 대한 考察」, 『영남고고학』 5, 영남고고학회.

_____, 2003, 「三國史記屋舍條의 '唐瓦'란 무엇인가?」, 『佛敎考古學』.

申昌秀, 1985, 「皇龍寺址 廢瓦무지 出土 新羅瓦當」, 『문화재』 18호, 문화재관리국.

_____, 1987, 「三國時代 新羅기와의 研究 —皇龍寺址 出土 新羅기와를 中心으로—」, 『文化財』 20, 文化財
　　　管理局 文化財研究所.

梁淙鉉, 2010, 「日韓古代瓦의 施文技法」, 『帝塚山大學校考古學研究所報告書』 12, 帝塚山大學校.

유창종, 2016, 『와당으로 본 한국 고대사의 쟁점들』, 경인문화사.

이동주, 2012, 「경주화곡리유적 출토기와의 수급과 역사적의미」, 『영남고고학』 67, 영남고고학회.

李仁淑, 2004, 「統一新羅~朝鮮前期 평기와 제작기법의 變遷」, 慶北大學校大學院 碩士學位論文.

_____, 2012, 「경주지역 출토 통일신라 수막새의 편년」, 『한국고고학보』 85, 한국고고학회.

이희준, 2016, 「고고학 논문의 학술성 제고를 위하여」, 『한국고고학보』 100, 한국고고학회.

趙成允, 2000, 「慶州 出土 新羅 평기와의 編年試案」, 慶州大學校大學院 碩士學位論文.

_____, 2014, 「新羅 東宮 創建瓦塼 研究」, 慶州大學校大學院 博士學位論文.

차순철, 2007, 「경주지역 평기와의 타날형태 변화에 대한 검토 —단판·중판·인장 그리고 장판으로—」, 『문
　　　화재』 40, 국립문화재연구소.

최맹식, 1999, 『百濟 평기와 新硏究』, 학연문화사.

崔英姬, 1996, 「高麗時代 평기와의 編年硏究」, 慶星大學校大學院 碩士學位論文.

_____, 2010, 「고식수막새의 제작기법과 계통」, 『한국상고사학보』 70, 한국상고사학회.

_____, 2014, 「新羅 造瓦用 打捺具에 대한 再檢討」, 『江原考古硏究』, 고려출판사.

崔晶惠, 1996, 「高麗時代 평기와의 編年硏究」, 慶星大學校大學院 碩士學位論文.

崔兌先, 1993, 「平瓦製作法의 變遷에 對한 硏究」, 慶北大學校大學院 碩士學位論文.

제7장

동물유체의 관찰

I 개념과 용어

동물유체(動物遺體, animal bones)는 고대인들이 필요에 따라 활용한 후 일정한 공간에 버리는 각종 동물의 잔유물이며, 자연유물에 해당한다. 동물유체는 조가비, 포유류뼈, 물고기뼈 등이 대표적이며, 콩, 보리, 쌀 등이 포함되는 식물유체와는 상대적인 용어로 분류된다. 동물유체는 고대인들이 어떠한 목적으로 이용한 유구들, 예를 들면 쓰레기장, 생활용 구덩이, 무덤, 의례용 구덩이에서 출토된 고고학적 유물을 말하며, 다른 용어로는 '동물유존체', '동물자료'라고도 한다. 동물유체는 동물고고학(動物考古學)을 통해 좀 더 구체적 또는 세부적인 요소까지 연구되며, 자연환경에서 사람들이 환경을 활용하고, 적응하는 부분을 구체적으로 연구하는 환경고고학(環境考古學)의 범주에 포함되기도 한다.

한국에서 동물유체에 대한 연구 역사는 조선시대 이전으로 올라갈 수도 있지만

표1 동물고고학의 범주

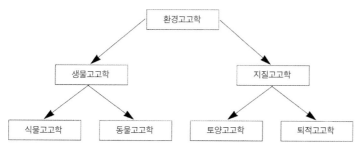

표 2 동물유체 연구 역사

구분	대표적 학자	유적
일제강점기	濱田耕作, 梅原末治 直良信夫, 森位三	경남 김해패총, 평안 미림리패총
해방 이후~1970년대	분석 공백기	초도패총, 궁산리패총, 용당동패총, 구평리패총, 웅천패총
1980년대	김신규, L. L. Sample	부산 동삼동패총
1980~현재까지	金子浩昌, 渡邊誠, 安部みき子, 宮崎泰史, 안덕임, 김건수, 조태섭, 이준정, 유병일	동삼동패총, 수가리패총, 연대도패총, 욕지도패총, 비봉리패총, 늑도패총, 낙민동패총. 용연패총, 현동패총, 내동패총, 남산패총, 임당저습지유적, 황남대총남분, 전인용사지유적, 김해봉황대유적, 방지리유적

현재로서는 일제강점기부터 보는 것이 적당하며, 간단하게 정리하면 다음 〈표 2〉와
같다.

II 출토와 수습

유적에서 출토되는 동물유체는 사람들의 의도적인 행위의 결과로 출토되는 것과
의도적인 행위와 전혀 상관이 없는 유물로 확인되는 경우로 구별된다. 전자의 경
우는 인간의 행위와 관련이 있는 고고학적 유물이지만 후자의 경우는 유구에 자연
적으로 유입된 것이므로 자연유물로 분류된다.

1. 출토 정황

고고학적으로 의미가 있는 동물유체는 시대적으로 출토되는 유구와 성격이 서로
다르며 〈표 3〉으로 정리할 수 있다.

표 3 시대별 동물유체 출토 정황

시대	유구	종류	비고
구석기	동굴	포유류 위주	석회암동굴
신석기	패총, 구덩이	조가비, 갑각류, 어류, 조류, 포유류 등	뼈연모 다양
청동기	패총	조가비, 어류, 조류, 포유류 등	유적 적음
철기	패총, 구덩이, 저습지, 무덤 등	조가비, 갑각류, 어류, 파충류, 양서류, 조류, 포유류 등	종류 다양

2. 수습방법

동물유체의 수습방법은 유구와 성격에 따라 다르게 할 수 있지만 다음과 같은 방법으로 할 수 있다.

1) 직접 수습

가장 보편적인 방법으로 발굴조사를 실시하면서 조사단계에 따라 직접 수습하는 것을 말한다. 동물유체가 노출되면 자료가 훼손되지 않도록 부드러운 도구로 노출시킨 후 출토 위치와 상황을 정확하게 기록 또는 사진촬영한 후 수습봉투 혹은 봉지에 담는다. 이 방법은 대부분의 고고학적 유구에 적용할 수 있다.

그림 1 동물고고학의 범주

2) 물체질법(water flotation method)

이 방법은 아주 작은 유물 등을 수습하거나 직접적인 방법으로 수습하기 어려운 자료를 찾을 때 하는 방법이다. 알루미늄이나 스텐 재질에 좁은 눈금의 그물망이 부착된 둥근 채에 대상물을 담아 그 위에 물을 부어 작은 유물을 찾는 것으로서 동물유체 말고도 식물유체를 찾을 때도 많이 사용하는 방법이다. 이 방법은 패총이나 동물유체가 확인되는 구덩이 유구에 적용할 수 있다.

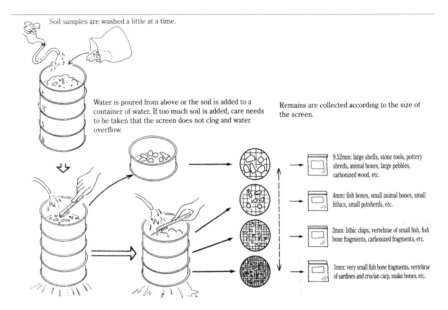

Soil samples are washed a little at a time.

Water is poured from above or the soil is added to a container of water. If too much soil is added, care needs to be taken that the screen does not clog and water overflow.

Remains are collected according to the size of the screen.

9.52mm: large shells, stone tools, pottery shreds, animal bones, large pebbles, carbonized wood, etc.

4mm: fish bones, small animal bones, small lithics, small potsherds, etc.

2mm: lithic chips, vertebrae of small fish, fish bone fragments, carbonized fragments, etc.

1mm: very small fish bone fragments, vertebrae of sardines and crucian carp, snake bones, etc.

그림 2 물체질 방법(松井 章 2008)

3) 사각체질법

이 방법은 길이 600cm, 너비 500cm, 높이 150cm 정도의 사각 나무틀을 만든 후 그 아래에 눈금이 좁은 철망을 부착하여 흙을 체질하듯 사용하여 유물을 수습한다. 이 방법을 통해 확인되는 뼈는 대부분 직접 수습방법에서 확인할 수 없는 작은

그림 3 사각체질법(松井 章 2008)

크기의 유체로서 어류의 가시, 척추마디, 머리부위, 성게가시, 게 다리부위, 물고기의 비늘 등을 확보할 수 있다. 이 방법은 패총, 집터 바닥의 고운 흙에서 유물을 찾을 때 이용할 수 있다.

4) 블록샘플법(block sampling method)

이 방법은 보통 패총에 퇴적되어 있는 조가비의 평균적인 구성 비율을 알고 싶을 때 실시한다. 패총의 전체 범위에서 평균치를 객관적으로 파악할 수 있는 여러 지점을 선정한 후 떼어 낼 면적을 유구의 여건에 맞게 선정하여 떼어 낸다. 떼어 낸 것은 고고학적 방법으로 분류하여 퇴적된 조가비의 구성비를 검토한다. 이 방법은 대부분 패총을 조사할 때 실시하며 층위별로 길이 30cm, 너비 30cm, 두께 10cm 용량으로 채집한다. 그리고 패총에 남아 있는 모든 조가비를 수거하여 분석하는 것보다 시간, 노력, 경비 등을 절약할 수 있는 장점이 있다.

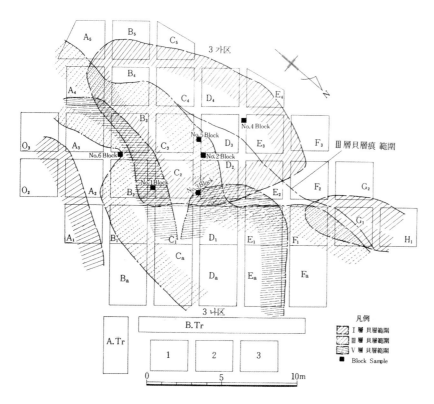

그림 4 블록샘플법(부산대박물관 1981)

III 분석방법

유적에서 출토되는 동물뼈는 해당동물의 전체가 유적에서 확인되는 것은 아니다. 수렵 및 사육하여 확보된 동물은 고대인들이 다양한 방법과 목적으로 활용하였으므로 유적에서 전체 골격이 남아 있기는 매우 어렵다. 유적에서 출토되는 동물뼈는 같은 층에서 함께 출토되는 경향이 많으므로 정확한 종명을 분석하고 잔존형태를 통해 문화행위를 추적하기 위해서는 아래와 같은 여러 분석방법이 필요하다. 이러한 방법은 당시 사회의 사람과 동물의 관계가 어떠한지를 알기 위함임은 주지의 사실이다.

1. 분류방법

동물유체는 패총에서 완전한 모습으로 출토되는 경우가 많지 않으며, 여러 동물들과 함께 출토되는 경우도 많으므로 정확하게 분석하기 위해서는 정확하게 분류하여야 한다. 부위가 큰 것이라면 분류가 어느 정도 수월하겠지만 가시와 같이 아주 작은 것은 정확한 분류가 매우 어렵다. 따라서 분류는 아래에 제시한 그림처럼 패류, 어류, 파충류, 조류, 포유류, 기타 등으로 먼저 대분류한 후 종(種)-속(屬)-과(科)-목(目-)강(綱)으로 세부적인 분류로 진행한다.

그림 5 유물분류방법(岡村道雄 1988)

2. 현생표본 작성

종명을 정확하게 분석하기 위해서는 그 뼈에 대한 경험적인 지식을 활용하거나 도면, 사진, 도록 등을 이용할 수 있다. 그러나 사진과 도록은 왜곡되는 경우가 많아서 기본적인 것에 대해서는 활용할 수 있지만 종명을 결정할 때는 활용하지 않는 편이 실수를 줄이는 방법이다. 분류된 종에 대한 정확한 종명은 가능하면 현생표본을 식섭 비교하여 종명을 확정하는 것이 오류를 줄이는 편이다. 현생표본은 가능하면 한반도에 서식하는 모든 동물을 대상으로 확보하면 이보다 더 좋은 자료는 없을 것이며, 종명 확정에 대한 오류도 훨씬 줄어들 것이다. 패류(貝類)는 시장에서 구할 수도 있으며, 유적에서는 완전하고 상태가 양호한 것을 시장보다 더 쉽게 확보할 수 있다. 어류(魚類)는 한반도의 삼면 바다에 서식하는 종을 대상으로 하거나 시대별로 패총에서 확인되는 종을 대상으로 표본을 만들 수가 있다.

1) 어류 현생표본 작성방법

첫째, 구입한 물고기의 크기를 계측하고 무게를 측정한다.

둘째, 버너 위에 냄비를 놓고 그 안에 물을 부은 후 물고기를 넣고 삶는다.

셋째, 삶겨진 물고기를 핀셋이나 예리한 도구로 비늘과 살을 제거한 후 뼈를 찾

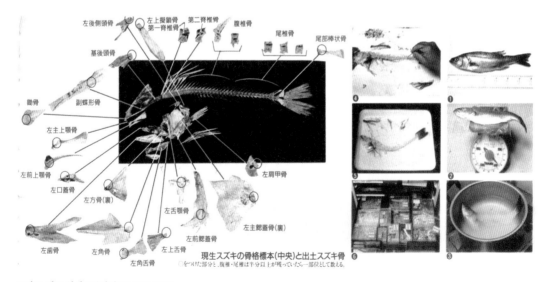

그림 6 어류 현생표본방법(岡村道雄 1988)

아낸다.

　넷째, 발라진 뼈는 비린내가 나므로 냄새제거제로 냄새를 제거한다.

　다섯째, 냄새가 제거된 뼈를 그늘에서 완전히 말려 준다.

　여섯째, 완전히 마른 후 뼈의 좌우와 부위 이름을 약자로 뼈에 기록한다.

　일곱째, 준비된 칸에 넣어 잘 보관하면서 정기적으로 칸에서 꺼내어 상태를 확인한다.

2) 조류 및 포유류 현생표본 작성방법

먼저 대상물을 확보한 후 조류는 얇은 비닐에 털이 있는 상태로 넣은 후에 바위가 많은 곳에 구덩이를 판 후 그 안에 넣고 다시 바위를 덮어 둔다. 약 3~4개월 후 구덩이에서 꺼내어 남겨진 뼈를 확인하고 잘 정리한 후 보관함에 넣어 보관한다. 개과, 사슴과 동물은 털이 있는 상태로 흙구덩이에 넣은 후 약 5개월이 지난 후에 꺼내어 뼈를 잘 추슬러서 보관함에 넣어 둔 후 일정한 시간이 경과한 다음 파라로이드 경화제를 약하게 만들어 뼈를 몇 초씩 침지시켜 주면 양호한 상태로 오래갈 수 있다.

3. 부위 분석

유적에서 완전한 형태로 출토된다면 부위(部位)와 종명을 분석하기가 수월하겠지만 패총에서는 대부분 부서져 출토되므로 골격별로 부위명칭을 정확하게 알아 둘 필요도 있지만 부위의 부분별로도 명칭을 정해 놓아야 조각으로 출토되는 뼈들의 부위와 부위에서의 정확한 위치를 알 수 있을 것이다. 예를 들면 근위부 혹은 원위부로 불리는 경우는 동물이 바로 선 상태에서 머리를 기준으로 가까운 부위를 근위부(近位部), 먼 부위를 원위부(遠位部)라고 부르며, 가운데는 중간부(中間部)라고 부른다. 유적에서 조각으로 확인되는 뼈들은 좀 더 구체적인 명칭이 필요하다. 〈그림 7〉은 동물의 다리뼈가 반달모양을 띠는 단면형태를 고려하여 가운데는 곧선 부분, 좌우는 가파른 부분, 비스듬한 부분, 기운부분, 나란한 부분으로 세분하여 사용하면 구체적으로 분석할 수 있다. 뼈의 좌우 구분은 개별 부위에만 있는 세부 특징을 근거로 구분하면 된다. 신경이나 혈관이 지나가는 구멍이 뼈의 어느 부분에 있다거나 근육이 부착하는 홈이 어느 부분에 있다는 것을 알 수 있다면 좌우 구분에 도

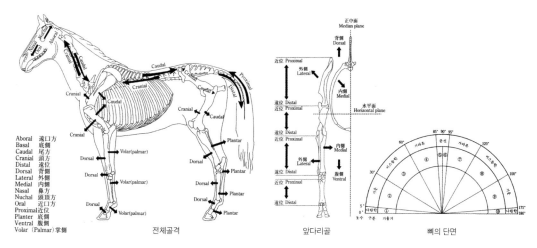

그림 7 뼈대 부위와 세부용어(최삼용 1986; 松井章 2008, 재인용)

움이 될 것이다.

4. 종명 분석

패총에서는 크고 작은 뼈들이 함께 출토되므로 종명(種名)을 정확하게 하는 것은
무엇보다도 중요하다. 종명 확정에는 연구자의 경험적인 지식이나 도록, 사진 자
료도 중요하지만 현생표본 자료가 가장 중요한 비교자료이다. 종명은 뼈를 종류별
로 분류하면서 대부분 알 수 있는데 형태와 특징이 비슷한 뼈끼리는 종명 파악이
매우 어렵다. 이때 도움이 되는 것이 현생표본 자료이다. 그리고 현생표본 자료를
통해서도 동정이 어려운 것은 무리하게 판단하지 말고 다른 연구자에게 도움을 청
하여 정확하게 동정할 필요도 있다. 종명을 분석할 때 유물의 개별 특징을 미리 알
고 있다면 큰 도움이 될 수 있다. 포유류의 경우 동물별로 두개골 모양, 사지골, 이
빨, 다리뼈 모양 등이 서로 다르기 때문에 이러한 차이를 분석에 이용한다면 정확
한 종명 파악에 도움이 될 것이다. 어류의 경우도 포유류와 같이 어종별로 뼈의 형
태가 서로 다르다. 특히 머리부위에 해당하는 여러 뼈들의 모양이 확연하게 다르
므로 이러한 요소들을 근거로 종명 분석에 활용할 수 있다. 그러나 척추와 가시,
지느러미, 꼬리뼈 등은 어종별로 약간의 차이는 있지만 종명 파악에 사용할 경우
는 매우 신중하게 다루어야 할 것이다. 패류의 경우는 척추동물보다도 종명 분석

표 4 꼬막과의 형태차이(권오길 외 1993)

종명	길이	간격	외부특징	표면 홈 수	서식
꼬막	5cm	넓음	털 없음	17~18개	조간대
새꼬막	7cm	좁음	털 조금	30~34개	조간대
피조개	12cm	좁음	털 많음	42~43개	수심 10m

은 쉽게 할 수 있다. 형태차이가 종별로 뚜렷하기 때문에 그러하다. 그러나 꼬막과는 특징이 매우 비슷하여 종명 분류를 매우 신중하게 하여야 하는데 세부 특징 차이는 〈표 4〉와 같다.

　　그리고 도미과도 종명 분석이 매우 어려운 것 중 하나이다. 참돔, 황돔, 붉은돔, 감성돔 등이 여기에 속하는데 완전한 부위일 경우는 종명 분석이 가능하지만 크기가 작거나 깨어진 것이라면 정확한 종명 분석은 매우 어렵다. 그 외의 동물들도 종명 분석이 어려운 종들이 있지만 무엇보다도 중요한 것은 무리하게 분석하여 오류를 낳은 것보다도 오류를 줄일 수 있는 방법, 다시 말해 연구자의 경험적인 지식, 현생표본 자료의 적극적 활용, 도록과 사진 자료 이용, 다른 연구자와의 공동연구를 통한다면 오류를 줄일 수가 있음과 동시에 정확하게 종명도 분석할 것이다.

꼬막　　　　　　　　　　　새꼬막　　　　　　　　　　　피조개

그림 8 꼬막과의 종류(출처: Shutterstock)

5. 잔존형태 분석

패총에서는 많은 뼈들과 조개들이 깨어져 출토되는 경우를 통해 고대 사람들의 여러 가지 행위활동을 유추할 수 있다. 특히 동물의 해체, 분배, 소비, 활용을 알 수 있기 때문에 비록 깨어진 뼈이지만 인간 활동을 유추하는 데 최적의 자료이다. 그리고 활동

을 한 장소가 수렵한 장소 혹은 서식지이거나 확보한 후 취락에서 이루어진 행위인가 라는 점도 유추할 수 있으므로 매우 중요한 연구요소이다. 유적에서 깨어져서 출토된 유물을 자세히 관찰하면 몇 가지 원인을 찾을 수가 있다.

먼저, 속살을 꺼내기 위한 흔적의 결과로서 밤고둥, 피뿔고둥, 소라, 갯비뚤이고 둥 등이 여기에 해당된다. 조개 속살은 두꺼운 껍질 안에 있으므로 이를 꺼내기 위해 서는 돌이나 망치로 이 부분을 때려야 한다. 피뿔고둥은 몸통이 크므로 2~3번 정도 로 타격하여야 속살을 원활히 꺼낼 수가 있을 것이다.

둘째, 골수 혹은 뼈 내에 있는 액체를 꺼내기 위해 타격한 결과물이라는 점이다. 사슴이나 멧돼지의 위팔뼈, 앞팔뼈, 허벅지뼈, 정강이뼈들이 근위부 혹은 원위부의 한 쪽이 예리하게 깨어진 것이 확인되는데, 뼈 속의 액체물을 꺼내기 위한 행위의 결과 일 것이다.

다음은 생활도구를 만들거나 만드는 과정에서 발생되는 깨어진 뼈들이 많다는 점이다. 생활도구로 가장 많이 선택되는 동물은 사슴뼈이다. 다른 동물들은 몇 개 부 위만이 사용되지만 사슴의 경우는 뿔, 이빨, 사지골의 여러 부위가 이 목적에 사용된 다. 뼈를 생활도구로 사용하기 위해서는 뼈의 특징이 이 목적에 부합되는 특징을 가 져야 한다. 뿔[角]의 경우는 화살촉, 손칼손잡이, 빗장소재로 많이 선택되는데 선택된 도구의 재료를 확보한 후 버려지는 나머지 부분을 보면 도구흔적이 잘 남아 있다. 어 깨뼈[肩甲骨]는 표면을 다듬거나 그대로 점치는 뼈로 사용되는데 점치기 위해 표면을 파내거나 불로 지지는 면을 만들 때 뼈가 깨어지는 경우가 많다. 사슴의 뼈 가운데에 서 깨어진 흔적이 가장 많이 확인되는 부위는 사지골(四肢骨)에서 손등뼈[中手骨]와 발 등뼈[中足骨]이다. 이 부위를 소재로 만드는 생활도구가 많기 때문에 깨어진 흔적이 가 장 많다. 깨어진 흔적은 먼저, 예리한 도구로 절단하거나 자르면서 생겨날 수도 있고 아니면 둔탁한 도구로 내려쳐서 그 부위가 깨어지는 경우도 있다. 이 부위를 통해 만 들어지는 도구는 화살촉, 작살, 송곳, 바늘, 첨두기 등 다양하므로 만드는 과정 역시 여러 가지이며, 깨어진 양상도 다양하다.

다음은 포획한 동물을 해체할 때에도 뼈의 여러 부위에 때린 흔적, 절단 흔적, 자 른 흔적이 남아 있는 경우도 많다. 때린 흔적은 멧돼지나 사슴의 경우 두개골과 허벅 지뼈, 정강이뼈에 잘 남아 있으며, 뼈 속의 골수 추출 행위와 밀접한 연관이 있을 것이 다. 그리고 어깨뼈와 골반[寬骨]의 경우에 표면과 가장자리에 있는 연골에 예리한 도

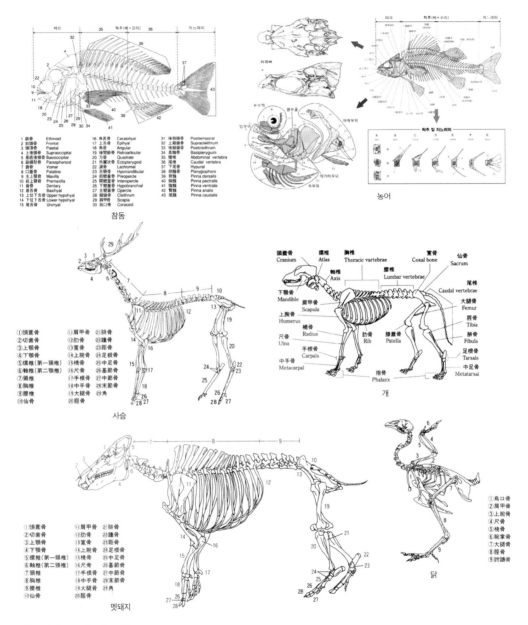

그림 9 뼈대 동물의 골격(유병일 2009)

구흔적이 몇 개씩 중첩되어 있는 흔적이 발견된다. 포획된 동물은 해체작업을 거치는데 어깨뼈와 골반에 있는 이러한 흔적은 부위별로 자르거나 절단할 때 혹은 뼈끼리 연결되어 있는 힘줄을 자를 때 생겨난 흔적일 수가 있다.

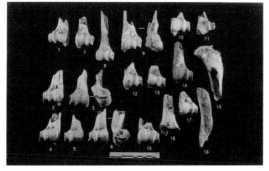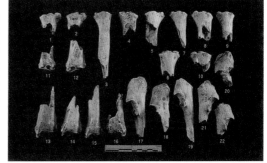

그림 10　사슴의 깨어진 뼈대와 도구흔적(金子浩昌 외 2002)

6. 연령 및 암수 구분

뼈는 성장의 정도에 따라 특징적인 부분이 변화되므로 이를 통해 분석하면 동물의
나이를 알 수 있으며 나아가 고대 사람들의 특정 동물에 대한 집중과 선호도를 알
수 있다.

1) 나이 분석

동물의 특정 부위에 해당하는 이빨의 발치와 마모, 뿔의 성장과 개수변화, 사지골
관절의 유착 유무관계를 보면 알 수 있다. 패총에서는 간혹 위턱과 아래턱에 이빨
이 남아 있는 상태로 출토되는 경우가 많다. 모든 동물은 나이에 따라 이빨의 발치
가 다르고 성장에 따라 이빨 표면의 마모가 다른데, 이 때문에 출토되는 턱뼈를 통
해 나이 추정이 가능하다는 것이다. 사슴, 멧돼지, 노루, 고라니와 같은 우제목(偶蹄
目)은 이빨이 절치 6, 송곳니 2, 앞어금니 6, 뒤어금니 6으로 균일하며, 발치 정도에
따라 〈표 5〉와 같은 연령임을 알 수 있다.

표 5　이빨에 의한 나이 추정

해당동물	이빨	나이
사슴/멧돼지/ 고라니/노루	M, 발치	6개월
	M, 발치	18개월(1년 6개월)
	M, 발치	30개월(2년 6개월)

표 6 뿔에 의한 나이 추정

해당동물	뿔의 변화	나이
사슴(수컷)	뿔이 없는 경우	12개월 미만
	가지 1	24개월
	가지 2	세 살
	가지 3	네 살
	가지 4	다섯 살

표 7 사지골단(四肢骨端)의 고착에 따른 나이 추정(松井 章 1999)

	말		소	
	근위부(近位部)	원위부(遠位部)	근위부(近位部)	원위부(遠位部)
위팔뼈[上腕骨]	3.5	1.5	3.5~4	1.5
앞팔뼈[橈骨]	1.5	3.5	1~1.5	3.5~4
뒤팔뼈[尺骨]	3.5	원래 고착	3.5~4	3.5~4
허벅지뼈[大腿骨]	3~3.5	3.5	3.5	3.5~4
정강이뼈[脛骨]	3.5	2	3.5~4	2~2.5
발가락뼈[指骨]	1	생전	1.5~2	생전

그리고 동물의 성장에 따른 구분은 뒤어금니에 해당하는 M_3가 완성되면 성숙한 개체[成獸], M_2와 M_3가 발치 중이면 젊은 개체[若獸], M_1이 발치되고 M_2가 발치 이전이면 어린 개체[幼獸]로 할 수 있으며, 이빨의 마모 정도와 이빨의 구조변화를 통한 연령 추정은 정확도가 떨어진다고 한다. 사슴의 수컷은 해마다 뿔이 자라고 떨어지고를 반복하며, 연령에 따라 뿔의 가지 수가 다르게 자라는데 〈표 6〉을 참고할 수 있다.

다음은 동물 사지골(四肢骨)을 통해서도 나이를 알 수 있다. 사지골은 앞다리[前肢骨]의 경우 위팔뼈[上腕骨], 앞팔뼈[橈骨], 뒤팔뼈[尺骨], 손등뼈[中手骨]로 이루어져 있으며, 뒷다리[後肢骨]는 허벅지뼈[大腿骨], 정강이뼈[脛骨], 발등뼈[中足骨]로 되어 있다. 사지골을 통해 나이를 추정할 수 있는 요소는 사지골의 양쪽 끝에 있는 관절의 유착 관계이다. 보통 뼈의 관절은 뼈가 일정한 크기로 자라기까지는 고착되지 않는데 패총에서 출토된 사지골에 관절이 붙어 있으면 대략 3세 이상, 관절이 붙어 있지 않으면 3세 미만으로 구분할 수 있다.

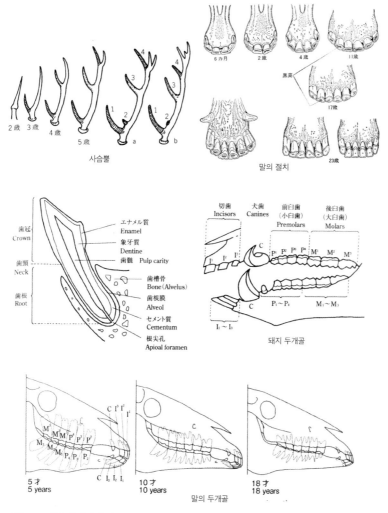

그림 11 포유류의 나이 추정(金子浩昌 1984; 松井 章 2008)

2) 암수 구분

암수 구분은 일반적으로 동물의 외형을 보면 바로 할 수 있다. 그렇지 못할 경우는
암수 차이를 알 수 있는 부위 비교나 동일한 부위의 크기 비교를 통해 구분할 수
있다. 사슴의 경우는 두개골에 뿔이 있으면 수컷, 없으면 암컷으로 구분할 수 있다.
고라니는 암수 모두 뿔이 없지만 위턱에 기다란 송곳니[犬齒]가 있으면 수컷, 없으
면 암컷으로 구분된다. 말은 위/아래턱에 송곳니가 있으면 수컷, 없으면 암컷으로
구분되며, 멧돼지 역시 턱에 송곳니가 있다면 수컷, 없다면 암컷이다. 닭은 발등뼈

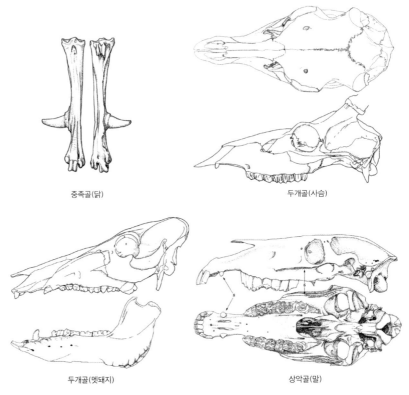

중족골(닭)

두개골(사슴)

두개골(멧돼지)

상악골(말)

그림 12 수컷을 알 수 있는 뼈대

[中足骨]에 퇴화된 발톱의 돌기가 있으면 수컷, 없으면 암컷으로 구분할 수 있다. 그리고 도미과는 성장하면서 암수로 변화되기 때문에 패총에서 출토된 뼈를 통해 암수 구분은 어렵지만 혹돔의 경우는 두개골에 혹이 있으면 수컷, 없으면 암컷으로 구분할 수 있다.

7. 크기 및 체고 분석

동물유체의 크기와 체고(體高) 분석은 고대 사람들의 개별동물에 대한 비중과 선호도, 단백질 공급원으로서의 역할을 알기 위해 중요한 부분이다. 연체동물인 조개류는 배발류[腹足綱]와 도끼발류[斧足綱]의 껍질을 대상으로 크기를 길이 및 너비, 혹은 각고(殼高) 및 각장(殼長)으로 계측하면 되지만, 척추동물의 경우 골격이 매우 다양하고 복잡하므로 부위 계측 시 주의를 기울여야 한다. 계측도구는 일반자, 스

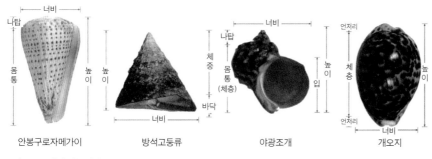

그림 13 조가비 계측방법(유병일 2012)

케일자, 버니어캘리퍼스, 디지털캘리퍼스 등이며, 계측방법은 부위별로 다르기 때문에 첨부한 그림을 참고하면 된다.

IV 얻을 수 있는 정보와 제안

동물유체는 생활유적인 패총과 구덩이, 저습지와 무덤에서 대부분 발견되므로 자료 비교를 통해 여러 가지 고고학적 정보를 알 수 있다.

1. 동물유체에서 얻을 수 있는 정보

첫째, 유적이 형성될 당시의 자연환경을 그려 볼 수 있다는 점이다. 동물유체 가운데에서 조가비들의 종류와 크기, 다양한 척추동물의 생태적 습관을 고려하면 이 점을 충분히 알 수 있다.

둘째, 동물유체가 발견된 유적의 생계방식을 알 수 있다. 생계유지에 가장 필수적인 것은 의식주이다. 동물유체의 종류는 유적마다 약간의 차이가 있지만 신석기시대 이후 삼국시대까지 특정한 종의 출현과 소멸, 적음과 많음의 차이는 존재하나 기본적인 종의 구성은 큰 변화가 없음을 알 수 있다.

셋째, 동물유체를 통해 유적이 형성된 계절을 알 수 있다. 패총에서 많이 확인되는 조가비의 나이와 서식환경, 일부 포유동물의 골격 특징을 참고하면 유적이 어느 계절에 형성되었는지를 알 수 있다는 것이다.

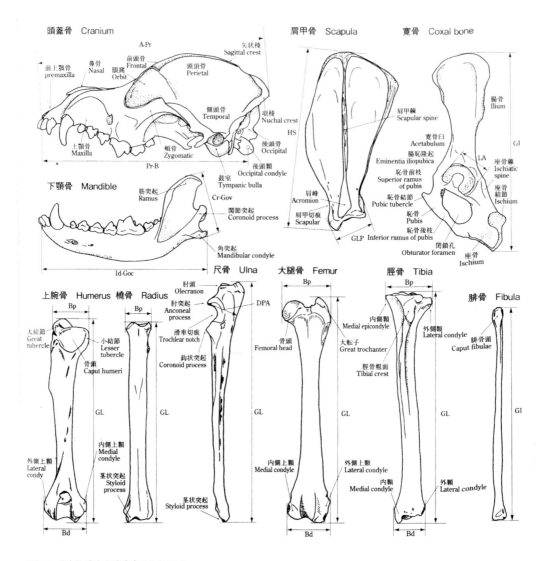

그림 14 개의 부위별 측정방법(松井 章 2008)

넷째, 유적에서 유행한 기술적인 맥락과 체계를 유추해 볼 수 있다. 동물유체를 효율적으로 활용한 흔적이 패총에서 출토된 유물을 통해 확인할 수 있으며, 패총에서 출토되지는 않지만 동물들의 가죽과 내장 등 특수 부분의 활용까지 잠정적으로 고려한다면 당시 사회, 특히 삼한 및 삼국시대는 동물들을 매우 수준 높게 활용하는 방식을 알고 있었다는 것을 유추해 볼 수 있다. 뼈를 소재로 한 도구들의 다양한 종류와 제작방법, 그리고 제작절차가 매우 수준 높고 과학적이라는 점을 알 수 있다.

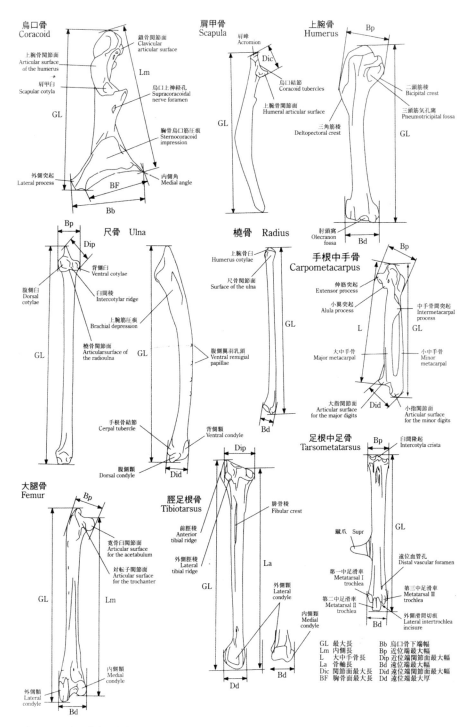

烏口骨
Coracoid

鎖骨関節面
Clavicular
articular surface

上腕骨関節面
Articular surface
of the humerus

肩甲臼
Scapular cotyla

烏口上神経孔
Supracoracoidal
nerve foramen

Lm

GL

胸骨烏口筋圧痕
Sternocoracoid
impression

外側突起
Lateral process

内側角
Medial angle

BF

Bb

肩甲骨
Scapula

肩峰
Acromion

Dic

烏口結節
Coracoid tubercles

上腕骨関節面
Humeral articular surface

GL

上腕骨
Humerus

Bp

二頭筋稜
Bicipital crest

三頭筋気孔窩
Pneumotricipital fossa

三角筋稜
Deltopectoral crest

GL

肘頭窩
Olecranon
fossa

Bd

尺骨 Ulna

Bp

Dip

背側臼
Ventral cotylae

腹側臼
Dorsal
cotylae

臼間稜
Intercotylar ridge

上腕筋圧痕
Brachial depression

橈骨関節面
Articularsurface of
the radioulna

GL

GL

手根骨結節
Cerpal tubercle

背側顆
Ventral condyle

腹側顆
Dorsal condyle

Dip

Did

橈骨 Radius

上腕骨臼
Humerus cotylae

尺骨関節面
Surface of the ulna

GL

腹側翼羽乳頭
Ventral remigial
papillae

Bd

手根中手骨
Carpometacarpus

Bp

伸筋突起
Extensor process

小翼突起
Alula process

中手骨間突起
Intermetacarpal
process

L

GL

大中手骨
Major metacarpal

小中手骨
Minor
metacarpal

大指関節面
Articular surface
for the major digits

Did

小指関節面
Articular surface
for the minor digits

足根中足骨
Tarsometatarsus

Bp

臼間隆起
Intercotyla crista

GL

脛骨稜
Fibular crest

蹴爪 Supr

遠位血管孔
Distal vascular foramen

第一中足滑車
Metatarsal I
trochlea

第三中足滑車
Metatarsal III
trochlea

第二中足滑車
Metatarsal II
trochlea

外側滑間切痕
Lateral intertrochlea
incisure

Bd

大腿骨
Femur

Bp

寛骨臼関節面
Articular surface
for the acetabulum

対転子関節面
Articular surface
for the trochanter

GL

Lm

内側顆
Medial
condyle

外側顆
Lateral
condyle

Bd

脛足根骨
Tibiotarsus

前脛稜
Anterior
tibial ridge

外側脛稜
Lateral
tibial ridge

GL

Dip

外側顆
Lateral
condyle

内側顆
Medial
condyle

Dd

Bd

GL 最大長	Bb 烏口骨下端幅
Lm 内側長	Bp 近位端最大幅
L 大中手骨長	Dip 近位端関節面最大幅
La 骨軸長	Bd 遠位端最大幅
Dic 関節面最大長	Did 遠位端関節面最大幅
BF 胸骨面最大長	Dd 遠位端最大厚

그림 15 조류의 부위별 측정방법(松井 章 2008)

다섯째, 유적의 성격과 다른 유적들과의 교류문화가 활발하게 전개되었음을 알 수 있다. 동물유체는 당시 사람들에게 필수불가결한 존재이며 이를 안정적으로 확보하기 위해서는 자체 확보도 중요하지만 사회정치적인 측면에서 이들을 확보할 수 있어야 공동체 유지와 번영이 보장될 것이다. 이러한 차원에서 공동체가 할 수 있는 경제적인 활동은 교류이며, 유적의 주변 자연환경에서 생산될 수 없는 것을 원자재로 한 유물이 확인된다면 이 점이 충분히 설명될 수 있다. 창원분지의 패총에서 일본의 오키나와 혹은 동해안의 울릉도에 서식하는 조가비 유물이 발견된다거나 다른 지역에 유행한 유물이 어느 한 지역에서 발견된다거나 하는 자료출토 정황에서 이 점을 알 수 있을 것이다.

2. 연구방법과 몇 가지 제안

고고학 유적에서 출토되는 유물은 과거의 자료이며 죽은 자료라고도 할 수 있다. 자료 자체가 살아 있게 하고 과거를 알기 위해서는 이들 자료에 대한 과학적인 연구와 분석이 필수적이다.

첫째, 동물유체의 형성과정을 체계적으로 이해할 필요가 있다. 패총에서 확인되는 자료는 기본적으로 사람이 고의적으로 버린 것과 자연적인 현상 혹은 과정으로 유적에 버려지는 것이 있으며, 이러한 차이를 분명히 구분해야 한다는 점이다. 이 차이를 구분할 수 없다면 자료의 여러 가지 측면이 왜곡되기 때문에 과학적이고 효율적인 방법으로 동물유체의 형성과정을 이해해야 할 것이다.

둘째, 동물유체에 대한 이해도의 수준을 향상시켜야 한다. 패총에서 출토되는 동물유체는 매우 다양하다. 연체동물은 식용 가능한 조가비와 비식용조가비, 육지달팽이 등을 합치면 최소한 50종 이상이며 포유동물 역시 40여 종이 넘는다. 자료정리를 효율적으로 하고 특징을 정확하게 기록하고 분석을 체계적으로 할 수 있기 위해서는 해당 동물유체에 대한 이해도, 예를 들면 종명 분석, 부위 이름, 해당 종의 생태적인 습성과 생태환경, 특정 부위 활용도에 대한 지식의 수준을 높여야 한다.

셋째, 패총에서 깨어져 출토되거나 뼈에 고의적인 흔적을 남긴 도구의 종류와 사용법을 이해하기 위해서는 해당 동물에 대한 뼈대 구성은 물론 힘줄구조를 어느 정도 이해하여야 한다. 해당 자료가 품고 있는 묵시적인 정보를 밝혀내기 위해서는 포유류인 소와 말의 경우 전체적인 힘줄과 부위별 힘줄구조 등을 어느 정도 이해하고 있어야 흔적이 발생한 과정, 단계, 도구, 방법 등을 연구할 수 있을 것이다.

넷째, 해당 동물유체와 문헌기록의 비교 검토가 반드시 필요하다는 점이다. 조선시대의 경우 팔도의 유명한 관련 동물들이 왕에게 진상되었는데, 이에 대한 기록이 남아 있다. 고대문헌과 고고학 자료의 비교 검토는 해당 동물유체에 대한 고고학적 정보를 더 체계화시켜 주고 의미 및 비중을 높게 하므로 이 연구는 반드시 필요하다.

다섯째, 동물유체의 현생표본을 모두 갖추어야 한다는 점을 강조하고 싶다. 이 자료는 동물유체의 연구에 있어 가장 기본적이며, 일차작업인 종명을 정확하게 분석하는 데에도 꼭 필요하다. 이 자료는 연구자가 모두 갖추기에는 한계가 많으므로 공공기관이나 정부기관에서 현생표본 작업을 주도할 필요가 있으며, 또 이를 원활하게 교류할 수 있도록 하여야 할 것이다.

마지막으로 동물유체에 대한 기존의 인식이 재고되어야 하며 학제 간 공동연구가 활발하게 진행되어야 한다. 유적에서 동물유체에 대한 인식은 자료수습부터 드러나게 되는데, 토기, 철기, 장신구, 토제품 등은 실측하거나 사진자료로 남겨 비중 있게 다루지만 동물유체는 적당히 수습하거나 아예 수습하지 않는 경우가 있다. 과거문화를 포괄적으로 복원하고 전반적인 당시 사회의 여러 정황을 이해하는 데는 몇몇 인공유물보다 동물유체라는 하나의 자료가 더 많은 정보를 제공할 수도 있다는 점을 부인할 수는 없을 것이다. 따라서 인공유물과 같이 동물유체 역시 비중 있게 인식하여 수습단계부터 철저하게 다루어야 한다.

[유병일]

참고문헌

권오길 외, 1993, 『원색한국패류도감』, 아카데미서적.

金子浩昌 외, 2002, 『동삼동패총 IV(동물유체)』, 국립중앙박물관.

부산대학교박물관, 1981, 『김해수가리패총 I』, 유적조사보고 4집.

유병일, 2006, 「동물유체의 분석과 연구」, 『고고학과 자연과학』, 제15회 영남고고학회 학술발표회, 영남고
고학회, 1-37쪽.

_____, 2012, 「영남지역에서 출토된 교류관련 동물유체(조가비)」, 『영남고고학』 61호, 영남고고학회,
5-22쪽.

유병일 외, 2009, 「어골을 통한 해체 및 조리에 대한 일고찰」, 『야외고고학』 7호, 한국문화재조사연구기관
협회, 177-217쪽.

최삼용·한창균, 1986, 『우리나라 신석기시대 짐승잡이의 예』, 『박물관기요』 2, 단국대학교 중앙박물관,
15-36쪽.

키스 윌킨스 외(안승모·안덕임 옮김), 2007, 『환경고고학』, 학연문화사.

岡村道雄, 1988, 「貝塚から讀む繩文人の暮らし」, 『考古學への招待』, 朝日新聞社, 7-14쪽.

金子浩昌, 1984, 『貝塚の獸骨の知識』, 東京美術.

大泰司 紀之 외, 1994, 『齒の比較解剖學』, 醫齒藥出版社.

富山縣埋藏文化財センター, 1991, 『貝塚』, 平成3年度特別企劃展.

松井章, 1999, 『考古學と動物學』, 考古學と自然科學 ②, 同成社.

_____, 2008, 『動物考古學』, 京都大學學術出版會.

제2부 유구 조사법

제8장

구석기유적은 어디에 있나?

I 머리말

까마득한 옛날인 구석기시대의 자취를 도대체 어떻게 찾아낼까? 당시에 살지도 않았고 또 타임머신을 타고 가 보지도 않은 고고학자가 타제석기를 주워 들고 바로 여기가 구석기인들의 살림터였다고 말한다면 마치 신통한 점쟁이처럼 보일지 모른다.

그러나 1964년 공주 석장리유적의 발굴 이래 최근까지 구석기 연구자들은 수많은 발굴조사와 지표조사를 통해 유적이 있을 만한 곳을 알아내는 능력을 키워 왔다. 여기에는 하안단구, 해안단구를 고려한 제4기 지질학과 지형학 분야의 접근 방식도 일조한 바 있다(이동영 1998).

구석기유적을 찾는 데 있어, 문헌자료의 수집, 탐문조사, 입지조건의 유형 분류 같은 '기초조사', 그리고 조사 대상에 따라서 경작지 조사, 비경작지 조사 같은 '현지조사'로 구분하여 단계별로 체계 있게 진행하는 방안이 이미 제시된 바 있다(한창균 2007). 또 한데에 분포하는 유적을 대상으로 지형을 세분하여 지표조사 시 참고할 수 있는 글도 발표되었다(이정철 2015).

여기서는 지형 분석으로 유적의 존재 가능성을 판단할 수 있는 '입지 유형'에 대해 자세히 논하고자 한다. 그 대상으로 구석기 연구사에서 중요한 의미를 지니는 유적들과 필자가 조사한 유적을 포함하였고, 동굴유적이나 호숫가유적은 제외하였다. 입지 유형은 크게 '산지'와 '저구릉지'로 나누고, 다음으로 하천과의 관계, 해(태양)와의 관계, 그리고 유적 둘레의 암석환경에 따라 세분이 가능하다.

입지 유형을 다루기에 앞서 구석기유적이 우연히 발견된 사례를 통해 다른 시대

유적들을 조사할 때, 그리고 예상치 못한 지역에서도 구석기유적의 존재 가능성을 늘 염두에 둘 필요가 있음을 강조하려고 한다.

II 우연히 알게 된 구석기유적의 입지

다른 시대의 유적을 조사하다가 타제석기가 발견된 사례들을 통해 구석기유적의 입지에 대한 정보를 얻기도 한다. 그런 예로 내륙에서는 주암댐 수몰지역, 영광 마전유적, 순천 죽내리유적, 남원 봉계사지유적이 있다. 한편, 구석기인들이 살았다고 상상하기 어려운 바닷가, 섬, 바다 밑에서도 유물이 발견되었는데, 무안 도원유적, 신안 압해도유적, 부안 상왕등도유적이 해당된다.

1. 다른 시대의 유적지에서

1980년대 후반의 주암댐 수몰지역 조사는 수많은 고인돌을 발굴하는 데 치중되어 있었다. 그런데 지석묘 발굴이 한창 진행되던 우산리 곡천(이융조 외 1988; 이융조·윤용현 1990), 신평리 금평(임병태·최은주 1987; 임병태·이선복 1988), 덕산리 죽산(지동식·박종국 1988; 이선복 외 1990), 사수리 대전(이융조 외 1988; 이융조·윤용현 1992) 유적에서 구석기시대의 타제석기가 찾아진 것이다. 즉 무덤방 주변에서 뗀석기가 발견됨으로써 청동기시대의 사람들이 구석기인들이 살다간 터전 위에 무덤을 만들었음을 알게 되었다. 이 유적들은 전남 동남부의 산간지역에 있으며 보성강의 중류 지역에 해당된다(그림 1).

서해안 고속도로 건설구간인 영광 마전유적(이기길 외 2003)에서는 송국리형 집자리와 소형 창고로 이뤄진 청동기시대 중기의 마을과 4주식 방형 집자리로 이뤄진 삼국시대의 마을이 드러났다. 그런데 유구들이 분포하는 갈색찰흙층에서 구석기시대의 석기들이 발견되었다. 여기는 과거에 작은 골짜기 모양의 지세였는데 거기에 갱신세층이 남아 있었던 것이다(그림 2, 3).

지표에서 삼국시대의 그릇 조각과 청동기시대 석기 조각의 발견을 계기로 발굴조사가 이뤄진 순천 죽내리유적(이기길 외 2000)에서는 삼국시대의 공동무덤, 청동기시대의 집자리들 밑에서 4개의 구석기문화층이 차례로 드러났다. 또한 삼국시대 고

그림 1 주암댐 수몰지역 구석기유적의 위성사진(출처: Daum 지도)

그림 2 영광 마전유적 구석기 유물 출토 범위

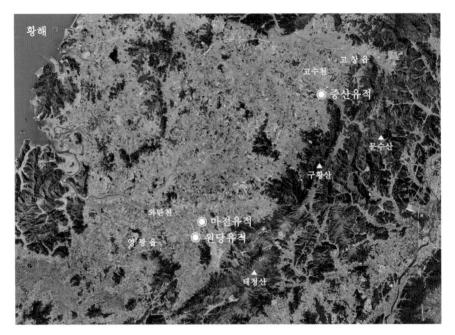

그림 3 고창 증산유적, 영광 마전, 원당유적의 위성사진(출처: Daum 지도)

그림 4 남원 봉계사지유적의 위성사진(출처: Daum 지도)

분군을 주체로 하는 남원 봉대리유적 조사 중 봉계사터에서 후기구석기시대의 돌날
긁개를 비롯한 유문암제 석기들이 수습되었다(장명엽·윤세나 2013; 그림 4).

　　이와 같은 사례들은 구석기인들이 살았던 곳이 아주 오랜 시간이 흐른 뒤인 청
동기시대와 삼국시대에 다시 터전으로 이용되었음을 알려 준다.

2. 바닷가와 섬, 바다 밑에서

무안 성내리 도원, 대박, 학례동유적은 바닷가에서 불과 100~200m 거리에 위치하
고 있다(송미진 외 2012; 그림 5). 그리고 신안 압해도에는 분매리 신기마을과 갯모실,
동서리 월포, 학교리 목교, 장감리 터골마을, 복룡리 세천마을, 대천리 반월부락, 송
공리 상촌마을 등 모두 8개의 구석기유적이 섬 안에 자리한다(그림 6). 이 유적들에
서는 격지와 몸돌, 찍개, 공모양석기처럼 자갈을 깨뜨려 만든 구석기가 발견되었다
(이헌종 2000). 한편 변산반도에서 서쪽으로 약 35km 지점인 부안 상왕등도의 인근
바다에서 털코끼리(맘모스)의 어금니 화석이 그물에 걸려 올라왔다(김진경 외 2012).

　　현재 평균수심이 44m이고 최고 수심이 103m인 황해는 과거 빙하기에는 바다
가 물러나면서 육지로 바뀌곤 했다. 특히 2만 년 전 무렵의 빙하 극성기(LGM) 동안은
바다가 120m 이상 낮아져 중국대륙과 한반도가 땅으로 이어져 있었다. 바다라는 장
벽이 사라지면서 당시의 짐승과 구석기인들은 자연스럽게 삶의 영역을 육화된 황해
로까지 넓혔던 것이다. 이런 점에서 바닷가와 섬, 그리고 바다 밑에서 구석기시대의
유물들이 발견되는 이유를 이해할 수 있다.

III 구석기유적의 입지 유형

앞에서 보았듯이 구석기유적과 유물은 내륙은 물론 바닷가와 섬, 그리고 바다 밑에서
도 발견되고 있다. 그런데 과거 여러 번의 빙하기, 특히 마지막 빙하기 동안에는 황해
전체가 육지가 되었고, 남해도 상당 부분이 육지가 되었다. 그런즉 유적의 입지 유형
을 논하는 데 군이 섬이나 바다 밑까지 각각의 경우로 따로 다룰 필요가 없을 것이다.
따라서 육지에서 보고된 유적들을 대상으로 입지 유형을 정리해 보겠다.

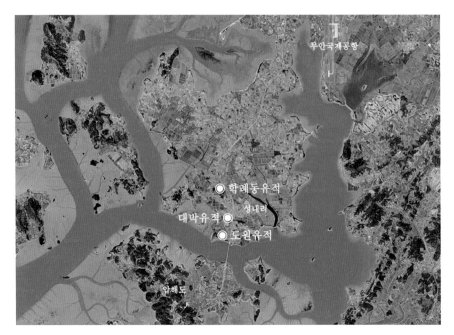

그림 5 무안 성내리 도원, 대박, 학례동유적의 위성사진(출처: Daum 지도)

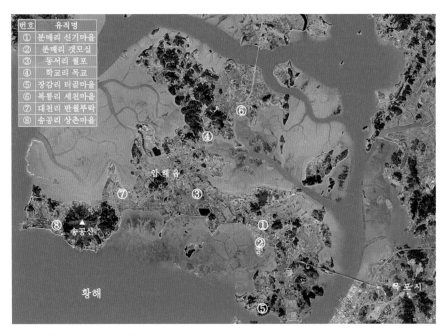

그림 6 압해도 구석기유적의 위성사진(출처: Daum 지도)

1. 산지 남향 두물머리(합수지점)형

이것은 남향 또는 동남향이나 서남향의 언덕, 그리고 본류와 지류가 만나는 지점에 위치한 경우이다. 상당수의 구석기유적이 이런 입지에서 발견되었다. 공주 석장리유적, 단양 수양개유적 제1지구와 6지구, 임실 하가유적, 화순 도산유적, 순천 죽내리유적 등이 이 유형에 속한다.

석장리유적의 북쪽에는 장군산(해발 354m)이 솟아 있으며 그 산봉우리에서 뻗어 내린 가파른 능선들이 금강가로 이어지고, 강의 남측에는 명덕산(329m), 계룡산 (845m) 등이 우뚝 솟아 있다. 좁은 골짜기 사이를 흐르는 금강은 유적 부근에서 동서 방향으로 거의 곧게 흐르고, 유적의 서편에는 석장천이 흘러든다. 이처럼 석장리유적은 산지에 위치한 서남향의 야트막한 언덕에 자리한 두물머리 유형이다(그림 7).

석장리유적 둘레의 지질을 보면 주로 선캄브리아기에 속하는 운모편암류로 구성되어 있고, 후기에 관입한 화강암류나 반암류도 분포하고 있다. 이 중 반암류는 금강 남측의 청벽산에서 남북으로 띠 모양으로 분포하고 있다. 유적에서는 반암으로 만든 석기와 더불어 석영맥암, 규장암, 흑요석, 옥수, 산성화산암 등으로 제작된 석기들

그림 7 공주 석장리유적의 위성사진(출처: Daum 지도)

그림 8 단양 수양개유적의 위성사진(출처: Daum 지도)

이 보고된 바 있다(서인선 2015; 손보기 1993).

수양개유적은 남한강 상류의 깊은 산골에 위치한다. 즉 중부 산악지대인 소백산 (1,439m) 국립공원의 서편으로 유적 둘레에는 동쪽에 슬음산(670여m), 남쪽에 두악산 (732m), 서쪽에 금수산(1,016m) 그리고 북서쪽에 천계봉(570여m)이 솟아 있다. 현재까지 애곡리와 하진리 사이의 5개 지점에서 다량의 뗀석기가 발굴되었다. 이 지점들은 천계봉과 말목산(710m)에서 남남동으로 뻗어 내린 줄기의 끝자락인 완만한 언덕에 위치하고 있다. 모두 동남향이고 남동쪽은 남한강 본류에 접해 있고, 서쪽이나 동쪽에는 남한강 줄기로 흘러드는 실개천(애곡천, 상리천)이 있다(그림 8).

유적 일대의 고기하성층에는 규암, 사암, 셰일, 화성암 등의 자갈들이 포함되어 있다. 이 중 셰일은 유적에서 발굴된 석기의 재료와 일치하는데, 다만 유적에서는 자갈면이 남아 있는 유물이 없어 약 15km 떨어진 산제골에서 구석기인들이 가져온 것으로 해석하고 있다(이융조 1985).

하가유적은 해발 300~400m대의 진안고원에 자리하며, 남쪽과 남서쪽에 백이산(531m)과 백련산(759m), 북동쪽에는 성미산(431m)이 있다. 유적은 용요산(490m)의 북서쪽 지맥인 해발 369m의 봉우리에서 서쪽으로 뻗어 내린 긴 능선의 완만한 끝자

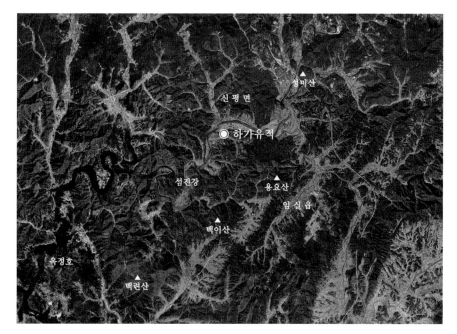

그림 9 임실 하가유적의 위성사진(출처: Daum 지도)

락에 있다. 산지의 좁은 골짜기를 굽이치며 흐르는 섬진강이 유적 앞에서 활처럼 휘어져 남쪽으로 흘러간다(그림 9). 하가유적에 오르면 북쪽에서 시계 반대방향으로 동남쪽에 이르기까지 시원하게 펼쳐진 호쾌한 경관을 한눈에 볼 수 있다. 나지막한 언덕(220m 내외)에 자리한 하가유적은 햇빛이 잘 비춰 그 일대에서 아주 양지바른 곳이다(이기길 외 2008).

유적 둘레의 지질을 보면 유문암, 유문암질응회암, 석영반암, 규장반암 등의 산성화산암류가 하가유적의 북쪽인 상월천 하류 지역과 남서쪽인 운암면 학암리 일대에 분포한다. 유적 앞 물가에는 발굴된 석기의 재료와 같은 양질의 유문암 자갈이 풍부하다(이윤수 2008).

도산유적은 영산강의 지류인 지석천의 중상류에 위치하는데 지석천이 영산강과 합류하는 지역인 나주 일대와 비교해 보면 산간지역에 속함을 한눈에 알 수 있다. 비록 유적 언저리에 좁은 곡간평야가 있지만 산지의 비중이 훨씬 높은 편이다(이기길 2002b).

가까이 보면 유적은 해발 544.7m인 용암산의 북서쪽 줄기인 비호산(129.5m) 북서쪽 끝자락의 완만한 언덕에 있다. 유적의 서쪽은 지석천이 활처럼 휘감고 흐르며 북동쪽은 남동쪽에서 흘러내리는 한천천이 지석천으로 합류한다(그림 10). 현재 한천

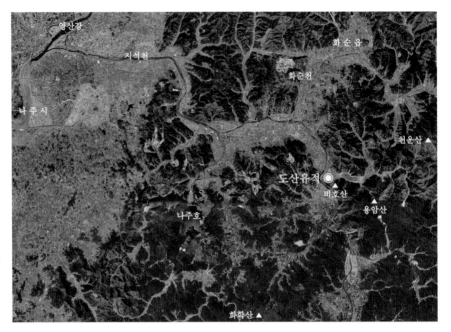

그림 10 화순 도산유적의 위성사진(출처: Daum 지도)

천은 유적에서 좀 떨어져 있지만 좁은 골짜기 내에 갇혀 있는 이 천은 과거 상황에 따라 유적 가까이 흘렀던 적도 있었을 것이다. 도산유적 출토 석기의 대부분은 석영맥암, 규암, 사암, 편암, 안산암질용암 자갈로 만들어졌는데, 이런 돌감은 과거 지석천을 따라 분포하는 옛 강바닥 자갈층에 포함되어 있다(이윤수 2002; 김주용 외 2002).

순천 죽내리유적은 섬진강의 지류인 황전천의 중류 지역에 있으며, 지리산의 서남단에 속한다. 유적과 주변 평지의 표고는 수십 m인데 반하여 불과 수 km 내에 해발 700m 전후의 산봉우리들이 둘러싸고 있다(그림 11). 이런 지세는 산, 골짜기, 좁은 들로 이뤄진 소규모 폐쇄 공간을 이루어 사냥감인 짐승들을 가두어 놓는 천연 우리, 그리고 황전천은 식수 및 물고기 등의 공급지 역할을 한다.

유적의 자리를 가까이 보면, 산지인 북쪽을 제외한 동, 남, 서측은 좁은 곡간평야이고, 동편에 북서-남동 방향으로 뻗어 내린 능선이 있어 북풍이 가로막히고 햇볕이 잘 드는 따뜻한 곳이다. 유적의 서편에는 봉두산에서 발원한 봉성천이 황전천으로 흘러드는데, 특히 양질의 석영맥암을 유적 앞으로 운반하는 역할을 한다. 황전천변에는 뗀석기 만들기에 적합한 석영맥암, 산성화산암(응회암/유문암), 사암, 셰일, 이암 등의 다양한 돌들이 분포한다(이윤수·이기길 2000).

그림 11 순천 죽내리유적의 위성사진(출처: Daum 지도)

2. 산지 북향형

이 유형에 속하는 것으로 진안 진그늘유적이 있다(이기길·윤정국 2005). 이 유적은 '진 안고원'이라고 부르는 깊은 산속에 있는데, 가까이 보면 해발 460여m인 성주봉의 북 서편에 있는 앞산(449m)의 서쪽 완만한 기슭에 구석기 문화층이 넓게 분포하고 있으 며, 그 서쪽에 활 모양으로 정자천이 흐른다(그림 12). 그런데 앞산의 봉우리는 북동- 남서 방향으로 길고 높아 오전에도 해가 높이 솟아야 유적 안으로 햇빛이 든다. 또 유 적의 서편에는 480여m의 국사봉과 북서-남동 방향으로 긴 산줄기(500~600m대) 두 개가 나란히 솟아 있어 오후에도 그늘이 빨리 생긴다. 그래서 유적은 주변보다 그늘 속에 들어 있는 시간이 긴 편이다. 유적 인근의 마을 이름이 우리말로는 진(긴)그늘, 한자로는 장음(長陰)이라고 하는 것도 이런 현실에서 유래했다.

그런데 북향한 곳에서 구석기유적이 발견된 예는 아주 드물다. 그럼에도 여기에 20여 곳의 석기제작소가 분포하고 출토 유물의 수량이 1만 2000여 점에 이른다는 사 실은 부족한 일조량이라는 단점을 상쇄하고도 남을 무언가가 있었기 때문일 것이다.

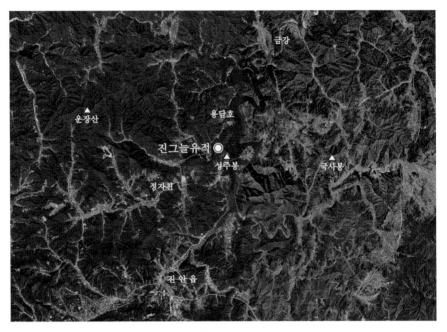

그림 12 진안 진그늘유적의 위성사진(출처: Daum 지도)

그것은 무엇보다도 정자천 상류 지역인 운장산 일대에 분포하는 산성화산암 모암에서 기원한 양질의 유문암 자갈이 유적 앞 천변에 매우 풍부하다는 사실에 기인한다고 생각된다. 유적에서 발굴된 대다수의 석기는 천변의 유문암으로 제작된 것으로 드러났기 때문이다.

3. 산지 물도리동(하회)형

이것은 유적의 세 면이 하천으로 둘러싸인 유형이다. 연천 전곡리유적과 순천 월암리 월평유적이 좋은 보기이다.

　전곡리유적은 추가령지구대의 남서부인 500~600m대의 높은 산들이 점점이 분포하는 산간지역에 위치하며, 한탄강이 유적의 동, 남, 서 세 면을 둥글게 휘감고 흐르는 현무암대지 위에 있다. 전곡리 대지는 평탄한 지형으로 제일 높은 곳이 해발 약 61m이다(배기동 외 2001). 그리고 남쪽에 솟아 있는 소요산(587m)의 서편을 남에서 북으로 흐르는 강화천(신천)이 한탄강으로 합류한다(그림 13). 소요산, 하봉암동, 상봉암동과 종현산 일대에는 양질의 규암이 분포하는데 그 사이를 흐르는 강화천은 유적

그림 13 연천 전곡리유적의 위성사진(출처: Daum 지도)

그림 14 순천 월평유적의 위성사진(출처: Daum 지도)

앞으로 양질의 규암 자갈을 실어오는 중요한 역할을 한다(이기길 1985).

월평유적은 장단 약 9~6km의 타원형 산악분지의 중앙부에 위치하며, 그 둘레에 조계산령을 따라 이어지는 고동산(709m)-백이산(584m)-국기봉(528m)-망일봉(652m)이 시계방향으로 돌아가며 병풍처럼 솟아 있다. 산봉우리들의 고도는 북쪽이 높고 남쪽이 낮은 경향이어서 겨울에도 유적 안으로 햇빛이 잘 비친다. 조계산(884m)의 남쪽 줄기인 고동산의 서쪽 끝자락에 위치한 유적의 남쪽과 서쪽, 북쪽을 외서천과 송광천이 둥글게 감싸 돌며 흘러 완연한 물도리동의 모습이다(이기길 2002a; 그림 14).

좁은 골짜기를 흐르는 송광천은 주변의 석영맥암/산성맥암에서 떨어져 나온 돌덩어리를 운반하는 통로가 된다. 송광천을 따라서 다소 원마도가 좋고 신선한 자갈들이 분포하는데 구석기인들은 단단하고 날카로운 석재로서 유용한 석영맥암을 여기서 얻을 수 있었다(이윤수 2002).

4. 산지 분지형

이 유형에 속하는 것으로 장흥 북교리 신북유적(이기길 외 2008)과 남양주 호평동유적(홍미영·김종헌 2008)이 있다.

신북유적은 하늘에서 보면 지름 10km 내외의 산지에 위치한 형국이다. 즉 남쪽은 해발 600~700m대의 제암산, 사자산, 일림산, 서쪽은 해발 551m의 용두산, 북쪽은 해발 400~500m 대의 황아산, 봉미산, 벽옥산, 봉화산이 솟아 있다. 그리고 일림산 자락에서 발원한 보성강이 북으로 직류하다가 서쪽으로 휘어 흐르며 유적 멀리 지나가고, 제암산 자락에서 시작된 작은 시내들이 석교천에 합류하여 보성강으로 흘러든다.

가까이 보면, 제암산(778m)의 북북동 줄기가 440~220m로 낮아지며 유적의 남, 동, 북측을 감싸고, 용두산의 동쪽 줄기가 유적의 서측을 막아선 모습이다. 그래서 지름 2km 내외의 산간분지로서 전체 모습이 마치 둥근 잔을 닮았는데, 분지 북쪽의 배산리(盃山里)라는 지명은 이런 까닭에 생겼다고 한다. 분지 안에는 서편과 중앙에 '검은둥이'와 '중매산'이란 긴 언덕이 서로 400m쯤 떨어져 자리한다. 검은둥이의 양쪽으로 맹산천과 내반내, 그리고 중매산의 동편에는 외반내가 흐른다(그림 15).

구석기인들이 검은둥이나 중매산을 터전으로 삼으면 분지 안을 조망할 수 있어 맹수나 침입자를 경계하기 쉬우며, 마시고 씻을 물이 있고, 채집할 나물이나 열매, 구

그림 15 장흥 신북유적의 위성사진(출처: Daum 지도)

그림 16 남양주 호평동유적의 위성사진(출처: Daum 지도)

근류 등의 식량과 사냥할 짐승이 있는 제암산으로 올라가기 쉬울 뿐 아니라, 보성강 줄기를 따라 나가면 외부로 이어지는 점에서 큰 무리가 은거지로 삼기에 아주 알맞은 자리이다.

천마산의 남서쪽 산록완사면에 자리한 호평동유적은 한북정맥(漢北正脈)의 끝자락에 솟아 있는 천마산(812m)과 백봉산(587m)으로 둘러싸인 분지 안에 있다(홍미영·김종헌 2008). 분지에는 구룡천이 중앙을 가로지르며 서쪽으로 흘러 사릉천, 또 사릉천은 왕숙천, 그리고 왕숙천은 한강으로 합류한다. 이와 같은 입지는 신북유적과 여러 가지 점에서 일맥상통한다(그림 16).

5. 저구릉지형

호남에서는 익산-전주-고창-영광, 광주-나주-영암 일대에 저구릉지가 발달되어 있다. 이 일대에서 발굴조사된 유적으로 전주 중동유적(한수영·이창승 2013), 완주 갈산리유적(한수영 외 2014), 영광 원당유적(이기길 외 2003), 나주 용호유적(이영철·최미노 2004), 나주 도민동유적(송미진 외 2012) 등이 있다(그림 17, 18).

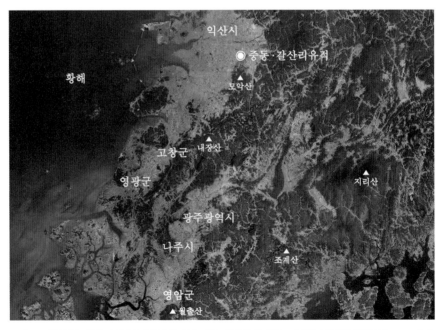

그림 17 전주 중동, 완주 갈산리유적과 익산-영광, 광주-영암에 분포하는 저구릉지의 위성사진(출처: Daum 지도)

그림 18 나주 용호, 송월동, 도민동유적의 위성사진(출처: Daum 지도)

이 가운데 나주의 지형을 살펴보면, 저평한 구릉과 충적지가 펼쳐지고 그 사이를 영산강이 흐른다. 최고지대인 금성산(450m)과 최저지대인 영산강 남부(20m)의 높이 차이가 430m이나 되며, 해발 100m 내외의 구릉지가 발달해 있다. 여기에 위치해 있는 나주 용호유적의 입지를 보면, 봉의산(74.7m)에서 남서쪽으로 뻗어 내린 줄기의 끝자락으로 양 옆에 얕은 골짜기가 형성되어 있고 동쪽에는 작은 개울이 흐른다.

IV 맺음말

한반도에서 늦어도 마지막 간빙기 전후부터 살았던 것으로 알려진 구석기인들의 다양한 흔적은 최근까지 천재지변을 비롯한 여러 가지의 자연작용을 겪었고 또 근래에는 대규모 토목공사 등으로 인해 적지 않게 사라지거나 훼손되었을 것이다. 이런 점을 감안하면 현재 고고학자들에게 알려진 유적들은 갱신세층이 잘 남아 있을 수 있는 매우 안정된 환경 속에 자리하였을 확률이 매우 높다.

예를 들어, 전곡리유적에서 석기들이 대단히 넓은 범위에 걸쳐 잘 남아 있는 이유는 한탄강이 용암대지의 약한 곳을 침식하며 수위가 점점 낮아져서 대지 위의 퇴적층에 영향을 미치지 못했기 때문이다(이선복 1983). 한편 순천 월평유적은 2005년에 제3차 발굴조사를 마친 뒤 둑이나 비탈면을 비닐로 덮어놓고 철수하였는데, 10여 년이 지난 지금도 당시의 모습을 거의 그대로 유지하고 있다. 또 송광천이나 장평천, 심지어 보성강 상류와 중류 지역에 점점이 분포하는 구석기유적들의 존재는 산간의 좁은 골짜기를 흐르는 천들이 비록 범람하더라도 별 영향을 미치지 못했음을 보여준다.

반면, 저구릉지에서 보고된 구석기유적들의 경우 상당수가 재퇴적된 양상을 띠는데, 나주 송월동유적(이헌종 외 2010)이 좋은 사례이며, 나주 용호유적과 영광 마전유적도 그런 예에 속한다. 따라서 저구릉지대에 위치했던 구석기유적들 중에는 물의 작용으로 완전히 쓸려나간 경우도 적지 않았을 것으로 추정된다.

이 글에서는 이처럼 오랜 동안에도 원 상태를 유지하거나 또는 변형되더라도 멸실되지 않은 사례들을 대상으로 구석기인들이 선호했던 입지를 모두 다섯 가지 유형으로 정리해 보았다(그림 19).

이제 구석기인들이 선호했던 입지의 숨은 비밀을 그들의 처지에서 다가가 보자. 구석기인들도 우리처럼 마시거나 씻을 물이 꼭 필요하였을 터이나, 농사의 비중이 커진 신석기시대 이후처럼 많은 양의 물이 요구되는 상황은 아니었다. 그런즉 개울이나 시냇가에 터전을 잡아도 문제가 없었다. 물과 더불어 식량을 확보하는 일은 무엇보다 중요하였다. 잘 알려져 있듯이 구석기인들은 채집과 사냥으로 식량을 마련하였는데, 나물, 버섯, 열매, 구근류 같은 식물성 식량과 다양한 짐승이 풍부한 곳은 평야보다는 산이었다. 먹는 문제의 해결과 더불어 잠을 자거나 쉴 자리도 꼭 중요하였으므로 마땅한 동굴이 없다면 한데에서라도 햇볕이 따뜻한 장소를 찾아야 했다. 이런 조건들을 충족하는 입지의 하나가 바로 산으로 올라가는 길목이면서 물을 낀 양지바른 언덕이었다. 앞에서 언급한 유적들 중 가장 좋은 보기가 장흥 신북유적과 순천 월평유적이다.

이와 더불어 그들의 생존에서 요긴한 도구가 바로 뗀석기였기에 그 재료를 구하는 일 또한 고민거리였다. 이 문제를 손쉽게 해결할 수 있는 곳이 바로 자갈이 드러나 있는 강가나 시냇가였다. 그 가운데 양질의 돌감이 풍부한 곳은 구석기인들을 다시 찾아오게 하는 아주 매력적인 요인이었다. 앞에서 살펴본 연천 전곡리, 단양 수양개, 진안 진그늘, 임실 하가, 순천 죽내리, 화산 도산 같은 유적들이 그런 이점을 지닌 곳이었다.

이와 같은 배경에서 구석기유적은 주로 산지에 잘 남아 있는 반면 저구릉지에는

① 산지 남향 두물머리형(순천 죽내리유적)

② 산지 남향 두물머리형(임실 하가유적)

③ 산지 북향형(진안 진그늘유적)

④ 산지 물도리동형(순천 월평유적)

⑤ 산지 분지형(장흥 신북유적)

⑥ 저구릉지형(영광 원당유적)

그림 19 구석기유적의 입지 유형

빈도가 낮고 평지에서는 찾기 어려운 현상을 이해할 수 있다. 여기서 다룬 구석기유적의 입지 유형을 참고한다면 향후 보다 많은 유적의 발견이 가능할 것으로 생각한다.

감사의 글
이 글에 실린 유적사진의 편집은 김수아(조선대학교 박물관)님, 그리고 인공위성사진의 작성은 박상준(조선대학교 대학원생)님의 도움을 받았기에 고마움을 표한다.

[이기길]

참고문헌

김경칠·정일·한미진, 2007,『무안 도원·농장유적』, 전남문화재연구원.

김주용·양동윤·이윤수, 2002,「화순 도산유적의 제4기지질조사 및 자연과학분석」,『화순 도산유적』, 조선대학교 박물관, 93-123쪽.

김진경·김수정·유슬찬·유해수·임종덕·이상훈, 2012,「황해 상왕등도 주변 해저 표층에서 발견된 매머드의 어금니」,『지질학회지』48-4, 341-350쪽.

배기동·홍미영·이한용·김영연, 2001,『전곡구석기유적 —2000~2001 전면시굴조사 보고서—』, 한양대학교 문화재연구소.

서인선, 2015,「석장리유적 돌날과 좀돌날 제작의 기술학적 재검토」,『한국구석기학보』31, 54-83쪽.

손보기, 1993,『석장리 선사유적』, 동아출판사.

송미진·오병욱·이지영·김빛나·송혜영, 2012,『나주 도민동·상야유적』, 전남문화재연구원.

이기길, 1985,『전곡리 석기와 만듦새와 쓰임새 분석』, 연세대학교 대학원.

_____, 2002a,『순천 월평유적 —1998년 1차 발굴—』, 조선대학교 박물관.

_____, 2002b,『화순 도산유적』, 조선대학교 박물관.

이기길·김선주·최미노, 2003,『영광 마전·군동·원당·수동유적』, 조선대학교 박물관.

이기길·김수아, 2009,『순천 월평유적 —2005년 3차 발굴—』, 조선대학교 박물관.

이기길·김은정·김선주·김수아·윤정국, 2004,『순천 월평유적 —2001년 2차 발굴—』, 조선대학교 박물관.

이기길·김은정·오병욱·김수아·차미애, 2008,『장흥 신북구석기유적』, 조선대학교 박물관.

이기길·김은정·최미노, 2000,『순천 죽내리유적』, 조선대학교 박물관.

이기길·윤정국, 2005,『진안 진그늘 선사유적』, 조선대학교 박물관.

이기길·차미애·김수아, 2008,『임실 하가유적』, 조선대학교 박물관.

이동영, 1998,「지질학적 자료의 분석」,『고고학 연구방법론 —자연과학의 응용—』, 서울대학교 출판부, 257-302쪽.

이선복, 1983,「유적의 지질고고학적 성격」,『전곡리 —유적발굴조사보고서—』, 문화재관리국 문화재연구소, 577-581쪽.

이선복·강현숙·이교동·김용하·성춘택, 1990,「신평리 금평·덕산리 죽산 후기구석기유적」,『주암댐 수몰지역 문화유적 발굴조사보고서 VII』, 전남대학교 박물관, 21-76쪽.

이선복·강현숙·이교동·이상희·김용하·신정원·성춘택, 1990,『옥과구석기유적』, 서울대학교 박물관.

이영철·최미노, 2004,『나주 용호 구석기유적』, 호남문화재연구원.

이윤수, 2002,「자연환경」,『화순 도산유적』, 조선대학교 박물관, 17-23쪽.

_____, 2004,「월평유적의 석재산지 추정과 규질암석기 분석」,『순천 월평유적 —2001년 2차 발굴—』, 조선대학교 박물관, 134-141쪽.

_____, 2008,「하가유적의 지형과 지질환경」,『임실 하가유적』, 조선대학교 박물관, 107-114쪽.

이윤수·이기길, 2000,「자연환경」,『순천 죽내리유적』, 조선대학교 박물관, 7-15쪽.

이융조, 1985,「단양 수양개 구석기유적 발굴조사 보고」,『충주댐 수몰지구 문화유적 연장발굴조사보고서』, 충북대학교 박물관, 101-251쪽.

이융조·우종윤·하문식, 1988, 「우산리 곡천 선사유적」, 『주암댐 수몰지역 문화유적 발굴조사보고서 V』, 전남대학교 박물관, 63-124쪽.

이융조·윤용현, 1990, 「우산리 곡천 구석기유적」, 『주암댐 수몰지역 문화유적 발굴조사보고서 VII』, 전남대학교 박물관, 77-139쪽.

_____, 1992, 『화순 대전 구석기시대 집터 복원』, 충북대학교 중원문화연구소.

이융조·이석린·하문식·우종윤, 1988, 「우산리 곡천 고인돌」, 『주암댐 수몰지역 문화유적 발굴조사보고서 II』, 전남대학교 박물관, 23-121쪽.

이융조·하문식·조상기, 1988, 「사수리 대전 고인돌」, 『주암댐 수몰지역 문화유적 발굴조사보고서 IV』, 전남대학교 박물관, 227-279쪽.

이정철, 2015, 「구석기유적의 이해와 탐색」, 『유적탐색법 활용 ─중부권역─』, (사)한국문화재조사연구기관협회, 69-87쪽.

이헌종, 2000, 「압해도 선사유적의 신발견」, 『도서문화』 18, 1-28쪽.

이헌종·송장선·정철환, 2010, 「나주 송월동 구석기 유적의 재퇴적과정 연구」, 『호남고고학보』 35, 5-22쪽.

임병태·이선복, 1988, 「신평리 금평 구석기」, 『주암댐 수몰지역 문화유적 발굴조사보고서 V』, 전남대학교 박물관, 23-62쪽.

임병태·최은주, 1987, 「신평리 금평 지석묘」, 『주암댐 수몰지역 문화유적 발굴조사보고서 I』, 전남대학교 박물관, 331-391쪽.

장명엽·윤세나, 2013, 『남원 봉대고분군 ─봉대 봉계사지─』, 호남문화재연구원.

지동식·박종국, 1988, 「덕산리 죽산 지석묘」, 『주암댐 수몰지역 문화유적 발굴조사보고서 III』, 전남대학교 박물관, 23-74쪽.

한수영·이창승, 2013, 『전주 중동 구석기유적』, 호남문화재연구원.

한수영·이창승·차인국·송종열·김미령·오대종·김신혜, 2014, 『완주 갈산리유적 I·II』, 호남문화재연구원.

한창균, 2007, 「구석기유적 조사법」, 『2007년도 제2회 매장문화재 조사연구원 교육』, (사)한국문화재조사연구기관협회, 119-147쪽.

홍미영·김종헌, 2008, 『남양주 호평동 구석기유적』, 기전문화재연구원.

제9장
수혈주거지 조사방법

I 머리말

고고학 발굴의 목적은 유물을 찾는 일이 아니라 유구와 유적의 일생사를 밝히는 것이다. 즉 유구의 제작에서부터 사용을 거쳐 폐기되기까지의 과정을 밝혀서 결론적으로는 유적의 형성에서 소멸까지 각 방면의 역사를 찾아내는 연구라고 하겠다. 이 속에는 단순히 인간이 만든 유물만이 아니라 유구의 구조와 형태, 기능 그리고 사용된 재료는 물론이고 그 유구를 사용한 구성원의 식료와 의복 심지어는 무형의 정신세계까지도 포함하며, 그 시대의 동식물상과 환경까지도 밝히는 과제가 포함되어 있다. 또한 인간 활동과는 무관한 자연적인 매몰 또는 함몰현상의 연구도 물질자료를 다루는 고고학자의 연구영역에 속한다.

따라서 고고학에서 발굴은 많은 시간을 소요하고 찾아내야 할 대상도 무한하다 할 정도이기 때문에 발굴의 윤리와 환경이 조성되어야만 궁극적인 연구 목적에 도달할 수 있다. 작금의 현실은 발굴을 유물 찾기로만 내몰고 있어서, 도굴이나 다름 없는 처지에 내몰려 윤리성마저도 내팽겨쳐진 상황에 처해 있다. 문제는 정부가 국가와 국민의 공공재이며 희소한 자원인 매장문화재를 공장생산품인 양 취급하고, 발굴조사의 주체들을 무한경쟁시키듯이 극도의 나쁜 발굴 환경으로 내몬 것에 있다.

주거지 조사의 중요성은 짧은 시간대의 유물 공반상을 볼 수 있다는 점이다. 필자는 고고자료의 본질은 동시성을 담보한 공반상이라고 생각한다. 발굴이 도굴과 다른 점도 이 공반상의 유무일 것이다. 간혹 고고학의 연구에서 대상유물 한 개체만을 모아서 분석하고 결론을 추론하는 경우가 있지만, 대상유물과 공반상을 고려하지 않는 결과에는 한계가 분명히 존재하기 마련이다. 고고학의 기초연구로서의 편년에도 공반유물이 없다면 불가능하다. 그만큼 주거지의 발굴조사는 매우 중요한 것이다.

　　필자 주변의 서적들을 통틀어 봐도 수혈주거지(竪穴住居址)의 발굴방법을 구체적으로 기술한 경우는 없었다. 그 이유는 발굴의 기본적인 방법론을 기술할 수는 있지만, 구체적으로 사례를 들어서 발굴방법을 이렇게 저렇게 해야 한다는 것을 지시할 수는 없기 때문일 것이다. 그런 적시는 오히려 방법을 한정하는 위험을 초래할 수 있기 때문일 것이다. 필자도 그런 과오를 범할 생각은 없지만, 발굴현장에서 경험하고 또 견학하면서 보고 느낀 점을 제안할 뿐이다.

II　수혈주거의 구조

필자는 경험을 통해 무언가를 찾고자 하는 목표에 따라서 하나의 토층벽임에도 불구하고 토층양상이 달리 나타나게 된다는 점을 깨달은 바 있다. 다시 말해 발굴에서 같은 상황이라고 해서 누구나 똑같은 토층도를 그리지 않는다는 것이다. 그것은 토층도의 신뢰도와도 관련된 것이라서, 토층도를 작성할 때에는 발굴단원 상호 간의 토론을 통하여 최대한의 중립적인 결론에 따라야 하고, 신중을 필요로 하는 것이다.

　　이외에도 층의 관찰이나 도구의 사용에 따라서도 결과가 달리 나타날 수 있다는 점(이진주·곽종철 2012: 227-229)을 명심해야 한다. 더구나 주거지 내부는 다양한 층 구성물질로 메워져 있으므로 위치에 따라서 혹은 토층 단면의 설정 위치에 따라서도 토층의 양상은 제각기 달라질 수 있다. 이런 까닭에 주거지의 조사에 많은 인력과 시간을 투입해야 하는 것이다.

　　그러므로 이 변화무상한 토층을 바르게 이해하는 것이 필요하다. 각 층이 어디에서 유입되어 어떻게 쌓이게 된 것인지에 대한 해석이 가능할 때에야 비로소 토층도 그리기가 완성된 것이라고 할 수 있겠다. 우선 주거지의 구조와 형태에 대한 이해가 선행된다면, 토층의 목표나 해석의 지향점이 될 수 있고, 이것을 매개로 바른 토층도를 찾아갈 수 있을 것이다.

1. 어깨선의 층위 확인

수혈주거지의 상대적 시간성을 파악하기 위해선 수혈이 굴착된 어깨선의 층위가 결정적인 자료가 된다. 표토가 삭평되는 지형에선 찾을 수 없겠지만, 퇴적이 되는 장소라면 구 지표면에서 굴착된 어깨선의 층위를 확인할 수 있을 것이다. 따라서 현 표토층을 제거하기 전에 반드시 트렌치를 지형의 높은 곳에서 낮은 곳으로 좁고 길게 설치하여 문화층을 확인해야 한다.

2. 주제(周堤)의 존재 유무

수혈식의 주거지를 만드는 이유 중에는 바람과 추위를 피하고자 하는 것도 있다. 그래서 수혈생활이 가능한 일정한 깊이의 굴착이 불가결하다. 그런데 그 당시의 굴착도구를 고려하면 풍화암반까지 파 내려가는 작업이 쉽지만은 않았을 것이다. 그런 상황에서 굴착한 흙을 멀리 내다 버리기보다 주거지 바깥에 되쌓기하여 실제 굴착 깊이보다 더 깊은 효과를 볼 수 있을 것이다. 굴착하여 파여진 흙을 멀리 내다 버리는 것은 아무런 이익이 없고 노동력만 가중시키는 것이므로, 결코 선사시대인들은 가옥 어깨선에 주제를 쌓는 일을 소홀히 하지 않았을 것이라고 추정할 수 있다. 주제의 존재는 울산식주거지에 돌출된 배수구를 통하여 유추할 수 있다. 즉 배수구가 암거식 혹은 개석식 구조인 것은 그 상부에 흙이 쌓였다는 점을 시사하는 것(金賢植 2003)이고, 그 흙쌓음이 바로 주제인 것이다.

　되쌓기하는 작업이 생소한 것이 아닌 예로서 환호의 도루가 있다. 환호의 굴착한 흙을 되쌓아 배가된 효과를 볼 수 있다는 것은 선사시대에도 충분히 인식하였던 일이다. 더구나 가옥 주변의 주제는 빗물이 넘쳐 들어오는 것을 방비할 수 있는 좋은 물막이둑 역할을 한다. 주제는 결국 서까래를 박아 두기 위한 기반[1]이기도 한데, 이렇게 복원된 가옥은 땅에다가 사각추 혹은 원추를 놓아둔 듯한 형상이 된다. 이러한 지

1　주제는 〈그림 1〉보다는 더 넓은 폭을 가질 것이다. 주거지를 파면서 나온 흙을 모두 가옥 주변에 쌓아 주제를 만든다면 그 규모의 정도를 가늠할 수 있다. 주제 상면에 서까래가 박히면 썩기 쉽기 때문에, 서까래는 지면에 닿게만 하고, 주제는 서까래와 주거지의 굴광선 사이에 단면형태 사다리꼴 모양으로 쌓아서 외부와 완전히 차단하였던 구조였다고 추정된다. 이런 형태의 주제는 가옥내 선반의 기능으로 사용되었을 것이다.

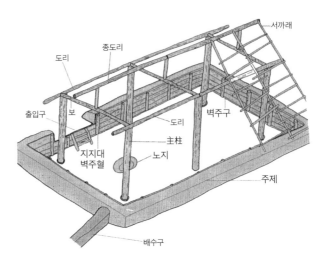

그림 1 청동기시대 주거지의 구조(金賢植 2003에서 개조)

붕 구조는 삼한시대에도 지속된 듯하다. 즉 후한서 동이열전의 한조에는 움집이 마치 무덤과 같으며 출입하는 문이 윗부분에 있다고도 하였으며, 삼국지 위서 동이전 한조에도 동일한 기사가 실려 있다. 다시 말해서 무덤 같다는 움집의 외형은 벽채가 있는 형태가 아니라 서까래가 땅에 박히는 형식이고, 출입문은 결국 지붕의 일부를 오려내어 만든 것처럼 보이니 문이 위에 있다고 기술한 것이라 생각된다(안재호 2014). 이러한 형식의 움집은 통일신라시대까지도 지속되었을 것으로 보인다.

3. 반지상식 벽체의 유무

반지상식 벽체는 앞서 주제의 존재와는 상반된 입장에 있다. 이 반지상식벽체는 벽주혈을 지붕 가구를 지지하는 기둥의 일종으로서 잘못 복원되는 경우가 많다. 이 벽주혈은 울산의 옥현유적 C-45호 주거지(윤호필·배길희 외 2015)처럼 벽주혈은 수혈벽면을 마감하는 나무 널빤지를 고정하거나 혹은 초본류의 줄기로써 엮은 발과 같은 것으로서 수혈벽면을 가리고 그것을 고정하기 위한 목적으로 봐야 한다.

벽주혈을 이용하여 반지상식의 벽체와 서까래를 연결시켜 역삼동유형 주거지를 복원한 예(허의행 2014: 125-127)가 있지만, 이것은 주거지 내부 공간이 감방같이 폐쇄적인 구조이고, 〈그림 1〉의 복원 예가 보다 개방적인 주거공간으로서 실용적이고, 가옥 내부의 환기와 정신건강 면에서도 양호한 구조일 것이라 생각된다.

　지상식의 벽체는 구성물질은 주로 초본류를 썰어 반죽한 흙[草泥土]벽이거나 돌로 쌓은 석벽일 가능성이 높다. 그렇지 않고 현재 부여 송국리유적의 복원가옥처럼 나무나 풀을 이용하여 벽을 만들게 되면 내구성이 떨어져서 수시로 보수해야 하는 불편함도 있지만 방풍과 방한에는 절대적으로 불리한 면이 있다. 그리고 쥐나 조류, 곤충 등의 기생처가 되어 주거위생의 위험에 노출될 수가 있을 것이다. 만약 주거지 내부에서 초니토가 발견되거나 혹은 주거지 수혈벽면 가까이에서 점토괴들이 출토된다면 지상식의 벽체가 있었음을 시사하는 자료가 될 것이다. 청동기시대의 예를 들자면, 수혈주거지로서 반지상식건물이 확인된다면, 그것은 일반가옥이 아니라 특수한 기능을 가진 특수가옥으로 분류하여야 할 것이다.

　이런 까닭에 필자는 대부분의 수혈주거지 벽면은 원 수혈벽과 주제로 성토된 높이가 더해진 만큼 해당하고, 그 상부는 지붕이 지면에 닿아서 주거지 전체를 덮는 구조였다고 생각한다. 이렇게 복원된 가옥 내의 주제는 선반이 되기도 하고 때로는 걸쳐 앉거나 어린아이의 놀이터도 되었을 것이다.

4. 주거지 바닥에 설치된 구조물

노지는 주거지 바닥에 설치되는 가장 보편적인 시설이다. 점토를 사용하여 노지를 만들기도 하지만 위석식이나 토광식의 경우는 특별히 실수할 것이 없을 것이다. 외줄구들의 아궁이 시설이나 동남해안권에서 쉽게 발견되는 청동기시대의 적석시설, 특히 가옥장 등의 경우는 매우 신중히 조사에 임하지 않으면 안 된다.

5. 지붕의 피복재

청동기시대의 수혈주거지 복원에서 지붕 재료로 볏짚을 사용하는 경우가 있다. 그런 발상은 청동기시대가 농경사회이고, 우리의 농촌 초가가 볏짚으로 이엉을 하기 때문일 것이다. 이를 확인하기 위해서는 주거지 바닥의 토양에서 벼의 식물규산체가 검출되는가를 분석해 봐야 알 것이다. 그런데 볏짚이 지붕 재료로 사용되기 위해서는 볏짚을 동시에 수확하지 않으면 안 되고, 동시수확은 모내기를 통한 이앙법을 실시하지 않으면 불가능하다고 생각된다. 이앙법은 16세기에 와서야 실시된 것이므로 조선 전기만 하더라도 초가집은 없다는 것을 적시하고자 한다. 더구나 볏짚은 쉽게 썩는다는 점이 지붕의 재료로서는 적합하지 못하다.

16세기 이전의 벼 심기는 직파법으로 낫으로 수확하기도 어려웠을 것이다. 특히 청동기시대에는 벼 품종이 균일하지 못하여 개화시기도 한 포기의 줄기에서도 조금씩 시차를 달리하였고, 알곡이 여무는 날짜도 달랐다. 그러므로 벼의 수확은 수확시기에 매일 조금씩 수확용 칼을 들고 익은 벼 이삭 줄기 하나하나를 따야 했었던 것이다. 그러므로 당연히 먼저 익은 벼 포기는 사그라들기 때문에 동시에 생생한 볏짚을 생산할 수 없었던 상황이었다는 것이다. 별개의 문제지만 낫의 존재를 당연히 벼농사와 관련시키는 것도 난센스인 것이다.

16세기 이전 지붕의 피복재는 우리 농가의 초가에서 볏짚 이엉 아래에 있는 갈대와 새가 주체였을 것이다. 청동기시대만 아니라 신석기시대의 지붕 재료도 갈대와 새였을 가능성이 높다. 이 역시 확인을 위해서는 식물규산체 분석을 행할 필요가 있다. 일본의 예로 보면, 갈대와 새로써 지붕을 이면 건기에는 가옥 내의 배연과 환기가 잘되고, 우기에는 갈대와 새의 사이공간에 빗물이 스며들어도 사이공간에서 만들어지는 표면장력 때문에 빗물은 대여섯 겹을 뚫지 못하여 완전한 방수가 된다. 볏짚으로 만든 지붕은 이런 효과를 전혀 발휘할 수 없다. 갈대와 새의 줄기로 만든 지붕이 뛰어난 기능을 가진다는 점은 선사시대에는 상식이었을 것이다.

6. 소토

소토(燒土)는 흙이 단순히 열을 받아 붉게 된 것만이 아니고, 점토가 일정한 온도에 이르러 소결된 것이다. 즉 보통의 점토는 400-600℃의 온도에서 물분자와 결합되었던 구조가 파괴되고 점토광물이 서로 결합하여 점토 고유의 성질이 변형된 상태를 말한다. 이 소결온도에 이르지 않으면 점토가 구워졌다고 해도 여전히 점토일 뿐이므로 물에 의해 풀어진다. 화재를 입은 주거지인데도 불구하고 주거지 바닥이 온통 소토화되지 않는 것은 이 소결온도를 넘기 않았기 때문이라고 볼 수 있다. 주거지 바닥에 부분적으로 소토가 생성된 것도 이러한 이유 때문이다. 또 우리가 발견할 수 있는 소토란 다져진 흙에 열을 가하였을 때만 확인이 가능하다. 주거지 주변의 푸석푸석한 표토가 불을 맞았다고 해도 소토로 남지는 않는다.

소결온도와는 상관없이 소토가 붉은색을 띠는 것은 토양 속의 철분이 강한 열에 산소와 반응하여 산화제이철이 생기는 현상 때문으로 토기소성과 같은 원리일 것이다. 이미 굳은 암반이나 돌에도 열을 가하면 붉게 변색하는 것은 마찬가지이다.

불다짐 바닥이라면 점성이 강한 점토를 깔아 다져서 고온에서 소결한 것이어야 한다. 주거지의 바닥은 사람들이 생활하면서 밟혀 다져지면 바닥흙의 표면에는 고운 점토나 실트층이 형성되는데, 이것이 화재로 인하여 소결되어 불다짐 바닥처럼 나타나는 경우도 고려할 수 있다. 주거지 바닥이 풍화암반층에 놓여 있다면 이 불다짐 바닥은 분명하게 확인할 수 있겠지만, 토양층을 굴착하여 바닥으로 삼았다면 불다짐 바닥의 확인에 신중해야 할 것이다.

그리고 불다짐 바닥의 존재는 바닥 소성 시에 필요한 연료와 노동력, 시간, 기획력 등을 생각한다면, 특별한 장소로서의 의미를 부여할 수도 있고, 주거에 대한 관념을 엿볼 수도 있는 자료이다.

7. 목탄

주거지 내부에 남아 있는 목탄의 잔재를 노출된 그대로의 크기나 형태로 판정해서는 안 된다. 목탄은 본래의 나무에서 소실되고 남은 불완전연소된 부분에 불과하고, 탄화되지 않았던 목질은 그대로 부식되고 남지 않는다. 예를 들어 통나무의 거죽이 탄화되고 속은 목질로 그대로 남아 있게 된 후에 매몰되었다면, 내부의 목질은 사라지고 그 빈속을 약간의 회색토양이 차지하면서도 토압에 눌려져 납작한 모양의 판자상으로 남게 될 것이다. 이와 같이 형태나 크기에서도 변화가 일어난다.

8. 주혈

주거지 바닥에 설치된 주혈(柱穴)은 주주혈(主柱穴)과 벽주혈(壁周穴)로 나눌 수 있다. 주주혈은 벽면에서 떨어져 주거지의 중앙선상이나 장축의 중앙선과 벽선의 중간지점에 2열로 설치되는 것이 일반적이며, 주로 원형의 구덩이면서 깊이가 깊다. 이에 반하여 벽주혈은 얕은 것이 특징이며 평면 형태도 원형, 반원형, 사각형 등으로 다양하다. 주주혈이 지붕의 가구를 지탱하는 기능을 한다면, 벽주혈은 수혈벽면을 판자나 발과 같은 편물(編物)을 세워 고정하는 지지대 역할을 할 것이다. 흔히 이 벽주혈만 검출되는 주거도 존재하여서 이것이 주주혈의 기능으로 복원하는 오류도 자주 목격할 수 있다. 주주혈의 기능은 각 변의 기둥 수가 많을수록 지붕의 가구에는 어려움이 상대적으로 많아진다. 기둥이 많을수록 더욱 튼튼하다는 생각은 피상적이며, 배열이 불규칙적인 기둥은 매우 거추장스러운 일이며 역학적으로도 더욱 안정되는 것은 아니다. 주주혈이 검출되지 않는 주거도 흔히 볼 수 있다. 초석을 둔다든지 초판(礎板)을 까는 경우도 있다.

폐기행위와 주주혈과의 관계는 주주혈 속에서 토기로 막혀 있는 경우를 두고 의례행위로도 보고 있다. 결국 폐기 시에 지붕을 받치고 있었던 기둥을 ① 뽑느냐, 아니면 ② 그대로 두거나, 그 뒤에 ③ 화재로 인하여 타버렸느냐의 문제이다. 이에 대한 해석은 ①의 경우는 주혈 속에서 주거지 매몰토—목탄이 혼입될 수도 있다—가 흘러 들어가 있어야 할 것이고, ②는 주거지 매몰 후에 기둥이 묻혀 있는 상태이기 때문에 회색의 점토를 발견하여야 할 것이다. ③의 경우는 ②의 경우와 같이 회색점토가 검출되면서, 기둥이 바닥면 범위까지 타 버렸다면 남은 상부는 목탄으로 남을 것이기 때문에 지하에 남은 목질이 부식되어 공간이 생기면서 목탄은 그 공간으로 떨어져 매워졌을 가능성을 상정할 수 있다.

이런 조사를 통하여 기둥 폐기행위의 민속적 연구가 가능하고, 또한 취락이 존속하였던 시기의 폐기행위와 취락 전체가 이동하는 또는 취락의 마지막 시점에서의 폐기행위의 차이 등을 알 수 있을 것이다.

9. 벽주구

벽주구(壁周溝)가 배수구의 기능을 띤다는 것은 주거 사용 당시에도 상면보다 낮게 구상으로 노출되어 있고 이곳에 목탄이나 유물이 검출되는 사실로서 추정이 가능하다. 그런데 벽주구 속에서 얕은 벽주혈이 설치된 점으로는 수혈벽면의 마감시설이 설치된 것이라는 것도 추정이 가능하다. 이를 증명해 보이기 위해서는 토층상에서 수혈벽면에 충전한 생토성분의 토층이 확인되어야 한다. 이러기 위해서는 반드시 주거지 수혈벽선을 자르는 트렌치가 설치될 필요가 있다. 간혹 완전히 수혈벽면에 닿지 않는 트렌치가 설치되어 충전토를 주거지의 벽면으로 착각하여, 이 충전토를 확인하지 못하는 경우도 있다.

III 주거지의 퇴적물

조사를 할 때 수혈식수거지의 내부가 어떠한 구성물질로 차 있는지에 대한 예측과 그 각각의 물질이 어디서 유입된 것인지에 대한 인식이 있어야만 올바른 토층도를 작성할 수 있을 것이다.

1. 매몰토의 구성물

다음의 구성물이 주거지 내부에 매몰될 수 있겠다.

1) 표토와 구 문화층의 토양

유기물이 완전히 부식되지 않은 표토층은 회색의 어두운 색조이지만, 문화층은 그보다 더 어두운 것이 일반적인 특징이다. 유기물이 다량으로 포함된 층이라면 당연히 흑갈색에 가까운 어두운 층이 되겠지만, 유기물의 함량이 적을수록 생토의 색조에 가까울 것이다.

2) 생토와 암반토

주거지를 만들기 위해 그 당시 지표면을 굴착하면서 생성된 토양은 부식토인 표토층이 약간이고, 대다수는 생토와 풍화암반토일 것이다. 이것이 재활용되지 않고 버려졌다고 한다면 주거지가 폐기될 때 오랜 시간을 경과하면서 표토층과 섞여 주거지에 매몰될 수도 있겠지만, 대부분은 유실되어서 남아 있지 못할 것이다. 그러나 주거지의 수혈 주변에 주제로서 쌓여서 그 형태를 유지할 수 있었다면 폐기 시에 생토성분인 채로 주거지 내로 유입되어 확인할 수 있을 것이다.

3) 가구(架構)와 지붕

불에 타지 않고 남은 나무기둥은 매몰된 채로 내부는 박테리아의 활동으로 단단한 목재가 스펀지처럼 다공질화되어 간다. 그러면서 유수와 함께 상부의 미세토양은 내부를 관통하여 흐르다가 빈 공간에 침전된다. 지표층이나 문화층의 미세토양이 흘러내린 경우에는 주로 회색의 점토가 쌓이게 되고, 생토인 적색점토의 토양이 물에 녹아 스며들었다면 적색 혹은 적갈색의 점질토가 나무의 빈 공간에 침전될 것이다. 종국에는 나무는 없어지고 점토만 남게 될 것이다. 지붕재인 갈대나 새가 다량 뭉친 상태로 주거지에 쌓여 있었다면 그 사이로 미세토양이 침전될 수도 있겠다.

4) 수혈벽 마감재

벽주구와 벽주혈을 이용하여, 수혈벽에 널판자나 발과 같은 편물을 붙여 가옥의 수혈벽면을 마무리하였다. 수혈주거는 반지하에서 생활하기 때문에 땅을 파고 서식하는 동물이나 곤충들의 침입을 막고 주거위생에 나쁜 습기를 차단하기 위한 목적도 있다. 수혈벽을 이러한 나무로 마감을 하지 않고 흙벽을 바르고 소결하여 굳힌 경우도 있다.

5) 탄화물

불탄 나무가 그대로 가구구조를 보여주는 예도 있지만, 소실된 뒤에 비가 와서 물이 가득 찬다면, 떠다니다가 결국엔 주거지 벽면에 붙고 만다. 그래서 목탄이 주거지 벽면을 따라 발견되는 경우도 있다. 그러므로 목탄의 위치가 항상 제자리를 유지한다고 추론해서는 안 되며, 탄화된 유기물도 마찬가지로 해석에 신중을 요한다.

6) 채취된 토양과 암석

주거지가 입지하는 주변의 토양이 아닌 경우로서 그 토층의 층위가 바닥면인가 혹은 상부층인가에 따라서 가옥에서 이용된 위치를 파악할 수 있겠다. 점토로 만든 아궁이의 잔재가 바닥에 퍼져 있는 경우가 있다. 그리고 간혹 지붕 위에 흙을 덮었다는 주장도 있다. 그렇다면 그 용도가 방충, 방풍, 방수 등이었을 것이므로 채취된 점토인지 신중한 검증이 필요하다.

7) 동·식물의 활동으로 교란된 것

동·식물의 활동·성장으로 유입된 것으로서 탄화되지 않은 유기물은 주거지와 직접적인 관계가 없는 것으로 배제되어야 한다. 지층의 암맥처럼 퇴적층을 관통하는 경우도 있다.

2. 구조물로 인정할 수 있는 토층

1) 생토성분의 층

주거지 내부에서 생토성분으로만 이루어진 토층이 보인다면, 가옥을 굴착할 때 생성된 흙을 재이용한 시설물이 붕괴되어 유입된 것으로 볼 수 있다. 일반적으로 상정할 수 있는 것은 주제토(周堤土)와 또 하나 벽마감재와 수혈벽면 사이의 충전토이다.

2) 회색토양층

회색의 토양은 대부분 목재 잔재물 내부의 스펀지와 같은 빈 공간에 미세한 토양이 쌓여 나타나는 것으로 판단된다. 따라서 목재의 구조물이 있었다는 증거로 추정이 가능하다. 또 부식되지 않은 유기물을 포함한 토양도 회색기미를 띤다. 이 경우는 대체로 시간이 오래 경과하지 않은 층이다. 이외 회색점토는 구조물일 가능성이 있다.

3) 초본류를 혼합한 점토층

초본류를 혼합하여 건축자재로 활용한 예로서 초니토(草泥土)라고도 한다. 이 점토는 구조물을 상부로 쌓아올릴 때 점토의 내구성을 강화하기 위하여 초본류의 줄기나 잎을 잘게 썰어 혼합한 것이다. 때때로 일각에서 청동기시대의 지상화된 벽체를 상정하기도 하는데, 이 초니토가 확인되지 않는다면 지상식의 벽체 복원은 잘못이라고 생각된다.

3. 도구와 장식품 그리고 식료 잔재

수혈주거지의 발굴은 가옥의 구조와 함께 그 내부에 존재하였던 구성원과 그들이 사용한 모든 물건 그리고 그들의 의식주와 정신세계까지도 찾는 것이 최상의 목표일 것이다.

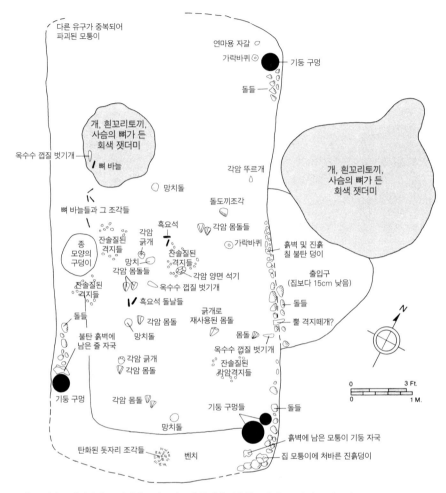

그림 2 멕시코 와하까계곡, 띠에라스 라르가스의 주거지 검출물(콜린 랜프류·폴 반 2006: 513)

　　〈그림 2〉는 주거지 바닥에 남은 재와 숯을 통하여 밝혀낸 경이롭고 다양한 먹거리와 미세한 유물이다. 주거지 조사에서 아무리 작은 탄화물이라도 소홀히 다뤄서는 안 되는 예시일 것이다. 지질고고학과 동물고고학 그리고 식물고고학을 통하여 주거지 내의 생활을 복원해야 한다.

　　이상과 같이 주거지 내부에 퇴적된 물질과 구조물을 인식한다면 어떻게 발굴을 할 것이며, 토층도는 무엇을 기준으로 밝히고 해석하여야 할지도 어느 정도 예측할 수 있으리라 생각한다. 그리고 발굴하기 전에 수혈주거지에서 예상되는 가옥의 형태와 구조를 가정해 두고서, 폐기되는 과정을 상정하고 이를 규명·수정할 수 있는 토층이나 증거를 찾는 방법이 매우 유효할 수 있다.

IV 조사 순서와 방법

1. 문화층면 노출

표토층과 현대 교란층을 제거하여 주거지의 어깨선이 나타나도록 깨끗이 평면을 노출 정리한다. 일반적으로 주거지는 평면 형태에 정형성을 가진다. 그러나 그 형태가 부정형이라면 반드시 2기 이상의 유구가 겹친 것이 아닌지 의문을 가지고 확인해야 한다. 2기가 중복된 경우라면 평면 토층상에서 층간의 차이가 나타나는지 그리고 그 층의 평면선이 수혈선과 연결되는지를 확인한다. 평면상에서 중복 없이 단독으로 나타났다면 주거지 내부의 대략적인 함몰퇴적양상을 평면 노출면에서 확인해야 한다.

2. 트렌치 설치

트렌치는 주거지 내부의 토층의 양상을 파악하기 위해서 설치된 것이다. 토층은 층서적 서열이 중요하고 각 층의 형성요인과 성격을 가설적이지만 설정하여, 그 가설을 해결해 나가는 방식으로 발굴이 진행되면 좋다. 가설을 설정하지 않은 채 유물을 노출하고 토층을 제거하는 방법은 올바른 층을 확인하지 못하는 경우가 많고, 해석하지 못하는 토층도를 만들어 버릴 가능성이 있다.

　주거지의 평면이 확인되면 주거지의 단축방향 트렌치를 주거지 중앙을 지나면서 장축에 직교되게 설치한다. 이에 직교하는 장축 방향의 트렌치도 설정할 것을 예상하고 토층 관찰이 가능한 정도의 폭으로 굴착한다. 이때 주거지의 굴광선 바깥까지 트렌치를 설치하여 생토층과 내부 퇴적토와의 완전한 구별을 확인할 수 있도록 바닥면까지 파 들어간다. 특히 모래층에서 조사할 경우에는 생토인 모래가 붕괴되면서 주거지의 어깨선을 덮어 버려 굴광선을 놓칠 수가 있다. 물론 상층부에서부터 간간이 토층과 유물을 확인해 가면서 파 들어가야 한다.

3. 층서의 확인

주거지 내의 층위 구분은 절대적인 방법은 없다고 해야겠지만, 반드시 위에서 아래로 층위를 확인할 것이 아니라, 필자의 경험에서는 우선 가장 특징적인 층을 먼저 찾아가는 것이 좋다. 예를 들자면 목탄이 혼입된 층 혹은 회갈색의 단단한 점토층 또는 적갈색의 생토성분이 많이 혼입된 층, 회색의 점질토층 등과 같은 것이다. 이런 층의 범위는 비교적 확인이 용이하고 또 특별한 의미를 가진 것이기 때문에 토층도의 주체가 될 수 있다.

이런 층을 제외하고 나면 유구 형성시기의 표토층과 문화층 또는 그 혼합된 층이 대부분을 차지한다. 이 층들이 상호 간의 비율 차이에서 매우 미묘하고 다양한 층으로 구분되지만, 매몰토가 주거지 조사의 주체가 아니기 때문에 층의 성분을 인식하지 못한 상태로 단지 눈에 보이는 바에 따라 과도하게 세분할 필요는 없다. 다만 구문화층은 채도와 명도를 기록하여 유구 간의 비교를 통해서 시간적 관계를 고려해 보는 시도는 필요하겠다.

그리고 하나의 층은 반드시 띠상으로 연결되는 것만이 아니라 블록처럼 독립분리되어 나타나는 것들도 있다는 점을 토층 관찰 시에 유의해야 한다.

토층 조사는 층을 확인하여 결국엔 층위를 통한 층서를 알고자 하는 것이 목적일 것이다. 동일한 층서는 동일한 색상이나 동일한 성분으로만 결정되는 것은 아니다. 층서는 어디까지나 주변상황의 층위에서 결정되는 것이기 때문에 멀리 떨어진 곳의 경우는 토양 구성이나 색상이 달라질 수도 있다. 층서는 같으나 성분이 다를 경우에는 V-1층 V-2층과 같이 구분해도 좋겠다. 때로는 층만 잔뜩 세분해 두고서 층서를 판단하지 않고 제시한 토층도도 보이지만, 퇴적양상을 파악할 수 없다면 이것은 바람직한 토층도라고는 할 수 없다.

작업 중 항상 적절한 습도를 유지하는 것이 층의 범위를 바르게 찾는 조건이기도 하다. 그리고 너무 가까이서 관찰하기보다는 떨어진 곳에서 관찰하거나 또는 벽면을 사각으로 관찰하는 경우 층위 확인이 용이한 경우도 있다. 또한 트렌치의 반대편 벽면에서 햇빛이 반사되거나 입고 있는 의상의 색상이 토층면에 반사되어 왜곡되는 현상을 피해야 하며, 이런 상황을 완화하기 위해서 그늘을 만들어 관찰할 필요도 있다.

단축의 토층을 밝혔다면, 다음은 장축의 토층도를 작성하여야 한다. 그러기 위해서는 사분법을 응용하여 이미 토층 검토가 끝난 단축 벽면이 손상되지 않게 역시 주거지의 중앙을 통과하며 단축에 직교하는 장축의 트렌치를 설치한다.

이렇게 확인된 단면의 토층은 가능하면 주거지 내부 흙을 층별로 제거하면서 평면 양상과도 연계하여 토층을 해석해야 한다. 주거지 내부 노출 작업은 모든 층을 한 겹씩 벗기는 것이 원칙이겠으나, 유구와 인간활동의 복원에 관계된 층들은 반드시 평면상으로 노출하여 퇴적양상을 분명히 입체적으로 확인해 둬야 한다.

일반적인 보고서를 보면 토층도에서 생토와 암반층의 기술이 없는 것이 대부분이다. 이 비문화층의 성분과 색조를 기술해야 하고, 주거지 상면과의 관계에서 생토층과 풍화암반층의 높이도 반드시 토층도에 표시해야 한다. 그래야만 주거지 내부에 매몰된 토층의 내용을 이해할 수 있기 때문이다.

V 주거지 바닥의 조사

주거지 바닥면에서는 주혈, 벽주구, 노지, 단 등의 시설이 나타난다. 이런 시설의 확인은 그다지 어려운 일이 아니지만, 바닥에 어지럽게 놓인 돌들은 간혹 초석이 헝클어진 잔해일 수도 있고, 위석식노지가 해체된 돌일 수도 있으니 자세한 검토가 필요하고 상면에 놓은 모든 것은 노출과정에서 제거할 것이 아니라, 모든 노출이 완료된 후에 검증을 통해 제거해야 한다.

점토나 돌로써 만들어진 아궁이와 외줄구들의 경우는 신중을 기하여 아궁이의 입구부와 연도 그리고 구들의 구조 등도 적절한 트렌치를 넣어서 파악하여야 한다. 이런 소형 구조물의 경우는 구조물의 면에 직교하는 작은 트렌치를 넣고 반드시 바닥면의 생토층까지 확인할 필요가 있다.

유물은 확인된 각층에서 출토되겠지만, 바닥면에서 출토되거나 층서상 주거지 내부에 존재하였던 것이 아니면 층위를 확인하고는 제거해도 좋다. 즉 그 당시 문화층 또는 지표층에 속하는 것인지 아니면 주거지에 해당하는 것인지 구분한 내용을 보고서에 분명하게 기술해야 한다.

위의 내용이 일반적인 한국고고학의 현실적 발굴내용이다. 그러나 현대고고학에서는 주거지 바닥의 '토양화학분석'(T. 더글라스 프라이스 2013: 316)을 통하여 주거지 내부의 공간 활용이나 주거지 간의 비교에서 생산과 소비의 활동이 많은 주거지와 그렇지 못한 주거지 등을 가려냄으로써 취락고고학의 연구에 유용한 자료를 제공할 수 있을 것이다.

주거지 바닥의 목탄이나 재를 부유선별하여 식물고고학이나 동물고고학적인 분석자료도 생산해야 한다. 이 분석과정에서는 고고학적 위치와 출토 상태 등을 상세히 기술하지 않으면 새로운 동식물상이 검출되더라도 그 가치가 감소될 수 있으므로 반드시 지켜야 한다. 보고서에서도 구체적인 분석자료를 도면화하여 그 위치를 제시해야 비로소 자료적 가치가 극대화할 것이다. 이러한 자료는 통계적 처리를 거쳐 취락 내 주거지의 특징이나 유적의 특징, 지역적 특징, 문화적 특징 등으로 협의에서 광의로 다양하게 분석되고 해석될 수 있을 것이다.

그리고 식물규산체의 분석도 필요하다. 특히 가옥 내부 저장시설의 확인은 반드시 해야 한다. 필자는 청동기시대 전기 주거지 내에서 저장시설과 구성원의 관계에 대해 높은 호기심을 가지고 있다. 그러니까 〈그림 2〉와 같은 도면의 생산이 반드시 필요하다는 것이다.

연암동형 주거지의 경우는 주거지 외곽의 주구에서는 규조 분석도 필연적인 측정고고학(T. 더글라스 프라이스 2013: 483-508)의 과제일 것이다. 물이 고인 주구의 위생 환경을 알려 주는 단서를 제공할 수 있을 것이다.

이런 주변과학과의 공조 없이는 한국고고학이 세계고고학의 일원으로서 현대고고학을 연구한다고 말할 수 없을 것이다.

VI 토층도의 실례

지금까지의 설명을 실례를 통하여 살펴보자. 참고자료는 울산 천상리유적(박승규·하진호 외 2002)과 대구 동천동유적(박승규·유병록 외 2002) 두 곳의 청동기시대 주거지이다. 천상리유적은 구릉지에, 동천동유적은 하안의 충적지에 입지하는 대규모 취락이다. 토층도 상에서 옅은 사선을 칠한 층은 풍화암반이 포함된 가장 밝은 것이고, 짙은 사선은 목탄이 포함되어 가장 어두운 층이다.

천상리유적에서는 두 타입의 토층이 보인다. 즉, 밝은 층과 검은 층의 층서가 서

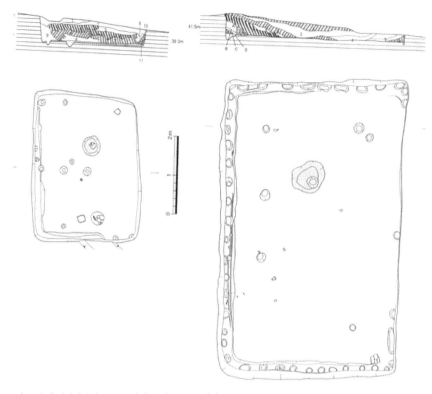

그림 3 울산 천상리유적 15호 주거지(좌)와 22호 주거지(우)

로 뒤바뀐 양상의 토층이다. 천상리유적은 구릉지이기 때문에 밝은 층은 암반토를 많이 포함한 층인데, 15호 주거지에서는 중간색 토층이 먼저 쌓이고 그 위에 암반토가 쌓여 있다. 그리고 그 상부를 어두운 토층이 덮고 있다. 이 어두운 층은 아마도 그 당시 문화층이 많이 포함된 것임이 틀림없다. 이렇게 보면 대체로 문화층 이전에 혼입된 암반층은 주제일 가능성이 높다고 판단된다. 그런데 암반토가 주거지 어깨선에서 흘러들어 가지 않고, 거의 수평상으로 있으면서도 요철이 심한 것은 혹시 주제토를 의도적으로 매립한 것이 아닌가 추정된다. 노지에서 완형이 아니지만 심발형토기가 출토되는 것도 의도적인 폐기로서 연관된 것인지도 모르겠다.

　　22호 주거지는 천상리취락에서 가장 규모가 큰 주거지인데, 풍화암반토가 혼입된 층은 명갈색토층(검은 사선)의 상부에서 2개의 층이 검출된다. 주거지의 벽면 모서리에서도 암반토가 보이지만, 이것은 굴착 시에 생성된 생토로 수혈벽면의 마감재 안쪽에 충전한 것이거나, 수혈벽면의 풍화암반이 얼고 녹고를 되풀이하면서 생토가 부풀어 떨어진 벽면 붕괴토(허의행 2014: 188-189)라고 추측된다. 문제는 상부의 암반풍화토인데, 문화층(표토층과 구 문화층)과 암반풍화토가 서로 교대로 퇴적된 양상이다. 높은 곳에서 낮은 곳으로 혼입되고 있어서 자연적인 매몰이라고 추정되는데, 암반풍화토가 주제토라면 이 주제토가 모두 유입되고 나서 문화층이 퇴적된 것이 아니라, 주제의 일부가 허물어져 문화층이 쓸려 들어오고 그 뒤에 주제토가 붕괴되고 하는 퇴적이 반복된 것으로 봐야 하겠다. 이런 경우는 대형 주거지이기 때문에 생긴 현상인지도 모르겠다.

천상리유적의 고찰(河鎭鎬 2002)에서 천상리 I기는 주거지의 장축이 등고선에 직교하는 것이 많고, II기는 등고선에 평행한 것이 많다는 것을 주거지 간의 중복관계에서 밝히고 있다. 15호주거지는 등고선에 직교하지만 유물은 늦은 시기라고 하여 II기에 편년되고, 22호주거지는 유구에서나 유물에서나 분명한 II기에 속한다. 특히 22호주거지는 취락의 중심적인 주거지(안재호 2001)로서 취락 마지막까지 잔존하였을 것이며, 이 주거지가 폐기된 것은 집단 전체가 이주한 까닭일 것이다. 그렇게 보면 22호주거지는 화재 등의 폐기의식이 보이지 않는다면 일단 자연적인 폐기로 봐야 할 것이다. 이에 반해서 15호주거지는 I기와 II기의 중간 시기일 수도 있겠다. 그래서 주거지가 폐기되고 난 뒤에 인위적으로 매몰하였을 가능성이 있다.

〈그림 4〉는 충적지에 입지한 예로서, 경사면이 아닌 평지라는 점, 그리고 사질토로 이루진 토층이라는 점에서 앞서 구릉지와는 다른 퇴적양상을 보일 가능성이 있다.

동천동유적의 원형주거지는 2호와 36호 주거지처럼 두 패턴의 토층이 보인다. 가장 밝은 토층인 황갈색사질토가 상층에 있는 것(36호)과 하층에 위치하는 것(2호)이다. 그리고 각 층은 모두 수평상의 퇴적상을 보이는 것이 특징이다. 문제는 기반층의 성격을 알 수 없다는 점인데, 과연 이러한 원형주거지에서도 주제토를 설정할 수 있는가라는 점이다.

동천동유적 2호주거지는 황갈색사질토층이 회갈색사질토층 상부에 놓여 있다. 회갈색사질토층은 이 토층 중에서 가장 어두운 토층이기 때문에, 또 주거지 바닥에 가장 먼저 퇴적된 점으로 보아 그 당시의 문화층의 흙을 많이 포함한 층으로 보인다. 그 뒤에 퇴적된 황갈색사질토는 주거지 주변의 문화층이 벗겨진 후에 흘러들어 온 생토성분의 흙일 것이다. 이 밝은 흙은 당시 표토층으로 추정되는 하층의 부식토가 많이 혼입되고 난 뒤에 퇴적된 것이라 주제토로 보기는 어렵다. 아마도 충적지의 생토

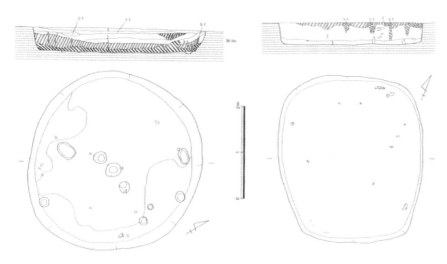

그림 4 대구 동천동유적 2호주거지(좌)와 36호주거지(우)

인 모래층이 허물어지거나 빗물에 깎여 유입된 것으로 보인다.

　36호주거지의 토층은 황갈색사질토층이 갈색사질토층 위에 존재하기 때문에 이해하기는 어렵지만, 밝은 토양층이 주거지 벽변과 붙어 있지 않기 때문에 아마도 주거지의 상부가 상당히 삭평된 것으로 보인다. 그래서 본래의 수혈 깊이가 현재 조사된 것보다 더욱 깊을 것으로 추정되는데, 이 밝은 층은 주거지의 최상층이 아니라 아마 중간층쯤으로 보아도 무방할 것이다. 그렇게 본다면 2호주거지의 토층과 비슷한 양상이 될 것이다.

　주거지 내에서 수평상의 퇴적양상을 보인다는 점은 유입된 토양이 주로 모래이기 때문에 점성이 없으므로 벽면을 타고 바로 떨어지는 현상도 있고, 틀림없이 물에 의한 수평화 작용으로 생긴 현상으로 추정된다.

　〈그림 5〉는 울산 검단리유적 49호주거지의 토층도(정징원·전옥연 외 1995)이다. 천상리유적처럼 구릉에 입지하며, 풍화암반을 굴착한 주거지이다. 여기서는 생토성분의 흙이 주거지 바닥에 놓여 있고, 어두운 문화층의 토양은 그 상부에 퇴적된 층서를 보인다. 이것은 주제가 먼저 빗물에 쏠려 유입되고 그 뒤에 어두운 표토층과 문화층이 다량으로 유입되었을 것이다.

　주제토로 생각되는 풍화암반토가 바닥에 접하여 퇴적되며, 그 상부에 부식토가 놓이는 토층도로서, 주제가 설치된 전형적인 토층도라고 할 수 있다.

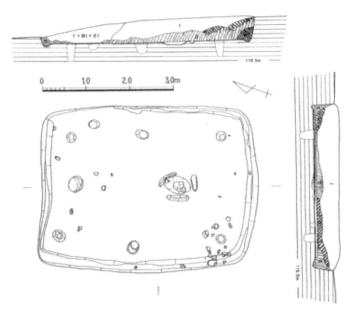

그림 5 울산 검단리유적 49호 주거지

주거지의 폐기행위가 인위적인 것인지의 검토는 매우 중요한 의미를 가지고 있다. 인위적인 폐기는 ① 취락의 위생환경을 위하여 또 생활위험을 제거하기 위하여 폐기된 주거지를 매우는 것이다. ② 특별한 의례행위로서 폐기하는 것이 있다. 가옥묘의 경우는 주거지를 폐기하고서 무덤으로 사용하는 예로서 수렵채집문화의 풍습(安在晧·金賢敬 2015)으로 인정되는데, ①의 경우는 취락 존속기간의 마지막 시점이 아니라는 것을 시사하는 자료이다. 이에 반하여 자연적인 폐기는 대체로 취락 마지막 시점의 주거지로 판정해도 좋을 것이다. ②의 경우는 반드시 주거지의 매몰을 사람의 손을 빌려 할 것이다. 가옥묘인 경주 천군동 I-5호주거지(朴光烈·金熙哲 외 2010)를 보면 생토층을 얼마만큼 파고 수혈주거지를 만들었는지 도면화하지 못하여 알 수가 없다. 그런데 암반편이 소량 혼입된 층의 위치는 대략 〈그림 5〉와 같으나, 대체로 층이 수평으로 퇴적된 점이 역시 인위적인 폐기의 특징으로 생각된다. 그러나 한편으론 더욱 자세한 패턴을 찾을 필요가 있다.

이러한 폐기정황을 통한 폐기패턴은 취락고고학의 해석에 유용한 자료로 활용할 수 있겠다.

VII 맺음말

과거 한국고고학계의 발굴이나 지금처럼 정책적으로 저비용으로 유물 채집만을 강요하는 고고학 환경 속에서는 영원히 20세기 전반의 구(전통)고고학적 타성이나 굴레를 벗어날 수 없다. 현대고고학에서는 인문과학, 사회과학, 자연과학, 의학 등의 모든 학문뿐만 아니라 예술과도 융합하여 발굴현장에서 역사적 자료를 찾고자 갖은 연구와 분석을 통하여 인간활동의 역사를 밝히고자 노력하고 있다. 그러한 분석고고학, 과정주의고고학, 생태학적 고고학 등의 현대고고학 연구는 발굴에서 시작된다.

발굴이란 흔히 일반인들이 알고 있는 지식, 즉 유물을 찾는 일이 아니라, 고고학자가 유물의 역사적 가치를 높이기 위해 공반상을 밝히는 일이다. 이 공반상이란 1기의 유구에 설치된 다양한 구조물에서 시작하여 그 속에서 검출되는 유물 특히 유구가 설치되고 사용되던 시기의 유물을 선별해서 찾는 일이다. 이러한 노력이 없는 발굴은 쓸모없는 골동품적 가치뿐이므로 도굴행위나 다름없다.

발굴방법이란 대강의 기본적인 방법을 제시할 수는 있을지 모르나, 그것만으로 발굴이 수행될 수는 없고, 발굴 전체를 놓고 보면 빙산의 일각에 불과하다. 엄격하게는 유구마다 각각 다른 경우가 존재하기 때문에 구체적인 문제 해결에서는 모든 경우에 새롭게 대응하여 관찰하고 분석하고 고찰하지 않을 수 없다는 점이다. 그러므로 발굴에 임하는 연구자는 자신의 경험을 토대로 구축된 방법을 다양한 측면에서 접근하지 않을 수 없다. 이런 측면에서 발굴이 기능이나 기술에 결정되는 것이라기보다는 관찰과 현상 그리고 해석이라는 명제를 가진 인문과학적 사색이 필요하다.

흔히 실패한 발굴이 있다고 말한다면, 그것은 평면과 단면을 통한 토층의 분석을 잘못하거나 인식하지 못한 까닭이라고 믿고 싶다. 발굴은 퇴적된 각각의 층을 하나씩 벗겨 나가는 과정에서 인공적인 요소가 포함된 토층을 인식하고 구조물을 구명하는 일이다. 그리고 인위적인 행위나 물적 자료를 찾아내는 일이다.

이상의 내용은 실제 우리가 발굴에 임하면서 무수히 스스로에게 자문하는 내용이고, 눈앞에서 벌어진 현상들이다. 아직도 의문은 많고 우리 스스로가 발굴현장에서 철학적 사유를 해야 할 것도 많다. 선배 후학들이 저마다의 인문·과학적 인식을 통하여 새로운 사실을 밝혀내길 기대한다.

그리고 수혈주거지의 발굴뿐만 아니라 모든 발굴에는 우리의 시각이 발전하는 만큼 그 조사방법도 발전하게 된다. 따라서 여기서 지적한 사항이 절대로 조사방법의 최선이 아님을 밝혀 둔다. 10년 혹은 30년 뒤의 발굴에서는 지금 우리가 사소하게 생각하고 버렸던 것들도 조사연구의 중요한 주제로 부각되고, 우리에 의해 망실된 자료가 절실히 필요한 상황도 올 수 있다는 점을 잊어서는 안 되겠다. 따라서 고고학자는 발굴방법과 탐색의 대상에 대해 끊임없이 사색하고 개발하는 숙제를 가지고 있어야 한다.

한국고고학이 유물의 실측이나 관찰에서는 이미 세계적 수준을 뛰어넘었지만, 발굴을 통한 자료의 분석이나 해석 그리고 발굴과 고고자료에 대한 공적인 윤리관 등에서는 아직도 전근대적인 수준이다. 고고학올림픽이 열린다면 한국은 100위권에 겨우 들 수 있을지 모르겠다.

[안재호]

참고문헌

金賢植, 2003, 「IV. 考察」, 『蔚山 新峴洞 黃土田遺蹟』, 蔚山文化財研究院.

朴光烈·金熙哲 외, 2010, 『慶州 千軍洞 靑銅器時代 聚落遺蹟』, 聖林文化財研究院.

박승규·유병록 외, 2002, 『大邱 東川洞聚落遺蹟』, 嶺南文化財研究院.

박승규·하진호 외, 2002, 『蔚山 川上里聚落遺蹟』, 嶺南文化財研究院.

安在晧, 2001, 「中期 無文土器時代의 聚落 構造의 轉移」, 『嶺南考古學』 29, 嶺南考古學會.

_____, 2014, 「울산 청동기시대 주거문화」, 『태화강인의 삶과 죽음』, 울산박물관.

安在晧·金賢敬, 2015, 「靑銅器時代 狩獵採集文化의 動向」, 『牛行 李相吉 敎授 追慕論文集』, 진인진.

윤호필·배길희 외, 2015, 『蔚山 無去洞 玉峴遺蹟』, 慶南大學校博物館·釜山大學校博物館.

이진주·곽종철, 2012, 『고고학에서의 층』, 한국문화재조사연구기관협회 고고교육총서 1, 사회평론.

정징원·전옥연 외, 1995, 『蔚山檢丹里마을遺蹟』, 釜山大學校博物館.

콜린 랜프류·폴 반(이희준 옮김), 2006, 『현대 고고학의 이해』, 영남문화재연구원 학술총서 1, 사회평론.

T. 더글라스 프라이스(이희준 옮김), 2013, 『고고학의 방법과 실제』, 한강문화재연구원 학술총서 1, 사회평론.

河鎭鎬, 2002, 「IV. 考察」, 『蔚山 川上里聚落遺蹟』, 嶺南文化財研究院.

허의행, 2014, 『청동기시대 전기 호서지역 취락 연구 I』, 한국고고환경연구소 학술총서 13, 서경문화사.

제10장
고대 토기가마 조사방법론

I 머리말

2004년도에 '삼국시대 토기가마 조사방법론'을 발표한 이래로 토기가마(窯), 도기가마, 기와가마, 자기가마 등 토기·자기 생산유구의 조사방법에 대한 체계적이고 심도 있는 많은 연구가 이루어졌다. 그리고 이상재, 이기재로 대표되는 토기 소성·재임기술에 대한 연구도 지속적으로 이루어져 괄목한 만한 성과를 이루었다. 한편 각종 개발사업이 진행되면서 토기가마 유적에 대한 발굴조사도 지속적으로 증가하고 있다. 특히 신라 왕경에 최상급의 토기와 기와를 공급한 것으로 밝혀진 통일신라시대 경주 화곡리 생산유적이 발굴되면서 경주 손곡동 토기생산유적과 함께 토기가마뿐만 아니라 토기제작과 관련한 각종 공방시설 등 토기요장 전체에 대한 관심과 연구를 이끌게 되었다.

이 장에서는 토기가마를 비롯한 토기요장이 어떠한 배경에서 조성되고, 그 구성 시설에는 어떠한 것이 있는지 구체적인 조사사례를 들어 검토한다. 그리고 지금까지의 연구성과로 파악된 고대 토기가마의 구조변천을 살펴본다. 마지막으로 일부분에 해당되지만, 현장조사에서 간과했던 내용과 이미 보고된 자료에서 간취되는 다소 애매한 내용을 중심으로 조사방법론을 제시코자 한다. 시간적인 범위는 삼국~통일신라시대로 하되 그 이후 시대의 것도 필요에 따라 언급한다. 공간적인 범위는 한반도 남부 전역을 대상으로 하되 영남지방의 자료를 중심으로 다룬다.

II 토기요장의 이해와 구성요소

1. 입지

입지, 즉 이곳에 토기요장(窯場)이 들어선 배경 또는 특징을 살펴보면 다음과 같은 사항들이 고려되어야 한다. 토기요장의 핵심은 토기성형시설과 소성시설이다. 토기성형에는 태토(점토)와 물이 필수 재료이고, 토기소성에는 토기가마와 연료가 필수요소이다.

1) 연료

토기소성에 필요한 연료는 바로 땔감이다. 양산 호계가마[1] 소성실험(조성원·홍진근 2010)에 따르면, 전체 78시간(약 3일 반) 동안 소성되었으며 최고 온도는 소성 후 62~78시간대로 1,200℃ 전후로 계측되었다. 이때 사용한 땔감의 양은 3.6톤이었다. 나무 종류는 소나무 90%, 참나무 10%였다.[2] 가마 1기의 사용기한을 알 수 없으나, 30년(1세대) 정도로 산정하고 토기소성에 양호한 계절(3~11월)에 월 1회 조업한다고 상정하면, 972톤의 땔감이 소요되는 것으로 추산된다. 결국 원활한 토기소성작업을 위해서는 풍부한 땔감과 이의 원활한 공급이 뒷받침되어야 한다. 그래서 토기가마는 이러한 조건에 부합되는 곳, 즉 땔감의 산지 또는 산지와 인접한 곳에 위치하는 것이 자연스러운 현상이다.

2) 태토와 채토장

태토는 토기성형에 필요한 점토를 의미한다. 선사시대와 달리 상당히 정선된 점토를 사용하고 입자가 치밀하다. 양산 호계가마 소성실험에는 창원 다호리·봉산리, 양산

---

1   실험대상인 제2호 가마의 유존 규모는 전장 9.4m, 너비 1.5m, 높이 0.9m(부위별 길이는 연소실 2.8m, 소성실 5.4m, 연도부 1.4m)이다. 요상 경사도는 1차 8°, 2차 14°였다. 복원된 가마의 규모는 길이 10m, 너비 1.5m, 높이 1.05m, 지상에 노출된 벽체와 천장의 두께는 0.3~0.4m였다.

2   토기가마에서 출토된 목탄 시료를 분석한 결과, 소나무, 참나무(상수리나무)가 주류이고 굴피나무 등도 있었다(嶺南文化財研究院, 2003, 『大邱 旭水洞·慶山 玉山洞遺蹟 I』). 아마 주변에서 쉽게 구할 수 있는 나무를 땔감으로 이용한 것으로 판단된다.

그림 1　채토장(1: 경산 옥산동유적 대형 채토장, 2: 경주 망성리 윗골들유적 채토장)(영남문화재연구원 2011)

호계동, 경주 안강 등지에서 채토한 점토를 사용하였다.

　채토장은 토기의 원료인 점토 또는 가마를 구축·보수하기 위한 점토를 굴착하는 장소이다. 경주 망성리 윗골들 생산유적에서는 길이 41.36m, 너비 29.68m, 깊이 0.5~1.9m의 대형 채토장이 조사되었다. 평면형태는 원형 또는 타원형과 유사한 크고 작은 수혈(구덩이)이 불규칙하게 연접하고, 그 구덩이들의 단면형태는 'U'자형 또는 상부가 좁고 하부가 넓은 소위 '플라스크형'이다(윤민근 외 2013). 조사범위 내에서 가마터는 확인되지 않았으나, 주변에 망성리 토기·기와 가마터들이 분포하고 있어 이와 관련된 것으로 추정된다. 토기소성시설과 다소 원거리에 위치한 사례이다. 대구 욱수동·경산 옥산동유적에서 확인된 대·소형의 채토 수혈은 토기가마가 밀집·분포하는 주변의 공지에 위치한다. 토기소성시설과 가까운 지점에 위치한 사례이다.

3) 구축 지반

토기가마는 대체로 황갈색 점토층이 두텁게 발달된 나지막하고 완만한 구릉지 사면에 조성된다. 일부는 풍화암반(연암 계통)과 황갈색 점토층이 함께 지반을 이룬 경우도 있고, 마사토 지반에 조성된 것도 있다. (청석)암반층에 비해 상대적으로 굴착이 쉽고, 굴착면을 깔끔하게 마감할 수 있다. 그리고 굴착토를 가마의 벽체나 천장의 재료 등으로 이용할 수 있는 장점이 있다.

4) 사면향

토기가마는 나지막한 구릉 상에 등고선 진행방향과 직교되게 조성된다. 사면 아래쪽에서부터 위쪽으로 아궁이-연소실-소성실-연도가 일직선상에 위치한다. 대체로 아궁이가 남·동향으로 나 있으며, 일부는 아궁이가 북·서향으로 나 있는 경우도 있다. 축조의 효율성, 원활한 배연 및 소성시기의 풍향 등을 복합적으로 고려한 것으로 판단된다. 기와가마, 흑탄요 등 다른 가마도 이와 비슷하나 소위 피리형 탄요로 구분되는 백탄요의 경우는 등고선 진행방향과 나란하거나 비슷한 경우가 대부분이어서 차이가 있다.

5) 물

토기제작에는 두 가지 공정에서 물이 필요하다. 첫째, 채취한 태토를 수비하고 반죽하는 과정이다. 둘째, 토기를 성형하는 과정이다. 전술한 바와 같이 가마는 나지막한 구릉지 사면에 조성되므로 그 주변에는 크고 작은 골짜기가 나 있어, 토기제작에 필요한 용수 확보에 용이하다.

6) 운송

상품인 토기의 운송을 위해서는 토기요장 입구까지 연결되는 길 또는 도로, 즉 수송로가 있어야 한다. 대가야 토기생산유적인 창원 중동유적의 경우 제IV구역에서 확인된 도로유구가 토기의 운송 등에 관련한 것으로 추정된다. 한편 강, 바다와 접한 토기생산유적의 경우는 배를 이용한 운송이 고려되었을 것이다.

　이와 같은 요소들이 복합적으로 고려되어야 하겠지만, 그중에서도 가장 중요한 것은 땔감의 확보로 판단된다. 조선시대 경기도 광주 사옹원 소속 관요분원들이 연료를 따라 이동하면서 백자를 생산한 기록[3] 등을 통해 당시의 정황을 유추하는 데 큰 무리는 없을 것으로 사료된다.

3　『承政院日記』第8冊, 仁祖 3年 8月 3日條 "趙翼以司饔院言啓曰 分院之設 自前擇其樹木茂盛之地 移來移去 而今則所設處 累年入樹取用 燔柴己盡 不得己他樹木茂盛處 擇地移設 乃能燔造矣 本院郎廳 爲先發遣擇地 移設擧行條件 隨後磨鍊 啓下之意 敢稟……傳曰 依啓"("분원의 설치는 과거부터 수목이 무성한 곳을 택해 옮겨가기도 하고 오기도 하였는데 지금 설치한 곳은 여러 해 나무를 베어 써서 땔나무가 다 없어져 어쩔 수 없이 다른 수목 무성처를 택해 이설해야 번조할 수 있다……")(강경숙, 2004, 『한국 도자사의 연구』, 시공아트, p. 405 재인용).

2. 제작(성형)시설

토기의 제작과 관련한 시설로는 수비장, 연토장, 성형장, 건조장 등이 있다. 일련의 공정이 연속적으로 이루어지므로 효율성 제고를 위해 일정 범위(공간)에 유기적으로 배치된다. 대체로 토기가마인 소성시설을 제외한 이들 일체를 좁은 의미의 토기공방으로 이해한다.

경주 화곡리 토기생산유적 I구역 주·수혈군 5·7호 일대는 길이 10m, 폭 6m 정도의 범위에 수비시설 1기, 집수시설 1기, 연토장 1기, 태토저상혈 2기, 녹로혈 5기가 조합을 이룬다(성림문화재연구원 2012).[4] 경주 손곡동 토기생산유적 제3호 공방지는 가장자리에 평면 'ㄱ'자형 배수구가 둘러져 있다. 배수구의 너비는 0.4m, 깊이는 0.3m 정도이다. 배수구의 안쪽 공간에는 배수구에 접해 주혈들이 평면 'ㄴ'자형과 유사하게 배치되었으며, (남)동편 가장자리에 녹로혈 7기가 확인되었다. 점토구덩이는 주혈군에서 남쪽으로 1m 정도 떨어져 1기가 위치한다. 배수구를 경계로 한 공방지의 내부규모는 길이 9.5m, 너비 5.9m 정도이다(국립경주문화재연구소 2004).

이처럼 공방지 내에는 토기 제작관련 시설을 전부 갖추거나 녹로혈과 점토저장고 등 일부 시설을 갖춘 것으로 구분할 수 있다. 공방지의 구조는 바닥면에서 별다른 굴광의 흔적이 확인되지 않는 것으로 보아 지상식 구조로 추정되며, 수혈식 구조도 고려할 수 있겠다(김정애 2012).

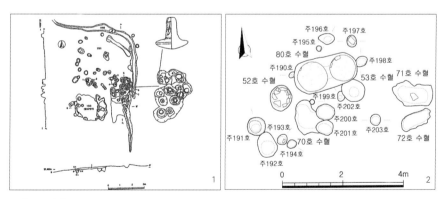

그림 2 공방지[1: 경주 손곡동A지구 3호 공방지(국립경주문화재연구소 2004), 2: 경주 화곡리 생산유적 주·수혈군 5·7호(성림문화재연구원 2012)]

4   동시성을 전제로 한 일정부분에 대한 표본적인 의미이다.

1) 수비장

채토한 점토를 물에 풀어 그 속의 불필요한 성분, 즉 잡물을 제거하는 시설인 수비공을 갖춘 곳이다. 경주 화곡리 생산유적 I구역의 주·수혈군 5호 내 80-1호 수혈이 대표적인 사례이다. 이 수혈은 80호 수혈로 명명된 큰 구덩이 내 서편에 위치하고 동편에는 80-2호 수혈이 위치한다. 80호 수혈의 규모는 길이 2.1m, 너비 1.06m, 유존 깊이는 0.6~0.9m이다. 80-1호 수혈의 내부에는 대호 또는 대옹으로 추정되는 항아리 동체부가 바르게 놓여 있었다. 항아리 유존 규모는 높이 0.91m, 동최대경 1.06m이다. 그 내부에는 목탄 알갱이와 모래가 포함된 회갈색·적갈색·명갈색 점토가 뒤섞인 채 바닥면까지 확인되어, 보고자는 수비공으로 판단하였다.

한편 80-1호 수혈의 동편에 위치한 80-2호 수혈의 경우, 내부구조는 전자와 동일하고 항아리 규모를 포함한 수혈의 규모는 다소 작다. 다만 그 내부에 모래가 포함된 부식된 암갈색 점토가 단일층으로 채워져 있어, 보고자는 물을 저장하는 집수시설로 판단하였다(성림문화재연구원 2012).

조선시대 중기 이후 백자가마터로 알려진 순천 후곡리유적, 순천 물길리유적, 청양 시전리유적에서 확인된 수비공은 내면과 바닥에 점토로 미장하였다. 수비과정에서 이물질이 흡착되거나 수분이 손실되는 것을 막기 위한 것이다. 그리고 2~8기의 수비공이 인접하여 1열 또는 2열의 병렬상으로 배치되었다. 이와 같이 삼국~통일신라시대 토기생산유적에서 수비시설이 보고된 예는 드물며, 백자가마터에서 확인된 수비시설과 구조적 차이가 있음을 알 수 있다.

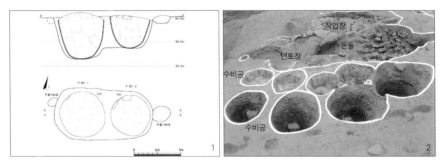

그림 3 수비공과 집수공, 연토장[1: 경주 화곡리 생산유적(성림문화재연구원 2012), 2: 청양 시전리 백자가마터 1호 공방지(금강문화유산연구원 2012b)]

2) 연토장

태토의 수분을 고르게 하고 공기를 빼내기 위해 반죽하는 곳이다. 경주 화곡리 생산유적 II구역의 주·수혈군 1호 내 5호 수혈이 대표적인 사례이다. 수혈의 규모는 현재 길이 11.8m, 너비 3.24m, 유존 깊이는 0.25m이다. 수혈의 내부에는 부분적으로 연회색·회색·연올리브색 점토가 갈색 계열의 모래성분이 있는 점토와 뒤섞여 지저분하게 보인다. 이 회색 계열의 점토가 부분적으로 채워져 있고, 이 점토가 토층 단면에서 얇은 띠상으로 확인되며, 모래성분이 있는 갈색 점토와 뒤섞여 있었다. 이러한 현상들은 점토를 이기는 과정에서 나타난 결과로, 보고자는 이 수혈의 성격을 연토장으로 판단하였다. 화곡리유적에서는 이와 같은 연토장이 조사구역 내 드문드문 분포하며 일부는 녹로혈, 수비공 주변에서도 확인된다.

한편 조선시대 백자가마터인 강진 월하리유적, 장흥 월송리유적 등에서 확인된 연토장은 점토나 돌로 외곽을 구획하고, 바닥과 벽면에 점토다짐을 하였다. 작업과정에서 태토가 지면에서 쉽게 떼어지게 하기 위한 것이다(김정애 2012). 이와 같이 삼국~통일신라시대 토기생산유적에서 연토시설이 보고된 예는 드물며, 백자가마터에서 확인된 연토시설과 구조적 차이가 있다.

3) 점토저장혈

토기의 원료인 점토, 즉 태토를 보관하는 구덩이다. 경주 손곡동유적, 경주 화곡리유적의 사례처럼 성형장의 주변에서 주로 확인된다. 평면형태는 원형, 방형, 부정형이고 규모는 다양하다. 화곡리 I구역 제54호 수혈의 경우 규모는 장경 1.04m, 단경 0.79m, 깊이 0.27m이다. 내부에 별다른 시설의 흔적은 보이지 않고, 주변의 흙과 전혀 다른

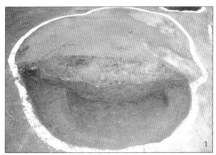

그림 4 점토저장혈[1: 경주 화곡리 제54호 수혈(성림문화재연구원 2012), 2: 고령 기산리유적 제5호 점토저장혈(대동문화재연구원 2012)]

입자가 고운 회백색점토(태토로 추정)가 두텁게 채워져 있는 것이 특징이다. 고령 기산리 분청사기 가마터 주변에서 확인된 점토저장혈의 규모는 장경 1.54m, 단경 1.44m, 깊이 0.92m로 상대적으로 크고 깊다. 내부에 회색·갈색·흑색점토가 혼재되어 채워져 있어, 토기가마 관련 시설과 비교된다.

4) 성형장

녹로(轆轤, 陶車, 물레)를 이용해 토기를 만드는 공방의 핵심시설이다. 녹로(축)혈의 흔적은 삼국~통일신라시대 대규모 토기생산유적인 경주 손곡동·물천리유적, 경주 화곡리 생산유적의 사례가 대표적이다. 녹로혈의 평면형태는 원형이고 단면은 상부가 넓고 내려오면서 좁혀지는 소위 벌어진 'U'자형과 상부가 벌어져 내려오다가 단을 이루며 폭이 좁고 돌출된 원통형이 결합된 형태로 구분된다. 바닥에는 축을 박은 홈이 남아 있는 경우가 있다. 그리고 상부와 내부에는 소형의 돌과 함께 흙으로 채웠다. 목제 녹로를 고정시키기 위한 것이다.

손곡동유적 녹로혈의 규모는 상부 직경 30~60cm, 깊이 20~50cm이고 녹로축혈의 직경은 10cm 정도이다. 손곡동유적 공방지 4개소에서는 각기 4~7기로 녹로(혈)이 확인되었다. 그리고 녹로 부속구로 추정되는 원형 토제품이 손곡동유적과 화곡리유적 등에서 출토되었다.

이와 같은 구조의 녹로혈은 조선시대 백자 공방지(성형장)에서도 확인되며, 주로 건조시설 주변에 위치한다. 그리고 여기서 녹로(물레) 부속구인 봇긋과 갓모, 굽깎기통, 굽깎기칼 등도 함께 확인되어 당시 정황을 구명하는 데 많은 도움이 된다. 한편 영주 상줄동유적 조선시대 중·후기 옹기 공방지에서 확인된 녹로혈은 장경

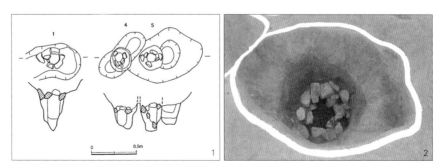

그림 5 녹로혈[1: 경주 손곡동A지구유적 1호 공방지(국립경주문화재연구소 2004), 2: 경주 화곡리 생산유적 수혈 39호(성림문화재연구원 2012)]

0.72~1.51m, 단경 0.64~1.2m, 깊이 0.11~0.25m로, 이를 통한 녹로의 추정 규모는 직경이 0.4~0.8m이며, 직경 0.5~0.6m 정도의 크기가 대부분을 차지하는 것으로 파악되었다(대동문화재연구원 2010).

5) 저수장

토기의 성형 등 제작에 필요한 물을 모아 둔 시설로 집수장과 같은 의미이다. 저수장은 내부 구조에 따라 크게 2가지 유형이 있다. 제1유형은 구덩이를 파고 그 내부에 항아리를 묻은 구조이다. 비교적 소규모에 해당하고 연토장 또는 성형장 주변에 위치한다. 화곡리유적 I구역의 주·수혈군 5호 내 80-2호 수혈이 대표적인 사례이다. 항아리의 규모는 현재 높이 0.78m, 동최대경 0.9m 정도이다. 제2유형은 평면 원형·방형에 가까운 비교적 큰 수혈을 마련한 다음, 벽면에는 할석으로 벽체를 마련하거나 수혈 벽면을 그대로 이용하고, 사면 아래쪽에 배수구를 갖춘 구조이다. 손곡동유적 석조유구가 전자에 해당하며 규모는 장경 4.7m, 단경 3.0m, 깊이 1.85m이다. 이와 유사한 구조가 성주 유월리유적에서 확인되었다. 두 유적 모두 토기생산관련 유적인 점에서 볼 때, 토기의 성형에 필요한 물을 공급하는 저수조 또는 점토의 수비장으로 이용되었을 가능성이 있다. 최근에는 부산 낙민동유적, 진해 남문동유적 등 기와생산 관련 유적에서도 확인되었다.

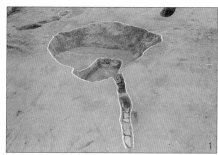

그림 6 저수장 또는 수비장[1: 성주 유월리유적 제4호 수혈(영남문화재연구원 2005b), 2: 경주 손곡동A지구 석조유구(국립경주문화재연구소 2004)]

6) 건조장

성형한 토기를 건조하는 시설로 삼국~통일신라 토기생산유적에서 구체적으로 밝혀진 사례가 없다. 다만 손곡동유적, 화곡리유적의 사례처럼 녹로혈을 구비한 작업장 등 토기생산시설 주변에 확인되는 고상식 건물지가 건조장과 관련되었을 가능성이 있다. 한편 백자 공방지 내 건조장은 일정 규모의 작업장 내 온돌 또는 구들시설을 갖추거나 수혈식 노(爐)시설을 갖춘 구조들이 일반적이다.

3. 소성시설

1) 가마[窯]

토기가마는 토기소성시설, 즉 토기를 굽는 시설을 일컫는다. 광의의 토기가마는 신석기~초기철기시대에 사용된 산화염 소성의 노천가마 또는 소성유구와 (원)삼국시대 이래 항구식 천장을 구비하고 수시로 연료를 투입할 수 있는 아궁이를 포함하여 연소실과 소성실이 구분된 환원염 소성의 구조가마를 모두 포괄한다. 협의의 토기가마는 주로 (원)삼국시대 이후 구조요(이상준 2008)를 지칭한다.

삼국시대 이래 토기가마는 주로 나지막한 구릉의 사면에 등고선 진행방향과 직교되게 조성된다. 내부구조는 사면 아래서부터 아궁이, 연소실, 소성실, 연도가 일직선상에 위치한 단실(單室) 구조다. 아궁이의 전방에는 바닥이 평탄하게 처리된 요전부(작업장)가 위치한다. 토기가마는 한 기가 단독으로 조성된 경우도 있고, 2~3기 또는 그 이상이 나란하게 조성된 경우도 있으며, 오랜 기간 조업을 통해 수십 기가 시차를 두고 조성된 경우도 있다.

2) 가마 보호시설

토기가마를 보호하는 시설로는 개방된 별도의 지붕구조를 고려할 수 있으나, 이와 관련한 구체적인 자료가 확인된 예는 없다. 경주 손곡동유적, 대구 신당동유적, 달성 서재리유적 등 일부에서 사면 위쪽으로 가마를 감싸는 배수구를 마련된 예가 있다.

4. 보관시설

소성한 토기를 보관하는 시설이다. 용도에 따라 성형한 토기의 건조장으로도 사용할 수 있다. 전술한 바와 같이 토기생산시설 주변에서 확인되는 고상식 건물지가 토기저장시설과 관련성이 있을 것으로 추정된다. 이밖에 땔감보관처, 불씨저장고 등이 있을 것이다.

5. 주거시설

토기생산에 종사하는 공인들의 주거와 관련한 것으로, 공방시설 주변에 위치하는 것이 일반적이다. 구조는 당시 일반적인 수혈식이다. 내부에서 내박자 등 토기제작과 관련한 도구들이 출토되는 경우도 있다. 한편 작업장은 태토의 보관, 연토, 성형, 건조 등 토기제작과 관련한 작업이 연속적으로 이루어져야 하므로 이러한 시설들이 조합을 이루지만 주거시설은 그렇지 않은 점이 큰 차이다. 손곡동유적의 경우 시기적인 차이는 있으나 대체로 토기가마가 남동 사면에 밀집 분포하고, 구릉의 정상부 평탄지에는 공방지 및 주거지, 그 아래 사면에는 창고로 추정되는 고상식 건물지가 분포하는 배치구도를 보인다. 한편 토기가마가 밀집 분포한 사면의 아래쪽에서 확인된 초석 건물지는 토기·기와생산을 관장하는 관리가 거주하는 시설로 해석되고 있다.

6. 폐기장

소성된 토기 중에서 불량품을 버려서 생긴 곳이다. 토기가마가 위치한 사면의 아래쪽 또는 좌·우측 공지에 버리는 경우가 대부분이며, 이는 작업의 효율성 때문이다. 이로 인해 사면 아래에 위치한, 먼저 폐기된 가마 전체를 덮는 넓은 규모의 폐기장이 형성되기도 한다. 가마 소성 후 생긴 재와 함께 버려져 회구부(灰丘部)로 부르기도 한다. 불량품이 많다는 것은 소성기술이 안정되지 않았거나 온도조절의 실패에 요인이 있기도 하지만, 수급처에 따른 상품의 질적 차이에 기인한 것도 있을 것이다.

7. 기타 시설

토기요장의 주변에는 요업집단 또는 공인집단의 무덤이 확인되기도 한다. 경주 손곡동유적 B지구의 경우 구릉 남사면에 토기가마가 위치하고, 그 위쪽 능선상에 주거지, 공방지, 제사유구 등이 위치하며, 구릉 최정상부에 고분군이 입지한다. 이 고분군 중 6세기대로 편년되는 제2호 적석목곽묘 내부에서 요벽체편이 출토(동국대학교 경주캠퍼스박물관 2002)된 것은 이 무덤의 주인공이 토기생산에 관여한 것을 보여주는 가장 적극적인 자료로 판단된다.

8. 토기요장의 공간분할

경주 손곡동(경마장 A지구) 토기요장의 경우 발굴면적이 2만 1,741평에 달하는 대규모이다. 구릉의 남동쪽 사면 일대에는 3열 배치상으로 소성시설인 토기가마가 47기 분포한다. 가마가 위치한 사면 위쪽의 구릉 정부에는 토기 제작 공방이 4개소 나란하게 분포하고 그 주변에 작업장 또는 채토장으로 추정되는 수혈군이 밀집 분포한다. 구릉 정부에서 내려오는 중앙부 사면에 창고군으로 추정되는 고상식 건물지군이 밀집 분포한다. 구릉 정부의 북서쪽 일대에는 주거지와 작업장으로 추정되는 수혈군들이 분포하고 거기서 북서쪽으로 창고군, 주거시설이 분포한다. 이 전체를 관장하는 수장급 인물이 거처하는 초석건물지 2동은 별도로 구릉 남편 하단의 평탄지에 분포한다.

소성시설군, 공방시설군(성형장, 채토장, 작업장), 주거시설군, 관리건물이 일정한 공간 내에 적정한 거리를 두고 분포한다. 이러한 분포상이 다른 요장에도 동일하게 적용되는 것은 아니지만, 입지와 요업시설의 규모에 맞추어 효율적으로 이용했을 것으로 추정된다.

III 토기가마의 구조와 변천

1. 소성유구와 구조요

광의의 토기가마는 신석기~초기철기시대에 사용된 산화염 소성의 한뎃가마[露天窯] 또는 소성유구(燒成遺構)와 (원)삼국시대 이래 항구식 천장을 구비하고 수시로 연료를 투입할 수 있는 아궁이를 포함하여 연소실과 소성실이 구분된 환원염 소성의 구조요(構造窯) 또는 실요(室窯)를 모두 포괄한다. 협의의 토기가마는 주로 (원)삼국시대 이후 구조요를 지칭한다.

2. 평요설과 등요설

가마는 평요에서 등요로 발전한 것으로 보는 것이 일반적인 인식이지만, 삼국시대

표 1 토기가마 관련 용어(김창억·김재철 2004)

분류	구분	국내		국외	
		고고학	미술사	일본	중국
가마 종류	구조	토기요, 구조요 (登窯, 平窯)	통가마, 용가마, 대포가마, 登窯	窖窯, 平窯,	竪穴窯, 橫穴窯, 圓窯, 龍窯
	평면 형태	圓筒形(일자형), 巳豆形, 舟底刑 고구마형(卵形, 볼록렌즈형), 올챙이형 등		장어형, 舟形, 直線形, 曲線形	方窯, 饅頭窯, 馬蹄窯, 圓窯, 龍窯 등
가마 외부	폐기장	灰丘部(災層)	灰丘部(회현부)	灰原部	灰坑
	요전부	窯前部, 작업장	직입징, 활동공간	前庭部	灰坑
가마 입구	아궁이	아궁이	燧樋, 부엌통	焚口, 火口	窯口, 窯門
	아궁이 적석	아궁이 적석시설		火口積石	
가마 내부	아궁이 연소실 레벨차	수평연소식 (아궁이=연소실)	수직연소식 (아궁이)연소실)	·	·
	연도밖	·	·	窯背部	
	연소실	燃燒室(部)	봉통(불통)	燃燒部(室)	火膛, 火室, 燃燒室
	연소실 바닥 수혈	·	·	舟底形 Pit	
	연소실 소성실 경계 구분	段壁, 불턱	불턱, 턱받침	隔壁, 階	·
	불창	·	불구멍, 불창 살창구멍		·
	소성실	燒成室(部)	燔造室	燒成部(室)	窯(室)
	바닥	바닥	굴판	床面	窯床
	벽체	側壁, 壁體	접발(화문접발: 칸문이 있는쪽) (간접발: 없는 쪽)	窯体	窯墻
	천장	天障	굴등창	恒久天井(생토) 仮設天井(구축)	窯頂
	연도부	煙道(部), 排煙(部)	굴뚝, 煙筒, 망덕	煙道部	排烟道, 烟囱
	바닥 경사도	窯傾斜度		窯傾斜度, 窯床角度	窯底傾斜
	소성실 바닥	無階段式, 階段式		無階段式, 階段式	·
	수리	修理, 補修		修復	
재임 관련	도침	陶枕: 離床材, 離器材	陶枕(도지미), 비짐 고리형받침, 匣鉢	窯道具	窯具: 塾底窯具, 間隔具

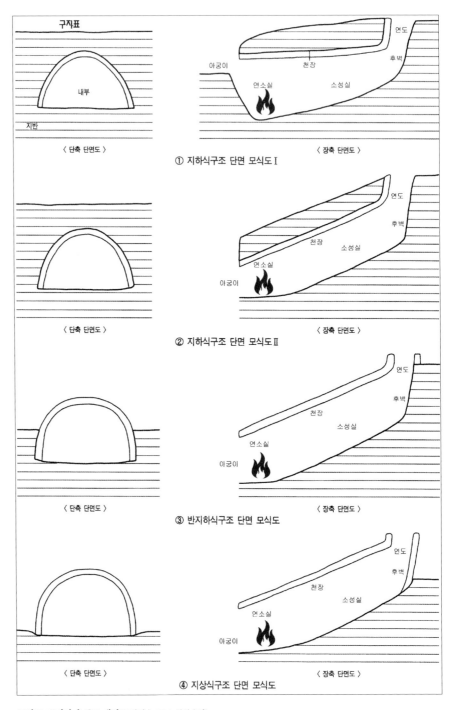

그림 7 토기가마 구조 개념도(강경숙 2005, 부분수정)

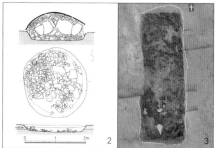

그림 8 신석기~청동기시대 토기가마[1: 김천 송죽리 제1호(배성혁 2006, 계명대학교 행소박물관), 2: 진주 대평 옥방1지구 620호(김현 2002), 3: 달성 성하리(대동문화재연구원 2015)]

가마가 등요이므로 원삼국시대 가마는 평요라는 추론에 대한 구체적인 근거는 밝혀진 바가 없다. 중국의 고대 토기가마 연구성과를 보면, 소위 평요와 같은 구조에서도 1,200℃ 이상의 고온을 낼 수 있다는 사실이 밝혀졌으며(劉振群 2014), 영남지방 원삼국시대 토기 중에서 본래 와질토기 기형이지만, 도질상태로 소성된 것이 있고 그 대부분은 기형이 일그러진 사례들이 있다. 따라서 그러한 구분에 따른 추론은 가마의 발전방향을 파악하는 근거로 보기 어렵다. 한편 요상각도 10°를 기준으로 등요와 평요로 구분(김미란 1995)하기도 하나, 이 구분이 어떠한 의미를 내포하는 것인지는 구체적으로 밝혀진 바 없다.

3. 계통론

토기가마의 계통에 대해서는 중국 월주요설(越州窯說)(신경철 2010), 중국 위진대 용요설(龍窯說)(최종규 1994)로 설명되는 외래설과 중국 전국시대 원요(圓窯)에 영향을 받은 원삼국 토기가마에서의 발전설(최병현 2006; 이성주 2014), 낙랑 성립 후 중국에서 도입된 반도염기술이 적용된 가마가 재지화되면서 원삼국시대 후기에 토기의 대량생산과 그로 인한 장시간 가열에 의해 우연의 도질토기가 발생한 것으로 보는 설(고유정 2016), 초기철기시대~원삼국시대 초기 토기가마에서 원삼국시대를 거쳐 삼국시대 토기가마로 발전한 것으로 설명되는 자체발전설(김재철 2011) 등이 제시되어 있다.

4. 토기가마의 구조 변천

삼국시대 토기가마의 구조요소는 규모, 평면형태, 소성실의 구축 위치, 아궁이와 연소실 바닥 연결상태 또는 연료투입방식, 불턱의 유무, 소성실 경사도, 연도의 구조, 아궁이 적석 유무 등이다. 이 중에서 시기성을 반영하는 요소로는 연소실 너비의 축소, 연도의 극대화가 반영된 평면형태의 변화를 들 수 있으며, 점진적이면서 다양한 형태로 변화한다. 그리고 소성실 바닥의 계단상 처리, 화구부적석(火口部積石) 등은 후행적인 요소들로 이해된다.

가마의 규모는 토기 생산량과 연동되므로, 규모가 큰 것은 작은 것보다 발달된 구조로 인식된다. 가마의 대체적인 규모는 소형 6m 이하, 중형 6~8m, 대형 8~10m 이고, 그 이상은 초대형으로 구분된다. 조업시기가 4세기 중반으로 편년되는 창녕 여초리A지구 토기가마의 경우, 그 유존 길이가 13m 정도인 초대형인 점을 고려하면 어느 정도 대량생산을 고려한 가마의 축조로 볼 수 있다. 그리고 비슷한 시기로 판단되는 함안 우거리 토기가마군의 경우 가마 3기가 일정간격을 두고 나란하게 조성되어 있어 동시조업을 통한 토기의 대량생산을 엿볼 수 있을 것이다.

평면형태는 장방형 계통과 타원형 계통으로 크게 구분할 수 있으며 폭이 일정하면서 좁고 길쭉한 세장형(細長形)이 이른 형식이고, 연소실 폭이 상대적으로 좁혀지면서 돌출된 연도부의 규모가 대형화되는 것이 늦은 형식에 해당한다. 한편 평면형태가 (장)타원형인 계통은 경기·호서지역에서 주로 확인되며, 6세기 이후에는 영남지역에서도 일부 확인된다. 소성실 구축 위치는 지하식, 반지하식, 지상식으로 구분되며 반지하식 구조가 대부분을 차지한다. 지상식 구조는 경산 옥산동 제10·22호 토기가마로 보아 5세기 말~6세기 전반에 등장하는 것으로 추정되며, 시기적으로 가장 후행하는 구조이다. 지하식과 반지하식의 선후관계는 아직 밝혀진 바 없으며, 영암 구림리 東11區 가마처럼 나말여초대에도 지하식 구조가 확인된다.

아궁이와 연소실의 바닥연결구조(또는 연료투입방식)는 수평식과 수직식(또는 경사식)으로 구분되며, 진천 산수리·삼룡리 토기가마들은 대부분 수직식 구조인 점이 가장 두드러진 특징이다. 연소실과 소성실의 구분은 불턱 또는 계부(階部)의 유무에 따라 유단식·무단식으로 구분된다. 호남·호서지역의 토기가마는 이른 시기부터 얕은 불턱을 갖춘 것이 많은 반면, 영남지역의 토기가마는 불턱을 갖춘 예가 잘 보이지 않는다.

소성실의 경사도는 13~22°에 해당하는 것이 많으나, 전반적으로 볼 때 다양하며 연도부로 갈수록 좀 더 급해지는 경향이다. 삼국시대 대형 옹관을 소성한 나주 오량동 토기가마는 소성실 경사도가 6~15° 정도로 상대적으로 완만하다. 소성실의 경사도는 가마 자체의 구조와 소성기물의 종류 정도를 이해하는 속성으로 볼 수 있어도 그 이상의 의미는 없는 것으로 이해된다.

소성실 바닥은 완만한 경사식 구조가 대부분이나, 계단상 시설을 마련한 경우도 있다. 나주 신기리 당가 가마군은 조사된 6기 토기가마 모두 소성실 바닥에 계단상 시설이 마련된 것이 특징이다. 그 기능에 대해서는 소형 토기를 안정적으로 재임하는 공간 또는 작업자의 출입 및 소성 후 토기의 반출을 용이하게 하기 위한 시설 등으로 설명되고 있다.

연도는 소성실 후벽에서 직립식, 경사식, 돌출식 등으로 구분되며, 돌출식이 후행하는 구조 요소로 판단된다. 그리고 김천 대성리 토기가마, 서산 무장리 토기가마 등에서 알 수 있듯이 10세기 중반 이후 돌출식의 극대화된 연도로 변화하는 양상이 토기가마의 구조 변화에서 가장 큰 특징 중 하나로 알려져 있다.

한편 소성실의 너비에 비해 연소실 폭이 좁혀진 평면형태에 아궁이의 가장자리에 할석 등을 이용해 보강한 소위 '화구적석요(火口積石窯)'가 6세기 전반 이후 경주를 중심한 신라권역에서 유행하였으며, 이를 신라의 전형적인 요형(窯形)으로 이해하기도 한다. 다만 아궁이에 할석을 보강한 예는 4세기 후반~말로 편년되는 대구 신당동 제2호 토기가마에서 확인되므로, 가마의 평면형태와 아궁이에 할석으로 보강한 양상을 구분하여 살펴볼 필요가 있다.

IV 토기가마 조사

1. 지표조사

지표에서 토기가마의 흔적을 찾는 것은 쉽지 않다. 다만 농경지 개간이나 임도 개설 등에 의해 훼손된 구릉지 단애면에 절개된 가마의 벽체가 드러나 있는 경우가 제법

그림 9 단애면에 노출된 토기가마[1: 성주 유월리(대동문화재연구원 2008)]와 지표 산포 가마벽체편·토기편[2: 성주 문방리(대동문화재연구원 자체 지표조사)]

있다. 지표상에서 토기가마의 천장편·벽체편, 찌그러지고 토기끼리 용착된 불량소성 토기편, 도침과 같은 요도구 등을 확인하면 여기에는 토기가마가 유존한다고 판단할 수 있다. 특히 천장이나 벽체는 내면에 점토로 미장되어 있으며, 회청색으로 환원소 결되었고 일부는 용융되어 유리질화된 현상이 보인다. 바깥면은 적갈색으로 산화소 결된 현상이 잘 보인다.

한편 구한말 또는 일제강점기에 작성된 지형도상에 보이는 저수지 근처에서 토 기가마, 기와가마, 자기가마 등을 확인하는 경우가 종종 있다. 이 저수지와 생산유적 의 직접적인 관련성 여부는 알 수 없으나 집수가 용이한 골짜기 주변에 가마터가 유 존할 가능성이 있다는 점은 주목할 필요가 있다. 대표적인 사례가 경주 화곡저수지 부근 화곡리 토기생산유적, 경주 방내리 저수지 부근 방내리유적, 경산 옥산동 건천 지 부근 옥산동유적 등이다.

2. 시굴조사

시굴조사 시 유구확인을 위한 트렌치의 방향은 등고선 진행방향과 직교상으로 설정 하는 것이 일반적인 조사방법이다. 그러나 토기가마의 경우 등고선 진행방향과 직교 되게 조성되므로, 시굴트렌치의 방향을 등고선 진행방향과 직교되게 설정하게 되면, 가마를 확인하지 못하는 경우가 발생할 수 있다. 따라서 토기가마 유적의 징후가 있 다면 일부는 능선 사면에 등고선 진행방향과 나란하게 트렌치를 설정할 필요가 있다. 아울러 지표상에서 벽체나 천장 등이 부분적으로 드러나 있는 경우는 인력으로 트렌

치 또는 피트를 설정하여 확인할 필요가 있다.[5]

　시굴조사를 통해 밝혀야 할 내용들은 가마의 형성층, 규모, 분포범위, 밀집도 그 밖에 폐기장, 부대시설 및 주거시설 그리고 거기서 출토한 유물을 통한 가마의 성격, 시기, 생산품의 종류와 특성 등의 대략적인 확인일 것이다. 가마의 규모와 밀집도 등을 파악하기 위해 확인된 가마를 중심으로 대표 트렌치를 확장하여 평면적으로 확인할 필요가 있다.

　한편 시굴조사는 성격상 한계가 있어 주의가 요구된다. 첫째, 지하식 가마는 지중에 위치하므로, 시굴조사 과정에서 확인하기가 상당히 어렵다는 것이다. 다만 연도와 아궁이부는 드러난 구조이므로 이들이 일직선상에 위치하고 그 전방에 폐기장이 확인된다면 지하식 가마로 상정할 수 있다.[6] 둘째, 시대를 달리하는 복합유적의 경우, 상부유구(고려~조선시대 분묘 등)의 확인으로 인해 그 아래에 유존한 가마의 분포정황을 구체적으로 확인하기가 어렵다.[7]

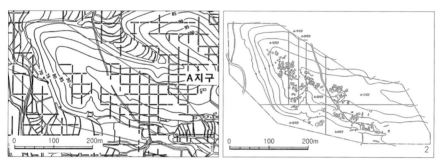

그림 10　단경주 손곡동A지구유적(1: 시굴트렌치 배치도, 2: 유구분포도)(국립경주문화재연구소 2004)

5　특히, 벽체가 제 위치라고 판정할 수 있는 근거는 그 바깥에 일정한 폭의 산화피열된 흔적이 확인되어야 한다.

6　지하식 가마의 가능성을 고려하지 않으면 발굴조사 시에 여러 가지 어려움에 봉착하게 된다.

7　경산 옥산동유적의 경우 가마의 상부 등에서 고려~조선시대 분묘 457기를 비롯해 다른 시기의 유구들이 밀집 분포으로써 시굴조사 단계에서 토기가마의 분포상을 제대로 밝혀내는 데 한계가 있었다.

3. 발굴조사

1) 상부퇴적토 제거

가마 확인 및 형성층, 유존한 벽체의 높이, 상부 퇴적층의 두께 등 시굴조사를 통해 확인된 내용을 바탕으로 정밀하게 제토작업을 진행한다. 굴삭기를 이용한 대량 제토는 시굴트렌치 단면에서 가마의 천장부 또는 벽체 등 유구가 확인된 면보다 약간 위로 제토하고, 그 아래는 인력으로 정밀하게 유구 확인작업을 실시할 필요가 있다. 왜냐하면 반지상식 또는 지상식 가마의 경우는 벽체나 천장이 구 지표면에 노출된 구조이므로 그 형성층을 확인하는 과정에서 이를 훼손할 우려가 있기 때문이다.[8]

2) 요체 확인 및 위치 판별

소성실의 위치를 기준으로 지하·반지하(지상)·지상식 구조로 구분한다. 지하식 구조는 지반을 굴식 또는 터널식으로 굴착하여 조성한 것이다. 아궁이와 연도가 드러날 뿐, 연소실과 소성실은 평면상에서 보이지 않는다. 결국 가마의 벽과 천장이 지반 그 자체이다. 지하식 구조의 요체 종단면은 반원상인데, 여기에 천장이 함몰되면 소위 광구호와 같은 형상이 된다. 지하식 구조를 판별하는 하나의 기준이다. 다만 지반의 삭평이 대규모로 이루어져 천장부가 전부 유실되었을 땐 지하식 구조 여부를 판별하기 애매한 경우가 있다. 이럴 경우 벽체의 곡면을 고려할 필요가 있다.

　　반지하식 구조는 일정 깊이를 굴착하여 가마의 바닥과 벽체의 일부를 지반 굴착면을 이용하고, 지상으로 올라오는 벽체의 일부와 천장은 점토를 이용해 구축한 구조이다. 이 중에는 벽체 전체는 지하에 위치하고, 천장만 점토를 이용해 구축한 것도 있다. 이 구조가 대부분을 차지한다.

　　지상식 구조는 구 지표의 일정범위를 정지하고 그 면을 가마의 바닥으로 하고, 요체 전부를 점토를 이용하여 축조함으로써 지상에 노출된 구조이다. 지표를 굴착하지 않기 때문에 후대 교란 등에 의해 천장과 벽체는 모두 유실되고 잘 남아 있지 않다. 다만 회청색으로 환원소결된 가마 바닥이 확인된다. 한편 반지하식 가마의 벽체

8　노출된 그 벽체와 천장이 오랜 세월을 거쳐 지금까지 그대로 유존할 리는 없겠으나, 일정부분은 유존할 가능성을 염두에 두어야 한다.

그림 11 가마의 구조별 유형[지하식 가마(1: 경산 옥산동 38호), 반지하식 가마(2: 경산 옥산동 7호), 지상식 가마(3: 경산 옥산동 22호 가마)](1·2·3: 영남문화재연구원 2011)과 회구부[4: 대구 신당동 1·2호 가마(영남문화재연구원 2005a)]

가 지반과 함께 전부 유실되면, 이를 판별하기 애매한 경우가 있다.

3) 둑과 그리드 설정

본격적인 내부조사에 앞서 가마의 구조, 폐기장 및 주변유구와의 층위관계 등을 파악하기 위해 토기가마를 포함하여 좌우, 전방에 그리드를 구획한다. 그리드 설정의 대기준은 토기가마의 장축방향과 나란하게 중앙부를 지나는 둑에 따른다. 이 둑은 가마의 전방에 형성된 폐기장(회구부)까지 설정한다. 가마 내부 토층과 폐기장과의 연결 층위를 파악하기 위함이다. 둑의 너비는 가마의 너비를 고려하여 20~30cm 정도가 적당하다.

　가마의 밖으로 연장되는 둑을 이용한 그리드 규모는 가마의 주변에 형성된 폐기장의 규모를 고려한다. 대규모 폐기장의 경우 개별 그리드의 규모는 5×5m 정도, 소규모 폐기장일 경우 그보다 작게 설정할 필요가 있다.

4) 요체 내부 둑 설정 및 내부토 제거

종방향 둑은 가마의 장축방향과 나란하게 중앙부를 지나도록 하고, 이 둑과 직교되는 단축방향의 둑은 연도, 소성실, 연소실, 아궁이 위치를 고려하여 동일한 폭으로 설정한다. 둑의 너비는 가마의 너비를 고려하는데, 대체로 폭 20~30cm가 적당하다. 가마가 깊을 경우는 둑의 전체 높이를 고려하여 둑 상반부의 촬영과 실측 등 제반조사를 완료한 다음, 하반부와 연결되는 일부를 남겨 두고 그 상부를 제거하는 것이 안전사고 예방과 조사진행에 효율적이다.

둑의 목적을 달성한 다음, 횡단축 둑을 먼저 제거하고 종장축 둑을 제거하는 순서가 효과적이다. 특히 종장축 둑을 통해 가마 폐기 양상과 바닥면의 양상을 일목요연하게 파악할 수 있기 때문이다. 그러나 유존상태 등 상황에 따라 둑의 제거 순서를 달리할 수 있다.

(1) 토층

일시적 또는 점진적인 함몰상태, 매몰토의 종류, 폐기의 원인, 중복관계 등을 파악할 수 있다. 상부 매몰토와 가마의 조업과 관련된 시설, 부식토 등을 구분해야 한다. 특히 바닥면에 노출된 목탄의 범위가 연소실의 범위이기 때문이다. 종장축 토층도와 부위별 횡단축 토층도를 작성해야 한다.

(2) 천장 · 벽체편

천장·벽체편은 그 위치로 인해 말끔하게 정면된 내면은 고온에 의해 회청색으로 환원소결되고, 그 이면은 구조에 따라 양상이 다르다. 지하식 구조의 천장편은 내면이 깔끔한 두터운 지반 덩어리다. 반지하식·지상식 구조의 천장·벽체편은 그 외면이 고르지 않고 울퉁불퉁하다. 단면에 짚과 같은 식물성 부재의 윤곽이 뚜렷하게 보인다.

그림 12 토기가마 천장 및 벽체(1·2: 경산 옥산동유적)(영남문화재연구원 2003)

그림 13 바닥 소결면(1·2: 경산 옥산동 3·16호 토기가마)(영남문화재연구원 2011)

천장·벽체편은 가마의 구조를 이해하는 데 매우 효과적인 자료이므로 양호한 편은 수습해서 보고서에 사진자료로 게재, 관련 전시에 전시자료로 이용토록 할 필요가 있다.

(3) 바닥 소결면

바닥은 굴착면을 그대로 이용하는 경우도 있으나, 모래나 석립이 포함된 점토를 까는 경우도 있다. 가마 벽체만큼은 아니지만, 비교적 단단하게 환원소결되었고, 그 윗면에 토기 용착흔 또는 바닥에 재임한 토기의 접지흔 등이 남아 있다. 특히 연소실~소성실 바닥의 경우 소결면이 복수의 층으로 확인되는 경우도 있다. 이때 조성된 역순으로 한 층씩 제거하는 방법, 연도부에서 연소실 쪽으로 계단상으로 해체하여 평면상에 복수의 소결면이 드러나도록 노출하는 방법이 있다. 후자는 청자·백자·옹기가마처럼 폭이 넓고 길이가 긴 대형의 가마에 적용 가능하다. 한편 소결된 바닥층의 수가 곧 조업의 횟수를 반영하는 것이 아니다. 바닥은 점토를 깔아 수리할 수도 있으나 전체를 긁어내고 다시 점토를 깔 수 있기 때문이다.

　　한편 바닥에서 천장부 구축을 위해 목주를 설치한 주혈이 확인되는 경우가 있다.

5) 가마 부위별 조사

토기가마는 사면 아래서부터 요전부, 아궁이, 연소실, 소성실, 연도가 일직선상에 위치하고, 아궁이부터 연도에 이르기까지 통으로 연결된 단실구조이다. 규모, 평·단면 형태, 구조, 축조방법 및 재료, 보수, 환원·산화소결 현상, 출토유물의 노출과 수습 등 기본사항을 토대로 여기서는 부위별 특징적인 내용을 중심으로 살펴보고자 한다.

(1) 요전부

요전부는 전정부로도 불리며, 아궁이의 전방에 위치한 작업공간이다. 대체로 사면 위쪽을 수혈상으로 구덩이를 파고 사면 아래쪽은 평탄하게 처리함으로써 종단면형태가 'ㄴ'자형이다. 평면은 (타)원형에 가깝다. 일정량의 땔감을 적재, 가마에 토기를 재임하거나 소성완료된 토기를 꺼낼 때 대기장 등 주로 토기 소성작업과 관련한 공간이다. 요전부 바닥은 토기소성작업으로 인해 연소실에서 긁어낸 목탄, 재 등이 수평상으로 층을 형성하거나, 붉게 산화피열된 흔적이 관찰된다. 다만 요전부는 가마의 내부공간이 아니므로 회청색으로 환원소결된 흔적은 보이지 않는다. 경산 옥산동 제36호 지하가마의 요전부는 평면형태가 원형이고, 규모는 9~9.9m, 최대 깊이 2.0m 정도이다. 이 공간은 후축된 가마의 조업 시 폐기장으로 이용되었다.

한편 청양 관현리 기와가마처럼 수혈상으로 마련된 요전부 바닥 중앙부와 가장자리에 주혈이 다수 확인된 사례도 있다. 요전부를 보호하는 지붕 및 벽체와 같은 상부구조를 상정할 수 있겠다.

(2) 아궁이

아궁이는 가마의 입구[窯口, 火口, 焚口]로, 땔감의 투입과 소성 전·후 토기의 입출이 이루어지는 곳이다. 아궁이의 구조는 점토로 구축하거나 가장자리에 점토와 함께 대·소의 돌을 이용하여 구축한 구조(화구 적석식)로 구분된다.

전자의 경우는 경산 옥산동 제38호 토기가마의 아궁이가 가장 온전하게 남은 대표적인 사례로 들 수 있겠다. 특이한 점은 아궁이의 좌·우측으로 요전부를 향해 점토대가 길게 마련된 것이다. 아마도 소성 시 아궁이 폐쇄에도 효율적인 것으로 판단된다.

후자의 경우는 경주 손곡동(경마장예정부지 A지구) 제30호가 대표적이다. 예전에는 이러한 유형이 6세기 중후반 이후 축조되는 양상이어서 신라권역의 대표적인 요형으로 알려졌었다.

그러나 대구 신당동 제2호 토기가마 등에서 그러한 요소가 이미 보이고 있어, 대체로 4세기 후반~말 이후에 등장하는 것으로 파악되고 있다. 돌과 점토를 이용해 아궁이를 구축한 경우, 돌의 표면에 대한 점토 미장 여부를 확인할 필요가 있으며, 그 표면의 산화 또는 환원소결 여부를 파악할 필요가 있다. 환원소결 면까지가 가마의

그림 14 아궁이[1: 대구 신당동 2호 적석부(영남문화재연구원 2005a), 2: 상주 헌신동 기와가마의 폐쇄된
모습(대동문화재연구원 2016)]

내부에 해당하기 때문이다. 아궁이의 폐쇄와 관련한 흔적이 확인된 자료는 거의 없
다. 일부 확인되는 경우도 있으나 대부분은 아궁이가 유실되었기 때문이다. 기와가마
의 경우 점토와 돌, 기와 등을 이용해 폐쇄한 자료들이 있어 참고가 된다.

(3) 연소실

연소실은 땔감으로 고온을 발생시키는 공간으로 가마 내부에서 가장 온도가 높은 공
간이다. 이러한 점은 연소실의 벽면이 유리질화될 정도로 소결된 반면, 소성실 후반
부나 연도부로 갈수록 그러한 현상이 거의 보이지 않기 때문이다.

아궁이의 바닥과 연소실의 바닥이 연결되는 구조는 소위 수평식(횡혈식=내외평탄
형)과 수혈식(경사직·수직식=외고내저형)으로 구분되며, 수평식 구조가 대부분을 차지한
다. 한편 수혈식 구조의 토기가마들이 백제권역의 진천 산수리·삼룡리유적에 집중분
포하고 있는 점이 특징이다. 최근에는 파주 운정·능산리유적에서 이러한 구조의 백제
토기가마들이 확인되고 있어 주목된다.

소성실 바닥과 연결되는 지점에 있는 일정 높이의 불턱[段] 유무에 따라 무단식·
유단식 구조로 구분한다. 무단식 구조에서는 바닥에 깔린 재·목탄의 범위를 통해 연소
실의 범위를 판단하므로, 바닥에서 그 범위를 확인해야 한다. 토기가마에서 확인된 불
턱은 대체로 0.2m 미만으로 낮다. 소결상태 또는 점토 미장 여부를 확인할 필요가 있
다. 이것이 불턱으로서의 기능을 수행할 정도로 적합한지 여부는 알 수 없다. 다만 신
라권역에서 확인된 와도겸업 가마의 경우 불턱이 없거나 얕은 단이 있는 정도에서 고
려시대로 가면서 높아지는데, 기와가마의 불턱이 0.5~1.0m인 것이 주류를 이룬다. 조
선시대에는 울산 연암동, 김해 대청 기와가마의 경우 불턱 높이가 2m 정도에 달하는

것도 있다. 기벽이 두꺼운 기와를 소성하는 점에서 구조의 차이가 있다고 판단된다.

(4) 소성실

소성실은 토기가마에서 가장 많은 공간을 차지하는 핵심 부위이다. 바닥에 마련한 계단
상 시설의 유무에 따라 계단식·무계단식으로 구분된다. 대체로 무계단식이 주류이다.

　　계단식 구조의 대표적인 사례는 경주 경마장 C-I지구 2구역 제3호 토기가
마이다. 바닥에 3개의 계단시설을 마련하였으며, 규모는 길이 0.45~1.0m, 너비
1.46~1.62m, 높이 0.3~0.4m이다. 계단은 점토로 마련하였고 아궁이를 바라보는 계
부(階部)는 고온에 의해 유리질화되었다. 경산 옥산동 제40호 토기가마는 연도와 이어
지는 소성실 후반부에 5단의 계단식 시설을 마련하였다. 나주 당가유적에서는 6기 토
기가마가 모두 계단식 구조(박철원 2002)를 갖추었다. 특히 계단식 구조 상면에서 배,
고배 등 소형토기들이 출토됨으로써 소형토기를 소성하기 위한 시설임이 밝혀졌다.

　　재임기법과 관련하여, 옥산동 제6·31호 토기가마 소성실 바닥에는 고배 대각
용착흔 또는 접지흔이 다수 확인된다. 이 흔적을 통해 소성실 전면에 한 벌 깔 수 있
는 고배의 수를 추정할 수 있다. 한편 옥산동 제31호 가마에서는 단경호를 정치하기
위한 평면 원형의 수혈과 그 내부에서 도침형 토기편이 확인되었다. 수혈의 바닥은
환원소결되었고, 토기편의 단면 역시 환원소결되어 토기소성과 관련된 것임을 알 수
있다. 한편 조업시기가 11세기 후반~12세기 중반으로 편년되는 강진 삼흥리E지구
제3호 가마의 경우 소성실에서 각종 토기류가 소성 당시 모습 그대로 출토되어, 가마
내부 토기 재임 등을 연구하는 데 획기적인 자료로 평가되고 있다.

　　요상각도는 중앙부와 연도로 이어지는 후반부의 경사가 차이가 있다. 대체로 후

그림 15　소성실 바닥 도침[1: 경산 옥산동 4호(영남문화재연구원 2003)] 및 토기재임상태[2: 강진 삼흥리E지구
3호(국립광주박물관 2004)]

반부의 경사가 더 급하다. 따라서 구분하여 계측하는 것이 구조를 이해하는 데 효과적이다.

(5) 연도

연도는 유실되어 잘 남아 있지 않아 구조를 파악하는 데 다소 어려움이 있다. 대체로 소성실 후벽에서 직립한 구조, 후벽 중상위에서 밖으로 돌출된 구조이다. 이와 같은 구조의 배연방식은 평염 또는 횡염식으로 이해된다. 후벽 바닥에서 터널식으로 뚫어 연도를 마련한 반도염식 구조는 기와가마에서 보인다. 후벽 바닥에서부터 대소형의 돌을 쌓고 그 표면을 미장한 사례도 있다. 연도 가장자리에는 토제 또는 목제 원통을 꽂을 수도 있으나 구체적인 사례가 없다.

(6) 배수로

소성실 바닥 중앙부 또는 가장자리를 따라 아궁이를 거쳐 요전부로 이어지는 암거상의 배수로를 마련한 경우가 있다. 산청 어서리 토기가마, 상주 구잠리 토기가마 등이 대표적인 사례이다. 대호편 같은 토기편 또는 기와편, 돌 등을 이용해 마련하였다. 휴업 시 가마 내부로 스며 나오는 물이 원활하게 배수되도록 마련한 시설로 판단된다.

6) 가마 주변과 부대시설 조사
(1) 폐기장

폐기장 조사에 가장 중요한 부분은 해당 토기가마를 찾는 것이다. 대부분 가마 요전부의 전방과 측면에 폐기장이 형성되는데 가마 내부와 폐기장이 연결되는 둑을 설정해서 층위적으로 상관관계를 파악해야 한다. 특히 대소의 폐기장과 함께 여러 기의 토기가마가 분포할 경우 이를 명확하게 구분함으로써 요장의 성격을 분명하게 밝힐 수 있다.

(2) 부대시설

채토장, 수비장, 태토저장고, 연토장, 토기성형장, 건조장 등 토기의 제작과 소성에 관련한 시설의 가능성을 염두에 두고, 조사구역 내 유존 유무를 분명하게 밝힐 필요가 있다.

7) 도면 작성 및 촬영

평면도, 장축방향 토층도, 맞은편 장축방향 입면도, 단축방향 토층·단면도 등 기본도면 작성 외에도 환원소결 및 산화소결 흔적 등을 근거로 가마 내부와 외부를 분명하게 구분하여 도면에 반영할 필요가 있다. 그리고 가마 내부는 연소실, 소성실, 연도부 등 위치를 구분하여 주기를 표시할 필요가 있다. 요전부와 폐기장(회구부)은 가마의 규모에 포함되는 것이 아니라 구분하여 제시할 필요가 있다. 그리고 굴광과 점토벽체의 구분, 바닥 점토처리 등이 명확하게 표현되어야 한다. 가마의 규모가 커서 도면이 작게 작성될 우려가 있을 때는 잘 보일 수 있도록 평면 축척보다 확대하여 도면을 작성할 필요가 있다.

사진은 가능한 그림자가 없거나 최소화할 수 있는 장면을 확보하고, 환원·산화소결 상태가 잘 보이도록 한다. 연소실 및 소성실 등 노출된 벽체 내면을 물로 세척하면 환원소결된 깨끗한 색을 발하므로 사진효과가 극대화된다.

토기가마의 경우 산화피열된 가장자리 범위를 따라 백색선을 얕게 칠한다. 이때 그것이 마치 굴광으로 오해할 소지가 있으며, 소결된 벽체에 묻게 되면 여러 가지 애

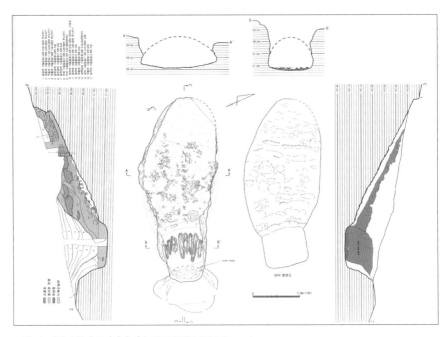

그림 16 아산 소동리 토기가마 실측도(금강문화유산연구원 2012a)

로사항이 발생한다. 산화피열된 폭을 따라 얕게 홈을 파서 입체적인 느낌을 살려 사진자료를 확보하는 방법이 있다.

8) 유물수습과 유관자료의 확보

생산토기의 기종과 성격(제의용, 일상용 등), 소성에 사용한 이상재, 이기재, 화염방식(환원염 또는 산화염), 개체파악을 통한 생산량 추정, 주변 고분군·취락 등 유통과 소비 등 전모를 밝힐 수 있도록 체계적인 계획하에 유물을 수습해야 한다. 그리고 가마의 천장편·벽체편 등 구조와 양상을 양호하게 보여주는 자료의 수습이 필요하다.

9) 자연과학분석

토기편, 천장·벽체편, 바닥 소결면, 목탄 등의 시료를 대상으로 ^{14}C 방사성탄소연대측정, 고고지자기측정, 광여기루미나센스, 태토 분석, 수종분석 등을 시도할 필요가 있다. 이를 통해 절대연대의 도출 및 당시의 소성기술 수준과 요업 환경 등을 구명하고 복원함으로써 유적의 성격을 종합적으로 도출하는 데 보조자료로 활용토록 한다.

V 맺음말

지금까지 고대 토기가마 조사방법론의 주요 내용을 중심으로 살펴보았다. 토기가마의 경우 지표 또는 시굴조사 시 그 정황을 충분히 파악하여 정밀발굴조사에 반영할 필요가 있음을 다시 한번 느꼈다. 그리고 토기가마뿐만 아니라 토기제작장(성형장), 연토장, 집수장과 같은 공방시설의 구체적인 사례 검토를 통해 토기요장에 대한 이해도를 제고할 수 있는 계기가 되었다.

토기가마뿐만 아니라, 유구·유물의 조사와 연구는 그 나름의 방법론을 토대로 이루어지겠지만, 가장 중요한 부분은 기존의 조사요목을 끊임없이 보완하고, 지속 발전시키려는 조사요원의 관심과 노력일 것이다. 많이 부족하고 영성한 이 글이 관련 연구자들에 의해 지속적으로 보완되어, 토기가마 조사·연구에 조금이나마 도움이 되기를 기대한다.

[김재철]

참고문헌

강경숙, 2005, 『한국 도자기 가마터 연구』, 시공사.

慶南文化財研究院, 2008, 『산청-수동간 국도확장구간내(B지구) 山淸 於西里 遺蹟』.

顧幼靜, 2016, 「고대 중국의 토기가마와 토기제작기술」, 『고대 전남지역 토기제작기술의 일본 파급연구』, (사)왕인박사현창협회.

國立慶州文化財研究所, 2004, 『慶州 蒜谷洞·勿川里遺蹟 ―慶州競馬場豫定敷地A地區―』.

國立光州博物館, 2004, 『康津 三興里窯址 II』.

錦江文化遺産研究院, 2012a, 『牙山 松村里 遺蹟·小東里 가마터』.

錦江文化遺産研究院, 2012b, 『靑陽 柿田里 白磁가마터·梨花里 遺蹟』.

김미란, 1995, 「원삼국시대의 토기연구」, 『호남고고학보』 2, 호남고고학회.

김재철, 2007, 「영남지방 원삼국시대의 토기가마구조에 대한 예찰」, 『文化財』 第四十號, 國立文化財研究所.

_____, 2011, 「韓國 古代 土器窯 變遷 硏究」, 慶北大學校大學院 碩士學位論文.

김정애, 2012, 「가마외 시설 조사방법 ―자기생산 공방지를 중심으로―」, 『2012년도 매장문화재 전문교육 조사기술 특강 자기가마 조사법』, (사)한국문화재조사연구기관협회.

金昌億·金才喆, 2004, 「三國時代土器가마調査方法論」, 『발굴사례연구논문집』, 한국문화재조사연구전문기관협회.

金賢, 2002, 「IV.考察―4.大坪 無文土器 窯에 대한 一檢討」, 『晋州 大坪 玉房1·9地區 無文時代 集落』, 慶南考古學研究所.

大東文化財研究院, 2008, 「성주 유월리 산43-5번지 일원 근린생활시설(제조업소)부지내 문화재 지표조사 결과보고서」.

_____, 2010, 『榮州 上苗洞 山3-6遺蹟』.

_____, 2012, 『高靈 箕山里 窯址』.

_____, 2015, 『達城 城下里遺蹟 I』.

_____, 2016, 『尙州 軒新洞墳墓群』.

東國大學校 慶州캠퍼스博物館, 2002, 『慶州 蒜谷洞·勿川里(II) ―墳墓群―』.

동국문화재연구원, 2013, 『상주 구잠리 토기요지』.

류기정, 2012a, 「牙山 小東里 百濟 土器가마의 構造的 特徵과 土器 製作技法」, 『牙山 松村里 遺蹟·小東里 가마터』, 금강문화유산연구원.

_____, 2012b, 「도기가마 조사법」, 『2012년도 매장문화재 전문교육 조사기술 특강 자기가마 조사법』, (사)한국문화재조사연구기관협회.

박철원, 2002, 「나주 당가가마유적」, 『第45回 全國歷史學大會 考古學部 發表資料集』, 韓國考古學會.

裵成爀, 2006, 『金泉松竹里遺蹟 I』, 啓明大學校 行素博物館.

_____, 2007, 「신석기시대의 토기요 연구 ―김천 송죽리 토기요지를 중심으로―」, 『한국고고학보』 62, 한국고고학회.

聖林文化財研究院, 2012, 『慶州 花谷里 生産遺蹟 ―I구역 본문(공방지)―』.

申敬澈, 2010,「陶質土器의 登場」『釜山大學校 考古學科 創設20周年 記念論文集』, 釜山大學校 考古學科.

嶺南文化財研究院, 2003,『大邱 旭水洞·慶山 玉山洞遺蹟 I』.

_____, 2005a,『大邱 新塘洞遺蹟』.

_____, 2005b,『星州 柳月里遺蹟』.

_____, 2011,『大邱 旭水洞·慶山 玉山洞遺蹟 II ―土器窯址―』.

우리문화재연구원, 2013,『梁山 虎溪·山幕洞 遺蹟』.

윤민근·이나영·이수정, 2013,「경주 망성리 윗골들 생산유적」『嶺南文化財研究』26, 嶺南文化財研究院.

이상준, 2008,「토기가마(窯) 조사·연구 방법론」『한국 매장문화재 조사연구방법론』4, 국립문화재연구소.

_____, 2016,「한국 고대 토기요의 구조와 생산기술」『고대 전남지역 토기제작기술의 일본 파급연구』,
　　　(사)왕인박사현창협회.

李盛周, 1991,「原三國時代 土器의 類型·系譜·編年·生産體制」『韓國古代史論叢』2, 駕洛國史蹟開發研究院.

_____, 2014,『토기제작의 技術革新과 生産體系』, 학연문화사.

이정호, 2016,「고대 전남지역 토기가마와 유통범위」『고대 전남지역 토기제작기술의 일본 파급연구』,
　　　(사)왕인박사현창협회.

이훈, 2008,「기와가마 조사 방법론」『한국 매장문화재 조사연구방법론』4, 국립문화재연구소.

조성원·홍진근, 2010,「燒成室驗을 통해 본 三國時代 소성기술 연구 ―영남지역 자료를 중심으로―」『야
　　　외고고학』9, (사)한국문화재조사연구기관협회.

최병현, 2006,「토기 요지에 대한 고찰」『鎭川 三龍里·山水里 土器 窯址群』, 韓南大學校中央博物館.

崔種圭, 1994,「陶質土器의 起源」『考古學誌』6, 韓國考古美術研究所.

홍진근, 2008,「토기 燒成技術 관찰법」『한국 매장문화재 조사연구방법론』4, 국립문화재연구소.

劉振群, 1982,「窯爐的改進和我國古陶瓷發展的關係」『中國古陶瓷論文集』, 文物出版社.

제11장

제철유적의 조사방법과 사례 연구

I 머리말

일반적으로 금속이 인장력을 받을 때 쉽게 끊어지지 않고 늘어나는 성질을 연성(軟性)이라 하며, 망치로 두드려도 쉽게 깨지지 않고 넓게 펴지는 성질을 전성(展性)이라 한다. 그리고 이러한 연성과 전성을 통칭하여 가단성(可鍛性)이라 한다. 금속을 사용한 것은 인류역사 전체로 보면 아주 짧지만, 금속의 일반적 속성이라 할 수 있는 가단성과 함께 도구로서의 내구성까지 알게 되면서 급속히 선호도가 확산되었다. 인류가 처음으로 사용한 금속은 구리인데, 초기에는 자연 상태에 존재하는 자연동[순동(純銅)]을 발견하여 이를 돌이나 뿔 등으로 만든 망치로 두드려 가공하는 이른바 추타법[搥打法, 냉동법(冷銅法)이라고도 함]으로 단순한 소품을 만드는 정도에 불과하였다. 이후 기원전 4000~3500년경 오리엔트 지방에서 구리에 비소나 주석 또는 아연을 혼합한 이른바 청동(靑銅)이라는 합금이 만들어지면서 비로소 본격적인 청동기시대로 진입하게 되었다. 한편 그즈음 서아시아 지역에서는 운철(隕鐵)을 이용하기 시작한 것으로 보이지만, 철을 제련할 수 있게 된 것은 그보다 훨씬 뒤인 기원전 2000년쯤으로 추정된다. 본격적으로 철을 사용한 민족은 기원전 1500년경 아나토리아 지방을 중심으로 융성한 히타이트족이었다. 이들은 지금의 터키 지역에 왕국을 세우고 철 생산을 독점하면서 강력한 국가를 이루었고, 그후 철기문화는 동방과 유럽 각지로 전파되어 갔다.

　우리나라에는 기원전 3세기경 중국의 연나라로부터 철기문화가 들어오게 되는데, 이미 청동기 문화가 유입되어 있던 터라 금속기의 효용에 대한 기본적인 이해를 바탕으로 급속히 각지로 전파되었던 것으로 보인다. 그리고 기원전 1세기 무렵부터는 중국 한나라의 영향으로 철기가 본격적으로 보급되면서, 오래지 않아 철 생산기술까지 습득하여 자체적인 철광개발을 통한 철의 생산이 가능하게 되었던 것으로 보인다. 청동기에 비해 훨씬 예리하고 강한 철기의 제작이 가능해짐에 따라 철제 농기구와 무기가 크게 발달하게 되었고, 이는 사회계층의 분화를 가속화하는 한편 보다 큰 정치체로의 통합을 촉진하여 결국 한국 고대국가 성립의 기반이 되었다.

이 장은 우리나라 고대로부터의 철 생산기술과 그 변천 과정을 밝히는 유적조사 활동을 보다 체계적으로 수행하는 데 도움을 주기 위해 작성된 것이다. 과거 필자가 경험한 시행착오를 앞으로의 조사에서는 조금이나마 줄일 수 있게 되기를 기대한다.

II 철 생산과 철기 제작의 기초 이해

1. 철 생산기술

제철유적을 고고학적으로 조사하기 위해서는 우선 철 생산과 철기 제작의 기술적 메커니즘에 관한 기본적인 이해가 있어야 한다. 주지하다시피 철은 자연계에 가장 많이 분포하고 있는 금속이며 지구상의 어느 곳이든 손쉽게 구할 수 있는 광물이다. 그러나 자연계에 분포하는 철은 순철(純鐵)이 아니라 산소와 결합된 산화철의 형태이며 광석 상태로 존재한다. 철광석을 제련하는 과정에서 탄소(C)가 포함되게 되는데, 이때 첨가된 탄소의 양에 따라 연철(軟鐵, 탄소 0.01% 이하)과 강철(鋼鐵, 2% 이하), 선철[銑鐵 혹은 주철(鑄鐵), 2~4% 정도] 등으로 구분한다. 탄소량이 적은 연철은 탄성이 높은 반면 무르며, 탄소량이 많은 선철은 단단하지만 깨지기 쉽다. 이 때문에 우리가 사용하는 농기구나 각종 공작도구들은 대부분이 강철에 속하며 열처리를 통해 그 강도를 조절한다.

아무튼 철 생산은 철광석으로부터 철을 뽑아내는 기술을 말하는데, 이를 일반적으로 제련(製鍊)이라 한다. 철을 제련하기 위해서는 우선 그 원료가 되는 철광석이나 사철이 필요하고 고온의 열을 얻기 위해서는 양질의 연료가 필요한데, 우리나라는 고대로부터 목탄을 연료로 사용하였다. 철광석과 목탄이 확보되면 이들을 투입하여 녹여낼 수 있는 제련로(製鍊爐)를 축조한다. 노를 축조할 위치에 미리 일정한 범위로 깊이 땅을 파고 지하로부터 올라오는 습기를 차단하는 기초시설(carbon-bed)부터 구축하여 방습과 단열, 가스배출 등을 고려하면서 그 위에 노를 구축한다. 제련로는 장시간의 고온상태를 견딜 수 있어야 하므로 보통 내화성이 강한 점토에 모래와 짚 등의 식물 줄기를 함께 이겨 축조한다. 노의 규모가 비교적 커서 축조과정, 건조과정, 조업과정에서 노벽에 균열이 발생할 수도 있기 때문에 간혹 가느다란 나뭇가지를 이용한 목근(木筋)을 사용하기도 한다. 하지만 차츰 시대가 내려오면서 돌과 점토를 함께 사용하여 노벽을 축조하면서 제련로의 구조적 내구성을 높이게 되었고, 조선시대 후기에 와서는 반복적으로 사용할 수 있는 석축형제련로를 축조하기에 이른다. 이러한 제련로의 형태 변화는 송풍기술의 발전과 함께 생산시설 규모의 확대과정으로 이해된다. 아무튼 이렇게 만들어진 제련로는 기초시설부터 지상에 드러난 노벽 상단부에 이르기까지 충분한 시간을 두고 서서히 자연적인 건조과정을 거쳐야 하며, 조업 전에도 충분히 예열한 다음에 조업을 시작한다.

잘 만들어진 제련로에 원료와 연료를 적절한 방법으로 장입하면서 가풍하면 노 내에서 철광석의 산소가 빠져나가는 환원반응이 일어나게 된다. 이러한 현상은 일정한 고온의 상태가 장시간 꾸준히 유지되는 것을 전제로 가능하기 때문에 송풍과 연료, 원료의 투입량과 시간차 등이 매우 중요한 변수가 된다. 전문기술자가 노의 상태를 관찰하면서 원료와 연료의 장입을 반복하면 환원된 철은 비중이 높아 노 저부에 몰려서 잔류하게 되고 비교적 비중이 낮은 불순물들은 배재구(排滓口)를 통해 흘러나오게 된다. 의도한 만큼의 작업이 충분히 이루어졌다고 판단되면 배재구가 위치한 노벽의 전면부 일부를 헐어 노 내에 생성된 철괴를 끌어낸다. 이어서 이를 큰 망치로 때려 철괴의 표면에 붙어 있는 철재 등 불순물을 제거하면 괴련철[塊鍊鐵, 해면철(海綿鐵), sponge iron] 또는 반환원 상태의 철괴가 만들어지는 것이다. 순수한 철의 용융점은 1,539℃이지만 괴련철은 이보다 낮은 800~900℃에서도 생산이 가능한데 재질이 무르고 불균일한 결점이 있지만 침탄공정을 통해 강의 수준까지 개량이 가능하다. 또 철광석을 제련로에서 장시간 가열하여 철광석 내에 침탄을 시키거나 석회석 등의 조재제(造滓劑)를 이용하면 철의 용융점을 낮추어 비교적 낮은 온도인 1,146℃ 정도에서도 쇳물[용철(熔鐵)], 즉 선철(銑鐵)을 얻을 수 있다. 이처럼 우리나라 고대 제철작업에서 생산된 철은 중국처럼 괴련철과 선철이었던 것으로 여겨진다.

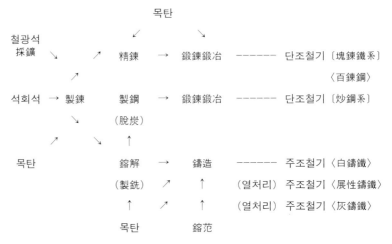

그림 1 고대 철기 제조 공정의 종합적 체계(이남규 2008)

한편 제련로에서 생산된 괴련철 혹은 선철을 소재로 다시 제강(製鋼)하거나 정련(精鍊)하는 초강로(炒鋼爐) 혹은 정련로(精鍊爐)가 있다. 이 공정을 거친 철은 강으로서 단야로(鍛冶爐)에서 단조철기로 만들어지게 된다. 그리고 다른 한편으로는 제련된 괴련철을 용해로(鎔解爐)에 넣어 장시간 가열하며 탄소량을 높여 선철을 만들면 주조제품을 생산할 수 있다. 다시 말해 정련로에서 만들어진 선철을 용해하여 주조(鑄造)하는 용해로가 있고, 다른 한편으로는 정련과정에서 제강된 소재를 이용하는 단야로가 있는 것이다. 그리고 단야공정은 제련로나 정련로에서 금방 나온 환원철을 식기 전에 다시 가열하여 반복 단타(鍛打)를 통해 단조의 철제품을 만들기도 하지만, 이미 만들어져 사용하던 철제품의 강도를 보완하기 위해 이루어지기도 한다.

아무튼 이 모든 과정에는 반드시 인위적인 송풍이 필수적인데 이때 풀무와 송풍관(送風管)이 사용된다. 제철작업에서 높은 온도를 장시간 유지하는 것이 조업의 성패를 좌우하는 중요한 요건이 되며, 따라서 목탄을 연료로 사용하되 인위적인 송풍 없이는 제련작업이 거의 불가능하다. 규모가 큰 제련로나 용해로처럼 장시간 집약된 송풍이 필요한 경우에는 여러 사람이 함께 조작하는 발풀무를 사용하지만, 규모가 비교적 작은 단야로의 경우에는 주로 개인이 단독으로 조작할 수 있는 발풀무나 손풀무를 사용한다. 고대 제철유적에서 출토되는 송풍관은 대체로 지름 15cm 이상 되는 대형 송풍관이 많으며 'ㄱ'자 모양으로 휘어진 것과 직선적인 형태의 토제관으로 그 기부에 단이 지거나 홈 자국이 나 있는 경우가 많다.

2. 철기 제작기술

철기 제작기술은 제련로에서 만들어진 철을 불에 달구어 두드리면서 제작하는 단조방식과 철을 녹인 쇳물을 미리 만들어 놓은 어떤 모양의 틀에 부어 만드는 주조방식으로 나누어 볼 수 있다. 먼저 단조철기의 제작에는 1,000℃ 정도의 낮은 온도에서 생산이 가능한 괴련철을 대부분 그 소재로 한다. 괴련철을 가열하여 반복적으로 단타하면 내부에 탄소를 침투시켜 강도를 높이는 한편 불순물을 뽑아내어 고강도의 철기를 만들 수 있다. 피상적으로 보면 매우 쉽고 간단한 작업이라고 할 수 있으나 실제로는 매우 힘들고 까다로운 과정을 거치는 방법이다. 단야로에서 철을 일정한 온도로 가열하여 모루와 망치, 집게를 사용하여 반복적으로 두드려야 하는데, 온도를 너무 높이면 녹아 버릴 수도 있고 또 너무 식을 때까지 두드려도 안 된다. 가열과 두드림의 과정을 일정하게 반복하기 위해서는 오랜 경험과 고도의 기술이 필요하다. 이와 같은 과정을 통하여 강도 높은 철제 도구를 만든 다음 도구의 성능을 좌우하는 날 부분에 대해서는 다시 열처리를 가하여 더욱 단단하고 날카롭게 만든다. 일정한 온도로 가열하여 급랭시키는 열처리, 즉 담금질이 그것인데 이 역시 많은 경험을 가진 숙련공이 할 수 있는 작업이다.

한편 주조철기는 용융된 상태의 철을 이용해야 하기 때문에 앞서 설명한 바와 같이 비교적 낮은 온도에서 쇳물을 얻을 수 있는 선철을 이용하였다. 용해로에서 녹여낸 쇳물을 도가니에 담아 미리 마련해 둔 거푸집[용범(鎔范)]에 부어 주조철기를 만드는데, 이때 사용되는 거푸집은 가스와 열기의 방출이 쉽게 될 수 있도록 미세한 모래흙으로 만드는 경우가 많다. 그리고 거푸집은 두 쪽으로 나뉘어 만든 거푸집을 합하여 철기의 형태를 이루는 합범(合范)의 형태가 많고, 규격이 큰 철기의 경우에는 외범(外范)과 내범(內范) 또는 범심(范芯)으로 구성되기도 하는데, 이때 외범과 내범 사이의 공극을 일정하게 유지하기 위한 형지(型持)가 사용된다.

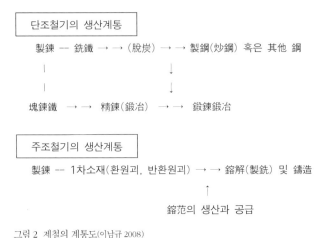

그림 2 제철의 계통도(이남규 2008)

III 한국 철 생산유적의 일반적 현상

1. 유적의 입지

고대사회에서 철 생산은 많은 경험과 고도의 기술이 요구된다는 기술적 측면에서뿐
만 아니라 경제적·군사적으로도 그 영향력이 막대하여 대체로 국가권력이 관장하는
형태로 운영되었던 것으로 보인다. 1990년대까지만 해도 발굴조사로 확인된 고대 철
생산유적은 그다지 많지 않았으나 2000년대에 들어서는 전국적으로 대규모의 국책
사업과 민간에 의한 각종 개발사업이 많이 이루어져 그 영향으로 제철관련 유적의 발
굴도 크게 늘어나게 되었다. 2000년 이전에는 경주 황성동유적과 진천 석장리유적
을 비롯하여 양산 물금유적 등 발굴된 유적이 그다지 많지 않았다. 그러나 2000년 밀
양 사촌유적의 발굴과 2002년 화성 기안리유적 발굴을 시작으로 충청권에서 잇따라
삼국시대 제철유적이 발굴되었다. 청원 연제리유적(2006), 충주 칠금동유적(2006), 충
주 탄금대토성유적(2007), 진천 구산리유적(2007~2008), 청주 산남동유적(2007~2008),
충주 대화리유적(2009) 등이 그것인데, 모두 4세기대 백제의 철 생산유적으로 밝혀져
크게 주목되고 있다. 또 최근에는 밀양 임천리유적(2012년)과 같이 신라지역에서도 대
규모 제철유적이 발굴되는 등 전국적으로 많은 제철유적이 발굴되고 있다. 이와 같은
현상은 고대뿐만 아니라 고려시대의 경우에도 마찬가지로 나타나고 있다. 2000년대

이전에는 1997년 발굴된 충주 대소원면 완오리유적이 유일하다시피 하였으나, 그 이후 2006~2008년에 걸쳐 충주 대소원면 본리 일대의 새터골, 당저, 노계유적 등 많은 유적이 발굴되었고, 조선시대 제철유적 역시 2000년 울산 대곡댐 수몰지역의 방리야철지의 발굴을 필두로 보은 상판유적(2008), 김제 장흥리 은곡유적(2009), 광양 황죽리 생쇠골 야철지(2011) 등 지속적으로 발굴이 이어져 왔다. 이 밖에도 전국 각지에서 용해로, 정련로, 단야로 유적 등 각종 제철관련 유적들이 속속 확인되고 있다.

아무튼 이와 같은 제련유적의 입지는 우선 철의 원료가 되는 철광석이나 사철의 확보가 용이해야 하며 이를 녹이는 데 필요한 많은 양의 연료 공급이 원활해야 한다는 점이 필수적인 요건이다. 그러나 일반적으로 제련의 입지 선정에 있어서는 원료보다 생산단가와 운반비용이 훨씬 더 많이 드는 연료를 더 크게 고려하는 경향이 있다. 이처럼 원료와 연료의 공급이 우선이라는 점은 일본의 타타라(たたら)제철에서도 확인되는 현상으로서 제련로의 입지는 이에 따라 결정되는 것이 가장 일반적이었던 것으로 보인다. 따라서 제련유적은 철광석의 채광이나 사철의 채취가 안정적으로 보장되고, 주변 산지로부터 충분한 목탄의 생산이 가능한 곳에 입지하는 것으로 볼 수 있다. 그리고 원료와 연료의 조달뿐만 아니라 생산품의 공급이라는 측면에서 교통과 운송수단 등이 고려되어야 하며, 제철 조업의 운영과정을 통제 또는 관리하기 위한 측면도 고려되어야 할 것이다. 요컨대 고대 제철시설의 입지 조건은 경제성이 있는 양질의 철광 산지와, 대량의 목탄 생산이 가능한 안정적인 연료 공급지를 우선적으로 꼽았다고 할 수 있으며, 여기에 생산물의 운송과 관리 등의 측면에서 가장 경제적인 접점에서 결정된 것으로 보인다.

2. 유적의 집중성

지금까지 조사된 우리나라의 중요 철 생산관련 유적을 살펴보면 한 유적에서 다양한 제철 공정을 반영하는 유구가 다수로 밀집된 양상을 보이며, 이와 같은 유구복합체가 일정한 지역의 범위 내에 복수로 분포하는 경우가 많다. 주지하다시피 용해로가 중심이지만 단야로 등 다른 공정의 유구가 공존하는 경주 황성동유적의 경우가 그렇다고 할 수 있다. 또한 제련로와 함께 배소, 정련, 용해, 단야의 제 공정이 확인되는 진천 석장리유적도 발굴조사된 A, B구역을 포괄하는 유적을 한 단위로 볼 때, 이와 같은 단위유적이 반경 1km 정도의 범위 내에 7개소 이상 분포하는 것으로 파악되고 있다. 앞서 언급한 밀양 사촌리유적이나 화성 기안리유적도 예외로 볼 수 없으며 고려시대와 조선시대로 이어지면서도 이와 같은 현상은 계속되는 것으로 여겨진다. 그 이유는 앞서 설명한 바와 같이 제철의 기본적인 조건이 되는 철광산지 및 연료 공급지와의 입지적 관계에 의한 것으로 판단되며, 거기에 국가나 관청이 통제와 수요처로의 공급이 용이하도록 집단화를 유도한 결과로 여겨진다. 그런데 이처럼 집중성을 보이는 제철유적은 거의 동시대의 유구만으로 구성되어 있다는 특징을 보인다. 다시 말해 하나의 제철유적 속에서 완전히 시대를 달리하는 제철유적이 혼재된 경우가 거의 없다는 것이다. 황성동유적이나 석장리유적과 같이 일정한 시기적인 폭을 가지지만 크게 보면 시기적으로 같은 제철유적이 집약되어 있다. 이러한 현상은 아마도 양질의 채광자원이 고갈되었거나 연료의 원활한 공급이 불가능해졌기 때문일 수도 있겠으나, 국가 차원의 관리체계 하에 있었다는 점을 감안한다면 국가의 흥망성쇠와 조업장의 운명도 함께했을 수도 있다고 생각된다.

3. 철 생산유적에서 확인 가능한 자료

앞서 설명한 바와 같이 철 생산에는 기본적으로 철광석이 필요한데, 철광석의 금속학적 종류는 다양하지만 우리나라의 경우 대부분 자철광(磁鐵鑛, magnetite)이 많다. 따라서 주로 자철광을 채광하여 제련에 사용했기 때문에 철광 원석 덩이가 제련유적에서 발견될 가능성이 있다. 그리고 자철광의 특성상 석영이나 맥암 등의 암맥이 관입되거나 입상으로 혼재하기 때문에 순도 높은 철광석이 아니라면 제련이 쉽도록 선광(選鑛) 과정을 거쳐야 한다. 선광은 철광석을 파쇄하거나 배소(焙燒)한 상태에서 이루어지므로 이때 파쇄나 배소과정에서 부스러기가 된 철광분말 등이 발굴과정에서 검출될 수 있다. 또 이때 사용된 배소로 등의 배소시설과 파쇄를 위한 망치, 절구공이, 모루돌 등의 도구들도 확인될 수 있다.

일반적으로 제련에 소요되는 목탄의 양은 투입되는 철광석의 양과 송풍조절 기술에 의해 크게 좌우된다. 대체로 무게를 기준으로 할 때 철광석의 3배 정도의 목탄이 필요하다고 보는데, 이처럼 대량의 목탄이 사용됨에 따라 제철유적 곳곳에서는 목탄이 발견된다. 그리고 드물지만 제련로 주변에서 목탄을 직접 생산하기 위한 목탄요도 함께 확인되는 경우도 있다. 뿐만 아니라 제련로의 축조와 주변의 각종 부속 시설물의 구축에 필요한 점토를 채토한 흔적이나, 물을 모아 두기 위한 웅덩이를 비롯하여 조업 집단의 임시거처 및 취사를 위한 공간 등도 확인될 수 있다.

제철로는 볏짚을 혼입한 점토와 모래를 이겨 만들며 송풍을 위한 시설도 반드시 필요하다. 따라서 제철유적에서는 노벽과 송풍관의 잔해들이 많이 출토된다. 토제 송풍관은 그 수요가 한정적이므로 진천 산수리 및 삼용리가마와 석장리유적 간의 관계에서 볼 수 있듯이 인근의 토기가마에서 수시로 필요한 양만큼 제작해서 사용한 것으로 보인다. 이와 함께 제철유적에서는 제철로의 조업이 반복되는 과정에서 필연적으로 생성되는 각종 철재와 폐기물이 가장 흔히 출토된다.

한편 철광석을 제련할 때 불순물의 분리와 배출을 쉽게 하기 위해 사용한 조재제로서 동물뼈나 석회석, 패각 등이 확인되기도 하며, 탈탄제로 사용된 사철이나 철광분말 등이 확인될 수도 있다. 이 밖에도 단야로와 관련한 모루·망치·집게 등의 단야구와 단조박편, 용해로와 관련한 도가니나 거푸집의 잔해 등이 찾아질 수 있다. 이밖에도 제철로의 주변에서는 연료 및 원료의 보관과 장기조업에 따른 주거 및 취사시설, 제의 등과 관련된 각종 부대시설이 확인될 수 있으며 토기와 자기, 철기 등 장인들의 생활에 필요한 각종 도구들도 출토된다.

IV 철 생산유적의 조사방법

1. 문헌조사

새로운 철 생산유적을 찾아내기 위해서는 야외조사에 나서기에 앞서 문헌자료에 대한 검토가 반드시 필요하다. 가경지가 있는 산지 기슭에 마을을 이루고 누세대적으로 토착문화를 형성하며 살아온 우리나라의 경우, 지역의 전통적인 문화를 반영하는 지명이 많은 것이 특징이다. 특히 유적의 성격을 반영하는 지명이 많다. 예컨대 합천군의 야로(冶爐)를 들 수 있다. 만약 현재 야로면에 제철유적이 확인되지 않은 상태라 하더라도 지명만으로도 어딘가에 제철과 관련된 유적이 있을 것이라는 것은 쉽게 짐작할 수 있다. 야로는 경덕왕(742~765)때 적화(赤火)에서 야로로 개명된 곳으로 아직 당시의 제철유적은 확인되지 않고 있다. 그러나 1452년에 간행된 『세종실록지리지(世宗實錄地理志)』를 시작으로 문헌자료에 계속하여 나타나는 '야로현 심묘리(冶爐縣 心妙里)'의 철 생산 기록과 함께, 현재의 지명으로 사용되고 있는 가야면의 '수철점촌(水鐵店村)'과 '야동(冶洞)' 등의 지명은 이 지역이 제철과 깊은 관련이 있음을 시사한다. 이처럼 지명과 유적 성격이 부합하는 경우는 다른 지역에서도 흔히 확인되고 있다. 일례로 광주 금곡동유적의 '금곡(金谷)'이나, 양산 물금유적의 '물금(勿金)' 등을 들 수 있다.

따라서 지표조사를 나가기 전에 반드시 검토해야 할 문헌사료로는 1145년경에 김부식 등이 편찬한 『삼국사기(三國史記)』는 물론이거니와, 1445년에 간행된 『경상도지리지(慶尙道地理志)』와 1449년~1451년에 편찬된 『고려사(高麗史)』를 비롯하여, 1452년의 『세종실록지리지(世宗實錄地理志)』, 1496년의 『경상도속찬지리지(慶尙道續撰地理志)』, 1530년의 『신증동국여지승람(新增東國輿地勝覽)』, 1660-1674년의 『동국여지지(東國輿地志)』, 1765년의 『여지도서(輿地圖書)』, 1864년경 金正浩가 편찬한 『대동지지(大東地志)』, 1832년의 『경상도읍지(慶尙道邑誌)』, 1872년경에 편찬된 『영남읍지(嶺南邑誌)』 등을 망라하여 해당지역과 관련된 자료를 검토하면 중세 혹은 근대의 제철유적을 의외로 쉽게 찾을 수 있다. 이 밖에도 경우에 따라서 『구충당선생문집(求忠堂先生文集)』이나 『오주연문장전산고(五洲衍文長箋散稿)』 등의 개인 문집 등을 참고할 수도 있다. 이와 함께 현대에 이루어진 해당지역 주변의 고고학적 자료를 충분히 검토하는 것은 기본이다. 조사 대상지역에서 가장 최근까지 이루어진 고고학적 학술조사 보고서를 모두 검토하는 것이 필요하지만 현실은 이러한 절차를 대부분 생략하거나 형식에 그치는 경우가 많다.

2. 지표조사

지표조사는 일반적으로 매장문화재 전반을 대상으로 그 분포 여부와 분포범위 등을 확인하는 과정이다. 그러나 경우에 따라서는 패총이나 지석묘, 고분, 제철유적 등 특정한 한 가지 분야의 유적을 한정하여 지표조사를 수행하기도 한다. 여기서는 전자의 경우처럼 일반적인 지표조사에도 해당되지만, 특별히 철 생산과 관련된 유적을 조사할 때 주의할 점을 간단히 설명하기로 한다.

앞서 검토한 바와 같이 지표조사를 실행하기 전에 대상지역에 대한 각 분야의 문헌자료 검토는 필수적인 준비과정이라 할 수 있다. 이러한 문헌자료의 검토 결과를 바탕으로 현지 주민들에 대한 탐문조사가 필요하다. 탐문조사는 해당지역에 누세대적으로 살아온 사람이거나, 전근대사회를 일부라도 경험한 고령자일수록 의미 있는 증언을 청취할 수 있다. 탐문조사를 통해 수집된 정보를 지표조사를 통해 현장에서 확인하게 되면 새로운 제철유적을 찾게 되는 것이다. 실제로 이러한 문헌자료를 바탕으로 탐문조사를 하고 지표조사를 실시한 결과 야로를 중심으로 대략 반경 10km의 범위 내에 포함되는 합천군 야로면·묘산면·가야면, 고령군 쌍림면 등 4개면에 걸치는 안림천 수계에서 6개소의 철 생산유적을 확인할 수 있었다. 예컨대 묘산면 사리유적의 경우 주변에 '바깥새(쇠)골마을', '안새골마을', '개금불'(혹은 '개금부리'), '쇠꼬지', '쇠꼬단'과 같이 철 생산과 관련된 것으로 보이는 지명들이 많았다. 또 가야면의 죽전리 석계유적의 경우에도 '쇳기' 또는 '쇠터' '식기재', '아랫시점', '윗시점' 등의 쇠와 관련된 지명들이 전해 온다. 고령군 쌍림면 용리유적의 경우도 '시부리터'(쇠부리터), '무시골'(무쇠골)이라 불리고 있다.

　특히 조선시대의 철 생산유적은 의외로 깊은 산간 계곡에 입지하는 경우가 많으므로 아무런 사전 정보 없이 외형적인 지형만으로 유적분포 여부를 판단하기는 어렵다. 이런 곳에서는 계곡에서 물에 닳은 철재를 한두 개라도 발견하면 그 상류 어딘가에 반드시 제련유적이 있기 마련이며, 계곡 물의 낙차를 이용한 수차를 돌려 송풍한 경우가 많기 때문에 작은 폭포처럼 낙차가 있는 지형의 주변을 주목할 필요가 있다. 그리고 만약 슬래그 퇴적층의 분포범위가 어느 정도 파악되는 유적이라면 지형을 고려하여 슬래그층의 최상부 어느 지점에 제련로 유구가 위치할 가능성을 예측할 수 있다. 아무튼 제철유적의 지표조사에서는 반드시 자석을 휴대하여 철광석의 분포나, 자성을 띠는 자료의 검출에 사용하고, 슬래그나 노벽 등 채집할 자료도 반드시 지점별로 구분하여 수습할 필요가 있다.

3. 발굴조사

한국의 전통제철은 안타깝게도 그 맥이 끊어져 버렸다. 따라서 고대로부터 많은 생산양식의 변형과 함께 기술적 진보를 거치면서 구축되어 온 전통제철의 정보를 대부분 잃어버렸다. 이로 인해 제철유적 발굴조사에서도 많은 어려움이 따를 수밖에 없다.

근대 회화에서 볼 수 있는 대장간 그림 정도가 고작이지만 정작 제련을 묘사한 그림은 전해 오는 것이 없다. 고고학적 발굴조사를 통하지 않고서는 잃어버린 과거문화의 복원이 불가능한 실정이라 할 수 있다. 우리는 발굴조사를 통해 단순히 철 생산의 기술적인 측면뿐만 아니라 당시의 조업환경까지 복원할 수 있도록 노력해야 한다. 제철유적이라는 분명한 인식과 특별한 사명감을 갖지 않고 여느 발굴조사처럼 기계적으로 조사를 수행한다면 아까운 정보를 나도 모르게 잃어버릴 수 있다. 도면으로 남겨진 마지막 자료라 할 수 있는 근대 회화의 풍속도의 단야로와 용해로는 모두 지상식의 구조를 보인다. 발굴조사를 통해 밝혀지고 있는 조선시대 제련로도 예외 없이 모두 지상식의 구조를 갖추고 있었다. 다만 고대 제련로의 경우 반지하식 원형 제련로가 대부분이지만, 이것도 상반부 이상이 지상 구조물로 구축되어 구조적으로는 지상식의 개념으로 조업이 이루어진다. 아무튼 각종 제철로의 주체부는 지상 구조로서 조업방식의 특성상 원상이 유존하기는 어렵다.

바로 이러한 점에서 제철유적의 발굴조사에 대한 각별한 주의가 요구된다. 주로 수혈구조의 유구를 많이 발굴한 경험을 가진 조사자들이 흔히 하는 실수로 제철로의 무너진 잔해를 단순한 교란으로 판단하고 쉽게 제거해 버리는 것이다. 기초부터 지상식이든 아니면 반지하식이든 그 여부와 관계없이 모든 제련로의 구조는 지상 구조물로 기능하였고, 그 최후 조업 이후의 유적화 과정을 몇 가지로 상정해 볼 수 있다. 즉 오랜 시간 동안 비바람을 맞으며 제 자리에서 서서히 주저앉으면서 붕괴되었다고 가정할 수도 있고, 노 내에 형성된 철괴를 수거하기 위해 노벽의 일부 뚫은 배재구 부근에서 일시적으로 무너져 바닥에 노벽이 깔렸다고 추정해 볼 수도 있다. 이 밖에도 극단적으로는 외국의 경우처럼 의도적으로 지상부를 완전히 파괴해 버린 경우도 있을 수 있다. 만약 서서히 붕괴하는 과정을 거친 노적이라면 노벽 가운데 소토화, 유리질화된 잔해만 무질서하게 잔존할 수 있으며, 일시적으로 붕괴된 것이라면 소토화 또는 유리질화된 노벽의 내면은 물론이거니와 정밀한 발굴조사를 통해 외면의 점토부까지 파악할 수도 있다. 즉 노벽의 두께를 추정할 수 있는 단서를 확보할 수 있다는 것이다. 그러나 이러한 개념을 염두에 두지 않고 그저 수혈식 유구를 조사하는 방식으로 접근하면 대부분 노의 바닥이나 기초부만 확인하는 정도에 그칠 수도 있다. 아무튼 제철유적에 대한 조사는 그 성격상 원상이 잔존하기 어렵고 구조적으로도 지상 잔존물에 대한 조사에 어려움이 많은 작업이라 할 수 있는데, 몇 가지 경험적인 착안

사항을 들자면 다음과 같다.

　우선 지표상에서 제철유적이 있을 것으로 추정되는 범위에 대해서는 가급적 굴삭기와 같은 기계장비 제토를 지양해야 한다. 표토부터 인력제토 혹은 트렌치 조사를 실시하여 구지표면보다 솟은 상태에서 잔존하는 노체부의 잔해를 가능한 먼저 확인하는 것이 중요하다. 그리고 조업 당시에 형성된 슬래그층 퇴적층이 후대에 자연적인 침식으로 재퇴적된 상태이거나 경작 등에 따른 인위적인 교란 층위는 그다지 의미 없는 층위로 간주할 수 있다. 따라서 조사범위 내의 지표에 흩어진 각종 철재와 노벽의 잔해 등은 유적 상황과 지형적 퇴적방향을 감안하여 지점별로 일괄로 수습하고 조사를 시작하는 것이 후일 자료 분석의 혼란을 줄일 수 있다. 또 트렌치에서 확인되는 경작층이나 표토층 등 상부 교란층에 포함된 것도 마찬가지로 일괄 수습하는 것이 바람직하다. 그러나 조업과정에서 형성된 슬래그 퇴적층은 인위적으로 형성된 층으로서 그 양상은 얼핏 교란된 상태로 보이지만 조업 단위를 파악할 수 있는 결정적인 자료가 된다. 동일시할 수는 없지만 마치 패총의 퇴적 층위와 비슷하다고 생각하면 된다. 물론 제철유적에서의 그 인위적 교란은 보다 더 적극적이며 역동적이어서 제련로의 조업과정에서 수시로 발생하는 상황을 고스란히 반영하는 교란으로 보아야 한다.

　일반적으로 지형이 높은 쪽에 제련로가 위치하고 그 경사면을 따라 슬래그층이 형성되는데, 평면적으로 긴 삼각형의 퇴적분포를 보인다는 점을 염두에 둘 때 슬래그 퇴적층의 출발점이 어디인지 확인하는 것이 곧 제련로의 위치를 추정하는 단서가 된다. 반지하식 원형 제련로의 경우 반드시 배재구는 지형이 낮은 쪽에 설치되며 경사진 방향으로 트인 공간이 된다. 그리고 인접한 제련로의 배재구를 통해서 나온 유출재는 경사면을 따라 흘러내리며 서로 합해져 보다 큰 슬래그 퇴적층을 이루게 된다. 이때 각각의 슬래그 퇴적층은 먼저 유출재 퇴적이 이루어지다가 어느 순간 노벽과 송풍관의 잔해가 퇴적되며, 이러한 현상의 반복으로 거대한 슬래그 퇴적층이 형성된다. 따라서 슬래그 퇴적층은 퇴적방향과 퇴적순서를 정확히 파악하는 것이 매우 중요한데, 층위 구분이 쉽지 않지만 정밀한 구분과 층위별 샘플자료의 확보가 필수적이다. 이를 통해 제철로 간 조업시간의 선후관계를 판단할 수 있기 때문이며 나아가 노의 재사용과 제철의 원료분석 등에 필요하기 때문이다.

　한편 노체부가 일부 잔존하는 유구가 확인되거나 슬래그층의 상면이 조업 시의 퇴적상황을 간직하고 있을 경우에는 가능하면 수압과 분사를 조절할 수 있는 전동분

무기를 이용하여 살수하는 방법으로 노 내 벽면이나 슬래그층의 상면을 노출시키는 것이 좋다. 작업 종료시점의 노 내 상황을 그대로 반영하고 있는 노벽의 잔존 상황과 슬래그층의 잔존 상황은 노의 구조와 성격, 조업 등을 규명할 구체적인 증거가 되기 때문이다.

앞서 언급한 바와 같이 다양한 공정의 제철로는 지상 구조가 유존하기 어렵지만, 특히 제련로의 경우는 조업과정에서 부분적인 노벽의 파괴를 수반하기 때문에 그 형태가 온전히 유존하는 상황을 상정하기가 어렵다. 점토로 노를 축조하여 사용한 고대 제철로의 경우에는 더욱 그러하다. 노벽의 외면은 점토질 상태이거나 약하게 소토화된 정도로서 유적 형성과정에서 자연적으로 점토로 분해되어 돌아가 버리기 때문에 노벽의 두께를 추정하기는 어렵다. 다만 반지하식 구조인 경우에는 지하부의 노 내면과 굴광선을 확인하면 지표면 정도의 높이에서 가지는 노벽의 두께를 추정할 수 있다. 또 노의 구조가 완전히 유실된 상태라 하더라도 노가 위치했던 자리에서는 기초부 시설과 함께 전도열에 의한 소결현상 등을 통해 노의 평면 형태를 추정해 볼 수도 있다.

제철유적 발굴조사를 위해서는 기본적인 조사도구 외에 몇 가지를 더 준비하는 것이 좋다. 먼저 자성이 강한 자석과 다양한 눈금의 채가 필요하다. 각종 시료의 검출과 샘플링에 유용하게 쓰인다. 또 휴대용 분무기와 전동식 살수용 분무기가 있으면 표면이 불규칙한 제철유구의 노출에 매우 유용하다. 자성을 띤 자료를 선별하고자 할 때는 자석을 비닐봉투나 얇은 플라스틱 용기에 담아 이용하면 분리수거가 용이하다. 이뿐만 아니라 자석은 단야로나 단조대석 주변의 토양에서 단조박편을 검출하는 데도 유용하다. 조흔판이나 사포는 슬래그를 육안으로 분류하여 채집하는 데 도움이 된다. 다만 노적 주변에서의 나침반은 자기장의 간섭을 주의할 필요가 있다. 아무튼 제철유적 발굴현장에서 확인될 수 있는 대표적인 제철로와 출토 자료에 대해 간단히 살펴보면 아래와 같다.

제철로(製鐵爐) 철의 생산 및 철기의 제작에 필요한 모든 공정의 노를 통칭한다. 즉 배소, 제련, 정련, 단야, 용해, 제강 등의 제철 제 공정에서 사용되는 다양한 형태의 구조물을 말하며 통칭하여 노(爐)라고도 한다. 노의 바닥에는 보통 방습시설을 마련하며, 노벽은 짚 등의 유기물을 섞은 점토로 축조하는데 할석을 함께 사용하기도 한다. 시대가 내려오면서 점차 점토와 함께 석재를 혼용하여 노벽을 축조하는데,

조선 후기에는 석축형제련로가 출현하는 등 시대와 공정에 따라 노의 구조와 형태가 다르다. 제철로는 대체로 평면형태에 따라 원형로(圓形爐)와 방형로(方形爐)로 구분할 수 있는데, 방형로는 진천 석장리유적과 밀양 임천리유적에서 보고된 바 있고 조선시대의 김제 은곡제철유적과 울산, 경주 일대의 석축형제철로가 대표적이다. 원형로는 완만한 경사지를 이용한 반지하식의 구조가 많으며 충청북도 일원에서 확인되는 백제시대의 제련유적과 영남지방 일원에서 확인되는 신라시대의 제련유적에서 모두 확인된다. 원형로에 사용되는 송풍관은 'ㄱ'자로 굽은 곡통형(曲筒形)의 대형 송풍관을 주로 사용하며, 최초의 제련 용량이 가장 크고 수차례 재사용하면서 차츰 제련 용량이 줄어드는 양상을 보이는데, 진천 석장리유적의 경우 5~6회까지 재사용한 예를 볼 수 있다. 이때 평면상 원형로의 내경을 이루는 동그라미는 배재구 부분을 접점으로 점점 축소되는 형태로 나타난다. 한편 사철제련을 기본으로 하는 일본의 타타라제철에서는 평면 형태가 세장방형인 상형로(箱形爐)를 사용하며 장방형의 노벽에 여러 개의 소구경송풍관을 삽입하여 송풍하는데, 구조적으로 우리나라의 방형로와 다르며 조업 기술적인 차이가 분명하다.

이어서 공정별 제철로의 형태와 구조적 특징을 살펴보면 다음과 같다.

배소로(焙燒爐) 배소는 철광석의 환원을 쉽게 유도하기 위해 철광석을 가열하여 물리적, 화학적 성질을 변화시키는 일이다. 배소과정을 통해 광석의 조직에 균열이 생겨 환원 및 파쇄가 쉬워지고 중량도 줄어서 운송에도 도움이 된다. 유적에서 확인되는 배소로는 여타 공정의 제철로에 비해 노벽의 경화도가 낮고 철재가 형성되지 않으며, 노 주변에서 피열로 인해 균열이 생긴 철광석이나 철광부스러기가 검출될 수 있다.

제련로(製鍊爐) 철광석이나 사철을 원료로 사용하여 철을 분리해 내는 과정에 필요한 제철로이다. 철광석의 제련은 연철제련과 선철제련으로 구분되는데, 일반적으로 연철은 800℃ 내외의 비교적 저온상태를 장시간 유지시켜 환원 혹은 반환원시키는 방법인데 비해, 선철제련에는 1,200℃ 이상의 고온이 필요하다. 철광석이 비교적 저온에서 환원 혹은 반환원된 연철괴는 괴련철(塊鍊鐵)이라고도 하며 해면처럼 다공질 스펀지상의 표면을 보여 해면철(海綿鐵)이라고도 부른다. 내부에 다수의 불순물이 잔존하므로 정련 혹은 단련과정을 거쳐 저탄소강 단조철기를 제작하는 데 사용된다. 제련로의 기초부는 방습을 위해 숯가루와 마사토를 교대로 깔아 다지거나 통나무

목탄을 깔아 이른바 카본 배드를 설치하기도 한다. 우리나라 고대 제철로는 반수혈식의 원형 제련로가 많지만 시대가 내려오면서 지상식의 장방형이나 방형 제련로도 있다. 최종 제련 조업 후의 상황을 유추하자면, 배재구 쪽을 터 철괴를 꺼내고 이를 식기 전에 두드려 불순물을 제거하게 되는데, 이때 비교적 철성분이 많이 포함된 철재가 박편 상태로 주변에 흩어지게 되므로 발굴조사에서 이러한 점을 유의할 필요가 있다.

정련로(精鍊爐) 제련로에서 수거된 환원 철괴나 반환원 철괴 등을 소재로 재차 정제하는 제철로를 말한다. 일반적으로 제련로보다 규모가 작고 단야로보다는 큰 것으로 알려져 있으며, 반복적인 조업으로 인해 노 내의 바닥면에는 이른바 완형재가 생성되기도 한다.

단야로(鍛冶爐) 단야는 철 소재를 600~700℃ 정도로 가열하는 데 필요한 제철로로서 크기가 작은 편이다. 점토에 돌이나 짚을 섞어 원형 혹은 방형의 형태로 축조하며 주거지 내부나 주거지 주변에서 소결된 상태의 부정형으로 확인되는 경우가 많다. 단야로의 주변에서는 단조작업이 이루어졌음을 보여주는 단조박편 및 자성을 띠는 녹구슬[입상재(粒狀滓)] 등을 자석으로 검출할 수 있다. 단조박편은 단야공정의 단타(鍛打) 과정에서 표면이 박리된 두께 1mm 내외의 얇은 박편이며, 입상재는 작은 구슬모양의 단야 철재인데, 모두 자성이 강한 편이다. 단야로의 핵심적 활동이 되는 단타는 철 소재를 가열하여 망치로 두드려 조직 내의 불순물을 제거하고 원하는 형태의 철기를 성형하는 공정이다. 그리고 담금질은 높은 온도로 가열한 다음 물이나 기름에 넣어 급랭시키는 열처리 방법이다. 이러한 열처리는 강한 날을 사용하는 창, 칼 등의 무기류와 도끼, 낫, 괭이 등 농기구에 주로 사용되는데, 부분적으로 철의 경도를 높이는 기술이다. 단야와 관련된 도구로는 집개·망치·모루·정·숫돌 등이 있다.

용해로(鎔解爐) 제련된 철을 다시 녹여 용범에 넣을 쇳물을 만들기 위한 제철로를 말한다. 용해로는 제련로에 비해 규모가 작고, 주변에서 용범이나 범심, 또는 도가니 등이 출토되는 것으로 용해 공정의 존재를 추정할 수 있다. 용해로의 유출재는 정련로와 같이 소량이며 노벽이 녹아내리며 생성되는 유리질의 슬래그가 많다. 탈탄제 혹은 조재제로 사용된 철광가루나 짐승뼈·석회석·패각 등이 출토되면 용해로의 존재를 의심해 볼 필요가 있다. 여타 제철로와 다른 점은 경주 황성동유적에서처럼 수혈주거지와 유사한 형태의 방형 혹은 타원형의 수혈을 굴착하고 그 한쪽 벽면 가까이 노를 설치한다는 점이다. 노는 대부분 원형이며 내경은 50~70cm 정도이다. 도가니는 용해로에서 용융된 쇳물을 받아 거푸집에 붓기 위한 용기로 주로 토제품이다. 그리고 용범은 거푸집이라고도 하며 용해로에서 생성된 쇳물을 부어 주조철기를 만들기 위한 틀로서 고운 모래가 많이 섞인 점토로 만든 토제용범이 주로 확인된다. 이밖에도 연철을 침탄하거나 선철을 탈탄하는 제강공정에 사용되는 제철로로 제강로(製鋼爐), 초강로(炒鋼爐) 등이 있으나 실제 발굴조사 현장에서 확인하기는 어렵다.

노내재(爐內滓) 제철조업에서 생성되는 철재 가운데 노 밖으로 유출되지 않고 내부에 남는 철재를 통칭하며 노내잔류재라고도 한다. 노내재 가운데서도 노의 바닥부분에 잔류하는 것은 철성분이 다소 포함될 수 있고 노벽에 용착된 철재는 상위로 갈수록 철성분이 약해지는 현상을 보인다. 노벽에 부착된 철재와 송풍관에 부착된 철재를 잘 관찰하면 흘러내리는 방향을 통해 상하관계를 유추할 수 있다. 노 내 바닥에 생성된 노내재는 최후 장입된 목탄이 미처 연소하지 못하고 굳어 버린 목탄압흔이 남아 있기도 하며 정련로나 단야로의 경우 바닥에 생기는 사발 모양의 완형재(宛形滓)를 통해 노 바닥의 지름을 추정할 수도 있다. 노내재는 대체로 표면이 거친 편이며 암적갈색을 띠는 것이 많다.

배재구(排滓口) 조업 시 제철로 내의 분위기를 파악하고 조절하는 관찰공(觀察孔)의 기능과 함께 노 내의 슬래그를 유출시키는 출재구(出滓口)의 기능을 함께 한다. 보통 노의 앞쪽 하단에 설치되며 슬래그 등의 불순물 유출을 원만히 유도하기 위해 배재구(排滓口)에 붙여 낮은 방향으로 작은 도랑을 판 배재구(排滓溝)가 설치되기도 한다. 특히 많은 양의 유출재가 배출되는 제련로에서는 필수적인 시설이라 할 수 있다.

유출재(流出滓) 제련과정에서 철보다 녹는점이 낮은 각종 불순물들이 먼저 녹아 배재구를 통해 흘러나오면서 굳어지는 철재로 바닥과 윗면이 서로 다른 모양을 보인다. 바닥은 주로 굵은 모래알이 박힌 상태로 매끈한 편이며 윗면은 자연적인 매끈한 면을 이룬다. 보통 넓게 퍼져 흘러내리는 양상이며 마치 촛농처럼 이중 삼중으로 흘러내려 중첩된 층을 이루는 현상이 많다. 주로 자갈색이나 청록색 등을 띠며 광택이 나기도 한다. 흔히 쇠똥이라고 부르기도 하며 철성분이 적어 자석에 붙지 않는데, 많은 양의 유출재는 제련공정의 증거가 된다. 특히 단위 유적에서 유출된 슬래그를 모두 수습하지 못할 경우 트렌치 조사를 통해 퇴적된 슬래그층의 총량을 추산하여 조업한 제철 총량을 유추해 볼 수도 있다. 그리고 아주 특수한 경우가 아니면 슬래

그 등의 폐기물을 멀리 옮겨 버리지 않으므로 주로 작업공간의 주변에서 지형이 낮은 쪽으로 퇴적된다. 그리고 배재구를 통해 유출된 유출재의 잔존 상황이 양호한 것은 조각이 흐트러지지 않게 수습해 두면 생동감 있는 전시자료로 활용할 수도 있다.

노벽(爐壁)　제철로의 벽면을 이루었던 부분인데 대체로 높은 열로 인해 표면이 유리질화된 안쪽 면과 속심의 소결된 부분까지만 잔존하며 그 밖의 점토상태를 유지했던 외벽면은 토양화되어 없어진 상태로 확인된다. 잔존하는 노벽을 통해 굵은 모래와 볏짚을 이겨 만든 것이 확인되는데, 노벽의 단면을 통해 수리와 반복 사용을 알아낼 수 있다. 토기와 같이 태토와 짚·모래·점토 등의 포함 정도를 관찰하고 유리질화된 내면을 관찰하여 노벽의 부위를 추정할 수 있다. 간혹 노벽 상단부나 노 저부 혹은 배재공이나 송풍구 등의 특징적인 부위가 있음에 유의해야 한다. 특히 앞서 언급한 바와 같이 제철로 축조과정에서 사용한 목근(木筋)의 흔적이 노벽 심부의 단면에서 관찰될 수 있음에 유의해야 하며, 노벽 내면에서도 가끔 최후에 투입된 철광석이 미처 환원되지 못하고 붙어 있기도 하다.

송풍관(送風管)　노 내에 바람을 불어 넣는 관으로 우리나라는 고대로부터 토제 송풍관을 사용했는데 지름이 10cm가 넘는 것을 대구경송풍관, 그 이하를 소구경송풍관으로 구분하기도 한다. 색상과 두께 등을 살피고 재사용의 흔적이나 보수흔적을 살핀다. 송풍관은 연질 소성된 것이 많으나 가끔 경질 소성된 것도 있는데 이는 아마 외부에 사용된 것으로 보인다. 노 내에 관입된 부분은 슬래그가 덮고 있으며 외면이 녹아 선단부로 갈수록 얇아지며 휘어지거나 균열이 생긴 것이 많다. 노 내 관입부의 경우 표면에 슬래그가 흘러내린 방향으로 송풍관의 정치된 상태를 판단할 수 있다.

조재제(造滓劑)　제철조업 시 불순물의 유동성을 높여 철과 철재의 분리를 원활히 하기 위해 사용되는 첨가제로 주로 석회석, 패각, 짐승뼈, 황토, 철분(鐵粉) 등이 사용된다.

철광석(鐵鑛石)　제철유적에서 철광 원석이나 사철무지가 확인되면 제련로의 존재를 상정할 수 있다. 또 제련에 앞서 철광석을 미리 배소한 경우에는 주변에서 피열된 상태로 균열이 간 철광석이나 철광 분말을 관찰할 수 있다. 유적에서는 조직이 치밀한 원광 상태의 철광석도 있지만 일정한 크기로 잘게 파쇄된 철광석도 있다.

이 밖에도 발굴현장에서는 각종 폐기물을 묻기 위해 의도적으로 구덩이를 파고 매몰한 유구와, 장인들의 생활과 관련된 주거지나 취사시설과 함께 제사유구, 목탄요 등이 확인될 수도 있으며, 각종 토기와 철기 등 생활용기와 도구들도 출토될 수 있다. 무엇보다도 현장조사에서 반드시 필요한 것은 제철유적 전체를 공간적으로 분석해 보는 일이다. 노의 형태와 위치, 규모 등을 고려하여 조업공간을 분석하는 것이다. 즉 송풍에 필요한 공간, 연료 및 원료의 적치에 필요한 공간, 작업에 필요한 이동공간, 유출재 등 폐기물을 제거하는 배재공간 등을 꼼꼼히 분석해 볼 필요가 있다. 이때 지상 구조물인 제철로와 송풍시설 등을 감안하여 활동공간을 분석하면 제철조업의 상황을 복원하는 데 좋은 자료가 될 수 있다. 마지막으로 강조하고 싶은 것은 철저한 기록이다. 선명한 사진과 함께 평면도, 입면도, 단면도, 부분 상세도 등의 도면을 통해 노벽의 기울기와 현상을 정확히 기록해야 하며, 원상을 유지하는 부분을 통해 노벽의 경사도와 기울기를 산출할 필요가 있다.

V 맺음말

이상 제철유적의 조사방법과 사례에 대해 간단히 살펴보았다. 제철유적은 그 특성상 일반적인 생활유적과 달리 유적의 입지가 매우 제한적이며, 조사된 사례도 지역적으로 편중된 현상을 보일 뿐만 아니라 시대적으로나 제철공정의 성격별로 아직 충분한 조사가 이루어지지 못한 실정이다. 이런 상황에서 제철유적에 대한 조사방법에 대해 구체적인 사례를 들어 가며 논의한다는 것은 아직 쉽지 않은 일이라 여겨지며 앞으로 많은 과제를 안고 있다고 생각된다. 특히 전통 제철문화의 맥이 단절된 우리나라의 경우 근대화 이전까지 유지되어 온 전통제철의 기술적 복원이 무엇보다도 시급한 일이다. 따라서 문헌자료의 검토와 함께 각지에서 구비전승되고 있는 민속자료에 대한 연구가 필요하다고 생각한다. 그리고 고대 제철문화의 유입과 발전과정을 추적하고 규명하기 위한 발굴조사도 적극적으로 추진해야겠지만, 한편으로는 조선시대 문헌기록에 나타나는 각종 철 생산과 관련된 기록들을 종합 검토하고 현존하는 최후의 철 생산유적들에 대한 학술발굴조사도 함께 이루어야 할 것으로 생각된다.

예컨대 경주, 울산, 청도 일원에 집중적으로 분포하는 사도(斜道)를 갖춘 제철유적인 이른바 석축형제철로는 최근세에 이르기까지 사용된 우리나라 최후의 전통 제철로로 알려져 있으나, 발굴조사를 통한 고고학적 편년자료의 뒷받침이 미흡해 편년의 객관성이 담보되기 어려운 현실이다. 석축형제철로가 언제부터 사용되었으며 그 등장 배경과 전개과정이 어떠했는지에 대해서는 아직 분명하게 밝혀진 바가 없는 상황이다. 따라서 다행히도 지금까지 다수 유존해 오고 있는 석축형제철로에 대한 학술 발굴조사와 연구를 통해 고고학적 편년자료를 확보하는 것이 절실히 요구된다. 석축형제철로가 17세기경부터 사용된 것으로 보는 견해가 있으나(角田德幸 2006) 그 출현과 관련된 객관적 증거는 확실치 않다. 그리고 동시기에 여타 지역에서는 왜 석축형제철로가 채용되지 않았는지에 대한 숙제도 풀어야 할 과제이다. 그뿐만 아니라 철광석 제련을 주로 하는 우리나라의 제철사와 사철 제련을 주체로 하는 일본의 제철사 사이에 게재된 수수께끼도 하나씩 밝혀 나가야 할 과제이다. 이와 관련하여 최근 조선시대의 사철 제련을 상정하는 연구(角田德幸 2016)가 주목된다. 그리고 발굴조사뿐만 아니라 자료의 과학적 분석도 적극적으로 시도하여 제철유적의 발굴조사 결과가 한층 객관적이고 과학적인 신뢰를 확보할 수 있도록 해야 할 것이다. 마지막으로 사족을 달자면 철 제련의 경우를 두고 볼 때, 우리나라 고대의 금·은·동과 같은 비철금속에 대한 제련과 주조에도 관심을 가져야 할 것이다. 또 그 과정에서 부산물로 생성되는 유리 또한 고대 유리제품의 제작과 관련하여 관심을 가져 볼 필요가 있다고 생각한다.

[신종환]

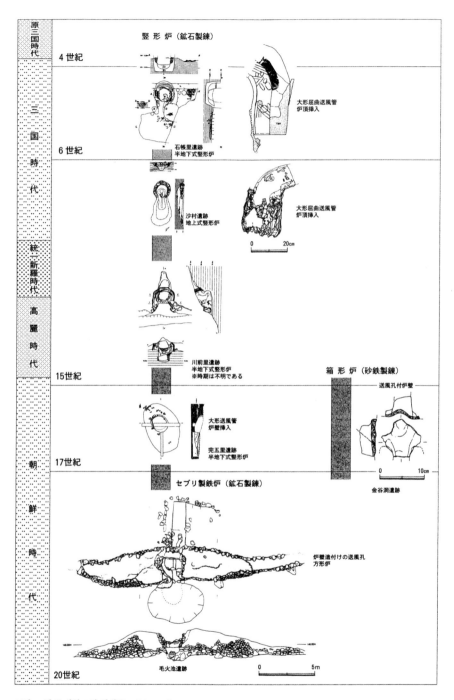

그림 3 한국 제철로의 변천(角田德幸 2006)

참고문헌

경남고고학연구소, 2006,『합천 야로 야철지 ―시굴조사 보고서―』.

국립경주박물관·대한주택공사, 1990,『경주 황성동유적 제1차 발굴조사 개보』.

국립김해박물관, 2001,『밀양 사촌제철유적』, 학술조사보고 제1책.

국립청주박물관, 2004,『진천 석장리철생산유적』, 학술조사보고서 제9책.

권병탁, 1969,「이조말기 청도군 솥계 용선수공업연구, 상·하」,『산업경제』제3집, 영남대학교.

_____, 1991,「전통용광로 복원과 제련술 연구」,『민족문화논총』제12집, 영남대학교.

_____, 2004,『한국산업사연구』, 영남대학교민족문화연구총서 29, 영남대학교출판부.

기전문화재연구원, 2003,「화성 발안리 마을유적 기안리 제철유적 발굴조사 현장설명회」.

김권일, 2008,「제철유적 발굴조사법」,『한국매장문화재조사연구방법론』4, 국립문화재연구소.

_____, 2009,「영남지역 조선시대 제철문화의 기초적 연구 ―석축형제철로의 설정―」,『영남고고학』제50집.

_____, 2012,「한반도 고대 제철문화의 검토」,『한반도의 제철유적』, 한국문화재조사연구기관협회.

_____, 2013,「울산지역의 제철유적 조사연구 현황과 특징」,『울산의 쇠부리문화 ―철을 말하다―』, 울산
쇠부리축제 추진위원회·한국철문화연구회.

_____, 2014,「고고학적으로 본 석축형제철로의 조업방식」,『조선시대 울산 쇠부리의 조업방식』, 울산쇠
부리축제 추진위원회·한국철문화연구회.

대한문화유산연구센타, 2011,『김제 장흥리 은곡제철유적』.

동아대학교박물관, 2000,『양산 물금유적』.

류승주, 1993,『조선시대 광업사연구』, 고려대학교출판부.

_____, 1997,「6. 광업의 발달」,『한국사』33, 국사편찬위원회.

삼강문화재연구원, 2014,『밀양 임천리 금곡제철유적』.

서성호, 2012,「문헌자료 집성」,『한반도의 제철유적』, 한국문화재조사연구기관협회.

신경환, 2008,「고고유물 분석법 ―철기와 제철관련 유물분석을 중심으로―」,『한국매장문화재조사연구방
법론』4, 국립문화재연구소.

신경환·김권일·최영민 2015,「석축형제철로의 조업방식연구」,『야외고고학』22, 한국매장문화재협회.

신종환, 2006,「가슬갑사와 철 생산 관계 연구」,『가슬갑사지종합학술조사보고서』, 동국대학교경주캠퍼스
박물관.

_____, 2006,「합천 야로와 제철유적」,『합천 야로 야철지 ―시굴조사보고서―』, 경남고고학연구소.

_____, 2012,「조선시대의 제철문화」,『한반도의 제철유적』, 한국문화재조사연구기관협회.

이남규, 2005,「백제철기의 생산과 유통에 대한 시론」,『백제의 생산기술과 유통체계 ―토기와 철기를 중
심으로―』, 경기도박물관·한신대학교학술원.

_____, 2006,「조선시대 철 제련유적의 조사성과와 과제」,『합천 야로 야철지 ―시굴조사 보고서―』, 경남
고고학연구소.

_____, 2008,「철기 생산 프로세스의 이해」,『한국매장문화재조사연구방법론』4, 국립문화재연구소.

_____, 2012,「고려시대 제철유적 조사 연구의 현황과 철 생산기술」,『한반도의 제철유적』, 한국문화재조

사연구기관협회.

전남문화재연구원, 2011, 「광양 진상 생쇠골 야철지 시굴조사 약보고서」.

조록주, 2011, 「중원지역 철 생산유적에 대한 성격」, 『제7회 한국철문화연구회 학술세미나』, 한국국철문화연구회.

중앙문화재연구원, 2008, 『청원 오송생명과학산업단지내 청원 연제리 유적』.

_____, 2009, 『충주 첨단지방산업단지 조성사업부지내 충주 본리·영평리·완오리 유적』.

중원문화재연구원, 2008, 『충주 칠금동 제철유적』.

_____, 2009a, 『충주 탄금대토성 I —2007년도 발굴조사보고—』.

_____, 2009b, 『청주 산남동 42-6번지 유적』.

_____, 2010a, 『충주 첨단지방산업단지 진입도로개설사업부지내 유적 발굴조사 보고서 —노계마을 고려시대 야철유적』.

_____, 2010b, 『보은 상판지구 농업용수개발부지내 발굴조사보고서 —보은 상판 제철유적』.

_____, 2012, 『충주 KM그린CC 조성사업 부지내 시·발굴조사보고서』.

철문화연구회, 2007, 『제3회 철문화연구회 학술세미나 발표요지』.

충주박물관·국립중앙과학관, 1998, 『충주 완오리 야철유적』.

충청북도문화재연구원, 2010, 『진천 구산리 제철유적』.

한국문화재보호재단, 2002, 『울산권광역상수도(대곡댐)사업편입부지내 1차발굴조사보고서』.

한국문화재조사연구기관협회, 2012, 『한반도의 제철유적』.

角田德幸, 2006, 「韓國における製鐵遺蹟研究の現狀と課題」, 『古代文化研究』第14号, 島根縣古代文化センター.

_____, 2016, 「韓國における砂鐵製錬」, 『たたら研究』第55号.

大澤正己, 2011, 「金堤·隱谷製鉄遺跡出土製鉄関連遺物の金属学的調査」, 『金堤 長興里 隱谷 製鐵遺蹟』, 대한문화유산연구센터.

大澤正己·角田德幸, 2006, 「韓國における製鐵原料の金屬學的調查—達川鑛山及龍里遺蹟採集資料」.

松井和幸, 2013, 「日本 製鐵文化の 蔚山 關聯性 檢討—石積み製鐵爐を中心に—」, 『울산의 쇠부리문화 —철을 말하다—』, 울산쇠부리축제 추진위원회·한국철문화연구회.

穴澤義功, 2004, 「日本古代の鐵生産」, 『古代東アジアにおける倭と加耶の交流』.

제12장

산성의 조사방법과 유의점

I 머리말

우리나라에서 현재까지 확인된 성곽은 2,137건에 이르며, 이 중 국가지정 문화재인 사적과 시·도지정 기념물 또는 문화재자료로 지정·보존되어 있는 것이 250여 건이다 (국립문화재연구소 1995-1997; 문화재청 2007). 그러나 이는 북한지역과 만주지역에 산재한 고구려 및 발해의 성곽을 제외한 숫자로 그 수는 몇 배에 달할 것이다. 영남지역에 분포하는 성곽의 수는 대략 500여 개소로 경남지역에 300여 개소, 경북지역에 200여 개소가 분포하는 것으로 알려져 있다(나동욱 2001; 이희돈 2001; 井上秀雄 1982).

성곽은 입지 및 축조된 지형에 따라 산성, 평지성, 평산성으로 구분할 수 있다. 산지보다는 높이가 낮으며 밋밋한 비탈이 진 지형에 쌓은 구릉성도 이 분류에 넣기도 한다.

전 국토의 75%가 산지로 이뤄진 우리나라는 일찍부터 산성이 다수 축조되었다. 산성은 높은 고지에서 적의 접근을 사전에 감제할 수 있고, 전투 시에는 아래를 보고 전투를 함으로써 지형적으로 방어에 유리하여 성벽을 높게 축조하지 않아도 되는 장점이 있다. 이 때문에 적은 인력으로 많은 수의 외적을 물리칠 수 있는 것이 성곽이다. 또한 기능상 군사적 목적이 기본이나 행정적인 목적뿐만 아니라 안심하고 생업에 종사하기 위하여 미리 시설한 것이란 점에서 예비 거주공간으로서 심리적인 목적도 겸하고 있다(차용걸 2007).

외적에 대한 전통적인 방어전략 중 들판을 비우고 산성에 들어가 농성하는 청야 입보(淸野入保)의 전술이 으뜸으로 역사상 삼국시대 이래 조선조에 이르는 공성전과 수성전은 대부분 산성을 중심으로 전개되었다(손영식 2009). 기존의 산성 가운데에는 입지가 우수한 산성을 그대로 사용하거나, 인구의 증가에 따른 입보민의 수용성을 높이기 위해 고려시대 이후 조선시대까지 수축하거나 확장 또는 개축하여 활용한 곳이 많았다.

이와 같이 산성은 시대에 따른 축성 주체의 공간 활용이나 대외관계, 전쟁에 관한 풍부한 자료를 담고 있으며, 성곽의 초축 이후 수축 및 증·개축을 통한 변화상을 그대로 간직하고 있어 축성사적인 면에서 중요한 자료가 되고 있다.

최근 문화재조사 전문기관의 증가와 더불어 발굴의 대상이 되는 문화재의 종류도 다양해지고 있다. 이들 문화재 가운데는 각종 개발로 훼손 위기에 처해 있는 읍성을 비롯하여 정비·복원을 목적으로 하는 지정문화재에 대한 시·발굴조사, 축조수법 규명을 위한 수군 영·진성과 산성의 시·발굴조사도 점차 증가하고 있는 추세이다. 이 장에서는 산성의 시·발굴조사에서 밝혀진 기존의 연구성과를 중심으로 산성의 시대적 개관과 기본적인 조사방법, 성곽 조사 시 유의점 등을 영남지역 발굴사례를 중심으로 살펴보고자 한다.

II 산성의 시대별 개관(심정보 2013a)

우리나라 산성의 기원은 문헌상 위만조선의 왕검성까지 올라가는 것으로 보고 있다. 위만조선이 중국 한무제의 침입을 1년여 동안 버티었던 것은 방어에 유리하며 적이 공격하기 어려운 산성의 지형상 이점을 최대한 활용한 때문이었다. 삼국시대 이후 조선 전기에 이르기까지 이 전통은 계속 유지되었으며, 성벽의 규모가 점차 간략화되는 경향을 보이고 있다.

한편 산성의 입지조건에 대해서 1812년 다산 정약용은 그의 저서 『여유당전서(與猶堂全書)』의 「민보의 민보택지지법(民堡議 民堡擇地之法)」에서 변방의 요새인 보를 설치하기에 적합한 지형을 4가지로 구분하였다. 이 분류방법은 그 후 1867년 훈련대장으로서 수뢰포의 제작자였던 신관호가 그의 저서 『민보집설(民堡輯說)』에서 그대로 인용하여 산성을 축조하는 데 적당한 지형을 4가지 형식으로 구분하였다(김호준·강형웅·강아리 2008). 즉, 고로봉(栲栳峰: 산의 사방이 높고 중앙부가 낮아 넓은 지형), 산봉(蒜峰: 꼭

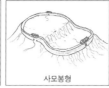

고로봉형   산봉형   사모봉형   마안봉형

그림 1 민보집설에 의한 산성의 형식(부산박물관 2016)

대기가 평탄하고 넓으며 사방이 절벽처럼 급격한 경사로 이루어진 지형), 사모봉(紗帽峰: 배후에 봉우리가 있고 산이 마치 사모관대처럼 생긴 지형), 마안봉(馬鞍峰: 마치 말안장처럼 생긴 지형) 등이 있는데 이 중 고로봉을 산성의 최적지로 삼았다.

산성의 형태는 주로 산성이 위치한 입지조건과 성벽의 통과선이 지나는 지형에 대한 이용방법을 기준으로 하여 크게 산정식(山頂式, 테뫼식)과 포곡식(包谷式)으로(윤무병·성주탁 1976), 다시 이 두 가지 형식을 복합한 복합식(공석구 1993) 등으로 구분할 수 있다.

산정식산성을 입지적인 특징으로 세분하여 보면 4가지 형태로 나뉘는데 산 중복보다 높은 산봉우리를 테로 둘러싼 것처럼 원형으로 성벽을 구축한 것이 테뫼식이라 할 수 있으며 산봉형과 마안봉형이 이에 해당한다. 평탄한 산 정상부를 둘러서 구축한 것은 순수한 산정식산성이라 할 수 있는데 고로봉식이 이에 해당된다. 이 형식은 성벽이 산의 정상부에 위치하고 있기 때문에 적의 공격이 어려울 뿐만 아니라 성 내부의 동정이 적에게 노출될 염려가 적다는 장점이 있다. 산 정상부에서 성벽이 시작하여 산 능선을 따라 내려와 한쪽 산복에 걸쳐 완만하게 경사된 지형을 이용하여 비교적 넓은 면적을 포용하고 다시 산 능선을 따라 산 정상부로 올라가며 구축한 것은 산복식(山腹式)으로 사모봉형이 이에 해당한다. 이 형식은 테뫼식 및 산정식산성의 단점인 성 내부의 공간 확보 및 수원 확보 등의 문제점들을 어느 정도 해소할 수 있다.

평지의 고립된 낮은 구릉상에 자연지형을 이용하여 성벽이 축조되고 평지에는 문지나 수구가 확인되는 평산성 또는 구릉성이 있다(국립문화재연구소 2011).

포곡식산성은 성내에 1개 또는 그 이상의 계곡을 포용하고 그 주위를 둘러싼 산줄기의 능선을 따라 성벽을 구축하여 평면형태가 불규칙적인 부정형의 형태를 띠고 있는 경우가 많다. 내부에 넓은 평탄지와 계곡 및 수원을 포함하고 있어 보다 많은 인원이 성 안에서 장기간 주둔할 수가 있다는 장점이 있다.

복합식산성은 규모가 협소할 수밖에 없는 산정식산성을 크게 확충하기 위한 수단으로서 바로 인접된 지형에 포곡식산성을 접속하여 개축한 산성이다.

한편, 시대별 축성수법을 간략하게 정리하면 다음과 같다.

고구려 산성은 도성을 향하는 주요 길목을 통제할 수 있는 전략적 요충지에 포곡식산성을 쌓았는데, 영토가 확장되는 중기 이후부터는 관청이 설치된 중대형의 포곡식산성을 기반으로 지방을 통치하는 독특한 체제를 운용하였다(양시은 2016). 축성에 있어서는 백제와 신라의 기단보축(基壇補築)과는 달리 지형을 면밀히 살펴서 침하우려가 있는 연약지점에는 계단상으로 들여쌓기를 하여 굽도리(그림 2-2)를 조성한후 체성을 축조함으로써 안정성을 도모하였다. 성벽은 대형 석재로 지대석을 놓아 체성(體城)의 하중을 받도록 하여 견고성을 유지하고 있다. 뿌리가 긴 사각추형의 성석으로 바른층쌓기를 하고, 때로는 그렝이기법을 채용하여 면석이 쉽게 이탈되지 않도록 하였다. 성문은 현문(懸門)도 확인되며 성문 내에 차단벽을 만들어 방어력을 높이고 있다. 또한 성벽으로 적이 접근하는 것을 차단하기 위하여 다수의 치성(雉城)을 설치(그림 2-1)한 것도 특징이다.

백제 산성은 대체로 테뫼식산성이 주를 이루고 있으며, 지대석 없이 기단석 위에 바로 면석을 축조한 것이 고구려 성벽과 다르다. 성벽은 바깥쪽은 석축으로 하고안쪽은 흙으로 다지는 내탁기법에 의한 축성이 주류를 이루고 있다. 장방형 및 방형의 석재를 사용하여 바른층쌓기로 축조하되(그림 2-3) 하부 면석의 상면 형태에 맞추어 상부 면석을 재단하는 그렝이기법을 채용하였다(심정보 2004). 기단보축은 석재 및토사를 다져서 보강하였는데, 석재보다는 기저부에 토사를 다져서 구축한 기단보축사용례가 많이 확인되고 있다. 성문은 주능선을 피해서 입지하고 있으며, 대체로 개거식 성문을 시설하면서도 한성기부터 사비기에 이르기까지 현문식 성문이 확인되고있다. 또한 성문의 취약점을 보완하여 내옹성(內甕城)을 시설하고 있다. 문지 측벽의내외 모서리가 한성시대에는 각(角)을 이루고 있으나, 웅진시대 이후에는 곡면을 이루는 예(그림 2-4)가 많다(서정석 2003; 최병화 2015). 집수지의 호안을 석축으로 마감하되 목제가구가 부가된 점, 성내 저장시설인 목곽고의 시설 및 플라스크형 수혈 등은백제 산성에서 주로 확인되는 특징이다.

신라 산성은 포곡식 및 테뫼식을 절충하여 축조하였으며, 협축(夾築)기법을 많이채용하였다. 체성은 세장방형의 석재와 점판암 및 자연할석을 사용하여 축성하였으며, 면석 사이의 틈새를 쐐기돌로 메우는 것이 여러 곳에서 확인되고 있다. 그리고 체성의 기울기가 수직에 가깝고 높기 때문에 대부분 외벽 기단부를 단면 삼각형 형태로 석축을 덧대어 쌓아 성벽을 보강함으로써 붕괴 방지를 목적으로 하는 기단보축(박종익 2012)이 시설되었다. 삼년산성(그림 2-5)과 명활산성(그림 2-6), 고모산성 등 중부 내륙지방에 국한하여 적의 체성 접근을 방어하기 위한 둥근 곡치(曲雉)가 시설된 것도 특징이다. 고구려나 백제에 비해 신라 성곽에서는 현문식 성문(김병희 외 2011; 차용걸 2012)이 현저히 조사되었으며 문지 측벽의 모서리는 각을 이루고 있다.

삼국통일기에는 왜구 방비를 중심으로 해안지역에는 테뫼식산성이, 내륙 쪽에는 포곡식산성이(그림 2-7·8), 그리고 나당전쟁과 관련하여 경기 북부를 중심으로 산성이 축성되었다(심종훈 2007). 성곽은 주로 고구려 및 백제의 특징적인 요소를 반영하여 지대석을 사용하여 체성의 하중을 받도록 하였다. 기존의 백제 산성을 계속 사용하는 과정에서 문의 너비는 2m 정도 좁혀서 사용하고, 문초석에는 암수 확쇠가 새롭게 등장하는 변화가 나타나게 된다. 또한 기단보축은 체성의 1/2 이상 덮게 되고, 삼국 간의 분쟁이 해소되면서 현문식 성문의 외곽에는 경사면을 이루는 등성(登城)시설이 구축되어 성 내외로의 통행을 용이하게 한다.

통일신라시대에는 새로 편입된 영토에 대한 통치체제 정비 및 강화를 위해 주·경성(州·京城) 등을 축조하였다. 당제(唐制)를 참고하여 방리제(坊里制)가 실시되고 왕궁을 중심으로 대로(大路)가 신설되었다. 또한 한산 북쪽의 패강장성이나 경주 외곽에 관문성(그림 3-1)이 축조되었다. 이 시기 산성은 체성벽보다 큰 지대석을 바닥에 배치하는 경우가 많다(심광주 2013). 성벽은 신대리성(그림 3-2)과 같이 잘 다듬은 가공돌과 자연석에 가까운 깬 돌을 이용하여 안쪽으로 조금씩 들여쌓아 경주 남산성과 비교할 때 더욱 발전된 형식을 보여주고 있다(손영식 2009).

고려시대에는 산성의 입지가 도시로부터 보다 멀리 격리된 고립된 산중으로 이동하는 경우가 많다. 몽골의 계속되는 침공과정 속에서 강도(江都)정부의 산성입보책 시행과 방호별감의 파견, 주현성뿐만 아니라 험지고산(險地高山)의 대형 입보용 산성이 축조되었다. 입보용 산성은 대부분 고로봉형의 입지조건을 보이고 있다(그림 3-3·4). 이중성(二重城)의 경우 외성은 고로봉형, 내성은 사모봉형이 많다. 이처럼 산속의 계곡 최상류 쪽에 입보용 산성을 축조한 것은 주로 피난용의 군사적 목적에 의한 것이다. 험지고산의 산악지대를 택한 것은 축성과 투석전에 필요한 석재를 확보하기 용이한 점과 몽골 기마병의 진입이 어렵고 투석기 등 공성용 무기의 운반이 어려운

1. 고구려 산성(연주성, 한국방송공사 1994)   2. 고구려 산성(연주성 치 굽도리, 한국방송공사 1994)

3. 백제 산성(대전 보문산성)   4. 백제 산성(광양 마로산성)

5. 신라 산성(삼년산성)   6. 신라 산성(명활산성)

7. 삼국통일기 산성(거창 거열산성)   8. 삼국통일기 산성(함안 성산산성)

그림 2 삼국~삼국통일기 산성

지형적 이점 때문인 것으로 보인다(김호준 2012). 이러한 변화는 거란, 여진, 몽고와 왜구 등의 대외적인 요소가 크게 작용한 결과였다(유재춘 2007).

조선시대에 들어와서도 태종 7년(1407)의 산성을 중심으로 한 청야입보 정책에 따라 태종 10년(1410)에 경상도와 전라도 여러 고을의 산성을 수축하였다. 이때 수축된 산성들(그림 3-5·6)은 왜구에 대비하기 위한 것이었다. 대부분 둘레 1,000보(步)가 넘는 대형 산성이고, 높고 험한 요해지에 입지하고 있다는 점에서 공통점을 가지고 있다. 세종 11년(1429) 2월에는 최윤덕의 건의로 연해읍성(沿海邑城)을 축조하게 되었다. 산성의 축조에서 연해읍성 축조로 전환하게 된 것은 왜구의 침입을 연해에서 적극적으로 방어하겠다는 의지가 반영된 것으로 보고 있다. 한편 임진왜란이 있었던 선조대에는 기존의 읍성으로는 왜적을 막을 수 없었기 때문에 전국적으로 34개소의 산성이 수·개축되었다. 당시 읍성이 조총을 앞세운 왜적에게 유린당한 이후 행주산성에서의 승리가 다시 산성을 선호하게 된 계기가 되었다.

산성에서는 공성무기인 비루(飛樓)를 사용하지 못하고 조총을 올려 보고 쏴야 하기 때문에 적의 장비가 모두 소용없게 되기 때문이었다. 그리하여 비변사와 유성룡의 거듭되는 산성으로의 청야입보책 건의와 선조의 읍성축조 불가 등 읍성 무용론이 대두되면서 다시 산성입보 선호로 돌아서게 되었다.

임진왜란과 병자호란을 겪으면서 산성 선호도는 더욱 심화되었으며, 주요 거점을 중심으로 많은 수의 군사가 입보하여 수호할 수 있는 대규모 산성이 요청되었다. 병자호란 이후 하삼도지역에 대한 산성의 축조는 조선 전기의 읍성중심의 방어 개념을 보완하여 산성입보제도의 부활이 전반적으로 확대되는 전략변화에 따른 성격을 지닌다. 평안도와 황해도지역의 병자호란 이전의 산성 축조가 가지는 입보체제와 산성을 활용한 전술이 하삼도지역까지 확대되었음을 알 수 있다. 남변에 대비하기 위한 산성은 수원 독성산성(禿城山城) 등 40여 개소, 북변에 대비하기 위한 산성은 해주 수양산성(首陽山城) 등 40여 개소가 거론되고 있어 당시 적변에 대비할 수 있는 산성은 80개소 정도가 되는 것으로 파악되고 있다.

양 난을 겪으면서 내지 요충의 방어시설과 산성, 읍성을 비롯한 성자들의 방어 능력이 향상되는 계기가 되었다. 조선 후기 인조 때에는 감영과 병영이 요새화되어 산성을 두어 경영하였다. 그리고 숙종 때에 산성의 수축이 활발히 진행되었다. 임진왜란과 같은 대규모 적변에 대처하고자 요충지를 중심으로 적에 대한 억제와 집중적

1. 통일신라 산성(경주 관문성)

2. 통일신라 산성(울산 신대리성)

3. 고려시대 산성(춘천 삼악산성 전경, 중원문화연구소))

4. 고려시대 산성(춘천 삼악산성 성벽, 중원문화연구소)

5. 조선시대 산성(함양 황석산성)

6. 안성 죽주산성

7. 부산 금정산성

8. 인천 강화산성

그림 3 통일신라~조선시대 산성

방어를 위하여 경상도에는 동래 금정산성(그림 3-7), 성주 독용산성, 문경 조령산성, 선산 금오산성, 칠곡 가산산성, 진주 촉석산성 등 6개의 대규모 산성으로 구성되는 방어체제를 이루고 있었다. 대구지역의 가산산성, 금오산성, 독용산성을 묶어 내삼각형을, 경상도 전체에 있어 3개의 관문이라 할 수 있는 남로, 즉 해로인 금정산성, 북로, 즉 호서로 하여 경기도로 가는 제1요로를 지나는 조령, 서로 나가는 요충인 진주의 촉석산성 등이 외삼각형을 이루는 곳에 배치하는 기각지세에 의해 적변에 대처하고자 하였다. 또한 영조 때에는 독진의 경영과 산성 축조가 거의 마무리되었다. 이들 조선 후기 성곽들은 관방의 변화 양상을 파악할 수 있는 좋은 자료로 평가되고 있다(차용걸 1986).

조선 후기 성곽의 축조에서 가장 큰 특징은 남한산성, 북한산성, 성주 독용산성, 금정산성 등과 같이 둘레 1만 척이 넘는 산성이 축조되는 산성의 대형화가 진행되었다는 점이다. 또한 경상도의 동래 금정산성, 문경 조령산성, 선산 금오산성, 칠곡 가산산성의 경우처럼 중성 또는 외성이 축조되는 등 성곽의 중곽화(重郭化)도 진행되었다. 성벽 축조방식은 내탁(內托)기법이 주류를 이루었다. 성벽의 너비는 좁아지고 높이는 낮아졌으며, 자연할석재를 사용하여 허튼층쌓기 방식으로 축조한 것이 대부분이다(나동욱 2005a). 그리고 여장(女墻)은 타구(垜口)가 없는 경사평여장에 지형에 따라 총안(銃眼)을 시설하였는데, 여장의 높이는 낮아지는 경향을 보이고 있다. 그러나 요해지를 확보하기 위하여 용도(甬道)를 시설한 것과 성문 내부에 차성(遮城)을 축조하고 해자와 함정을 파서 방어력을 높인 것은 임란 이후 축성의 발전이라고 할 수 있다.

17세기 말에서 18세기 초에 걸쳐 개축된 강화산성(그림 3-8) 내성의 경우 발굴조사에서 확인된 기본적인 단면구조(충북대학교 중원문화연구소 2002)는 성벽의 외면은 석축이고 내측은 토축이었다. 평지부에서는 석축 안쪽으로 흙을 두텁게 층을 이루어 다졌다. 산지의 경사부에서는 생토면을 'ㄴ 자' 모양으로 삭토한 후 석축을 하여 파낸 부분은 할석 편으로 다진 것이었다. 동래읍성을 비롯한 통영성지 등과 조선 후기 산성들의 축조수법이 이와 비슷하다. 이는 조선 후기 성곽 축조수법에 근본적인 변화가 있었음을 보여주고 있다.

III 산성 조사의 방법과 유의점[1]

1. 지표조사(김호준 외 2008)

지표조사는 지표상에서 성곽유적에 대한 현상을 파악하는 조사이다. 당해 유적의 입지조건, 토축과 석축을 구분할 수 있는 축성 재료, 체성 내 외벽에 대한 잔존 높이, 체성의 기저부 너비와 상부 너비 등 기본적인 현상과 제원을 파악한다. 그리고 성문, 옹성, 암문, 치성(적대), 여장, 장대, 건물지, 우물, 집수지, 수문(구), 해자 등 부대시설의 존재 여부와 시설 현황 등을 조사하고 성벽 통과선을 잇는 평면도를 작성한다. 산성의 경우 조망 범위와 주변 성곽과의 연결관계를 파악하면 축성 목적을 어느 정도 파악할 수 있다. 읍성의 경우는 이전의 읍성인 고읍성과의 관계, 교통로에 따른 읍성 내입보 고을, 유사시 피난하는 배후의 입보산성 등을 파악하는 것이 중요하다. 이를 수행하기 위해 다음과 같은 작업이 필요하다.

1) 조사 대상 성곽에 대한 문헌조사 실시

삼국시대와 고려시대 행정단위의 치소는 대부분이 산성에 있었으므로 우선『삼국사기』나『고려사』에서 해당 산성의 기록을 찾아야 한다. 간혹 조선 전기에 출간된『동국여지승람』이나 조선 후기에 출간된『여지도서』에서도 이전의 기록이 수록되어 있는 경우가 있어 참고가 되고 있다. 현지조사를 하다 보면 산성 주변에는 다수의 산성이 분포되어 있음을 확인할 수 있다. 이는 시대가 달라도 산성이 위치하는 곳이 방어상 중요한 지역임이 반영된 결과이다. 따라서 삼국시대 이후 각국의 대치관계나 예상되는 적의 침공로, 주요 교통로, 지름길 등을 검토해 볼 필요가 있다(조효식 2010). 일제 강점기에 제작된 군현지(郡縣誌)에는 당시까지 확인되는 관내의 성곽을 수록하고 있는 사례가 많으므로 이를 참고한다. 평지는 물론 산지에 있는 읍성의 경우에도 초축 시기 및 수·개축에 대한 자료가 대부분『고려사』,『조선왕조실록』및 각 시기의 지리지에 수록되어 있다. 이러한 문헌을 면밀히 검토하여야 한다. 또한 읍성 축조 시에는 각 도의 군현민이 모두 동원되었으므로 체성 외벽 기저부에 동원된 군현민의 체성 축

---

1   한국문화재조사연구기관협회 편, 2013,『성곽조사방법론』을 기본으로 요약 정리하였다.

조 시작점을 알려주는 명문각석(銘文刻石)이 확인되는 사례가 많다. 산성의 경우에도 간혹 명문각석이 확인되는 경우가 있으므로 이를 파악하는 것도 중요하다. 한편 해당 지역의 군지(郡誌)나 시사(市史) 등을 통하여 조사대상 성곽과 관련한 고고·역사적 환경이나 지역적 특수성 등을 파악하고, 옛 지명과 최근 지명을 비교 검토하여 조사대상의 성곽 위치를 정확하게 파악하여야 한다. 향토지를 참고할 경우 주의할 점은 구전이나 이전의 기록을 반복 인용하면서 잘못된 사실이 이어지고 있는 경우가 많다는 것이다. 그리고 산성의 특성상 행정구역의 경계지역에 위치하는 경우가 있어 같은 성곽임에도 명칭이 다르게 부르는 경우가 있어 주의해야 한다.

2) 지도와 항공 및 위성사진의 적절한 활용

산성과 읍성 조사 시에는 비교적 이른 시기에 제작된 지방 고지도, 일제강점기 제작된 지형도와 지적도는 성곽의 입지나 평면을 확인하는 데 유용하다(민소리 외 2012). 특히 성벽 통과선 및 성문, 치성 등은 지적도 상에서 어느 정도 파악할 수 있다. 읍성 내 건물지의 배치 상태를 파악하기 위해서는 고지도의 건물 배치 상태를 지적도와 비교하여 보면 해당 건물의 위치 비정에 도움이 될 수 있다. 하지만 고지도의 경우 당시의 관점에 의하여 그려진 것으로 건물 배치는 중요 건물을 중심으로 도식화되어 있어 실제와 다른 경우가 많다. 때문에 성곽 복원 현장에서 이에 대한 시비가 빈번하게 발생하는 경우가 많다.

한편 최근에는 인터넷 지도에서 위성사진과 지적, 지형이 오버랩된 종합 지도를 손쉽게 검색할 수 있어 편리하다. 성곽 주변의 지형과 건축시설의 분포, 인근 방어시설과의 공간적 거리 등의 파악이 용이하다. 특히 문화재청이나 국토지리정보원에서 제공하는 현상변경 이전의 성곽 주변을 촬영한 연도별 항공사진을 활용할 수 있어 훼손된 지형과 성벽 통과선을 복원하는 데 많은 도움을 주고 있다. 간혹 해당 산성이 국립중앙박물관 소장의 일제강점기 유리원판 사진에 촬영되어 있는 경우도 있어 유적의 현상을 파악하는 데 참고가 되고 있다. 유적의 분포도를 활용하여 당시의 교통로나 방어체계를 검토하는 작업도 유용하다.

3) 현황 파악과 측량

산성이나 평산성일 경우 지형도를 작성하여야 하는데, 현황측량의 정확도를 유지하기 위해 GPS를 활용한 기준점을 설정하여야 한다. 이를 기준으로 시·발굴조사 시 트렌치 상의 유구에 대한 도면 작성의 정확도를 높여 발굴조사 완료 후 정비·복원 시 정확한 위치를 제공하여야 한다. 한편 평면도에는 기존 확인된 건물지를 포함한 성내 시설과 성벽 통과선을 표시해야 하는데, 성벽 통과선의 경우 현황을 정확하게 파악하기 위하여 조사한 구간별로 협축구간과 내탁한 구간을 구분한다. 그리고 이미 정비·복원이 이루어진 구간, 성벽이 양호한 구간, 협축성벽으로 외벽 또는 내벽이 무너진 구간 및 일정구간 전체가 붕괴된 구간, 내탁외축한 성벽 중 외벽이 무너진 구간 및 내탁부가 훼손된 구간, 현재는 원형에 가까운 상태를 유지하고 있지만 배부름 현상이 진행되어 붕괴위험이 있는 구간, 성벽 통과선이 명확하지 않은 구간 등을 표시한다. 이는 차후 시·발굴조사 및 정비구간의 우선순위, 비용의 산출 등을 결정하는 데 중요한 근거를 제공하기 때문에 정확히 표현될 수 있도록 노력하여야 한다.

2. 시 · 발굴조사

성곽유적에 대한 시·발굴조사의 목적은 구제발굴보다는 정비나 복원을 전제로 한 학술조사가 대부분이므로 연차적인 발굴조사 계획을 세워 축성 당시의 계획 및 축성기법 등을 파악하는 등 축성과 관련된 자료를 최대한 확보하여야 한다. 성곽유적은 성벽(체성)과 여장(女墻), 문지, 옹성(甕城), 암문(暗門), 적대(敵臺), 치성(雉城) 또는 곡성(曲城), 해자(垓字) 등을 기본적으로 갖추고 있으며, 장대(將臺), 망루(望樓), 봉수(烽燧) 등의 시설을 갖추고 있는 곳도 있다. 성내에는 우물, 집수시설, 수문 및 수구, 회곽로, 배수로, 건물지, 통로 및 도로망 등이 배치되어 있으며, 시대에 따라 목곽고 등과 같은 저장시설, 함정, 양마장, 조교(弔橋), 외황(外隍) 등이 확인되는 경우가 있어 발굴조사 시 신중하게 접근하여야 한다.

발굴조사 시 유의사항은 다음과 같다.

첫째, 발굴조사에 착수하기 전에 대상 유적에 대한 모든 정보를 충분히 파악하여 정리하였는지를 점검하고 미흡한 부분은 보완한다. 선행 시기에 축조되었던 산성을 조선시대에 증·개축하여 계속 사용한 경우가 많으므로 관련 문헌자료도 면밀히 검토하는 것이 중요하다.

둘째, 각 유구별로 당초 계획한 목적을 어느 정도까지 조사하여 규명할 것인지 발굴 수준을 결정한다. 또한 발굴과정에서 일어날 수 있는 안전사고에 대비하여 제토 후 토사 처리나 우회로 개설, 배수로 확보 등 사전에 치밀한 계획을 세워 대비한다.

셋째, 잔존상태가 양호하거나 학술적 가치가 있는 성곽은 대부분 사적이나 지방 문화재로 지정되어 보호받고 있다. 그러나 비지정성곽이 절대 다수를 차지하고 있음에도 학술조사가 제대로 실시되지 않아 그 가치가 확인되지 않은 경우가 많다. 성곽에 대한 발굴조사는 여타 조사와 마찬가지로 유적에 대한 심각한 현상변경에 해당되므로 유적보존을 위해 유구에 대한 절개조사는 최소화하는 것이 필요하다. 축조수법이나 증개축 관계를 확인하기 위해서는 성벽 절개조사가 가장 확실한 방법이지만 성벽을 관통하는 절개조사도 유적을 파괴하는 행위이므로 최소한에 그쳐야 한다. 따라서 둑을 사이에 두고 외벽과 내벽에서 축을 다르게 트렌치를 넣어 조사하는 방법이나 이미 붕괴된 부분을 이용하여 단면상태가 양호한 부분을 중심으로 조사하는 것을 검토한다.

넷째, 각 유구에 대한 층위나 중복관계를 정확히 파악하여야 하며, 층위가 수·개축으로 인한 것인지 공정상 생긴 것인지 판단할 수 있도록 세밀한 관찰기록과 사진 촬영 등을 실시한다.

다섯째, 출토 유물은 층위별로 수습하여 초축 시기 및 주된 사용 시기를 검증하는 자료로 제시하여야 한다. 또한 출토 유물은 층위별로 정확하게 보고하여 수·개축 여부를 판단하는 보조 자료로 삼는다.

여섯째, 발굴조사가 진행됨에 따라 성벽의 축조기법이나 유구의 성격이 어느 정도 파악되어 향후 대책이 필요하다고 판단되면 관계 전문가들로 구성된 학술자문회의를 통해 조사 성과에 대한 검토, 향후 조사 방향, 유구의 보존대책 등에 대한 자문을 받도록 한다. 학술자문회의 전에 관계전문가의 조언을 받아 유구의 조사과정에서 파악되지 않은 것이 있는지, 그에 따른 추가적인 조사의 필요 여부에 대하여 미리 점검해 보는 것도 좋은 방법이다.

일곱째, 학술자문회의를 거쳐 추가 보완조사를 실시하거나 그에 따른 소기의 목적이 달성되었으면 보존대책에 따라 되메우기를 실시하여 유적을 보호하도록 한다. 되메우기의 경우 상부토사를 여유 있게 덮어 자연침하 후 표토와 단차가 나지 않게 조치한다. 성벽 외관이 급경사면을 이루고 있거나 발굴조사 후 바로 보수나 정비가 계획되어 있지 않은 경우는 추후 붕괴가 발생하지 않도록 발굴과정에서 수습된 붕괴석이나 토사로 채운 마대 등을 이용하여 안전하게 조치하도록 한다.

1) 토축산성의 조사와 유의점

토축의 산성은 성벽 구성의 주재료가 흙인 성이라고 할 수 있다. 하지만 실제 산지의 경우 토축산성은 상대적으로 적고 석축산성이 대부분이다. 지표조사 보고서를 보면 외면만 석축한 편축성벽 안쪽을 흙으로 다진 형식을 토성이나 토석혼축으로 보고하는 경우가 대부분이다. 남해 대국산성의 외성과 같이 높은 산상에 위치한 토성 등을 제외하면 토성은 대부분 평지나 구릉에 입지하는 경우가 많다. 이러한 유적에서 확인된 토성의 축조수법을 중심으로 조사 시 유의점을 알아보고자 한다.

토성(土城)의 축조방법은 통상 삭토법(削土法), 성토법(盛土法), 판축법(版築法)으로 나누고 있다(손영식 2009).

삭토법의 경우 발굴조사에서 순수하게 삭토법만으로 축조된 성곽의 조사 사례를 찾아볼 수 없다. 다만 세종 때에 북방 함길도의 행성을 조성할 때 삭토법에 의해 축조하였다는 기록이 있을 뿐이다(손영식 2009). 대체로 체성 기저부 조성이나 해자를 조성할 때 부분적으로 사용하며 성토법이나 판축법과 함께 부분적으로 사용하는 방법으로 이해된다.

성토법은 최근에 와서 발굴사례가 증가하면서 주목받고 있는데 판축기법에 앞서는 성벽 축조기술로 이해된다. 기저부에 암반 돌출물이나 볼록한 토제를 심부(芯部)로 삼고, 이에 기초하여 가장자리부터 상부 토축을 완성해 나가는 방법(이혁희 2013)이다. 또한 토축 과정에서 고분이나 제방에서처럼 토괴(土塊)를 사용한 사례(이혁희 2016)가 확인되고 있는데, 증평 이성산성 서벽 트렌치 북벽 토층의 경우는 중심토루 내벽에 마사토를 주재료로 한 고형화된 표토블럭인 토괴를 점토 띠로 감싸서 축조하였다. 그리고 중심토루와 내벽쪽 벽심과의 사이가 완만한 경사면을 이루게 하고, 그 상부는 유사판축방법으로 수평을 이루도록 체성을 축조하여 마감하였다(심정보 2013b). 표토 블록은 길성리토성(그림 4-1), 소근산성, 증평 이성산성, 영암 자라봉고분 등지에서 확인(권오영 2012)되었다. 성토법은 이른 시기의 토성 축조법으로, 조사 시 토층에 대한 세심한 관찰이 필요하다.

한편 가야시대 토성으로 보고 있는 합천 성산토성(그림 4-2)의 경우 성벽구조가 하부 성토 후 체성부가 올라가는 위치에서 심석을 축조하고 상부에 영정주를 설치하여 성토하는 등 축조과정을 크게 1차 지면 정지, 2차 하부 성토, 3차 심석+외벽부 석재보강 및 성토, 4차 상단 체성부 성토 및 마무리의 4단계로 구분하고 있다(박상욱 2016). 또한 성벽의 잔존 규모도 최대폭 약 28m, 최대높이 약 8.5m로 보고 있는데, 성벽 상부의 영정주로 추정되고 있는 기둥 간격이 다른 내외 목주혈의 존재, 보축으로 보이는 내벽 쪽 역석 채움부와 석성구간의 존재 등 이질적인 축성방식이 혼재하고 있어 한 번의 공정으로 해석하기에는 무리가 있어 보인다. 내외부적인 요인에 의해 지속적인 증축이나 보수가 이루어진 것으로 판단된다. 따라서 이러한 경우 시기에 따른 수축이나 증축, 공정상의 작업과정에 대한 세밀한 검토가 필요하다.

판축법(고용규 2001; 나동욱 1996)의 경우 일반적으로 기저부에 석렬이나 석축을 부가하고 영정주와 협판을 사용하여 점질토와 사질토를 층상으로 다져 쌓아올리는 구조로 이해하고 있다. 따라서 기단부에 석렬의 배치 여부 및 석렬의 축조기법, 영정주의 존재 여부와 배치 및 간격, 횡장목과 종장목 등의 존재 여부, 토루 중심부의 목주시설 유무 등을 확인하여야 한다. 이를 위해서는 토루 상단 내외에서 수평조사를 먼저 실시하고 토루를 수직으로 파 내려가 토층 단면에서 선후관계 및 수·개축 상태를 층서적으로 파악하여야 한다. 토성의 체성축조와 관련한 성토기법은 토성의 축조시기를 가늠할 수 있기 때문에 토층에 대한 면밀한 분석이 필요하다. 간혹 목책으로 볼 수 있는 기둥흔적을 무조건 영정주로 파악하려는 경향이 있는데, 판축법의 기본요소와 비교하여 판단하도록 한다.

영남지역에서 순수 토축으로 된 산성은 조사 사례가 상대적으로 적다. 평지토성의 경우 고대 토성으로 알려진 경주 월성이나 대구 달성유적(이원근 1985; 최재현 2017; 有光敎一 1953) 등은 토석혼축식의 성벽으로 축조된 것으로 보고되어 있으나 성벽축조와 관련한 상세한 언급이 없는 실정이다. 다만 풍납토성이나 김해 봉황토성의 조사 성과로 볼 때 판축성벽일 가능성이 있으나 규모와 성곽의 격에 따라 축조수법에 차이가 있을 수 있으며, 대부분 성벽 일부분을 조사한 것으로 향후 성곽발달사적인 측면에서 이들 성곽에 대한 정밀조사의 진행과 축조수법에 대한 고찰이 필요한 상태이다. 최근에는 경주 도당산토성(한승현 2016), 합천 성산토성(동서문물연구원·합천군 2011)이 새롭게 조사되어 다양한 고대 토성의 축조수법이 확인되고 있다. 도당산토성의 경우 외측에는 생토층을 정지하여 목책기둥으로 기저부를 구획한 다음 점질과 사질토를 덧대어 기저부를 조성, 외측 체성을 축조할 때 판축토의 밀림을 방지하기 위하여 역경사로 다져 성토하였다. 이와 유사한 토성으로 경주 남산토성(국립경주문화재연구소 2004), 강릉 강문동토성(심정보 2015), 증평 이성산성(최관호 2016) 등에서 확인되며, 내부에 삼각형 형태의 벽심을 쌓아 판축토가 흘러내리지 못하게 하였다. 합천 성산토성의 경우 성벽의 구조나 출토 유물상으로 볼 때 가야시대 토성으로 볼 수 있지만, 공정상이나 축조수법상 목책단계의 존재, 성토법에 의한 석심 토축성인지 영정주를 이용한 판축토성인지가 명확하지 않은 상태이다.

기본적으로 판축수법으로 축조하였다고 보고 있는 경산 임당토성(영남문화재연구원 1999)이나 양산 순지리토성(동아대학교박물관 1983)의 예에서 성벽의 기저부에서 평면상으로 성벽의 진행방향과 사선 또는 직교하는 기저부 목주흔이 조사되는 경우가 있으며, 김해 나전리 보루유적(그림 4-4)(동서문물연구원·티엔에스개발 2012)의 경우 너비 3m 규모의 토루 내외벽에 30~40cm 간격의 목주를 세우고 7m 간격으로 12개의 작업공정이 확인된 바 있어 본격적인 판축토성이 도입되기 이전의 토성축조 사례로서 전형적인 판축수법과 비교검토를 할 필요가 있다. 가야지역에서는 김해 봉황토성(경남고고학연구소 2005)(그림 4-3)이 조사되었는데 순수 판축토성을 축조한 후 석축을 덧씌운 형식으로 조사되었다.

한편, 평지토성이나 평산성 형식의 판축토성 내외 기저부에 석렬이나 석축을 가하는 기단석축식 판축토성(고용규 2001; 나동욱 1996)의 경우 판축구간의 확인과 더불어 목주흔에 대한 정밀한 관찰이 필요하다. 목주흔은 성벽 속에 파묻히거나, 목주흔의 최하단부는 판석이 받치고 있는 것이 대부분이다. 그러나 부산 당감동토성의 경우 목주흔 바깥에서 확인된 주혈은 벽체의 주혈과는 달리 생토층을 파고 목주 좌우에 돌을 괴는 경우도 있어 소위 영정주로서의 역할과 판축방법에 대한 명확한 해석이 필요한 상태이다. 또한 기저부를 조성할 때 외벽 안쪽에 일정한 너비로 돌을 깔았던 것이 확인되는 경우도 있어 기저부 조사를 철저히 할 필요가 있다.

또한 외벽토층 단면조사를 통해 성 외벽 바깥을 토사로 보축하였는지, 성벽 퇴적토인지의 규명도 필요한 상태이다. 한편 사천 선진리토성(통양창성)(사천시·경남문화재연구원 2008)이나 당감동토성(부산광역시립박물관 1996, 1998)에서 성벽 내외벽의 중간지점에 외벽의 목주 간격과 같이 체성 내부에 중심주흔(그림 4-5)이 확인되는 경우가 있다. 중심주는 외벽의 목주흔과는 달리 생토층을 깊게 굴착한 후 목주를 세우고 되메우기한 것이 확인되었다. 조사원들이 이런 점에 세심한 주의를 기울인다면 토성축

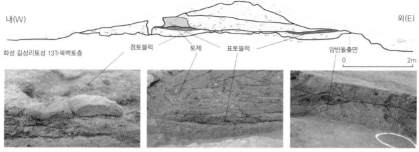

화성 길성리토성 13Tr북벽토층

내(W)　　　　　　　　　　　　　　　　　　　　　　　　외(E)

점토블럭　　토제　　표토블럭　　　　암반돌출면

0　　　　　2m

1. 길성리토성 점토블럭, 토제, 표토블럭(이혁희 2016)

2. 합천 성산토성 전경(동서문물연구원)

3. 김해 봉황토성 성벽 단면

4. 김해 나전리보루 전경(동서문물연구원)

5. 당감동토성 체성 중심주

6. 강릉 강문동토성 기단석렬(조인규 2016)

7. 부산 구랑동성 토축구간과 석축구간 경계부분

그림 4　토성의 축조 사례

조와 관련해 다양한 자료를 획득할 수 있을 것이다.

영남지역에서 판축으로 축조된 산성 또는 평지성은 기단부의 조성에서 석렬이나 석축이 확인되는 경우가 있는데, 이러한 양식은 통일기 판축토성에서 주로 확인(안성현 2011; 한국문화재조사연구기관협회 2013)되는 것으로 알려져 있다. 그러나 최근 강문동토성(조인규 2016)의 C지구 북벽과 B지구 북벽·남벽 성토구간 외곽에 최대 3단의 기단석렬이 확인(그림 4-6)되었는데 B지구 서쪽 구간에서만 부분적으로 확인된다. 이 기단석축렬 외측으로 모래 및 뻘 퇴적층이 확인되고 있어 지형적으로 물에 인접한 지구에 한해서만 성벽 기저부의 보호를 위해 기단석렬을 조성한 것으로 추정하고 있다. C지구 기단석렬 하부에는 일부 말목지정(抹木地釘)으로 추정되는 것도 확인되었다. 강문동토성에서 확인된 기단석렬은 동시기 토성에서는 아직까지 확인된 바가 없는 것으로 보고 있다. 또한 부분적으로 토제시설 주변으로 목주흔이 확인되고 있는데 토제시설 내측으로 성토작업을 하는 과정에서 흙이 흘러 내려가는 것을 막기 위한 시설이 있었을 것으로 추정하고 있다. 이러한 유적 조사의 사례를 통하여 기단석렬의 시원과 그 역할에 대한 규명도 토성의 축조기법을 통한 편년에 큰 도움이 될 것이다.

특히 개발을 전제로 한 구제발굴의 경우는 석축성벽도 동일하게 단면조사를 통하여 개략적인 축조수법을 확인한 후 축조공법의 복원을 위해 기저부 생토면까지 정밀하게 해체조사를 실시할 필요가 있다. 이러한 성곽유적의 대표적인 사례는 추가 발굴조사가 이루어진 울주 화산리성지(동아대학교박물관 1990), 부산 금단곶보성지(부산광역시립박물관 2001), 부산 구랑동성지(그림 4-7)(동양문물연구원 2013) 등이다.

김해 나전리보루(동서문물연구원·티엔에스개발 2012)는 5세기 후반에서 6세기 전반경에 축조한 보루로서 토루를 구축하기 위한 목주혈, 기저부석축, 토축, 외부구 등의 토목공사를 위한 유구, 배수구, 출입구, 주거생활면 등이 조사되었다. 부산 구랑동성지는 전체 길이 193m인데, 체성의 북벽과 동벽에 해당하는 석축구간 길이가 100m, 토축구간에 해당하는 서벽과 남벽 일부의 길이가 93m이다. 토축은 판축기법으로 조성되었으며 체성의 폭은 4.5m, 영정주의 간격은 3.9~4m로 축조구분 석렬을 기준으로 단위구간씩 축조된 것으로 보고 있다. 일부 구간에서는 토성의 수·개축 과정에서 석축화가 진행된 것으로 판단하고 있다.

이와 같이 소규모의 보루나 문헌상의 수자리 등과 같은 유적은 지표조사 등에서 제대로 확인되지 않은 유적으로, 성곽 연구에 있어 중요한 유적이나 개발에 밀려

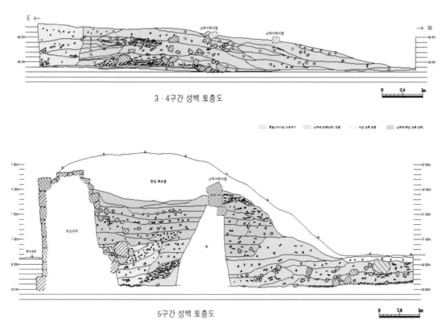

그림 5 경주읍성 동성벽 토층도(초축: 고려, 개·수축: 고려·조선, 박성웅 2016)

멸실되어 버린 사례도 있다.

한편 정비·복원 과정에서도 기저부 생토면까지 정밀하게 해체 조사하여 초축의 존재가 확인된 경우도 있다. 최근 조사된 경주읍성의 경우 문헌기록에서 고려 현종 3년(1012) 토성으로 초축한 성을 우왕 4년(1378) 석성으로 개축하였고, 조선 태종연간과 영조 20년(1744), 고종 7년(1870)에 각각 개·수축된 것으로 알려져 있다. 처음 잔존체성 기단부에서 확인된 성벽은 고려시대 토성에서 석성으로 개축한 성벽으로 강화중성처럼 판상으로 깐 석축면 안쪽을 판축상으로 다져 마감한 것으로 조사되었다(박성웅 2016).

그리고 그 상부로는 조선 후기의 성벽 축조수법과 동일하게 외면 석축한 영조때의 성벽이 계림초등학교 구간에서 확인되었다(그림 5). 기저부를 최종 확인하는 과정에서는 고려시대 개축한 것으로 추정되는 석축성벽 안쪽 하부 토층에서 전형적인판축토성에서 볼 수 있는 기단석렬과 영정주혈이 일정 간격으로 확인되었다(그림 6). 그리고 판축토성에서 일반적으로 확인되는 외벽 기저부 석렬 바깥에서 사선상으로 퇴적된 기와층이 확인되었다. 따라서 경주읍성의 축성 기록을 증명해 주는 초축부터

그림 6 경주읍성 동벽 기저부(좌측: 고려 개축 석성, 우측: 고려 초축 토성 기단석렬과 영정주흔)

마지막 단계의 성벽이 순차적으로 확인되는 성과를 거두었다. 이는 복원공사에 수반된 발굴조사에서 토층을 기반으로 기저부를 확인하여 초축의 존재를 밝혀낸 사례로서 기초부 해체조사의 중요성을 말해 주고 있다. 그러나 성벽의 절개조사는 차후 성벽과 복구된 부분의 경계면에 분리가 일어나 폭우 시에 휩쓸리게 될 가능성이 상존하기 때문에 최소화할 필요가 있다.

통일신라시대나 고려시대에 축조된 토성(김갑진 2013)은 조선시대 기록에 주로 고읍성이라는 명칭으로 소개되고 있다. 성벽과 관련하여 당감동토성이나 동래고읍성의 경우 「동남석축(東南石築)」, 「서북토축(西北土築)」 등의 기사가 보인다. 조사 결과 부산 당감동토성의 동남쪽 성벽의 경우 토성 상부로 석축 외벽과 계단식의 뒤채움 석벽이 확인되었으며 그 시기는 조선 초기로 추정되었다.

이러한 사례는 초축의 성곽이 여러 대에 걸쳐 재사용되는 특성에 부합한다. 토층을 면밀히 살펴보면 초축의 토성에 증축 내지는 개축으로 인하여 석축을 부가한 것으로 해석될 여지가 있는 경우가 많다(안성현 2016). 석축이 부가되는 판축토성의 경우 토성벽과 석성벽 사이에 단절선이 확인되는 경우가 많다. 이는 후대에 토성을 석축으로 개축하는 과정에서 부분적으로 초축 토성의 내외벽을 삭토하여 석축으로 겉쌓기하였을 가능성이 높다. 그러나 언양읍성(울산문화재연구원 2012)이나 기장 두모포진성(복천박물관 2008b)과 같이 문헌상 토성의 유지를 완전히 석축으로 개축한 사례도 보이고 있어 문헌기록을 참고하여 현장에서 확인된 고고학적 성과와 비교하여 볼 필요가 있다.

판축토성의 경우 일반적으로 성벽을 따라 기와편이 수습되는데, 특히 외벽을 중심으로 기와가 다량 출토된다. 이러한 기와의 용도와 관련하여 성벽 상부에 기와여장과 같은 구조물의 흔적(나동욱 2016)이나 기저부의 붕괴방지(김호준 2007), 성벽의 유실방지를 위한 피복재로 해석(심봉근 1995)하는 경우가 있다. 따라서 기와의 출토상황도 면밀히 관찰할 필요가 있다. 강화 중성이나 제주 항파두리성의 경우 외벽 기와층을 배수나 상부 외피토루의 접착력을 높이기 위해 정지층에 놓고 다진 것으로 해석하고 있다(김병희 2016; 윤중현 2016). 그러나 여타 유적에서 상부에서 흘러내린 듯 사선상으로 퇴적된 경우도 자주 확인되고 있어 성벽 상부의 시설물과 관련되었을 가능성도 염두에 두고 퇴적 양상을 면밀히 살펴볼 필요가 있다. 당시 기와는 고급 건축재로서 단순한 배수나 정지를 위한 목적으로 공급된 것이 아니었을 것으로 판단된다. 따라서 폐기된 기와를 이용하여 정지층에 깔았을 가능성도 있다. 그러나 이러한 경우라면 성벽의 축조 연대는 기와의 제작 연대 이후에 축조된 것으로 해석되어야 할 것이다. 성벽 상부에서 흘러내린 듯이 퇴적된 기와층이 사선상으로 조사되었다면 토성 상부의 여장이나 성랑(城廊)(국립문화재연구소 2011)과 같은 부속 구조물에서 사용된 기와일 가능성도 검토하여 보아야 한다.

2) 석축산성의 조사와 유의점

산성은 기본적으로 자연지형을 최대한 이용하며 공력을 적게 들이기 위해 산 능선의 외사면을 'L자'로 삭토하고 석축성벽을 축조하는 것이 특징이다.

석축성의 사전적 의미는 '돌을 재료로 하여 쌓은 성'을 말한다. 하지만 실제 발굴조사 과정에서는 다양한 형태의 석축성벽이 확인된다. 동일한 성곽 내에서도 지형에 따라 축조수법이 다른 경우가 많다.

가장 일반적인 형태로 내외벽 축조 유무에 따라 크게 협축(夾築)과 편축(片築)으로 구분한다. 내벽과 외벽을 치석된 할석으로, 적심(積心)은 할석이나 채석 당시에 생긴 파편을 이용하여 내외벽을 동시에 쌓는 것을 협축이라 한다. 이에 비하여 경사면에 의지하여 외벽만 쌓고 별도의 내벽을 쌓지 않은 형태를 편축이라 한다(손영식 2009).

또한 토성을 석성으로 개축한 성곽에서 다양한 형태의 성벽이 확인된다. 외벽 및 그와 인접한 부분만 석재로 쌓고 적심은 흙으로 다진 형태, 외벽과 적심 일부는 석축으로 쌓되 별도의 내벽은 쌓지 않고 흙으로 비스듬하게 다져 마무리한 형태, 외벽은 수직에 가깝게 쌓지만 내벽은 계단식으로 쌓은 형태, 원지형을 굴착하여 다진 후 별도의 내벽을 쌓지 않거나 상부에만 내벽을 두고 외벽과 적심은 석축으로 쌓은 형태 등 석축산성에서는 다양한 형태의 성벽이 확인된다. 위와는 다른 형태의 성벽 또한 존재할 가능성이 높다. 이는 지형에 따라 축조수법에 차이가 있을 수 있는 것으로 고정관념을 가지고 성벽을 조사하기보다는 층서에 기초하여 조사하고 있는 그대로 충실히 기록할 필요가 있다.

한편, 석성의 경우 성곽의 기능과 성격을 설명할 수 있는 중요한 요소로서 테뫼식과 포곡식 등의 형식구분이 있다. 이는 그 규모와 위치에 따른 형태적인 특성을 결부시켜 볼 필요가 있다. 고대산성의 경우 외벽 면석의 형태 및 축조상태, 외벽 기저부의 보강석축의 양상, 문지의 구조, 집수정의 형태 등은 시간적인 속성을 어느 정도 반영하고 있는 요소로 알려져 있다.

높은 석축을 쌓는다는 것은 그만큼 성벽의 구조공학적인 것과 관련된다. 성벽의 입면을 통한 축조수법뿐만 아니라 붕괴되어 널려진 석재의 크기나 형태 등을 계량화하여야 한다. 그리고 이미 붕괴된 곳이나 잔존상태가 불량한 체성벽의 단면을 통하여 면석의 물림 상태나, 뒤채움석의 존재양상을 통해 석축수법을 계통화할 필요가 있다. 특히, 성벽 외면을 관찰할 때 수직상의 선이 보이거나 사선상으로 하부석축과 다를 경우 석재가 보이거나 쌓는 방법이 다르다면 축조 구분점 또는 증축을 의심해 볼 필요가 있다. 한편 통일신라시대 울산 신대리성, 조선 전기 웅천읍성, 조선 후기 동래읍성, 한양도성 등과 같이 축성구간이나 동원된 집단을 알려 주는 명문석이 성벽석 사이에서 확인되기도 한다(그림 7-5). 따라서 지표조사 단계에서부터 외벽 전체를 면밀히 관찰할 필요가 있다. 김해 신기산성(두류문화연구원 2013)과 같이 기단보축이 확인

1. 삼년산성 북성벽 성벽과 기단보축

2. 경주 명활산성 북문지 성벽과 기단보축

3. 김해 양동산성 남문지 호형 모서리

4. 김해 신기산성 석축성벽 내측 추정 목책흔

5. 울산 신대리성 명문석(「金烏…」)

6. 보은 삼년산성 성돌(동문지 주변)

7. 거창 거열산성 성돌

8. 함안 성산산성 동문지(3차례의 증·개축 흔적)

그림 7 석축산성의 축조 사례

된 삼국시대 석축성벽 안쪽에서 외벽과 일정한 간격을 이루면서 목책혈이 확인되는 경우도 있다(그림 7-4). 목책은 일시 사용되다가 폐기한 것으로 보고 있다. 그러나 목책이 성축성벽의 내벽선과 거의 동일한 거리와 평면상으로 확인된다는 점에서 편축성벽을 축조하는 과정이나 수성시설과의 관련성도 배제할 수 없다. 따라서 석축성벽 안쪽에서도 이전 시기의 축성흔적이나 성벽의 부속시설이 조사되는 경우가 있을 수 있으므로 내벽 인근에서의 토층선 변화를 세밀히 관찰하여야 한다.

3) 성벽 기단부의 조성

신라 성곽의 대표적인 축조수법으로 알려진 5-6세기 협축식산성의 보축과 7세기 이후 편축식산성의 기단보축(박종익 2012)의 경우 보축의 단면은 삼각형과 사각형이 있다(그림 7-1·2)(심종훈 2007). 이들 보축 상부의 토층 상태를 면밀히 조사함으로써 석축의 노출 유무를 확인할 수 있다. 착암기법과 같은 외벽 기단부의 조성방법이나 부분적으로 표토층에서 확인되지 않는 지대석도 확인되는 경우도 있다. 하동 고소산성(동아대학교박물관·하동군 2000)의 경우 입지나 축조수법과 관련하여 신라가 축성한 것으로 보고 있으나 모골흔이 있는 기와가 다수 출토됨으로써 백제와의 관련성도 검토되고 있다. 김해 양동산성의 경우(동아세아문화재연구원·김해시 2013b) 현문이지만 백제지역 산성에서 보이는 문지(최병화 2015) 측벽의 모서리가 곡선으로 처리된 동문지와 남문지(그림 7-3)가 조사되었다. 따라서 축성기술의 개선이나 상호 교류를 통하여 그 기법을 삼국 간에 공유하였을 가능성도 있다. 이 때문에 형식화된 기단부의 조성이나 일반적이지 않은 부속시설의 존재는 기존의 형식적인 틀에서 벗어나 출토 유물과 함께 종합적으로 검토하여야 할 것이다.

한편, 가야산성에 대한 조사연구에서 가야 고지의 배후에 있는 성곽의 평면플랜이 복곽성이라는 점에 착안하여 이러한 평면플랜을 가진 성들을 주목한 바 있다(고정룡 1988). 최근 합천 초팔성(경남발전연구원 역사문화센터 2007)·대야성(경남발전연구원 역사문화센터 2005), 고령의 주산성(그림 8-1)(대동문화재연구원 2014), 고령 봉화산성(대동문화재연구원 2017), 함안 안곡산성(동아세아문화재연구원 2018) 등이 발굴조사됨에 따라 기반암층 절개석을 면석으로 사용하거나 내벽 안쪽에 점토와 석비례석을 다져 내부 회곽도(回郭道)로 이용하는 등 문헌 검토와 유적 간 축조수법의 유사성(창원대학교 경남학연구센터 2019; 노재헌 2007)을 통해 가야산성의 축조수법 규명에 대한 기대가 커지고 있다.

1. 고령 주산성(성벽 안쪽 선대 추정 성벽)   2. 조선 전기 동래읍성 말목지정흔

그림 8 성벽 기단부 축조 사례

한편, 경사면 석축성벽의 기단부 조성방법에는 계단식과 사선식이 있다. 하동읍성이나 부산 금단곶보성지(부산광역시립박물관 2001)의 경우 외관상 사선을 이루나 성벽 내부는 계단식으로 뒤채움하거나 상부 생토 절단면까지 축대를 쌓아 경사면으로 쏠리는 하중을 분산한 경우도 있다. 따라서 단면을 통한 체성의 축조양상을 파악해 둘 필요가 있다.

조선 전기 동래읍성지 발굴조사를 통하여 석축성벽 기단 하부에서 안정된 지반 확보를 위한 것으로 보이는 말목지정(抹木地釘)이 성벽 전체에서 확인되었다(그림 8-2)(복천박물관 2008a). 또한 조선시대 밀양읍성, 소비포진성, 하동읍성, 언양읍성, 사천읍성 치 등에서도 부분적으로 같은 사례가 확인(나동욱 2005b) 되었으므로 산성의 성벽 기단 하부의 유구 확인조사도 필요하다.

4) 체성벽의 구성

산성은 대부분 협축의 석축성벽으로 축조된 경우가 많으며, 표면상 석축 안쪽의 뒤채움 흙이 흘러내려 토석혼축으로 보이는 수도 있다. 대부분의 삼국시대 성벽은 안쪽이 석재로 뒤채움된 경우가 많으나, 시대가 내려올수록 석축의 너비는 좁아지고 흙으로 뒤채움되는 것이 일반적이다.

체성에 사용되는 면석의 형태도 다양하다. 신라 성곽의 경우 문경 고모산성이나 보은 삼년산성(그림 7-6), 대전 계족산성 등에서는 면석의 두께와 폭이 1 : 3 이상 되는 세장방형 형태로 치석한 성돌을 면석으로 사용하고 있는 것이 특징이다. 백제 성곽은 부여 성흥산성이나 사비도성의 나성에서 보듯이 신라의 성돌보다 상대적으로 두꺼워 두께와 폭이 1:1 내지 1:2 정도의 방형 혹은 장방형으로 치석한 돌을 면석으로 사용하였다. 그러나 신라가 한강유역으로 영토를 확장하는 과정에서 등장하는 단양 적성이나 이천 설봉산성·설성산성, 여주 파사산성, 하남 이성산성, 양주 대모산성 등에서는 그 이전의 판석형 면석과는 달리 장방형으로 바뀌어 있음을 알 수 있다. 또한 6세기 중엽 이후에는 거창 거열산성(그림 7-7)이나 함양 사근산성, 하동 고소성, 거제 둔덕기성 등 판석형 석축에서 상대적으로 면석의 두께가 두꺼워진 장방형 석재의 사용기법이 도입된 것으로 보고 있다. 이러한 전통은 울산 관문성이나 안성 망이산성에서 보듯이 통일신라시대까지 이어지는 것으로 보고 있다(서정식 2010).

고대 산성의 면석 안쪽 뒤채움은 대부분 성벽의 진행방향과 직교되게 길이가 긴 돌로써 서로 엇물리게 되어 있어 면석이 붕괴되더라도 체성벽이 일시에 무너지지 않는다.

고려시대에 축조한 산성은 발굴사례가 거의 없어 정확한 축조수법을 밝히기 어려운 실정이다. 그러나 양산 신기리산성(그림 9-1), 거제 둔덕기성(그림 9-2), 거제 다대산성, 사천 각산산성, 남해 임진산성 등 대부분 이전 시대에 축조한 산성을 수축한 과정에서 확인된다. 성벽은 삼국시대 석성처럼 성석을 장방형으로 가공한 것은 아니지만 판석과 같은 석재를 약간 치석하여 좌우 석렬을 맞추면서 지면에 수직하게 축조한 것이 특징이다. 이러한 특징은 이전 시기 붕괴한 석재를 재이용하거나 누대에 걸친 수·개축 과정(그림 7-8)에서 생긴 수법으로 보이며 삼국시대의 산성 축조기법을 대체로 계승하고 있는 것으로 보고 있다(심봉근 1995).

한편 조선시대 읍성이나 진성의 체성벽 조사에서 석성은 모두 협축이라는 선입관에 의해 외벽과 내벽의 석축면만을 따라 발굴하는 경향이 많았다. 이 때문에 내벽 바깥쪽에 조성된 토축의 내탁부를 제거하는 경우가 종종 있었다. 이러한 잘못된 조사 결과를 반영하여 협축성벽으로 복원하였기 때문에 언양읍성의 경우처럼 논란이 된 경우도 있다. 조선시대 읍성의 축조는 세종 16년(1434) 최윤덕(崔潤德)의 건의에 따라 석축성을 기본으로 하고 있다. 또한 세종 20년(1438)에 반포된 「축성신도(築城新圖)(그림 9-4)에 근거하여 16척의 폭으로 기단부를 조성하고 그 상면은 내벽에서부터 박석을 깔아 계단식으로 올라가도록 하였다. 그러나 세종 25년(1443) 이보흠(李甫欽)이 계단식 체성부의 문제점을 지적하면서 보완책으로 내벽에 흙으로 복토를 실시하여 우수에 의한 성벽 붕괴 방지와 등성이 수월하도록 제안하였다. 따라서 조선 초기 지방

1. 양산 신기리산성 동벽 고려시대 석축

2. 거제 둔덕기성 고려시대 석축(상부)

3. 하동읍성 계단식 내벽(1417년 초축)

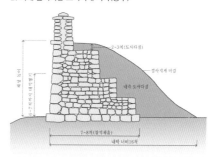

4. 「축성신도(1438년)」 모식도

5. 사천읍성 초축(1445년)

6. 웅천읍성 증축(1453년)

7. 조선 후기 동래읍성 남벽

8. 조선 후기 금정산성 남벽 뒤채움

그림 9 체성벽의 구성 사례

의 읍성들은 도성의 축조법에 따라 외면의 2.8~3.27m는 대석으로 축조하고, 내면의 3.27~3.74m는 잡석과 흙을 다지고 그 상면에 흙을 2~3척 두께로 덮어 축조하였고, 이는 이후 성곽축조의 기본이 되었다(나동욱 2013; 심정보 2012). 지금까지의 읍성 발굴 조사를 종합하여 보면 「축성신도」의 반포 전후 문헌에 보이는 읍성의 기본적인 축조 수법을 그대로 보여주고 있다. 태종 17년(1417)에 축조된 하동읍성(그림 9-3)은 해발 149m의 야트막한 산지에 축성된 성으로, 발굴조사에서 「축성신도」 반포 이전의 성 벽 축조수법을 보여주는 계단식 뒤채움의 내벽이 확인되었다. 사천읍성(1445년)은(그 림 9-5) 계단식 내벽 상부에 토사로 덮은 흔적이 조사되었고, 웅천읍성(1453년 증축)은 (그림 9-6) 초축에서 계단식 내벽이, 증축에서 수직상의 내벽 석축 상부에서부터 성 안 쪽으로 경사지게 다진 성토층이 확인되었다. 언양읍성(1500년)의 경우는 수직상의 석 축 내벽 상부가 외벽 면석 쪽에서 성안 쪽으로 경사지게 판석을 깔고 그 상부에서부 터 성 안쪽으로 흙을 다져 마무리한 것으로 조사되었다.

이와 같이 조선 전기에 있어서는 석축성벽 안쪽으로 다양한 내탁방법이 확인되 고 있어 「축성신도」의 반포 이전과 반포 이후, 그에 대한 보완 등 규정의 변화에 따른 축성기법도 숙지해 둘 필요가 있다.

조선 후기의 경우는 평산성인 동래읍성(1731년)에서 평지나 산지 모두 성벽 면 석 안쪽으로 잡석을 채운 뒤 그 안쪽 상부를 흙으로 판축상 다짐한 수법이 확인되었 다(그림 9-7). 금정산성(1703년. 그림 9-8)을 비롯한 대부분의 조선 후기 산성은 석축부 의 너비가 1~2m 정도로 좁고 그 안쪽의 내탁부는 점질토와 사질토를 교대로 성토하 듯이 뒤채움하였음을 알 수 있다.

5) 문지 조사

산성은 산의 정상부를 중심으로 성벽이 자리하고 있기 때문에 그곳에 오르기 위해서 는 능선을 이용하든가 계곡부를 이용하는 것이 보통이다. 자연히 성벽이 능선을 지날 때 능선의 선상부에 성문을 설치하면 능선을 타고 올라가다 자연스럽게 성내로 진입 할 수 있다. 또한 계곡부 역시 마찬가지여서 성벽이 계곡부를 지날 때 계곡부에 성문 을 설치하면 자연스럽게 성내로 진입할 수 있다.

그러나 실제로 산성을 조사해 보면 성문은 능선의 선상부에 설치되기보다는 이 러한 선상부에서 약간 비켜선 곳에 자리하고 있는 경우가 대부분(서정석 2003)으로 주의를 기울일 필요가 있다.

문지 조사의 경우 통념상 계속되는 증개축으로 인하여 초축 문지는 대부분 멸실되었다고 보기 쉬우나 문지 하부에는 초축의 흔적이 남아 있는 경우가 많다. 초축 이후 증축과 관련한 상부 문지의 경우 세부적으로 하부 석축과 다른 양상이 전개되므로 외벽에서 1차로 성벽 면석과 쌓기 수법의 차이를 충분히 검토하여야 한다. 검토 후 초축 문지의 잔존 여부를 파악하고 무리한 초축 문지의 탐색으로 인하여 상부 문지가 파괴되지 않도록 한다. 부득이한 경우 상황을 재구성할 수 있는 조사방법과 기록을 잘 남기도록 유의해야 한다. 현문의 경우 문경 고모산성, 보은 삼년산성, 충주산성, 진천 대모산성, 이천 설성산성, 포천 반월산성, 평택 자미산성 등 여러 유적에서 확인되었으며, 신라 성곽의 특징적인 유구로 알려져 있다. 그러나 백제 산성으로 알려진 금산 백령산성에서도 현문식 문지가 확인되어 건축기술의 상호 교류 및 채용관계도 검토할 필요가 있다.

김해 양동산성의 남문지(그림 10-2)나 순천 검단산성(순천대학교박물관·순천시 2004), 김해 분산성 동문지(그림 10-6)(동아세아문화재연구원·김해시 2013a)에서는 현문 바깥쪽 문구부의 보조석축, 등성시설과 집수시설, 건물지 등과 관련한 유구가 확인되었다. 따라서 현문 외측도 반드시 조사하여 평시 출입을 위한 시설 유무의 확인도 필요하다. 양동산성 남문지에서 주목되는 것은 문지 측벽에서 성문의 빗장으로 사용되는 장군목이 삽입되었던 'ㅍ자'형 유구가 측벽에서 확인된 사실이다(그림 10-3). 또한 호형 측벽문지도 조사되었는데, 직각으로 축조된 측벽에 비해 성내에서 성 외측을 감시할 때 관측 범위가 넓어 보다 유리한 구조로 추정하고 있다. 이러한 호형 측벽문지가 확인된 유적은 고구려지역 3개소, 백제지역 12개소, 신라지역 3개소이다. 백제지역 석축성에서 가장 많이 나타나며, 백령산성을 제외하고는 모두 개거식 구조로 외측벽과 내·외측벽에만 호형 측벽이 설치된 특징을 보이고 있다.

신라지역 석축성은 서천 남산성과 아산 학성산성은 개거식 구조로 외측벽에 호형 석축이 시설되었고, 하동 고소성은 현문식 구조로 외측벽에 호형 측벽이 시설되었다(그림 10-7)(동아대학교박물관·하동군 2000). 삼년산성 동문 1차 조사와 고모산성 남문 조사 결과를 보면 신라 산성의 현문은 협축된 성벽 중간에 성문을 축조하며 문지 바닥은 흙다짐 없이 평탄한 구조를 보이고 있다. 이는 흙다짐 후 석렬·부석하고 내고외저의 계단과 같은 오름식 구조로 축조한 백제식과는 다른 것으로 파악되었다(최

1. 거제 둔덕기성 동문지 전경(동아세아문화재연구원)

2. 김해 양동산성 남문지(동아세아문화재연구원)

3. 김해 양동산성 남문지(동아세아문화재연구원)

4. 문경 고모산성 남문지(중원문화연구소)

5. 문경 고모산성 문지 확쇠

6. 김해 분산성 동문지

7. 하동 고소산성 동문지(동아대박물관)

그림 10 문지의 조사 사례

병화 2015).

　시기에 따른 현문의 변화양상(김병희 외 2011)을 보면 5~6세기경에 축성된 고모산성(그림 10-4)과 삼년산성의 문지 기초부 바닥시설은 판석형 석재를 이용, 정연하게 맞물리게 하여 평탄면의 부석시설을 조성하였다. 배수는 바닥 경사를 따라 자연배수가 되도록 하였고, 성문의 확쇠는 상하 4개의 돌기를 갖춘 원추형으로 목재에 결구한 것으로 추정하고 있다(그림 10-5). 6~7세기경에 축성된 충주산성과 부모산성 북문은 문지 기초부에 부석시설을 하지 않았으며 배수로가 조성되어 있는데, 문지 경사면은 층단식일 가능성이 있다. 확쇠의 하단부는 방형으로 돌기가 없으며 방형의 확이 조성된 문화석에 결구하였던 것으로 추정하고 있다. 통일기에 축성된 것으로 보고 있는 대모산성의 성문 기저부는 전체적으로 부석시설을 하지 않고 횡 방향으로 석렬을 놓아 바닥층을 조성하였다. 한편 고려시대 경기지역의 문지는 대부분 능선과 계곡부에 위치하며 크게 4가지 형식으로 구분하였다(백종오 2010). 1식은 성벽을 절개하여 개구부를 축조하는 방법으로 대부분의 문지가 해당된다. 2식은 양쪽 성벽이 서로 어긋나며 그 사이에 개구부를 두는 형식으로 평택 용성리 서문지가 해당된다. 3식은 치성을 돌출시키고 치성의 옆에 문지를 축조하는 형식으로 용성리 북문지가 그러하다. 4식은 문지를 보호하기 위해 'S자' 형태의 토루를 밖으로 형성한 경우로 평택 비파산성 북문지가 이에 해당한다. 발굴조사된 거제 둔덕기성(그림 10-1), 김해 마현산성·분산성, 밀양 추화산성, 부산 구랑동성지, 하동 금오산성 등 고려시대 문지는 통로부의 구조가 계단형일 경우 문루는 성내에 위치하고, 평지형일 경우는 통로부 상에 위치하는 경향을 보인다. 이러한 문지의 특징과 경향을 참고하여 문지조사 계획단계부터 시굴갱의 설치, 조사 및 작업순서를 결정하여 조사토록 한다.

6) 집수지와 수구 조사

집수지는 지금까지 30여개 성에서 60여 기 정도가 확인되었다. 대부분 성내 지표수 또는 지하수가 자연스럽게 모여드는 계곡부나 성내 가장 낮은 저지대에 입지하는데, 구릉 정상부나 경사면에 위치한 곳도 있다. 영남지역에서는 남해 대국산성(그림 11-3), 거제 둔덕기성(그림 11-2), 부산 기장산성·배산성, 남해 임진성, 거제 옥산성지에서 조사되었다. 집수지도 평면구조에 따라 크게 방형과 장방형, 원형으로 나눌 수 있으며 타원형과 8각형도 있다. 단면구조도 성산산성의 경우처럼 평·단면이 부정형인 것도 있으나 대부분 단면 계단형(마로산성)과 직선형(수직형, 기장산성), 역제형(경사형)으로 구분된다(그림 11-1). 석축의 집수지인 경우 면석은 대국산성이나 화왕산성처럼 바른 층쌓기한 것과 여수 고락산성이나 마로산성, 공주 공산성 1호와 같이 허튼층쌓기한 것도 있다. 집수지 내에서는 순천 검단산성, 대전 계족산성과 문경 고모산성에서와 같이 목재로 결구된 가구가 확인되는 경우(그림 11-4)가 많다. 또한 저수지의 경우지만 성산산성처럼 다량의 목간이 출토(문화재청·국립가야문화재연구소 2011: 266-368)되어 고대사를 연구하는 데 중요한 자료를 제공하기도 하였다. 따라서 집수지는 보강 구조물의 존재와 폐기된 다양한 인공 유기물의 존재, 당시 식생이나 환경을 유추해 낼 수 있는 자료를 담고 있어 이를 염두에 두고 토층에 유념하면서 조사에 임하여야 한다.

　　집수지에 대한 연구 결과 신라 산성의 집수지는 주로 계곡부에 입지하며 목재를 평면 장방형, 단면 계단형으로 조립한 대형 집수지와 석재를 평면 원형, 단면 계단형에 바른층쌓기한 대형 또는 중형의 집수지, 그리고 석재를 평면 장방형, 단면 수직으로 바른층쌓기한 대형 집수지 등의 양식이 확인되었다. 그리고 통일신라 산성의 집수지는 석재를 평면 (장)방형, 단면 경사형으로 바른층쌓기한 것으로 조사되었다(오승연 2009; 황대일 2014). 한편 집수지 최종단계 조사에서는 부산 기장산성과 정읍 고부 구읍성에서와 같이 집수지의 바닥면 조사에서 누수방지를 위한 부엽공법이 확인된 경우(그림 11-5·6)도 있어 집수지 바닥석 아래면도 소형 트렌치를 넣어 확인할 필요가 있다.

　　집수지 조사에서는 물 빼기와 더불어 정확한 층위 파악과 층위별 유물 수습을 하여야 하고, 창녕 화왕산성의 경우처럼 제사와 관련한 유기물이 출토되는 경우도 있어(정의도 2007) 유물의 보존과학적인 처리와 수습도 요구된다.

　　성내의 곡부나 가장 낮은 지역은 대부분 문지가 조성되어 있는 경우가 있으며 문지를 통한 배수가 일반적이다. 그렇지 않은 경우 우수가 성 밖으로 배출되도록 한 수구시설이나 성벽 안쪽으로 집수정과 성벽으로 연결된 배수구가 종종 확인된다.

　　지금까지 조사된 수구유적으로는 경주 명활성 북서쪽 수구, 보은 삼년산성 동쪽 수구, 단양 온달산성 북쪽 수구, 충주산성 동쪽 수구, 문경 고모산성 서쪽 수구(그림 11-8), 청원 양성산성 동쪽 수구, 청주 부모산성 북문 서쪽 수구, 이천 설성산성 동쪽 수구, 용인 할미산성 남동 수구, 이천 설봉산성 수구, 광양 마로산성 서쪽 수구, 함안 성산산성 수구 등 12개소이다. 이들 수구는 명활산성을 제외하면 성벽의 일정한 높이 위에 시설되어 있는 성벽통과식 수구이다. 또한 신라에 의해, 혹은 가야 고지에 신라

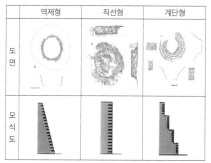

1. 집수지의 단면형태(오승연 2009) 그림수정

2. 거제 둔덕기성 집수지

3. 남해 대국산성 집수지

4. 문경 고모산성 집수지

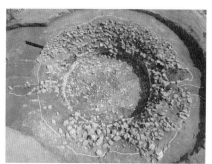

5. 부산 기장산성 집수지

6. 집수지 하부 부엽(좌: 기장산성, 우: 고부 구읍성)

7. 김해 양동산성 수구

8. 문경 고모산성 입수구(차용걸 2016)

그림 11 집수지와 수구 조사 사례

가 축성하거나 백제가 초축한 곳에 신라가 수축하였을 것으로 추정되는 산성들이다. 종전에는 삼년산성 동쪽 출수구의 형태(오각형), 충주산성의 동쪽 출수구 형태를 거쳐, 온달산성의 북쪽 출수구인 사다리꼴의 제형(梯形)으로 변화한다고 보았다. 그러나 최근 조사된 양동산성 남문지 우측 수구(그림 11-9)와 함양 사근산성 서문지 북쪽 수구의 경우는 입면 삼각형 출수구가 확인되었다.

그리고 이들 유적이 5세기 후반에서 6세기 전반의 신라 축성법을 대표한다는 점, 기단보축과 관련한 내외 협축의 석축성벽을 가진 산성에서 축성에 사용된 면석 석재의 유사성, 성벽 하단 쪽에 성벽을 뚫고 나가는 성벽통과식 수구를 가진다는 공통점을 지적하였다(차용걸 1989: 839-856). 그러나 신라 석축산성의 성벽통과식 수구는 형식과 수량에 관계없이 최대 배수가능 수량은 그 배수로의 횡단면적의 합(合)인 것으로 보고 있다. 외수구는 물론 쌍수구나 3구식 수구의 경우 2개 혹은 3개의 단면적 합이 최대 배수용량이었다. 다구식(多口式)은 그들 각각의 수구 바닥면의 높이를 달리하여 배수량이 자동으로 조절되는 형식으로 보았다(차용걸 2016: 161-166). 함안 성산 산성의 경우처럼 곡부를 지나는 성벽구간은 성내 만수위의 위치와 배수량을 고려하여 수구가 설치되었다. 따라서 수구의 위치와 높이, 규모, 형식 등을 잘 살펴보면 배수에 따른 성벽 기초부의 조성기법, 수리체계 등 관련 정보를 얻을 수 있다.

7) 기타 시설 조사
(1) 건물지

지금까지의 산성의 시·발굴조사는 성벽과 성문에만 집중하다 보니 성내의 건물지와 같은 부대시설에 대하여서는 상대적으로 조사가 미진하였다.

산성 내에서 조사된 건물지 가운데 석벽건물은 통일신라시대에만 나타나는 특정적인 건물지로 창고로 사용되었을 가능성이 높은 것으로 보고 있다(서정석 2008).

또한 경주 남산신성 내에서는 정면 28칸, 측면 5칸 규모의 방형 초석 20기가 남아 있는 장창지가 확인되었으며, 광주 남한산성에서는 문무왕 12년(673)에 한산주에 축성된 창고 건물로 추정되는 정면 16칸, 측면 6칸 규모의 대형 건물지 초석이 조사되었다. 거제 둔덕기성의 건물지(그림 12-1)의 경우는 집수지가 위치한 성내 남쪽의 평탄지와 완경사면에서 삼국시대부터 고려시대에 걸쳐 조성된 건물지가 집중적으로 조사되었다. 조사된 건물지들은 고려시대 개성 만월대, 진도 용장성 왕궁지 등과 마

1. 거제 둔덕기성 건물지   2. 부산 금정산성 장대지

그림 12 건물지 조사 사례

찬가지로 경사지에 계단상으로 대지 및 축대를 조성하여 성내 협소한 공간을 최대한 활용하였다.

　　임진왜란과 병자호란을 거치면서 축조된 산성 내에는 행정치소로서 동헌과 진소, 부속 공공 건축물과 군사적 시설물로서 장대, 무기고, 군창, 군포, 군막으로 추정되는 수혈주거지, 염고나 탄고 같은 저장시설 등이 분포하였을 가능성이 높다. 금정산성의 경우 고지도에서 망대로 표기되어 있는 12곳 중 기와편이 산재한 곳을 정확한 고증 없이 망루로 복원하였다. 기와편이 확인되는 곳이므로 유사시 필요한 무기고나 화약고, 창고지 등일 가능성도 있다. 발굴조사에 수반하여 잔존 유구의 구조적 특징에 대한 면밀한 검토가 필요하다. 한편 통상 장대가 성내 가장 높은 지역에 위치하는 것에 비하여 금정산성의 장대(그림 12-2)는 사방 성벽에서 성내가 관망되는 금정진 배후의 낮은 산에 위치하고 있다. 따라서 해당 지역의 지형적인 여건에 따라 부속시설물들이 효율적으로 배치되었음을 알 수 있다. 읍지나 고지도에 등장하는 성내 건물들에 관한 정보를 최대한 수집하여 발굴조사에서 확인된 유구와 대조, 검토하면서 차후 연계될 복원작업에 고증의 결과자료를 제공할 필요성이 있다.

(2) 목곽고

현재까지 산성에서 확인된 목곽고는 주로 백제지역에서 조사되었다. 백제의 저장시설은 복주머니형 저장공, 목곽형, 석곽형으로 구분되며 목곽형과 석곽형은 사비시기의 공적인 용도로 사용되었을 것으로 추정하고 있다. 그리고 목곽형 저장시설은 평면형태에 따라 가구식과 주혈식으로 구분되며 지형에 따라 축조방법을 달리한 것으로 보고 있다(박용상 2015). 대전 월평동유적(국립공주박물관 외 1999)에서는 저장고 내부에

1. 거제 둔덕기성 내 정상부 목곽고

2. 고령 주산성 내 정상부 목곽고

그림 13 목곽고 조사 사례

서 사다리가 조사되었으며, 부여 관북리유적(국립부여문화재연구소 2010)의 저장시설 내에서는 다량의 과일 씨앗이 출토된 바 있다.

최근 영남지역에서는 문경 고모산성의 곡부, 고령 주산성(최재현 2015)과 거제 둔덕기성(동아세아문화재연구원·거제시 2016) 정상부에서 목곽고가 확인되었다.

둔덕기성의 경우(그림 13-1) 산 정상부의 자연 암반층 및 대지 조성토로 추정되는 층을 방형으로 굴착한 후 굴착 면에 덧대어 520×560cm 규모의 방형에 가까운 석축을 조성하였으며 굴광면의 바닥에는 60~70cm 두께로 점토를 깔았다. 사방의 석축벽면에서 저장시설 내부로 약 60~70cm 이격된 지점에 'U'자형의 홈을 굴착하여 판목을 설치한 후 각각의 모서리에는 나무기둥을 설치하여 서로 가구하였다. 그리고 가구된 목곽과 석축면 사이는 점토로 채워 넣은 것으로 추정하고 있다. 목곽의 내부 공간은 장방형으로 규모는 365×370cm이다. 점토바닥 중앙부에 '田자' 형태로 구획된 4개의 공간에는 약 12~70cm의 평평한 할석을 깔아 각 공간의 바닥면을 조성하였다. 석축시설의 내부에서 벼루 및 삼국시대 대부완 편, 단판 타날 암기와편 등이 출토되어 삼국시대 이후에 조성된 것으로 보고 있다.

주산성(그림 13-2)의 내성에서 조사된 대형 목곽고는 먼저 무른 암반을 가로·세로 8m, 깊이 3.5m 정도 규모로 파고 바닥에 약 1.2m 높이로 점토를 채웠다. 그리고 중앙부에 약 20cm 두께의 목판들을 가로·세로 5m, 높이 2m 정도 규모로 격자 모양으로 짜 맞춘 정사각형 평면의 목곽공간을 만들었다. 이후 암반을 판 구덩이의 가장자리에는 석축을 쌓고 석축과 목곽 사이에 1m 이상 점토를 두껍게 채운 것이다. 이와 유사한 구조는 공주 공산성, 대전 계족산성, 이천 설성산성, 금산 백령산성, 대전 월평동유적 등 백제권역에서 많이 확인되었다. 이와 관련, 조사단에서는 남조척(1척 25cm)의 사용과 함께 6세기 대가야와 백제의 적극적 문화교류가 있었음을 보여주는 것으로 해석하였다(대동문화재연구원·고령군 2015).

　　두 유적의 목곽고가 산 정상 부근 성벽과 가까운 곳에 입지해 있고 방수와 동시에 온도나 습도의 변화를 최소화한 것이어서 중요한 저장시설로 추정된다. 따라서 산 정상부에서는 중요 건물지와 함께 평면 조사 단계에서 이러한 유구가 확인될 가능성이 높으므로 범위를 넓게 설정하여 조사할 필요가 있다.

(3) 석환(石丸)

최근 거제 둔덕기성(그림 14-1)(구형모 2016), 남해 임진산성(그림 14-2)(동서문물연구원 2016)과 단양 온달산성, 영월 정양산성 등에서 몽돌이 대규모로 집적된 투석군이 확인된 바 있다. 거제 둔덕기성의 경우 건물지가 확인된 북쪽 성내 정상부에서 남쪽 사면 쪽으로 암반층이 상부에서 남서-북동향으로 노출되었다. 평균 10~20cm 크기로 원형 및 타원형이 대부분으로 전체 수량은 2,000여 개 정도로 추산하고 있다. 석환군 사이에서 고려시대 기와편 및 도기편 등이 소량 확인되어 고려시대에 조성된 것으로 추정하고 있다.

　　남해 임진산성의 서문지 동쪽지역 성내 정상부 정밀발굴조사에서 건물지와 북쪽 내벽 안쪽으로 직경 15cm 크기의 석환 약 3,000개가 대략 22×5m 범위에서 확인되었다.

　　이러한 석환은 여수 고락산성, 충주 장미산성 등과 같이 성벽 내 곳곳에서 확인

1. 거제 둔덕기성 내 정상부 석환군　　　　2. 남해 임진성 내 정상부 석환군

그림 14　석환 조사 사례

되는 사례는 있으나 이들 유적처럼 무더기로 확인된 경우는 거의 없었다. 투석군이 확인된 장소가 성내 정상부 주변으로 투석기의 존재 가능성과 또는 전투 시 보조무기의 수단으로 석환이 일정 공간 내에서 관리되고 있었음을 보여주는 유적이라고 할 수 있다. 목곽고의 조사 사례와 함께 성내 조사에서 정상부 주변은 가능한 한 범위를 넓게 설정하여 조사할 필요가 있다.

(4) 채석장

현재 국내 성곽유적에서 채석장이 확인된 예로는 수원화성 숙지산채석장과 팔달산 채석장(기전문화재연구소 2005)이 있으며, 보은 삼년산성 주변에는 대야리와 누청리 일대에서 채석흔이 보고(조순흠 2008)되었다. 부안 우금산성 내에는 채석의 흔적이 있는 자연 암반이 관찰되는 것으로 보아 성벽축조에 이용된 석재를 성내 암반에서 바로 채석한 것으로 보고 있다(전북문화재연구원 2005). 또한 광주읍성의 경우 축성 암석과 암석의 산지 추정을 통해 동일한 암석이 분포하는 무등산 일대에서 채석흔을 발견하기도 하였다(전남문화재연구원 2008).

진해 자은채석유적(동아세아문화재연구원 2011)에서는 삼국시대에 초축된 구산성(동아대학교박물관 1984)의 축조와 관련된 채석장(그림 15-1)과 함께 채석 당시 동원된 부역인들이 거주하였던 것으로 추정되는 생활공간이 국내에서는 처음으로 확인되었다. 이 채석장에는 구산성과 직선거리 약 100m 정도 떨어진 곳에 길이 60m, 너비 15m, 면적 약 800m² 범위에 10cm 정도의 소형 할석에서부터 460cm 정도의 대형 화강암에 이르는 암괴군이 집중적으로 분포하고 있다. 이곳 암괴군에서 쐐기흔, 정흔 등 다양한 가공흔이 확인되었다. 동쪽 최상단부에 채석흔이 집중적으로 발견되고 주변에는 박편들이 다량 산포되어 있다. 쐐기흔(그림 15-2)을 보면 너비 2.5~5.5cm, 깊이 3~6.5cm 크기의 사각형쐐기를 5~9.5cm 간격으로 박아 넣어 채석한 것으로 생각된다. 또한 2~11cm 간격에 너비 1~5cm 범위로 정을 타격한 것으로 조사되었다. 구산성의 체성에 사용된 석재는 대체로 가로 20~25cm, 세로 20cm 정도의 방형석재와 가로 50~60cm, 세로 20~30cm 정도의 장방형 석재로 구분되는데, 채석장 동쪽 최상단부 암석 주변에서 치석까지 마무리된 가로·세로 30cm, 너비 40cm 정도의 장방형 석재가 확인되었다.

생활공간으로 추정되는 구산성 북사면 일대인 가-1지구에서는 31동, 신이천 북

1. 자은채석유적 내 채석장(동아세아문화재연구원)   2. 자은채석유적 채석장 내 쐐기흔(동아세아문화재연구원)

그림 15 진해 자은채석유적

쪽의 나-1 지구에서 9동 등 총 40동의 누자식(樓字式) 건물이 조사되었다. 누자식 건물은 1칸(정면 1칸×측면 1칸)에서부터 6칸(정면 3칸×측면 2칸)까지로 규모와 구조가 다양한데 정면 2칸×측면 2칸이 17동, 정면 1칸×측면 1칸이 12동으로 비교적 높은 점유율을 보이고 있다. 현존하는 신라의 노동력 징발에 관한 자료인 남산신성비나 명활산성작성비를 통해 보면 군집은 파견관리, 작업관리(공인), 부역인 등으로 나뉘며, 부역집단은 지역별로 차출단위에 따라 나뉘어 작업을 한 것으로 추정할 수 있다. 따라서 누자식 건물군은 6~7세기대 당시 구산성을 축조하기 위해 동원된 인원의 규모나 신라의 진해지역 진출과 관계된 지방세력의 통제를 고고학적으로 증명해 주는 것으로 보고 있다(동아세아문화재연구원 2011: 338-358).

산성 축성에 필요한 대부분의 석재는 성벽조성 예정지 내외에서 우선 조달하였을 것으로 보인다. 그러나 다량의 석재를 필요로 하는 석축산성의 경우 인근지역에서도 채석하여 조달하였을 것이다. 따라서 성곽 주변의 지표조사 단계부터 성내는 물론 성곽 인근지역에서 채석흔이 확인되는 곳을 중심으로 석재의 산지를 추정하는 것도 정비·복원에 있어 중요한 정보에 해당한다.

IV 맺음말

산성은 시대에 따른 축성주체의 공간 활용이나 대외관계, 전쟁에 관한 풍부한 자료를 담고 있다. 또한 초축 이후 수축 및 증·개축을 통한 변화상을 그대로 간직하고 있어 축성사적인 측면뿐만 아니라 기술발달사적인 측면에서도 중요한 자료가 되고 있다.

이 장에서는 영남지역 성곽 발굴조사에서 밝혀진 연구성과를 중심으로 산성의 시대적 개관과 기본적인 조사방법, 성곽조사 시 유의점 등을 살펴보았다.

지표조사 단계에서는 성곽의 범위나 부속시설의 위치, 잔존상태를 중심으로 주로 현황 파악과 관련한 문헌조사가 수반된다. 그러나 시·발굴조사는 지표조사된 현황을 중심으로 층서에 기초한 초축과 수축, 증·개축 관계의 규명, 출토 유물의 수습 등을 통하여 산성이 가지고 있는 역사적인 가치를 확인하는 작업이라 할 수 있다.

성곽 조사에서 토축의 경우를 보면 기단에 석렬이나 석축이 배치되는 판축토성보다 이른 단계에서 기저부에 암반 돌출물이나 볼록한 토제를 기초하여 토축을 완성해 나가거나 토축과정에서 토괴(土塊)를 사용한 다양한 성토법의 축성기법이 확인되고 있다. 석축의 경우도 면석의 축조기법이나 기단보축의 유무 확인뿐만 아니라 조사사례의 증가와 더불어 보축이나 현문시설, 수구, 문지의 형식 등 특정 유구가 특정 시기나 국가에 국한하지 않고 여러 곳에서 확인되고 있는 상황이다. 기존의 합천지역, 함안지역, 고령지역 등의 석축산성에 대한 정밀 지표조사와 더불어 최근 발굴조사된 합천 성산토성, 김해 봉황토성, 김해 나전리보루, 고령 주산성, 함안 안곡산성 등 가야고지의 산성 발굴조사를 통해 가야시대 석축산성의 존재 가능성과 그 시기에 대한 논의도 현실화되어 가고 있다. 그러나 문헌에 등장하는 성곽이나 지표조사를 통해 확인된 전체 성곽 중에서도 성곽이 차지하는 비중은 극히 낮다고 할 수 있다.

최근 지자체를 중심으로 국가 지원을 겨냥하여 성곽의 지표조사나 시·발굴조사 추진과 함께 해당 성곽의 학술적 규명을 통한 사적지정 사업을 추진하고 있다.

또한 사적을 중심으로 조사범위의 확대나 연차적인 발굴조사의 추진으로 기존 조사에서 인지하지 못했던 수·개축 현상이나 축성 주체에 대한 재해석도 활발히 이루어지고 있다. 그리고 곡성 등과 같은 부속 방어시설물과 목곽고와 같은 저장시설, 대규모 투석군의 확인, 채석장 및 집수지가 확인되는 과정에서 방어시설로서의 산성의 종합적인 복원이 가능하게 되었다. 아울러 목간과 같은 중요한 출토 유물을 통해 문헌과 비교하면서 당시 군사체제나 역역의 동원체제 연구에 활력을 주고 있다.

지금은 이러한 성곽들이 첨단무기를 중심으로 수행되는 전쟁 양상으로 변화되면서 기능이 정지해 버린 상태이다. 그러나 마지막 전쟁이라 할 수 있는 한국전쟁 때까지만 해도 지리적인 교통의 요지나 주변이 잘 관망되는 산성에 대부분의 군부대가 주둔하였다. 지금도 휴전선 주변은 물론 후방지역 곳곳의 산성유적에 군부대가 주둔하고 있다는 사실은 현대전에서도 여전히 산성의 역할과 효능이 유지되고 있다는 것을 말해 준다.

성곽은 우리 민족의 생존권 수호에서 나온 적극적인 산물로 역사의 중심무대에 있었던 중요한 유적이다. 그러한 측면에서 최근 곳곳에서 진행되고 있는 성곽에 대한 시·발굴조사는 성곽의 심폐소생술을 시행하는 중요한 작업이라 할 수 있다. 이들에 대한 발굴조사 성과는 상호 비교를 통해 또 하나의 역사적 산물을 탄생하게 하고, 이들의 생명력을 유지시켜 주는 중요한 정보원이 되고 있다.

따라서 성곽의 발굴조사를 단순한 토목공사적인 발굴로 여기기보다는 역사의 토대를 세우는 중요한 기반을 조성하는 작업으로 인식하여야 한다. 이러한 점에서 성곽 조사에 임하는 발굴조사단원들의 자세와 책임 또한 막중하다고 할 수 있을 것이다.

[나동욱]

참고문헌

경남고고학연구소, 2005, 『봉황토성 ―김해 회현동사무소~분성로간 소방도로개설구간 발굴조사보고서』.

경남발전연구원 역사문화센터, 2005, 『합천 대야성 ―합천군 대야성 고증을 위한 1·2차 시굴조사보고서』.

_____, 2007, 『합천 전 초팔성』.

고정룡, 1988, 「가야말기 산성개축에 대한 일고찰」, 『가야통신』 15·16.

고용규, 2001, 「한국 남부지역 판축토성의 연구」, 『고문화』 58, 한국대학박물관협회.

공석구, 1993, 「백제성곽의 유형과 축조기법」, 『대전의 성곽』, 대전직할시.

구형모, 2016, 「거제 둔덕기성의 최신 조사성과」, 『2016 연구조사발표회』, 영남지역매장문화재조사연구기관협의회.

국립경주문화재연구소, 2004, 『경주 남산 ―정밀학술조사보고서―』.

국립공주박물관 외, 1999, 『대전 월평동유적』.

국립문화재연구소, 1995~1997, 문화유적총람 CD-ROM 1~3집.

_____, 2011, 『한국고고학 용어사전 ―성곽·봉수편―』.

_____, 2012, 『한국 매장문화재 조사연구방법론』 7.

국립부여문화재연구소, 2010, 『부여 관북리백제유적 발굴조사보고서 III』.

권오영, 2012, 「고대성토물에 대한 재인식」, 『백제와 주변세계』, 성주탁교수 추모논총간행위원회 편, 진인진.

기전문화재연구소, 2005, 『수원 화성내 미복원시설 지표조사 및 고증연구 보고서』.

김갑진, 2013, 「경상도 연해지역 판축토성 연구」, 『부산구랑동성지』, 동양문물연구원.

김병희, 2016, 「고려도성 강화중성의 축조방법과 비교 검토」, 『최근 조사성과를 통해 본제주 삼별초와 항파두리성의 성격』, 제주 항파두리 항몽유적 국내학술대회 자료집, 제주고고학연구소·제주특별자치도.

김병희·이규근·김호준·백영종·이원재, 2011, 「고대 석축산성 현문 조사연구」, 『야외고고학』 제12호, 한국문화재조사연구기관협회.

김호준, 2007, 「경기도 평택지역의 토성 축조방식 연구」, 『문화사학』 27.

_____, 2012, 「고려 대몽항쟁기의 축성과 입보」, 충북대학교대학원 사학과 한국사전공 문학박사학위논문.

김호준·장형웅·강아리, 2008, 「고대산성의 지표조사방법」, 『야외고고학』 제4호, 한국문화재조사연구기관협회.

나동욱, 1996, 「경남지역의 토성연구 ―기단석축형 판축토성을 중심으로―」, 『박물관 연구논집』 5, 부산시립박물관.

_____, 2001, 「경남지역 관방유적의 연구현황과 과제」, 『학예지』 8, 육군박물관.

_____, 2005a, 「금정산성의 현황과 축조수법」, 『금정산성과 금정진』, 경성대학교부설 한국학연구소.

_____, 2005b, 「경남지역 읍성과 진성의 시·발굴조사 성과」, 『동아문화』 창간호, 동아세아문화재연구원.

_____, 2013, 「조선시대의 읍성과 산성」, 『동아문화』 제15호, 동아세아문화재연구원.

_____, 2016, 「고려도성 강화중성의 축조방법과 비교검토」, 『최근 조사성과를 통해 본 제주 삼별초와 항파두리성의 성격』, 제주특별자치도 세계유산본부.

노재헌, 2007, 「합천지역 삼국시대 성곽에 대한 연구」, 동아대학교대학원 석사학위논문.

대동문화재연구원, 2014, 『고령 주산성 I(추정남문지/주변성벽) ―고령 주산성 정비복원 사업부지내 유적
　　　발굴조사보고서』.

대동문화재연구원·고령군, 2015, 「2015 현장설명회자료 주산성」.

_____, 2017, 「2017 현장설명회자료 봉화산성」.

동서문물연구원, 2016, 「남해 임진성 정비사업부지 내 유적 발굴조사 학술자문회의 자료집」.

동서문물연구원·합천군, 2011, 『합천 옥전M28호분·합천 성산리성지』.

동서문물연구원·티엔에스개발, 2012, 『김해 나전리보루』.

동아대학교박물관, 1983, 『양산 순지리토성』.

_____, 1984, 『진해 구산성지』.

_____, 1990, 『울주 화산리성지』.

동아대학교박물관·하동군, 2000, 『하동 고소성지 시굴조사보고서』.

동아세아문화재연구원, 2011, 『진해 자은 채석유적』.

동아세아문화재연구원·거제시, 2016, 「거제 둔덕기성 정밀발굴·시굴조사 약식보고서」.

동아세아문화재연구원·김해시, 2013a, 『김해 분산성 동문지』.

_____, 2013b, 『김해 양동산성 동문지·양평 도곡리 유적』.

_____, 2018, 「함안 안곡산 봉수대(안곡산성 학술발굴조사) 정밀발굴조사 학술자문회의 자료」.

동양문물연구원, 2013, 『부산 구랑동성지 ―부산·진해 경제자유구역 미음지구부지(H지구) 문화재발굴조
　　　사―』.

두류문화연구원, 2013, 「김해 주촌면 154kV 주촌분기 T/L구간 철탑부지 문화재발굴조사 결과 약보고」.

문화재청, 2007, 『한국성곽용어사전』, 부록, 성곽문화재 분포현황.

문화재청·국립가야문화재연구소, 2011, 『함안 성산산성 발굴조사보고서』 IV, 제II권 목간 및 목제품편.

민소리·진보람·손설빈, 2012, 「한양도성 지표·시·발굴조사방법론」, 『야외고고학』 제14호, 한국문화재조사
　　　연구기관협회.

박상욱, 2016, 「합천 성산토성(다라국성)의 구조와 특징 ―발굴조사성과를 중심으로―」, 『삼국시대의 토
　　　성과 목책성』, 한국성곽학회.

박성웅, 2016, 「경주읍성복원 정비사업부지(우회도로) 내 유적」, 『2016 연구조사발표회』, 영남지역매장문
　　　화재조사연구기관협의회.

박용상, 2015, 「백제 성곽내 저장시설 연구」, 단국대학교대학원 석사학위논문.

박종익, 2012, 「신라 석축산성의 입지와 기단보축 검토」, 『영남고고학』 63, 영남고고학회.

박태홍, 2004, 「전남 동부지역 백제산성에 관한 연구」, 순천대학교대학원 사학과 문학석사학위논문.

백종오, 2010, 「경기지역 고려성곽 연구」, 『한국성곽연구의 새로운 관점 ―한국성곽학회 초대회장 심봉근
　　　박사 퇴임기념 논총』, 한국성곽학회, 초대회장 심봉근박사 퇴임기념 논총 간행위원회.

복천박물관, 2008a, 『조선전기 동래읍성지』.

_____, 2008b, 『두모포진성·죽성리왜성 ―시온~죽성 간 도로구간내 발굴조사보고―』.

부산광역시립박물관, 1996, 『당감동토성 I』.

_____, 1998, 『당감동토성 II』.

_____, 2001, 『금단곶보성지 I』.

부산박물관, 2016, 『부산성곽 —보루를 쌓아 근심을 없애다』.

사천시·경남문화재연구원, 2008, 『사천 선진리성 공원화 사업지구내 사천 선진리토성』.

서정석, 2003, 『백제의 성곽 —웅진·사비시대를 중심으로』, 학연문화사.

_____, 2008, 「산성에서 발견된 석벽건물에 대한 시론」, 『백제문화』 39.

_____, 2010, 「경남지역 고대산성의 특징 —백제산성과의 비교를 중심으로」, 『지역과 역사』 제26호, 부경 역사연구소.

손영식, 2009, 『한국의 성곽』, 주류성.

순천대학교박물관·순천시, 2004, 『순천 검단산성 I』.

심광주, 2013, 「청주 부모산성과 주변 보루의 축성기법」, 『한국 성곽학보』 제24집, 한국성곽학회.

심봉근, 1995, 『한국남해연안성지의 고고학적 연구』, 학연문화사.

심정보, 2004, 『백제산성의 이해』, 주류성.

_____, 2012, 「읍성축조에 있어서 '축성신도'의 반포목적과 고고학적 검토」, 『문물연구』 제22호.

_____, 2013a, 「성곽문화재 조사의 현재와 미래」, 『성곽조사방법론』, 한국문화재조사연구기관협회편.

_____, 2013b, 「증평 이성산성의 축조기법에 대하여」, 『한국성곽학회 2013 춘계발표대회 —증평 이성산성 조사성과와 사적화 방안』, 한국성곽학회·중앙문화재연구원.

_____, 2015, 「강릉 강문동토성의 축조기법과 성격」, 『문물연구』 27집.

심종훈, 2007, 「경남지역 삼국통일기 석축산성 연구」, 동아대학교대학원 고고미술사학과 석사학위논문.

안성현, 2011, 「경남지역 통일신라시대 토성연구」, 『한국성곽학보』 21집, 한국성곽학회.

_____, 2016, 「남한지역 토성에 잔존하는 석축부에 대한 연구」, 『야외고고학』 25, 한국매장문화재협회.

양시은, 2016, 『고구려성 연구』, 진인진.

영남문화재연구원, 1999, 『경산 임당유적 I —F, H지구 및 토성—』, 영남문화재연구원 학술조사보고 제18책.

오승연, 2009, 「고대 산성의 수자원관리방식 연구 —신라·백제산성 집수지의 양식과 기능」, 『고대의 목간 그리고 산성』, 국립가야문화재연구소·국립부여박물관.

울산문화재연구원, 2012, 『울주 언양읍성』.

유재춘, 2007, 「중부내륙지역 중세 산성의 성격과 특징」, 『한반도 중부내륙 옛 산성군 UNESCO 세계문화 유산 등재대상 선정 학술회의 발표집』, 한국성곽학회.

윤무병·성주탁, 1976, 「백제산성의 신유형」, 『백제연구』 6.

윤중현, 2016, 「제주 항파두리성 외성 조사성과」, 『최근 조사성과를 통해 본 제주 삼별초와 항파두리성의 성격』, 제주 항파두리 항몽유적 국내학술대회 자료집, 제주고고학연구소·제주특별자치도.

이원근, 1985, 「통일신라 —도성—」, 『한국사론』 15, 국사편찬위원회.

이혁희, 2013, 「한성백제기토성의 축조기법과 그 의미」, 『한국고고학보』 83, 한국고고학회.

_____, 2016, 「백제토성 축조기법의 특징과 변천」, 『유리건판으로 보는 백제의 성곽』, 국립중앙박물관.

이희돈, 2001, 「경상북도의 관방유적」, 『학예지』 8, 육군박물관.

전남문화재연구원, 2008, 『광주읍성 I』.

전북문화재연구원, 2005, 『부안 우금산성 정밀지표조사보고서』.

정의도, 2007, 「제장으로서 산성연구」, 『문물연구』 제12호, 동아시아문물연구학술재단·한국문물연구원.

조순흠, 2008, 「삼년산성의 현황 및 특징 검토」, 『한반도 중부내륙 옛 산성군 UNESCO 세계문화유산 등재 대상 선정 학술회의 발표집』, 한국성곽학회.

조인규, 2016, 「강릉 강문동토성 조사 성과와 특징」, 『한국성곽학회 2016년도 춘계학술대회 삼국시대의 토성과 목책성』, 한국성곽학회.

조효식, 2010, 「유적 분포도를 활용한 영남지역 삼국시대 교통로와 방어체계 검토」, 『지역과 역사』 제26호, 부경역사연구소.

차용걸, 1986, 「조선 후기 관방시설의 변화과정 ―임진왜란 전후의 관방시설에 대한 몇 가지 문제―」, 『한국사론』 9, 국사편찬위원회.

_____, 1989, 「소백산맥 북록식 석축산성 수구형식 시론」, 『용암 차문섭교수 화갑기념 사학논총』.

_____, 2005, 『백제지역의 고대산성』, 주류성.

_____, 2006, 「삼국시대 산성과 마로산성」, 『한국 성곽학보』 제10집, 한국성곽학회.

_____, 2007, 「중부내륙지역 옛 산성군의 성격과 특징의 검토」, 『한반도 중부내륙 옛 산성군 UNESCO 세계문화유산 등재대상 선정 학술회의 발표집』, 한국성곽학회.

_____, 2012, 「신라산성의 현문식 성문구조」, 『한국 성곽학보』 제21집, 한국성곽학회.

_____, 2016, 「신라 석축산성의 성벽통과식 배수장치」, 『한국 축성사 연구 고대산성의 성립과 발전』, 진인진.

최관호, 2016, 「증평 추성산성 남성의 성벽 구조와 성내유구 검토」, 『한국성곽학회 2016년도 춘계학술대회 삼국시대의 토성과 목책성』.

최병화, 2015, 「백제 석축산성의 성문구조와 변천과정」, 『야외고고학』 제23호, 사단법인 한국매장문화재협회.

최재현, 2015, 「고령 주산성 발굴조사 현황과 성과」, 『한국성곽학보』 28집, 한국성곽학회.

_____, 2017, 「달성토성 축조기법연구」, 『한국성곽학회 2017 춘계정기학술대회 발표자료집』, 한국성곽학회.

충북대학교 중원문화연구소, 2002, 『한국의 근세산성 ―강화산성·상당산성 시굴조사 보고서―』.

한국고고학회, 2006, 『문화재 지표조사 매뉴얼 연구』.

한국문화재조사연구기관협회 편, 2013, 『성곽조사방법론』, ㈜사회평론아카데미.

한국방송공사, 1994, 『고구려성』.

한승현, 2016, 「경주 도당산토성 ―경주 남산가는길(2구간) 조성사업 부지 내 유적」.

황대일, 2014, 「고대 산성 내 석축 집수지의 구조와 변천」, 『야외고고학』 제19호, 한국매장문화재협회.

有光敎一, 1953, 「慶州月城大邱達城の城壁下の遺跡について」, 『朝鮮學報』 14집.

井上秀雄, 1982, 「조선성곽일람」, 『조선학보』 103집.

제13장
건물지 조사법

I 머리말

건축은 건축물, 건물, 집이라고도 하며, 인공 작업으로 지상, 지하에 건축·토목으로 축조된 영조물(營造物)을 지칭한다. 한국 전통건축은 나무, 흙, 돌을 주재료로 사용했다. 이 중 나무는 기둥, 보, 도리, 서까래, 마루 등 건축의 기본 구조·장식부재로 맞춤과 이음 등으로 결구하여 공간과 뼈대를 만들므로 이를 목조가구식(木造架構式)이라 한다. 한편 흙은 기초·기단 및 벽체, 바닥, 지붕 등 장식·마감재, 돌은 기초·기단, 초석 및 구들, 담장 등 구조·마감재로 주로 사용했다. 나무를 주재료로 한 목조건축은 전축(塼築), 석조(石造), 조적조(組積造)와 달리 나무의 재료적 물성이 구조체계를 결정해 왔을 뿐만 아니라 형태, 공간의 성격을 규정하기도 했다. 나아가 건축에 대한 인식 자체에 영향을 미치기도 했다. 또 목조가구식의 구조·공간시스템은 기술, 조형의식, 사회·경제 주체, 교리 변화, 장인조직 등에 따라 달라지기도 한다. 또 시기별·지역별, 기능·용도별, 규모·형태별, 지붕 형식별로 매우 다양한 방향으로 표현되기도 했다.

표 1 한국 전통건축의 구성체계 및 내용

구성체계	내용
실(室), 방	용도 및 기능, 위치, 바닥구조, 바닥재: 부엌, 방, 마루, 고방, 창고 등
건물(建物)	실의 기능 및 용도별 집합: 안채, 사랑채, 헛간채, 금당, 강당, 회랑, 사당, 동재, 명륜당, 대성전, 정당 등
건물군(建物群)	건물과 건물 또는 건물과 외부공간과의 집합: 주거건축(본채+마당+담장) / 사찰건축(대웅전+중정) / 향교건축(명륜당+동 · 서재+내삼문) 등
영역군(領域群)	건물군의 집합: 학교건축(제향 · 강학 · 고직사) / 사찰건축(대웅전 · 극락전) / 주거건축(안채 · 사랑채) / 관아건축(객사 · 동헌 등) 등

한국건축은 반도국이라는 지형조건 및 뚜렷한 사계, 고유한 지형에 의한 자연환경 요인과 불교 및 유교의 융성과 철학·풍수지리, 다양한 생활양식 등 사회인문적 요소들로 인해 민족 고유의 형태로 발전해 왔다. 이에 한국건축의 구성체계는 단일 건물 위주가 아니라 건물과 건물, 건물과 마당·담장, 건물과 주변 외부공간(자연·길 등) 등에 의한 각 영역(건물들의 집합 또는 건물군)들이 다른 문화권과 비교되는 다양한 집합방식으로 전개되었다. 따라서 건축 유형인 주거, 사찰, 궁궐, 학교, 관아건축 등을 구별짓는 기준은 이런 영역군의 집합방식에 따른 차이에서 출발했다. 즉 각 실(부엌·방·마루 등)이 모여 하나의 건물(채, 동)이 되고, 이런 건물이 건축 유형의 여러 집합방식에 맞춰 규칙·규범적으로 모이면 건물군이 된다. 건물군은 일정한 기능 및 목적에 맞춰 몇 개가 다시 모여 영역군으로 발전하며, 최종적으로는 건축과 자연의 긴밀한 상관관계 속에서 완결된다.

지금까지 한국 전통건축 연구방향은 문헌연구(고문헌, 고지도, 회화, 사진 등), 현장조사연구(건물 실측 및 지표조사), 방증자료 연구(벽화, 금속공예, 석조물상의 건축 자료 및 주변국의 건축자료), 발굴자료 연구(건물지 유구분석 및 원형 고증, 복원 등)로 이루어졌다. 현존 최고의 건물은 고려 후기의 것이다.[1] 고려 후기 이전 또는 멸실된 건축은 발굴유구를 통해서만 연구가 가능하다. 건물지는 제반 현행 제도와 사회여건 및 잔존 정도에 따라 건축 유형 및 규모, 형태, 구조형식을 복원하기는 쉽지 않다. 하지만 건물 발굴유구와 유물의 지속적인 조사와 분석 그리고 다양한 학제 간 연구와 검증보완이 보다 다양한 한국 전통건축의 특성을 밝히는 데 단서가 된다.

II 한국 전통건축의 특성

① 한국 전통건축은 터닦기·터잡기에 일정한 기준이 있었다(풍수, 거주·자연환경 등)
② 한국 전통건축은 집합적 형태(배치)로 봐야 한다(건물, 마당, 담 그리고 자연 등)
③ 건물 평면계획에는 일정한 규범이 적용되었다(칸, 영조척 등)

1　봉정사 극락전(1363년 중수), 부석사 무량수전(1376년 중수), 부석사 조사당(1377년 중건), 수덕사 대웅전(1308년 건립), 은해사 거조암(1375년 건립) 등이 대표적이다.

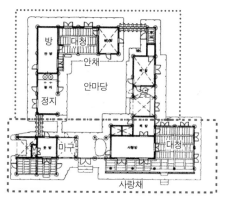

그림 1 주거건축 집합

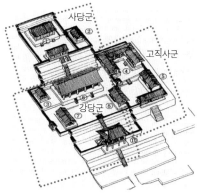

그림 2 서원건축 집합

표 2 건축 구성요소와 사용재료

구성요소		부위	종류	재료
기단부	下分	기초	▸ 판축기초 ▸ 적심기초 ▸ 말뚝기초	흙/돌/나무
		기단	▸ 돌기단: 자연석, 가공석 ▸ 토축단, 자연석기단, 장대석기단, 가구식기단, 전축기단, 와축기단	흙/돌/기와/전돌
		초석/적심	▸ 자연석 주초 ▸ 가공석 주초	돌/흙
		계단	▸ 소멧돌 있는 계단 ▸ 소멧돌 없는 계단	돌/흙
축부	中分	바닥	▸ 마루 ▸ 전돌 ▸ 흙 ▸ 판석 ▸ 온돌: 아궁이, 연도, 부넘기, 개자리, 고래 (허튼고래, 줄고래, 되돈고래, 선자고래, 맞선고래, 굽은고래), 구들장, 굴뚝	나무/돌/전돌/흙
		기둥	▸ 종류: 나무, 돌 ▸ 단면형태: 원형, 사각, 육각, 팔각 등	나무/돌
		가구	▸ 구조: 3량가, 5량가, 7량가, 9량가 등 ▸ 구성부재: 기둥, 창방, 평방, 장여, 도리, 화반, 대공	나무+철물
		공포	▸ 구성부재: 주두, 살미, 첨차, 소로 ▸ 공포형식: 포작계(다포, 주심포, 출목익공, 하앙), 비포작계(민도리, 무출목익공) 등	나무
		벽체	▸ 화방벽 ▸ 흙벽 ▸ 석벽 ▸ 회벽 ▸ 판벽 ▸ 토석벽	흙+나무+돌+석회
		창호	▸ 개폐방식: 여닫이문, 미서기문, 미닫이문, 접이문, 붙박이창, 들창, 봉창, 바라지창 ▸ 형태: 판문(창), 장지문(창), 사롱창(봉창) ▸ 위치: 쌍창, 영창, 흑창, 갑창, 연장, 고창	나무+종이+철물
		난간	▸ 형태: 계자난간, 평난간 ▸ 재료: 나무, 돌	나무/돌
지붕부	上分	형태	▸ 팔작, 맞배, 우진각, 모임, 혼합형 등	
		재료	▸ 기와: 종류-평기와, 막새기와, 특수기와 초가, 새, 너와, 굴피, 함석, 돌기와 ▸ 재료-흙기와, 청자기와	흙/짚/새/나무/ 함석/돌/
		가구부재	▸ 처마부: 추녀, 사래, 연목, 부연, 차양 ▸ 합각/박공부: 박공, 풍판, 목기연	나무+철물
		천장	▸ 반자: 우물, 빗, 층급, 고미, 눈썹, 보개, 널, 순각 ▸ 연등천장	나무

- 칸은 평면, 구조의 기본 영조단위이다.
- 건축 유형, 건물 용도, 시대, 계층, 지역에 따라 평면형식과 배치구성이 달랐다.
④ 건물의 유형 및 구조적 특성에 맞춰 재료와 구조를 사용했다.
- 건축 구성요소별로 특성에 맞는 최적의 재료를 사용했다.
- 건축에 다양한 결구방법이 구사되었다.
- 구조체계는 도리 수와 공포에 따라 구분했다.
- 구성체계는 기단부, 축부, 지붕부로 구성되었다.
- 재료사용에 시대, 장인, 지역, 계층, 사회상 및 조영의식이 담겨 있었다.

III 건물지 조사법

1. 건물지 조사가 중요한 이유

우리나라에 현존하는 가장 오래된 한국 전통건축은 봉정사 극락전을 비롯한 고려 후기의 것들이다. 고려 후기 이전 및 고대 건축에 대한 연구는 발굴조사를 통해서만 가능하다.

따라서 건물지에 관한 연구는 대개 배치 및 평면구성과 형식, 기단(기초)의 종류와 축조양상, 사용재료 및 수급관계 등을 통한 당시 건축 유형과 기단부 구조 정도이다.

고대 또는 멸실된 건물은 자연·인위적 재해로 소실된 경우에 돌과 흙 위주의 기단부인 기초 및 지정시설(기단, 초석, 적심, 고맥이, 계단 등)과 주변 기반시설(담장, 석축, 배수로, 연못, 우물 등), 의례시설(지진구, 진단구 등), 바닥시설(구들, 전바닥, 흙바닥)과 지붕재료(기와, 치미 등) 등이 대부분이다. 이들 건물유구와 유물들은 당시 건물의 구체적인 건축행위와 구성체계 및 시기적 특성과 변화양상, 자재수급 및 산출지 등을 밝히는 데 주요한 요소이다. 체계적인 발굴조사를 통해 드러난 고고학적 건축유구는 건립 당시의 자연환경·인문사회·기술적 문화양상과 같은 역사·건축·인문사회적 정보를 제공해 줄 뿐만 아니라, 시대적 건축 복원에도 기초적인 고증자료가 된다. 그러나 건물지는 멸실 및 폐기사유(화재·수해, 전란 등), 교란 정도, 멸실 후 대지의 이용행태(경작지, 거주지, 자연퇴적 등)에 따라 자료적 가치가 달라진다. 한국 전통건축은 나무와 흙을 주

표 3 건물지 유구의 분석 속성 및 인자

구분	유구	분석 속성	분석 인자
입지	지형, 지세 좌향	▸ 자연환경, 생업, 사회문화, 주의식, 계층 ▸ 풍수사상, 교통로, 산세, 수계 등	▸ 건축 유형, 대지조성방법, 계층성 등 ▸ 건립 및 존속시기, 지형변화 양상
토층	층위 퇴적양상	▸ 단면 층위상태 및 토질 속성 ▸ 퇴적양상 및 깊이, 범위 ▸ 토층 층위별 출토유물 ▸ 대지조성방법[정지·축토공법(층다짐, 성토다짐)] 등 ▸ 보축 여부	▸ 입지 및 터닦기(대지조성) 방법 파악 ▸ 건립시기 및 존속시기, 후대 변화양상(규모축소·확장 등) 파악 ▸ 훼손 및 멸실, 폐기 원인 추정 ▸ 원 지형 파악 및 대지조성방법 파악 ▸ 중복건물 간의 선후관계 파악 등
유구	기초 지정	▸ 건축물의 자중, 적재하중, 풍력, 지진력, 기타 외력을 받아 이것을 지반에 전달하는 하부 지중구조부분 ▸ 토공사[성토(경사축토·수평축토), 굴착, 매립 등], 지정공사(모래지정, 나무말뚝지정, 잡석지정, 층다짐지정, 장대석지정 등) ▸ 기초(줄기초, 독립기초, 온통기초), 초석(자연석, 가공석), 기단(가구식, 자연석, 장대석, 전축, 와축 등), 적심, 지진구와 진단구 등	
		▸ 지정방법 및 사용재료, 축조수법 ▸ 지정 규모 및 범위, 기단과의 축조순서 ▸ 지정의 다짐방법(수평·경사), 다짐정도 등 ▸ 초석 재료, 종류, 규격, 가공성 등	▸ 입지성향 및 대지조성방법 ▸ 터파기 및 굴착방법, 기초공사 순서 ▸ 건물의 성격 및 규모, 방향성, 위계성 ▸ 건립 및 존속시기와 변화양상 등
	초석 적심 동바리돌	▸ 적심+초석설치, 초석만 설치	
		▸ 위치, 배열방향, 이격거리, 개수 ▸ 사용재료의 종류 및 가공정도 ▸ 적심의 축조재료와 방법, 규모, 형태 ▸ 초석 설치방법 및 기술력	▸ 대지조성방법(절토, 성토, 매립), 좌향 ▸ 건물의 배치형태 및 규모, 평면, 구조 ▸ 건물별 성격과 위계성 반영 ▸ 건립 및 존속시기와 변화양상 파악 ▸ 시기별 평면구성, 주칸, 영조척 등
	기단 계단	▸ 기단 구성(기단기초, 기단면, 기단바닥, 계단 등) ▸ 기단 종류(토축기단, 석축기단, 전축기단, 와적기단, 기타 혼합기단 등) ▸ 계단 종류(자연석계단, 가공석계단, 토석계단, 토계단 등)	
		▸ 위치, 배열방향, 규모, 개수, 단수 ▸ 사용재료, 재질, 색상, 크기, 가공법 등 ▸ 쌓기법, 뒤채움방법, 기초와의 관계 ▸ 기단과 적심과의 이격거리 ▸ 기단바닥의 사용재료 및 시공방법 ▸ 기단과 계단과의 결구방법, 구조, 재료	▸ 건물의 배치구성 및 평면구성, 규모 ▸ 건물의 성격 및 위계 ▸ 건립시기 및 존속시기, 지역성 ▸ 지붕형태 ▸ 출입 및 동선체계
	바닥시설	▸ 바닥종류(구들, 마루, 흙, 전 등) ▸ 구들 구성요소(아궁이, 부넘기, 고래, 고래둑, 구들장, 개자리, 굴뚝 등)	
		▸ 바닥재의 종류, 위치, 규모, 사용재료 ▸ 바닥재의 진행방향, 수량, 축조수법 ▸ 바닥재의 형태, 크기, 단차 등	▸ 평면(용도) 및 공간구성 패턴 ▸ 내부공간 이용행태 및 공간 활용성 ▸ 건립 및 존속시기, 시기적 변화양상
	벽체시설	▸ 고맥이, 벽체시설, 낙수받이 등	▸ 평면 및 공간구성 ▸ 건물 및 실별 용도, 구체부 구축방법
	담장 배수로	▸ 위치, 방향성, 규모, 구조 등 ▸ 사용재료 및 축조수법 ▸ 건물지와의 이격거리	▸ 건물의 구성 및 영역성과 대지경계 ▸ 외부공간 구성 및 동선체계 ▸ 건립 및 존속시기, 시기적 변화양상
	지진구·진단구	▸ 위치, 수량, 종류, 내용물 등	▸ 건축공사 전·후 의례행위 등 ▸ 건립 및 존속시기 등
	외부공간 등	▸ 석축, 마당, 화단, 연지 등 ▸ 출입문, 출입로, 보도, 회랑, 퇴박석 등 ▸ 낙수구 등	▸ 입지성향 및 대지조성방법 ▸ 건축 유형 및 성격, 위계 ▸ 건축주의 취향 및 시기성
유물	와전, 철물, 토도류 등	▸ 출토위치, 수량, 종류 ▸ 제작기법, 문양, 규격, 형태, 색상, 수량, 중량, 태토 등	▸ 건물의 성격 및 위계, 장식성 ▸ 건립 및 존속시기 ▸ 공급처 및 제작여건, 사회교류성 등

재료로 한 목조가구식으로 전축, 석축에 비해 쉽게 훼손된다. 따라서 건물지 조사는 잔존하는 기단부와 그 주변의 기반시설이 주된 대상이 될 수밖에 없다. 물론 건물지의 잔존 및 중복양상에 따라 분석·검토작업이 어렵다는 한계는 있다. 최근에 건물지 복원 및 정비를 목적으로 한 학술발굴조사가 급증하는 추세이다. 하지만 학술발굴조사는 구제발굴과 달리 건물지 잔존 유구의 훼손을 최소화하면서 복원정비에 필요한 각종 건축적 정보를 획득해야 하는 매우 고도의 조사법이 요구된다. 건축유구는 타 고고유적과 달리 사람의 일상생활이 오랜 세월 지속되면서 중건, 중수, 중창, 수리 등이 반복된 경우가 많다. 중복 건물지인 경우에 정비·복원의 층위 및 건축시기 결정이 중요하다. 아울러 현존 고려~조선시대 건축의 제반 구성체계를 선사 및 역사시대 건축으로 해석하는 것은 매우 위험한 판단이다. 따라서 각종 문헌과 건축유구의 고고학적 축척 자료에 대한 면밀한 검토가 동반되어야 한다. 물론 이를 위해서는 무엇보다도 현장조사가 가장 중요하다.

2. 사전조사 및 입지검토

한국 전통건축은 건축 유형별로 고유한 입지성향을 갖는다. 그 배경에는 정치군사적·풍수지리·음양오행설 등 당시 정략적·의식·사상적 측면이 반영된 것으로 보고 있다. 다만 선사와 고대 및 중세, 근대 등 시기별로 입지 및 좌향과 같은 자연환경적 이용패턴은 동일하지 않았을 것으로 보고 있다. 건축 유형별로 고유한 입지성향은 시기적·지역적 차이뿐만 아니라 건물군 또는 영역군의 전체 및 개별 주향, 지형 이용방법, 축선(軸線), 영역성, 진입방향, 시각 및 경관구조, 건물 배치 및 평면구성에도 상관관계를 가진다.

사전조사 및 입지검토를 위해서는 기존 조사결과 및 지표조사 시 수습유물의 유무와 분포범위 등을 파악하고, 각종 문헌상(문헌, 고지도, 문집류 등)의 기록물과 각종 고증 대담, 조사대상지의 지형 및 주변지세 현황, 옛 교통로, 주변 유적 분포현황 파악 등이 필요하다.

건물지는 발굴결과에 따라 정확한 건축 유형이나 건립시기 및 존속시기를 밝히기 어렵거나 불분명한 경우가 대부분이다. 또 문헌기록이 없거나, 문헌기록에 상응하는 발굴결과가 도출되지 않는 경우도 많다. 따라서 건물지 발굴은 조사대상지 및 그 주변의 관련 문헌기록, 고지도, 교통로, 주변 유적현황, 지명(地名), 전언(傳言), 주민대담, 유구 잔존양상 등 폭넓은 자료수집의 사전조사가 중요하다. 이는 발굴조사의 방향설정 및 조사방법과 유적의 성격 및 건립시기를 판단하는 데 도움을 준다.

3. 시굴조사

시굴조사는 지표조사 또는 문헌조사 성과 등 충분한 사전정보를 갖고 이루어진다. 따라서 조사 후 복원정비 및 학술고증조사인 경우와 달리 구제발굴조사 중에 건물지 등의 건축유구가 확인되어 불가피하게 조사하는 경우가 대부분이다. 이때 유적의 훼손정도에 따라 획득 정보에는 차이가 많다. 건물지는 대개 지표상에 기단, 초석 또는 적심, 담장지, 배수로 등 주변 기반시설이 잔존하는 경우가 많다. 이들 잔존 유구도 대개 최하단만 남아 있거나 경우에 따라 기단과 적심이 중복 및 교란된 상태가 대부분이다.

특히 건물지 조사에서 가장 명심해야 할 것은 지상 건축물 또는 시설물임을 잊지 말아야 한다는 점이다. 건물지는 훼손 및 멸실 이유와 퇴적과 후대 사용용도에 따라 큰 차이가 있다. 따라서 지상에 잔존하는 건물지 유구는 제토하는 만큼 건축적 정보와 유구가 멸실된다는 점을 명심해야 한다. 따라서 다음 사항을 검토해 볼 수 있다.

1) 시굴조사의 중요성

시굴조사는 조사지의 토층 및 유구의 단면 및 퇴적양상을 파악하기 위한 발굴조사의 사전 단계이다. 조사는 유구의 규모와 범위, 용도, 평·단면상의 유구 잔존 및 시기별 중복양상 등을 파악할 수 있다. 지표·문헌조사 결과를 기초로 입지, 지표현황, 주변현황, 문헌자료 등을 사전에 충분히 검토한 뒤에 조사방법(유구 잔존양상, 조사지의 지형 및 좌향 등에 따른 트렌치 배치방향 및 규모, 개수 등)을 일차적으로 결정한다. 조사지가 산간 또는 산록인 경우에는 건축유구(기단·기초, 적심 등), 기반시설(담장, 배수로, 출입로 등)과 더불어 지형적 특성을 고려한 건물군 또는 영역군을 규정하는 대지조성법에 따른 대지조성기법[계단식, 수평식, 계단식+수평식 조합의 대지조성과 출입시설(계단 등) 등]을 우선적으로 확인할 필요가 있다.

따라서 시굴조사에서 트렌치 방향과 설치 간격 및 너비 등은 유적의 성격과 입지 및 주변 환경을 고려해 적절히 계획해 설치할 필요가 있다. 트렌치 상에 확인된 건

표 4 시굴조사의 절차 및 조사방법

구분	조사절차	조사내용	검토대상
현장 착수 전	▶ 충분한 예비 및 현장답사	▶ 지표조사 결과, 수습유물 -조사범위, 현황, 입지, 주변 유적현황 등 ▶ 과거 출토유물 또는 조사현황 등	▶ 조사대상지의 위치, 지형, 지세 파악 ▶ 유구의 잔존현황 및 상태, 지장물 현황 ▶ 문헌기록(문헌, 고지도, 옛 교통로, 지명, 전설 등) ▶ 지형 및 잔존 유구를 고려한 트렌치 설치방향과 개수, 규모 등 추정 ▶ 노출 유구의 위치, 종류, 수량, 범위 파악 ▶ 조사 매뉴얼 검토
	▶ 각종 행정조치 처리	▶ 사업시행자 및 행정관청과의 업무처리 및 협조사항	▶ 지장물 철거(수목, 도로, 가옥 등) ▶ 지형도 및 측량도 확인 ▶ 우회도로 개설 및 안전팬스 설치, 사무실 설치 등 ▶ 전기 · 방범설비 등의 사전조치 ▶ 조사용품 및 조사인력 점검
시굴조사	▶ 기준점 설정	▶ 측량기준점	▶ 조사대상지의 규모, 지형을 고려
	▶ 지형측량		▶ 사업시행자가 정확한 지형측량도(CAD파일 등) 협조 ▶ 항공사진
	▶ 현상기록	▶ 조사 전의 현상파악	▶ 사진촬영, 야장기록 등
	▶ 트렌치 설정	▶ 조사대상지의 지형 및 기준점에 맞춰 설정	▶ 조사대상지의 수습유물 및 문헌기록, 지형, 토지현황에 맞춰 트렌치 간격, 규모, 방향, 깊이 등을 설정 ▶ 방격 그리드 설정, 유구를 놓치지 않도록
	현장 착수 ▶ 트렌치조사 ▶ 유구 확인	▶ 표토제거 ▶ 대지조성법 파악 ▶ 지형변화	▶ 대지조성법[삭토, 성토공법(층다짐, 성토다짐)] 파악 ▶ 지형변화양상(하천 등) 파악 ▶ 깊은 퇴적층일 경우 장비, 시간 조절(안전사고) ▶ 유구(초석, 기단석, 담장 등) 지표 노출 시 트렌치 설치 여부는 신중히 검토 ▶ 얕은 유구층 노출 시, 인력으로 제토
		▶ 내부조사(유구, 기반층 확인)	▶ 수평제토: 토층 · 유물 노출 층위, 유구의 깊이 등을 확인한 후 토층별로 전면 제토하는 방법 고려 ▶ 피트조사: 기초 · 적심 · 기단 내부, 중복유구 간 등
		▶ 유구확인	▶ 초석, 기단석, 적심과 계단, 보도 등 존재 및 잔존상태, 중복양상 파악 ▶ 초석 및 적심열 주변으로 주칸 및 범위 부분파악 ▶ 시굴조사에서 확인된 단위 건물유구의 분포 및 위치, 규모 등을 파악해 전체 규모 및 배치구성을 추정 ▶ 건물 기초 및 적심 종류와 축조수법 파악 ▶ 바닥(구들) 및 외부시설(배수로, 우물, 담장 등)과 건물지 간의 축향, 배치, 이격거리 등을 파악(건물군, 영역군)
		▶ 토층확인/피트백	▶ 표토~기반층까지의 토층 확인 ▶ 후대 건물지의 폐기시기 및 그 이후 변화양상 파악 ▶ 기초의 토층 확인, 유구의 중복확인
		▶ 층위별 출토유물 확인	▶ 층위별 유물 구분, 축조시기 및 존속기간 추정단서 ▶ 층위별 유물 종류별 · 문양별 구분 수습 및 출토위치 및 비율 파악 ▶ 명문와 및 특수기와의 출토 위치와 내용 등 파악
	▶ 실측	▶ 트렌치 및 유구 평면 및 단면 실측/피드백	
	▶ 사진촬영 및 기록	▶ 항공촬영 ▶ 전체 배치 및 개별 유구 간 규모 및 이격거리, 배치양상 파악 ▶ 초석 · 적심: 규모 및 깊이 및 규격, 종류 · 가공수법 기록	
	▶ 정리 ▶ 안전시설	▶ 조사 후 트렌치별 또는 조사지 내 안전시설 ▶ 유구 트렌치 보호조치 등	
	▶ 지도위원회	▶ 유구의 성격 및 시기, 추후 보존 및 활용방안 모색 · 검토	
보고서	▶ 정리 및 약보고서 작성	▶ 시굴조사의 결과를 정리 및 도면화해 발굴조사의 기초자료가 되도록 함	

물지의 단면 및 층위 상에 나타난 제반 특성들을 정확한 기록 및 분석검토를 거쳐 발굴조사의 범위 및 조사방법에 반영될 수 있도록 한다. 더욱이 시굴조사에서 중복양상이 심한 구역이나 단일 유구 간의 규모가 불명확한 경우에는 보완 트렌치를 설치하는 추가조사가 필요하다. 이는 건물지의 잔존 유구 및 중복과 토층양상을 미리 파악함으로써 발굴조사의 범위 및 예산, 조사기간, 추후 사업추진 방향, 관련 법규 및 행정협의 검토 등과 같은 정보를 사전에 파악하는 데 좋은 자료가 된다.

2) 표토 제거

시굴조사에서는 우선 단면 토층상에 나타난 유구층을 확인하고 그 결과에 맞춰 제토하는 것이 일반적이다. 그러나 조사대상지의 입지여건(구릉지와 평지, 경작지, 천변 등), 조사지의 지반현황 및 이용행태(경작지, 나대지, 건축대지 등)에 따라 유적의 잔존·멸실 정도와 퇴적양상이 다를 수 있다. 건물지 조사에서 확인되는 기단, 적심, 석축, 계단, 담장지, 배수로 등은 건물별 위계와 기능, 규모와 배치양상, 건물과 외부공간(마당, 주변 건물 간 이격양상 등) 간의 구성체계에 대한 기초적인 정보를 제공할 수 있을 것이다. 현 표토 상에 초석이나 적심이 전부 또는 일부가 노출된 유적인 경우에는 노출된 유구층의 잔존 여부 및 범위를 파악하고, 퇴적층(표토층)만 제거할 뿐 더 이상 제토하지 않고 현 층위에서 전면 내부조사를 실시하는 것이 바람직하다. 입지성향은 산중턱, 산간, 산록, 큰 개천이나 강변의 산록, 평지 등 다양하다. 이 경우 건축시기 및 건축 유형별로 선호하는 입지성향이 있었다. 밭이나 경작지 등에서 확인된 건물지의 경우 현재의 밭·논둑이 건물의 기단이나 대지의 석축을 재활용한 경우도 종종 있다. 경작으로 인해 유구층이 얕은 경우에는 트렌치 깊이 및 제토에 특별히 신중해야 한다. 더욱이 트렌치의 깊이가 깊은 경우에 각종 안전조치 및 사전교육이 필요하다.

유적의 전체 및 개별 건물지의 대지조성방법과 기초 축조양상을 파악하기 위해서는 기반층까지 트렌치를 설치하여 그 층위와 축조양상을 파악한다. 하지만 주의할 점은 추후 복원정비가 계획된 유적은 대지 및 건물지의 단면 조사 시에 신중할 필요가 있다. 즉 기단·기초층은 오랜 시간 동안 안정화된 유구층이다. 축조수법을 파악하기 위해 트렌치를 과도하게 설치하면 추후 복원정비 시에 트렌치 부분을 복구하는 데 많은 어려움이 있다. 즉 조사에서 확인된 축조수법대로 복구 및 정비를 하더라도 트렌치를 설치한 부분에서 추후에 침하가 지속적으로 발생한 사례가 많다. 단면 층위 및 축조수법을 파악하기 위한 유구의 트렌치조사는 위치, 너비 등을 신중하게 고려해야 한다. 과학적 탐사방법(지하물리탐사 및 보링)도 고려해 볼 필요가 있다.

3) 측량과 실측 및 기록

시굴조사에서 트렌치별로 확인된 유구는 전체 조사구획도에 정확히 현황측량과 실측을 통해 건축유구의 위치 및 규모와 범위, 토층 등을 도면 및 사진과 야장으로 기록한다. 아울러 출토 건축부재나 유물은 트렌치별 출토 위치에 제반 특성을 꼼꼼히 기록해 둔다. 이때 트렌치별로 표준화된 유구·유물기록표도 작성할 필요가 있다. 건축부재들은 표토층과 매립층, 교란층 등으로 분류해 출토 위치와 장소별로 번호를 붙여 분류한 뒤 발굴조사에서 출토된 유구나 유물들과 상호 비교검토할 필요도 있다.

4. 발굴조사

한국의 전통건축은 유형별로 궁궐건축, 주거건축(주택, 민가 등), 사찰건축, 학교건축(향교·서원 등), 관방건축(성곽·읍성 등), 교통건축(역관·역원·주막 등), 관아건축(동헌·객사 등), 재사건축, 정자건축 등으로 분류된다. 이는 건축 유형별로 고유한 실(칸)의 구성과 배열, 조합 및 형태성을 갖기 때문이다. 아울러 건축 유형별로 고유한 기능과 목적 및 성격에 맞춰 입지, 터닦기, 건물 배치형태, 단위 건물별 평면구성과 규모, 외부공간구성과 장식, 구조 등에 공통점과 차이점이 있다. 그러나 이미 조사된 내용이 건물지 발굴 결과와 항상 일치되는 경우는 드물다. 따라서 건물지 유구와 기존 자료(문헌·선행 발굴조사 내용)들과의 끊임없는 비교분석과 검토가 반드시 이루어져야 한다.

1) 발굴조사 순서
(1) 사전조사 검토

시굴조사 결과 검토(지도위원회 결과 및 추후 사업진행에 관한 사업시행자의 의견, 조사내용, 문헌 검토)

(2) 조사 전 실시사항

① 사무실·창고 설치 및 전기, 보안시설 등 각종 부대설비 완료

표 5 발굴조사 방법 및 조사 내용

구분	조사절차	조사내용	검토대상
현장 착수전	▶ 시굴조사 결과 검토	▶ 시굴조사에서 확인된 유구의 위치, 범위, 성격, 구조 등 ▶ 유구와 출토유물과의 관계성 파악	▶ 유구 위치 및 규모, 분포양상 파악 ▶ 건물, 건물군, 영역성 파악 ▶ 조사방법 검토, 토층 둑 설정, 위치, 개수 등 ▶ 발굴구역 설정(전체, 유구 확인부분), 제토량과 제토의 적치장소, 안전시설, 지장물 철거, 기준점 설정, 현황측량, 항공사진 등
	▶ 표토제거	▶ 유구 상면의 퇴적, 매립층 걷어내기 ▶ 시굴조사에서 확인된 유구를 중심으로 주변 확장조사	▶ 지표상에 노출된 유구는 수작업으로 제토 ▶ 지표상에 초석 및 기단이 노출된 경우는 초석 바닥면 또는 기단석 상면까지만 제토, 탐색트렌치 설치 ▶ 시굴조사 및 잔존 유구상의 탐색트렌치로 재차 확인한 후 수평 제토함 ▶ 지형 및 건물의 시기별 변화양상을 파악 ▶ 유구 층위별 출토유물 확인
발굴조사 **현장착수**	▶ 유구확인	▶ 기초, 기단	▶ 공정순서: 터잡기→터닦기(터파기, 기초바닥 고르기, 흙 메우기 및 성토 등)→기초, 지정종류에 따라 설치 및 다짐→기단 설치→적심 설치→초석 설치 ▶ 기초종류와 기초 · 지정공법 파악 ▶ 기단 · 적심 축조 후→초석 설치/적심없이 초석 설치
			▶ 시굴조사의 토층상에 기초, 지정이 일부만 잔존할 경우에 상부 퇴적, 매립, 교란층만 걷어냄 ▶ 잔존 기초, 지정 및 기단 내부는 잔존 유구의 상면을 제토하지 말 것: 기초, 지정 부분임 ▶ 기초, 지정의 종류, 다짐정도, 다짐방법, 다짐층, 사용재료 등을 파악하기 위해 내부조사 후 트렌치를 넣어 확인해야 함/트렌치 위치, 개수, 너비는 신중히 ▶ 기초, 지정과 기단과의 공정순서 및 토층파악: 기단석은 건물이 완공되기 직전에 공사, 지정 후 적심과 기단석을 함께 시설한 것인지 공정 파악(단면 토층) ▶ 잔존 기단의 규모, 쌓기법, 사용재료, 시공방법, 부재의 재질, 색상, 가공법 등을 기록 ▶ 기단은 기단기초, 기단면, 기단바닥으로 구분 조사 ▶ 기단과 뒤채움 여부, 기초, 지정과의 관계성 파악 ▶ 기초, 지정, 기단 뒤채움에서 출토유물 종류, 수량 유물의 비율 등을 파악 ▶ 기단석 바깥의 기단바닥에 보강시설, 층수, 낙수구, 배수로 등의 설치 여부 확인 ▶ 중복 유구의 분석: 각 유구별로 레벨, 방향성, 사용 재료 및 규모, 축조수법, 가공성 등을 고려해 분리
		▶ 초석, 적심	▶ 공정순서: 기초 · 지정 설치 후→건물 기능 · 위계에 따른 주간설정에 따라 초석 위치설정→기초 · 지정 되파기→적심설치→초석 설치/적심없이 초석 설치 ▶ 적심 노출 시 잔존 상면 이하로 제토하지 말 것, 적심은 건물 내부 기단에 설치한 것임 ▶ 초석 건물지의 경우 일반적으로 적심이 있음, 따라서 적심은 초석과 함께 건물지의 규모, 형태, 성격을 파악하는 일차적인 자료임 ▶ 초석과 적심의 설치 위치와 방향성은 기단 규모 및 형태와 연동해 결정됨 ▶ 적심의 규모와 재료, 축조수법, 되파기 방법 및 모양 등은 단면 층위에서 파악하고 야장, 사진촬영 기록 ▶ 설치방법: 기초 · 지정 위에 놓는 방법, 판축다짐 위에 놓는 방법, 적심 위에 놓는 방법 등

표 5 발굴조사 방법 및 조사 내용(앞 면에서 계속)

구분	조사절차	조사내용	검토대상
발굴조사	현장 착수		
	▶ 유구조사	▶ 초석	▶ 초석이 노출된 건물지는 잔존상태가 매우 양호함 ▶ 초석 하부는 제토하지 않은 상태에서 내부조사를 진행 ▶ 내부조사 후: 초석 하부에 트렌치를 넣어 적심 및 기초·지정 여부를 파악함/과도한 트렌치는 지양
		▶ 고맥이	▶ 초석과 초석 사이에 토석 막음벽 ▶ 초석과 기단 바닥면 설치 후 시설됨 ▶ 고맥이는 한 칸의 공간구획과 벽의 하부 시설
		▶ 구들	▶ 구들의 주요 구성: 아궁이, 부뚜막, 부넘기, 연도, 고래둑, 고래바닥, 개자리, 구들장, 굴뚝 등 ▶ 구들은 규모, 형태, 축조재료, 아궁이와 굴뚝의 방향 및 위치, 고래 둑 개수, 고래형태, 바닥경사 등에 따라 구조형태 및 시기별로 차이가 있음 ▶ 아궁이, 개자리, 연도, 고래바닥은 초석 밑에 설치됨 ▶ 구들장과 방바닥은 초석 상면에 위치 ▶ 초석·적심만 잔존할 때: 구들고래는 이미 멸실된 상태이고, 아궁이·굴뚝·연도·개자리는 잔존 ▶ 조선시대 구들의 경우: 아궁이와 구들 고래 둑은 동일방향으로 진행하고, 개자리는 직교방향으로 설치
		▶ 담장	▶ 쌓기재료 및 형태: 돌담, 토담, 토석담, 와편담, 전돌담, 판축담, 판장/담장기초에는 다른 재료사용 ▶ 토석담: 담장기초→지대석→담장면→지붕 ▶ 담장은 지대석보다 10cm 내외 안으로 들여 쌓음
		▶ 배수로	▶ 대지 및 건물 내·외곽, 담장 안팎 ▶ 배수로 재료, 구조 등 ▶ 건물과 배수로의 중복시 선후관계 파악
		▶ 지진구, 진단구	▶ 위치, 개수, 사용재료 및 내용물
	▶ 외부공간 시설 등	▶ 마당, 화단, 조경 ▶ 석축	▶ 건물유형 및 배치구성과 성격 ▶ 입지성향 및 대지조성
	▶ 출토유물	▶ 유물 출토위치, 종류, 수량 등	▶ 각 유구별 출토유물 종류별·문양별 구분 수습 및 출토위치 및 비율 파악 ▶ 명문와 및 특수기와의 출토 위치와 종류 파악 ▶ 기와는 고급 지붕재료, 수명이 오램, 재사용 많음
	▶ 실측		▶ 전체 유구의 배치평면 및 단면 실측 ▶ 개별 건물의 평면 및 단면 실측
	▶ 사진촬영 및 기록		▶ 조사 전·후 모습 기록, 각 유구의 평면 및 단면, 토층을 기록 ▶ 중복 유구 간의 토층, 유구 간 출토 유물 위치 및 종류 ▶ 항공촬영
	▶ 지도위원회		▶ 조사내용의 성격, 시기, 추후 활용방안 및 보존방안 등
	▶ 보완조사		▶ 지도위원회에서 제시된 내용을 보완 등
	▶ 정리 및 안전조치		▶ 추후 계획사업의 진행 여부에 따라 안전조치 및 유구 보호조치 등
	보고서	▶ 조사경과 ▶ 조사과정 ▶ 조사내용 ▶ 고찰 및 분석	▶ 조사결과를 정리 및 도면화 ▶ 유구별, 층위별, 시기별로 도면화 및 건축적 특성을 파악, 동일 유형의 자료와 비교분석 및 복원안 제시 ▶ 전체 유구 배치 및 시기별 변화양상 및 요인 분석 ▶ 용척분석, 목재 출토 시 수종분석과 석재, 각종 유물 산출, 교류지 등 ▶ 유구 중심의 원고 기술

② 조사구역 현황측량(경계 등) 및 조사 전 현황촬영(항공사진 등)

③ 안전팬스 및 안전시설 설치, 지장물 철거(건물, 묘 등) 점검 등

④ 조사지점 및 조사진행 방향설정: 포토층에 노출된 유적의 범위 및 구역부터 조사 실시

⑤ 기준점 및 기준선 구획: 조사지 전체와 유구 확인 구역별로 격자형 그리드 설정, 그리드 크기는 현지상황 및 유구 성격에 따라 조절(경계범위, 경·위도, 기준점, 해발고도 등)

⑥ 조사방법 결정: 단위 유구별에서 전체 유구 확인으로 확대할 것인지, 전체 유구 확인한 후에 단일 건물 유구별로 집중할 것인지 검토, 중복 구역 조사방법 검토

(3) 탐색트렌치 설치

① 시굴조사 결과를 토대로 발굴조사의 방법 및 건물지의 여러 가지 특성을 보다 명확히 파악하기 위해 조사지에 설정한 기준점을 이용하여 보다 세밀한 탐색 트렌치를 별도로 설치한다.

② 탐색트렌치는 시굴조사 시에 건물지의 중복유구가 확인된 구역, 건물지 규모를 확인할 구역, 시기가 다른 유구가 중복 확인된 구역, 조사구역 경계부에서 확인된 유구 구역 등을 중심으로 설치한다. 또 대지조성법을 보다 구체적으로 파악할 필요가 있는 지점, 출입구 추정 위치 등에 추가로 설치하여 확인한다.

(4) 표토 제거

시굴조사 시 확인된 조사지 토층 및 유구층을 토대로 층위별 수평제토를 실시한다.

① 표토는 시굴조사에서 확인된 조사지의 단면 토층 및 유구층에서 확인된 유구 분포층 상면에 퇴적 및 도포된 토층으로 지역, 입지양상, 이용행태에 따라 차이가 난다.

② 건물지는 대개 표토층에 초석이 노출되어 있거나 유구층 깊이가 얕은 경우가 많다. 이럴 경우 표토제거는 수작업으로 하는 방법을 강구한다.

(5) 유구 확인 및 내부조사

① 시굴조사의 트렌치 단면에서 유구가 확인된 경우

　가) 건물지는 지상유구이므로 표토만 제거하고 유구층은 최대한 보존하도록
　　한다. 잔존 유구층의 축조양상(기단, 적심 등) 및 구조는 해당 확인 위치에
　　소규모 탐색트렌치를 넣어 확인하는 방법을 사용한다.

　나) 유구 단면조사, 기초 및 지정, 기단(적심)의 규모, 축조수법, 사용재료 등

　다) 기반층 확인, 대지조성방법(절토, 성토, 매립 등과 석축 축조) 파악, 출입시설
　　(계단 등), 배수시설(배수로, 암거) 등

　라) 중복관계(개축, 신축, 개수 등) 및 범위와 시대양상 등

② 유구 잔존이 양호할 경우

　가) 유구(초석[2]·기단·석축 및 적심 등) 상면의 매립, 복토층은 층위별로 하강하며
　　수평제토하는 방법이 일반적이다.

　나) 잔존 유구층을 수평제토할 때 주의할 점은 다음과 같다.

　　유구층 중 기단과 함께 초석이 지표상에 노출된 경우는 건물지의 기단부
　　잔존상태가 비교적 양호하다는 증거이다. 즉 목조가구식의 지상 구체부와 지
　　붕부는 자연 및 인위적으로 모두 소실된 뒤 돌과 흙 위주의 기단부(기단, 초석,
　　적심, 계단, 구들 등)만 남은 경우에 해당한다. 따라서 건물지의 잔존 정보를 보다
　　많이 확보하기 위해서는 노출된 초석 상면까지만 1차적으로 제토한다. 제토
　　된 현 단계에서 잔존 초석 개수와 규격, 장식 및 가공 여부, 배열방향, 장·단축
　　축방향, 이격거리(주칸), 사용재료, 출토유물 등을 야장 및 사진촬영 등의 기록
　　으로 남긴다. 그 다음으로 초석과 초석 사이 그리고 잔존 초석열 중심선상의
　　반절 부분에 맞춰 기단석을 포함한 건물 밖 일정거리까지 단면 탐색트렌치를
　　설치한다. 이때 탐색트렌치의 설치 방향과 위치, 크기 등은 신중히 검토한다.
　　이 조사에서 기단·기초의 축조양상 및 초석 하단의 적심 설치 여부 및 기단 종

---

[2]　초석은 주초(柱礎)라고도 하며, 기둥 밑에 놓여 기둥을 통해 전달되는 하중을 기초, 지면에 효율적으
로 전달해 주는 역할과 더불어 기초나 지면에서 올라오는 습기를 차단해 주는 기능도 있다. 기초상
에 노출되는 부재로 조각과 장식이 부가되며, 자연석을 이용한 자연석초석과 가공석초석으로 구분
된다. 가공초석은 초반, 운두, 쇠시리, 주좌로 구성되며, 주좌형태에 따라 원형·방형·육각·팔각·특
수형(고복형, 장초석) 초석으로 나뉜다.

류 및 잔존상태, 기타 시설의 잔존 여부 및 층위상의 출토유물 등을 확인할 수 있다. 이들 단면 탐색트렌치의 확인 결과에 따라 2차 수평제토의 깊이와 범위를 설정한다.

초석(주초)은 기단 상면에 노출되어 건물의 규모와 형태에 맞춰 설치한다. 기둥을 통해 전달되는 지붕하중을 효율적으로 기단·기초에 전달해 주는 역할을 한다. 초석은 재료, 형태, 장식에 따라 다양하고 시기별 특성도 나타난다. 따라서 2차 제토 시에는 기단 상면에 노출된 초석과 초석 사이의 퇴적토만 점진적으로 제거한다. 다만 주의해야 할 것은 건물의 초석과 초석 사이에는 개별 실(공간)에 따라 고맥이, 벽체 등이 잔존할 수 있다. 마루가 있었던 곳은 초석 사이에 고맥이나 벽체가 필요 없지만 방이나 기타 시설이 있었다면 고맥이나 벽체가 남아 있을 가능성이 있다.

다) 시굴조사 및 탐색트렌치조사에서 적심만 확인되었을 경우에는 건물지의 초석은 이미 멸실된 상황이다. 따라서 제토는 잔존 적심 상면까지만 1차 조사하고, 탐색트렌치를 통해 굴광 단면형태·직경·깊이, 적심 충진재의 종류, 적심 채움과 축조방식 등을 조사한다. 적심을 과도하게 노출시키거나 적심 내부의 채움토(사춤토)를 제거하지 않는다. 잡석적심은 대개 돌과 흙의 환상적인 조합의 결과임을 잊지 말아야 한다. 사용된 적심석의 종류와 더불어 사춤토의 성분 분석도 필요하다.

라) 초석과 적심이 탐색트렌치에서 함께 확인되었을 경우에는 초석 하부 및 적심 상면까지만 제토한다. 적심의 단면 등은 별도의 탐색트렌치를 통해 조사한다.

마) 기단이 노출될 경우에는 잔존 기단 상면까지만 수평제토한다.

바) 기단이 노출될 경우에 잔존 기단석의 규모와 방향 및 기단석의 면맞춤에 맞춰 건물 내·외부를 판단한다. 기단석은 건물 외부를 향해 통상 면맞춤한다. 이때 기단석 외부는 기단의 진행방향과 직교로 탐색트렌치를 적절하게 넣어 잔존 기단의 규모(기단석의 잔존 높이)와 축조수법, 사용재료, 장식 및 계단, 배수로 등의 시설 여부 등을 확인한다. 이들 탐색트렌치의 결과에 따라 기단 외부의 퇴적층을 제토하며, 추후 퇴적양상을 파악할 목적으로 단면트렌치 둑을 적정 위치에 남겨 둔다. 특히, 탐색트렌치조사에

서 건물지 또는 시설의 중복양상을 확인한다.

사) 건물 기단의 축조양상 특히 대지조성 등은 역시 건물 기단의 탐색트렌치에 설치한 단면 토층에 맞춰 기단 또는 마당 바닥층까지 확인한 뒤 층위별로 하강하며 수평제토한다. 이때 기단의 보축, 보수 흔적이나 낙수면 등을 확인한다. 또 동일 건물 또는 건물 간 석축, 층단 구성 등을 고려해 제토한다.

아) 내부조사 시에 검토할 사항은 다음과 같다.

　　a) 대지조성층

　　　　- 대지조성법 파악(지상성토형, 굴광층다짐, 지상삭토형 등), 성토, 매립, 복토 재료와 깊이, 대지조성수법(경사축, 수평축 등), 층위 기록, 층위별 출토유물 종류와 위치 등 확인

　　b) 기초·지정층

　　　　- 기초종류(토사, 입사, 장대석, 회축, 잡석, 말뚝기초)와 기초공법 파악

　　c) 기단층

　　　　- 기단, 초석, 적심, 계단 등의 위치와 규모, 이격거리, 축조수법, 재료 조사 파악

　　　　- 평면상 단위 건물별 또는 동일 층위상의 단위 건물, 전체 건물 배치 파악 및 레벨링

　　　　- 평면상 유구의 중복 여부 및 주변 건물과의 이격거리 파악

　　　　- 유구 평면 실측·사진촬영(초석, 적심은 개별로 규모, 형태, 재료, 축조수법 등 기록)

　　　　- 출토유물 위치·종별·수량 기록 및 수습

　　　　- 기단 내부 채움, 기단 층수, 기단석, 내부 탐색트렌치조사를 통한 축조수법, 재료 파악

　　　　- 적심은 1/2 단면 절개, 기단은 기단석과의 공정, 기초와의 축조수법 및 토층 조사(기단과 뒤채움, 기초와의 축조순서 파악), 터닦기 방법 파악, 기단 내부의 기초 및 기단토는 절대로 제토하면 안됨, 적심 위치와 형태 파악(줄기초적심, 온통기초적심, 독립기초적심 등)

　　　　- 탐색트렌치의 단면 토층으로 기단과 기초, 적심 간의 축조순서 및

방법 파악

- 기단 내부는 뒤채움 및 보강방식, 기초·기단과의 축조 공정 파악
- 기단 외부에 보축 여부, 낙수면 등 파악
- 초석 하부는 고임돌 사용여부, 적심 여부 및 설치방식, 재료 등 파악
- 적심은 굴광 위치, 평면 및 단면조사(되파기 방법, 굴광의 직경, 채움재료, 깊이, 채움방식, 굴광 단면형태 파악 등)
- 적심 굴광 규모와 초석 규모간의 비례관계
- 내·외부시설 확인(종류, 위치, 규모, 범위, 축조수법, 수량, 사용재료 등)
- 내부 바닥시설: 구들(아궁이, 굴뚝, 고래, 고래 둑, 개자리, 구들장 등), 마루바닥, 전돌바닥, 돌바닥
- 외부 바닥시설: 외진주~기단석까지 거리(처마깊이), 기단석~계단·마당 사이 거리
- 초석과 초석 사이에 고맥이[3]와 벽체 설치 및 잔존 여부, 축조재료, 규모 등
- 초석 유형과 형태, 규격, 사용재료, 가공성 파악
- 계단: 위치·개수·단수·사용재료·축조수법·재료·가공정도·기단과 결구방법 등
- 기타 보강시설(퇴박석, 보축, 낙수구 등)
- 지진구, 진단구 등
- 외부 기반시설[출입문, 보도(步道), 통로, 배수로(개거·암거)·담장·화단·석단 등]

③ 유구가 중복인 경우

가) 시굴조사 및 탐색트렌치조사에서 위치와 규모, 축조수법, 출토유물 등을 통해 건립시기 등 파악

나) 초석, 적심, 기단과의 상관관계를 탐색트렌치조사에서 1차 분석, 2차로 평면 및 레벨링 실시, 단면 및 토층조사→평면 및 층위별 제토조사 실시

---

3 구체부에서 양 기둥 밑에 수평 결구재인 하인방을 결구하는데, 하인방 밑과 기단면과의 사이에 초석 높이 만큼 빈틈이 생기는 부분을 진흙, 와편+진흙 등으로 막음하는 것을 지칭한다. 초석에 고맥이 부분을 덧붙여 만든 것을 고맥이초석이라 한다.

다) 초석·적심은 위치·배열방향·이격거리·규모·사용재료·축조수법·가공성, 단면양상 등으로 1차 구분하고, 기단과의 상관관계를 파악한다.

라) 적심 및 기단·담장 등이 교란·훼손되어 적심으로 착각하는 경우도 있어 주의

마) 중복된 여러 적심 중 선대 적심이 멸실되어 후대 적심처럼 보일 수도 있음

바) 기단은 형태·배열 및 내부 잔존 초석과 적심의 배열방향 및 이격거리와 연동해 파악

사) 탐색트렌치를 많이 활용하여 중복 유구 간의 특성을 파악

아) 적심 단면조사는 위치·레벨, 굴광 규모(직경과 깊이), 단면형태, 잔존단수, 채움재료와 방법, 축조수법(기초 되파기 혹은 기초와 동시축조 등) 등 파악. 기존 건물 터를 중복 사용한 적심인 경우에는 신중한 조사가 필요하다. 잔존 적심은 기단과의 관계성을 파악

자) 기단 단면조사는 위치, 레벨, 형태, 잔존 단수, 규모, 축조수법, 사용재료를 파악하고, 중복 유구와 혼동을 최소화한다.

차) 탐색트렌치 내 토층 및 중복 유구의 단면 실측, 사진촬영, 층위별 출토유물 파악,

카) 토층별, 출토유물 종류와 수량 및 각 유구 간의 상관관계를 파악해 사진촬영과 실측

④ 층위별로 확인된 유구의 사후 처리방안 모색

사업목적(구제, 복원정비를 위한 학술발굴)에 따라 시기 및 최종 잔존 유구층의 선택에 신중히 결정할 필요가 있다. 즉 복원정비를 위한 학술발굴조사인 경우에 시굴조사 및 탐색트렌치조사에서 상층의 후대 건물지 유구가 하층 선대 건물지 유구보다 양호할 경우가 있다. 이때 선·후대 건물지가 중복된 경우에 하층의 선대 건물지의 잔존 여부는 트렌치조사 및 후대 건물지를 완전히 조사한 이후에 이루어진다. 다만 건물지를 복원정비할 때 선·후대 건물지 중 어느 시점(시기)을 할 것인에 많은 고민이 필요하다. 트렌치 및 유구조사에서 유구상태가 양호한 후대 건물지를 조사한 후 선대 건물지를 조사할 것인지, 유구상태가 양호한 후대 건물지만 조사할 것인지 판단해야 한다. 아울러 조사 후 건물지의 보존관리에도 다양한 관계전문가의 검토 후 조치하는 것이 필요하다.

(6) 보완조사

각 조사내용을 피드백하고, 평면 및 단면상 보완을 체크한다(도면, 사진 등).

2) 발굴 유구 검토

(1) 대지조성방법

건물지는 건축재료 및 목조가구식이라는 구조 특성상 초석 상부의 목재와 흙의 구체부 및 지붕부는 대개 멸실되고, 돌과 흙, 전 등으로 축조된 기단·기초만 잔존하는 경우가 대부분이다. 건물지 조사는 대지조성법과 기단·기초의 축조방법, 주변 기반시설 등을 대상으로 한다. 대지조성법은 건물 또는 건물군이 들어서기 위해 기존 지형을 적절히 활용하는 방법으로 산지와 평지에 따라 절토공법과 성토공법을 활용한다. 절토공법은 지대가 높은 지점을 깎아 평탄하게 조성하는 방법이고, 성토공법은 지면 또는 낮은 지형을 메우는 것으로 층다짐공법과 성토다짐공법이 있다. 층다짐공법은 다양한 흙을 층층이 다짐하여 사루떡처럼 쌓아 올리는 공법이다. 이 공법은 토성, 제방, 담장처럼 판재틀 속에 달구를 이용하여 흙을 층층이 쌓아 올리는 것과는 다르다(박원호·서치상 2008: 113-124). 성토다짐공법은 성토방법에 따라 수평성토와 경사성토, 수평+경사성토 등으로 구분된다.

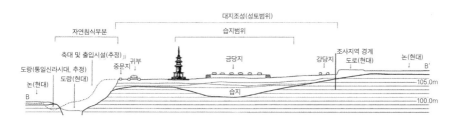

그림 3 울산 영축사지 대지조성법(울산박물관 2016)

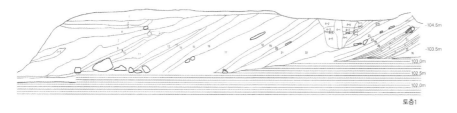

그림 4 울산 영축사지 대지조성법(경사성토)(울산박물관 2016)

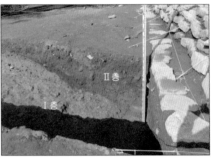

그림 5 영주 적서동 건물지 경사+수평성토
(경상북도 문화재연구원 2002)

그림 6 가산산성 공해지 경사성토
(경상북도문화재연구원 2016)

유구는 일반적으로 유구층의 레벨에 맞춰 수평적으로 제토한다. 그러나 건물 또는 건물군의 기능, 위계에 따라 석축, 기초·기단 바닥면에 고저차가 있을 수 있다. 건축유구 발굴조사에서는 통상 기초부(기초·지정), 기단부(기단·초석·적심, 계단 등)와 내부시설(구들, 고맥이, 벽체, 아궁이 등), 주변 기반시설(석축, 계단, 담장, 배수로, 보도, 퇴박석, 보축, 연지 등)이 확인된다. 이때 시굴조사 및 주요 부위의 탐색트렌치를 통해 확인된 각 유구 단면 및 토층상에서 확인된 단위 유구별로 수평제토를 통해 평면 규모와 성격, 시기 등을 조사하는 것이 바람직하다.

(2) 기초 종류와 기초 공법

기단 및 초석이 제자리에 남아 있으면 내부작업 및 건물의 성격과 기능, 시대성 등을 파악하는 데 다소 용이하다. 초석이 이동되었거나 멸실 또는 초석 밑에 적심만 잔존하고 있을 경우에는 신중한 판단이 필요하다. 더욱이 기단 및 초석·적심이 중복되었을 때에는 여러 가지 조사방법 및 분석방법을 고민하되 유구 현상을 정확히 적시한다.

건축에서 지정과 기초를 같은 개념으로 사용하는 경우도 있으나 대개 기초하기 전에 집 지을 터를 만들기 위해 높은 곳은 깎고 낮은 곳은 성토하여 대지를 조성하는 일을 지정(地定)이라고 한다. 기초는 지정을 하고 나서 건물이 들어설 자리에 기둥의 침하를 방지하기 위해 지반을 보강하거나 개량하는 일을 말하기도 한다. 즉 대지 전체 지반을 보강하는 일을 지정이라 하고 건물지 지반을 보강하는 일을 기초라고 할 수 있는데, 때로는 지정과 기초가 구분되지 않는다.

따라서 연약지반이나 목탑 등의 대형 건물을 건립할 경우에 건물의 하중을 안정

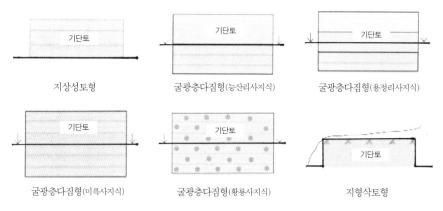

지상성토형 / 굴광층다짐형(능산리사지식) / 굴광층다짐형(용정리사지식)

굴광층다짐형(미륵사지식) / 굴광층다짐형(황룡사지식) / 지형삭토형

그림 7 기단 조성의 방식(정자영·탁경백 2007)

적으로 지반에 전달하기 위해 대지조성층과 함께 기초다짐층(축기부)과 기단층으로 구분하기도 한다. 기초다짐층은 소위 축기부(築基部)라고도 하며, 기단의 하부에 축조된다. 기단층은 기초다짐층 위에 초석·적심을 설치하고 그 외곽으로 외장재인 기단석들을 설치하는 토대를 의미한다. 기단은 지붕 상부 하중을 지반에 전달하고 우수 등 외기로부터 건물을 보호하는 역할, 건축영역을 구분짓고 건물의 위계를 설정하는 기능을 한다. 따라서 기단은 당시 건축의 시대성을 밝히는 주요 단서도 된다. 기단의 축조방법과 채움재료, 외장재의 축조기법과 재료, 결구기법, 계단과 낙수받이, 답도 등 관련시설과의 관계는 건물의 위계와 주변 건물과의 배치관계, 구조 및 지붕형태와 처마 내밀기 등 구체적인 건축 구성체계를 유추할 수 있는 자료이다. 아울러 당시의 축조기술 및 구조적 노하우도 파악할 수도 있다. 이때 기초다짐층과 기단층이 분리하여 이루어지는 경우와 기초다짐층과 기단층이 동시에 축조되는 경우도 있다.

기단 조성은 정지면 위에 기단토를 성토해서 구축하는 지상성토형과 기초부분을 굴광한 후 하부부터 층다짐하여 기초를 구축하는 굴광층다짐형, 원 지형을 기단 형태대로 삭토하여 지상에 잔존하도록 하는 지상삭토형(정자영·탁경백 2007: 105-135) 등으로 구분된다. 지상성토형은 대지를 정지한 지상에만 기단토를 구축하는 방법, 굴광층다짐형은 기단 규모를 굴착한 후 그 하부부터 층다짐하여 지상의 기단 높이만큼 구축하는 방법으로 세부 축조기법에 따라 능산리사지식, 금강사지식, 용정리사지식, 미륵사지식으로 분류하기도 한다. 능산리사지식은 기단토 축조 시 그 두께나 재료를 달리하는 것이고, 금강사지식은 능산리사지식과 유사하나 지하 굴광 깊이가 깊다. 용

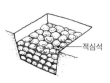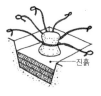

그림 8 잡석기초(좌), 입사기초(우)(김왕직 2007)　　　　그림 9 장대석기초(좌), 토축기초(우)(김왕직 2007)

표 6 기초 종류와 기초 공법

기초 종류	기초 공법
토축기단, 항토기초	석저간축법, 간축법, 판축법
입사기초	사수저축법
잡석(사력)기초	간축법, 교전교축법
회축기초	포회저축법, 판축법
장대석기초	조적법
말뚝기초	말뚝법

정리사지식은 기단토 축조 시 특정한 층을 경계로 상·중·하로 구분하여 층다짐하는 방법, 미륵사지식은 용정리사지식과 유사하나 굴광한 지하부터 지상까지 층다짐을 동일한 두께와 재료를 사용한 경우(예: 제석사지)이다. 이때 황룡사지처럼 흙과 천석을 혼용하여 지하부터 지상까지 층다짐한 경우에 다짐층은 구분되지 않는다. 지상삭토형은 원 지형을 기단 형태로 삭토하여 사용한 경우로 서복사지 목탑지에서 확인된다.

한편 기초 종류와 기초 공법을 혼동하여 사용하는 경우가 많다. 따라서 기초 종류에 따른 기초 공법은 서로 다를 수밖에 없다. 특히 판축이라는 것은 대개 성곽이나 담장, 기단 등에 사용되는 기반 개량공법임에도 불구하고 건물 기초에 사용되는 기초 종류 겸 기초 공법으로 의미를 혼용하여 사용해 왔다. 기초 종류는 기초에 사용되는 재료로 구분한 것으로 토축(흙)기초, 입사(모래)기초, 잡석기초, 회축기초, 장대석기초 등으로 세분된다.[4] 한편 기초 공법은 『화성성역의궤』에 일부 설명되고 있는데, 석저간

4　김왕직, 2007, 「수원 화성의 기초공법 고찰」, 건축역사학회 2007 춘계학술발표대회, 239~246쪽. 토축기단은 기초구덩이에 흙만을 넣고 달고로 다지면서 쌓아 올리는 것, 입사기초는 기초구덩이에 모래를 물과 달고로 층층이 다짐하는 기초, 잡석기초는 잡석을 흙이나 모래와 함께 층층이 다져 쌓아 올린 기초, 회축기초는 흙과 세사, 회를 섞은 삼물을 사용한 기초로 주로 바닥 마감용, 장대석기초는 장대석을 우물 정(井)자로 쌓은 것을 말한다.

표 7 기단 유형과 분류

기단유형	기단축조법	내부 채움방식	적심 위치, 형태	외장재 재료	형태
자연기단	▸ 지면, 암반	▸ 없음	▸ 없음	▸ 없음	
가공기단	▸ 지상성토형 ▸ 굴광층다짐형 ▸ 지형삭토형	▸ 성토 ▸ 층다짐	▸ 줄기초적심 ▸ 독립기초적심 ▸ 온통기초적심	▸ 석축 ▸ 토축 ▸ 전축 ▸ 와축 ▸ 토석축	▸ 단층 ▸ 다층

축, 교전교축, 사수저축, 포회저축 등이 있다.[5] 한편 기초와 별도로 지상에 기단을 축조하는 지상성토형은 내부의 채움부분, 초석의 하중을 받기 위한 적심부분, 지표면에 맞닿는 지대석, 외부에 기단토의 유실을 막기 위한 기단 외장재(장대석, 돌, 흙, 기와, 전 등)에 따라 별도로 세분하기도 한다.

　기단 내부의 채움방식은 기초 축조와 동일한 것도 있고 다른 것도 있다. 기단부를 굴광하거나 성토, 절토하여 흙, 모래, 잡석을 채워 다지는 것이 일반적이다. 내부의 적심형식은 초석의 하중을 받는 적심 위치와 형태에 따라 줄기초적심, 독립기초적심, 온통기초적심으로 구분하기도 한다. 기단 외장재의 구성재료에 따라서는 흙으로 축조한 토축기단, 흙과 돌로 축조한 토석기단, 벽돌을 사용한 전축기단, 잡석을 사용한 자연석기단, 장대석을 사용한 장대석기단, 기와를 사용한 와적기단, 목조건축 형식을 본떠 석재로 만든 가구식기단 등으로 분류하기도 한다. 또 기단의 유형은 지반을 그대로 이용하거나 암반을 이용한 자연기단과 다양한 재료로 축조한 가공기단으로 구분하기도 한다.

　또 기단의 층수에 따라 단층기단과 상·하단으로 구성된 다층기단으로 구분한다. 기단 내부채움과 기단 외장재(기단석 등) 간의 축조순서에 따라서는 선 내부채움+후 외장재마감과 내부채움과 외장재마감을 동시에 축조하는 방식으로 구분된다. 기단 내부채움과 적심의 축조순서에 따라 선 기단 내부채움+후 굴광 적심설치와 기단 내부채움과 적심설치를 동시 축조방식으로 구분한다. 이런 축조 시공상의 선후관계는 먼저 기단 내부채움재와 기단 외장재 사이의 뒤채움(동일 재료, 타 재료 등)[6] 존재 여

5　석저간축은 기초웅덩이를 파고 아무것도 넣지 않은 상태에 돌달고로 다지는 것, 교전교축은 서로 다른 재료를 층층이 교대로 쌓아 다짐하며 쌓아 올리는 기초공법, 사수저축은 모래를 물다짐하며 쌓아 올리는 기초공법, 포회저축은 회를 고르게 피면서 달고로 다지는 기초공법이다.

6　기단 내부채움을 먼저 한 뒤 건물 규모에 맞춰 기단 외장재를 설치하기 위해 내부채움을 일정부분 절

부 및 축조수법, 기단 내부채움과 적심을 설치하기 위해 되파기한 굴광선의 존재 여부 등을 통해 확인할 수 있다.

지금까지 조사된 기초의 종류 및 축조수법을 살펴보면 다음과 같다.

① 기단 층수에 따른 분류

이중기단은 부여 능산리사지 금당지·목탑지(백제), 익산 제석사지 금당지(백제), 부여 부소산 서복사지(백제), 부여 금강사지 금당지(백제), 익산 미륵사지 금당지 탑지(백제), 경주 고선사지 금당지(통일신라), 황룡사지 금당지(하층 기단 상면에 외진주 적심열이 확인되어 백제의 금성산 건물지나 정림사지 금당지와 유사), 나정(상층 기단과 하층 기단열이 서로 다른 방향을 보이는 이중기단, 기반암층을 팔각형으로 절토·정지하고 그 외면에 상층 기단석을 덧붙여 놓은 구조)이 대표적이다.

그림 10 황룡사 서금당 이중기단
(국립문화재연구소·경주시 2009)

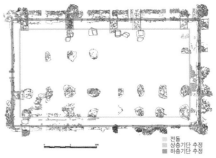

그림 11 황룡사 서금당 이중기단
(국립문화재연구소·경주시 2009)

② 기단 외장재에 따른 분류

자연석 기단은 경주 분황사 건물지, 인각사 건물지, 천관사지 건물지 2, 고선사지 회랑지, 창원 봉림사지 건물지, 합천 영암사지, 남원 실상사 건물지 8, 강진 월남사지 건물지, 부여 능산리사지 건물지, 보령 성주사지 강당 동서건물지, 부여 정림사지 중문지 등이 있다.

전축기단(+전석혼축기단)은 합천 죽죽리 폐사지(통일신라-고려 초), 경주 황룡사지 서금당지, 경주 고선사지 금당지, 부여 군수리사지 목탑지가 있다.

토하고 각종 외장재를 설치한다. 이때 기단 외장재와 내부채움재 간에 일정부분 공간이 발생하며 이곳을 흙 등으로 충진하는데, 이를 뒤채움이라 한다. 이는 조사과정상 기단 내부의 탐색트렌치를 통해 파악해야 한다. 뒤채움토의 충진 횟수나 출토유물 등을 통해 축조수법과 변화시기 등을 파악할 수 있다.

그림 12 자연석 기단과 계단

그림 13 장대석 기단과 계단

그림 14 자연석+장대석 기단과 계단

그림 15 전축기단(좌: 황룡사지 서금당지, 우: 사천왕사 서탑지)(국립문화재연구소·경주시 2009)

전석혼축기단은 경주 사천왕사지 동탑지, 서탑지, 보령 성주사지 동남회랑지, 서
회랑지 등이 있다.

와적기단은 평적식, 합장식, 수직횡렬식, 복합식 등(김태형·김성우 2007; 이승연
2004; 조원창 2005, 2006)으로 구분된다. 사례는 경주 전 인용사지 건물지, 경주 천관사
지 건물지 1, 익산 왕궁리유적, 부여 군수리사지 금당지, 부여 능산리사지 공방지, 남
회랑지, 부여 밤골사지 건물지, 부여 부소산성 서회랑지, 서문지 주변, 부여 관북리유
적, 부여 정림사지 강당서편지, 부여 전 천왕사지 건물지, 부여 외리사지 건물지, 부여
왕흥사지 건물지 1 등, 공주 주미사지 통일신라시대 제1건물지, 부여 금성산 백제건

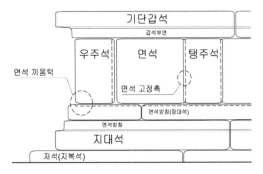

그림 16 가구식기단 구성(남창근·김태영 2012)

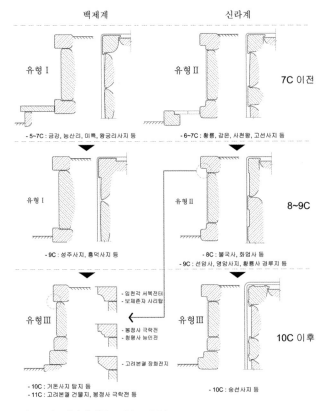

그림 17 가구식기단 계통도(남창근·김태영 2012)

물지와 와석혼축기단으로는 충남 관북리유적 라지구 대형전각건물지 등이 있다.[7]

7   ㉠ 평적식: 한 줄 또는 두 줄로 평와와 점토를 구축한 기단(관북리 건물지, 군수리 폐사지 북방기단,

가구식기단은 경주 황룡사 금당지·목탑지·종루지·경루지, 경주 원원사지 금당지, 경주 숭복사지, 경주 사천왕사지 금당지, 경주 불국사, 안동 봉정사 극락전, 울주 간월사지 금당지, 양산 통도사 극락전·약사전, 대구 파계사 약사전, 동화사 극락전, 김제 귀신사 대적광전, 익산 미륵사지, 남원 만복사지, 여주 고달사지, 파주 혜음원지, 충주 숭선사지, 보령 성주사지 등이 있다.

장대석기단은 분황사 요사채 남쪽 건물, 건물지 4, 군위 인각사지, 경주 감산사 법당지, 고선사지, 불국사 회랑지, 영광 영암사지, 영암 도갑사 건물지, 하남 천왕사지, 공주 주미사지 등이 있다.

혼합식기단은 자연석+장대석 등이 있다.

(3) 초석과 적심

초석은 상부 건축물의 하중을 기둥으로부터 전달받아 기단, 지면으로 분산시키는 역할을 한다. 지상의 건축물과 지하의 기초를 연결시켜 주는 중요한 구성부재 중의 하나이다. 따라서 초석은 첫째, 기초, 기단 등과 더불어 상부 목구조가 현존하지 않는 건물의 배치와 평면을 추정해 볼 수 있는 중요한 단서가 된다. 둘째, 초석의 구성과 형태는 건물의 바닥구조는 물론 벽체 및 창호의 구성과 밀접한 관련이 있다. 셋째, 초석의 형태와 세부 가공기법은 시대와 지역에 따라 차이가 있으며, 이러한 차이는 시대와 지역에 따른 건축의 조형성을 반영한다. 가공초석의 각 부분 구성과 용어에 대해서는 여러 의견이 있다. 대체로 지상으로 노출된 부분과 기단에 묻히는 부분을 구분 없이 분류한다. 따라서 지면 또는 기단 상면을 기준으로 지하로 묻히는 부분을 초반(礎盤), 그 위에서 주좌 아래까지의 부분을 초각(礎脚)으로 구분하기도 한다(김도경 2010: 13-20).

초석은 자연초석과 가공초석으로 구분된다. 가공초석은 형태에 따라 방형, 원형, 팔각형 등과 주좌단수에 따라 무주좌초석, 주좌1단초석, 주좌2단초석으로 구분하기도 한다. 그리고 가공초석의 유형은 첫째, 초반으로 구성된 것, 둘째, 초반 위에 쇠

군수리 2호 건물지, 능사지 공방지, 금성산 건물지, 부소산 폐사지, 부소산성 서문지 주변 건물지, 왕흥사지 서회랑지 등), ⓒ 합장식: 기와를 서로 엇갈리게 배열한 기단(군수리 폐사지의 중앙기단지와 동방기단), ⓒ 수직횡렬식: 암키와를 횡으로 일렬로 세워 조성한 기단[군수리 폐사지, 군수리 1호 건물지, 관북리 건물지, 경주 인왕동 556·566번지 유적(담장 보수 시 채용된 듯)].

그림 18 초반과 초각 구성 초석

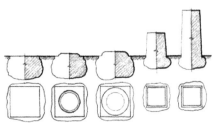
그림 19 다양한 가공초석(김도경 2010)

| 왕흥사지 01 | 왕흥사지 02 | 감은사지 회랑지 | 황룡사지 목탑지 |
| 정림사지 | 제석사지 | 사천왕사 금당지 | 사천왕사 동탑지 |

그림 20 초반 구성 초석(국립문화재연구소·경주시 2009)　　　그림 21 가공초석(국립문화재연구소·경주시 2009)

시리를 둔 주좌가 있는 것, 셋째, 초반과 초각으로 구성된 것이 있다. 이 중 첫째와 둘째는 주로 삼국시대에서 고려시대에 보이고, 셋째는 주로 조선시대 높은 마루 구조의 건물에 나타난다. 또 첫째와 둘째는 초석이 기단 상면에 노출된 부분이 낮은 반면, 셋째는 지상의 노출부분이 높아 기둥인지 초석인지 구분이 애매하다.

　　초석 및 적심 위치는 건물의 축부(軸部)를 형성하는 기둥자리[柱列, 柱網]에 맞춰 설치되므로 건물의 규모, 형태, 주향, 기능, 구조, 위계 등 다양한 건축적 정보가 획득된다. 따라서 잔존 초석 또는 적심은 위치, 방향, 규모, 재료, 이격거리, 가공성 등을 정확히 현장조사해 도면 및 야장에 상세 기록한다.

표 8 초석 각 부분 명칭

노출부분	명칭
지상노출	주좌(柱座)
	쇠시리
	주각(柱脚)
지하(기단)	초반(礎盤)
별석	초반석(礎盤石)

　　건물의 최소한 규모와 형태를 파악하기 위해서는 초석 또는 적심이 2개 이상 확인되어야만 가능하다.

　　초석·적심이 2개 이상 확인된 경우에 상호 이

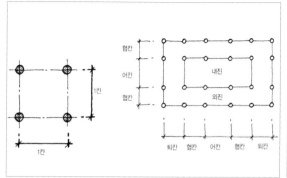

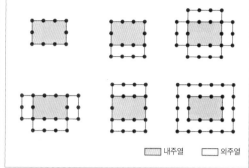

그림 22 칸의 개념과 용어(김왕직 2002)

그림 23 평면 유형(국립경주문화재연구소·경주시 2009)

격거리는 건물의 주칸 및 평면구성 체계와 영조척을 확인할 수 있다. 초석·적심의 이격거리에 맞춰 트렌치보다는 피트를 넣어 확인하는 방법도 있다.

초석·적심열은 기단열과 항상 일정한 이격거리(처마깊이)를 두므로 건물 규모와 위계, 용도 및 영조척(營造尺)을 파악하는 주요 단서이기에 세밀히 조사하여 기록한다. 초석·적심의 이격거리(주칸)에 따른 평면과 초석·적심, 기단과의 이격거리는 일정한 법식에 따라 결정된다.

적심만 확인될 때에는 잔존 기단의 현상과 레벨 등에 특히 유의해야 한다. 즉, 퇴적·매립·경작층을 걷어내자 적심만 노출되는 경우에는 더 이상 제토 없이 적심 상면을 기준으로 정리한다. 즉 노출된 적심은 이미 기초 및 기단 내부채움을 되파기하여

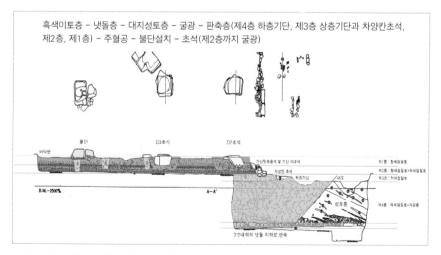

그림 24 기초·기단 및 적심, 초석 시공단계(황룡사 중금당)(국립문화재연구소·경주시 2009)

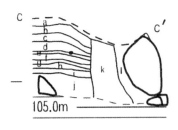

그림 25 기단과 뒤채움(영축사지 금당지)
(울산박물관 2016)

설치한 경우가 많으므로 적심을 과도하게 정리하거나 적심이 노출되도록 주변의 흙, 즉 기초·기단을 제거하는 우를 범하게 된다. 건물지의 잔존 기초 또는 기단은 대개 지상 시설물임을 인식해야 한다. 기초·기단은 각 건물 규모에 맞춰 내부채움 외곽으로 돌, 기와, 전돌, 장대석 등의 각종 재료를 사용해 내부채움의 유실을 방지하기 위해 지면보다 높게 정교히 축조한다. 이때 기단과 내부채움과의 축조상에 차이가 있다. 즉 입지 및 건물의 위계, 기능, 유형 등에 따라 기초 축조수법, 사용재료 등이 다른 경우도 있다. 그리고 기초·기단의 내부에 채움이 완료되면 그 외곽으로 기단 외장재를 마감하는 방법과 기단·기초를 축조하면서 동시에 기단 외장재를 마감하는 시공방법도 있다. 이때에는 잔존 기초·기단 내부채움과 기단 외장재 간에 탐색트렌치를 통해 확인한다.

초석 중에 초석 옆면에 홈을 파거나 고맥이가 함께 조각된 고맥이초석 등이 사용되기도 한다. 또 기둥과 함께 출입문이 설치되는 것에 신방목을 받치는 신방석이 함께 설치되기도 했다. 초석 옆에 턱을 둔 것 중에는 전돌을 사용한 곳도 있다. 이처럼 초석에 판 홈은 하인방을 낮게 설치하기 위한 것이고, 고맥이초석 역시 낮은 초석 위에 하인방을 기둥뿌리에 낮게 설치한 곳에 사용된다. 이런 초석이 남아 있는 건물은 바닥의 이용행태와 관련이 높다. 즉 건물 내부바닥에 전돌깔기는 입식생활과 관련 있을 가능성이 높다. 한편 기단 상면에서 노출된 높이를 높게 만든 초석은 하인방을 높게 설치했을 가능성이 있다. 그렇지 않다면 초석 사이에 고맥이를 높게 설치하기도 한다. 이는 우수의 영향이나 습기에 의한 부식을 막기 위한 조치일 수도 있으나 내부 공간에 구들, 마루와 같은 좌식생활과 관련된 시설이 설치하기 위함이다.

적심조사는 건물의 규모, 기능, 위계, 위치(상·하층기단) 및 굴광 규모(직경, 깊이)와 굴광 평면 및 단면형태, 축조방법, 내부 채움방식(원형깔기, 막깔기)과 채움재료(흙, 돌, 모래, 돌+흙, 흙+기와 등), 채움재의 규격 등을 살펴야 한다. 특히, 적심 축조재료에 따라 층다짐적심, 모래적심(공주 공산성 서문지 후면 건물지), 잡석적심 등이 있다. 동시기에 건립된 건물의 적심은 구조나 축조기법이 동일했을 가능성이 높다. 그러나 적심의 굴광 규격은 동일 유적 내에서도 대지조성법, 위계, 기능에 따라 다를 수 있다. 즉 본채의

그림 26 굴광층다짐형 기초·기단(경주 동궁과 월지 동편 1호 건물지) 단면양상과 독립 기초적심

그림 27 고맥이초석(거돈사지)

그림 28 고맥이초석(부석사)

그림 29 신방석(정림사지)

그림 30 옥산서원 동재(방)

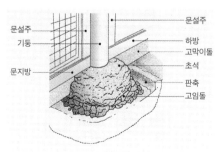

그림 31 초석과 적심의 구조(국립문화재연구소 2007)

그림 32 적심 단면 양상(경상북도문화재연구원 2002)

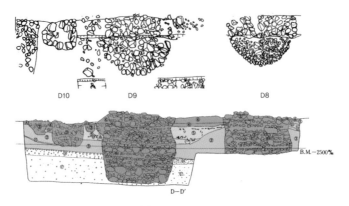

그림 33 황룡사 동금당지 본체, 차양칸 적심(국립문화재연구소·경주시 2009)

내·외진주를 받는 기둥, 본체 기둥과 뒷기둥, 주기둥과 보조기둥, 이중기단일 때 상층과 하층기단의 적심 간에는 차이가 있음은 발굴조사를 통해 알 수 있다. 또 절토와 성토·매립해 대지조성한 건물지에서 성토와 매립한 위치별 적심 규격(직경·깊이)에 차이를 보인 예도 있다. 성토·매립층은 원지형을 절토한 지형보다 부동침하가 일어날 가능성이 높아 적심 규격을 원지형의 적심보다 크게 조절한 경우도 있다. 따라서 주건물과 부속건물 또는 주기둥과 보조기둥, 본체와 퇴칸·차양칸 간에 적심 규격의 차이가 있다. 적심 내부 또는 기단 내부의 채움토와 공반된 각종 유물은 건물지의 건립 및 존속시기나 후대 변화시기 등을 판단할 수 있는 단서가 될 수 있다. 특히 잡석적심을 조사할 때 잡석 사이의 흙(사춤토)은 절대 제거하지 않도록 한다.[8]

초석 또는 적심의 위치와 장·단축 배열방향은 건물 규모, 좌향, 동선체계, 공간 및 구조체계, 정면과 측면 등을 파악할 단서가 된다. 건물의 좌향은 건축의 유형별로 건물군 또는 영역별 입지성향·주변 자연환경, 배치구성, 용도, 위계, 건립시기 등에 따라 차이가 날 수 있다. 이때 출입구는 대개 장축방향 또는 장·단축방형 등 다양한 유형이 있다.

바닥구조 및 재료는 건물의 용도와 기능에 따라 구들, 흙바닥, 전바닥, 판석바닥, 마루 등으로 구분된다. 고대 가람이나 사찰, 궁궐과 같은 고급건축에서는 바닥 마감 자료로 전돌을 많이 사용하였음은 발굴자료를 통해 알 수 있다. 구들은 난방구조로

8　조사 시에 건물의 기단·기초의 채움부분, 적심, 담장 등 축조재료로 흙과 돌을 함께 사용한 경우에 흙(사춤토)을 제거하여 돌만 보기 좋게 노출시키는 방법은 지양한다.

그림 34 쪽구들(울진 외선미리)(경상북도문화재연구원 2007)　그림 35 아궁이(안동 하회 남촌댁)(경상북도문화재연구원 2010)

공간구성상 방일 가능성이 높고, 흙바닥은 창고 또는 마루, 전바닥은 사찰이나 고급
건축의 실내·본체 및 퇴칸의 기단마감이나 낙수받이, 판석은 마당·보도 등에 많이 사
용되었다. 구들은 시기에 따라 구성재료 및 구조, 설치규모(쪽구들→온구들)가 다르다.
또 초석·적심 간에 고맥이⁹를 사용한 경우도 많다.

　　구들은 시설부분, 고래 수, 구들 고래 둑의 축조재료, 고래 둑의 이격거리, 아궁
이 위치(외부·내부)와 구조형태, 굴뚝 위치와 구조형태, 구들장 재료 및 규격, 구들과
아궁이 및 굴뚝의 레벨차, 개자리, 불목 등을 꼼꼼히 조사할 필요가 있다. 전돌은 제작
시기 및 형태에 따라 정방형, 장방형, 삼각형, 특수형 등으로 구분된다. 다양한 문양과
사용부위에 따라 시기 및 지역성을 반영하기도 한다. 한편 바닥구조는 외진주와 기단
사이, 기단과 계단 사이로 크게 구분된다. 기단 상면은 다시 본체와 차양칸, 퇴칸 등으
로 세분되며, 흙, 전돌, 기단과 계단 사이에는 낙수받이(판석, 전돌), 퇴박석(판석, 잡석)깔
기 등으로 세분된다.

(4) 계단

계단은 기단에 덧붙여 설치되어 지표면에서 건축물로 출입하기 위한 시설이다. 구성
은 형태와 재료에 따라 토축계단, 토석계단, 잡석계단, 장대석계단, 가구식계단 등으
로 구분된다. 계단은 건물의 위계, 규모, 기단의 높이, 설치 위치와 개수, 형태와 구조,
장식, 재료에 따라 구분하기도 한다. 특히, 계단은 주변 건물로의 이동 및 출입동선
과 직접적인 관계가 있으며, 설치위치와 중요도에 따라 그 형태와 재료가 달라진다.

9　　기둥 하부에 가로로 설치되는 하인방 밑을 초석과 초석 사이에 막음하는 시설로 축조재료에는 흙,
　　흙+돌, 돌(고맥이석), 전돌(황룡사 동회랑지 등) 등이 있다. 고맥이 상부에는 대개 벽체가 시설된다.

그림 36 초석과 고맥이(안동 하회 남촌댁)
(경상북도문화재연구원 2010)

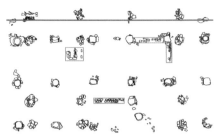

그림 37 황룡사 동회랑지, 전돌고맥이
(국립경주문화재연구소·경주시 2009)

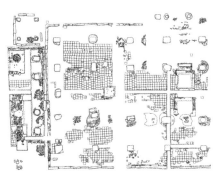

그림 38 황룡사 강당지(국립경주문화재연구소·경주시 2009)

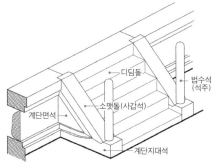

그림 39 가구식 계단(국립경주문화재연구소·경주시 2009)

부재수	4개	3개	2개	1개
개념도				
사례	황룡사 목탑지(645) 사천왕사지 서탑지(679) 감은사지 금당지(682) 망덕사지 서탑지(685)		불국사 비로전	불국사 무설전 불국사 관음전

그림 40 가구식 계단 부재 수(국립경주문화재연구소·경주시 2009)

(5) 외부 기반시설

담장[토담(판축담), 토석담, 돌각담, 사고석담, 꽃담, 와편담)], 배수시설[개거배수, 암거배
수리, 퇴박석, 보축, 보도, 마당, 외부시설(연지 등)] 등은 건축의 유형 및 공간배치와 영역성

그림 41 경복궁 영훈당 암거배수, 집수구
(국립문화재연구소 2015)

그림 42 가산산성 문지와 배수로, 보도
(경상북도문화재연구원 2016)

그림 43 동궁과 월지, 담장, 배수로
(문화재청·국립경주문화재연구소 2012)

그림 44 돌각담 모습

그림 45 가산산성 마당 박석(경상북도문화재연구원 2016)

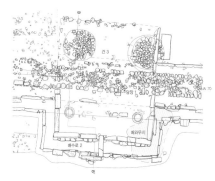

그림 46 동궁과 월지 3호 건물지 배수로, 담장지·건물지
(문화재청·국립경주문화재연구소 2012)

그림 47 법광사지 기와암거(경상북도문화재연구원 2016)

을 판단할 수 있는 주요한 외부 시설이다. 이들 기반시설의 축조위치, 영정주 사용 여부, 사용재료, 시공기법, 규격, 형태, 대지 및 지형·건물과의 관계성, 단면양상에 따른 축조시기 등을 파악한다. 그런데 토석담장을 조사할 때 담장석 사이의 사춤토는 제거하지 않도록 한다.

(6) 유물 검토

출토 유물(목재류, 와전류, 철물류, 자기류 등)은 시기별 다양한 건축적 정보를 제공해 준다. 발굴과정에서 출토된 유물은 출토 층위와 위치, 시기 등을 정확히 도면에 기록하고 사진촬영과 야장기록을 한다. 특히 지표상에서 채집된 유물과는 반드시 분리해 정리하고 차후 상호 비교를 통해 그 관계성을 파악한다. 기와에 대한 분석은 문양별 통계표나 와통, 와도흔, 눈테, 통보, 타날구, 소지 등의 속성 분류통계표가 일반적이다. 아울러 출토 철물도 마찬가지이다. 기와 중량 및 크기별 분류와 분석을 통해 시기별, 건물 규모 및 기능, 목부재의 규격과 가구구조, 기와생산 및 공급지와 생산공정, 공사비용 등과 상관관계를 파악해 볼 수도 있다.

(7) 영조척

영조척은 인간의 필요에 따라 인위적으로 정한 것으로 문헌상 1척(尺)의 실제길이는 각기 다르고, 시대, 장인에 따라 약간씩 다를 수도 있다. 주칸 실측치를 통한 영조척은 정수척으로 가정하지만 실제 중수, 중건 등의 변화된 경우 어떤 영조척이 사용되었는지 알기 어렵다. 또 시공 및 변형, 위치이동에 따른 오차범위의 수정 또는 제외해 검토하는 방법 등도 필요하다. 건물지의 영조척[10]은 대개 초석·적심 중심 간 거리의 주칸을 통해 추정하고 있다.

---

10 선행된 영조척 산정은 주칸의 실측치를 곡척(30.303cm)으로 나누고, 이 실측치를 여러 개의 영조척으로 환산하고 그 환산비를 구한다. 영조척 계산방법은 예를 들어 310cm(실측치)÷30.303cm(1척, 현행 곡척)=10.023척(환산치)÷10척(예상 정수척 적용)=1.0023곡척×30.303cm(1척, 현행 곡척 적용)=30.3726cm(해당 영조척 추정).

표 9 시대별로 사용된 척도 단위길이 비교표(단위 cm)

시대	삼국 이전		삼국				통일신라			고려	조선	
	箕田尺	漢尺	箕田尺	後漢尺	東魏尺	高麗尺	箕田尺	唐尺	周尺	營造尺	營造尺	曲尺
용척	35.51	22.1~24.4	35.51	22.4~23.75	29.97~36.6	33.6~35.635	35.51	29.57~29.84	20.54	30.785~31.4	30.655~31.22	30.3

　　이때 자연석 초석은 이동되거나 정확한 중심점을 찾기가 어려운 경우가 많기 때문에 정확한 실측과 더불어 실측치의 오차에 신중한 검토가 필요하다. 이렇게 계산된 환산치는 문헌기록이나 출토 실물 자 등의 자료와 비교 검토해 결정한다. 영조척 분석 결과는 출토 유물 및 문헌과 비교해 건립 당시 및 중건 당시의 건물을 파악하는 데 기초자료로 활용할 수 있다.

(8) 수종 분석

건물지에서 출토된 목재 또는 탄화목재의 수종 분석도 필요하다. 물론 건물의 기단·기초 및 적심의 채움토 등에 사용된 흙과 돌의 산지 및 반입처나 토양분석, 혼합비율 등의 분석도 필요하다.

[김찬영]

참고문헌

경상북도문화재연구원, 2002,『영주 적서동 건물지』, 학술조사보고 제20책.

_____, 2007,『울진 외선미리유적』, 학술조사보고 제76책.

_____, 2010,『안동 하회 남촌댁 유적』, 학술조사보고 제148책.

_____, 2013,『칠곡 가산산성 공해지 발굴조사』, 학술조사보고 제207책.

_____, 2016,『칠곡 가산산성 공해지 발굴(1, 2차)조사 ―약보고서―』.

_____, 2016,『포항 법광사지 발굴조사 중간보고 III』, 학술조사보고 제230책.

국립경주문화재연구소·경주시, 2009,「고대건물지 평면 및 구조시스템 조사연구」,『황룡사연구총서 3』.

_____, 2015,「황룡사 와전 및 철물 복원고증연구」,『황룡사연구총서 13』.

국립문화재연구소, 2007,『알기쉬운 목조 고건축 구조』.

_____, 2015,『영훈당지 ―경복궁 흥복전 주변지역 발굴보고서』.

국립문화재연구소·경주시, 2009,「황룡사 유적의 건축학적 고찰」,『황룡사연구총서 1』.

_____, 2013,『황룡사 담장 복원정비 기본계획』.

김도경, 2010,「한국건축 초석의 유형과 변천에 관한 연구」,『대한건축학연합논문집』 12권 2호.

김왕직, 2002,『그림으로 보는 한국 건축용어』, 발언.

_____, 2007,「수원 화성의 기초공법 고찰」, 한국건축역사학회 2007 춘계학술발표대회.

김태형·김성우, 2007,「부여 군수리 사지와 능산리 사지의 발굴결과 비교를 통한 금당지와 목탑지의 구축 기법 해석」,『대한건축학회 학술발표논문집』.

남창근·김태영, 2012,「백제계 및 신라계 가구식 기단과 계단의 시기별 변화특성」,『건축역사연구』 제21권 1호.

문화재청·국립경주문화재연구소, 2012,『경주 동궁과 월지 I 발굴조사보고서』.

박원호·서치상, 2008,「판축공법의 해석 오류에 관한 연구」, 한국건축역사학회 2008년 추계학술발표대회.

울산박물관, 2016,『울산 영축사지 발굴조사보고서 I』.

이승연, 2004,「건축역사연구에 기여한 고고학적 성과와 조사 현황」,『한국건축역사학회』.

정자영·탁경백, 2007,「한국 고대 목탑의 기단 및 심초부 축조기법에 관한 고찰 ―백제사지를 중심으로―」,『문화재』 제40호, 국립문화재연구소.

조원창, 2005,「百濟 基壇 築造術의 對新羅 傳播」,『건축역사연구』, 통권 42호.

_____, 2006,「百濟 混築基壇의 硏究」,『건축역사연구』, 통권 46호.

제3부 연구방법론

제14장
고고학 조사연구방법론

I 머리말

우리 고고학계에 학술목적의 고고학 조사라는 인식이 옅어지기 시작한 지 대략 20여 년이 경과한 듯싶다. 역설적이게도 1997년도 일정 규모 이상의 토지 개발 시 매장문화재, 즉 고고학 자료의 존재 여부를 사전에 조사케 하는 이른바 사전 지표조사 의무제가 그 시원점이 된 듯하다. 사전조사 의무제의 효과가 본격적으로 나타난 시점은 대략 2000년대에 들어서였다. 고고학은 인문학의 한 영역에 편제되어 본래 사회적 수요에 탄력적이지 않은 학문영역 가운데 하나였다. 그러한 탓에 한정된 전문인력 양성 구조로써 갑자기 폭발적으로 증가하는 사회적 조사수요에 대처하는 것은 처음부터 무리였다. 그에 대한 현실적인 대처는 조사 전담 기관의 대폭 확대, 그리고 그를 뒷받침할 수 있는 전문성 기준 완화 등이었다. 그 결과 고고학계의 저변은 넓어졌고 사회적 영향력도 높아졌으나 갑자기 불어난 몸집은 학문적 건강에는 결코 바람직하지 않았다.

고고학의 발전을 위해 각종 고고학 조사가 필수적임은 물론이지만, 그러한 조사가 학계의 소화능력이나 선택과는 무관한 사회경제적 수요에 의해 수급된다는 것이 문제였을까. 사회적 수요 그 자체를 학계가 조절할 수 없다는 것은 분명하다. 하지만 계절적 집중강우에 대비하여 댐을 만들고 유수량을 조절함으로써 수자원 낭비 없이 지속적으로 활용하는 방안을 모색하는 학계의 적극적 노력이 없었던 것이 문제였다. 사회적 조사수요를 지속적으로 담당할 수 있는 일정 규모 이상의 공공 조사연구기관 설립의 필요성도 제기된 적 있었으나 현상유지의 달콤한 관성을 극복하지 못하였다.

그 결과 조사수요가 폭증하던 2000년대 후반에는 고고학 자료 소화불량증이 심하였고, 그 대증요법으로 내놓은 것이 '사실보고' 중심의 발굴보고서 간략화였던 셈이다. 이는 발굴조사와 고고학의 학문적 환류의 고리를 끊어 버리는 심각한 부작용을 낳았음은 물론이다. 사회적 조사수요가 최정점을 지난 2010년대 이후 조사용역 수주를 놓고 경쟁이 치열해지는 현상의 이면에도 '조사와 분리된 고고학 연구'라는 배경이 그대로 작용하고 있다.

가령, 한때 고고학 조사가 폭증하면서 많은 시간과 노력을 필요로 하는 고고학적 연구를 우회하고자 하는 분위기 속에 이른바 '사실보고'의 필요성이 제기되기도 하였다. 그런데 그 내용을 보면, 왜 다시 고고학의 기본으로 돌아가야 하는지가 자명해진다. '사실보고'에서 말하는 '사실'이란 무엇을 의미하는가? 이러저러한 유구에서 그런저런 유물이 얼마나 나왔고, 그 형태, 재질, 제원은 여하하다는 것인가? 고고학 자료는 일반적으로 극히 부분적인 형태만 남아 있는 것이 대부분이므로 특정 유물의 파편이 본래 어떤 모양의 완형품의 어느 부분인지도 직관적인 관찰로만 파악하기는 어렵다. 당연히 유사한 선행 자료를 종합하여 비교 검토한 연후에 비로소 판단하여야 하는 절차가 필요하다. 사실이 이러할진대 그러한 유사자료 수집과 비교 등의 절차적 연구 없이 '사실'을 보고할 수 있을까. 지극히 회의적이다. 그렇다면, 이른바 '사실보고'는 유물이나 유구 가운데 극히 일부분에 해당하는 기지(旣知)의 내용만을 반복적으로 학계에 보고하는 것에 지나지 않는다. 매년 수백~1천여 건의 보고서가 학계에 공급되어도 고고학 자료로서 학술적인 피드백으로 작용하는 것이 극히 적은 것은 이러한 학계의 관행과 결코 무관하지 않다.

현행 발굴조사 보고서 모두가 그러한 것은 아니지만 필자가 접하는 대부분의 보고서에서 비교적 심도 있게 다루고 있는 내용은 유물에 대한 시간적 위치 파악을 위한 것이 많다. 고고학 자료의 시간적 위치 확정, 즉 편년적 위치 파악은 매우 기본적인 것으로서 그 자체 중요한 의미를 가지고 있지만, 이것이 다음 단계의 고고학 지식을 추구하는 데로 나아가지 못하는 것이 문제이다. 특정 고고학적 환경을 벗어나 항상 마땅히 추구하여야 할 고고학 지식의 목록이 있다고 하는 것은 타당하지 않을 수 있으나, 익숙한 관행에서 벗어나기 위해서는 고고학의 학문 성격과 목표부터 천착해 보는 것도 좋을 것이다.

II 고고학과 그 학문 목표

고고학은 인간행위의 산물인 일체의 물질적 자료를 통해 인간(집단)을 이해하는 것이라 할 수 있는데, 이때 인간의 행위는 개체 특수적인 행위가 아닌 문화적 행위를 말한다. 문화(Culture)는 인간이 주변환경(자연환경 및 사회환경)에 적응하는 유일한 수단으로서 신체외적인 과정(Extrasomatic Process)을 통해 학습, 전달, 공유되는 행위, 관습, 지식, 사고, 가치관 등으로 구성된 복합체로서 그 자체는 비가시적(非可視的) 실체이다.[1] 그러나 이러한 인간의 문화적 행위는 거의 대부분 물질적인 수단을 동반하기 마련이므로 문화적 행위의 산물인 물질자료를 통해 비가시적 실체인 문화에 접근할 수 있다. 이런 의미에서 고고학 자료란 특정 시점에 존재하였던 특정 인간집단의 문화적 행위와 관련되었던 여러 물질재료라 할 수 있다. 고고학 자료에 의해 구성 또는 복원된 문화를 고고학적 문화(Archaeological culture)라 한다.

인간(집단)의 문화적 행위 영역은 매우 다양하므로 간단히 범주화하기는 어려우나 문화가 인간이 주변환경에 적응하는 수단이라는 기능적인 측면에서 보면 대체로 다음과 같이 3가지의 영역으로 범주화하기도 한다. 1960년대 이래 신고고학 또는 과정주의 고고학을 주창한 빈포드(Binford)는 이를 '기술적 영역(Technology System)', '사회조직적 영역(Organization System)', '관념적 영역(Belief System)' 등으로 범주화하고 그에 따른 각각의 물질적 수반물을 '기술적 유물(Technofact)', '사회적 유물(Sociofact)', '관념적 유물(Idiofact)' 등으로 지칭한 바 있다(Binford 1962). 여기서 유물(Artifact)이란 인간행위의 산물로서 인간이 만들거나 사용한 물건, 즉 이동 가능한 대상물만을 지칭하는 협의의 개념이 아니며, 인간(집단)을 고고학적으로 이해하는 데에 필요한 일체의 물적 자료라는 광의의 개념으로서 여기에는 토양, 동식물, 광물 등의 자연물을 지칭하는 이른바 '환경유물(Ecofact)' 및 '구조물(Feature)'도 포함된다. 아무튼, 그에 따르면 테크노팩트는 의식주나 안위를 위한 방어 등 인간집단의 생존을 유지하는 데에 직접적으로 기능하는 것이고 소시오팩트는 사회질서와 통합을 유지하는 데에 기능하는 것이며, 이디오팩트는 심리적 안정이나 복지 그리고 미지의 것에 대한

---

[1] 1960~70년대를 풍미하였던 대표적인 신진화론자인 레스리 화이트의 문화개념(L. A. White, 1975, *The Concept of Cultural Systems*, Columbia University Press, New York 참조)으로서, 화이트의 제자로 이른바 신고고학을 주창하였던 빈포드(L. R. Binford)가 수용하였다.

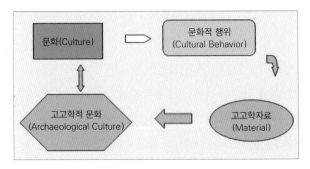

그림 1 고고학의 구성 요소

설명 등을 제공하는 기능을 하는 것이다. 그러나 구체적인 물질자료가 반드시 이 가운데 어느 하나에만 배타적으로 기능하는 것은 아님은 물론이다.

앞서 고고학은 인간(집단)의 문화적 행위에 수반된 물적 자료를 통해 인간(집단)에 대한 이해를 추구하는 것이라 하였다. 그러나 이는 매우 광범위한 것이므로 좀 더 구체적으로 고고학의 목표를 특정할 필요가 있다. 이 경우 고고학 자료를 남긴 인간 또는 인간집단과 고고학 자료를 대상으로 고고학을 연구하는 인간 또는 인간집단 사이의 역사적 종족적 관계 등에 따라 학문 목표의 우선순위가 서로 다를 수 있으나 어느 경우이든 다음과 같은 3가지의 목표는 거의 공통된 것으로 볼 수 있다.

첫째, 물질자료를 통한 문화의 복원이다. 전술하였듯이 문화 그 자체는 비가시적이며, 문화적 행위에 수반되었던 물질자료만이 고고학 자료로 남아 발견될 수 있다. 따라서 물질자료에 나타나는 정형성을 토대로 당초의 문화를 복원하는 일은 그 대상 시공을 불문하고 모든 고고학 연구의 제1차적인 목표가 되어야 한다.

둘째, 그렇게 복원된 개별 문화들의 시공간적 궤적을 파악하는 일이다. 이를 흔히 문화에 대한 역사(Culture History)라 한다. 이는 20세기 전반까지 전 세계 고고학의 가장 중요한 목표가 되었던 것으로서 고고학의 후발자라 할 수 있는 한반도 고고학의 발전을 위해서도 반드시 달성되어야 할 당면 과제이다.

마지막으로 복원된 문화들의 개별사(個別史)를 통해 얻어지는 문화변동 과정에 나타나는 보편적 정형성(定型性)을 추구하는 일이다. 이는 각 개별 문화들의 시공간적 변천과정, 즉 특수성을 충분히 이해한 바탕 위에 그 결과를 연문화적(連文化的)으로 비교해 봄으로써 비로소 얻어지는 것이라 할 수 있는데, 그 결과는 흔히 고고학 이론이라 부르는 것이 된다.

고고학의 조사 및 연구 절차는 자료의 수집과정인 발굴조사 등의 야외조사, 자료에서 정형성을 인지하는 분석 및 정리 과정, 그리고 자료에 대한 평가 및 해석 단계 등으로 구분해 볼 수 있다. 위에 든 고고학의 학문 목표들은 이들 각 과정이 착실히 진행된 바탕 위에 비로소 가능함은 두말할 필요 없으나 첫째 목표인 문화복원은 특히 발굴조사 단계의 고고학 자료 맥락(Context)을 가장 중요한 근거로 하며, 두 번째의 목표인 개별 문화의 역사는 고고학 자료에 대한 정치한 편년(Chronology)이 바탕이 되어야 하는 만큼 특히, 분석 및 정리 단계의 성공적 수행 여부에 밀접한 영향을 받는다. 그리고 고고학 자료에 대한 평가 및 해석은 세 번째 고고학 목표와 밀접한 관계에 있다.

III 고고학 연구의 과제

1. 문화복원

앞서 본 고고학과 그 학문 목표는 얼핏 보면 우리의 고고학 조사 현장과 다소 거리가 있는 것으로 느낄 수 있으나, 사실 그렇지 않다는 것이 필자의 생각이다. 우선, 물질자료인 고고학 자료는 인간의 문화행위의 산물이라는 인식만 투철하여도 여러 현장조사에서 발견되는 유물이나 유구에 대한 이른바 '성격' 파악에 더욱 많은 관심을 가지게 될 것이다. 대부분의 현장조사에서 단지 편린으로 남아 있는 유물이나 유구는 어떤 문화행위의 결과물인지에 대한 천착조차 없이 의미 없는 형태 실측이나 재질 및 재원 기술만으로 대체될 뿐이었던 작금의 관행을 반성케 할 것이다. 발굴조사는 남아 있는 상태 그대로 노출시킨 유물이나 유구의 관찰기를 작성하는 것이 목표가 아니다. 그를 통해 현재는 비가시적인 인간의 문화행위를 복원하여 학계에 보고하는 것이 기본적인 목표임을 몰각해서는 안 된다.

따라서 모든 발굴조사 보고서에서 기본적으로 다루어야 할 고찰의 내용은 고고자료로 남아 있는 유물이나 유구가 어떤 부류 혹은 영역의 인간 행위와 관련된 것인지, 구체적으로 어떤 문화행위의 산물인지를 규명하기 위한 것이다.

2. 문화사

위에서 제시한 두 번째 목표인 특정 문화의 시공간적 궤적 파악은 개별 보고서에서 다루기는 그 범위가 크고 실제로 단일 유적 조사 결과에서 그것을 파악하기는 매우 어렵다. 그렇지만 관련 고고학 자료가 축적된 분야에서는 그러한 학문 목표를 지향하여야 하며, 그것은 고고학이라는 학문의 중요한 목표라는 인식을 환기할 필요가 있다.

사실, 한국고고학에서 개별 '문화'를 고고학 자료를 통해 설정 혹은 인식한 예가 극히 드물며, '문화'로 명명(命名)하기 위한 실제적인 학술과정에 대한 공통인식도 찾아보기 어렵다. 이를 위해서는 고고학의 형태단위에 대한 개념 정의와 인식을 공유할 필요가 있다. 무분별하게 사용되고 있는 'OO문화'가 서로 다른 수준의 개념이 착종되어 있는 경우가 많다. 예컨대, '한국의 신석기문화'와 '빗살문토기문화'에서 '문화'의 개념은 같지 않다. 이러한 문제를 해소하기 위해서는 적어도 일정한 가이드라인으로서 고고학 형태단위에 대한 개념에 관심을 가질 필요가 있다.

고고학 자료에 대한 분석 및 정리 과정은 무질서하게 보이는 자료에 질서를 부여하는 행위라 할 수 있으며, 그 질서는 시간(Time), 공간(Space), 그리고 형태(Form)라는 3개의 차원을 축으로 정리하는 것을 의미한다. 그리고 이는 또한 자료에서 정형성(Pattern)을 인지하는 과정이기도 하다. 고고학 자료의 형태분석과 관련하여 그 결과 얻어지는 고고학의 여러 형태단위들의 개념 및 그 인지과정은 다음과 같다.

먼저, 고고학의 형태단위들에 대한 것이다. 고고학 형태단위들로는 '고고학적 문화(Archaeological Culture)', '類型(Assemblage)', '型式(Type)', '遺物個體(Artifact)', '屬性(Attribute)' 등이 있는데, 이들은 차례로 상하의 위계적인 관계에 있다.

고고학적 문화란 일정한 지리적 분포범위 내에서 여러 유형들에 반복적이고 일관되게 나타나는 특정 유물형식들의 집합체로 정의된다. 이는 동일한 인간 집단이 문화행위를 영위하면서 수반된 다양한 분야의 물질적 흔적으로 이해될 수 있다. 이러한 의미에서 볼 때 실제로 우리가 한 유적에서 채집한 고고학 자료들은 특별한 경우를 제외하고는 원칙적으로 그러한 고고학적 문화의 부분들일 가능성이 매우 높다. 그러한 관점에서 이들을 고고학적 문화의 부분문화(Subculture) 또는 부분문화들이라 할 수 있다.

유형이란 '유물조합'으로도 부르는데, 동일한 시간 범주에 드는 여러 유물형식

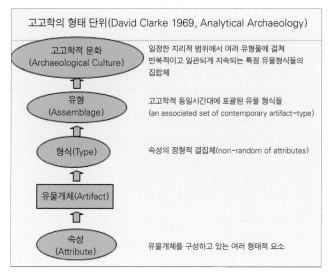

그림 2 고고학 형태단위의 위계적 구조

들(An associated set of contemporary artifact-types)로 정의되는데, 동일한 인간집단이 특정 동시간대에 제작 사용하였던 여러 유물형식들로 이해될 수 있다. 하나의 고고학적 문화는 서로 다른 시간대에 속하는 복수의 유형들로 구성되어 있다고 할 수 있다. 한편 동일한 제작사용집단 안에서 나타나는 복수의 제작기술 속성들의 결집들을 '기술적 유형(技術的 類型, Technological Assemblage)'이라 한다. 이 경우 앞의 유형을 '문화적 유형(文化的 類型, Cultural Assemblage)'이라 특칭할 수 있다. 기술적 유형들은 일반적인 재질분류로서의 '토기', '석기', '철기' 등에도 적용되지만 특히 동일 재질 안에서의 제작기술상의 차이에 주로 해당된다. 다시 말하면, 개념 정의상 토기기술적 유형, 석기기술적 유형, 철기기술적 유형이라는 용어의 사용이 가능하다. 이 경우 관용적 표현으로서의 "토기문화", "석기문화", "철기문화" 등과 같은 의미가 된다. 그러나 필자는 특히 단일 재질의 유물군 안에서의 세분 개념으로만 사용하고자 한다. 이를 정리하면 아래와 같다.

유형(Cultural Assemblage): 동질적 문화전통을 가지고 있으면서 고고학적 동시
간대로 포괄될 수 있는 제작·사용집단에 의해 제작·
사용된 일련의 유구 및 유물군.
예) 송국리 유형, 가락동 유형

부분유형(Subcultural Assemblage): 동일 유형 내에 포함된 상이한 부류의 유구 및 유물군.

예) 석기 부분유형, 토기 부분유형

기술적유형(Technological Assemblage): 동일 유형 내의 동일 부류 내에서의 상이한 제작기술의 유구 및 유물군.

예) 적색마연토기 기술적유형, 흑색마연토기 기술적유형

일정한 공간범위 내에서 동일한 유형의 고고학 자료들이 반복적으로 확인될 경우에는 해당 유형을 표지(標識)로 하는 고고학적 문화로 부를 수 있다.

형식이란 일련의 유물들에서 일관되게 나타나는 서로 관련된 속성들의 결집체로 정의되는 것으로 고고학 연구의 가장 기본적인 형태 단위라 할 수 있다. 형식군(型式群, Type Group), 형식(型式, Type), 식(式) 또는 아형식(亞型式, Subtype) 등으로 세분하기도 한다. 1960년대 형식의 실재(實在) 여부를 둘러싸고 스폴딩(Spaulding)과 포드(Ford) 사이에 논쟁이 있기도 하였으나 형식은 실재한다는 입장이 우위를 점하고 있다. 스폴딩은 형식을 '속성들의 정형적 결집(non-random association of attributes)'으로 정의하고 그것을 발견하는 구체적인 방법으로서 x^2검증을 사용하였다. 한편, 형식의 의미와 관련하여 형식은 기능을 나타낸다는 주장과 시간적 공간적 지표(Time-space Index)를 나타낸다는 주장이 서로 대립하기도 하였으나 이는 특정 형식을 구성하는 속성들의 성격에 따라 그들의 결집체인 형식이 지니는 의미는 서로 다를 수 있는 것으로 보아야 한다. 예를 들면, 재질이나 제작기법과 관련된 속성들의 정형적 결집체로서의 형식은 기술적인 차이를 반영하는 형식이 되는 데 비해 크기나 전체 형태를 결정하는 속성들의 정형적 결집체로서의 형식은 기능적인 차이를 반영하는 것이 되며, 장식적 속성이나 미세한 기형변화를 나타내는 속성들의 정형적 결집체로서의 형식은 제작집단 또는 시간적인 차이를 반영하는 형식이 될 것이다.

속성이란 개별유물을 구성하고 있는 여러 형태적 특징으로 정의된다. 특정 유물을 구성하고 있는 속성의 종류와 수는 관찰자에 따라 다르므로 일정하지 않다. 각 속성은 속성상태(Attribute State)로 나타나는데, 예를 들면 토기의 '구경(口徑)'이라는 것은 속성이며 그 구체적인 값을 '10cm'라 한다면 이는 속성 상태인 것이다.

속성은 여러 가지 기준으로 구분될 수 있으나 유물의 제작 행위가 진행되면서 속성상태가 결정되는 단계별로 구분해 보면 대략 다음과 같은 3가지 속성으로 구분된다. 기술적 속성(Technological Attribute), 기능적 속성(Functional Attribute), 양식적(樣式的) 속성(Stylistic Attribute) 등이 그것이다. 토기를 제작하는 과정을 상정해 보면 쉽게 이해될 것인데, 먼저 제작자는 어떤 재료를 써서 만들 것인가를 결정할 것이고, 다음으로는 어떤 기능을 가진 토기를 만들 것인가를 결정하며, 마지막으로 표면의 처리방식이나 장식문양 등을 결정할 것이다.

여기서 잠시 양식(樣式)의 의미에 대해 생각해 보기로 한다. 사전적 의미의 양식이란 '어떤 행위를 하는 특정 방식(a way of doing)'으로 정의된다(Sackett 1990). 즉, 동일한 기능을 목표로 하지만 그것에 도달하는 구체적인 방식은 서로 다를 수 있는데, 이때 각각의 구체적인 방식들을 양식이라 할 수 있다. 이러한 의미의 양식을 '동위행위론적 변이(Isochrestic Variation)'라 부르기도 하는데, 여기서 'iso'는 그리스어로 '같다'는 뜻이고 'chresto'는 '쓰임새'를 의미한다. 그렇지만 특정 유물을 놓고 어떤 것이 기능을 반영하는 속성이고, 어떤 것이 양식을 나타내는 속성인가를 구체적으로 가려내는 일은 쉽지 않다. 다만 유물군들이 나타내고 있는 형태적 다양성의 총량을 상정할 수 있다면 이는 '기능'과 '양식'이라는 두 가지 근원에서 비롯된 다양성으로 설명될 수 있다는 원칙론적 입장으로서 고고학자료를 관찰 분석하는 데에 비교적 유용한 것으로 이해된다.

다음은 속성상태의 존재양태에 의한 속성의 구분이다. 이에는 단절적 속성(Discrete Attribute)과 연속적 속성(Continuous Attribute)이 있다. 토기 고배를 예로 들어 보면, "투창의 형태"라는 속성은 단절적인 속성이고 '높이'나 '구경'과 같은 속성은 연속적 속성이다. 전자는 '장방형' 또는 '삼각형' 등으로 표현될 것인데, 이는 그 사이의 연속적인 값이 없는 그 자체로서 완결된 독립상태이다. 반면에 후자는 '10cm', '12cm' 등으로 나타날 것인데 이들은 모두 연속적인 값 가운데 하나이다.

마지막으로 속성상태의 표현방식에 따른 구분이 있다. 명명적 속성(Nominal Attribute)과 계량적 속성(Quantitative Attribute)이 그것이다. 전자는 주로 질적 속성의 경우인데, 역시 토기를 예를 들면 '표면색'이라는 속성은 '흑색', '황갈색' 등의 범주적이고 명칭적인 속성상태로 나타날 것이며, '구경' 등은 '10cm'와 같이 양적으로 나타날 것이다.

3. 고고학 이론 지향

문화행위에 대한 복원을 바탕으로 개별 문화의 시간적 공간적 궤적, 즉 문화사를 재구성하였다면, 이제 서로 다른 문화의 시간적 공간적 궤적과 비교 검토함으로서 특정 문화의 역사를 넘어서 인류 문화사가 가지는 보편성을 추구할 필요가 있다. 이는 물론 개별 유적 단위 보고서에서 다룰 수 있는 기회는 흔치 않으나 적어도 고고학의 가장 중요한 학문 목표 가운데 하나이므로 한국고고학의 학문 목표로서 인식할 필요가 있다.

연문화적인 비교를 통해 반복적으로 관찰되는 정형성 혹은 보편성을 '고고학 이론'이라 한다. 사실, 우리 학계에서 '고고학의 이론과 방법'을 고고학 자료 생산 현장이나 조사 결과를 고고학 자료화한 보고서의 내용과는 동떨어진 것으로 여기는 경향이 있는 것 같다. 마치 별도의 이론과 방법이 기성품으로 구비되어 있는 도구처럼 이해하는 이들도 있을지 모르겠다. 고고학 이론이란 비가시적인 문화 및 문화행위와 그 산물 혹은 매개물로서 남아 고고학 자료로 인식되는 물질자료 사이의 반복적이고 보편적인 관계 설명을 말한다. 따라서 대부분의 상위 고고학 이론은 가설적인 성격이 매우 강한 것으로서 계속적인 발굴조사를 통해 검증이 누적되어야 하는 것이다. 이러한 의미에서 특정 문화에 속한 개별 유적 조사 연구를 주내용으로 하는 보고서에서도 기존의 관련된 고고학 이론에 지속적으로 관심을 가지고 있어야 할 뿐 아니라 그에 대한 검증이나 수정의 필요성 등에 기여하려는 학술적 노력을 기울여야 한다.

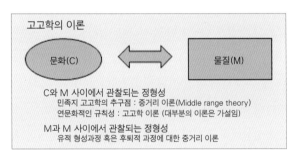

그림 3 고고학 이론의 구조

4. 인간과 역사 지향

고고학 자료는 특정 인간(집단)이 공유하고 있던 '문화'라는 시나리오에 의한 행위(퍼포먼스)에 수반되었던 일종의 소품과 같은 것으로 비유할 수 있다. 대개는 당초의 상태와는 같지 않은 모습으로 남아 있는 소품의 일부분 혹은 편린을 이용하여 구체적인 행위 및 그것이 한 부분이었던 전체 시나리오를 복원하는 것이 고고학의 매우 중요한 일 단계 과제가 된다. 이 과정에서 특정 물질자료와 문화행위 및 그것이 포함된 특정 문화 전체를 연결하기 위한 논리가 필요하게 된다.

그와 관련되는 것으로서 그 논리적 타당성을 담보해 줄 수 있는 것으로는 대략 다음과 같은 3가지가 있다. 민족지적 유추(Ethnographic Analogy), 역사기록(Historical Record), 그리고 고고학 이론이 그것이다.

고고학은 물질자료를 남긴 인간집단이 존재하지 않으므로 인간의 문화행위와 물질자료 사이의 연관성 설정, 즉 설명에 대해 논리적 타당성을 확보할 수 있는 현실적 수단은 이 세 가지밖에 없다. 민족지적 유추는 물질문화가 유사한 인간집단에 대한 관찰을 통해 고고학 자료를 해석하는 것인데, 이는 대체로 선사고고학에 주로 활용된다.

역사기록은 역사시대 고고학 자료 해석에 사용되는 것으로서 이 경우 역사기록에 대한 엄정한 사료 비판이 전제되어야 함은 물론이다. 대부분의 경우 역사기록은 그 기록을 남긴 시점이나 사람(들)의 관심 분야에 국한되어 있어 고고학 자료에 대한 해석에는 직접적으로 도움이 되지 않는 경우가 많으나 적어도 기록들을 통해서 당시의 역사적 맥락을 구축해 볼 수는 있고 그러한 맥락 속에서 고고학 자료를 해석하는 것은 매우 중요하다. 한국고고학에서 역사기록과 고고학 자료를 연계 설명하는 것을 마치 고고학의 순수성을 저해하는 것처럼 보는 경향도 없지 않았으나 이는 결코 바람직하지 않으며, 오히려 적극적으로 활용하여야 한다. 개별 문화의 궤적, 즉 문화사는 특수성을 기본으로 하고 있으므로 비록 비교를 통한 연문화적인 규칙성이 인지되어 어느 정도 보편성을 획득한 이론이더라도 그것이 설명해 줄 수 있는 영역은 그다지 많지 않기 때문이다. 그런 점에서 고고학 이론은 개별 문화의 고고학 자료 해석에서는 최후로 적용하여야 할 준거라 할 수 있다. 이러한 두 가지 근거는 연문화적으로 검증된 고고학 이론과 함께 활용하면 더욱 효과적임은 두말할 필요 없으나, 고고학 이론의 적용에는 신중을 기할 필요가 있다.

한편, 우리나라의 경우 조선시대 지지(地誌)들에는 풍부한 자료들이 남아 있다. 가령 각 지역의 특산물, 취락의 분포, 인구규모 등에 대한 기록은 비록 시기는 다르나 선사시대의 고고학 자료 해석을 위한 역사민족지적 근거로 충분히 활용될 수 있다. 시공을 초월한 민족지자료에 비해 적어도 공간을 공유하고 있다는 점에서 훨씬 자료적 가치가 높기 때문이다.

IV 고고학 조사

고고학의 현장조사는 지표조사와 굴토조사로 구분할 수 있으며, 전자는 대개 후자를 위한 유적 확인 등 예비조사적인 성격을 띠는 경우가 많다. 유적(site)의 존재 여부를 조사(survey)하는 것을 영어권에서는 '유적탐색(site survey)'이라 하고, 프랑스어권에서는 '진단조사(gestion de diagnostic)', 중국에서는 '보사(普査)' 등으로 부르고 있다. 그 가운데 행정절차의 하나로서 매장문화재 존재 여부를 확인한다는 의미로서 프랑스의 '진단조사'가 현행 우리의 '지표조사'와 가장 가까운 듯하다. 이런 의미에서 '지표조사'를 '매장문화재 진단조사', '유적 진단조사', '고고학 진단조사' 등으로 부르는 것이 더욱 적확한 표현일 수도 있다.

아무튼, 지표조사는 그 자체로도 훌륭한 고고학 자료 획득 방법이기도 하다. 각 시대별 인간의 토지활용에 나타난 정형성을 파악하는 데에 적절한 자료가 되고, 광범위한 지역을 대상으로 이루어진 지표조사 결과는 광역한 분포정형 파악이 중요한 취락유형(settlement pattern) 등 연구에도 매우 좋은 자료가 될 수 있다. 한편, 구제조사와 같은 경우 지표조사는 유적의 존재 여부를 정확히 파악하여야 하는 진단조사에 해당하는데, 이 경우에는 각 시대별 토지활용 정형성 및 취락유형 변천 등의 내용이 중요한 참고사항이 된다. 여기서 잠시 그에 대해 살펴보기로 한다.

1. 토지활용 정형의 변천

인간의 문화적 역량은 시대의 변화와 더불어 변천하였는데, 대체로 진화과정이었다고 보는 것이 일반적이다. 예컨대 기술적 수준이라 할 때 그 정도에 따라 인간이 활용할 수 있는 환경 혹은 공간도 다를 것이다. 고고학적인 시기구분에 따라 해당 시기 유적의 분포가 달라지는 이유이다. 이러한 관점에서 우리가 특정 시기 혹은 고고학적 시대의 인간들이 어떠한 환경 혹은 토지를 가장 선호 내지는 집중적으로 활용하였는지를 알면 동시기 유적이 존재할 가능성이 높은 곳을 예상할 수 있다. 이를 '토지 활용 패턴(land use pattern)'이라 하는데, 그것은 문화의 변천에 따라 달라짐은 물론이다.

구석기시대는 인류의 생활이 주로 타제석기라는 도구체계에 의존하던 때이다. 석기 이외에도 짐승의 뿔이나 뼈, 그리고 목제품 등 유기질제 도구도 사용하였을 것으로 추정되나 오랜 세월의 경과에 의해 부식 소멸되어 거의 전적으로 타제석기만이 당시 생활의 일면을 전해 주고 있다. 따라서 구석기유적은 현실적으로 타제석기의 분포지점을 의미하는 것이다. 그러나 타제석기가 채집 또는 출토되는 지점 그곳이 바로 당시 사람들의 행위가 있었던 것을 말하지는 않는다.

구석기인들의 생활이 구체적으로 어떠하였는지를 보여주는 직접적인 고고학 자료는 매우 드물지만 그 무렵의 생활과 매우 유사했을 것으로 추정되는 방식을 유지하고 있는 미개사회의 민족지자료를 참고하면, 대략 25-30여 명으로 구성된 무리가 하나의 생활단위가 되어 부단히 옮겨 다니면서 사냥이나 채집으로 생계를 유지하였을 것으로 추정된다. 이들의 생활영역은 이후의 정착인들에 비해 매우 넓어서 인구밀도는 $0.15-0.2$인$/km^2$로 추산된다. 이는 현재의 남한지역에 약 2만여 명 정도가 사는 것에 해당한다. 이처럼 인도밀도는 낮으나 매우 넓은 지역을 대상으로 이동하였으므로 그에 수반된 석기 등 생활도구의 분포 범위도 이후의 정착 생활인들에 비해 광범위하다.

한편, 생활과 관련되어 남겨진 물질자료 가운데 그 자리에 그대로 남아 있는 경우는 극히 드물다. 시간의 경과와 더불어 침식, 퇴적, 재침식, 재퇴적 등의 과정을 반복하면서 당초의 행위지점과는 전혀 다른 곳으로 옮겨진 경우가 대부분이다. 아무튼, 그러한 과정을 겪어 최종적으로 지금까지 남아 우리들에게 발견될 수 있기 위해서는 당시 사람들이 밟고 다녔던 토양(土壤) 즉, 옛 지표면이 남아 있어야 하는데, 그러한 예는 지금으로부터 비교적 가까운 과거인 후기 구석기시대의 경우도 극히 예외적이다. 대부분은 당초의 위치에서 옮겨진 석기 등이 퇴적토층 속에 포함되어 있다가 발견되는 것이다. 그러한 퇴적토층은 대체로 물에 의해 형성된 고하상 또는 하천주변

퇴적토층이 많은데, 우리가 흔히 붉은 점토라 부르는 매우 점성이 강한 고운 흙층이 바로 그러한 것들이다. 현재는 주로 벽돌이나 토기, 기와 등을 만드는 원료로 사용되고 있는 점토층이므로 구석기유적의 분포는 대체로 벽돌공장이나 기와공장 등의 분포와 일치되는 경우가 많다. 그리고 현재의 지형상으로는 대체로 표고 50m 이하의 저평한 구릉사면, 곡간, 또는 하안단구 등이 많다.

유적의 입지적 특징은 거의 대부분 하천유역에 형성된 이른바 '고토양대(古土壤帶)'이다. 토양(土壤, soil)이란 지각을 구성하는 물질 가운데 지표면에 해당되는 부분으로서 인간을 비롯한 동식물의 서식면이 되는 토대를 말한다. 시간의 경과와 함께 그러한 표면은 침식되어 없어져 버리거나 매몰되어 퇴적층의 상면(床面)으로 남아 있기도 한데, 현재의 토양 아래에 매몰되어 있는 토양, 즉 오래전에 인류나 동식물의 서식면이 되었던 지표면을 고토양(古土壤)이라 한다. 고토양 가운데 구석기시대에 해당하는 홍적세에 형성되어 고인류의 생활이 이루어졌던 상면도 그대로 남아 있을 수 있으며, 그곳에는 석기를 비롯한 생활의 흔적이 고스란히 남아 있을 수도 있다. 불을 피운 자리나 주거지 등의 유구(遺構)가 발견되거나 석기 제작 또는 짐승의 사냥 및 도살 흔적이 잘 남아 있을 가능성이 높은 곳은 바로 그러한 고토양의 상면이다.

그러나 퇴적층의 형성 과정이 거의 대부분 물의 작용에 의한 경우가 많은 한반도지역에서는 기후변화 및 해수면변화 등에 연동되어 침식되기 쉬워 하안단구나 해안단구의 형태로 일부만이 잔존하는 예가 대부분이다. 비록 고토양의 상면은 아니더라도 토양화가 진행되었던 층의 일부분에 석기 등이 잔존하거나 원래의 행위가 이루어졌던 곳으로부터 얼마간 이동된 석기를 포함하고 있는 경우가 일반적인데, 그러한 석기의 존재를 통해 구석기유적을 인지할 수 있다.

한반도의 경우 구석기를 포함하고 있는 층은 일반적으로 물에 의해 형성된 수성퇴적으로서 퇴적 이후 오랜 시간의 경과로 인해 경도가 매우 높아 굴토가 쉽지 않다. 한편 점토 성분이 많은 특성으로 인해 상대적으로 보습성이 높고 토질이 비옥하므로 식생의 발달과 함께 그에 의존하는 동물상도 풍부하다. 따라서 그를 이용하는 인간의 생활 터전이 되기에도 적당하다. 이러한 까닭으로 고토양대가 분포하는 곳에는 농경을 주로 하는 청동기시대의 취락이 형성된 경우가 많으며, 그러한 점토층은 논농사에도 알맞아 선사시대 경작지가 분포하는 예도 많다.

잘 알려진 바와 같이 구석기시대의 기후환경은 지금과 달랐다. 특히 최후 빙하기의 흔적은 고토양에도 잘 반영되어 있다. 춥고 건조한 기후조건 하에서 형성된 것으로 보는 이른바 토양쐐기의 발달이 특징적으로 나타난다. 한반도 남부지역의 경우 대체로 두 차례의 토양쐐기가 형성된 것으로 드러나고 있는데, 현재의 토양 상면에 가까운 윗부분을 제1 토양쐐기층, 그 아래에 형성된 것을 제2 토양쐐기층이라 부른다. 이들의 형성 시점에 대해서는 연구자 간의 의견 차이도 있으나, 최근의 연대측정 결과를 종합한 연구(김명진 2010)에 따르면, 제1 토양쐐기층은 2만 5,300~2만 4,400년 전에 형성되었고 제2 토양쐐기층은 6만 800년 전 무렵에 발달된 것으로 드러나고 있다.

신석기시대는 강원도 오산리유적에서 출토된 토기를 근거로 기원전 6000년경에 시작되는 것으로 이해하고 있었으나, 그보다 더 이른 단계로 추정되는 토기가 제주도 고산리에서 확인되었다. 1988년 그곳에서 융기문토기 1개체가 발견되어 소개된 이후 같은 지점에서 1994년에는 세석기가 추가로 발견되어 이들이 같은 시기의 것일 가능성이 높아졌다. 고산리 세석기는 약 6,300년 전에 일본의 큐슈 지역에서 분출한 화산재층 아래에서 나온 일본의 세석기와 유사하여 그 시기를 간접적으로 가늠할 수 있을 뿐 아직 정확한 연대 비정의 근거는 마련되어 있지 않다. 그러나 현재 전 세계적으로 가장 이른 시기의 토기로 인정되는 연해주·일본 등지의 토기는 기원전 1만 년 이전으로 올라가고 있으므로 고산리 토기 역시 거의 같은 시기일 가능성을 배제하기 어렵다.

한반도 신석기시대는 초창기, 조기, 전기, 중기, 후기 등 5단계의 구분이 가능하다. 전기는 대동강유역 및 한강유역의 서해안을 중심으로 하는 전형적인 즐문토기(櫛文土器)의 출현으로 대표되며, 중기는 빗살문 이외의 격자문·횡주어골문·집선문 등 다양성이 증가하는 양상을 보이며, 후기는 이중구연 토기와 함께 무문양화의 진전이 특징이다.

유적의 입지는 도서 및 해안에 위치한 것과 내륙의 주요 하천변의 구릉지에 위치한 것으로 구분할 수 있으며, 입지에 따라 유적의 성격도 차이가 나서 도서 및 해안은 대부분 패총인데 비해 내륙 입지 유적은 수혈 및 1~2기의 주거지로 구성된 취락으로 나타나고 있다. 원시농경단계의 사회발달 정도는 대략 200~300명 정도의 구성원으로 이루어진 씨족(氏族)이 최상위 사회단위였던 것으로 이해된다. 개별 유적에서 확인된 주거지들은 그러한 씨족의 구성원이었던 개별 동거(同居)집단으로 생각된다.

이들은 족외혼(族外婚, 배우자를 단위집단의 외부에서 구하는 혼인제도)의 한 단위가 되는 혈연집단으로서 모계중심의 씨족이 부계중심의 세대공동체(世帶共同體)로 분화되는 과도기에 해당하는 친족집단(親族集團)으로 볼 수 있다.

이들의 생업형태는 굴지구, 갈돌 등의 출토유물로 미루어 견과류, 구근류 등의 식물이나 관리재배 혹은 농경 곡물 등을 활용하는 방식일 가능성을 상정할 수 있다. 본격적인 곡물 농경 이전의 신석기문화는 비농경신석기문화라 부르는데, 이러한 형태의 신석기문화는 북유럽, 시베리아, 일본열도 등 광범위하게 분포하고 있다. 이들은 다양한 식량자원이 비교적 좁은 공간에 밀집되어 있는 이른바 생태전이지대(生態轉移地帶, ecotone)에 정착하여 그 주변의 자원을 활용하는 방식을 선호하였는데, 그러한 유리한 조건을 고루 갖춘 곳이 바로 산지와 가까운 대하천변이나 해안가이므로 이들의 주거지는 주로 그러한 곳에 위치하고 있다.

청동기시대는 농경이 본격적으로 시작되는 시기인데, 특히 논농사의 보급과 더불어 지금의 농촌마을의 원형이 형성된 것으로 추정된다. 우리의 전통마을 모습은 작은 개울을 앞에 두고 양지바른 산 아래 옹기종기 모여 있는 초가 그리고 그 주위의 그다지 넓지 않은 문전옥답들로 연상된다. 그러한 마을의 풍경은 지금으로부터 약 1,300여 년 전인 기원전 700년 무렵에 등장하였던 것으로 이해된다. 화전농법에 의한 밭농사에 비해 노동력의 지속적인 투입이 요구되기는 하지만 한곳에 거의 영구적으로 정착할 수 있는 집약적인 정착농경으로서의 논농사가 몰고온 새로운 생활방식의 결과였다. 그와 함께 토지에 대한 새로운 인식도 나타났다. 종래의 채집경제나 화전농경과 같은 이동성이 높은 생계방식 하에서는 인간의 노동력에 비하면 토지 그 자체는 그다지 중요한 생산요소는 아니었지만, 지력 유지나 관리를 위해 많은 노동력이 지속적으로 투입되어야 할 뿐만 아니라 항구적으로 그것을 토대로 생계를 꾸려 가야 하는 정착농경에서는 노동력보다는 이제 땅이 더욱 중요하게 되었다. 따라서 토지는 일시적인 활용의 대상이 아니라 노동이 투자된 소유재산으로서 인식되기에 이른다. 한편, 토지에 대한 소유개념이 등장하면서 선산(先山) 즉, 공통의 조상을 토대로 하고 있는 일정범위의 혈연적 관계에 있는 사람들이 독점적으로 묻히는 매장공간이 형성되기 시작하였다. 특정 개인이 어떤 곳의 토지에 대해 가지고 있는 권리주장의 근거는 자기의 조상들이 이미 그 토지를 활용 또는 소유하여 왔다는 것일 테고 이때 그 유력한 증거가 되는 것은 그 땅에 묻혀 있는 조상들의 무덤 즉, 선산이기에 그러한 묘역 조성은 토지소유 또는 점유표시로서의 역할을 하게 된 것이다. 청동기시대의 대표적인 무덤인 고인돌이 처음으로 축조되는 시기가 농경이 본격적으로 행해지던 시기와 대체로 일치되고 있는 것은 고인돌이 가진 그러한 기능과 깊은 관련이 있다. 이런 점에서 고인돌이나 무덤군의 분포는 곧 인접한 곳에 취락이 있음을 알려 주는 지표가 된다.

농경과 함께 점차 인구가 증가하면서 취락의 분포는 점점 조밀해지는데, 청동기시대 취락의 분포 밀도를 보면 처음 반경 4~3.5km → 반경 2.5km → 반경 2km 등으로 점차 줄어들고 있다. 즉, 시간의 경과와 더불어 정주취락의 분포는 점차 포화상태에 이르게 된다. 그에 따라 취락들 사이에 우열이 발생하면서 사회적 복합도(social complexity)가 증가되고 마침내 국가가 성립된다.

고조선 유이민의 남하로 인해 야기된 고인돌사회의 해체와 일련의 새로운 질서의 형성은 마한(馬韓)사회의 출현과정으로 이해된다. 처음 이들은 선주(先住)하고 있던 고인돌사회 주민들과의 마찰을 피할 수 없었다. 이들이 남긴 유적의 입지가 일상적으로 사람이 살기에는 부적합한 산 위와 같은 고지대(高地帶)인 점은 그러한 당시의 사정을 말해 주고 있다. 이러한 상황을 잘 보여주는 것은 대전 보문산성 성벽 절개조사시 드러난 유적인데 이와 동일한 성격의 유적으로는 보령의 교성리(校成里)유적이 있다. 교성리유적은 남한지역으로 내려온 고조선 유이민 관련 유적으로는 가장 이른 예에 해당된다. 보령 오천항이 내려다보이는 산 정상에 위치한 교성리유적의 입지는 대전의 보문산유적과 더불어 처음 남하한 고조선 유이민들과 토착 고인돌사회의 주민들과의 긴장관계를 잘 보여주고 있다. 그리고 이 유적이 항구에서 가까운 지점에 위치하고 있는 것으로 미루어 당시의 고조선 유이민들이 바다를 통해 가장 먼저 오늘날의 충남지역에 상륙하였을 것으로 추정할 수 있다.

초기의 마찰과정을 지나면서 이들은 점차 토착 고인돌사회를 동화 또는 재편하게 된다. 그에 따라 마을단위로 흩어져 있던 고인돌사회는 보다 광역한 범위에 걸쳐 있는 다수의 마을들이 하나로 통합된 새로운 사회로 변모된다. 고조선 유이민의 남하로 인해 야기된 고인돌사회의 해체 및 그 이후 일련의 새로운 질서의 형성은 마한(馬韓)사회의 출현으로 이해된다.『삼국지(三國志)』위서(魏書) 동이전(東夷傳) 한(韓)조에는 모두 54개의 마한 소국(小國)이 열거되어 있다. 대략 현재 군단위의 핵심 지역중심지마다 마한의 국(國)이 자리하고 있었던 것으로 볼 수 있다.

원삼국시대 이후의 취락은 대체로 전통 취락과 입지가 중복되는 까닭에 취락 그 자체가 고고학적으로 확인되는 경우는 드물다. 현재까지 확인된 자료에 의하면 한강유역을 포함한 중서부지역의 경우 백제의 국가 성립기에 해당하는 3세기 후반~4세기 전반에 걸치는 시기의 취락은 상대적으로 고지(高地)에 입지한 예가 있는데, 이들은 그 이후 지속되지 않고 소멸되는 양상을 보이고 있다. 그러나 일반적인 경우는 취락 그 자체보다는 취락의 인근에 위치하고 있었을 것으로 추정되는 분묘군을 통해 취락의 입지를 짐작할 수 있는데, 이들은 대체로 현재의 읍면 소재지로부터 최대 3.5km 이내의 범위에 위치하는 정형성을 보이고 있다. 이들 원삼국시대 분묘군은 대체로 당시의 중심취락마다 분포하고 있었을 것으로 판단되므로 그 분포는 지석묘의 분포로 추정되는 청동기시대 후기의 취락 수보다 훨씬 적을 것이지만, 청동기시대에 취락이 없던 곳에 새롭게 원삼국시대 취락이 등장한 예는 현재까지 알려진 고고학 자료상으로는 거의 없으므로 결국 원삼국시대 취락 및 분묘유적은 청동기시대 후기 이후 취락의 부분집합이라 할 수 있다.

2. 시기별 유적 분포 정형

청동기시대는 한반도에서 본격적인 농경이 시작된 시점으로서, 특히 논농사가 본격화된 청동기시대 후기(송국리유형) 이후의 취락은 1970년대 이전 전통 농촌취락의 입지와 기본적으로 일치되는 것으로 보아도 좋다. 청동기시대 이후 취락들 간에 위계가 발생하고 사회통합이 진전되면서 상위취락 혹은 중심취락은 초기철기 및 원삼국시대에도 그 역할이 크게 바뀌지 않는 경우가 많다. 이들은 다시 국가 성립 이후 삼국시대의 지역 중심지로 성장하여 지금의 읍·면 단위와 같은 전통적인 지방 중심으로 남아 있다. 따라서 청동기시대의 각급 취락의 인지는 이후 농경을 기반으로 한 각 시대의 취락 유적의 발견과도 밀접한 관련을 가진다.

그러나 청동기시대 전기의 취락과 같이 구릉의 정상부를 선호한 경우는 이후 재점유 없이 그대로 남아 발견되는 예가 많지만, 논농사의 진전과 더불어 점차 저지대로 내려온 송국리유형 이후의 취락들은 그 이후의 취락과 중복됨으로써 고고자료로 확인되는 예가 점차 줄어드는 경향이 있다. 이러한 상황에서 유용한 참고가 되는 것이 분묘유적이다. 취락의 발달과정을 보면, 청동기시대 전기 늦은 무렵부터 취락의

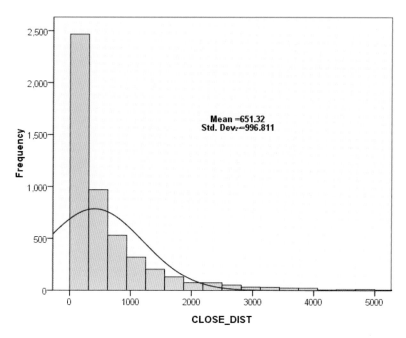

그림 4 지석묘유적과 선사유적 간 최소거리 분포

주거구역과 분묘구역이 분화되기 시작하지만, 그들 사이의 거리가 멀지 않으므로 분묘의 확인은 곧 인접한 곳에 주거구역이 있다는 것을 말해 준다. 대부분의 분묘는 지하에 매몰되어 있어 지표관찰이 불가능하지만 지석묘는 예외이다. 인지가 용이할 뿐 아니라 이동이나 훼손이 쉽지 않아 본래의 위치를 그대로 유지하고 있으므로 청동기시대 이래의 취락유적의 존재를 지시하는 지표로는 최상의 자료이다. 〈그림 4〉는 지석묘유적 인근에 분포하는 선사시대 유적들 사이의 상관관계를 보여주는 것인데, 지석묘 소재 지점 3km 이내에 선사시대 유적이 분포할 가능성이 95% 이상임을 말해 준다.

청동기시대 취락이 입지한 지점의 기반토양은 보통 점성이 강한 점질토로 된 경우가 많은데, 이러한 점질토는 구석기시대의 고토양(古土壤)으로서 점유된 예가 많아 구석기유적 분포와도 밀접한 관련이 있다. 그리고 청동기시대 취락이 입지한 주변 저평지는 수전(水田)과 같은 선사시대 경작유적이 존재할 가능성도 높은데, 특히 점질토는 청동기시대 이래 수전으로 선호되는 토양조건이기도 하다.

원삼국시대 취락은 전술한 바와 같이 그 이후의 취락과 중복되어 지속적으로 점유된 예가 많아 고고학적으로 발견되는 예가 많지 않으나, 그와 인접하여 분포되었던 것으로 추정되는 분묘군은 다수 확인된 바 있다. 지금까지 중서부지역, 즉 마한(馬韓) 지역의 원삼국시대 분묘군의 입지는 전통적인 인구 밀집지역, 다시 말해, 군·읍·면 행정 소재지와 밀접한 연관성을 보이고 있다. 최근 연구(朴淳發 2007) 결과를 보면 대체로 최대 3.5km 이내에 분포하는 정형성을 보이고 있다.

이러한 정형성을 고려할 때 지표조사 시 대상 지역의 역대 위상(位相) 파악은 매우 중요한 참고 사항이다. 지역의 행정편제 연혁(沿革)과 같은 사항은 조선시대 지지(地誌)를 활용하는 것이 편리하지만, 특정 지역이 현행 행정편제에 이르기까지 변화가 있었을 것이므로 대체로 「대동여지도(大東輿地圖)」나 「청구도(靑邱圖)」 등을 참고하는 것이 좋다.

최근 중서부지역을 중심으로 대규모 면적 조사가 속속 진행되면서 중대형 하천 충적지에서 원삼국시대 이래의 대규모 취락이 발견되는 사례가 증가하고 있다. 대표적인 사례가 세종시 나성리(羅城里) 평야에서 발견된 백제시대 지방도시 유적인데, 이와 유사한 예로는 아산 배방유적, 청주 테크노콤플렉스 부지유적, 청주 오송유적 등이 있다. 중대형 하천 충적지는 논으로 활용되고 있는 경우가 대부분이어서 지표 관찰만으로는 단서를 확보하기 어렵다. 따라서 중대형 하천 충적지에 대해서는 고지형 분석 등을 통해 과거의 충적지 지형을 먼저 파악하는 것이 매우 중요하다. 구체적인 고지형 분석 기법은 별도의 학습이 필요하겠으나 적어도 충적지에 대해서는 현재의 지표면을 투시하여 지하의 지형을 짐작해 보려는 노력이 중요하다.

하천변 충적지에서 자연제방이나 배후습지 등 세부적인 지형의 존재를 확인하면 취락뿐 아니라 수전이나 밭과 같은 농경유적도 동시에 확인하는 성과를 거둘 수 있다. 사실 최근 대규모로 확인되는 유적의 대부분은 하천 충적지에 대한 고지형 분석 및 시굴조사 등의 과정을 통해 확보된 것이기도 하다.

사람이 살아가기 위해서는 반드시 필요한 것이 물이므로 하천이 없는 곳에 유적이 입지하기는 어렵다. 다만, 산성이나 보루(堡壘)와 같이 군사적인 목적의 유적은 물의 부족을 인위적인 저수(貯水)시설 구축과 같은 대가를 무릅쓰기도 한다. 그러나 관광유적이 입지한 곳은 해당 시기 교통로와 밀접한 관련을 가지고 있다는 점을 명심하여야 한다. 따라서 관방유적인지를 알기 위해서는 먼저 전통 교통로를 파악하는 것이 중요하다. 대체로 지방도, 국도 등의 공로나 지금은 잘 활용하지 않는 고갯길을 수반한 소로에 연접(連接)한 지점이면서 사방 조망이 유리한 지점을 주목하여야 한다.

　　대부분의 개발 행위는 대도시의 외연이나 중소도시의 인구 저밀도 지역 및 외연인데, 이러한 지역에서 확인될 가능성이 높은 매장문화재 유형들은 위에서 살펴본 바와 같다. 그러나 풍광이 수려한 곳이나 지가(地價)가 높지 않으면서 넓은 지역을 선호하는 리조트 시설이나 골프장 건설부지 등에서는 도자기 가마터가 입지하는 경우가 있다. 생산원가 가운데서 연료가 차지하는 비중이 높은 도자기 가마터의 경우 적당한 량의 수원(水源)과 원료 점토가 있는 곳에 입지하는 예가 많다.

3. 발굴조사

흔히 우리는 발굴조사를 구제발굴과 학술발굴로 구분하고 있다. 구제조사는 개발에 따른 지형변경에 수반하여 멸실 위기에 처한 고고학 자료를 획득하는 것임은 두말할 필요 없거니와 미국의 경우 조사비의 부담이 개발 시행자(또는 정부)와 고고학자 사이의 계약으로 확보되므로 흔히 '계약발굴(Contract Excavation)'이라고 하며, 일본의 경우는 행정발굴(行政發掘)이라고 하기도 한다. 그러나 구제발굴과 학술발굴은 그 조사의 동기가 다를 뿐 고고학 자료를 충실히 획득하여야 한다는 점에서 조사내용상의 차이가 있을 수는 없다. 사실 광범위한 지역을 대상으로 대규모 조사가 가능하게 된 것은 바로 구제발굴 때문이며, 그 결과는 고고학 발전에 결정적으로 기여하고 있는 점은 부인할 수 없다. 그러므로 구제발굴과 학술발굴 사이의 심한 불균형을 지나치게 비관하거나 대학을 비롯한 고고학계는 구제발굴을 자제하여야 한다는 주장은 잘못된 현실진단이라 할 수 있다. 특히, 우리나라와 같이 아직 고고학 자료의 축적이 필요한 경우에는 구제발굴에 대한 학술적 관심이 고고학 발전에 매우 중요하다.

　　현대 고고학에서 발굴조사는 유물(Artifact)이나 유구(Feature)의 맥락(Context)을 삼차원적으로 파악하는 것을 기본으로 하고 있으며, 수평적으로는 전면굴토(Area Excavation)를, 그리고 수직적으로 층위발굴(Stratigraphic Excavation)을 통해 이러한 목표에 도달하고 있다. 이는 너무도 당연한 것이지만 초기의 발굴은 유물채집만을 목표에 둔 구멍발굴(Hole Excavation)이었으며, 19세기 중엽~말기까지는 트렌치발굴이 상식으로 여겨졌다. 그 후 20세기 초 사분법(Quadrant Method)이 고안되었으며, 1930년대 그리드법이 적용되기 시작하였다. 그러나 현재와 같은 전면발굴은 1960년대 이후에 보편화된 것이다.

　이러한 발굴조사 방법의 진전에 따라 인간행위의 산물인 물질자료의 정확한 출토 맥락의 파악과 기록이 가능하게 되었음은 물론이지만, 조사자가 현장에서 실제 굴토를 진행할 때 입체적인 맥락을 정확히 파악하고 있어야만 획득된 고고학 자료의 질을 높일 수 있다. 이를 위해 가장 이상적인 굴토방법은 고고학 자료가 매몰된 과정과 정확히 반대되는 과정을 거치는 것이다. 구체적인 굴토과정과 관련하여 생각하면 최소의 수직 굴토로써 최대의 수평적 맥락을 파악하면서 진행하는 것이 된다. 이와 관련된 구체적인 굴토 도구와 굴토방법을 예로 들어 보기로 하자. 곡괭이로 파는 방법은 최대수직과 최소수평이 되어 많은 맥락을 놓칠 수 있는 반면 긁개로 긁는 방법은 최소수직과 최대수평이 되어 맥락을 잘 파악할 수 있다는 것이다. 그러나 어떤 방법을 택하느냐는 구체적인 결정은 발굴과정에서 직면하는 문제의 우선순위에 따라 적절히 결정되어야 하는데, 수직적인 파악이 우선일 경우는 수평적인 맥락을 얼마간 희생하면서 트렌치나 컨트롤 피트를 설치하여 문제를 해결하기도 하여야 한다.

　수직적인 맥락 파악이란 곧 층서(層序, stratigraphy) 파악을 의미하는데 이는 각 층(Stratum 또는 Layer)에 포장된 유물이나 유구의 상대적인 시기를 결정하는 데에 결정적인 근거가 되어 고고학 자료의 상대연대 결정법 가운데 하나임은 잘 아는 바와 같다. 여기서 층서와 관련된 몇 가지 개념들에 대해 알아보기로 한다.

　층서의 개념이 널리 인지되기 시작한 것은 1830년 영국의 라이엘(Lyell)의 『지질학 원리(*Principles of Geology*)』가 출판되면서이다. 그는 지질층의 형성원인을 물에 의한 퇴적의 결과로 이해하고 그에 따라 3가지 층서학의 법칙을 내 놓았다. 지층 누중(累重)의 법칙(The Law of Superposition), 퇴적면 수평의 법칙(The Law of Original Horizontality), 그리고 퇴적층 연속의 법칙(The Law of Original Continuity) 등이 그것이다. 지층 누중의 법칙이란 지층이 물에 의해 퇴적되는 것인 만큼 아래에 있는 층이 위에 있는 층보다 먼저 퇴적되었다는 것인데, 이는 오늘날 너무나 자명하여 더 이상 설명이 필요하지 않지만 지층의 형성이 거대한 대격변의 결과라고 믿고 있었던 당시로서는 매우 새로운 해석이었다. 퇴적면 수평의 법칙이란 물에 의해 퇴적된 지층면은 원래 수평이라는 것이다. 퇴적층 연속의 법칙이란 퇴적층은 일정한 범위 내에서 단절됨이 없이 연속된다는 것이다.

　이러한 지질학상의 층위법칙은 고고학적으로 응용될 수 있음은 물론인데, 그 가운데 지층 누중의 법칙은 층서를 이용한 고고학 자료의 상대연대 결정에 직접적으로 연관된다. 아래층에 포함된 유물이 윗층에 포함된 유물보다 이르다는 하고상신(下古上新)의 원칙은 더 설명이 필요 없지만, 유의하여야 할 점은 하고상신은 퇴적층 자체이지 이것이 곧 그 속에 포함된 유물의 제작 또는 사용 시점상의 하고상신을 의미하지는 않는다는 점이다. 층서의 선후를 통해 층 속의 유물의 제작 사용 시점의 선후관계를 추구하기 위해서는 층의 퇴적시점의 선후관계→유물의 폐기시점의 선후관계→유물의 제작 또는 사용시점의 선후관계라는 논리적 연관관계에 대한 검토가 반드시 선결되어야 한다.

한편, 퇴적면 수평의 법칙과 퇴적층 연속의 법칙은 상대연대 결정의 근거로서가 아니라 유적형성과정(Site Formation Process)에 대한 파악에서 중요하다. 퇴적면이 수평을 이루는 까닭은 지구중력의 작용에 의한 것인데, 이를 고고학적인 층위와 관련하여 이해하면 비고결(非固結) 상태로 퇴적되는 모든 층은 원칙적으로 수평화의 경향을 보인다는 것이다. 이때 퇴적 기반면에 기복이 있을 경우 그 위에 쌓인 층 역시 대체로 기반면의 기복을 따르게 된다. 그러나 퇴적면이 경사를 이루고 있음에도 불구하고 쌓인 층이 수평을 이루고 있다면 이때에는 홍수 등과 같은 후퇴적 과정이 개입하였거나 성토와 같은 인간행위의 결과로 보아야 할 것이다. 퇴적층 연속의 법칙은 자연적인 퇴적과정이라면 층이 갑자기 끝나지 않고 퇴적기반이 되는 일정 범위 내에서는 전방위적으로 연속된다는 것인데, 만약 층의 도중에 수직에 가까운 단절이 보일 경우는 후퇴적 과정이나 인위적인 영향력의 개입을 의미한다는 것이다. 층을 단절하여 형성된 도랑을 생각해 보면 잘 이해될 것이다. 고고학 조사 현장에서 우리가 마주하는 층 가운데는 자연적으로 형성된 층과 함께 여러 가지 인간 행위의 결과로 형성된 층들이 있다. 퇴적면 수평의 법칙과 퇴적층 연속의 법칙은 그 원리는 매우 간단한 것이지만 그러한 다양한 층들의 관찰 평가에서 매우 유익한 원칙이 된다 할 것이다.

유적에는 매우 많은 층들이 상호 층면을 공유하지 않은 채 확인되는 경우가 많다. 이는 특히 인간행위가 개입되어 형성된 층의 경우 그러하다. 즉, 지점에 따라 층서의 내용이 서로 연결되지 않는 많은 층이 존재하는 것인데, 퇴적 범위가 넓지 않은 다수의 패각층으로 이루어진 패총의 층위가 전형적인 예이다. 서로 연결되지 않는 층들 간의 층서를 체계적으로 기록, 파악하기 위해서는 해리스 매트릭스 체계(Harris Matrix System)를 적용하는 것이 좋다. 해리스 매트릭스법은 에드워드 해리스(Edward C. Har-

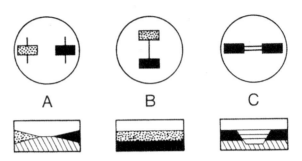

그림 5 해리스 메트릭스 체계와 기호(A: 직접적인 층위면 연결이 없는 경우, B: 중첩된 경우, C: 한때 단일 퇴적층이었던 것이 유구에 의해 분리된 경우)

ris)에 의해 1978년도에 고안된 것으로서 〈그림 5〉와 같은 매우 간단한 층간 관계를 기호화하여 유적 전체의 층서 파악을 체계화하는 것이다(Harris 1979). 해리스 매트릭스를 가장 먼저 적용한 유적의 예로는 가도패총(駕島貝塚)을 들 수 있다.

고고학 조사에서 확인되는 층 가운데 그 내용물을 기준으로 구분하는 예들이 있다. '유물포함층(Archaeological Layer)'과 '문화층(Cultural Layer)' 등과 같은 것이 이에 해당된다. 각종 보고서나 유적에 대한 기술에서 이러한 용례를 볼 수 있어 그 개념을 보다 분명히 해 둘 필요가 있다. 유물포함층과 문화층은 모두 인간행위의 산물인 유물을 포함하고 있는 층이지만 전자는 그 유물이 인간행위의 결과로써 그 층 속에 포함된 것이 아닌 경우를 말하며, 후자는 인간행위가 일어났던 구지표면 상에 남아 있던 유물을 포함하고 있는 경우를 말한다.

V 고고학 자료의 분석과 정형성[2]

앞서 고고학 연구의 과제를 언급하면서 고고학의 형태단위에 대해 설명한 바 있다. 고고학적 문화-유형-형식-속성 등으로서, 이들은 상하의 위계적 관계에 있는 것으로 이해하는 것이 일반적이다. 그러나 이들 각 형태단위들의 성격은 본질적으로 차이가 없는 것으로 보고 있다. 그러므로 여기서는 그 가운데 가장 하위에 해당하여 고고학

---

2 이 부분은 고고학의 국제적 과학화를 위해 노력한 것으로 평가되고 있는 데이비드 클라크의 주창에 따른다. David L. Clarke (revised by Bob Chapman), 1978, *Analytical Archaeology* (Second edition), Methuen & Co. LTD. 참조.

자들이 실제 가시적 관찰이 가능한 속성 단계의 형태단위 들에서 나타나고 있는 공시
적 및 통시적 양상 혹은 성격을 살펴보기로 한다.

1. 속성의 공시적 양상

먼저, 공시적(共時的)인 양상이다. 단일한 인간집단에 의해 제작된 유물군에서 관찰되
는 각 속성들은 특정 속성상태를 최빈값(Mode)으로 하는 단일 모드의 분포(Unimodal
distribution)로 나타난다(그림 6 참조). 이는 문화적인 규범이나 인간행위의 지향성의
결과이다. 이러한 속성의 성격으로 인해 우리는 유물군에서 서로 다른 제작규범을 가

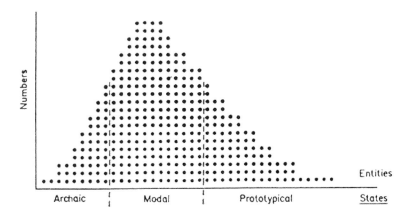

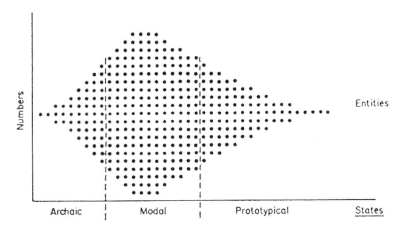

그림 6 고고학적 동시간대 유물 혹은 속성상태의 빈도 분포 모식도(Clarke 1978)

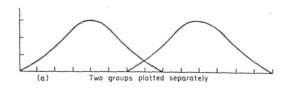

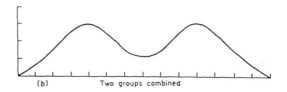

그림 7 제작규범이 다른 두 집단의 속성상태 분포 모식도—동일 분산(Clarke 1978)

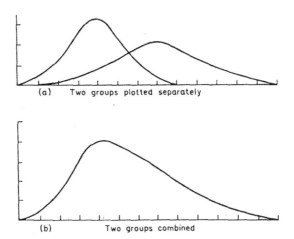

그림 8 제작규범이 다른 두 집단의 속성상태 분포 모식도—상이한 분산(Clarke 1978)

진 것들을 가려낼 수 있는 것이다(그림 7, 8 참조). 예컨대 일군의 심발형토기들을 대상으로 그들의 구경과 높이 등의 속성상태를 관찰할 때 만약 이들의 최빈값이 2개인 정규분포로 나타난다면 이 유물군은 적어도 2개의 제작규범이 관여한 결과로 이해할 수 있다는 것이다.

그리고 이러한 정형성 인지에 가장 간편하면서 가장 강력한 방법은 각 속성상태별로 막대그래프(Histogram)를 작성해 보는 것이다. 이 경우 주로 계량적 속성이 그 대상이 되는데, 계량적 속성은 속성상태의 존재양태가 연속적이므로 적절한 계급값 설정이 매우 중요하다. 일반적으로 말하면 계급값은 적어도 계측오차보다는 커야 한다.

2. 속성의 통시적 양상

다음은, 통시적(通時的) 양상인데, 이는 앞의 공시적 양상이 누적된 결과이다. 공시적 양상에서 속성상태의 분포가 최빈값을 중심으로 정규분포를 보이고 있다는 것은 그 자체 일정 정도의 변이성을 내포하고 있다는 것이기도 하다(그림 9, 10 참조). 이로 인해 일정한 시간이 경과하면 또 다른 속성상태가 최빈값으로 등장할 수 있다. 이는 유행의 전개과정과 같다. 최전성기를 맞이한 속성상태가 다음 시기에 와서는 빈도가 줄어

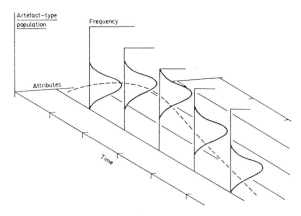

그림 9 동일 형식 개체군의 특정 속성상태에 대한 연속적 분포 모식도—표준편차가 동일한 경우의 분산과 최빈값의 변천(Clarke 1978)

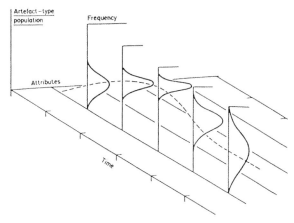

그림 10 동일 형식 개체군의 특정 속성상태에 대한 연속적 분포 모식도—표준편차가 변동하면서 동시에 분산과 최빈값이 변하는 경우(Clarke 1978)

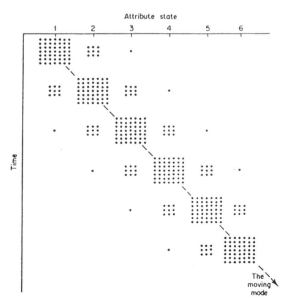

그림 11 속성상태의 통시적인 변화 모델—수평 및 수직의 양방향 볼록렌즈형 빈도 변천(Clarke 1978)

들고 새로운 속성상태가 전성기를 맞이하게 될 수 있다. 그러므로 결국 특정 속성상태를 보이는 유물개체수는 통시적으로 보면 양쪽이 뾰족한 전함형(Battleship Shape)을 이루게 된다(그림 11 참조). 속성의 이러한 통시적 양상으로 인해 순서배열법(Seriation)과 같은 상대연대 결정법이 가능한 것이다.

    이상 속성이 나타내는 공시적, 통시적 양상을 살펴보았거니와 이러한 양상은 속성보다 상위의 여러 고고학 형태단위들에서도 공통적으로 나타나는 것이다.

3. 단계의 개념

지금까지 고고학의 형태단위들에 대해 살펴보았다. 마지막으로 고고학의 시간단위 가운데 가장 중요한 '단계(Phase)'의 개념에 대해 생각해 보기로 한다. '단계'는 유물상의 변화를 근거로 인지되는 시간단위이다. 우리는 보통 동시간대(同時間帶)로 간주하는 경우가 많지만 '단계'가 원래 시간적 동시성을 내포하는 개념은 아니다. 예컨대, 동일 기종에 속하는 일련의 토기 각 형식(型式)을 근거로 '단계'를 설정한 경우를 상정해 보자. 이때 매우 특수한 경우를 제외하고 각 '단계'는 결코 시간 흐름의 방향과 직

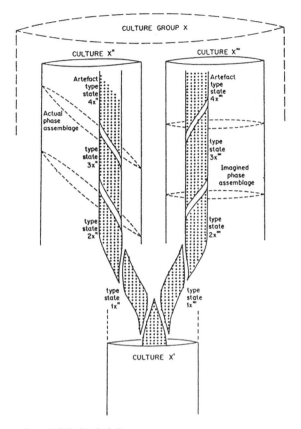

그림 12 문화의 변동과 단계(Clarke 1978)

교하지 않는다. 인간행위의 일반적인 속성상 특정 시간대에 단일한 유물의 형식만 존재할 수는 없으므로 항상 서로 연관된 형식들이 각기 생성, 유행, 소멸 단계를 맞으면서 공존하고 있기 때문이다. 대개 특정 속성 또는 형식의 존재를 근거로 인식할 수 있는 '동형태대(同形態帶)'는 실제의 시간축과는 직교하지 않는다. 일반적으로 시간축과는 비스듬히 교차하는 것으로서 고고학적 인지를 위한 개념의 산물이라는 것이다(그림 12 참조).

[박순발]

참고문헌

김명진, 2010, 「한국 구석기 고토양층 석영에 대한 시분해 광자극 냉광의 물리적 특성과 연대 결정」, 강원대학교대학원 박사학위논문.

朴淳發, 2007, 「墓制의 變遷으로 본 漢城期 百濟의 地方 編制 過程」, 『韓國古代史研究』 48.

Binford, L. R., 1962, Archaeology as anthropology, *American Antiquity* 28.

Clarke, David L. (revised by Bob Chapman), 1978, *Analytical Archaeology* (Second edition), Methuen & Co. LTD.

Harris, Edward C., 1979, *Principles of Archaeological Stratigraphy*, Academic Press (London & New York).

Sackett, James R., 1990, Style and ethnicity in archaeology: the case for isocretisim, *THE USE OF STYLE IN ARCHAEOLOGY*, Edited by Margaret W. Conkey, Cambridge University Press.

White, L. A, 1975, *The Concept of Cultural Systems*, Columbia University Press, New York.

제15장

충적평야 고고학 조사연구방법론

I 서론: 제4기 환경변화와 고고학

지질시대의 가장 최근에 해당하는 신생대는 약 6,500만 년 BP부터 현재까지이며 제
3기와 제4기로 나누어진다. 이 중 제4기(Quaternary)는 약 200만 년[1] BP[2]부터 현재까
지의 시기로, 마지막 빙기가 끝나는 약 1만 년 BP를 경계로 전시기인 플라이스토세
(Pleistocene)와 후시기인 홀로세(Holocene)로 세분된다. 제4기는 빙기와 간빙기가 반
복되면서 기후변화가 대단히 큰 시기로 제4기의 기후변화는 동·식물의 공간분포뿐
아니라 지표의 기복에도 많은 변화를 초래하였다. 중위도에 위치한 한반도의 경우 산
지에는 풍화와 침식작용이 왕성한 시기와 미약한 시기가 반복되고 산지의 산록부와
하천에서는 침식과 퇴적작용을 통하여, 곡저평야, 선상지, 범람원, 하안단구와 같은
인간이 활동공간으로 이용하기에 좋은 지형들이 만들어졌다. 특히 해안에서는 기후
변화에 따라 침식 및 퇴적 기준면이 되는 해면의 승강운동이 발생하였다. 이에 따라
해안선의 공간변화가 역동적으로 이루어졌으며, 해안단구와 해안충적평야 같은 지형
이 형성되었다.

제4기의 시작은 영장류의 활동이 시작된 때와 거의 일치한다. 영장류는 제4기의
자연환경변화에 적응하면서 문명의 진화를 이루었다. 최종빙기의 환경변화는 인간에
게 대단히 큰 자극을 주었으며 빙기가 끝나면서 농경이 시작되는 신석기 문화단계로

---

1   제3기와 제4기의 경계가 되는 시기는 지역에 따라 240만 년 전부터 180만 년 전까지 큰 편차를 보인다.
2   탄소연대측정 등에 의한 연대측정결과를 현재로부터 계산하여 연수를 표시하는데 사용하는 기호로
    서 before present를 의미한다. 기준년도 1950년은 0년 BP이다.

진입한다. 이와 같은 문화단계의 변화를 환경에 의한 자극의 영향으로 보는 견해도 있다.

제4기 환경변화는 지형학 및 자연지리학, 해양학, 고고학, 고대사학, 생물학, 지구물리학, 지구화학, 건설공학 등 다양한 학문분야에서 관심을 가지고 연구하고 있다. 우리나라에서 보고된 유물, 유구의 제작 및 조성 시기는 대부분 플라이스토세 후기에 해당한다.[3] 이 시기의 인간생활은 주로 발굴된 유물과 유적, 역사기록 등을 통해 복원되었으며, 정치, 사회, 경제적인 입장에서 주로 논의되었다. 한편, 기술과 과학이 발전하기 전인 선사 및 고대에 한반도를 비롯한 동아시아에서 인간의 활동은 자연환경의 많은 영향을 받았다. 이와 같은 맥락에서 선사 및 고대의 인간생활을 복원할 때 제4기 환경변화를 밝힐 수 있다면 보다 과학적이고 입체적으로 그들의 삶을 이해할 수 있을 것이다. 그들이 활동하던 공간의 지형, 식생 및 기후환경은 생활의 기본적인 배경이 되므로, 자연환경이 변하면서 인간의 행위가 어떻게 달라지고, 인간은 환경을 어떻게 이용하였으며, 자연환경이 인간의 역사에 끼친 영향이 어떠하였는가를 밝히는 것은 선사·고대 인간활동을 설명하는 데 중요한 자료를 제공할 것이다.

한반도의 제4기 기후변화에 대한 구체적인 증거는 화분분석결과로 제시되고 있으나, 그 사례가 그리 많은 편이 아니다.

거창군 가조면 가조분지에서는 두께 약 4m의 하안단구 중위면 토탄층에서 화분분석이 이루어졌으며, 한반도에서는 처음으로 지난 빙기의 식생환경이 밝혀졌다. 하부토탄층(화분대 I)은 참나무(Quercus)속(屬), 밤나무(Castanea/Castanopsis)속이 우점종이었으나, 상부층(화분대 II)에는 자작나무(Betula)속이 우세하였다. 화분아분대(花粉亞分帶) IIa시기에 비해 후기 퇴적층인 화분아분대 IIb에서는 가문비나무(Picea)속이 20~40%로 증가했다. 이러한 화분조성 변화에 따라 토탄의 형성시기는 뷔름(Würm) 아간빙기에서 후기 뷔름(Late Würm)으로 이행하는 3만 년 BP경으로 추정되었다.

---

3   한반도에서 구석기시대와 신석기시대의 경계는 Holocene 중기 7,000년 BP경인데, 기후적으로는 Climatic Optimum에 해당하며, 해면이 거의 현재 수준까지 도달하여 해안지형에 큰 변화가 있었다. 특히 BC 10세기에서 BC 3세기까지 계속된 청동기시대 유적지는 한반도에서 대단히 높은 밀도로 분포한다. BC 3세기부터 AD 3세기 전후까지 이어지는 철기시대 중 기원 전후에서 AD 3세기 전후까지의 소위 삼한시대 또는 원삼국시대는 본격적인 철기문화시대로 평가되고 있으며, 이때 한반도 남부에는 약 78개의 읍락국가가 있었던 것으로 알려지고 있다.

그 후 한·일학자들에 의해 동해안의 속초 영랑호 호저 두께 14m 퇴적층에 대해 화분분석이 이루어졌다(安田 等 1980). 연구에 따르면 1만 년 BP경 이전의 만빙기 속초지역의 저지(低地)에는 사초과의 초지가 넓게 펼쳐져 있었고, 산지에는 잎갈나무(Larix)속, 전나무(Abies)속, 가문비나무(Picea)속 등 한랭성 수목이 소림(疏林)을 이루어 만빙기(UI, UII)와 홀로세(UIII~UV)의 식생조성이 뚜렷이 비교되었다. 이를 통해 최종빙기 최성기인 약 1만 7,000년 BP 이래 영랑호가 형성되면서 거의 현재까지 연속적으로 퇴적된 시료에서 후빙기 전 기간의 식생변천사를 다룰 수 있었다.

장정희·김준민(1982)은 영랑호지역에서 야스다 등(1980)의 연구지역과 인접한 지점에서 얻은 시료로 화분분석을 행하고 식생변천을 복원하였다. 그 결과 기존의 데이터와 유사한 화분조성을 보였으나, 기존의 화분대 UI를 화분대 L로, 화분대 UII는 화분대 I로 변경하여 만빙기(화분대 L)와 홀로세(화분대 I, II, IIIa, IIIb)로 구분하였다. 화분대 I은 만빙기에서 홀로세로 변하는 점이시기로서 1만 500~7,000년 BP로 추정했다. 이 시기에 화분총량은 적지만, 낙엽성 참나무속과 서어나무속 등의 수목이 한랭성 수목과 함께 약간 증가했다. 기타 활엽수림종인 단풍나무속, 팽나무속, 호도나무속, 굴피나무속, 피나무속, 오리나무속, 콩과(Leguminosae)등도 출현했다.

윤순옥·조화룡(1996)은 경상북도 북동부의 영양읍 삼지리에서, 반변천의 절단 곡류로 생긴 구유로 상에 퇴적된 두께 7m의 토탄층을 대상으로 화분분석을 실시하여 토탄지의 지형발달과 제4기 식생환경 및 기후변화를 검토하였다(윤순옥·조화룡 1996: 447-468). 탄소연대측정 자료를 기초로 두 지점 YY1과 YY2의 화분분석결과를 목본류들의 우점시기를 기준으로 대비한 결과, 토탄층은 대략 6만 년 BP부터 만빙기(약 1만 5,000년 BP)까지 퇴적되었고, 상부토탄층은 홀로세 중기부터 거의 현재까지 형성된 것으로 추정하였다. 또한 각 화분대와 화분아분대의 우점수목 및 화분의 기후에 대응하는 생태적 특징으로 가상 기온변화곡선을 작성하였다.

연구에 따르면, 하부토탄층은 화분대 I, II, III시기를 포함하며, NAP(Non-Arboreal Pollen; 초본화분)시기로서 쑥(Artemisia)속, 오이풀(Sanguisorba)속, 산형과(科)(Umbelliferae), 벼과(Gramineae)와 사초과(Cyperaceae) 등 초본류의 비율이 월등히 높고, 한랭기 수목으로 출현하는 가문비나무(Picea)속, 소나무(Pinus)속, 자작나무(Betula)속 등의 목본류를 포함하며, 이들 목본류의 절대 화분량은 상부토탄층에 비해 극히 적어 삼림밀도가 낮은 뷔름 빙기의 식생경관을 나타내었다.

상부토탄층은 화분대IVb, V시기를 포함하며, AP(Arboreal Pollen; 목본화분)시기로서 소나무속과 참나무속 등이 높은 비율로 나타나고 절대 화분량도 많아, 홀로세 온난기의 삼림경관을 나타내었다.

각 화분대 및 아분대의 화분조성을 기초로 6만 년 BP 이후의 자연환경을 복원하면 화분대 I은 자작나무속 우점기로서 약 5만 7,000년 BP까지 형성되었으며, 상대적 한랭기로 간주된다. 화분대 II는 EMW[4] 우점시기로서 5만 7,000~4만 3,000년 BP에 형성되었으며, 뷔름 전기에서 뷔름 후기로 전환되는 아간빙기(Interstadial)로 간주된다. 화분대Ⅲ은 4만 3,000~1만 5,000년 BP로 가장 오랫동안 지속되었다. 이 시기는 한랭수목들이 우점하며 뷔름 후기로 향하는 한랭기에 해당한다. 또한 자작나무속(Betula), 소나무(Pinus)속, 가문비나무(Picea)속 등의 목본류가 교대로 우점하는데, YY1에서 참나무속과 가문비나무속의 화분조성변화로 볼 때, 화분대 Ⅲ시기를 통하여 기후는 계속 한랭해져서 아분대 Ⅲd시기(가문비나무속 우점시기)에 극상기에 도달했다고 추정된다. 화분아분대 IVa는 하부 토탄층과 상부 토탄층 간의 점이층이면서, 화분조성에 있어서도 전환기층으로서 피나무(Tilia)속 우점기로 나타난다. 이 연구 결과에 의하면, 최종빙기 최성기 영양 지역의 7월 평균기온은 현재보다 약 10℃ 낮았다.

한편 윤순옥·황상일(2009)은 중국 및 일본의 한대전선 분포 및 식물 분포 특징을 통해 동아시아의 최종빙기 최성기의 자연환경 및 고기후를 파악하였다. 당시 한대전선의 위치는 당시의 고기후를 이해하는 중요한 관건이 된다. 최종빙기 당시 동북아시아에서 한대전선은 하계에도 일본의 세토나이카이-대마도와 제주도의 남쪽 해양을 북동-남서 방향으로 연결하는 선에 걸쳐 있었던 것으로 복원되었다. 일본 열도의 이세반도-세토나이카이-큐슈의 북부를 연결하는 한대전선의 분포는 LGM 시기 동안의 해양성 습윤 수목인 너도밤나무 분포지와 대략 일치하고, 아열대성 상록광엽수림의 북한계와도 대비되었다.

중국의 경우 대만과 남중국해 해안을 따라 북위 25° 이남에 분포하는 난대상록활엽수림과 북쪽의 온대낙엽수림이 경계를 이루는 위치에 한대전선이 분포했을 것으로 추정된다. 난대림은 보다 고온 습윤한 환경의 생태적 특성을 요구하므로 동지나해의 해양성 습윤기후와 중국대륙 간에 형성된 전선대에서 강수가 집중되는 곳에 분포

---

4   참나무 혼합림을 의미함.

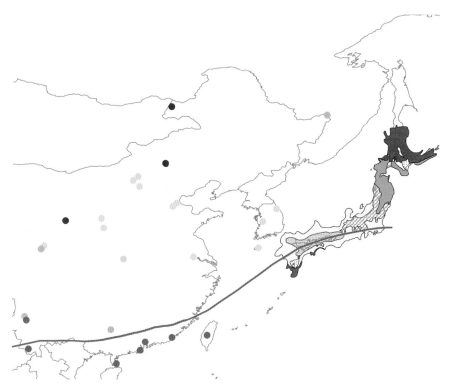

그림 1 추정 최종빙기 최성기 동북아의 한대전선 분포(윤순옥·황상일 2009)

했을 것이다.

　이와 같은 사실들을 종합하면, 한반도 부근에서 LGM 동안의 한대전선은 겨울에도 일본의 큐슈 북부와 대만, 남중국 해안을 연결하는 연장선상에 있었으므로, 제주도보다 훨씬 남쪽의 해상을 통과하였을 것이다(그림 1).

　동북아시아에서 LGM 동안 식생대의 위도별 분포를 현재와 비교해 보면 약 $10°$의 차이가 난다. 이것은 위도 $1°$를 연평균기온 $1℃$ 차이로 본다면, 약 $10℃$의 차이가 나므로 영양지역에서 추정한 온도 차이와 거의 같다. 또한 온대낙엽수림과 난대상록활엽수 분포지역의 경계는 현재의 1월 한대전선의 분포와 잘 맞고, 아울러 LGM의 여름철 한대전선의 북한계와도 일치할 것으로 추정된다.

　한편, LGM 동안의 강수량은 현재 1월 한대전선의 위치와 화분분석 결과를 통해 개략적으로 추정할 때, 한반도는 여름에도 전선이 한반도에 진입하지 못하였으므로 상당히 건조하였을 것이다. 이는 화분분석결과에서 목본보다 초본비율이 훨씬 더 높게 나타남을 통해서도 확인할 수 있다.

II 대하천 하류부 충적평야 지형발달

최종빙기 최성기에 해면은 현재보다 약 140m 아래에 있었으며, 이에 따라 동북아시아 육지와 바다의 분포는 현재와 달랐다. 낮은 해면에 대응하여 하천의 하구는 현재의 위치보다 훨씬 바다 쪽에 있었다. 최종빙기 동안 침식기준면[5]이 낮아져 하방침식과 두부침식이 활발하게 이루어졌으므로, 현재 하천의 하류부에는 최종빙기 동안 낮아진 해면에 대응하여 깊은 하곡이 형성되었다. 이 하곡을 침식곡이라고 한다.

〈그림 2〉는 최종빙기 최성기의 동아시아 수륙 분포를 나타낸 것이다. 이에 따르면, 최종빙기 최성기에는 한반도 남동부와 일본 큐슈는 연결되었다. 황해는 육화되어 한반도와 아시아 대륙이 합쳐져 있었으며 현재와 같은 반도가 아니었다. 동해는 일본과 아시아 대륙에 둘러싸여 내해가 되었으며 담수만 공급되었으므로 염도가 현재보다 낮았다. 최종빙기 최성기 이후 해면이 상승하면서 해안선은 육지 쪽으로 이동하여 해진[6]이 일어났으며, 동해는 대한해협을 통해 태평양과 연결되었다.

한국 서해안에서는 최종빙기 최성기 이후 해면이 급격하게 상승하였고, 해진극상기인 7,000년 BP경에는 거의 현수준에 도달하였다. 이때, 정선은 현재보다 내륙 깊숙한 곳에 위치하였다. 따라서 현재 바다로 유입하는 하천 하류부의 충적평야들은 해수에 의해 익곡되어 있었다. 이 시기는 신석기시대 초기에 해당하며, 해안에 많은 사람들이 거주하였다. 따라서 7,000년 BP경 정선이 어떻게 분포하였으며, 이 시기 이후 정선이 어떻게 변하였는가는 이 시기의 인간생활을 이해하는 데 있어 대단히 중요하다.

정선의 이동은 하천이 하구로 운반해 오는 퇴적물의 퇴적속도와 해면 상승속도 간의 상관관계에서 의해 결정된다. 만약 홀로세에 해면이 빠르게 상승할 때, 하천의

---

5   하천이 하방침식을 할 수 있는 하한, 지표가 유수의 침식작용으로 낮아질 수 있는 하한을 의미하며, 일반적으로 해면이 침식기준면이 된다.

6   해안선이 내륙으로 전진하는 현상으로 transgression이라고 하며, 해면이 상승하거나 육지가 침강하는 경우에 발생한다. 한반도와 같이 지반이 안정된 지역에서는 주로 해면상승에 의해 해진이 발생한다.

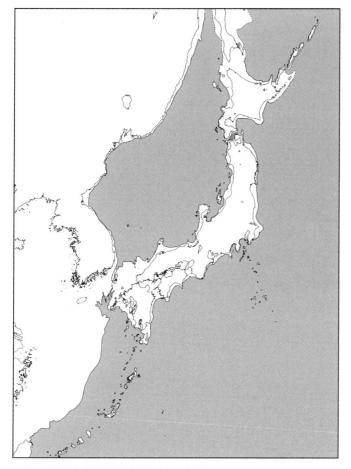

그림 2 최종빙기 최성기 동북아시아 육지 및 해양 분포(국립김해박물관·창녕군 2008)

상류에서부터 운반되어진 퇴적물이 충분하지 않다면 하구부가 매적되는 속도보다 해면의 상승속도가 빨라진다. 이때, 해안선은 내륙으로 전진한다. 최종빙기 최성기 이후 해면이 현재수준에 도달하는 7,000년 BP경에는 이와 같은 원리로 정선이 하천을 따라 내륙 깊숙이 전진하는 해진이 발생하였다.

우리나라 해안에 유입하는 하천의 하류부에서 홀로세 해진극상기에 정선이 도달한 범위는 다음과 같은 과정을 통하여 계산된다(조화룡 1985: 49-61). 최종빙기 최성기에 있어서 하상의 표고(標高)가 현 해수면과 일치하는 곳(해발고도 0m)은 후빙기 해면 상승과 더불어 침식곡(侵蝕谷)이 바다에 의해 익곡(溺谷)되는 구간과도 관계가 있으며, 충적평야가 해수면변동에 의해 직접 영향을 받은 범위가 된다. 해발고도 0m 되는

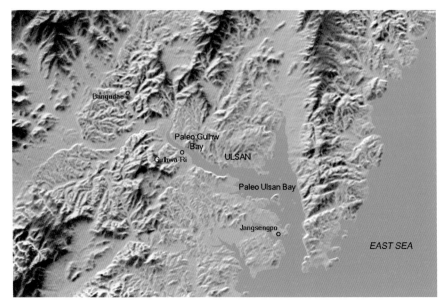

그림 3 홀로세 해진극상기 울산만의 지형(황상일·윤순옥 2000)

지점을 추정하는 방법은 빙기의 하천 하류부 평균종단구배(Y)로 계산되는데, 관계식은 $Y=ax+a'x'/a+a'$로 표현된다(조화룡 1985). 이 식에서 a는 현 하천의 중·하류부 길이(km), a′는 빙기 연장천의 길이(km), x는 현재 하천의 중·하류부 평균구배(‰), x′는 연장천 구간의 해저 평균구배(‰)이다.

　　이것을 태화강에 적용하면, 후빙기 해진극상기인 7,000년 BP경에 해안선은 하구에서 내륙 쪽으로 약 13.6km 부근, 대략 현재 울산시 범서면 굴화리까지 도달하였다. 해진의 영향으로 현재 울산 신시가지가 입지한 태화강 남쪽 충적평야는 거대한 내만[古蔚山灣]이었으며, 현재 태화강 하류부에는 최종빙기에 형성된 하곡에 바닷물이 들어와 내륙 쪽으로 길게 고굴화만(古屈火灣)이 형성되었다. 당시의 울산지역 해안선을 복원한 것이 〈그림 3〉이며, 7,000년 BP 이후 울산지역 해안선의 공간변화는 고래 그림이 새겨진 반구대암각화의 제작시기를 논의하고 당시 인간 활동을 파악하는 데(황상일·윤순옥 2000: 67-112) 기본자료가 되었다.

　　낙동강에서는 하구부에서 거의 190km 상류부인 달성군 사문진 부근까지 해안선이 전진하였다.

　　〈그림 4〉는 홀로세 해진극상기 김해만의 고(古) 지리를 복원한 것이다. 당시 고김해만은 바닷물이 들어와 넓은 내만을 형성하고 있었다. 아울러 현재의 낙동강 하류

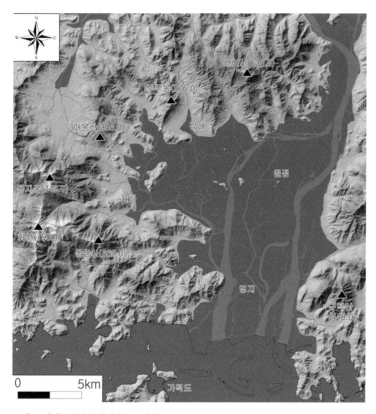

그림 4 해진극상기 김해지역의 고지형

부는 빙기의 낮은 침식기준면에 대응하여 깊은 하곡이 형성되어 있었다. 해진으로 인해 깊은 하곡을 따라 바닷물이 상류쪽으로 전진하였으며, 이는 당시 사람들에게 좋은 교통로로 이용되었을 것이다.

김해지역에 고대국가가 성립된 시기는 해진극상기와 약 5,000년의 시간차가 있으므로, 해진극상기의 해안선과는 다소 달랐을 것이다. 다만, 고고학적 발굴에서 밝혀진 패총의 범위와 퇴적물의 특징 등을 검토한 결과, 기원 전후한 시기에도 김해지역의 해안선은 6,000년 BP경과 크게 다르지는 않았던 것으로 판단된다. 이렇게 볼 때, 김해 금관가야는 외해에서 깊숙이 들어간 내만의 안쪽에 자리잡았으며, 넓은 내만에서 파랑의 위험이 없는 좋은 항구를 확보했다. 또한 현재보다 훨씬 넓고 깊은 낙동강을 이용하여 영남내륙 및 외국과의 교역을 통해 국가의 부를 축적할 수 있었다.

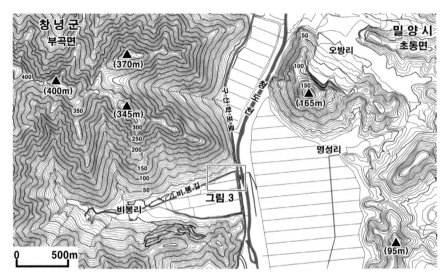

그림 5 비봉리 충적평야 지형 개관

III 충적평야의 고고학

경남 창녕군 비봉리 신석기유적을 간략하게 예시하고 다음 절에서 충적평야의 고고학 조사방법에 대해 논의하고자 한다. 이 유적의 발굴에 필자는 처음부터 참여하였으며, 고고학 전문가들과 협업을 통하여 의미있는 결과를 얻었다.

1. 비봉리 신석기유적

1) 비봉리 지역의 퇴적상과 퇴적층 형성시기

비봉리 충적평야에서 신석기시대 이후의 유구가 확인된 곳은 산지와 충적평야가 만나는 곳으로 해발고도는 3.7~3.8m이다(그림 5).

　〈그림 6〉은 비봉리 유적지의 패각층과 도토리 구덩이의 분포, 규조분석 시료 채취 지점 그리고 시굴 트렌치의 위치를 나타낸 것이다. 퇴적상은 배후산지로부터 충적평야까지 연속적으로 퇴적층이 확인되는 A-A′와 B-B′ 단면도를 중심으로 검토하였다.

　퇴적상은 크게 기반암, 기저역층, 홀로세 충적층, 근대 경작층으로 구분된다(그림 7).

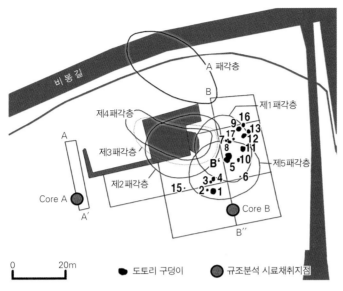

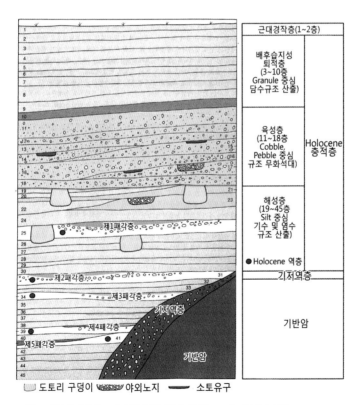

그림 6 비봉리 패각층과 도토리 구덩이 분포(국립김해박물관·창녕군 2008을 바탕으로 수정)

그림 7 비봉리 퇴적상 모식도(국립김해박물관·창녕군 2008을 바탕으로 수정)

기저역층은 기반암 위에 퇴적되어 있으며, 최종빙기의 한랭한 기후환경에서 식생피복이 대단히 불량한 배후산지에서 공급된 것이다. 홀로세 충적층은 크게 해성층, 육성층, 배후습지성 퇴적층으로 구분된다. 이외에 인간에 의해 조성된 패각층이 도토리 구덩이와 함께 확인된다. 퇴적상에서 해성층과 육성층은 뚜렷이 구분되는데, 해성층은 주로 회색 및 청회색 실트로서 연약하고 자갈, 조개껍질 등으로 유기물이 거의 포함되지 않지만, 육성층은 배후산지에서 운반된 조립의 각력이며 매트릭스는 세력(granule)과 모래를 포함한 실트이다. 배후습지성 퇴적층은 실트 및 세사이며 자갈이 거의 없다. 유기물이 포함되어 검은색을 띠며 해성층에 비해 퇴적층이 치밀하다.

〈그림 7〉과 〈그림 8〉에서 아래부터 19층까지 밝은색으로 표현된 퇴적층이 해성층 내지 기수층인데, 45층부터 21층까지 아랫부분은 해성층이고 윗부분인 20층과 19층은 기수층이다. 그 위에 나타나는 18층부터 11층까지 연한 갈색으로 표현한 것이 육성층이며, 이것을 피복하는 밝은 회색층은 배후습지성 퇴적층이다. 19층 및 18층과 17층 사이의 노란색은 산화된 층준(層準)인데, 19층이 퇴적되고 이후 해수면이 하강하면서 공기 중에 노출되어 형성되었다. 아울러 제4패각층과 제3패각층 사이의 37층도 같은 과정을 통해 산화되었다.

홀로세 역층은 홀로세 충적층의 가장 하부층인 해성층에 협재되어 있는 패각층의 바로 아래에 분포한다. 기저역층에 비해 토양층이 상대적으로 느슨하고, 자갈층 속에는 신석기시대 토기가 포함되어 있다. 이 역층의 자갈은 대부분 각력인데, 전체적으로는 포상류(sheet flow)에 의해 산지 아래로 이동된 것이다. 배후산지 쪽으로 기저역층과 연결되어 있으나, 청도천 쪽으로 제5패각층(41층), 제4패각층(39층), 제3패각층(34층)과 함께 길게 연장된다. 이 역층은 홀로세 동안 해수면이 하강하여 해안선이 후퇴하는 동안 형성되었으며, 이후 공기 중에 노출되어 산화되었다. 제2패각층(31층)과 제1패각층(25층)에서도 각력으로 이루어진 홀로세 역층이 확인된다.

2) 비봉리 지역의 연대측정 결과

연대측정 시료는 도토리 구덩이에서 얻은 유기물, 목선의 나무조각 그리고 패각이었다. 연대측정으로 15개의 측정치를 얻었으며, 가장 오래된 연대는 해발고도 −3m 층준에서 발견된 목선의 연대 값으로 6,800~6,710년 BP로 측정되었다. 이외에도 패각층은 6,500~5,000년 BP, 도토리 구덩이는 주로 5,000~4,500년 BP로 측정되었다. 이

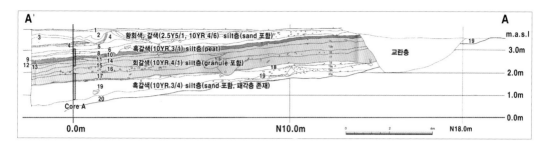

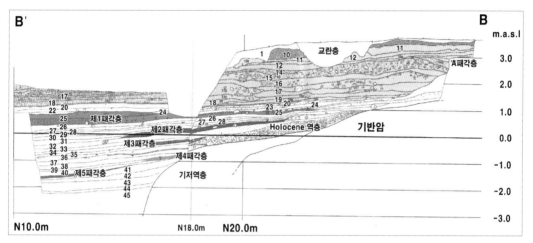

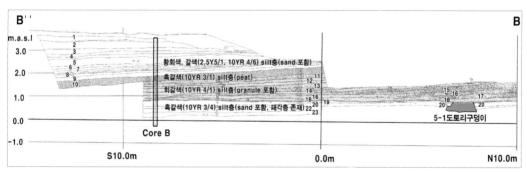

그림 8 비봉리 A-A′ 및 B-B′-B″ 종단면 퇴적상(국립김해박물관·창녕군 2008을 바탕으로 수정)

시기는 모두 홀로세 중기에 해당한다.

3) 비봉리 지역 패각층의 분포 특성

고고학 발굴에서 확인된 유구 가운데 조성 당시의 환경과 인간생활과의 관계를 이해

하는 데 가장 중요한 것은 패각층과 도토리 구덩이이다. 이 유구들은 바닷가에 살았

던 인간들이 해수면의 미세한 변화에 대응하여 조성하였으므로 형성 당시 해수면의 해발고도를 파악할 수 있다.

패각층은 6개 층준에서 확인되었는데, 해성층에서 5개, 육성층에서 1개가 나타난다(그림 4, 5). 해성층에서는 가장 하부의 층준이 제5패각층, 가장 상부의위 층준이 제1패각층이다. 육성층에 조성된 패각층은 담수규조가 우점하는 14층과 13층 사이에 협재한다. 14층과 13층은 중력과 세력급 자갈이 다량 포함되어 있으므로 배후 산지에서 하곡을 따라 운반되어 퇴적되었다.

패각층들 가운데 가장 정밀하게 조사된 것은 가장 상부의 제1패각층으로서 유적지에 전면적으로 분포한다. 제1패각층을 통해 비봉리 지역 패각층을 조성한 목적과 해수면과의 관계를 살펴보았다.

〈그림 9〉는 제1패각층(25층)의 기복을 등고선 10cm 간격으로 나타낸 것이다. 이 층준은 말단부가 매우 두꺼워 거의 50cm에 달하고 대부분 잘 보존되어 있어 서쪽의 일부를 제외한 전체 분포를 파악할 수 있다. 제1패각층(25층)은 염수환경에서 퇴적된 실트층으로, 층준의 가장 높은 곳인 해발고도 1.4m 지점까지 해수면이 도달했다고 볼 수 있다. 이후 해수면은 패각층 하한인 해발고도 0.1m까지 하강하고, 해안선은 후퇴하였다. 이때 25층의 일부는 대기중에 노출되었다. 해수면 하강으로 드러난 곳에 사람들은 그들의 거주공간과 바다 사이 통로를 확보하기 위하여 퇴적층 상부에 조개껍질과 자갈을 공급하여 토양을 다졌다.

패각층들의 해발고도는 제5패각층이 해발고도 -2.0m~-1.0m, 제1패각층은 +0.2m~1.4m, 제2패각층은 -0.1m~+1.0m이다. 그러나 제3패각층과 제4패각층의 하한 고도는 확인되지만 상한 고도는 종단면도에서는 알 수 없다. 다만, 평면도에서 확인되는 각 층준별 경사와 분포 범위로 판단할 때, 제4패각층이 -1.3m~0m, 제3패각층은 -0.4m~0.5m로 추정된다(그림 6, 8).

4) 도토리 구덩이의 분포 특성

도토리는 낙엽활엽수인 참나무속(Quercus)의 열매이다. 주성분은 탄수화물 65.0%, 식물성 지방 12.0%, 수분 8.7%, 단백질 5.7% 등으로 전분이 많이 포함되어 있다. 참나무속은 홀로세 중기 이후 한반도의 전 지역에서 우점종이었고 도토리는 수확량이 대단히 많았다. 따라서 도토리는 선사시대에 식용으로 이용된 매우 유용한 열매였으

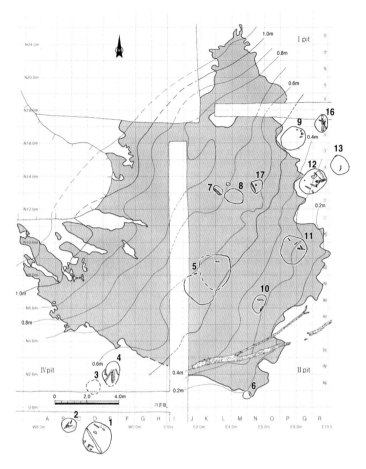

그림 9 제1패각층(25층)의 평면도와 기복(숫자는 도토리 구덩이 번호, 국립김해박물관·창녕군 2008을 바탕으로 필자 재작성)

며, 20세기 전기에도 광범위한 지역에서 구황식물 또는 식량으로 쓰였다. 도토리에는
떫은맛을 내는 타닌이 많이 포함되어 있어 그대로는 먹을 수 없다. 타닌은 수용성이
므로 담수에서 4~5일 정도 담가 제거하여야 하지만, 소금물에서는 이보다 훨씬 짧은
기간에 제거할 수 있다. 또한 도토리는 물에 담가 두지 않는 경우 껍질이 있음에도 불
구하고 벌레들에 의해 피해를 입게 되므로 장기간 보관하려면 물에 담가 두어야 한다.
비봉리 신석기유적에서 확인된 구덩이는 선사인들이 바닷물에 도토리를 담가 타닌을
효과적으로 제거하거나 도토리를 장기간 보관하기 위하여 조성한 것으로 볼 수 있다.

〈표 1〉은 도토리 구덩이의 규모를 입구의 길이와 너비 및 깊이로 나타내고, 퇴적
층 단면에서 바닥과 상면의 해발고도를 측정한 값이다. 도토리 구덩이 14호와 15호

표 1 도토리 구덩이 규모와 조성시기(국립김해박물관·창녕군 2008)

도토리 구덩이 번호	규모(m)			해발고도(m)			탄소 연대측정		비고
	길이	너비	깊이	상면		바닥	yr. BP	보정연대(BC)	
				잔존	추정				
1	1.90	1.80	0.50	0.80		0.30	4,340±40	2,960	
							4,650±60	3,600 or 3,440	
2	0.89	0.95	0.29	0.82		0.53	4,420±50	3,280 or 3,020	어깨선
	1.39	1.35							바닥선
3	0.85	?	0.40	0.83		0.43			
4	1.20	0.90	0.71	0.83		0.12			어깨선
	1.46	1.13							바닥선
5-1	1.96+	0.42+	0.46	0.98		0.52			
5-2	2.16	0.96+	0.14+	0.70+	0.98	0.56			
6	0.52	0.50	0.14+	0.54+	0.85	0.40			
7	0.67	0.40	?	?	0.98	0.75			
8	1.22	0.91	?	?	0.98	0.70			
9	1.67	1.32	0.17+	0.51+	0.98	0.34	4,900±50	3,720	
10	1.20	0.98	0.12+	0.59+	0.90	0.47			
11	1.76	1.63	0.22+	0.62+	0.90	0.40	4,530±40	3,340 or 3,170	
12	1.78	1.33	0.28+	0.51+	0.95	0.23	4,680±50	3,600 or 3,450	
13	1.22	0.94+	0.14+	0.39+	0.90	0.25			
14	0.56	0.56							24층
15	0.50	0.28							24층
16	1.09	0.80	0.12	0.50+	0.95	0.38			
17	0.77	0.74	0.21	0.26		0.07			26층

* +는 잔존 길이로 확인된 것으로 실제로는 이보다 규모가 더 큰 것을 의미함.
* 도토리 구덩이 2호와 4호를 제외하고 대부분의 어깨선이 훼손되어 바닥면의 규모를 표기함.

는 24층, 17호는 26층에서 단면이 확인되었고, 나머지는 19~21층의 표면을 파고 조성된 것이다. 도토리 구덩이 1, 2, 3, 4호는 표층을 크게 제거하지 않고 거의 온전하게 단면을 파악하였으나 나머지는 구덩이가 조성된 표층이 많이 제거되었다.

상술한 바와 같이 구덩이 바닥의 해발고도는 0.1m부터 0.75m까지 다양하며 연속적이다. 도토리에 포함되어 있는 타닌을 제거하기 위해서는 이것을 물에 지속적으

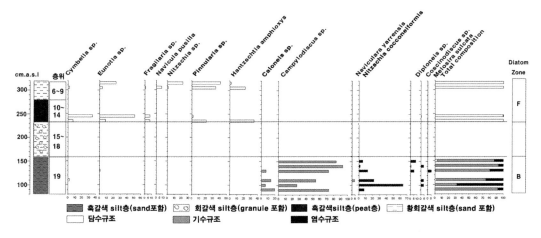

그림 10 코아 A의 규조분석결과

로 담가 두었다가 일정한 시간이 지나면 도토리를 다시 회수하여야 한다. 따라서 구덩이는 저조위 때 일시적으로 공기 중에 드러나지만 평균 해면보다는 낮은 곳에 만들어야 한다. 그러므로 최대한 오래 물속에 잠길 수 있도록 허기 위하여 평균 해면과 평균 저조위의 중간 정도의 해변에 도토리 구덩이를 만들었을 것으로 생각된다. 저조위보다 훨씬 높은 곳에서는 구덩이를 만들지 않았을 것이므로, 같은 시기에 만든 것들 사이의 비고차가 20~30cm 이상이 될 가능성은 거의 없다. 그러므로 조사지역의 19층, 20층, 21층에 조성된 도토리 구덩이는 해수면의 변화에 대응하여 필요에 따라 폐기하고 새로 만들었던 것이다.

5) 규조분석 결과

규조분석 시료를 채취한 core A는 시굴트렌치 A-A′ 단면의 남쪽 가장자리에 있으며, 코아 B는 종단면 B-B′의 남쪽 가장자리에 위치한다(그림 3, 5). 코아 A와 코아 B의 규조분석 결과는 각각 〈그림 10〉과 〈그림 11〉에 제시하였다.

6) 비봉리 지역의 홀로세 중기 해수면 변동

충적평야의 지형학적 연구는 주로 퇴적층에서 얻은 정보를 통하여 충적평야 지형발달과 홀로세 식생, 토양, 수문 등의 홀로세 환경 변화를 복원하고 있다. 그러나 국지적인 자연환경 특성이 반영되므로 특정 지역의 충적평야 지형 연구를 일반화된 자료로

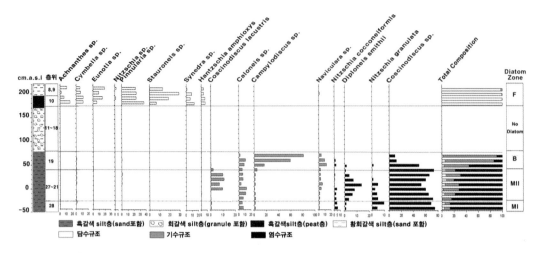

그림 11 코아 B의 규조분석 결과

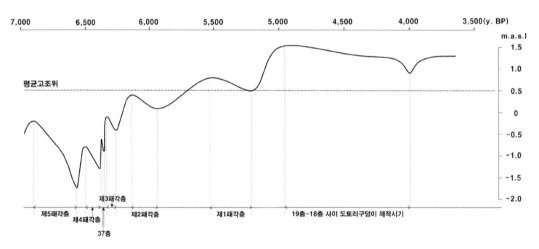

그림 12 비봉리 해수면 변동 곡선

사용하는 데 한계가 있다. 한편 홀로세 해수면 변동은 우리나라 규모에서는 변화 양
상이 지역에 따라 차이가 크지 않아서 대략적인 경향은 일치한다고 볼 수 있다. 이것
은 홀로세와 같은 짧은 기간 한반도의 지반 운동량이 크지 않고 지역차가 거의 없기
때문이다. 그러나 국지적인 지형 특성의 차이로 인해 한반도에서 복원된 해수면 변동
곡선들이 완전히 일치할 수는 없다.

　　비봉리 해수면 변동 곡선은 패각층, 퇴적상, 규조분석 결과, 절대연대 측정치를
이용하여 복원하였다(그림 12).

IV 충적평야 고고학 조사방법

1. 트렌치

1) 트렌치 넣기와 퇴적상 파악

충적평야에서는 다른 지형과 달리 지표면에 유구나 유물이 노출되지 않는다. 그러므로 대부분의 고고학 유구는 지표조사보다 토목공사 등에 의해 단서를 얻는다. 그러므로 고고학 발굴을 위해서는 충적층에 트렌치(trench)를 넣어서 문화층의 분포 양상을 추정하여야 한다. 〈그림 5〉는 비봉리 발굴지의 최초 트렌치 A-A′와 B-B′를 보여준다. 등고선은 없지만 등고선과 직각되는 방향으로 트렌치를 만들었다. 이와 같은 방식은 발굴지역의 퇴적상을 이해하는 데 유리하다.

상술한 비봉리 신석기유적의 〈그림 7, 8〉의 퇴적상은 문화층을 확인하고 발굴계획을 수립하는 데 가장 중요한 기초자료가 되었다. 충적평야는 염수, 담수, 기수에서 퇴적이 이루어지므로 수평층리를 이루고 있으며, 각 층준은 같은 시기에 형성된 것이다. 따라서 전체 퇴적상을 파악한 후 발굴이 이루어져야 시계열적인 인간 활동의 양상을 정확하게 파악할 수 있다. 그러므로 충적평야 고고학 발굴은 퇴적과정에 대한 이해를 바탕으로 이루어져야 한다.

비봉리 신석기유적 발굴에서는 지형학자와 고고학자가 사전에 퇴적층에 대해 충분히 의견교환을 하면서 발굴을 진행하였으므로 도토리 구덩이, 목선 등의 발굴은 어느 정도 예측된 상황에서 이루어졌다.

2) 발굴 구역 사이의 둑 남기기

충적평야는 물에서 퇴적된 연약한 물질로 이루어져 있으므로 지하수 유동이 큰 지형이다. 따라서 지하수에 의한 침수가 지속적으로 이루어지기 때문에 우기에는 배수와 양수가 지속적으로 이루어져야 한다.

충적평야를 구성하는 퇴적물들은 퇴적된 이후 환원상태에 있었으나, 공기 중에 노출되면서 토양색은 급격하게 변한다. 그러므로 최초에 만들어진 트렌치에서 관찰한 퇴적층 특성은 시간이 경과할수록 변질되므로 발굴 구역 사이에 둑을 적절하게 남겨야 한다. 다만, 이 둑은 굴삭기 등 장비 사용에 장애물이 되며, 강우 시에 침수되므로 발굴에 막대한 장애를 초래한다. 그러므로 원래의 퇴적층을 확인할 수 있는 둑을 어떻게 남길 것인가에 대하여 많은 고민이 필요하다.

2. 연대측정과 미화석 분석

충적평야를 구성하는 퇴적층에는 연대측정의 시료가 되는 조개껍질, 식물의 유체를 비롯한 유기물이 포함되어 있으며, 화분, 식물규소체, 유공충을 비롯한 다양한 화석들이 포함되어 있다. 이런 화석들은 퇴적 당시의 자연환경과 인간 활동의 정보를 가지고 있어서 고고학 발굴 결과 해석뿐 아니라 선사시대 이래 한반도의 환경변화를 이해하는 데 정보를 제공한다. 아울러 절대연대측정 결과와 결합하여 구체적이며 정밀한 환경복원을 할 수 있다.

1) 규조분석과 해수면 변동
(1) 규조

규조는 황색조식물문(黃色藻植物門, Chromophyta)에 속하는 단세포 식물로서 비정질 또는 여기에 가까운 함규산광물인 단백석(opal, $SiO_2 \cdot nH_2O$)질로 이루어진 피각(돌말껍질, frustule)으로 구성되어 있는 단세포 조류(藻類)이다. 규조는 광합성을 통해 영양분을 합성하며, 세포 하나의 크기는 200μm에서 1μm 정도이다. 피각은 두 개의 밸브(valve)와 두 밸브를 이어 주는 둘레띠(girdle)로 구성되어 있다. 상각과 하각으로 구성되어 있는 규조는 큰 상각이 작은 하각 위에 뚜껑처럼 덮고 있다. 규조는 밸브 표면의 형태가 종마다 다르기 때문에 종 수준까지 동정(同定)이 가능하다. 규조는 세계 전역의 염수, 기수 및 담수에 사는데, 서식하는 양식에 따라 부유성(planktonic), 저서성(bottom forms, benthic) 그리고 부착성(epiphytic forms)으로 나눌 수 있으며, 크게 중심 규조류(중심 돌말류)인 중심목(centric diatom)과 우상형 규조류(깃 돌말류)인 우상목(pennate diatom)으로 구분된다.

규조는 서식공간의 환경조건에 따라 매우 민감하게 반응하므로 종 조성 및 규조 개체수는 이들의 생태환경을 반영한다. 규조는 염분농도, 빛의 세기, 수심, 수온, pH, 오염도, 무기염류 함량(N, P) 등에 따라 분포 특성이 달라진다. 규조 서식환경의 생태적 다양성은 규조분석 결과로 퇴적층이 형성된 시기의 고환경을 복원하는 데 유용한 정보를 얻을 수 있다.

규조분석은 퇴적물에서 규조화석을 검출하여 그 종 및 종 조성의 내용을 통해 퇴적 당시의 환경을 복원하고 퇴적 층준 대비 등을 검토하는 방법이다. 퇴적물 시료는 다양한 천공(boring) 기계를 사용하거나 트렌치를 만들어 채취하며, 화학적, 물리적 과정을 통해 규조를 분리하여 1,000배율 광학현미경으로 동정한다. 이후 규조분석 결과에 대한 다이어그램을 작성하고 확인된 규조의 종 조성과 생태적 특성을 통하여 규조 분대 및 아분대를 나누어 의미를 해석한다.

규조분석 결과로 얻을 수 있는 정보 가운데 가장 의미가 큰 것은 퇴적층이 형성될 당시의 담수와 해수 영향이 어느 정도인가를 파악하는 것이다. 규조분석 결과와 절대연대를 비롯한 다양한 자료를 통해 연안 지역의 해수면 변동과 고수문 및 고지형을 복원할 수 있다.

고고학적 유적 발굴을 통해 얻어지는 퇴적층의 토양 시료로 이루어지는 규조분석은 유적 형성 당시의 환경을 복원할 수 있게 해 준다. 연안 지역에 위치한 유적의 퇴적물에 포함되어 있는 염수 및 기수성 규조는 해양과 인간 활동과의 상호 관계를 설명하는 데 의미있는 정보를 제공한다. 이를 통해 유적의 입지를 환경 변화와 결부시켜 설명할 수 있다. 특히 해안에서 확인된 유적을 이해하는 데 규조분석은 유용성이 높다.

우리나라 규조분석 연구는 대부분 연안 지역에서 이루어졌으며, 해수면 변동, 고(古)해양환경 변화 등이 있다.

(2) 해수면 변동

대하천 하류부 충적평야의 발굴 결과 해석에서 해수면 변동과 이에 의한 환경변화에 대한 이해는 가장 기초적인 자료가 된다. 한반도 해수면 변동 연구의 논점 가운데 하나는 홀로세 동안 현재 해수면보다 해발고도가 높았던 시기에 대한 해석이다. 고해수면 증거가 태풍이나 해일과 같은 일시적인 극한 기후 현상에 의해 해안선 부근 높은 구역에서 채취한 시료로 얻은 결과일 가능성이 있다는 것이다(장진호·박용안 2001).

해수면 변동 연구가 해안 충적평야의 퇴적물 분석 결과로 이루어진다는 측면에서 개방형 해안에서는 극한 기후 환경에서 퇴적물이 해발고도가 실제 해수면보다 높은 고도에 퇴적될 가능성이 있다. 그러나 해안 충적평야에서는 계절에 따라 침식과

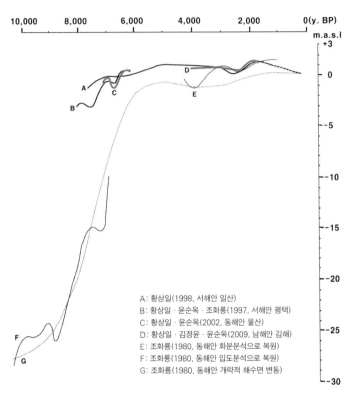

10,000   8,000   6,000   4,000   2,000   0(y. BP)

A: 황상일(1998, 서해안 일산)
B: 황상일 · 윤순옥 · 조화룡(1997, 서해안 평택)
C: 황상일 · 윤순옥(2002, 동해안 울산)
D: 황상일 · 김정윤 · 윤순옥(2009, 남해안 김해)
E: 조화룡(1980, 동해안 화분분석으로 복원)
F: 조화룡(1980, 동해안 입도분석으로 복원)
G: 조화룡(1980, 동해안 개략적 해수면 변동)

그림 13 한반도 홀로세 해수면 변동

퇴적이 다르게 나타나며, 극한 기후에 의해 일시적인 이벤트(event)로 형성된 퇴적층은 길지 않은 기간에 침식, 제거되어 원래의 지형으로 복원된다.

아울러 극한 기후로 형성된 파랑에 의해 해수면보다 높게 퇴적된 경우 오랫동안 공기 중에 노출된다. 이런 경우 퇴적물에 포함된 규조, 화분, 식물규소체, 미세패 등 대부분의 미화석은 빗물에 용해되거나 미생물에 의해 분해되어 버린다. 해수면 변동에 적용되는 시간의 규모가 수백 년 내지 수천 년이므로 이런 경우 퇴적물에는 화석들이 거의 남지 않는다.

〈그림 13〉은 규조분석을 통해 복원된 홀로세 한반도 해수면 변동 곡선이다. 이 그림에 제시된 연대는 보정하지 않은 절대연대로 그렸다.

2) 화분분석과 식생 및 농경 정보

화분(pollen)은 속씨식물과 겉씨식물의 수술에서 만들어진 생식기관으로서 공기가 차단된 환원환경에서 퇴적되면 미화석 상태로 오랜 기간 보존될 수 있다. 적은 양의 토양시료로도 계량적 분석이 가능하여 장기간의 식생조성 변화를 밝히는 데 매우 유용하므로 기후지시자의 대리자료(proxy data)로 이용되고 있다.

화분은 형태의 특이성과 높은 생산량, 여러 매체에 의한 산포율이 높고, 공기가 차단된 환원환경인 토탄이나 호소성, 해양성 퇴적물에서 오랜 기간 보존이 가능하므로, 과거의 식물상을 추정하는 데 중요한 자료로 이용되어 왔다.

화분 및 포자 형태는 구형이나, 난형, 타원형 등으로 다양하며, 크기는 10~100μm 정도가 일반적이다. 또한 1회 산포량이 많고 멀리까지 날아가서 퇴적층에 포함되므로 주변지역의 식생환경을 반영한다. 단, 수종에 따라서 산포량의 차이가 있어 계량화할 때 주의를 요한다.

고해상도의 화분분석 결과를 얻을 수 있는 시료는 수심이 있는 습지환경에서 외적 교란을 받지 않고, 지속적으로 퇴적된 토탄층과 유기질 토층이다. 충분한 수심을 갖는 저습지는 산화를 일으키는 공기 중에 노출되지 않으므로 퇴적층의 화분 및 포자의 보존 상태가 양호하다. 그러나 지형 및 기후환경이 지각변동이나 건조한 환경으로 전환되면 건륙화가 일어나면서 토양층이 침식되거나 육화되면서 화분은 분해되어 버린다.

화분분석은 퇴적물 속에 포함된 화분이나 포자를 화학적으로 처리하여 모수인 식생을 찾아내는 작업으로 오랜 기간 화분의 보존을 가능하게 하는 적절한 시료를 확보하는 일이 선행되어야 한다. 분석용 시료는 유기질 토탄층(peat layer)이나 유기질 실트층(organic silt layer)에서 주로 획득되는데, 이것은 호수나 저습지 환경이 장기간 지속되어 수면 아래 식물 유체의 부식질이 분해되지 못한 상태에서 축적되어 유기질을 다량 함유한 검은 토양층이다. 이러한 퇴적물을 채취하여 화학적으로 처리하고 화분 및 포자를 추출한 후 정량화한 데이터를 기초로 각종 다이어그램을 산출한다.

화분조성 변화가 장·단기간의 환경변화를 반영하기 때문에 화분분석 결과와 퇴적물 간의 상관관계를 해석하여 연대를 추정하는 것이 가능하고, 과거 기후변화를 이해하는 근거가 된다. 또한 선사인의 수렵·채집생활과 농경에 의해 인위적인 영향을 받아 변형된 환경에 대한 증거도 제시해 준다.

야마자키(山崎 1940)에 의해 지리산 세석평전에서 한반도 최초의 화분분석 연구가 이루어진 이후 대다수의 연구는 토탄층이 잘 발달되어 있는 하천의 하류부 충적평야와 해안지역에서 이루어졌으며, 이들 연구결과는 해면변동, 기후변화, 농경의 발달과 관련하여 중요한 사실을 밝히고 있다.

화분분석의 연구목적은 다음과 같이 정리할 수 있다.

- 퇴적층 형성 당시의 식생환경에 대한 자료 수집
- 조사 지역의 각 시기별 식생 복원
- 식생 조성에 영향을 미친 기후, 인간 활동 검토
- 지형발달 그리고 식생환경 변화에 대한 기본 자료 제공
- 인간의 영향과 관계있는 식물에 대한 자료를 바탕으로 인간 활동에 대한 고찰

3) 식물규소체 분석과 농경 및 기후변화

식물규소체는 생물무기화(Bio-mineralization)에 의해 식물체 내의 모든 부위에 형성되어, 분해된 후에도 세포의 형태로서 퇴적물에 보존되며, 과거 식물상의 변화 정도를 추정할 수 있게 해 준다(황성수 1992). 식물규소체는 고등식물인 쌍자엽식물 중 콩과(Leguminosae) 23속 36종, 활엽수, 단자엽식물 중에서 벼과(Gramineae)와 사초과(Cyperaceae) 식물에서도 나타난다. 벼과에서는 표피세포, 목본에서는 유관세포와 표피세포에서 규소의 집적이 활발하게 일어나며, 생육기간이 짧은 식물보다는 생육기간이 긴 식물이 대개 규소의 함량이 높다.

한국에서는 황성수(1992), 곽종철 외(1995) 등에 의해 연구된 바 있지만 아직 동정과 분류를 주로 하는 정도에 불과하다. 그러나 최근 Hwang et al.(2012), 황상일·김효선·윤순옥(2010)은 식물규소체 분석을 통해 화분분석으로 논의하기 어려운 퇴적층의 기후변화를 정밀한 수준까지 계량화하는 연구를 시도하고 있다.

식물규소체는 화분분석과 달리 동일 식물이라도 식물 부위에 따라 생산된 규산체의 양 및 종류가 다양하고(반복성, multiplicity) 또한 식물 간에도 유사한 규산체가 다소 함유되어 있기 때문에(중복성, redundancy)(Rovner 1971), 그 특징을 충분히 파악할 수 없고, 형태의 기재(description) 및 분류(classification)가 어렵다. 이러한 이유로 현재 식물규소체 분석에는 화분분석 등의 보조 자료가 필요한 실정이다.

트위스 등(Twiss et al. 1969)은 벼과의 세 아과를 3개 그룹(class),[7] 4개 종류와 26

---

7   Festucoid class, Chloridoid class, Panicoid class.

개 유형(type)으로 분류하였다. 페스튜코이드 그룹(Festucoid Class)은 원형, 사각형, 타원형(elliptical) 또는 긴 타원형(oblong) 형태 등 8개 유형으로 구성되며, 클로리도이드 그룹(Chloridoid Class)은 긴 안장형(long saddle)과 짧은 안장형(short saddle)의 2개 유형으로 구성된다. 마지막으로 패니코이드 그룹(Panicoid Class)은 십자형(cross)과 아령형(bilobate=dumbbell)의 차이에 따라 11개 유형으로 분류된다. 장방형(elongate)은 아과(subfamily)에 대한 암시(implication)가 없고, 17개 종(種) 모두에서 형성되며 5개의 유형으로 구성된다. 식물규소체는 식물이 위치한 곳 가까이에 퇴적된다. 그러므로 토양 또는 퇴적물에서 식물규소체는 식생환경의 복원, 고식생 및 고기후 복원에 이용될 수 있다. 또한 식물규소체는 일반적으로 유기질이 많은 토양의 A층에서 가장 많이 집중되어 나타나며, 표층으로부터 깊어질수록 다소 급격하게 산출량이 감소하는 특징이 있다.

식물규소체의 분석방법은 기본적으로 화분을 추출하는 화분분석 방법과 매우 다르지만, 화분을 현미경으로 동정하는 경우에 일부 식물규소체가 보이기도 한다. 벼과 화분은 크기가 40µm 이상일 경우에 거의 곡물(cereal)이다. 식물규소체의 경우, 단자엽식물과 특히 벼과식물이 동정이 용이하며, 종은 물론 아과까지 가능하다(Piperno 1988; Fredlund and Tieszen 1997; Bowdery 1989).

벼과 식물에서 기동세포는 엽맥(葉脈)에 배열되어 있는 대형세포로 잎의 전개운동에 영향을 미치며, 수분의 증발을 방지하는 기능을 가지고 있다. 기동세포 유래의 식물규소체는 단면의 형태가 부채 형태를 이루며, 식물규소체의 분류체계에서 부채형(fan)으로 분류된다. 부채형의 형태는 속(屬) 혹은 일부 종(種)에 따라 미소한 차이가 있다.

식물규소체 연구는 식물분류학적 연구뿐 아니라, 고고학, 고기후 및 고식생을 연구하는 제4기학 연구 등으로 폭넓게 발전하고 있다. 펀(Fearn 1998)은 루이지애나 주의 남서부 아더(Arthur) 호수의 퇴적물 코어에서 식물규소체분석, 화분분석, 규조분석을 실시하였다. 벼과(Gramineae)는 화분분석의 군집에 매우 중요한 요소이며, 퇴적학적 기록에 기여할 수 있는 폭넓고 인식 가능한 식물규소체를 만드는 유용한 생산자로 보았다. 연구지역에서 두드러지게 나타난 식물규소체는 아령형으로 기장아과(Panicoideae)에서 만들어진다. 염생습지에서의 벼과들은 주로 김의털아과(Festucoideae)와 론델형(rondel)의 식물규소체가 많이 형성되었다. 특히 해안습지와 인접한 지역에서는 론델형, 고지의 초지에 인접한 곳에서는 아령형의 식물규소체가 형성된다. 부서진 아령형의 형태가 우세한 경향은 인간의 정착 이후 집약적인 농경과 관련되며, 초지 토양의 침식이 증가된 결과를 반영한다고 보았다.

인간생활의 모습은 주변의 자연환경과 유기적 관계를 형성하고 있으며 그 변천사 역시 자연환경의 변화에 지대한 영향을 받는다. 더욱이 자연환경을 극복할 수 있는 기술이 발달하지 못했던 선사·고대의 인간생활은 자연환경과 밀접한 상호관계에서 이루어졌으며 그 의존도가 현재보다는 훨씬 높았을 것이다. 그러므로 과거 인간생활의 흔적인 유적과 유물에 대한 고고학적 연구에 있어서 유적과 그 주변의 과거 자연환경의 유형과 그 변화상에 대한 연구는 매우 중요하다. 이러한 연구를 통해 과거 인간의 자연환경에 대한 이해, 활용 및 적응 등의 자연환경과의 상호관계를 파악함으로써 최종의 고고학적 해석의 수준과 이해의 폭을 넓히는 데 많은 도움을 준다. 따라서 유적이 형성되었던 당시의 자연환경과 이후의 유적의 변천 및 소멸과 직·간접적으로 관련된 자연환경의 변화 과정을 파악하는 일은 유적의 제 성격을 이해함으로써 과거 인간생활의 모습을 복원하고자 하는 고고학적 목적을 달성하는 데 매우 기초적이면서도 유용한 과학적 자료를 제공한다. 토양 내 식물규소체 분석은 농경의 성격과 인간생활, 그리고 최근 개량된 기후지수 산출 등을 통한 기후변화 등을 추정하여 선사, 고대 사회의 자연환경 변화를 파악하는 데 유용한 수단이 된다. 특히, 최종빙기 전반의 한랭기에 대응한 식물규소체 분대나 최종빙기 온난기에 대응한 식물규소체 분대를 설정하여 플라이스토세 이후 식생변화나 기후변화에 응용하고 있는 경우가 많다.

[황상일]

참고문헌

경남고고학연구소, 2007, 『김해 율하 택지개발사업지구(II지구)내 유적 발굴조사 약보고서I』.

곽종철·藤原広志·宇田津徹朗·柳澤一男, 1995, 「신석기시대 토기태토에서 검출된 벼의 plant opa」, 『한국 고고학보』, 32, 149-162.

국립김해박물관·창녕군, 2008, 『비봉리』, 국립김해박물관학술조사보고 제6책.

소배경, 2005, 『김해 율하 관동리유적 발굴 개요』, 영남구주학회합동고고학대회, 7, 183-204.

윤순옥·김효선·황상일, 2009, 「경포호의 식물규소체(phytolith) 분석과 Holocene 기후변화」, 『대한지리 학회지』 44(6), 691-705.

윤순옥·조화룡, 1996, 「제4기 후기 영양분지의 자연환경변화」, 『대한지리학회지』 31(3), 447-468쪽.

윤순옥·황상일, 2009, 「한반도와 주변지역의 최종빙기 최성기 자연환경」, 『한국지형학회지』 16(3), 101-112.

이상헌·강봉원, 2009, 「화분, 비화분 유기질 미화석 및 식물규소체의 유적발굴지에서의 적용사례: 경주시 충효동 유적발굴지」, 『고생물학회지』 25(1), 77-102.

이융조·김정희, 1998, 「한국 선사시대 벼농사의 새로운 해석 —식물 규소체 분석자료를 중심으로—」, 『선 사와 고대』 11, 11-44.

장정희·김준민, 1982, 「영랑호, 월함지 및 방어진의 제4기 이후의 식피의 변천」, 『식물학회지』 25(1), 37-53쪽.

장진호·박용안, 2001, 「한국의 제4기 후기 해수면변동의 연구사례」, 『한국의 제4기 환경(박용안·공우석 외)』, 서울대학교출판부, 125.

황상일, 1998, 「일산충적평야의 홀로세 퇴적환경변화와 해면변동」, 『대한지리학회지』 33(2), 143-163.

황상일·김정윤·윤순옥, 2009, 「고김해만 북서지역의 Holocene 후기 환경변화와 지형발달」, 『한국지형학 회지』 16(4), 85-99.

황상일·김효선·윤순옥, 2010, 「제4기 환경복원을 위한 식물규소체 특성과 연구 성과에 대한 논의」, 『한국 지형학회지』 17(3), 1-18.

황상일·윤순옥, 2000, 「울산 태화강 중·하류부의 Holocene 자연환경과 선사인의 생활변화」, 『한국고고학 보』 43, 67-112.

_____, 2001, 「우리나라 화분과 규조의 제4기 생층서와 환경」, 『한국의 제4기 환경(박용안·공우석 외)』, 서울대학교출판부, 73-116.

_____, 2002, 「울산시 황성동 세죽 해안의 Holocene 중기 환경변화와 인간생활」, 『한국고고학보』 48, 35-57.

황상일·윤순옥·조화룡, 1997, 「Holocene 중기에 있어서 도대천유역의 퇴적 환경 변화」, 『대한지리학회 지』 32(4), 403-420.

황성수, 1992, 「벼속(Oryza) 식물규소체의 형태와 그 분류학적 의의」, 전북대학교 박사학위논문, 200.

關西自然史硏究所, 1980, 『ウルム氷期以降の生物地理に關する總合硏究』 81.

山崎次男, 1940,「花粉統計による朝鮮南部の樹種變遷に關する研究」,『日本林學會誌』22, 73-85.

安田喜憲・塚田松雄・金遵敏・李相泰, 1980,「韓國における環境変遷史と農耕の起源」,『文部省學術調査告』 1-19.

曺華龍, 1980,「韓國東海岸における完新世の海水準變動」,『地理學評論』53(5), 324-325.

_____, 1985,「韓國洛東江下流沖積平野の地形發達」,『日本東北地理』37(1), 29-42.

Bowdery, D., 1989, Phytoliths analysis: introduction and applications, in Beck, W., A. Clarke, and L. Head(eds), *Plants in Australian archaeology*, St. Lucia University of Queensland, Tempus 1, 161-196.

Diester-Hass, L., H. J. Sehrader, and J. Thiede, 1973, Sedimentological and paleoclimatological investigation of two pelagic ooze cores off Cape Barbas, North-West Africa, *Meteor Forschungsergebnisse*, 16, 19-66.

Fearn, M. L., 1998, Phytolith in sediment as indicators of grass pollen source, *Review of Palaeobotany and Palynology* 103, 75-81.

Fredlund, G. G. and L. L. Tieszen, 1997, Calibrating grass phytolith assemblages in climatic terms: application to late Pleistocene assemblages from Kansas and Nebraska, *Palaeogeography, Palaeoclimatology, Palaeoecology*, 136, 199-211.

Hwang, S., Yoon, S. O., Lee, J. Y., Kim, H. S. and Choi, J., 2012, Phytolith analysis and reconstruction of palaeoenvironment at the Nabokri valley plain, Buyeo, Korea, *Quaternary International*, 254, 2012, 129-137.

Piperno, D. R., 1988, *Phytolith Analysis: An Archaeological and Geological Perspective*, Academic Press, San Diego.

Rovner, T., 1971, Potential of opal phytoliths for use in palaeoecological reconstruction, *Quaternary Research* 1, 343-359.

Twiss, P. C., E. Suess and R. M. Smith, 1969, Morphological classification of grass phytolith, *Soil Science Society of America Proceedings*, 33, 109-115.

Yu, G., X. Chen, J. Ni, R. Cheddadi, J. Guiot, H. Han, S. P. Harrison, C. Huang, M. Ke, Z. Kong, S. Li, W. Li, P. Liew, G. Liu, J. Liu and Q. Liu, K.-B. Liu, I. C. Prentice, W. Qui, G. Ren, C. Song, S. Sugita, X. Sun, E. Van Campo, Y. Xia, Q. Xu, S. Yan, X. Yang, J. Zhao and Z. Zheng, 2000, Palaeovegetation of China: a pollen data-based synthesis for the mid-Holocene and last glacial maximum, *Journal of Biogeography* 27, 635-664.

Ⅰ 머리말

1990년대 이후 한국고고학은 자료의 질과 양의 측면에서 이전 시기와는 비교할 수 없을 정도로 비약적인 성장을 한 바 있다. 예를 들어 신석기시대부터 삼국시대에 이르는 시기에 해당하는 다수의 대규모 무덤유적과 취락유적을 비롯하여 저습지유적 등을 포함한 다양한 형태의 생활유적과 생산유적이 조사된 바 있다. 청동기시대로만 한정하더라도 진주 평거동유적을 포함한 진주 남강유역의 여러 유적들과 대구 동천동유적, 그리고 최근 발굴조사가 진행 중인 춘천 중도유적 등의 사례에서 알 수 있듯이 다수의 주거지와 무덤, 수전 혹은 밭과 같은 경작유적, 그리고 환호와 공방과 같은 생산유적이 함께 발견되는 복합유적이 조사되어 당시의 일상생활과 죽음, 그리고 이들의 관계를 포함한 당시 사람들의 '생활세계'를 종합적으로 이해하고 해석할 수 있는 계기를 마련하였다.

이러한 고고학 자료의 비약적인 질적, 양적 확대에 비례하여 기존의 형식분류와 편년 그리고 주거지 및 취락 내부의 공간분할에 관한 연구가 구체화되어 진행된 바 있으며, 이와 동시에 새로운 연구 시각과 방법론 또한 고고학 연구에 도입되어 적용된 바 있다. 예를 들면 유적 형성 당시의 고환경을 복원하고자 하는 시도[1]와 경관고고

---

1 이 주제와 관련한 대표적인 연구성과로 다음과 같은 이홍종의 일련의 연구를 들 수 있다.

이홍종, 2008a, 「호서지역의 고고환경」, 『호서고고학』 19.

이홍종, 2008b, 『한반도 중서부지역의 지형환경 분석』, 서경문화사.

이홍종, 2014, 『청동기시대의 고고학 1: 인간과 환경』, 한국고고환경연구소 학술총서 12, 서경문화사.

학의 측면에서 유적 입지와 이를 둘러싼 경관의 의미를 해석하고자 하는 시도[2]가 대표적이라고 할 수 있다. 이 가운데 후자의 경우, 경관고고학의 등장배경과 이론적 특징에 대해 개략적으로 소개하고 경관고고학의 관점에서 한국고고학 자료의 이용 가능성을 제시한 바 있으며 최근에는 영국의 낭만주의적 전통 가운데에서 경관고고학이 탄생하게 되는 과정을 체계적으로 밝힌 저서가 번역된 바 있다(매튜 존슨 저, 오세연 역 2015). 이러한 노력에도 불구하고 한국고고학에서 유적경관에 대한 연구는 여전히 시작단계에 머무르고 있다고 할 수 있다. 즉 한국고고학 연구에서 경관고고학의 필요성과 가능성에 대한 인식이 확대되고 있음에도 불구하고 아직까지는 경관고고학의 주요 이론과 방법론이 실제 한국고고학 연구와 자료의 해석에 적용되어 그러한 자료에 대한 우리의 새로운 고고학적 이해에 어떻게 직접적으로 기여할 수 있는지를 제대로 보여주고 있지는 못한 실정이다. 이는 일차적으로 필자를 포함하여 경관고고학의 중요성과 필요성을 인식하고 경관고고학의 이론과 방법론을 한국에 소개해 온 연구자들의 노력이 아직까지는 충분하지 않다는 점에서 기인한 것이다. 이와 아울러 기존의 기본적인 고고학 방법론인 형식분류나 편년, 그리고 과정고고학에서 강조하는 과학적 연구 절차나 자연과학적 분석 등이 지역이나 역사적 맥락에 대한 직접적인 고려 없이 보편적으로 적용될 수 있는 방법론인 반면에 경관고고학은 해당 지역의 지역적 특수성과 고유성을 강조하는, 즉 자연경관과 문화경관, 그리고 역사경관과 상징적 경관에 대한 깊이 있는 이해가 전제되어야 한다는 점을 주목할 필요가 있다. 다시 말해서 단순히 서구 고고학에서 발전된 방법론의 소개와 그것의 적용에 그치는 것이 아니라 경관고고학의 주요 원칙들이 해당 지역의 고고역사적 배경과 경관상의 특징이 깊이 있게 고려된 바탕 위에 체계적인 고민과 함께 섬세하게 적용되어 새로운 해석 과정으로 나가야 한다는 점을 염두에 둘 필요가 있다.

       이홍종, 2015, 「한성백제기 도성권의 지형경관」, 『고고학』 14-1.

2   이와 관련하여 필자는 다음과 같은 여러 편의 논고를 작성한 바 있다.

       김종일, 2006, 「경관고고학의 이론적 특징과 적용가능성」, 『한국고고학보』 58.

       김종일, 2009, 「삶과 죽음의 토포필리아」, 『선사농경연구의 새로운 동향』, 안승모·이준정 편, 사회평론.

       김종일, 2011, 「경관의 고고학적 이해」, 『한국 선사시대 사회와 문화의 이해』, 중앙문화재연구원 편, 서경문화사.

       Kim, Jongil, 2008, Life and death in 'Life world': the construction of symbolic landscape in the Korean Bronze Age, 6th World Archaeological Congress, University of Dublin.

이러한 사실은 영국에서 경관사(Landscape history)와 경관고고학(Landscape Ar-chaeology)이 등장하는 과정을 통해 확인할 수 있다. 즉 평원과 언덕이 적절하게 그리고 조화롭게 어우러진 웨섹스 지역의 자연경관과 이러한 자연경관 안에 스톤헨지와 같은 특정한 형태의 거석기념물이 위치하는 독특한 문화경관 혹은 상징적 경관이 형성된다. 이러한 경관에 대한 깊이 있는 이해를 바탕으로 역사학의 한 분야로 경관사가 등장하고 고고학에서 후기과정고고학(Post processual archaeology)이 등장하면서 소위 경관고고학이 발전할 수 있었던 토대가 된다.

지금까지의 한국고고학의 연구 전통과 학사적 배경을 고려했을 때, 그리고 반드시 경관고고학의 시각과 방법론에 근거할 필요는 없다 하더라도 기존의 자연경관과 문화경관에 대한 연구가 활발히 진행되지 않았던 한국고고학의 연구 현황을 감안하면 경관에 대한 고고학적 연구를 본격적으로 진행하는 것이 반드시 쉬운 일만은 아닐 것이다.

그럼에도 불구하고 대규모 취락유적에 대해 전면 제토에 의한 발굴조사 방법이 채택되면서 전체 유적에 대한 상세한 정보가 수집될 수 있었으며, 환호나 농경 및 생산유구를 포함하는 대규모 취락유적을 비롯하여 묘역식 지석묘 등의 대규모 무덤 혹은 제의유적, 그리고 경주의 예에서 알 수 있듯이 대형 고분군을 포함하는 왕성 혹은 도성의 형성(그리고 그러한 왕성 혹은 도성 경관의 형성) 등을 주요 특징으로 하는 한국의 고고학 자료들은 경관고고학에 기반한 본격적인 연구를 통해 그 의미가 보다 심층적으로 해석되고 기술될 수 있다.

이러한 경관에 대한 고고학적 연구를 통해 현재 한국고고학 연구의 핵심적 주제라고 할 수 있는 신석기시대 초기 농경의 도입과 생계경제의 변화, 청동기시대 거석무덤의 등장에 대한 검토, 청동기시대 취락 구조의 분석, 환호취락의 등장에 대한 검토, 고분 축조를 통한 권력의 발생과 행사, 도성의 등장과 도성경관의 형성, 그리고 이러한 고고학 유적을 매개로 형성되는 개인 혹은 공동체의 정체성과 경계 등에 대해 보다 심층적인 해석을 시도할 수 있을 것으로 생각한다. 따라서 이 장에서는 앞서 언급한 바와 같이 기존에 이미 소개된 바 있던 경관고고학의 주요 원칙들을 반복하여 소개하는 대신 이를 최대한 간단히 요약하여 제시하고 이러한 원칙에 기초하여 한국고고학의 주요 유적들 가운데 청동기시대의 암각화의 입지와 묘역식 지석묘의 경관상 특징과 의미에 대해 논의하고자 한다. 물론 청동기시대와 원삼국시대 그리고 삼국

시대의 환호취락과 환구, 그리고 가야 고분군이나 경주 고분군 등으로 대표되는 삼국
시대 고분군 등의 경관도 그 시대를 대표하는 매우 특징적인 경관이지만 여기에 대해
서는 필자의 다른 글에서 일부 소개한 적이 있기 때문에 여기서는 지금까지 언급하지
않았거나 아니면 매우 제한적으로 언급한 바 있는 두 주제에 대해서 보다 상세히 논
의해 보고자 한다. 비록 이러한 논의의 결과가 최종적으로 합의되거나 받아들여지기
까지는 갈 길이 멀다 하더라도 적어도 이러한 논의가 향후 경관에 대한 고고학적 연
구의 활성화를 위한 자극제이자 촉매제의 역할을 할 수 있을 것으로 기대한다.

II 경관고고학의 주요 원칙들[3]

주지하다시피 1990년대 이후 영국을 중심으로 한 유럽고고학에서 다양한 이론
적 논의들과 함께 경관과 관련된 고고학 연구가 다양한 방식으로 활발히 진행되어
경관고고학(Landscape Archaeology)이 고고학의 주요 연구분야로 자리잡게 되었다.
한편 이러한 원칙들에 대해서는 앞서 언급한 필자의 여러 글에서 논의한 바 있는데
여기서는 이러한 논의들 가운데 주요 부분을 다시 한 번 간략하게 소개하고 이를 바
탕으로 다음 절에서 본격적인 논의를 진행하고자 한다.

1. 경관과 의미화

경관은 단순한 '공간(space)'이 아니라 장기간에 걸쳐 인간의 다양한 행위에 의해 역
사적으로 의미 있게 형성된 일종의 '장소(place)'이며 그러한 장소는 여러 세대에 걸
친 인간의 행위가 다양한 흔적(고고학 유적 혹은 유물)의 형태로 누층적으로 남겨진 일
종의 양피지 같은 존재이다. 산과 강, 대지로 이루어진 자연경관은 그 경관을 경험하

---

3 이 장에 소개된 내용은 필자가 기존에 발표한 다음 두 편의 논문에서 이 글과 관련된 내용 가운데 일
부를 약간의 수정 보완을 거쳐 요약 정리한 것임을 밝혀 둔다.
김종일, 2006, 「경관고고학의 이론적 특징과 적용가능성」, 『한국고고학보』 58, 110-145쪽.
김종일, 2011, 「경관의 고고학적 이해」, 『한국 선사시대 사회와 문화의 이해』, 중앙문화재연구원 편,
서경문화사, 177-193쪽.

고 기억하고 있는 사람들에 의해 이미 의미화되어 있을 가능성이 크며 설사 의미화되어 있지 않았더라도 그러한 자연경관에 취락이나 경작지, 혹은 무덤 같은 인공 구조물이 위치하여 문화경관이 형성되는 경우에 그러한 자연경관에 대한 의미화 작업이 진행되며 이 과정에서 자연(혹은 자연적인 영역에 속하는 것들)은 문화의 영역으로 편입된다. 한편 이러한 과정은 동시에 문화(혹은 문화의 영역에 속하는 것들)가 자연의 영역에 속하게 되는 것이기도 하다. 즉 자연의 문화화 그리고 문화의 자연화가 동시에 진행되는 과정이라고 할 수 있다.

이렇듯 의미화를 통한 경관의 형성과 해석 과정은 여기에 거주하거나 그러한 경관을 경험하는 사람들에게 일상적인 생활을 통해 그 경관의 의미가 끊임없이 기억되거나 이미지화되면서 동시에 내재화되는 과정이기도 하다.

2. 경관과 해석의 다층성

경관은 다양한 방식으로 형성되거나 해석될 수 있으며 그러한 경관의 다양한 의미와 해석은 서로 경쟁, 충돌하거나 타협될 수 있다. 경관을 형성하고 변화시키며 경험했을 사람들은 당시 사회 내의 사회적 위치와 관계 그리고 그들과 경관과의 관계에 따라 특정한 경관의 의미를 다양하게 해석할 수 있다. 예를 들어 오랫동안 지리산 근처에 살면서 화전이나 소규모 농토를 일구며 살거나 약초 등을 캐면서 생업을 유지해 왔던 원주민들과 소위 '힐링'을 위해 지리산 둘레길을 찾은 타지인들, 그리고 이들을 대상으로 음식점과 숙박시설을 운영하는 사람들, 자연유산의 보존과 관광 및 레저산업의 발전이라는 정반대의 정책들 사이에서 끊임없이 고민해야 하는 공무원에 이르기까지 동일한 경관이라 하더라도 전혀 다르게 바라보거나 의미화할 수 있다. 이와는 다른 관점에서 경관을 자연경관(Physical Landscape)과 (의미 있게) 구성된 경관(Constructed Landscape), 개념화된 경관(Conceptualised Landscape), 이상적 경관(Ideational Landscape), 그리고 이들을 포괄하는 실제적 경관(Real Landscape) 등으로 구분하며, 이러한 경관들이 한 사회에서 동시에 존재하면서 서로 간에 영향을 주고받을 수도 있으며, 따라서 인간이 경험하고 관계하는 실재적 공간은 다층적으로 구성될 수도 있다. 따라서 적어도 근대 세계의 형성 이후에 우리가 흔히 전제하고 있는 단순한 배경으로서, 수동적인 동시에 동질적이며 이성과 합리성에 기반을 두고 경제적 관점에 의해 그 가치가 결정되거나 단순히 감상의 대상으로 취급되는 공간은 더 이상 존재하지 않는다고 할 수 있다.

3. 경관과 시간성, 그리고 장소성

근대 세계의 형성 이후, 똑같은 길이로 분절할 수 있고 더하거나 뺄 수 있으며 과거와 현재, 그리고 미래라는 일차원 상의 일직선으로 진행되는 것으로 인식되는 자연과학적 혹은 수학적 시간관이 우리를 지배하게 된다. 그러나 이러한 시간관은 우리의 생활세계에 존재하는 다양한 '시간'들, 즉 다양한 시간 단위와 시간 구조, 그리고 시간 조직 가운데 하나일 뿐이며, 따라서 근대 세계 이전 시기에 존재했던 수많은 사회들은 각기 다른 시간관을 가지고 있었을 가능성이 크다고 할 수 있다(김종일 2016: 40-45). 공간 또는 경관과 마찬가지로 근대 시기 이전의 시간을 다룰 때 근대적 시간관에서 벗어나 절기의 구분과 구분된 절기에 따른 시간표의 체계화, 그러한 절기의 반복과 순환 등을 포함하여 해당 사회의 시간이 어떻게 분절되고 구조화되는지를 염두에 둘 필요가 있다. 특히 물질문화를 매개로 하여 시간이 구조화되는 과정을 살펴볼 필요가 있다. 이와 관련하여 주목되는 점은 시간이 기본적으로 우리의 의식세계와 실제 생활세계에서 과거와 현재, 그리고 미래가 지금 바로 이 순간 느끼는 대상에 대한 근원 인상과 그러한 근원 인상이 시간의 흐름에 따라 차츰 뒤로 밀려가면서 뒤에 오는 근원 인상에 지속적으로 영향을 끼치는 파지, 그리고 근원 인상을 감각할 때 앞으로 다가올 것이 영향을 끼치는 예지 등의 관계에 의해 인식된다고 하는 점이다.

이러한 파지, 근원 인상, 그리고 예지가 어떻게 경관상에서 구조화되어 나타나는지, 즉 경관상에서 시간과 장소가 어떻게 서로를 구조화하는지를 살펴보는 작업이 중요한데, 예를 들면 하나의 경관 안에서 순서 지어 축조된 무덤들을 통해 과거로부터 현재로 이어지는 시간의 흐름과 그러한 시간들이 어떻게 구조화되는지를 경험할 수 있다는 점이다.

4. 경관과 권력

경관은 다양한 형태의 권력, 또는 권력관계가 작동하는 장이기도 하다. 특정한 형태의 경관 형성을 통해 정치적, 경제적, 상징적 권력의 존재를 추정하거나 그러한 권력이 어떻게 행사되었는지도 동시에 추론할 수 있다. 지금까지 고고학 연구에서는 권력의 존재와 크기가 단순히 유적, 유물의 질과 양에 정비례하는 것으로 파악하거나 권력의 존재를 위계화의 문제로 한정하여 이해하였고 일부 특징적인 고고학적 증거를 권력의 존재 여부와 크기, 그리고 위계화를 증명해 주는 일종의 반영물로만 보았다.

이러한 연구가 갖고 있는 문제점은 첫째, 권력을 다른 사람의 의지에 관계없이 그 사람으로 하여금 무언가를 강제로 하게 하는 것이라는 베버의 개념(권력의 일차원적 개념)을 전제하고 있다는 점이다. 따라서 다른 인접학문에서 제시된 바 있는 좀 더 확대된 형태의 권력 개념, 즉 누군가로 하여금 다른 사람의 권위나 지위에 복종하여 자발적으로 행동하거나(이차원적 개념), 다른 사람의 생각과 의도를 자신의 그것으로 일체화하거나 내재화하여 마치 자신이 자신의 이익이나 의도에 따라 행위(삼차원적 권력)하는 것으로 생각하는 것과 같은 다양한 형태의 권력은 고려되고 있지 않다. 둘째, 권력을 단순히 위계화와 관련 지어 이해할 뿐 실제로 그러한 권력이 어떻게 작동하고 있는지에 대해서는 제대로 설명하지 못하는 한계를 지니고 있다. 이러한 문제점은 권력과 위계화가 반드시 동시에 진행되거나 직접적인 양(positive)의 상관관계를 갖는 것은 아니라는 점과 위계화는 권력관계가 형성된 이후 그 권력관계가 정당화되거나 합법화되고 난 다음에, 즉 그 공동체 구성원들이 위계화를 자연스럽게 받아들일 수 있게 된 후에 가능할 수 있다는 점을 고려하면 더욱 분명해진다고 할 수 있다. 셋째, 만약 위계화만을 가지고 그 당시 사회의 권력의 발생 여부를 살펴볼 경우, 위계화 이전의 사회에 존재했을 권력의 행사 방식을 파악할 수 없는 문제가 발생한다. 따라서 위계화가 본격적으로 진행되지 않는 사회에서 해당 사회의 권력관계를 살펴보기 위해서는 다양한 권력관계의 형성과 권력의 행사를 보여줄 수 있는 고고학적 증거에 대한 연구가 진행되어야 하는데, 경관의 형성과 해석이 바로 이러한 고고학적 증거의 좋은 예일 수 있다.

특정한 형태의 경관을 형성하거나 이미 형성된 경관을 원하는 방식으로 해석하게 하며 이를 통해 권력의 존재를 보여주거나 과시하거나 권력관계를 마치 자연적인 것처럼 정당화하는 과정을 살펴보는 것이 매우 중요하다고 할 수 있다. 이러한 과정은 특정한 형태의 경관을 가시적으로 보게 하거나 혹은 반대로 보지 못하게 하는 것을 통해 가능하기도 하고 경관을 경험하는 몸의 움직임이나 시선을 통제하여 원하는 방식대로 경관을 해석하거나 체험하게 하는 것을 통해 가능하다. 자연스러움을 가장한 움직임과 동선, 그리고 시선의 통제는 통제를 받는 사람들의 경관에 대한 경험을 특정한 방식으로 제한하고 따라서 경관을 느끼거나 해석하는 방식도 제한했을 것이다. 이렇게 움직임과 시선의 통제를 통해 의도한 방식대로 경관을 읽게 하는 것을 통해 권력은 행사된다.

5. 경관과 이미지

경관의 이해와 해석은 기억에 더하여 감각과 느낌, 그리고 움직임을 통해 형성되며 그러한 기억과 느낌은 총체적으로 이미지화되어 내재화된다. 우리가 일상생활에서 경관을 이해하고 해석하는 과정은 가시적 경관을 직접적으로 체험하면서 그리고 그렇게 체험된 경관이 기억 속에 이미지로 남아 있는 경우에 가능하다. 경관을 경험하는 것은 단순히 어느 하나의 고정된 관점에서 경관을 시각적으로 '조망'하는 것이 아니라 실제로 그 경관 안에서 움직이면서, 그리고 시각뿐만 아니라 후각이나 청각, 촉각 등의 다양한 감각적 경험을 통해 가능하다. 일상생활에서 대부분의 경우, 경관은 단지 감상과 관조의 대상이 아니라 그 안에서 노동을 포함한 다양한 방식의 관계 맺음을 통해 체험되며 원경과 근경 및 인식 대상과 배경 사이의 관계를 포함하여, 앞과 뒤 그리고 안과 밖의 구조주의적 구분에 따른 의미화와 각각의 관점에서 바라보는 이미지들과 그 이미지들이 실제로 몸의 움직임과 함께 변화해 가는, 즉 역동적이고 통합적으로 경관을 인식하고 체험하는 것이다. 사진이나 복사기와 같이 경관의 세세한 부분을 기계적으로 반복하여 재생하는 것이 아니라 감각적 경험과 그것과 관련된 여러 상징과 의미의 연관을 특정한 이미지와 결합하여 기억하며 이러한 기억은 일상적이고 반복적인 경험과 담론의 형성과정에서 지속적으로 재생산된다.

6. 경관과 기억, 그리고 정체성

특정한 형태의 경관은 그러한 경관을 인식하거나 경험했을 개인과 집단의 정체성 형성에 지대한 역할을 한다. 개인과 공동체의 정체성은 과거의 경험과 그러한 경험에 대한 기억 가운데 일부로 구성된 일종의 이야기(story)이며 이러한 정체성은 한번 형성되면 변하지 않는 고정된 것이 아니라 특정한 맥락 안에서 실천을 통해 지속적으로 형성되며 타협되는데 이 과정에서 특정한 경험과 기억이 맥락에 따라 선택적으로 채택되어 재해석되는 동시에 정체성의 형성과 유지에 이용된다. 경관 또한 물질문화와 마찬가지로 이러한 기억과 이야기를 구성하는 중요한 요소 가운데 하나이다. 즉 과거의 경험은 물질문화뿐만 아니라 경관을 통해서도 기억되고 재해석될 수 있으며 또한 그러한 재해석 과정에서 개인 주체 혹은 공동체가 미래로 자신을 투사할 수 있는 매개물이 된다는 점이다. 개인 주체들은 특정한 경관을 사회화하거나 혹은 상징화하면서 또는 이미 사회화되고 상징화된 특정한 경관을 경험하거나 그 경관의 이미지를 기억하고 재해석하면서 자신의 정체성을 형성하게 된다는 것이다.

앞서 언급한 바와 같이 경관은 그것을 경험하는 개인들에게 시간과 시간성(Temporality)을 느끼게 함으로써 과거와 현재, 그리고 미래로 자신을 투사하게 한다. 몸의 움직임의 순서를 통해 느끼게 되는 시간적 순서와 먼 과거로 대표되는 경관의 영속성은 그것을 경험하는 개인들이 행위주체로서 정체성을 갖게 되는 계기를 제공한다. 공동체의 경우, 그 공동체 구성원들이 자신들의 경관에 대해 같거나 혹은 서로 유사한 해석과 이미지를 공유하는 과정에서 공동체 고유의 정체성을 갖게 되기도 한다.

III 한국 선사 및 고대시기 경관 형성의 특징—사례 연구

한국 선사시대 및 고대시대에 등장한 다양한 형태의 유적들은 시대와 장소에 따라 각기 다른 방식으로 자신의 경관을 형성해 나갔다. 따라서 그 형성과정을 이해하기 위해서는 보편적이고 일반적인 '규칙'이나 '법칙'을 적용하는 대신 일차적으로 그 지역의 구체적인 지형적 특징과 고고역사적 배경을 파악할 필요가 있다. 그 토대 위에서 앞에서 언급한 바와 같은 경관고고학의 주요 원칙들을 염두에 두고 경관 형성의 구체적인 과정을 이해하고 해석할 필요가 있다. 이 과정에서 이미 많은 연구가 진행되어 온 다른 지역과의 비교연구 역시 한국 선사 및 고대시기 경관의 형성과정을 이해하는 데 도움이 된다.

이러한 점을 감안하면서 지금까지 한국의 고고학 연구에서 주목을 받아 왔던 유적들 가운데 경관고고학의 측면에서 특히 주목할 만한 사례(묘역식 지석묘와 암각화)를 중심으로 경관 형성의 특징에 대해 살펴보도록 하겠다.

1. 묘역식 지석묘와 창원 덕천리유적

최근에 진행된 한국 청동기시대 묘제의 연구에서 가장 주목할 만한 연구성과를 예로 든다면 묘역식 지석묘에 관한 일련의 연구라고 할 수 있다. 전북 내륙지역에 위치한 진안 여의곡유적을 예외로 하고, 창원 덕천리유적과 마산 진동리, 김해 율하리, 산청 매촌리, 사천 이금동, 진주 가호동유적 등 경남 서부지역에 한정하더라도 현재까지 최소 40여 개소 이상, 그리고 영남지역에서 60여 개소의 지석묘유적에서 소위 묘역시설 혹은 제단시설이 확인되고 있다(이진주·고용수 2011: 321). 이외에도 북한강과 남한강, 그리고 금강유역을 비롯한 남한 전역에서 확인되고 있다(김승옥 2006b: 73-82). 묘역식 지석묘의 외형과 내부구조에 대한 형식분류와 더불어 입지의 특징과 (화전과 전작을 중심으로 한) 생계경제 방식과의 관계, 그리고 위계화를 비롯한 사회 계층화와 축조와 제의를 통한 묘역식 지석묘의 역할 등에 관한 주목할 만한 연구가 진행된 바 있다.[4]

특히 묘역식 지석묘의 등장을 거의 일 년 내내 지속적으로 노동력이 투입되어야 하는 전업적 농경 방식인 수도작 대신 상대적으로 노동력을 동원하기 쉬운 수렵채집과 화전(호남 내륙지역) 혹은 전작(내륙평야권)의 생계경제 방식과 관련 지어 이해하거나

---

4   최근에 발표된 묘역식 지석묘에 관한 대표적인 연구로 다음과 같은 것들을 들 수 있다.

김권구, 2012,「무덤을 통해 본 청동기 시대 사회구조의 변천」,『무덤을 통해 본 청동기시대 사회와 문화』, 경남발전연구원 역사문화센터 엮음.

김병섭, 2009,「밀양지역 모역식 지석묘에 관한 일고찰」,『경남연구』창간호.

김승옥, 2006a,「분묘자료를 통해 본 청동기시대 사회조직과 변천」,『계층사회와 지배자의 출현』, 제30회 한국고고학전국대회 발표자료집, 한국고고학회.

김승옥, 2006b,「墓域式(용담식)支石墓의 展開過程과 性格」,『한국상고사학보』53.

김현, 2006,「慶南地域 靑銅器 時代 무덤의 展開樣相에 대한 考察」,『嶺南考古學』39.

안재호, 2012,「墓域式支石墓의 出現과 社會相」,『湖西考古學』26.

윤호필, 2009,「靑銅器時代 墓域支石墓에 관한 硏究」,『경남연구』1.

이상길, 1996,「청동기시대 무덤에 대한 일시각」,『석오윤용진교수정년최임기념논총』.

이상길, 2000,「청동기 시대 의례에 관한 고고학적 연구」, 대구효성카톨릭대학교 박사학위논문.

이상길, 2006,「구획묘와 그 사회」,『금강: 송국리형 문화의 형성과 발전』, 호남·호서고고학회 합동 학술대회 발표요지.

한송이, 2010,「남해안지역 묘역식 지석묘에 대한 일고찰」,『경남연구』3.

묘역식 지석묘의 기념물성에 주목하여 공동 조상의 무덤을 축조하거나 제의를 행하는 공동체의 등장과 정체성의 형성, 그리고 우월한 사회적 지위를 가지고 있는 특정 세대공동체의 수장이나 인근 지역의 여러 공동체의 수장층들이 그들만의 무덤군을 축조한 것으로 보는 안재호의 가설은 이전과는 다른 새로운 해석의 가능성을 제시하고 있어 매우 주목된다(안재호 2012: 43-56).

노동력의 동원 가능성 및 생계경제 방식과 무덤의 형태와 역할 사이의 관계를 어떻게 해석할지에 대해서는 관련 고고학 자료에 대한 섬세한 고찰과 민족지 자료와의 비교를 통해 좀 더 깊이 있는 연구가 진행되어야 한다. 그러나 거석무덤을 포함한 거석기념물이 등장하는 유럽 신석기 중기시대의 경우, 농경[5]이 중부유럽에서 서유럽이나 북유럽 지역으로 확산되어 가면서 토지와 자원에 대한 경쟁이 치열해지고 따라서 부계 조상을 중심으로 한 특정한 혈연집단이 자신들의 토지 혹은 자원 이용권을 정당화하는 방편으로 거석무덤을 축조한다는 가설을 염두에 둔다면 어느 정도 타당한 추론이라고 인정할 수 있다. 즉 자신들의 조상들이 묻힌 거석무덤을 통해 먼 과거로부터 자신들이 해당 지역의 토지 및 자원 이용권을 가지고 있었으며 따라서 그들의 권리는 정당하고 합법적이라고 주장할 수 있는 근거를 마련할 수 있다는 점이다.

다만 이 가설이 신석기 초기(LBK)의 장방형 주거지와 정착농경 대 신석기 중기(TRB)의 거석기념물과 이동경제(목축 위주)의 도식적인 이분법적 구분의 전제 아래 성립했다는 한계를 가지고 있다는 점도 염두에 두어야 한다. 즉 초기의 정착농경이라 하더라도 다양한 형태의 이동이 어느 정도 필요하면서도 가능했던 이동사회였고 LBK 사회의 대형의 장방형 주거지가 그 자체로 기념물성(monumentality)을 띠고 있었다. 목축사회(pastoral society)라 하더라도 목초지를 따라 계절적 이동이 활발하게 이루어지는 유목사회(nomadic society)와는 다른 일정 정도의 정착이 가능하거나 필요한 사회였다는 점도 역시 염두에 두어야 한다.

한편, 창원 덕천리나 마산 진동, 사천 이금동유적 등 묘역식 지석묘의 형식과 축

5 　여기서 농경은 반드시 정착 농경을 의미하지는 않는다. 단순한 이분법적 구분에 의해 수렵채집 방식을 이동 사회로, 그리고 농경 방식을 정착 사회로 구분하여 보거나 농경 방식 안에서도 이동 농경과 정착 농경을 단절적으로 구분하는 것은 매우 문제가 많다. 왜냐하면 실제 민족지 사례에서 볼 수 있듯이 단순히 이분법적 구분으로 포괄할 수 없는 다양한 형태의 이동 혹은 정착 방식이 수렵채집 혹은 농경 사회에 존재하기 때문이다.

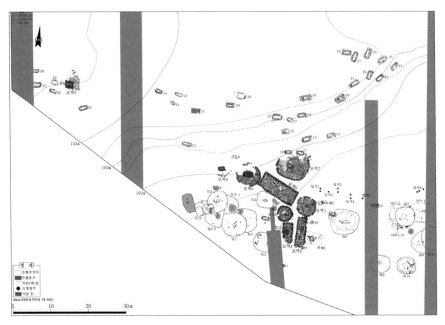

그림 1 산청 매촌리 유적 분포(이진주·고용수 2011: 56)

조 기법 및 순서 등에 대해서는 여러 연구자들에 의해 어느 정도 해명이 되었다. 이와 아울러 이 무덤군을 거점취락을 중심으로 연합된 지역공동체의 수장묘로 보거나 공동 선조의 무덤들로서 공동의 사상적 통합을 위해 축조되었을 것이라는 가설 역시 나름의 설득력이 있다고 판단된다(안재호 2012: 50-59). 다만 이러한 가설들이 좀 더 설득력을 얻기 위해서는 묘역식 지석묘의 축조를 통해 공동(체)의 '사상적 통합'이 구체적으로 어떠한 과정을 통해 시도되고 실천되는지에 대해 보다 섬세하게 살펴볼 필요가 있다.

　　이와 관련하여 지금까지 조사된 묘역식 지석묘에서 관찰되거나 이미 연구자들에 의해 제시된 몇 가지 사실들을 상기할 필요가 있다. 첫 번째로 이미 기존의 연구에서 지적된 바처럼 한 무덤군에서 가장 규모가 큰 대형의 무덤이 가장 이른 시기에 조성되는 경향이 있다. 예를 들어 거창 산포유적에서 가장 크기가 큰 무덤이라고 할 수 있는 4호묘가 가장 이른 시기에 축조된 것으로 파악되고 있으며(안재호 2012: 52) 사천 이금동유적에서도 대형묘인 A1과 C5 무덤이 가장 이른 시기에 조성된 것으로 알려져 있다(김현 2003: 346-352). 산청 매촌리유적(그림 1 참조)에서도 가장 규모가 큰 원형 묘역인 7호 묘역이 시기적으로 가장 앞선 것으로 확인되고 있으며(이진주·고용수 2011: 329-330) 진안 여의곡에서도 이 무덤군에서 규모가 큰 편에 속하는 A-II 지구의

3호묘 역시 가장 이른 시기에 속한다(안재호 2012: 55). 한편 여의곡 인근의 안좌동, 수좌동, 풍암의 초대형 단독지석묘가 이 지역에서 가장 이른 시기의 무덤에 해당한다는 견해도 주목되며 A-I지구 지석묘군에서 알 수 있듯이 이러한 초대형 단독묘가 축조된 이후에 등장하는 연접묘에서도 대형에 속하는 27, 28, 30호 등이 가장 이른 시기에 해당하는 점도 중요하다(김승옥·이종철 2001: 510-518). 이러한 사실은 특정한 대형 단독묘를 축조한 다음 그 대형의 단독묘에 연접하여 지속적으로 무덤을 축조할 수 있었던 집단과 혹은 그렇지 못한 집단 간의 차이와 경쟁이 있을 수 있음을 암시하며 향후 좀 더 세밀한 해석이 필요한 부분이기도 하다.

창원 덕천리유적에서도 제단과 제단 안에 위치한 가장 규모가 큰 1호묘와 제단 부근에 위치한 다른 무덤과의 축조 시기의 차이를 정확하게 추정할 수는 없지만 적어도 발굴보고서에서 지적하고 있듯이 12호 무덤이 1호 무덤과 제단이 축조된 이후에 축조되었다는 점과 분포의 특징상 제단 부근에 있는 무덤들이 제단의 위치를 의식하면서 축조되었을 것이라는 점 등을 근거로 1호묘와 1호묘를 둘러싼 제단이 다른 무덤들의 일부보다는 이른 시기에 축조되었을 것이라는 점은 분명하다(慶南大學校博物館 2013: 67-68). 이러한 점들을 염두에 둔다면 적어도 일부 묘역식 지석묘에서는 가장 대형의 무덤이 가장 이른 시기에 축조되고 이후 시기에 여타 다른 소형의 무덤들이 축조된 것으로 볼 수 있다. 둘째, 일부 예외에도 불구하고 무덤들 사이에 부장품의 차이가 뚜렷이 보이지 않는 경우가 많다고 할 수 있다. 사천 이금동유적에서도 부장품의 차이가 거의 없다고 할 수 있으며 산포유적에서도 일부 무덤에서 석검과 석촉이 발견됨에도 불구하고 전체 33기의 무덤 가운데 부장품의 양과 질에서 의미 있는 차이가 있다고 이야기하기에는 무리가 있다. 창원 덕천리에서도 1호묘에서 석촉과 관옥이 다수 발견됨에도 불구하고 무덤의 크기 등을 고려했을 때 의미 있는 차이라고 이야기하기에는 약간의 무리가 있다. 세 번째, 오히려 이 당시 가장 중요한 위세품이라고 할 수 있는 청동 단검이 이금동유적의 경우, 소형 석곽에서 그리고 덕천리의 경우, 역시 소형인 16호 무덤에서 출토되는 현상이 주목된다.

이러한 점 등을 고려해 보면 묘역식 지석묘의 축조과정을 설명하기 위한 하나의 가설로서 소위 '전통'과 경관의 형성이라는 관점을 고려해 볼 필요가 있다. 영국의 역사학자 에릭 홉스봄 등(에릭 홉스봄 외 지음, 박지향·장문석 옮김 1984(2004): 19-96)에 따르면 스코틀랜드의 각 씨족을 상징하는 것으로 알려진 체크무늬의 전통의상이나 영국의 왕실 퍼레이드 등에서 알 수 있듯이 소위 전통(혹은 전통적인 것)은 그 역사가 길지 않으며 오히려 최근의 창작물인 경우가 많다고 한다. 그럼에도 불구하고 일단 전통이 만들어지면 그 전통은 먼 과거로부터 내려온 것으로 여겨지게 되며 영속화되고 그리고 결코 변해서는 안 되는 것으로 인식된다고 한다. 이러한 전통의 형성에는 권력을 포함한 다양한 목적과 의도 그리고 기제가 작용하게 되는데 에이전시 이론의 사회구조(혹은 규범) 혹은 아비투스(그리고 더 나아가 관습)와는 일부 유사하지만 보다 뚜렷이 물질화되어 나타난다는 점에서, 그리고 개인적 변용을 허용하지 않는다는 점에서 차이가 난다고 한다.

이러한 전통의 형성이라는 측면에서 살펴본다면 묘역식 지석묘의 축조과정을 다음과 같이 해석할 수 있다. 어느 한 지역에서 성장해 가고 있던 특정한 공동체(예를 들면 지역집단이나 친족공동체)는 그 지역의 여러 경쟁적 집단들 사이에서 혹은 보다 넓은 범위의 친족공동체 내에서 자신들의 토지 혹은 자원 이용권을 확보하고 이를 정당화하며 그 지역에서의 주도적 위치를 확고히 하기 위해, 일차적으로 자신들의 공동의 조상의 묘를 축조하게 된다. 그 이후 후손들은 자신들의 권리와 지위를 거대 묘역식 지석묘로 상징되는 먼 과거를 통해, 그리고 그것을 통해 형성되는 '전통'을 통해 영속화하면서 동시에 합법화한다. 이러한 먼 과거와 전통은 이후 지속적인 지석묘의 축조과정에서 지속적으로 재기억되고 재현되었을 것이다.

묘역식 지석묘의 축조과정은 축조에 참여한 공동체 구성원들이 자신의 권리와 지위를 재확인하는 작업이었으며 이후에 있었을 지석묘 축조과정 역시 묘역식 지석묘(그리고 피장자)와의 관계를 강조하면서 자신의 권리와 지위를 표현하되 그것은 묘역식 지석묘가 상징하고 있는 먼 과거와 전통의 규범 안에서 가능한 것이다. 즉 묘역식 지석묘를 축조했던 구성원들은 자신들의 권리와 지위를 먼 과거로 상징되는 공동의 조상에 근거해서 표현하되 자신들의 무덤의 크기와 규모는 조상의 묘의 그것을 현저하게 능가하지 않는 선에서 가능했을 것이다. 다만 경우에 따라 이러한 전통 안에서 합의되거나 암묵적으로 전제되는 제약 아래에서 동검과 같은 위신재를 사용하여 자신의 사회적 정체성을 표현하였을 것이다. 만약 공동 조상의 묘역식 지석묘와 이를 둘러싼 제단이나 묘역에서 제의가 행해졌다면 이러한 먼 과거와 전통은 해당 공동체 내에서 그리고 주변 공동체 구성원들에게 정기적으로 재확인되는 과정을 거쳤을 것이다.

한편 영속화된 먼 과거와 전통은 묘역식 지석묘와 여타 지석묘의 축조와 이러한 축조과정을 통해 특정한 형태의 기념물적 경관을 형성하게 되고 이 경관은 해당 공동체의 구성원, 그리고 주변 공동체의 구성원들에 의해 지속적인 무덤의 축조나 제의 과정에서, 그리고 일상생활에서 경험된다. 이러한 기념물적 경관은 묘역식 지석묘와 이후의 지석묘 축조에 의해 형성된 먼 과거의 기억과 전통을 이미지화하며 그 경관 안에서 개인들의 움직임과 동선을 제약하여 특정한 방식으로 그러한 먼 과거와 경관을 해석하게 하며 일상생활에서 경험할 수 없는 시간(리듬과 템포 그리고 영속화된 먼 과거)의 흐름을 체험하게 한다.

2. 청동기시대 암각화와 경관의 상징화[6]

한 사회의 예술은 해당 사회의 미적 가치 및 시대정신, 그리고 정신세계를 보여준다는 점에 대해서는 대부분의 연구자들이 동의하는 바 있다. 한 사회의 예술이 그 사회의 모순과 지향을 때로는 직접적으로 묘사하거나, 때로는 은유적으로 상징화하여 표현하기도 한다. 과거 사회, 특히 문자가 사용되지 않았거나 전해지지 않는 먼 과거 사회의 경우, 그 사회가 남긴 벽화나 암각화, 토기 문양 및 도안, 부조 및 소조품 등을 포함하는 다양한 예술작품을 통해 그 사회의 마음, 정신세계, 그리고 인지구조를 해석하기 위해 많은 시도를 해 왔다. 특히 풍만한 여성의 몸을 묘사한 여성상이나 황소나 멧돼지 같은 동물상은 풍요로움과 사냥의 성공 등을 기원하는 당시 사람들의 염원을 표현하는 것으로 해석하려는 시도는 적어도 암묵적으로 다수의 연구자들에 의해 지지를 받고 있다.

이러한 해석은 여성의 몸을 표현한 토우나 인면 조각품, 그리고 인물상(암각화와 농경문 청동기) 등이 발견되는 한국 선사시대에도 해당될 수 있다. 물론 직접적으로 여성이나 인물을 표현한 조각품이나 조상 등이 제한적으로 발견되는 청동기시대의 경우, 이러한 해석의 적용 가능성에 대해 조심스럽게 접근할 필요가 있지만 적어도 기하학적 문양을 가진 암각화의 사례를 염두에 둔다면 또 다른 측면에서 이러한 암각

---

6   이 절의 내용 가운데 일부는 필자의 글 2015, 「9장 경관, 의례, 예술」, 『한국청동기문화개론』의 일부 내용을 대폭 수정 보완한 것임을 밝혀 둔다.

화의 문양들이 가진 의미를 해석할 수 있다.

지금까지 한반도에는 총 28개의 암각화가 발견된 바 있다. 이 중 24개의 암각화는 경상남북도를 포함하는 영남지역에서 발견되었으며 나머지 4개 가운데 3개(여수 오림동, 남원 대곡리, 나주 운곡리)는 전라도지역에서, 그리고 나머지 하나는 제주도(제주 광령리)에서 발견된 바 있다.

이러한 암각화의 입지는 크게 네 가지 경우로 나눌 수 있다. 첫 번째 경우는 강을 내려다보는 탁월한 장소에 입지하면서 외부로부터 접근하거나 관찰하기에 매우 어려운 경우(경주 석장리 암각화)이며 두 번째 경우는 강가에 위치하지만 내륙 깊숙이 입지하여 접근이 그리 용이하지 않은 경우이다(울주 반구대 암각화나 울주 천전리 암각화). 세 번째 경우는 외부에 노출된 수직 혹은 수평의 바위 표면에 문양이 새겨져 있으며 외부에서 쉽게 암각화를 살펴볼 수 있는 경우이다(남원 대곡리, 포항 칠포리, 안동 수곡리, 영주 가흥동 등). 마지막으로 네 번째 경우는 지석묘의 상석이나 입석에 암각화가 새겨진 경우이다(여수 오림동, 대구 천내리, 경주 안심리, 포항 인비리 암각화). 이외에 대구 진천리 입석의 경우처럼 묘역을 가진 입석에 암각화가 새겨진 경우도 있다.

네 번째 경우를 예외로 하고 첫 번째와 두 번째 그리고 세 번째 경우 모두 비록 접근성과 가시성의 측면에서 서로 간에 커다란 차이가 있음에도 불구하고 주위의 지역을 특정한 방식으로 의미화하고 장소화한다는 점에서 공통적이다(그림 2 참조). 즉, 어느 특정 지역에 있는 암면에 특정한 의미를 가진 상징(symbol)과 기호(sign)를 새김으로써 그 지역에 새로운 의미를 부여하며, 그러한 의미는 그 자체로 혹은 원래 그 지역이 갖고 있던 기존의 의미와 가치와 함께 새로운 맥락을 형성하며 재해석되기도 한다. 그러한 의미와 가치를 지닌 장소는 하나의 경관으로서 일상생활에서 가시적으로 경험되거나 혹은 기억 속에서 존재하다가 일련의 제의 혹은 지속적인 암각화의 제작 과정을 통해 기념되고 재해석된다.

암각화의 축조를 통해 장소화와 의미화가 일어났다면 그 다음 단계로 그러한 의미화의 내용이 무엇인지에 대해 살펴볼 필요가 있다. 지금까지 발견된 암각화에 새겨진 주요 도상은 일단 크게 두 가지로 구분할 수 있는데 사실적으로 대상을 묘사한 도상(동물상과 인물상)과 어떠한 대상을 추상적으로 혹은 기하학적으로 표현한 도상(동심원, 나선형, 마름모, 방패형 혹은 검파형, 석검, 음문, 윷판형, 세선문 등)이 그것이다.

이 가운데 주목되는 문양이 바로 검파형 문양과 음문 문양, 석검 문양이다. 검파

그림 2 포항 칠포리 1구역 3번 바위 암각화 전경(울산암각화박물관 2011)

형 문양은 영천 보성리, 영주 가흥동, 경주 석장리, 경주 안심리, 포항 칠포리, 고령 안화리, 의령 마쌍리, 남원 대곡리 암각화 등에서 확인된 바 있으며 음문의 경우, 포항 칠포리, 밀양 신안, 밀양 산내, 경주, 석장리, 남원 대곡리 암각화에서, 그리고 석검 문양은 밀양 신안, 밀양 살내, 의령 마쌍리, 경주 석장리, 포항 인비리, 포항 약전리, 영천 보성리, 고령 봉평리, 사천 본촌리, 여수 오림동 암각화에서 확인할 수 있다.

이 가운데 음문 문양과 석검 문양의 경우, 일반적으로 음문 문양이 여성 혹은 여성의 몸을 상징하는 것으로, 그리고 석검이 남성 혹은 남성의 생식기를 의미하는 것으로 해석하는 것에 대해서는 대체로 동의할 수 있을 것으로 판단한다(그림 3 참조). 그 이유로는 음문 문양의 경우, 문양 자체의 형태가 실제 대상을 사실적으로 혹은 함축적으로 묘사하기 때문이며 석검의 경우 남성의 생식기와 석검이 형태상 유사한 것으로 파악할 수 있다는 점 외에 실제 석검이 사용되거나 발견되는 맥락이 남성과 관련이 깊다는 유럽 선사시대의 예를 고려했을 때 남성(혹은 남성성)과 깊은 관련이 있을 것으로 추정할 수 있다.

이와 달리 검파형 문양은 일종의 귀면이나 석검의 손잡이이자 여성의 상징을 담은 지모신상, 방패를 형상화한 것, 태양신상, 검파형 동기와 관련된 샤먼의 무복(혹은 샤먼의 신체) 등으로 해석하는 여러 가설이 제시된 바 있다. 이 가운데 어느 해석이 더

그림 3 경주 석장동 암각화 일부(울산암각화박물관 2011)

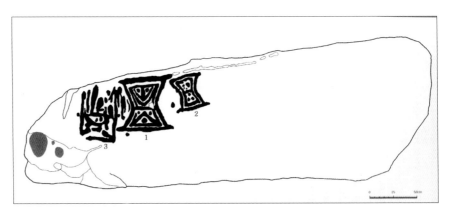

그림 4 남원 대곡리 바위 1 검파형 암각화(울산대학교 반구대암각화유적보존연구소 2016: 208)

설득력이 있는지에 대해서는 아직까지 합의된 바는 없다고 할 수 있다. 다만 포항 인비리 암각화의 석검 손잡이가 검파형 문양과 매우 흡사한 점과 남원 대곡리 암각화의 검파형 문양처럼 문양 내에 음문처럼 해석될 수 있는 문양이 다시 시문된 경우를 염두에 두면 검파형 문양은 석검 손잡이와 관련이 깊으며 또한 여성과 직간접적으로 연결될 수 있는 문양으로 추론할 수 있다(그림 3과 4 참조). 만약 앞서 언급한 바와 같이 석검을 남성과 깊은 관련이 있는 문양으로 볼 수 있다면 석검의 검신과 석검 손잡이는 남성과 여성이 결합하는 모습을 형상화한 도안으로 해석할 수 있을 것이다. 이러한 추론은 석검과 음문이 서로 결합하는 듯한 문양이 발견되는 칠포리의 경우에 의해

그림 5 포항 칠포리 1지구 바위 2 암각화(울산대학교 반구대암각화유적보존연구소 2016: 162)

뒷받침될 수 있다(그림 5 참조).

　　따라서 포항 인비리나 칠포리, 그리고 밀양 신안 암각화의 경우처럼 검신과 손잡이가 분리되어 표현되는 경우에는 각각 남성과 여성을 상징화 혹은 기호화하는 것으로, 그리고 석검의 검신과 석검 손잡이가 함께 표현되는 경우에는 남성과 여성의 결합을 의미하는 것으로 혹은 경우에 따라 여성과 결합한 남성을 의미하는 것으로 파악할 수 있다.

　　이러한 추론을 염두에 둔다면 적어도 검파형 문양, 음문 문양, 석검 등의 문양을 가진 암각화의 제작은 그 암각화가 세워진 지역을 남성과 여성, 남성과 여성의 결합, 그리고 이러한 결합이 상징하는 풍요와 다산 등으로 의미화하고 장소화하는 것으로 해석할 수 있다. 이러한 암각화가 제작되고 세워지는 장소는 남성과 여성, 그리고 이들의 결합으로 대표되는 풍요와 다산의 장소이며 이 장소가 형성하는 경관은 바로 사회적 성(gender)의 구분이 상징화를 통해 체현되고 풍요와 다산이 기억되며 경험되는 곳이라고 할 수 있다.

　　이러한 과정을 통해 상징화되고 의미화된 경관은 일상생활에서 때로는 수렵과 채집, 혹은 농경 등 생업을 위한 삶의 터전이면서 때로는 삶과 죽음을 매개하는 장소이기도 하며 비밀을 간직한 채 보이지 않으면서 기억 속에 남아 전해지는 장소이기도 한다. 그러한 장소에 접근하거나 그 장소를 알고 있으며 상징과 기호를 새기거나 그 상징과 기호의 의미를 해석할 수 있는 사람들은 그러한 기억과 지식을 통해 자신의 지위와 권력을 유지해 가기도 했을 것이다.

IV 맺음말

지금까지 한국고고학은 과거에 대한 본격적인 해석을 준비하기 위해 많은 자료를 축적해 오면서 그러한 고고학 자료를 체계적으로 이해하기 위한 기본적인 시공간적 이해의 틀을 마련하였다. 이러한 이해의 틀 위에서 고고학 자료가 갖고 있는 정보와 의미들을 설명하거나 해석하기 위해 많은 노력을 기울여 왔다. 그럼에도 불구하고 여전히 그 자료가 갖고 있는 풍부한 정보와 해석의 가능성을 충분히 천착해 왔는지에 대해서는 의문의 여지가 많다.

21세기에 들어와 이전 시기와 비교해서 훨씬 다양한 이론과 방법론이 고고학 자료에 대해 적용되기 시작하였으며 이를 바탕으로 기존의 유적 자체에만 관심을 두거나 어느 한 지역의 물질문화에만 초점을 맞추는 연구를 지양하고 유적을 둘러싼 경관 전체를 해석하거나 또는 어느 한 지역의 물질문화를 보다 넓은 광역의 연결망의 맥락 가운데에서 다른 지역과의 물질문화와 어떠한 관계를 맺는지에 대해 살펴보고자 하는 연구들이 활성화되고 있다. 예를 들어 기존의 과정고고학과 후기과정고고학의 이론적 논의에 더하여 현상학이나 해석학 등의 철학적 논의에 기반을 둔 경관에 대한 종합적 이해, 실제 고고학 자료의 변이 과정에 대한 설명과 다윈 고고학 이론의 적극적인 적용, 그리고 고고유전학 및 안정동위원소 분석 등 자연과학적 분석방법의 활발한 적용을 통해 의미 있는 성과를 내고 있다.

한국의 경우에도 지금까지 적용해 왔던 기존의 이론과 방법론에 더하여 이러한 이론과 방법론을 적용하여 고고학 자료가 갖고 있는 풍부한 자료적 가치를 충분히 밝혀낼 필요가 있다. 또한 이러한 작업을 통해 궁극적으로는 한국의 고고학 자료의 특성에 적합한 설명과 해석의 틀을 마련할 필요가 있다. 이 장에서는 이러한 작업의 전단계로서 1990년대부터 현재에 이르기까지 유럽고고학에서 가장 활발하게 논의되고 있는 경관고고학의 기본적인 원칙들을 소개하고 이를 청동기시대의 묘역식 지석묘와 암각화의 사례에 적용하여 기존의 연구에서 언급되지 않았거나 단편적으로만 언급되었던 자료의 의미들을 새롭게 해석하고자 시도하였다. 필자는 이미 몇 편의 논문에서 환호 및 고분군 축조의 경관고고학적 의미에 대해 논한 바 있다. 이러한 논의들과 더불어 이 글에서 제시한 논의들이 앞으로 고고학 자료들이 갖고 있는 풍부한 정보와 의미들을 심층적으로 읽어내는 데 나름의 기여를 할 수 있기를 기대한다. 이

글의 논의들이 옳고 그름의 차원이 아닌 고고학 자료를 섬세하게 읽어낼 수 있는 여러 시각과 방법 가운데 하나라는 차원에서 받아들여지길 바라는 동시에 동일한 자료라 하더라도 다양한 시각을 가진 연구자들에 의해 각기 다른 방식으로 읽힐 수 있으며 그러한 방식과 내용의 차이가 인정받는 계기를 마련하는 데 조금이라도 기여할 수 있기를 기대하고자 한다.

[김종일]

참고문헌

慶南大學校博物館, 2013, 『德川里』.

김권구, 2012, 「무덤을 통해 본 청동기 시대 사회구조의 변천」, 『무덤을 통해 본 청동기시대 사회와 문화』, 경남발전연구원 역사문화센터 엮음.

김병섭, 2009, 「밀양지역 모역식 지석묘에 관한 일고찰」, 『경남연구』 창간호, 경남발전연구원.

김승옥, 2006a, 「분묘자료를 통해 본 청동기시대 사회조직과 변천」, 『계층사회와 지배자의 출현』, 제30회 한국고고학전국대회 발표자료집, 한국고고학회.

_____, 2006b, 「墓域式(용담식)支石墓의 展開過程과 性格」, 『한국상고사학보』 53.

김승옥·이종철, 2001, 『여의곡 유적』, 진안용담댐 수목지구내 문화유적 발굴조사보고서 VIII, 전북대학교 박물관.

김종일, 2006, 「경관고고학의 이론적 특징과 적용가능성」, 『한국고고학보』 58.

_____, 2009, 「삶과 죽음의 토포필리아」, 『선사농경연구의 새로운 동향』, 안승모·이준정 편, 사회평론.

_____, 2011, 「경관의 고고학적 이해」, 『한국 선사시대 사회와 문화의 이해』, 중앙문화재연구원 편, 서경문화사.

_____, 2015, 「9장 경관, 의례, 예술」, 『한국청동기문화개론』, 중앙문화재연구원 편, 서경문화사.

_____, 2016, 「고고학적 설명에서의 시간축과 시간성」, 『時, 空, 形態 그리고 量』, 중앙문화재연구원편, 진인진.

김현, 2003, 「梨琴洞 支石墓의 配置形態와 築造順序」, 『泗川 梨琴洞 遺蹟』, 경남고고학연구소.

_____, 2006, 「慶南地域 靑銅器 時代 무덤의 展開樣相에 대한 考察」, 『嶺南考古學』 39.

매튜 존슨(오세연 역), 2015, 『경관고고학』, 영남문화재연구원 학술총서 12, 사회평론아카데미.

안재호, 2012, 「墓域式支石墓의 出現과 社會相」, 『湖西考古學』 26.

에릭 홉스봄 외(박지향·장문석 옮김), 1984(2004), 『만들어진 전통』, 휴머니스트.

울산대학교 반구대암각화유적보존연구소, 2016, 『한국의 검파형 암각화』, Hollym.

울산암각화박물관, 2011, 『한국의 암각화 II』.

윤호필, 2009, 「靑銅器時代 墓域支石墓에 관한 硏究」, 『경남연구』 1, 경남발전연구원.

이상길, 1996, 「청동기시대 무덤에 대한 일시각」, 『석오윤용진교수정년최임기념논총』.

_____, 2000, 「청동기 시대 의례에 관한 고고학적 연구」, 대구효성카톨릭대학교 박사학위논문.

_____, 2006, 「구획묘와 그 사회」, 『금강: 송국리형 문화의 형성과 발전』, 호남·호서고고학회 합동 학술대회 발표요지.

이진주·고용수, 2011, 「산청 매촌리유적 묘역지석묘에 대하여」, 『山淸 梅村里 遺蹟』, 우리문화재연구원.

이홍종, 2008a, 「호서지역의 고고환경」, 『호서고고학』 19.

_____, 2008b, 『한반도 중서부지역의 지형환경 분석』, 서경문화사.

_____, 2014, 『청동기시대의 고고학 1: 인간과 환경』, 한국고고환경연구소 학술총서 12, 서경문화사.

_____, 2015, 「한성백제기 도성권의 지형경관」, 『고고학』 14-1.

한송이, 2010, 「남해안지역 묘역식 지석묘에 대한 일고찰」, 『경남연구』 3, 경남발전연구원.

Kim, Jongil, 2008, Life and death in 'Life world': the construction of symbolic landscape in the Korean Bronze Age, 6th World Archaeological Congress, University of Dublin.

〔이 글에 직접 인용되지는 않았으나 원고 작성에 참고한 글〕

Ashmore, W. and A. B. Knapp (eds.), 1999a, *Archaeologies of Landscape*, Oxford: Blackwell.

Ashmore, W. and A. B. Knapp, 1999b, Archaeological Landscapes: Constructed, Conceptualized, Ideational, In Ashmore, W. and A. B. Knapp (eds.), *Archaeologies of Landscape*: 1-30, Oxford: Blackwell.

Bachelard, G., 1969, *The poetics of Space*, Boston: Beacon.

Barrett, J. C., 1994, *Fragments from antiquity*, Oxford: Blackwell.

Bender, B. (ed.), 1993, *Landscape*, Oxford: Berg.

Bender, B., 1998, *Stonehenge: Making Space*, Oxford: Berg.

Bender, B. and M. Winer, 2001, *Contested Landscape*, Oxford: Berg.

Bourdieu, P., 1977, *Outline of a Theory of Practice*, Cambridge: Cambridge University Press.

_____, 1990, *The Logic of Practice*, Cambridge: Polity Press.

Brück, J. and M. Goodman, 1999, *Making Places in the Prehistoric World*, London: UCL press.

Canuto, M. A. and J. Yaeger (eds.), 2000, *The Archaeology of Communities*, London: Routledge.

Cashdan, E., 1983, Territoriality among human foragers: Ecological models and an application to four Bushman groups, *Current Anthropology* 24: 47-66.

Chadwick, A. M. (ed.), 2004a, *Stories from the Landscape* (BAR International Series 1238), Oxford: Archaeopress.

Chadwick, A. M., 2004b, 'Geographies of sentience' – an Introduction to space, place and time, In Chadwick, A. M. (ed.), *Stories from the Landscape* (BAR International Series 1238): 1-31, Oxford: Archaeopress.

Chapman, J., and P. Dolukhanov, 1997, *Landscapes in Flux*, Oxford: Oxbow books.

Chester-Kadwell, M. (ed.), 2005, Active Landscapes, *Archaeological Review from Cambridge* Vol. 20.1, Cambridge: Cambridge University Press.

Cohen, A., 1985, *The Symbolic Construction of Community*, London: Routledge.

Cosgrove, D. and S. Daniels (eds.), *The Iconography of Landscape*, Cambridge: Cambridge University Press.

Croxford, B., 2005, Real and Unreal Landscapes, In M. Chester-Kadwell (ed.), Active Landscapes, *Archaeological Review from Cambridge* Vol. 20.1: 7-17, Cambridge: Cambridge University Press.

David, B. and J. Thomas, 2008, *Handbook of Landscape Archaeology*, Walnut Creek (CA): Left Coast Press.

Duncan, J. and L. David (ed.), 1993, *place/culture/representation*, London: Routledge.

Edmonds, M., 1999, *Ancestral Geographies of the Neolithic*, London: Routledge.

Feld, S. and K. H. Basso, 1996, *Senses of Place*, Santa Fe (New Mexico): School of American Research Press.

Giddens, A., 1984, *The Constitution of Society: outline of the theory of Structuration*, London: Polity Press.

Heidegger, M., 1962, *Being and Time*, Oxford: Blackwell.

_____, 1978, *Basic Writings*, London: Routledge.

Hillier, B. and J. Hanson, 1984, *The Social Logic of Space*, Cambridge: Cambridge University Press.

Hirsh, E. and M. O'Hanlon (ed.), 1995, *The Anthropology of Landscape*, Oxford: Clarendon Press.

Hodder, I. (ed.), 1978, *The Spatial Organisation of Culture*, London: Duckworth.

Hodder, I., 1991, *Reading the Past* (2nd ed.), Cambridge: Cambridge University Press.

Ingold, T., 2000, *The Perception of the Environment*, London: Routledge.

Lefebvre, H., 1991, *The Production of Space*, Oxford: Blackwell.

Lukes, S. (ed.), 1986, *Power*, Oxford: Blackwell.

Matless, D., 1998, *Landscape and Englishness*, London: Reaktion Books.

Miller, D., and C. Tilley (eds.), 1984, *Ideology, Power and Prehistory*, Cambridge: Cambridge University Press.

Muir, R., 1999, *Approaches to Landscape*, Palgrave Macmillan.

Parker Pearson, M. and C. Richard, 1994, *Architecture & Order*, London: Routledge.

Topping, P., 1997, *Neolithic Landscapes*, Oxford: Oxbow Books.

Renfrew, A. C., 1984, *Approaches to Social Archaeology*, Cambridge: Harvard University Press.

Renfrew, A. C. and J. F. Cherry (eds.), 1986, *Peer Polity Interaction and Socio-political Change*, Cambridge: Cambridge University Press.

Rowlands, M., M. Larsen and K. Kristiansen (eds,), 1987, *Centre and Periphery in the ancient world*, Cambridge: Cambridge University Press.

Schama, S., 1995, *Landscape and Memory*, New York: HarperCollins.

Thomas, J., 1991, *Rethinking the Neolithic*, Cambridge: Cambridge University.

_____, 1993, The Politics of Vision and the Archaeologies of Landscape, In Bender, B. (ed.), *Landscape*: 19-48, Oxford: Berg.

_____, 1996, *Time, Culture & Identity*, London and New York: Routledge.

Tilley, C., 1994, *A Phenomenology of Landscape*, Oxford: Berg.

_____, 2004, *The materiality of Stone*, Oxford: Berg.

_____, 2008, *Body and Image*, Walnut Creek (CA): Left Coast Press.

_____, 2010, *Interpreting Landscapes*, Walnut Creek (CA): Left Coast Press.

Tuan, Yi-Fu, 1977, *Space and Place*, Minneapolis: University of Minnesota Press.

제17장

고고학 연구와 계량분석

I 서론

고고학 연구는 (광의의) 유물의 형태적 변이를 간취하고 그것을 시·공의 축에 배치하는 작업을 기초로 한다. 그런데 그런 과정에서 놓치기 쉬운 것이 '양(量)'의 문제에 대한 통제이다(김범철 2016). 형태적 변이가 간취되는 경우는 물론이거니와, 형태적인 변이가 없더라도 그 (수)양에 차이가 있다면, 고고학의 해석은 완연히 달라질 수밖에 없다. 사실, 궁극적으로 고고학이 추구하는 사회문화적 변화 혹은 변이는 양의 문제와 결부되어 있다. 그 대표적인 예가 인구이다. 인구의 증감은 사회적 변화를 유발할 수밖에 없다. 많은 사람이 사용하게 되면 그 물건—고고학에서의 유물—은 빈도 높게 발견될 것이다. 물건의 형태는 바뀌지 않더라도, 인구가 많아지면 유물 간 비율은 그대로일지 모르나 절대량은 늘어난다. 과연 양의 문제를 통제하지 않고 고고학 자료를 올바로 이해했다고 할까?

  양의 문제를 통제하는 가장 효과적인 방법으로 고고학자들이 이용하는 것이 계량분석법이다. 계량분석을 소개하고 한국고고학에 그 적용 가능성을 타진했던 시도가 그리 적지는 않았다(김범철 2016). 그러나 여전히 우리 고고학 관련종사자들은 계량분석에 대해 적지 않은 두려움과 거부감을 가지고 있다. 대체로 그러한 반응은 기초가 취약할 때 나타나는 경우가 많다. 기초적인 원리, 제한사항 등에 대한 무지를 어느 정도 극복하고 조금만 침착해진다면, 현란한 표와 수식의 실효와 진위를 파악할 수 있고, 당황하지 않을 수 있다. 물론 그 극복도 단번에 되지 않을 것이지만 시작하면 그다지 부담스런 일도 아니다. 다음에서는 그러한 부담을 경감할 몇 가지를 소개하고자 한다.

II 고고학 연구에서 통계기법의 활용: 개괄

그렇지 않은 현대학문 분야가 몇이나 되겠나마는 고고학이 다루는 자료는 그 수량이
엄청나다. 그런데 그것을 해석하고 설명하는 것은 몇 안 되는 문장으로 끝나는 경우
가 많다. 그것은 고고학의 작업이 많은 수량의 자료를 잘 요약하고 그에 내재한 패턴
을 잘 찾아내는 작업에서 시작하지 않을 수 없는 이유이기도 하다.

　　통계학의 목표가 단순히 자료의 나열에 그칠 것이 아니라, 자료를 효과적으로
수집하는 방법, 수집된 자료를 합리적으로 해석하는 방법, 그리고 자료로부터 올바른
결론을 유도하는 방법을 총체적으로 다루는 데에 있다는 점이 고고학이 통계학으로
부터 다양한 기법과 시각을 제공받는 배경이 된다.

　　언제부터 고고학 연구가 통계기법을 이용하기 시작했는지에 대해서는 학자들마
다 평가가 상이하다. 계량기법 이용의 선구자 중 한 명으로 평가받기도 하는 Oliver
Myers는 *Some Applications of Statistics to Archaeology* (1950)에서 Flinders
Petrie의 *Inductive Metrology* (1877)를 통계학을 활용한 최초의 사례로 평가하기도
하고, Colin Renfrew (1968)는 Hole and Shaw의 *Computer Analysis of Chrono-*
logical Seriation (1967, William Marsh Rice University)에 대한 서평에서 "고고학에서
통계기법을 이용한 최초 단행본"이라고 추켜세우기도 한다. 그럼에도 불구하고, 좀
더 일반적인 평가는 1920·30년대를 그 시작으로 보는 것이다. 1920~40년대, 전통적
인 통계학 기법들이 고고학 저작에서 (간헐적이나마) 활용되는 점은 충분히 인정되지
만 그 역할이 단순한 기술(記述) 수준의 계량화 정도에 머물고 있었다는 한계도 더불
어 지적되고 있다(Drennan 2008). 1950년대 들면서는 그 정도 수준은 벗어나면서 좀
더 본격적인 이용의 사례들이 늘어나게 되는데 우리가 잘 아는 Albert Spaulding의
논문(1953)도 이때의 성과로 꼽힌다(Baxter 2003). 그러나 고고학에서 계량기법 이용
의 괄목할 만한 성장이 소위 '신고고학'의 발달과 궤를 같이한다는 데에는 별다른 이
견이 없어 보인다. 1960년대 이후 신고고학이 등장·성장하면서 문제지향적 통계기
법의 이용이 본격화되고 확률이론에 따른 체계적 표본수집으로 이어지게 된다(金承玉

1998; Baxter 2003; Drennan 2008).

　　이후 개인용 컴퓨터나 통계프로그램의 발전이 이어지면서 더 이상 계량기법의 이용은 소수 전문가(?)들의 영역이 아니게 되었다. 더구나 지금은 Window 운영체계에 기반한 통계꾸러미가 차고 넘치는 세상이 되었다. 복잡한 명령어를 입력하지 않아도 손쉽게 결과를 얻을 있게 되었을 뿐만 아니라, 결과의 표현방식도 점차 보기 좋게 발전해 가고 있다. 통계적 처치에 전념하기 어려운 고고학 연구자로서는 큰 위안이 될 수밖에 없다.

　　그러는 과정에서 뜻하지 않은 문제가 양산되기도 한다. 증대된 편리성을 문제해결에 이용하기보다는 현시성(顯示性), 즉 시각적 화려함을 제고하는 수단 정도로만 활용하는 시도가 적잖이 눈에 띈다. 화려하지만 정확히 패턴을 구분하기 어려운 도표를 제시하거나 원래 취지와는 상관없는 곳에 도표를 활용하거나 도표에 본질을 호도하는 정보를 부가하는 사례도 적지 않게 발견된다(김범철 2016).

　　이보다 더 근본적인 문제는 개별 기법의 원리는 물론, 그 이용의 한계와 결과 이용의 제한성에 대한 인식 없이 용이해진 프로그램 이용에 힘입어 무분별하게 통계결과를 이용하는 경우와 관련된다. 사실 어떤 숫자군(數字群)이라도 입력하면 어떤 값이든 산출되는 것이 대다수 통계꾸러미의 특성이다. 그렇다보니, 숫자군의 특성에 대한 고려 없이, 적합하지도 않은 기법을 사용하게 된다. 그러한 문제의 적잖은 경우는 숫자군의 양상을 제대로 관찰하지 않아서 발생하게 된다. 이러한 문제를 일부나마 불식시킬 수 있는 방법은 자료의 실제분포를 직설적이고 단순화된 도표나 표로 탐색하는 작업부터 시작하는 것이다. 본 장이 소위 탐색적 자료분석(exploratory data analysis)을 강조하고 그 기조를 유지하고자 하는 것도 바로 그런 취지에서이다.

III 고고학 자료 계량분석의 출발: 탐색적 자료분석

미국의 저명한 수학자 John W. Tukey(1915~2000)가 그의 저서, 『탐색적 자료분석 (Exploratory Data Analysis)』(1970)의 서문에서,

"This book is about exploratory data analysis, about looking at data to see what it seems to say. It concentrates on simple arithmetic and easy-to-draw pictures. It regards whatever appearances we have recognized as partial descriptions, and tries to look beneath them for new insights. Its concern is with appearance, not with confirmation."[1] (p. v)

라고 밝히는 것처럼, 탐색적 자료분석은 숫자로 표시된 자료의 모습을 잘 관찰하는 작업, 즉 기술통계(descriptive statistics)의 중요성을 강조하고 있다.

그림 1 John Tukey의 『탐색적 자료분석』 표지

그러한 관찰에서 출발하여 탐색적 자료분석이 궁극적으로 추구하는 몇 가지 목표 혹은 주목하는 측면은 흔히 영어 철자 'r'로 시작하는 4가지 단어로 표현되기도 한다.

첫째가 'resistance (저항성)'이다. 흔히 숫자군(들)을 요약하거나 비교하는 과정에서 그 중심(center) 혹은 수준(level)에 관련된 지표 몇 가지를 이용한다. 예를 들어, 청동기시대 중기에 들면서 세장형석촉 등으로 인해 석촉의 길이가 길어진다는 점을 입론하려면, 우리는 흔히 전기와 중기의 석촉 길이를 계측하고 이들의 평균을 비교할 것이다. 그때 중기의 석촉이 전기에 비해 평균이 크면 우리는 전기에서 중기로 전이하면서 석촉이 길어졌다고 할 것이고 그 이유를 찾으려 할 것이다. 계량분석의 측면에서 보자면 이때 우리가 한 작업은 두 숫자군의 중심 혹은 수준을 비교한 것이다. 그런데 이러한 지표가 제대로 작동하기 어려운 경우가 있다. 특히 평균의 경우, 이상점(outlier)이나 숫자군의 형상(shape)이 대칭적이지 못하고 왜곡된(skewed) 숫자군에 대해서는 정상적으로 작동

---

1   군이 이런 작업이 필요할까 반문하면서도 독자들의 즉각적인 이해를 돕기 위하여 번역하자면, "이 책은 탐색적 자료분석에 관한 것이며, 자료가 무엇을 말하려 하는지를 보기 위한 것이다. 그것은 단순한 계산과 쉽게 그릴 수 있는 도면에 주목하고 있다. 부분적 기술의 일환으로 인지한 모습이 어떤 것이든 그에 대해 관심을 가지며 그 저변에 흐르는 것에 대한 새로운 통찰력을 찾고자 한다. 그 주된 관심은 [자료가] 어떤 모습을 띠는지에 있지, [특정 가설의 수용 여부를] 확증하려는 것이 아니다.

하기 어렵다. 이 상황에는 오히려 중앙값(median)이 더 적절한 지표가 될 수 있다. 즉 크기에 따라 순서대로 숫자들을 배열했을 때 중위(中位)에 해당하는 값은 평균에 비해 이상점이나 왜곡된 형상으로 파생되는 효과에 매우 저항성이 높다. 혹은 특정—주로 5의 배수 백분율로 정해지는— 절사율에 따라 크고 작은 수들을 제거하고 남은 숫자들의 평균을 측정하는 절사평균(trimmed mean)도 저항성을 담보하는 수단이 되기도 한다.

물론 단순히 중심만을 파악하자면 저항성이 높은 지표를 곧바로 선택할 수도 있겠다. 그런데 대부분의 통계 수식이 평균과 표준편차에 기초한다는 점을 감안한다면, 평균이 작동하지 않는 숫자군은 문제의 소지가 있다. 따라서 숫자군을 훼손하지 않으면서 왜곡된 형상을 보정하는 작업이 필요하다. 흔히 '변환(transformation)'이라는 과정을 거치게 되는데, 탐색적 자료분석에서는 're-expression (재표현)'이라는 용어를 사용한다. 각종 변환기법이 있지만 고고학에서 가장 보편적으로 수행되는 로그(log)변환의 예를 들어 보자. 주로 유적의 면적과 인구규모의 관계를 설정할 때 사용하기도 한다. 물론 이 경우, 로그화된 유적면적과 인구규모의 관계가 산출되는 것일 뿐, 곧바로 양자의 관계가 직설적으로 산출되는 것은 아니라는 점은 분명하다.

결국, 본격적인 분석을 수행하는 과정에서 숫자군의 중심, 산포(dispersion), 형상을 면밀히 관찰하고 해당 지표가 특정기법의 적용에 적합한지를 살펴보아야 한다. 그러는 과정에서 우리는 히스토그램(혹은 줄기-잎도표), 상자-점도표 등을 작성하게 된다. 이렇게 'revelation(현시성)'을 추구하는 시도도 탐색적 자료분석의 중요한 특징이자 연구주제가 된다. 사실, 상자-점도표[box(-and-dot) plot]는 탐색적 자료분석의 주창자인 Tukey가 개발한 것이다. 종종 부적절한 활용의 문제가 제기(김범철 2016)되기도 하지만 이 도표는 우리 고고학의 여러 저작에서도 쉽게 발견될 만큼 널리 사용되고 있다. 히스토그램 역시 널리 활용되고 있는데 계측치로부터 상호배타적인 형식을 추출하는 것을 주된 목적으로 하는 경우가 많다. 결국, 몇 개로 구분되던 간에 개별 부류는 대략적이나마 단봉의 좌우대칭을 이루어야 한다. 히스토그램이 핵심적으로 달성하고자 하는 목표 중의 하나가 (평균이나 표준편차가 적절히 작동할) 숫자군의 (좌우)대칭성과 단봉성을 확인하는 것이다.

우리가 계량기법을 이용하는 목적 중의 하나는, 패턴을 요약하고 주된 경향성을 찾기 위한 것이다. 후술한 회귀분석(regression)은 그 대표적인 사례이다. 어떻게든 주된 경향이 찾아지기는 하겠지만 좀 더 면밀히 관찰하면, 개체들의 실제값이 그 주된 경향과는 편차를 보이는 것을 알게 되는데 통계적으로 이를 'residual(잔차)'라고 한다. 물론, 잔차가 발생하는 것은 거의 불가항력적인 일이지만 그 잔차가 어떤 양상으로 발생하며, 왜 발생하는지에 대한 관심은 내재한 패턴을 이해하는 중요한 경로가 될 수 있다. 즉, 어떤 개체가 양의 잔차를, 어떤 개체는 음의 잔차를 보이는지에 관심을 갖게 된다면, 그 원인을 찾기 위해 분석에는 사용되지 않았던 다른 변수에 관심을 갖게도 될 것이고, 혹은 사용되었던 변수의 다른 측면을 보게도 될 것이다. 탐색적 자료분석이 잔차의 분석에 관심을 갖는 이유도 바로 그런 데에 있다(許明會·文勝浩 2000).

IV 고고학 자료, 표본, 모집단

"어떤 시대의 ○○문화상을 복원한다"라고 할 경우, 고고학 자료는 태생적으로 표본일 수밖에 없다. 우리는 당시의 특정 문화요소를 관찰대상으로 하는 것이 아니라, 당시 문화를 반영하는 물질문화, 그 물질문화 중 일부 요소가 폐기-매장-화석화의 과정을 거쳐 보존되고, 그중 일부를 발굴하여 직접적인 관찰과 분석의 대상으로 삼는다. 사실 이론적으로만 보자면 '문화≧물질문화≧화석화된 물질문화≧발견된 고고학 자료'라고도 설정할 수 있지만 실제로 등호(＝)는 고려하지 않아도 무방한 관계가 설정되는 것이 현실이다. 결국, 아무리 많은 자료를 수집하더라도 표본조사일 수밖에 없다.

우리는 그 유물이 실제로 사용되던 그 시기의 양상을 복원하겠다고 하는 한 직접 모집단(母集團, population 혹은 universe)에 접근할 수는 없고 부득이 표본조사를 실시할 수밖에 없게 된다. 이 경우, 추론대상이 되는 모집단은 매우 크고 두루뭉술하게 정의될 수밖에 없는 무한모집단이다. 이름 그대로 무한한 것은 아니지만 그렇게 표현한다. 이보다 좀 더 분명하게 규정할 수 있더라도 표본조사를 시행할 수밖에 없는 경우도 적지 않다. 시간과 비용이 문제되거나 전수조사를 하는 것보다 좀 더 상세하고 실질적인 정보를 얻을 수 있는 경우가 있겠다. 예를 들어, 후기 구석기시대 유적에서 수만, 수십만에 해당하는 박편을 취득했다고 하자. 개수는 세었지만 무게나 길이, 타격방식 등에 대한 정보는 일일이 얻기 어려울 것이다. 이 경우, 분명히 모집단은 유한

하고 그 규모도 알지만 표본조사를 하는 것이 훨씬 효과적이다. 한편, 고고학 연구에서는 종종 파괴를 전제로 한 분석을 해야 할 때가 적지 않다. 모든 시료를 모두 다 분석하고 나면, 유물이 남아나질 않게 될 것인바, 우리는 표본조사를 통해 몇 안 되는 수의 모집단 양상을 추론하게 된다.

이렇듯, 분석의 종류와 질에 따라 표본조사를 해야 하고, 할 수밖에 없는 상황에 처하게 될 뿐만 아니라, 추론의 대상이 되는 모집단도 여러 가지로 정의될 수 있다. 추론의 직접적인 대상이 되는 모집단을 흔히, 목표모집단(target population)이라고 한다. 결국, 효과적인 표본조사는 목표모집단을 잘 반영하는 표본을 고르는, 혹은 수집하는 일—표집(標集, sampling)—이 일차적 관건이 될 수밖에 없다. 즉, 대표성을 가지는 표본, 왜곡되지 않은 표본을 수집해야 한다는 것이다. 그 최저선이 (단순)임의표집 [(simple) random sampling]이다. 물론, 효과적인 표집을 위해 층화임의표집(strati-fied random sampling), 군집임의표집(cluster random sampling) 등 다소의 변형이 활용되기도 하지만 적어도 편향된 표집을 하지 않는다는 점이 논리적으로라도 전제되고 천명되어야 한다.

그러나 아무리 좋은 표집을 하더라도, 모집단을 직접 다루지 않는 한, 오차의 위험은 상존하게 된다. 따라서 추론은 가능한 오차의 범위를 덧붙이는 방식으로 진행된다. 사실, 우리 고고학 연구의 관행에는 그런 측면에 대한 고려가 현저하게 부족한 것이 현실이다. 무작정(?) 많은 자료를 모으면 그러한 점을 고려하지 않아도 된다는 생각이나 몇 안 되는 자료상의 한계를 고려할 때, 이런 정도는 양해해 주어야 한다는 생각이 적잖이 발견된다. 그런데 그러한 태도는 전혀 과학적이지 못하다. 오히려 표본이 가지고 있는 제한성을 가감 없이 밝히고 논증을 통해 해석의 범위를 한정하는 것이 좀 더 합리적일 것으로 판단된다.

V 모집단 추정과 고고학적 해석

고고학 자료가 표본이고 선사/고대의 문화상이 (목표)모집단이라고 한다면, 고고학자의 작업의 상당부분은 통계학적 원리에 따라 모집단의 양상을 추정하는 하는 것이 될 것이다. 추정해야 할 모집단의 양상 중 대표적인 것은 그 평균과 비율, 즉 모평균

(母平均, population mean)과 모비율(母比率, population proportion)이다. 이러한 추정의 기본적인 원리는 표본의 평균이나 비율에 통계적으로 타당한 오차범위(error range)를 부가하는 것인데, 설정된 오차범위는 주어진 표본의 평균이나 비율로부터 추정된 모집단의 평균이나 비율이 그 안에 있을 확률인 신뢰수준 혹은 신뢰도, 반대로 그렇지 않고 단순히 표집오류(標集誤謬, vagaries of sampling)에 의해 그렇지 않을 확률인 유의수준 혹은 유의도와 결합하여, 소위 "우리 표본이 추출된 모집단의 평균이나 비율이 표본의 평균±오차범위 안에 있을 것을 몇 % 신뢰한다", 혹은 "우리가 추정한 모집단의 양상은 단순히 표집오류일 확률이 몇 %이다"라는 진술을 도출하게 해 준다. 그런데 표현이 그럴 뿐 신뢰도와 유의도는 정반대의 개념이라기보다는 경상(鏡像)과 같은 관계에 있다. 그리하여 신뢰도와 유의도는 100%로부터 서로를 가감하게 되는데, 신뢰도가 95%라면 유의도는 5%가 된다.

장황하게 설명했지만 모평균과 모비율을 추정하는 작업은 그다지 복잡하지 않다. 앞서도 살핀 바와 같이 표본의 평균 혹은 비율±오차범위로 이루어지게 되는데, 오차범위(ER)는 다음과 같은 수식으로 간단히 산출이 가능하다.

$$\text{모평균의 경우, ER} = t\left(\frac{\sigma}{\sqrt{n}}\right)\text{이고, 모비율의 경우, ER} = t\left(\frac{\sqrt{pq}}{\sqrt{n}}\right)\text{이다.}$$

여기서, n은 표본의 원소 개수를, σ는 모집단의 표준편차를 의미한다. 표본의 수는 즉각적으로 알 수 있으나 모집단의 표준편차는 모르는 경우가 대부분인바, 실제로는 표본의 표준편차를 이용한다. 흔히 모집단의 표준편차를 표본크기의 제곱근($\sqrt{}$) 값으로 나눈 것을 표준오차(standard error, SE)라고 한다. 결국, 오차범위는 표준오차와 t의 곱이 된다. 즉 몇 개의 표준오차가 필요한지를 의미한다. 모비율 추정에서 표준오차는 문제가 되는 것의 비율(p)과 그렇지 않은 것의 비율($q = 1 - p$)의 곱의 제곱근값이 된다. 표준오차의 개수를 의미하는 t는 표본의 개수—실제로는 표본의 개수보다 하나 작은 수($n - 1$)—와 요구하는 신뢰수준만 알면 Student의 t값 분포(표 1 참조)[2]에서 쉽게 얻을 수 있다.

---

2   드레넌 지음/김범철 옮김(2009)의 표 9.1(p. 167)을 전제하여 수정하였다.

표 1 Student의 t값 분포

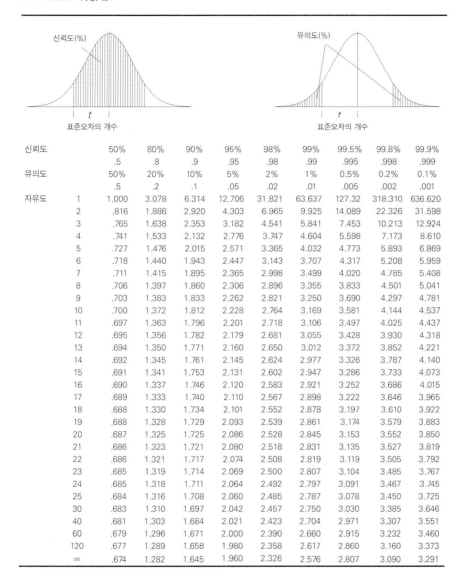

신뢰도		50%	80%	90%	95%	98%	99%	99.5%	99.8%	99.9%
		.5	.8	.9	.95	.98	.99	.995	.998	.999
유의도		50%	20%	10%	5%	2%	1%	0.5%	0.2%	0.1%
		.5	.2	.1	.05	.02	.01	.005	.002	.001
자유도	1	1.000	3.078	6.314	12.706	31.821	63.637	127.32	318.310	636.620
	2	.816	1.886	2.920	4.303	6.965	9.925	14.089	22.326	31.598
	3	.765	1.638	2.353	3.182	4.541	5.841	7.453	10.213	12.924
	4	.741	1.533	2.132	2.776	3.747	4.604	5.598	7.173	8.610
	5	.727	1.476	2.015	2.571	3.365	4.032	4.773	5.893	6.869
	6	.718	1.440	1.943	2.447	3.143	3.707	4.317	5.208	5.959
	7	.711	1.415	1.895	2.365	2.998	3.499	4.020	4.785	5.408
	8	.706	1.397	1.860	2.306	2.896	3.355	3.833	4.501	5.041
	9	.703	1.383	1.833	2.262	2.821	3.250	3.690	4.297	4.781
	10	.700	1.372	1.812	2.228	2.764	3.169	3.581	4.144	4.537
	11	.697	1.363	1.796	2.201	2.718	3.106	3.497	4.025	4.437
	12	.695	1.356	1.782	2.179	2.681	3.055	3.428	3.930	4.318
	13	.694	1.350	1.771	2.160	2.650	3.012	3.372	3.852	4.221
	14	.692	1.345	1.761	2.145	2.624	2.977	3.326	3.787	4.140
	15	.691	1.341	1.753	2.131	2.602	2.947	3.286	3.733	4.073
	16	.690	1.337	1.746	2.120	2.583	2.921	3.252	3.686	4.015
	17	.689	1.333	1.740	2.110	2.567	2.898	3.222	3.646	3.965
	18	.688	1.330	1.734	2.101	2.552	2.878	3.197	3.610	3.922
	19	.688	1.328	1.729	2.093	2.539	2.861	3.174	3.579	3.883
	20	.687	1.325	1.725	2.086	2.528	2.845	3.153	3.552	3.850
	21	.686	1.323	1.721	2.080	2.518	2.831	3.135	3.527	3.819
	22	.686	1.321	1.717	2.074	2.508	2.819	3.119	3.505	3.792
	23	.685	1.319	1.714	2.069	2.500	2.807	3.104	3.485	3.767
	24	.685	1.318	1.711	2.064	2.492	2.797	3.091	3.467	3.745
	25	.684	1.316	1.708	2.060	2.485	2.787	3.078	3.450	3.725
	30	.683	1.310	1.697	2.042	2.457	2.750	3.030	3.385	3.646
	40	.681	1.303	1.684	2.021	2.423	2.704	2.971	3.307	3.551
	60	.679	1.296	1.671	2.000	2.390	2.660	2.915	3.232	3.460
	120	.677	1.289	1.658	1.980	2.358	2.617	2.860	3.160	3.373
	∞	.674	1.282	1.645	1.960	2.326	2.576	2.807	3.090	3.291

위 수식에서 보듯이, 오차범위가 넓으면 추정의 정확도는 낮아지게 되어 있는 바, 오차범위를 줄이는 것이 좀 더 정확한 추정의 선결조건이 된다. 그런데, 나머지는 정해진 것이고 표본의 크기만이 가변적일 수 있다. 이는 Student의 t값표에서도 알 수 있다. 같은 신뢰수준에서는 표본의 크기를 반영하는 자유도($d.f.$: degree of freedom, $n-1$)가 커질수록 수의 크기는 줄어드는 것을 알 수 있다. 물론 신뢰수준을 낮

표 2 호서지역 지석묘의 형식별 모비율 추정의 몇 예

지석 묘수	개석식		기반식		탁자식	
	모비율	편차	모비율	편차	모비율	편차
136	49.9~66.5%	16.6%	22.5~37.9%	15.4%	6.2~17.0%	10.8%
254	52.1~64.3%	12.2%	24.6~35.8%	11.2%	7.7~15.5%	7.8%
507	53.9~62.5%	8.6%	26.2~34.2%	8.0%	8.8~14.4%	5.6%
1014	55.2~61.2%	6.1%	27.4~33.0%	5.6%	9.6~13.6%	4.0%
2028	56.1~60.3%	4.2%	28.2~32.2%	4.0%	10.2~13.0%	2.8%

추어도 그런 효과가 있다. 결국 신뢰도를 높이면서도 정확도를 높이기 위해서는 큰 표본을 갖는 수밖에 없다.

지석묘(支石墓)의 형식 간 비율에 관한 분석은 바로 그에 대한 좋은 예가 될 것이다. 필자는 기존의 조사자료를 모두 취합하여 호서지역에서 위치(좌표)와 형식—개석식, 기반식, 탁자식 등 3개 형식—을 알 수 있는 507개의 지석묘를 표본으로 삼아 청동기시대, 당시 이들이 어떤 비율로 축조되었을까를 95% 신뢰수준에서 추정한 적이 있다(金範哲 2010). 표본으로부터 알 수 있는 각 형식의 비율은 개석식이 58.2%이고, 다음으로 기반식 30.2%, 탁자식이 11.6% 순이다. 그런데 〈표 2〉[3]에서 보는 바와 같이, 만약 우리가 507개의 반이나 사분의 일로 작은, 혹은 두 배나 네 배로 더 큰 표본을 가지고 있었다면, 동일한 신뢰수준에서도 우리의 추정할 수 있는 모집단에서의 비율은 그 편차, 즉 오차범위는 다르다. 현재 표본의 1/4 크기의 표본이라면 편차가 다소 커 이 추정의 실효를 인정하기 어려울 수도 있겠지만 만약 표본의 크기가 현재의 4배가 되면 거의 부담 없이 모비율 추정치를 수용할 수 있게 될 것이다. 물론 현실적으로 지금의 표본보다 그 정도 획기적으로 늘 가능성은 없는바, 현재의 신뢰수준, 오차범위에 만족하지 않을 도리가 없기는 하다.

오차범위를 줄이기 위해서는 (기대하는) 신뢰수준을 낮추거나 표본의 크기를 크게 하면 된다는 점에 착안하면 오차범위를 구하는 수식으로 특정 신뢰수준에서 수용 가능할 만큼의 오차범위를 상정하기 위해서는 어느 정도 크기의 표본이 필요한지를 계산할 수 있기도 하다.

3   김범철(2010)의 표 3을 전제하여 수정·재편집하였다.

$$ER = t(\frac{\sigma}{\sqrt{n}}) \ \rightarrow \ n = (\frac{\sigma t}{ER})^2 \ \ \text{혹은} \ \ ER = t(\frac{\sqrt{pq}}{\sqrt{n}}) \ \rightarrow \ n = (\frac{\sqrt{pq} \cdot t}{ER})^2$$

오차범위를 부가하여 한 표본이 추출된 모집단을 추정할 수 있다는 것은 개별 표본들이 추출된 복수의 모집단을 비교할 수도 있다. 그 결과는 "두 표본에서 보이는 차이가 그들이 출원한 모집단에서도 나타날 것을 특정 신뢰도로 인정할 수 있다" 혹은 "두 표본에서 보이는 차이는 단순히 표집오류에 의한 것이므로 특정의 유의수준에서는 인정할 수 없다" 정도가 된다. 방법적으로는 탄환도표(bullet graph)를 작성하거나 t검정을 통해 추정된 모평균—표본평균±오차범위—이나 추정된 모비율—표본비율±오차범위—을 비교하게 된다.

이 중 탄환도표는 시각적인 효과를 높일 수 있어 자주 이용되기도 한다. 표본평균이나 표본비율을 중심으로 하여 주로 80%, 95%, 99% 신뢰수준에서의 오차범위를 도상적으로 부가함으로써 언뜻 보기에도 복수의 추정 모평균이나 모비율이 어느 정도의 신뢰수준에서 차이를 보이는지 알 수 있게 한다.

그런데 두 추정 모평균이 99% 이상의 신뢰수준에서 차이가 나는 점을 인지했다 하더라도 그것이 곧바로 고고학적 해석의 결론으로 이어지기에는 부족하다. 이는 통계적 의미에서 그 차이를 인정한다는 것이지 그 차이가 고고학적 해석에서 의미 있는 차이를 유발할 정도인지는 고고학자의 판단에 따라야 한다.

중미(中美)의 사례를 들면서 그 문제를 좀 더 명확히 짚어 보자. 형성(Formative) 기로부터 고전(Classic)기로 전이하는 과정에서 가구(家口)—한 집에 거주하는 사람의 집단—의 규모가 변화했는지를 알아볼 목적으로 다음과 같이, 양 시기 주거지 면적을 표본 삼아 비교한다고 하자. 주거 면적은 〈표 3〉[4]과 〈그림 2〉[5]의 좌측과 중앙의 도표에 요약되어 있다. 완벽하지는 않지만 두 숫자군 모두 단봉의 좌우대칭 양상을 띤다. 게다가 형성기보다 고전기의 숫자군의 중심이 다소 높고 산포도 크다. 양자의 평균 차이인 2.5m²를 어느 정도 신뢰수준에서 인정할 수 있는지가 주어진 명제에 답하는 1차적인 정보가 될 것이다.

---

4 드레넌 지음/김범철 옮김(2009)의 표 11.1(p. 196)과 표 11.2(p. 199)를 전제하여 병합·수정·재편 집하였다.

5 드레넌 지음/김범철 옮김(2009)의 도면 11.1(p. 196)을 전제하여 수정·재제도하였다.

표 3 형성기와 고전기 주거지 면적 요약

		形成期	古典期
주거지 수		32	52
주거지 면적 평균		24.3m²	26.3m²
주거지 면적 표준편차		3.4m²	4.5m²
오차범위	(80%)	±0.8m²	±0.8m²
	(95%)	±1.2m²	±1.3m²
	(99%)	±1.6m²	±1.7m²

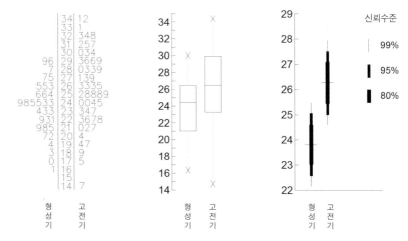

그림 2 형성기와 고전기의 주거 면적 비교

앞서 살핀 대로 표본평균으로부터 모평균을 추정할 때 오차범위를 구하는 수식에 따라, 신뢰수준 80%, 95%, 99%에서 오차범위를 구하여 표본평균에 부가하여 〈그림 2〉 우측의 탄환도표를 보면, 신뢰수준 99%에서 양자의 오차범위는 상대방의 평균을 포함하지 못한다. 따라서 양자 평균 간에 보이는 2.5m²의 차이는 99% 이상의 신뢰도로 인정된다. 즉, 이 양자의 차이가 실제로 모집단들에서는 확인되지 않지만 표집오류에 의해 나타났을 확률은 1% 미만이다.

충분히 안심할 만한 신뢰수준에서 양자의 차이가 인정된다면, 곧바로 두 시기 간 가구규모 변화를 결론지을 수 있을까? 선뜻 답하기 곤란하다. 답은 '과연 2.5m²가 한 사람 이상의 거주면적으로 인정될 수 있을지 여부'에 대한 판정으로 귀결된다. 일인당 주거면적에 대해서는 범문화적인 규칙도 있고, 각 사회마다 다양한 기준이 제시

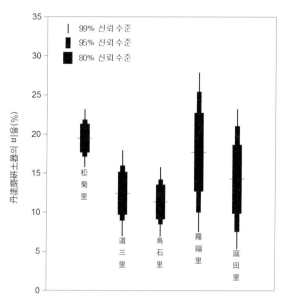

그림 3 취락 간 단도마연토기 비율 비교

되기도 하는바(金範哲·金庚澤 2017), 판단은 고고학자의 몫이 된다. 우리 청동기시대 연구에서 널리 인용되는 '1인당 5m²'의 안(金正基 1974)에 따르면 답은 부정적이게 될 것이다.

그런데, 실전에서 부딪치는 또 다른 핵심적 문제가 있다. 그것은 표본의 크기가 작거나 현격한 차이가 나는 탓에 비교 자체가 어려운 경우, 즉 통계적 유의성을 따질 수 없는 경우가 적지 않다는 것이다. 〈그림 3〉[6]은 그런 상황에 대한 중요한 점을 시사하고 있다. 이 예는 필자가 다른 곳에서 송국리형 취락별 단도마연토기(丹塗磨硏土器)의 비율(%)―단도마연토기의 최소개체수÷모든 청동기시대 중기 유구 출토 토기의 최소개체수×100―을 추정한 작업의 결과다.

도표에서 보듯이, 청동기시대 중기 당시에도 부여 송국리(松菊里)취락은 서천 도삼리(道三里)나 서천 오석리(烏石里)취락에 비해 단도마연토기의 비율이 6~7% 높았었음을 99% 이상의 신뢰도로 인정할 수 있다. 추정 평균으로만 보건대, 부여 나복리(羅福里)나 논산 마전리(麻田里)취락보다도 높지만 그 점은 통계적으로 유의하게 결론짓기 어렵다. 오차범위가 큰 탓에 그러하다. 앞서도 살핀 바와 같이, 나복리나 마전리의

6　김범철(2011)의 〈도면 6-15〉(p. 195)를 전제하여 수정·재제도하였다.

표본크기가 작아서 그러하다.

VI 고고학 자료에서 보이는 관계의 인지와 해석

앞서 다루었던 내용이 변수 하나—예를 들어 지석묘의 형식, 주거지의 면적 등—와 관련이 있다면, 다음에 다룰 내용은 변수 둘 간의 관계에 관한 것이다. 우리는 흔히 '토기의 기고(器高) 혹은 구경(口徑)과 용량의 관계', '주거면적과 고급 용기(容器)—예를 들어, 단도마연토기— 수의 관계', '취락면적과 특정작물관련 토양분포면적의 관계' 등 다른 두 변수의 관계를 통해 무엇인가 고고학적 질문에 답하고자 한다.

이때 일차적인 자료의 요약이나 제시는 소위 '산점도(scatter plot)'를 통해 이루어지는 것이 일반적이다. X축과 Y축에 각 변수를 배치한다. 독립변수(independent variable)와 종속변수(dependent variable)를 설정하게 되고 전자를 X축에, 후자를 Y축에 배치하는 것이 일반적인데, '○○에 따른 □□의 양상'이라고 했을 때, 앞의 '○○'이 독립변수에, 뒤의 '□□'이 종속변수에 해당한다. 그런데 '관계'를 수치로 표현할 때에는 별다른 영향을 미치지는 않는다. 사실 A라는 현상과 B라는 현상의 관계가 양자의 순서를 바꾼다고 해서 혹은 통계꾸러미의 다른 항에 넣는다고 해서 본질이 바뀌는 것은 아니다. 후술할 바와 같이 표본으로부터 간취되는 양자의 관계가 모집단에서는 없는데, 표집오류에 의해 나타날 확률, 즉 그 관계에 대한 유의수준 혹은 유의도가 양자를 다른 항에 넣었다고 해서 달라지는 것은 아니다. 다만 원리상, 해석상 그러하다는 것이다.

가상적인 예시[7]를 통해 좀 더 구체적으로 살펴보자. 청주를 관통하는 미호천유역 청동기시대 전기 취락 14개소를 대상으로 유적의 면적과 출토유물 100점당 석제 굴지구(掘地具) 개수의 관계에 대해 살펴보면서 경작의 강도가 어떻게 달라지는지 살펴보기로 했다고 하자.

우선, 각 유적의 면적과 출토유물 100점당 석제 굴지구에 대한 정보(표 4[8] 참조)

---

7   드레넌 지음/김범철 옮김(2009)의 제14장의 리우 세코강유역의 사례를 원용하였다. 사실, 원저자도 밝히고 있는 바와 같이, 그 사례조차도 실제자료를 변형하거나 가상적으로 제작한 것이다.

8   드레넌 지음/김범철 옮김(2009)의 표 14.1(p. 260)을 전제하여 수정하였다.

표 4 미호천유역 14개소 취락의 면적과 출토유물 100점당 굴지구 개수

유적면적 (ha)	유물 100점당 굴지구 개수	유적면적 (ha)	유물 100점당 굴지구 개수	유적면적 (ha)	유물 100점당 굴지구 개수
19.0	15	14.0	19	10.9	31
16.4	14	13.0	16	9.6	39
15.8	18	12.7	22	16.2	23
15.2	15	12.0	12	7.2	36
14.2	20	11.3	22		

를 수집하고 〈그림 4〉와 같은 산점도[9]를 작성하면서 두 변수에 해당 개별 개체들의 값의 분포를 관찰할 것이다. 언뜻 보기에 양자 사이에는 어떤 형태이든 반비례관계가 있는 것처럼 보이지만 속단하기는 어렵다. 어쨌든 양자 사이의 관계를 간단하게 표현하는 방식을 찾고자 할 것이다.

그 대표적인 예가 바로 (선형)회귀[(linear) regression]의 식이다. 이 식은 이름 그대로 양자의 관계를 '가장 잘 표현할' 1차방정식, 즉 $y = ax + b$의 형태로 표현되는 식이다. 이 식으로 표현된―좀 더 통계학적인 표현으로는 '예측된'― y값과 실제 y값의 편차를 가장 적게 하는 것이어야 한다. 우리는 그러한 차이를 잔차(residual)라고 한다. 〈그림 5〉[10]에서 보는 바와 같이, 잔차는 어떤 경우에는 양의 값을, 어떤 경우에는 음의 값을 갖는다. 따라서 회귀식은 잔차의 합을 가장 적게 하는 것이 아니라, 실제로는 잔차, 즉 두 y값의 차이의 제곱의 합을 가장 적게 만드는 것이 된다. 결국, 잔차 제곱의 합을 가장 적게 만드는 선은 두 변수의 관계에 대한 선형관계를 가장 잘 적절하게 표현하는 선이 되는데, 이를 최적직선(best-fit straight line)이라고도 한다.

앞의 내용을 종합하면 선형회귀분석이란 두 변수 사이의 관계를 가장 잘 설명할 최적직선을 구하고―최적직선을 1차방정식의 형태로 표현하고―, 그 설명능력과 관련된 확률을 제시하는 것이 그 주된 임무이다. 앞의 예시에서 두 변수―유적면적(X)과 (유물 100점당) 굴지구의 개수(Y)―의 관계를 가장 잘 표현하는 최적직선의 수학적 서술인 회귀식은,

---

9 드레넌 지음/김범철 옮김(2009)의 도면 14.1(p. 261)을 전제하여 수정·재제도하였다.

10 드레넌 지음/김범철 옮김(2009)의 도면 14.5(p. 267)를 전제하여 수정·재제도하였다.

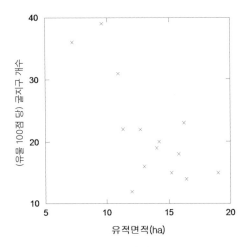

그림 4 유적면적과 굴지구 개수의 산점도

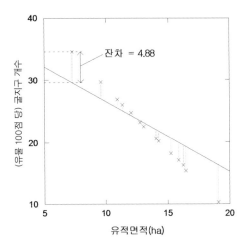

그림 5 최적직선과 잔차(모식도)

$$Y = -1.959X + 47.802$$

이 된다.

　　이를 수기로 계산하자면 매우 복잡하고 효율도 떨어지는바, 주로 통계꾸러미를
이용하여 산출하게 된다. 그러한 산출과정에서 우리는 기울기나 y절편에 대한 값 외
에, r 혹은 r^2의 값, 유의확률(p)에 대한 정보도 알게 된다(그림 6 참조). 여기서, r^2은 이
회귀식으로 설명되는 y값 변이의 비율을 의미하고, 유의확률(p)은 앞서 살핀 대로, 이

러한 관계가 단순히 표집오류에 의해서 발생할 확률을 의미한다. 주로 결론적인 진술의 말미에 회귀식과 r 혹은 r^2의 값, 유의확률(p) 값을 괄호 안에 부기하면 된다.

Var: NO_HOES   N: 14   Multiple R: 0.731   Squared multiple R: 0.535

Dep Adjusted squared multiple R: 0.496   Standard error of estimate: 5.877

Effect	Coefficient	Std Error	Std Coef	Tolerance	t	P(2 Tail)
CONSTANT	47.802	7.231	0.000	.	6.611	0.000
SITEATEA	−1.959	0.527	−0.731	1.000	−3.716	0.003

Analysis of Variance

Source	Sum−of−Squares	df	Mean−Square	F−ratio	P
Regression	476.988	1	476.988	13.811	0.003
Residual	414.441	12	34.537		

그림 6 통계프로그램을 이용한 회귀분석 결과

따라서 앞의 예시에 대해서는 "미호천유역 취락의 면적과 출토유물 100점당 굴지구 개수 사이에는 어느 정도 강한 상관관계가 있다($r = 0.731$, $p = 0003$, $Y = -1.959 + 47.802$)."와 같이 결과를 진술할 수 있을 것이다. 도상적으로는 〈그림 7〉과 같이 산포도에 최적직선을 표시하는 것으로 결론을 갈음할 수 있다. 이 또한 통계꾸러미에서 그래프 그리기로 쉽게 할 수 있다.

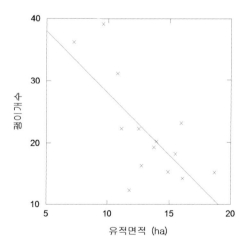

그림 7 유적면적과 굴지구 개수 간 관계

회귀분석은 통계적으로 매우 견고한(robust) 방법이다. 두 변수에 반영된 숫자군이 정규분포를 띨 필요가 없다는 점이다. 단지 매우 크게 일탈적인 이상점이나 점의 분포—예를 들어, 최적직선의 방향이 달라질 복수의 무더기로 이루어진 점의 분포나 곡선형분포 등—만 신경 쓰면 된다. 두 변수 간의 관계를 가장 직설적이고 견고하게 보여줄 수 있는 방법인바, 다른 학문 분야에서는 널리 쓰이는데 고고학에서의 사례는 많지 않다. 기껏 산점도를 그려 두 변수의 관계를 설명하면서도 이 분석은 하지 않거나 잘못된 설명을 할 때가 적지 않다(김범철 2016). 게다가 필자가 종종 학술지에 투고된 논문에 활용하면, 그 상세한 배경과 해석에 대해 설명하지 않았다고 "불친절하다"는 지적을 받기도 한다. 그런데, 어떤 학문 분야도 그러한 설명을 '친절'하게 부가하지는 않는다. 이유인즉, 너무나 보편적으로 쓰이기 때문이다. 매우 단순한 방법인바, 좀 더 널리 활용되었으면 한다.

VII 결론을 대신하여

필자는 이런 글을 쓸 때마다 두려움이 든다. 그 두려움은 필자가 그다지 계량분석의 전문가라고 할 만한 소양을 갖추지 못했다는 자기한계에 대한 인식에서 비롯된다. 다만, 앞서 언급한 밑도 끝도 없는 두려움과 부담감 정도를 일부나마 극복하고 이런저런 계량기법이 쓰인 저술의 내용을 꼼꼼히 복기하면서 그 내용을 이해하고 비판적으로 수용할 자세가 되어 있다는 점은 분명하다. 혹 잘 접하지 못한 기법이 눈에 띄면, 그걸 익혀 보려고 애쓴다. 이런 용기를 낼 수 있는 것은 그나마 기초적인 통계기법의 원리는 익혔기 때문이다. 평이한 교재를 골라 꾸준히 연습문제를 풀어 가면 그런 정도는 어렵지 않게 달성하리라 생각된다.

앞서 서술한 내용은 수년 전 영남문화재연구원에서 행한 두어 시간의 강연에 기초하고 있다. 당시 연구원의 도움으로 『고고학을 위한 기초통계학』을 출간할 수 있었고 그 내용 중 우리가 다소 등한했던 점을 중심으로 몇 가지를 설명했다. 그러나 짧은 시간에 계량기법을 설명하자니, '주마간산(走馬看山)'식밖에 되지 않았다. 본 장의 내용도 그러할 것이다. 자세한 배경, 통계적 유의사항 등은 충분히 설명하지 못했다. 다만, 그때의 취지대로, 극히 기초적이지만 우리가 간과하는 몇 가지에 경종을 울릴 수나 있으면 좋겠다는 생각으로 용기를 내었다는 점만 독자들이 알아주시면 좋겠다. 부족한 내용은 앞서 언급한 역서를 참조하기 바란다.

끝으로, 강연 당시 한 분의 질문에 대한 답으로 마감하고자 한다. 강연이 끝나고 "변수들을 종합적으로 다루면서 **자동으로** 편년을 할 수 있는 그런 기법은 없습니까?" 라는 질문을 받게 되었다. 물론, 기초통계학을 넘어서 다변량분석을 하면, 변수를 종합적으로 다룰 수는 있지만 그 결과를 바로 편년의 결과로 대신할 수는 없다. 해석은 고고학자의 몫이고, 계량기법이 알려주는 것은 변수나 개체들의 관계가 그러하다는 것뿐이기 때문이다. 또한 계량기법의 적용에서 더욱 중요하고 힘든 것이 기법의 활용이라기보다는 변수를 잘 정의해 가는 고고학자만의 작업이라는 점이 분명하기 때문이다.

[김범철]

참고문헌

金範哲, 2010, 「호서지역 지석묘의 시공간적 특징」, 『韓國考古學報』 74.

_____, 2011, 『쌀의 고고학』, 서울: 민속원.

_____, 2016, 「量, 왜 문제되어야 하나?」, 『時, 空, 形態 그리고 量: 한국고고학 연구방법론에 대한 비판적 검토』, 중앙문화재연구원 학술총서 28, 중앙문화재연구원 엮음, 122-148쪽, 서울: 진인진.

金範哲·金庚澤, 2017, 「靑銅器時代家口規模推算試論: 松菊里式住居를 중심으로」, 『湖西考古學』 36.

金承玉, 1998, 「계량적 분석법」, 『考古學硏究方法論: 자연과학의 응용』, 崔夢龍·崔盛洛·申叔靜 편저, 363-396쪽, 서울: 서울대학교 출판부.

金正基, 1974, 「韓國竪穴住居址考(二): 無文土器文化期의 住居址」, 『考古學』 3.

드레넌, 로버트(김범철 옮김), 2009, 『고고학을 위한 기초통계학』, 영남문화재연구원 학술총서 6, 서울: 사회평론.

許明會·文勝浩, 2000, 『탐색적 자료분석: EDA(개정판)』, 파주: 自由아카데미.

Baxter, Michael J., 2003, *Statistics in Archaeology*, London: Hodder Arnold.

Drennan, Robert D., 2008, Statistics in Archaeology, In *Encyclopedia of Archaeology*, D. M. Pearsall, ed., pp. 2093-2100, San Diego: Elsevier/Academic Press.

Hole, Frank, and Mary Shaw, 1967, *Computer Analysis of Chronological Seriation*, Houston: William Marsh Rice University.

Myers, Oliver Humphrys, 1950, *Some Applications of Statistics to Archaeology*, Cairo: Government Press.

Petrie, W. M. Flinders, 1877, *Inductive Metrology: Or the Recovery of Ancient Measures from the Monuments*, London: Hargrove Saunders.

Renfrew, Colin, 1968, Review_Frank Hole and Mary Shaw: Computer Analysis of Chronological Seriation (Rice University Studies, Vol. 53, No. 3), Houston, Texas: William Marsh Rice University, 166pp. $2.25. *Antiquity* 42(2): 236-237.

Spaulding, Albert Clanton, 1953, Statistical Techniques for the Discovery of Artifact Types, *American Antiquity* 18(4): 305-313.

Tukey, John W., 1970, *Exploratory Data Analysis*, Reading: Addison-Wesley.